I0354797

www.ingramcontent.com/pod-product-compliance
Lightning Source LLC
Chambersburg PA
CBHW081437070526
44586CB00019B/2157
9781595848574

بنیاد نیشابور
۸۴

پیشگفتاری بر ویرایش

شاهنامهٔ فردوسی

فریدون جنیدی

شرکت کتاب
ketab.com

Preface to the edition of Ferdowsi's Shahnameh

Subject: Ferdowsi's Shahnameh
Poet: Abolqasem Ferdowsi
Editor: Fereydoon Joneydi
Illustration and layout of Shahnameh: Iman Khodafard
Calligraphy "In the Name of God, Life and Wisdom": Master Yadollah Kabuli Khonsari
Typesetting: Farzin Ghafouri
Director: Fariba Moezzi
Layout: Alireza Heidari
Copyright © 2025 by: Fereydoon Joneydi
All right reserved.
First Edition: Balkh Publishing House
2nd Edition: Ketab Corporation

پیشگفتاری بر ویرایش شاهنامه فردوسی

موضوع: شاهنامه فردوسی
شاعر: حکیم ابوالقاسم فردوسی
ویراستار: فریدون جنیدی
نگاره‌پردازی و آرایش شاهنامه: ایمان خدافرد
دبیره شکسته بنام خداوند جان و خرد: استاد یدالله کابلی خوانساری
دبیره روی دفتر: فرزین غفوری
هنداختار: فریبا معزّی
آرایش نمونه چاپی: علیرضا حیدری
چاپ اول: انتشارات بلخ وابسته به بنیاد نیشابور
چاپ دوم: شرکت کتاب
۱۴۰۴ خورشیدی - ۲۰۲۵ میلادی

No part of this book may be reproduced in any manner without the express written consent of the author, except in the case of brief excerpts in critical reviews or articles.
For information about permission to reproduce selections from this book, write to Permissions @ ketab Corporation

The Library of Congress Cataloging-in-publishing Data is available upon request.

ISBN: 978-1-59584-857-4
Ketab Corporation:
12701 Van Nuys Blvd., Suite H,
Pacoima, CA, 91331, USA
www.ketab.com

1 2 3 4 5 6 7 8 25

فهرست

گفتار، اندر فراهم آوردن شاهنامه ۱۱
محمود شاهنشاه!!؟ ۲۱
زمان افزودن بشاهنامه ۲۹
ویرایش شاهنامه ۳۷
ویرایش من ۴۱
آفرین‌یاد ۴۵
نشانه‌ها ۵۶
چگونگی سنجش گفتار ۵۹
ویرایش؛ بر بنیاد دستور و آیین زبان پارسی ۶۳
نشانهٔ پیوند ۷۱
واژه‌های ایرانی که در گذرِ زمان دگرگون شده‌اند ۷۳
بُرنا ۷۳
سُترگ ۷۸
تو گفتی! ۸۰
اندرون! ۸۴
پیش‌اندرون، زیراندرون ۸۴
پای‌اندرون ۸۶
اندردویدن: ۸۶
بَر ۸۶
غمی ۸۸
شادورذ ۸۹
کِفت ۹۰
چو، چون ۹۰
سپُردن، سپَردن، ستَردن، شمَردن، خوَردن ۹۳
دوباره‌گویی در افزوده‌ها ۹۵
باژگونه‌گویی ۹۸
افزوده بر؛ افزوده ۱۰۷
ویرایش افزایندگان ۱۱۱
گزارش افزایندگان ۱۱۲
پساوا ۱۱۵

آواهای ویژه در زبان فارسی	119
شیر	120
سیر	120
ریش	121
نام‌های ویژهٔ افزایندگان	123
استخر، صطخر	123
جهرم	124
نام‌های بی‌بنیاد	126
پسوندهای ویژه	127
بار... وار	127
واژه‌های ویژه	133
زبان برگشادن	133
بازار	134
نوید، خرام	136
کیار، بی‌کیار	138
لُکانک	142
کیان - کیانی	150
زین کیانی	153
کمند کیانی	153
راه کیان	153
آفرین کیانی	153
بُرز کَیان	153
کمر کیانی	154
کمان کیانی	154
جشن کیانی	154
میزان خرد در سنجش گفتار	157
سروده‌های زیبا در گفتار افزایندگان	167
همخوانی با زبان پهلوی	173
همخوانی با زبان اوستایی	179
زبان تازی	183
شاهنامه و فرهنگ ایران	189
دیهیم	197
چهار گوهر	202
خاک	202
آب	203
آتش	204
هوا	204
نسا و مردار	205
شاهنامه و کیش و آیین و دین	211
کیش نخستین	211
کیش مهر	212

کیش زرتشتی	۲۱۶
دانش و دین ایرانی	۲۲۱
دربارهٔ اوستا	۲۳۳
گذر زمان و رویدادهای جهان	۲۴۱
زمان	۲۴۸
اسکندر در شاهنامه	۲۵۷
اسکندرنامه	۲۶۴
زمین‌پیمایی و چارسوی	۲۷۳
زمین‌پیمایی	۲۷۳
چهارسوی	۲۸۴
نبرد	۲۸۷
اَرز و اَرزگاه	۲۸۹
روزی دادن	۲۹۰
سپه‌کشی	۲۹۳
نمونه‌ای دیگر	۳۰۰
بُنه	۳۰۱
آرایش سپاه	۳۰۳
نخ کشیدن	۳۰۵
سُفتِ صف	۳۰۶
جایگاه سرداران و پادشاه در میدان نبرد	۳۱۰
پیام‌رسانی	۳۱۱
آیین نبرد	۳۱۵
آغاز رزم؛ با تیر و کمان	۳۱۶
یورش نیزه‌وران	۳۱۷
هنگام شمشیر	۳۱۹
گرز	۳۱۹
خنجر	۳۲۰
کشتی	۳۲۰
کمان چرخ	۳۲۱
فتراک	۳۲۳
کَشکَ؛ کشک انجیر، باره‌کوب	۳۲۳
باره‌کوب	۳۲۶
سپر	۳۲۷
شمشیر	۳۳۰
کتّاره	۳۳۱
خنجر	۳۳۱
نیزه	۳۳۱
ژوپین	۳۳۲
زره، خفتان و کلاه‌خود	۳۳۳
گفتاری چند، افزوده و نادرخور با جنگ و جنگ‌افزار	۳۳۳
میدان دو هماورد	۳۴۵

جنگ‌افزار	۳۴۹
۱- نیزه	۳۳۷
۲- ژوپین	۳۳۷
۳- خشت	۳۳۷
۴- کوپال	۳۵۲
۵- چنگ	۳۵۳
۶- تیروکمان	۳۵۴
خدنگ	۳۵۹
تیردان، ترکش، کَنتیر - توز	۳۶۰
به‌زه کردنِ کمان	۳۶۲
اسپ و سـواری	۳۶۷
گاهشماری و اخترماری (نجوم)	۳۷۹
زوله‌گاه	۳۸۸
ستاره‌یاب	۳۸۹
آگاهی‌های هـمـگانی	۳۹۵
گوهر ناپسودا	۳۹۵
شمار و آمار	۳۹۷
در هفتخوان اسفندیار	۳۹۷
در ساختن تخت تاقدیس	۳۹۸
در پاسخ خسرو به شیرویه	۳۹۸
در نامهٔ یزدگرد به مرزبانان توس	۳۹۹
نوای خوش	۳۹۹
آیین می‌نوشی	۴۰۰
آیین نخجیرگری و شکار	۴۰۵
کشاورزی و زندگی روستایی دام زندگی شهری	۴۰۹
افزوده‌های بشاهنامه پیش از شاهنامه ابومنصوری	۴۱۹
اشکانیان	۴۴۱
افزایندگان آگاه	۴۴۹
رازها و رمزهای پنهان در سروده‌های فارسی	۴۵۳
داوری خرد دربارهٔ گزافه	۴۶۱
نمایه	۴۶۹

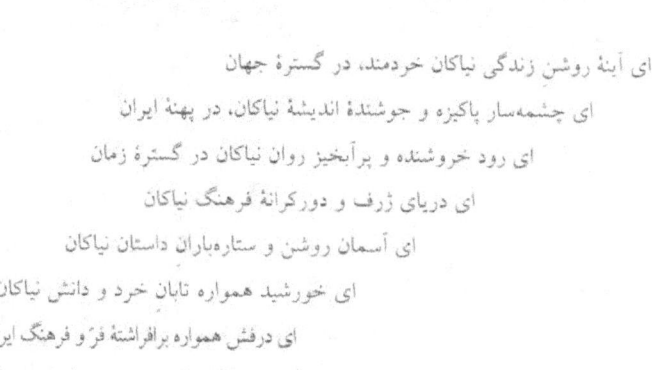

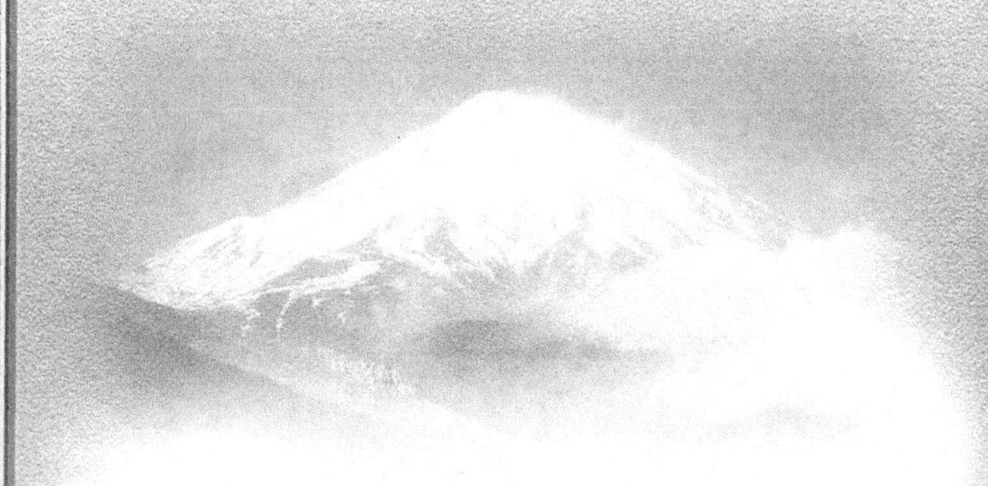

ای آینهٔ روشنِ زندگی نیاکان خردمند، در گسترهٔ جهان

ای چشمه‌سار پاکیزه و جوشندهٔ اندیشهٔ نیاکان، در پهنهٔ ایران

ای رود خروشنده و پرآبخیز روان نیاکان در گسترهٔ زمان

ای دریای ژرف و دورکرانهٔ فرهنگ نیاکان

ای آسمان روشن و ستاره‌بارانِ داستان نیاکان

ای خورشید همواره تابانِ خرد و دانش نیاکان

ای درفش همواره برافراشتهٔ فرّ و فرهنگ ایران...

که یکهزار سال است، که بر شانه‌های استوار و پرشکوه فردوسی، بر بلندای دماوند، در میانهٔ میدانِ خرد و فرهنگ ایران، در میان جان پرلرزش و خیزشِ اندروای؛ چین‌برچین می‌افکنی و بر؛ رهروان این راه دراز؛ جان و نیرو می‌پراکنی

ای شاهنامه! ترا می‌ستایم

ترا می‌ستایم؛ ای فردوسیِ ایران، که بالای بلندت به بلندای دماوند برخاست، و بدانزمان که مادر میهن، از هر سوی؛ آماج تیرهای سهمگین و زهرآگینِ بداندیشان بود، سینهٔ ستبرت را سپرِ ایران کردی، و با خامهٔ درخشانت، سرودهٔ آهنگیت را، همچون تیرِ خدنگ، بر رنگین کمانِ بلند خرد و فرهنگ نهادی، و بسرتاسر مرزهای ایرانشهر افکندی و از درخشی که با نوکِ پیکان آن در آسمان ایران پدیدار شد، به ایرانیان، شیوهٔ جانفشانی و سراندازی در راهِ میهن... و شیوهٔ زندگی همراه با اندیشه و دانش و بینش... و گذشت و بردباری و با آزرم بدیگران نگریستن و با مهر؛ با همگان زیستن را آموختی!

ترا می‌ستایم...

ای روان همواره نگرانِ ایران!

ای پهلوان همواره بیدارِ میدانِ خرد و فرهنگ ایران!

فردوسی!

گفتار، اندر

فراهم آوردن

شاهنامه

انوشه‌روان، **ابومنصور، محمد؛ پورِ عبدالرزاق، پورِ بابک خراسانی**، فرمان به گردآوری شاهنامه داد.

پیرانِ دانای ایران از چند شهر، در توس گرد آمدند:

از هرات؛ پیرِ خراسان **«ماخ»**

از توس؛ **موبد شادان** پور بُرزین

از نیشابور؛ **موبد ماهوی خورشید**، پور بهرام

از سیستان؛ **موبد یزدان‌داد**، پور شاپور

و **ابومنصور معمّری** وزیر فرهیختهٔ وی، کارِ آن انجمن دانایان را سامان داد، و شاهنامه‌ای را که آنان از روی نسک‌های گونه‌گون از پهلوی، ترجمه کردند، در یک دفتر آرایش داد، و آن شاهنامه [که بجزاز پیشگفتارش بزمان ما نرسیده است] با نام شاهنامهٔ ابومنصوری، در ایران پراکنده شد.

این کار بزرگ در سال ۳۴۶ هجری در توس بپایان رسید.[۱]

به فرخی و خجستگی، و بشادی روانِ آن بزرگان، بخشی از پیشگفتار همان نامه را که نوشتهٔ ابومنصور معمری است بخوانیم:

«... **امیر ابومنصور عبدالرزاق** مردی بود با فرّ و خویشکام بود و با هنر و بزرگمنش بود، اندر کامروایی، و با دستگاهی تمام از پادشاهی و سازِ مهتران، و اندیشهٔ بلند داشت، و نژادی بزرگ داشت بگوهر، و از تخمِ اسپهبدان ایران بود... پس دستور خویش **ابومنصور معمّری** را بفرمود تا خداوندانِ کتب را از دهقانان و

۱- بنگرید به بیست مقالهٔ قزوینی، باهتمام عباس اقبال، ۱۳۱۳، چاپخانهٔ مجلس، رویه‌های ۱۱ تا ۱۷ و نیز رویهٔ ۳۵.

فرزانگان و جهاندیدگان از شهرها بیاوردند، و چاکر او **ابومنصور معمری** بفرمان او نامه کرد و کس فرستاد بشهرهای خراسان و هشیاران از آنجا بیاورد، چون **ماخ** پیر خراسان[۱] از هری و چون **یزدان‌داد** پسر شاپور از سیستان، و چون **ماهوی خورشید** پسر بهرام از نشابور، و چون **شادان** پسر بُرزین از توس، گرد کرد و بنشاند بفراز آوردنِ این نامه‌های شاهان و کارنامه‌هاشان و زندگانی هر یک، از داد و بیداد و آشوب و جنگ و آیین، از کیومرس، نخستین کس[۲] که اندر جهان بود که آیین مردمی آورد، و مردمان را از جانوران جدا کرد، تا یزدگرد شهریار که آخرِ کیان بود اندر ماه محرم و سال بر سیسدوچهل‌وشش از هجرت»[۳]

این گفتار را فردوسی بدینسان ترجمه کرده است:

یکی پهلوان بود، دهقان‌نژاد — دلیر و بزرگ و خردمند و راد
پژوهندهٔ روزگار نخست — گذشته سخن‌ها؛ همه، بازجُست
ز هر کشوری موبدی سالخوَرد — بیاورد و این نامه را گرد کرد
بپرسیدشان از نژاد کیان — وز آن نامداران و فرخ گوان
که گیتی بآغاز، چون داشتند؟ — که ایدون بما، خوار، بگذاشتند
چگونه؟ سرآمد به بداختری — بر ایشان همه روزِ گندآوری

پرسشی که پس از این گفتار می‌آید چنین است که:

چرا فردوسی نام آن بزرگمردان را در شاهنامه نیاورده است؟

و پاسخ آنست که نام **انوشه‌روان ابومنصور محمدبن‌عبدالرزاق توسی** در آهنگِ سرودهٔ شاهنامه نمی‌گنجد، و چون چنین است، از او با نام پهلوان دهقان‌نژاد و دلیر و بزرگ و خردمند و راد، یاد کرد. پسان، چون؛ نام او که، درفش خجستهٔ شاهنامه است در آهنگ گفتار شاهنامه نگنجید، به آزرمِ وی و

۱- در نمونه‌ها پسر خراسانی، پسرخوانی، سرخانی، خراسانی آورده‌اند، اما درست پیر خراسان است، زیرا که فردوسی نیز در داستان بر تخت نشستن هرمز، از او با نام پیر خراسان یاد می‌کند:

یکی پیر بُد مرزبان هری — جهاندیده و دیده از هر دری
جهاندیده و نام او بود ماخ — سخندان و با برگ و با بُرز و شاخ
چنین گفت پیر خراسان که شاه — .....

۲- در نمونه‌ها؛ از کی نخستین، که از کی نخستین، که آنکه نخستین، نخستین کیومرس.

۳- بیست مقالهٔ قزوینی، همان، رویه‌های ۲۳ تا ۲۵.

ابومنصور معمری از یاد کردن نام دیگران نیز چشم پوشید، اما در میان داستانها، نام دو کس از آنان را نیز گنجانید، چنانکه از نام **ماخ** پیر خراسان، یاد کردم.

در داستان آوردن کلیله و دمنه نیز، سخن از «**شادان بُرزین**» می‌رود:

نگه کن که شادانِ برزین چه گفت   بدانگه که بگشاد راز، از نهفت

نام **یزدان‌داد** نیز در آهنگ گفتار شاهنامه نمی‌گنجد، زیرا که از سه آوای بلند، برآمده است: یزـدان‌ـداد که چنین نوشته می‌شود (ـ ـ ـ) باز آنکه آهنگ شاهنامه چنین است (. ـ ـ . ـ ـ . ـ ـ . ـ) یا (تَ ناتن، تَ ناتن، تَ ناتن، تَنا)

ماهوی‌خورشید نیز چنین است (ـ ـ ـ ـ).

*

نمونه‌ای که در شاهنامه، بدین گفتار نیرو می‌بخشد نامِ **بزرگمهر** است که آن نیز چنین شنیده می‌شود:

(ـ ـ ـ) و فردوسی بناچار همواره گونهٔ تازی‌شدهٔ آن را در سخن آورده است: بوذَرجُمهر که چنین شنیده می‌شود. (ـ ـ . ـ) یا (ناتن ت نا) که در سه جا؛ از هر لتِ شاهنامه می گنجد!

به روان و فروهر پاک همهٔ آن بزرگمردان، درود و ستایش و آفرین باد که با مهر به ایران و بزرگداشت نیاکان، کارنامهٔ آن بزرگان را ازخم و پیچ زمان، و گرداب‌ها و توفانهای بیشمار جهان گذرانده، بدست فرزندان ایران رساندند!

دنبالهٔ گفتار

ابومنصور؛ پهلوان و کنارنگ خراسان را در سال ۳۵۱ در یکی از نبردها زهر خوراندند، و وی، زیر درختی، نزار و ناتوان، ایستاده و بیهوش گشت و در بیهوشی سرش را از تن جدا کردند و جان بجان‌آفرین سپرد!

*

فردوسی می‌فرماید که ایرانیان بدین داستان (شاهنامه) دل سپرده بودند، و خوانندگان، آنرا برای مردمان می‌خواندند.

آنگاه دقیقی، آغاز به سرودن آن کرد و کار را بپایان نرسانده، از جهان برفت.

۱٤ پیشگفتاری بر ویرایش شاهنامهٔ فردوسی

اکنون برای آنکه جدولی[1] از این سالها بدست آوریم، بایستی از سال پایان یافتنِ شاهنامه بیاغازیم:

سرآمد کنون قصهٔ یزدگرد	بماه سپندارمذ، روزِ «ارد»
ز هجرت شده پنج هشتاد بار	که پیوستم این نامهٔ نامدار

از این گفتار پیدا است که شاهنامه در روز بیست‌و پنجم اسفند باستانی (نوزدهم اسفند خیامی) سال ۴۰۰ هجری بپایان رسیده است.

با یک شمارِ آشنا؛ چون سال ماه‌شمار، همواره یازده روز از سال خورشیدی کمتر است ۴۴۰۰ = ۱۱ × ۴۰۰ روز، کمبودِ آنست، که چون آنرا بر ۳۶۵ روز خورشیدی بخش کنیم، ۱۲ سال و ۲۰ روز را در بر میگیرد.

اکنون اگر ۱۲ سال را از ۴۰۰ کم کنیم، سال پایان یافتن شاهنامه در گاهشمار خورشیدی ۳۸۸ است.

چون سی سال زمان سرایش شاهنامه از آن کم شود، آغاز کار فردوسی در ۳۵۸ خورشیدی بوده است.

و چون فردوسی بهنگام آغاز سرایش چهل ساله بوده است، زایش فرخندهٔ وی در ۳۱۸ خورشیدی درشمار است.

*

داستان؛ چنانچون فردوسی می‌فرماید آنستکه؛ چون دقیقی از جهان برفت:

دل روشن من چو برگشت از اوی	سوی نامهٔ خسروان کرد روی
که این نامه را دست پیش آورم	ز دفتر بگفتار خویش آورم
بپرسیدم از هرکسی بیشمار	بترسیدم از گردش روزگار
مگر خود، درنگم نباشد بسی	بباید سپردن بدیگر کسی
بر اینگونه، یکچند بگذاشتم	سخن را نهفته همی داشتم
بشهرم یکی مهربان دوست بود	که گویی که با من بیک پوست بود
مرا گفت: «خوب آمد این رای تو	بنیکی خرامد مگر پای تو
گشاده‌زبان و جوانیت هست	سخن گفتن پهلوانیت هست
شو، این نامهٔ خسروان بازگوی	بدین، جوی نزدِ مهان؛ آبروی»

*

۱- جدول واژه‌ایست فارسی است برگرفته از 𐬗𐬀𐬚𐬡𐬀𐬭𐬀 چثوَرَ اوستایی (= چهار) که بگونه چثوَرَنگه = چهارخانه درآمده است، و تازیان از آن جداول را نیز ساخته‌اند.

بدین نامه چون دست بردم فراز — یکی مهتری بود گردنفراز
جوان بود و از گوهر پهلوان — خردمند و بیدار و روشنروان
مرا گفت کز من چه باید؟ همی — که جانت سخن برگراید همی
بچیزی که باشد مرا دسترس — برآرم، نیارم نیازت بکس
همی داشتم چون یکی تازه سیب — که از باد، ناید بمن بر، نهیب

نام آن جوانِ انوشه‌روان فرزند ابومنصور، **امیرمنصور** بود که بر همان آیینِ پیشین، در آهنگ گفتار شاهنامه نمی‌گنجد، و سخنان روشن و آشکار فردوسی نشان میدهد که وی پشتیبان فردوسی در سرودن شاهنامه بود، و گذران زندگی فردوسی بهنگام وی با آرامش و آسایش همراه بوده است.

*

امیرمنصور که در دفترهای پسین از وی با نام امیرک منصور یاد کرده‌اند[1]، در آشوب‌های هنگام پایانین سامانیان بسال ۳۷۷ هجری در نیشابور گرفتار شد:

«بسیار دیلم بگرفتند، و منصور بن محمدبن‌عبدالرزاق، اندرمیان بود، نیز گرفته شد، همه را بخراسان فرستادند، و منصور را بر گاوی نشاندند، و بروز، اندر بخارا آوردند»[2]

با این سخن از هنگام مرگ ابومنصور، کنارنگ خراسان در سال ۳۵۱ هجری، تا گرفتار شدن امیرمنصور ۲۶ سال میگذرد، و اگر آغاز سرایش شاهنامه فردوسی را که نزدیک، ۳۷۱ هجری است بیاد بیاوریم از آنهنگام که امیرمنصور پشتیبانی فردوسی را پذیرفت، تا زمان به بند گرفتنش، شش یا هفت سال، یار و یاورِ وی بوده است.

این گفتارِ دردآور را، از تاریخ گردیزی[3] بخوانیم:

«چون امیر سبکتکین، خبر ابوعلی [سیمجور] را بیافت، او را از امیر رضی نوح درخواست کرد، پس نوح مر ابوعلی و غلامش ایلمنکور و امیرک توسی را و ابوالحسین پسر ابوعلی را نزد امیر سبکتکین فرستاد اندر شعبان سنه ست و ثمانین و ثلثمانه» (= ۳۸۶) پس امیر سبکتکین این چهار تن را به قلعهٔ گردیز فرستاد، که آنجا حصین بود بازداشت، و اندر سنهٔ تسع و

۱- پسوند «ک» برای امیرمنصور آزادمرد، که فردوسی خود، از او با پاژنامِ «مهترِ گردنفراز» یاد میکند، نادرست است، و چنین داوری از سوی نویسندگان پسین، با نگرش بگفتار فردوسی نبوده است و سخن را ببازی گرفته‌اند.

۲- تاریخ گردیزی، بکوشش عبدالحی حبیبی، دنیای کتاب، ۱۳۶۳، رویهٔ ۳۶۷.

۳- نمونه‌ها را همه از تاریخ گردیزی می‌آورم بدانروی که خود خراسانی بود و در دستگاه غزنویان بکار گمارده بود، و بسا از رویدادها را خویش به زمانِ خود دیده یا شنیده بود و وی خود گفته است که: اما این اخبار بیشتر از آن آوردیم که برأی‌العین خویش بدیدیم (۳۷۹).

ثمانین و ثلثمائه (= ۳۸۹) ایشان هر چهار تن را بکشتند»[1]

دنبالهٔ این داستانِ دردانگیز:

«اندر شعبان این سال ابوالحسن (علی‌بن‌حسن) بن بویه بمرد، و امیر سبکتکین ببلخ؛ نالان شد، قصد غزنین کرد، اندر راه بمرد، و این واقعه در شعبان سنهٔ سبع و ثمانین و ثلثمائه (۳۸۷) بود»[2]

چون سبکتکین بمرد:

«اندرین وقت امیر محمود به نیشابور بود، و خبر مرگ پدر شنید، و نیز شنید که: برادرش اسماعیل بن ناصرالدین، ترَکات پدر برگرفت، و ولایت غزنین بگرفت.

پس امیر محمود، روی بغزنین نهاد، و بدرِ غزنین با برادر بیاویخت و حرب کرد، و برادر راقهر کرد و اسیر گرفت، و لشگرش را هزیمت کرد، و شهر غزنین را بگرفت.»[3]

از این گفتارها چنین برمی‌آید:

سبکتکین در ماه شعبان ۳۸۷ هجری بمرد!

در ذی‌القعدهٔ ۳۸۹ هجری، امیرمنصور را بکشتند.

از مردن سبکتکین تا کشته شدن امیرمنصور پانزده ماه بیش نگذشته بود: از شعبان ۳۸۷ تا ذی‌القعدهٔ ۳۸۹!، و اگر، زمانِ خیزش محمود، از نیشابور، و رسیدن بغزنین و پیروز شدن او را، در این زمان درشمار آوریم، نشان از آن میدهد که محمود، پس از رسیدن به غزنین بیدرنگ فرمان بکشتن امیرمنصورِ ما را داد! زیرا که گردیزی در تاریخ خویش، چنین آورده است: «...امیرمحمود بر تخت سلطنت برنشست و خلعت (خلیفه) بپوشید، و تاج بر سر نهاد، و خاص و عام را بار داد. اندر سنهٔ تسع و ثمانین و ثلثمائه».

دنبالهٔ گفتار فردوسی دربارهٔ امیرمنصور چنین است:

چنان نامور، گم شد از انجمن چو از باد، سرو سهی، در چمن

۱- همان، رویه‌های ۵-۳۷٤:

درد بزرگ ما آنست که سبکتکین، ابوعلی را از سامانیان خواست، آنان را که خود ایرانی بودند، چرا می‌بایستی امیرمنصور را نیز همراه او بزندان سبکتکین فرستند؟ برای آنکه آن آزادمرد، در زندان انیرانیان بیش شکنجه بیند و همواره با مرگ پنجه‌درپنجه افکند؟

۲- همان، رویهٔ ۳۷۶.

۳- همان، رویهٔ ۳۷۶.

نه زو زنده بینم، نـه مـرده؛ نشـان . بدسـت نهنگـان و مردمکشـان![1]

این نهنگان و مردمکُشان کیستند؟ بجز دژخیمان دستگاه محمـودی، و سروسـردارِ آنـان کیسـت؟ بجزاز محمود سبکتکین، خونخواره مردِ بی‌آزرمِ بدنژادِ دشمنِ خرد و فرهنگ ایران!

*

فردوسی بدنبال این سخن می‌فرماید:

ستم باد؛ بر جـان او، مـاه و سـال کجا؛ بر تـنِ شـاه، شـد بدسـگال!

ستم باد، درد باد، نفرین باد، بر آن بی‌آزرمِ فرومایهٔ زرخریدزاده، که پهلوانِ پهلوان‌زادهٔ آزرمگین مـا را دست و پای در زنجیر و بیگناه در زندان بکشت، و آنچنانکه از گفتار فردوسی پیدا اسـت، گـورِ او نیز ناپیدا بوده است، و روشن نشد که کجا، بزیر خاکش کردند!

*

چنین کار در سال ۳۸۹ هجری گذشت... و امیرمنصور را به چه گناه گرفتند؟: «میانِ **«تاش»** سـردار درم‌خرید سامانیان، و **امیر ابوالحسن** دشمنی افتاد، و چون تاش در نیشـابور بـود، امیـر ابوالحسـن بـا یاریِ ابوالفوارس و سپاه قَهستان نیشابور را بگرفت[2]» و امیرمنصور را نیز بی‌آنکه او را در میانه، گناهی باشد، بگرفتند، و آشوب و نادانی و پریشانی دستگاه سـامانی در پایـان هنگامشـان چنـان بـود کـه آن سردار ایرانی را ده سال در زندان خود نگاه بداشتند، پسان او را بزندان سـبکتکین، درم‌خریـدِ دشـمنِ ایران و ایرانی فرستادند، تا دو سال بر او شکنجهٔ بیشتر رود، و چون سبکتکین بمرد، و محمود پس از

۱- یکی از کسان، که بنیادی بنام «فردوسی» پدید آورد و سالها، از ایرانیان یاوری می‌خواست و هیچگـاه نیـز کـاری دربـارهٔ فردوسی بانجـام نرسانید، در دفتری بنام «سروِ سایه‌فکن» که از سوی انجمن خوشنویسان ایران بچاپ رسیده است، دربارهٔ این سخن فردوسی چنین گفتـه و نوشته است:

چنانکه گذشت، وی امیرمنصور (امیرک منصور) را دوست فردوسی بشمار آورده است، و پس از یادکرد از آن دوست فردوسی که او را بسرودن شاهنامه برانگیخت می‌گوید: «نیز دوست دیگری که امیرک منصور خوانده شده است، و باز نمی‌دانیم کیست به او پیشنهاد هرگونه همراهی می‌دهد». رویهٔ ۵۰.

نویسنده درنیافته است که «یکی پهلوان بود گردنفراز» را نشاید دوست فردوسی درشمار آوردن، زیرا که اگر آن پهلوان گردنفراز دوست فردوسی می‌بود، از وی نیز با نام دوست یاد میکرد، و نیز درنیافته است که آن جوان از تخمهٔ پهلوان (ابومنصور) پسر وی بوده است، و اگر همان تاریخ گردیزی را -که در نوشتهٔ خویش، چند جای از آن یاد کرده است- بدرستی می‌خواند، این داستان را درمی‌یافت!

چنین کس را که پروای شاهنامه‌شناسی و داوری دربارهٔ فردوسی و شاهنامه است، در گفتار پسین می‌افزاید: «متأسفانه این دوست(!) پس از چندی از میان می‌رود، معلوم نیست چگونه... آیا در دریا غرق شده بود؟ نمیدانیم...»

نویسنده درنیافت که «نهنگان و مردمکُشان» دژخیمان دربار محموداند، نه نهنگانِ دریا!

سرو سایه‌فکن، دربارهٔ فردوسی و شاهنامه، انجمن خوشنویسان ایران، ۱۳۶۹، رویهٔ ۵۱

۲- تاریخ گردیزی، همان، رویهٔ ۳٦٦.

نبرد با برادرش [که بهنگام مرگ پدر در غزنین بود، و دستگاه فرمانروایی او را گرفته بود] و پیروزی بر او، بیدرنگ امیرمنصور را بکشت!

ناگفته پیدا است که چون محمود بفرمانروایی رسید، با خویش اندیشید که مبادا خراسانیان بیاد آورند که سرداری نژاده از دودمان اسپهبدان خراسان، در زندان من است، و سر بشورش برآرند، و کار را بر من تباه سازند، پس؛ بجانِ آن جانسپارِ راهِ فرهنگ ایران دست یازید، و وی را از میان برداشت!

*

این نیز پیدا است که فردوسی، در همان زمان و بهنگام همان رویدادها **«گفتار اندر پیدایی شاهنامه»** را بشاهنامه افزوده است، زیرا که می‌گوید:

نه زو زنده بینم، نه مرده نشان   بدست نهنگان و مردم‌کُشان

چنین سخن نشان از آن دارد، که امیرمنصور را تازه کشته بوده‌اند، و برخی را گمان بود که هنوز زنده است، بدانروی که پیکر آن پهلوان را در جایی بی‌نشان، بخاک سپرده بوده‌اند، و از وی نه مرده، نه زنده نشانی در جهان پدیدار نبوده است!

*

فردوسی با گفتار پایانین، بر محمود نفرین می‌فرستد.

واژه [illegible] (۱) در اوستا برابر است با مهر ورزیدن، دوست داشتن، ستودن، نماز گزاردن.[1]

از این واژه با پیشوند برافرازندهٔ [illegible] بگونه [illegible] ستایش کردن، خواهش نیکو، نیایش برمی‌آید که در زبان پهلوی بگونه [illegible] آفرِن در آمد، و در زبان فارسی «آفرین» خوانده می‌شود.

نیز با پیشوند «نی» که روی بزمین و پایین دارد (همچون نی‌شَستن = نشستن؛ نیهاتَن = نهادن، نیهوفتن = نهفتن)، بگونهٔ «نفرین» درمی‌آید، که مهر و خواهش و ستایش را بزمین افکندن است.

«باد» که همراه با ستم است، کنشی است که در دستورزبان امروز «صیغهٔ دعا»یش می‌خوانند، برابر با [خدای خواهد که باشد]. همچون کناد، رواد و بر این بنیاد، فردوسی با آوردنِ ستم باد، از خداوند برای محمود ستم خواسته است، و همانا او را نفرین کرده است.

۱- فرهنگ واژه‌های اوستایی، احسان بهرامی ـ فریدون جنیدی، بنیاد نیشابور، ۱۳۶۹، دفتر دویم، رویهٔ ۹۹۱.

اکنون جای آنست که از خردمندان و استادان شاهنامه‌دان پرسیده شود، فردوسی که محمود را در آغاز شاهنامه نفرین کرده است، چگونه شاید که همو بیدرنگ، ویرا بستاید؟

اندکی درنگ باید!

سال پایان یافتن شاهنامه بر بنیاد گفتار فردوسی، چهارسد هجری است:

سرآمد کنون نامهٔ یزدگرد بماه سپندارمز، روز ارد
ز هجرت شده پنج هشتاد بار که پیوستم این نامهٔ نامدار

از سویی چون **رستم فرخزاد** پیش از آغاز جنگ برای برادر خویش نامه می‌نویسد، در میانهٔ سخن چنین میگوید:

بر این، سالها چهارسد بگذرد کزین دوده (ایرانیان) کس، تخت را نسپَرَد
شود بندهٔ بی‌هنر؛ شهریار نژاد و بزرگی نیاید بکار
از ایران و ترکان و از تازیان نژادی پدید آید اندر میان
نه اِیر و نه ترک و نه تازی بود سخن‌ها بکردار بازی بود
رباید همی، این از آن، آن از این ز نفرین ندانند باز، آفرین

❖ بیگمان پیدا است که بندهٔ بی‌هنری که شهریار شده است همان محمود است، بدانروی که در سال پایان یافتن شاهنامه، محمود بر تخت خراسان نشسته بود.

❖ آمیزش ترکان با ایرانیان نیز پدیده‌ای بوده است، ویژهٔ همان روزگار، زیرا که در آغاز یورش تازیان، ترکان پدیدار نبودند، و فرمانروایی آنان با سبکتکین آغاز شد.

❖ سخن پایانین نیز آئینهٔ تمام‌نمای روزگار پایانی سامانیان و آغاز فرمانروایی محمود است، و خوانندگان آگاه را به بررسی رویدادهای شگفت و کشتارهای بی‌مانند آن هنگام رهنمون می‌شوم.

❖ فردوسی در میان نامه‌ای که رستم فرخزاد ببرادر می‌نویسد، رویدادهای روزگار محمودی را می‌گنجاند، تا چهرهٔ آن بندهٔ بی‌هنر را بنمایاند.

*

گواه دیگری که نشان از آن می‌دهد که فردوسی هیچگاه ستایش محمودِ ناستوده را نکرده است، تاریخ بیهقی است که در زمان محمود و مسعود نوشته شده است.

در آن نامهٔ شایستهٔ نگرش، فهرستی از همهٔ سرایندگان مزدور دربار محمودی آمده است و از هر یک

نیز سروده‌ای در ستایش وی پیوسته شده است، و در آنمیان، از فردوسی نامی در میان نیست.[۱] چرا؟

از برای آنکه در همان روزگار، همگان زنده بوده‌اند و آگاه... و میدانسته‌اند که فردوسی نه تنها ستایش وی را نکرده است، که در آغاز و پایان شاهنامه ویرا با گفتار بلند و آراستهٔ خویش خوار کرده و نکوهیده است، و نام و آوازهٔ محمود و پایگاه او در دیدگاه فردوسی چندان پست و بی‌ارزش بوده است که دیدگاه خویش را تنها با یک رج در آغاز شاهنامه و یک رج در پایان شاهنامه چنین نمایانده است:

ستم بر جان محمود باد، بندهٔ بی‌هنری که شهریار شد و پهلوان ما را بکشت!

*

نگارنده چنین می‌اندیشد، که برای خردمندان، همین اندازه گفتار دربارهٔ «مدح محمود!» بس می‌نماید، اما از آنجا که یکهزار سال است که دروغ‌بافان و افزایندگان مزدور، بفرمان دستگاه غزنوی چندان دروغ و چندان سخن ناشایست در این باره بشاهنامه افزوده‌اند، دروغ بر روی دروغ چندان بر روی هم پیچیده است که آیینهٔ راستی را درنوردیده، گفتاری افزون بر آنچه که گذشت بایسته می‌بینم!

*

سخت‌ترین شگفتی آنجا روی می‌نماید که پس از این گفتار فردوسی:

ستم باد بر جان او ماه و سال کجا، بر تنِ شاه شد بدسگال

بیدرنگ افزوده‌اند:

یکی پند آن شاه، یاد آورم ز کژّی سخن سوی داد آورم
مرا گفت کاین نامهٔ شهریار اگر گفته آید بشاهان سپار
دل من بگفتار او رام شد روانم بدین، شاد و پدرام شد
چو جانِ رهی پند او کرد یاد دلم گشت از پند او، رام و شاد
بدین نامه چون دست بردم فراز بنام شهنشاه گردنفراز
جهان‌آفرین تا جهان آفرید چنو شهریاری نیامد پدید

یک: روی دیگر گفتار لت دویم در رج نخست آنستکه، تاکنون هرچه گفته‌ام کژّ و ناراست بوده است:

بنام خداوند جان و خرد
ز نام و نشان و گمان برتر است
خرد برتر از هرچه ایزدت داد
نخست آفرینش خرد را شناس

[۱]- بنگرید به تاریخ بیهقی، بکوشش علی‌اکبر فیاض.

آنگاه ستایش ابومنصور محمد عبدالرزاق، که بفرمان او شاهنامه را گرد آوردند! آنگاه ستایش امیرمنصور که هفت سال یاور و پشتیبان فردوسی بوده است!

آیا میتوان این سخن را باور کردن؟

دو: نامهٔ شهریار را (را) باید: نامه شهریار را.

سه: گفتار فردوسی در این باره چنین است:

همی خواهم از داورِ یکخدای — که چندان بگیتی بمانم بپای
که این نامهٔ شهریاران پیش — درآرم بدین خوب گفتار خویش
وزانپس تنِ بی‌هنر، خاک را است — روان و توان مینوی پاک را است

و در این گفتار آرزوی بلند فردوسی، نمایان می‌شود، و نشان میدهد که تنها؛ چشم بپایان یافتن شاهنامه دارد، نه به مال و زری که محمود با ستم از ایرانیان و پسان از هندیان می‌گرفت.

سه: «او رام» را با «پدرام» پساوا نیست.

چهار: رام شدن دل نادرخور است، بایستی گفته شود: سخن او را پذیرفتم.

پنج: «بدین» در لت دویم نیز نابجا است، زیرا که پیشتر از «گفتار او» یاد شده بود.

شش: «من» رج پیشین به «رهی» در این رج بازگردید.

هفت: دوباره از رام و شاد یاد می‌شود.

هشت: بی‌هیچ گمان، فردوسی نوزده سال پیش از فرمانروایی محمود سرودن نامهٔ شاهان پیشین را آغاز کرده بود.

نُه: محمود هیچگاه شهنشاه نامیده نشد، که با نام شاه نیز از وی یاد نشده است. **این سخن را پس از بررسی رج پسین برمی‌رسیم.**

ده: رج ششم برگرفته از گفتار فردوسی است دربارهٔ رستم:

جهان‌آفرین تا جهان آفرید — سواری چو رستم نیامد پدید

محمود شاهنشاه!!؟

سامانیان که برکشندهٔ بردگانِ درم‌خرید؛ الپتکین و سبکتکین و محمود بودند، پاژنامِ امیر داشتند:

نُه تن بودند ز آل سامان مشهور — هر یک به آمارتِ خراسان مأمور
اسماعیلی و احمدی و نصری — دو نوح و دو عبدالملک و دو منصور

ایشان به محمود پاژنامِ «ناصرالدین» دادند، و چون محمود پاس نان و نمک ایشان را بجای آورد، و فرمانروایی را از آن خاندان بگرفت، مردمان؛ او را نیز «امیر محمود» خواندند، و گردیزی که ریزه‌خوار خوان او و فرزندانش بود، همواره از وی و فرزندانش با همین پاژنام یاد کرده است:

«چون امیر محمود رحمةالله از فتح مرو فارغ شد، و امیر خراسان گشت و هنوز ببلخ بود که رسولِ القادر بالله از بغداد بنزدیک او آمد، با عهدِ خراسان، لَواء و خلعت فاخر و تاج. و قادر؛ او را لقب نهاد «یمین‌الدوله و امین‌الملّه ابوالقاسم محمود، ولی امیرالمؤمنین:

پس چون آن عهد و لوا برسید، امیر محمود بر تخت سلطنت نشست و خلعت بپوشید و تاج بر سر نهاد و خاص و عام را بار داد، اندر ذی‌قعدهٔ سنه تسع و ثمانین و ثلثمائه»[۱] [۳۸۹]

چون محمود بمرد، همواره از او و جانشینانش نیز با نام امیر یاد کرده است:

«و چون **امیر شهید** این خبر بشنید مر تلک بن جهلن را که سپهسالار هندوان بود بفرستاد.»[۲]

«بکتغدی بازگشت و پیش **امیر شهید** آمد، و امیر تنگدل شد.»[۳]

«چون رام خبر یافت، کس فرستاد، و از **امیر شهید** عذر خواست.»[۴]

«و **امیر**مسعود رحمةالله بفرمود تا میلی کردند [میل، مناره‌ای بساختند] و آن سرها اندر آن میل نهادند»[۵] [نخستین کله منار جهان!]

«و سرِ او [امیرمسعود را] برداشت [برید] و بنزدیک **امیر**محمد [برادرش.] رحمةالله بفرستاد.»[۶]

«خبر واقعهٔ ماریگله و وفات **امیر شهید** رحمةالله بامیر مودود رسید»[۷]

*

بیهقی نیز که در دستگاه و دیوان غزنویان گمارده بود، پاژنامی جز این برای آنان نیاورده

۱- تاریخ گردیزی، همان، رویهٔ ۳۸۱.

۲- همان، رویهٔ ۴۳۱.

۳- همان، رویه ۴۳۰.

٤- همان، رویهٔ ۴۳۳.

۵- همان، رویهٔ ۴۳۵.

٦- همان، رویهٔ ۴۳۱.

۷- همان، رویهٔ ۴۴۰.

است:

«**امیر** چون رقعه بخواند، بنوشت[۱] و به غلامی خاصه داد که دویت (دوات)دار بود، و گفت نگاه دار.»[۲]

«ما هر دو تن برفتیم، تا با **امیر** گفته شود.»[۳]

«**امیر** بکوشک محمودی به افغان‌شالی بازآمد که تمام دادِ شعبان بداده بود، و نشاط بسیار کرده بود.»[٤]

«بدان وقت **امیر محمود** از گرگان قصد ری کرد... و **امیران** محمود و مسعود، پدر و پسر، دیگر روز قصد ری کردند.»[٥]

گاه نیز بدنبال گزافه‌های سرایندگان دربار، پاژنام سلطان را دربارهٔ آنان آورده است:

«وی را **امیر محمود** آزاد نکرده بود، هرچه وی راست، از آنِ سلطان است.»[٦]

«... و سخت کودک بود **امیر مردانشاه**، چه سیزده ساله بود. بعدازآن بسلطان مسعود خطاب کرده و گفته سلام علیک»[۷]

پس از مرگ محمود، همواره از وی با پاژنام امیرماضی، یا میرماضی یاد می‌کردند، تا آنجا که مسعود نیز از پدرش چنین یاد می‌کند:

«پدر ما امیرماضی ملک خراسان بمرو یافت که سامانیان را بزد.»[۸]

*

نه تنها کارگزاران دستگاه غزنوی که دیگران نیز همواره از ایشان با پاژنام «امیر» یاد کرده‌اند:

«اشکره‌داران علاءالدوله را دیدم و مصاحبت کردم خاصه ابراهیم و اشکره‌داران امیر محمود و امیر مسعود و سلطان ماضی طغرل‌بیک را دریافتم».[۹]

خواجه نظام‌الملک در «سیرالملوک» داستانی بلند از محمود یاد می‌کند، که از خلیفه پاژنامی افزون

۱- نوشتن، نوردیدن، لوله کردن.

۲- تاریخ بیهقی، بکوشش دکتر علی‌اکبر فیاض، دانشگاه فردوسی، چاپ دوم، شهریور ۲۵۳۶ شاهنشاهی [۱۳۵۶ خیامی].

۳- همان، رویهٔ ۱۸٦.

٤- می‌نوشان، پیش از ماه رمضان در ماه شعبان، باندازهٔ ماه روزهٔ آینده می‌نوشیدند. همان، رویهٔ ۳۵۵. نام چنین می‌نوشی‌ها در زبان فارسی «بَرغَندان» آمده است، که در زبان ارمنی «باری گِنتان» می‌خوانند.

٥- همان، رویهٔ ۱۵۸.

٦- همان، رویهٔ ٦۷۸.

۷- همان، رویهٔ ۹٤۹.

۸- همان، رویهٔ ۸٦٤.

۹- نسوی‌نامه، پژوهش و نگارش ابوالقاسم قربانی، مؤسسه مطالعات و تحقیقات فرهنگی، تهران، ۱۳۷۰، رویهٔ ۷.

بر «امین‌الملّه» می‌خواست، و خلیفه نامی بر نام او نمی‌افزود:

«گویند زیادت از ده بار رسول می‌فرستاد با خدمتها، هیچ سود نداشت، و خاقان سمرقند را سه لقب داده بود ظهیرالدوله، معین خلیفه‌اله، ملک شرق والصین، و محمود را از آن غیرت می‌آمد...»[۱]

پس محمود با هزینه کردن مال فراوان و ترفندها و نیرنگهای بی‌مانند، فرمان خاقان را بر دست زنی -نویسنده و خواننده و زبان‌دان و شیرین‌سخن-[۲] از گنجینهٔ خاقان بدزدید، و برای خلیفه فرستاد که فرمان خلیفه در دست کودکان خاقان بدینسوی و آنسوی کشیده می‌شود، و چونست که برای من فرمانی نمی‌افزایی؟

«خلیفه که آن قصّه و فتوی برخواند در حال حاجب‌الحجّاب را بنزدیک وزیر فرستاد که هم‌اکنون رسول محمود را پیش خوان و دلگرمی ده و خلعت و لوا و لقب که فرمودیم ساخته گردان و بخشنودی او را گسیل کن.

با این همه هواخواهی و خدمتهای پسندیده و کوشش محمود و جَلدیِ دانشمند، امین‌المله زیادت کردند، و تا محمود زنده بود لقب او یمین‌الدوله و امین‌المله بود.»[۳]

با چنین آگاهی‌ها که همه از زمان محمود بما رسیده است و جای هیچگونه داوری و گمان نمی‌نهد، که -مبادا گویندگان را آگاهی بایسته از روزگار محمود نبوده و در گفتار براه راست نرفته‌اند!- جای آن دارد که به برخی سخنان افزوده بشاهنامه بنگریم:

چه گویی که خورشید تابان که بود / کزو در جهان روشنایی فزود
ابوالقاسم آن **شاهِ** فیروزبخت / نهاد از بَرِ تاج خورشید، تخت

❁

درودشت بر سان دیبا شدی / یکی تخت پیروزه، پیدا شدی
نشسته بر او **شهریاری** چو ماه / یکی تاج بر سر بجای کلاه

❁

جهاندار محمود، شاه بزرگ / به آبشخور آرد همی میش و گرگ
ز کشمیر تا پیش دریای چین! / بر او، شهریاران کنند آفرین

❁

۱- سیرالملوک، همان، رویه‌های ۲۰۱ تا ۲۱۰.

۲- همان، رویهٔ ۲۰۳.

۳- همان، رویهٔ ۲۱۰.

گفتار، اندر فراهم آوردن شاهنامه ۲۵

ابوالقاسم آن **شهریار جهان** .کزو تازه تاج شاهنشهان

*

شهنشاه ایران و زابلستان(؟) ز قنوچ تا مرز کابلستان
پدربرپدر بر(؟!!) پسربرپسر همه تاجور باد و پیروزگر

*

جهاندار محمود با فرّ و جود کزو بخشش و جود شد در وجود
هوا روشن از مایه‌ور بخت اوست زمین پایهٔ نامور تخت اوی
برزم اندرون ژنده‌پیل بلاست ببزم اندرون آسمان وفا است

*

ستاییم زانپس **شهنشاه** را که تختش درخشان کند ماه را
جهاندار محمود با فرّ و جود کزو بخشش و جود، شد در وجود
[دوباره‌گویی]

*

خردمند و زیبا و چیره سخن جوانه بسال و بدانش کهن!

*

اکنون جای دارد که برای نشان دادن زیبایی چهرهٔ محمود، به این گفتار خواجه نظام‌الملک بنگریم:

«چنین گویند که سلطان محمود غازی را، روی نیکو نبود. کشیده‌روی بود و خشک و دراز گردن و بلند بینی و کوسه بود، و بسبب آنکه پیوسته گِل خوردی، زردروی بود و چون پدرش سبکتکین درگذشت و او بپادشاهی بنشست، بامدادی پگاه در حجرهٔ خاص بر مصلای نماز نشسته بود و نماز بکرده و آیینه و شانه در پیش او نهاده و دو غلام خاص ایستاده.

وزیرش شمس‌الکفاة احمد حسن از درِ حجره اندر آمد و خدمت کرد... چون محمود در آینه نگاه کرد، چهرهٔ خود را بدید، تبسّم کرد و احمدحسن را گفت: «دانی که این زمان در دل من چه می‌گذرد؟ گفت خداوند بهتر داند. گفت می‌ترسم که مردمان مرا دوست ندارند، از آن چه، روی من نه نیکوست و مردمان، بعادت، پادشاه نیکوروی را دوست دارند.

احمدحسن گفت: «ای خداوند! یک کار بکن تا مردم ترا از زن و فرزند و جان خویش دوست‌تر دارند، و بفرمان تو در آب و آتش روند. گفت چه کنم؟ گفت زر

را دشمن گیر، تا مردمان ترا دوست گیرند»[۱]

این گفتار، نشان میدهد که محمود مالدوست و زرپرست بوده است که حسن میمندی به خوارداشت زر و مال، پندش می‌دهد!

اما پیش از گشودن این گفتار، به سخنی از گردیزی بنگریم، تا اینان زشترویی خویش را چگونه می‌خواستند پنهان کردن:

«و هم اندر این وقت یعنی سنه سبع و عشرین و اربعمائه؛ کوشک نو تمام شد بغزنین، با تخت زرین که از بهر این کوشک ساخته بودند مرصع بجواهر، پس امیر شهید رحمت‌اله بفرمود، تا آن تخت زرین را بنهادند اندر کوشک، و تاجِ زرین، بوزن هفتاد من[۲] از زر و جواهر بیاویختند بزنجیرهای زرین!»[۳]

سعدی در آغاز بخش یکم گلستانش که ویژهٔ، روش و منش پادشاهان است، نخستین داستان را به محمود ویژه کرده است:

«یکی از ملوک خراسان محمود سبکتکین را بخواب دید چنانکه همه اندامش فروریخته بود مگر چشمان او که همچنان در چشم‌خانه همی گردید، و نظر همی کرد.
سایر حکما از تأویل آن فروماندند، مگر درویشی که بجای آورد و گفت: هنوز نگران است که مُلکش با دگران است».

سعدی دویست سال پس از محمود میزیست، اما هنوز مردمان، تنگ‌چشمی ویرا از یاد نبرده بودند، و برای آگاهی از داستان‌های نزدیک‌تر بزمان محمود را دربارهٔ مالدوستی و دست‌تنگی و باج‌خواهی‌های محمود بویژه از وزیران و بزرگانی که خود آنان را از کار برکنار می‌کرد و بزندان می‌افکند، بنگرید به «محمود غزنوی سرآغاز واپسگرایی در ایران».[٤]

*

باز پیدا است که محمود را دست و دل برای سرایندگان و ستایندگان دروغپرداز و گزافه‌گوی، باز بوده است، چنانکه عنصری را از دستمزدهای او، در خانه؛ دیگدان [اُجاق] سیمین و ابزارهای خوانِ زرین بوده است، و برای یک سرودهٔ ناراست، یک پیلبار درهم از غزنین به ری فرستاده است، تا در

۱- سیرالملوک، خواجه نظام‌الملک، هیوبرت دارک، انتشارات علمی فرهنگی، ١٣٦٤.

۲- ۲۱۰ کیلو بسنگ امروز!

۳- تاریخ گردیزی، همان، رویهٔ ۴۳۱.

٤- دکتر غلامرضا سلیم، نشر بلخ وابسته به بنیاد نیشابور، تهران، ۱۳۸۳.

جهان آشکار کند که رازیان که زیر فرمان بانو فخرالدوله می‌زیند محمود، دشمن او را می‌ستایند![1]

نمونهٔ دیگر، چکامه‌ای است که یک هندی میهن‌فروش، بزبان هندی در ستایشِ او -دشمنی که همهٔ نشانه‌های فرهنگ آنانرا بزیر کشید و بتاراج بُرد، و هزاران هزار هندی بیگناه را سر برید- سروده است:

«پس، نَندا شعری گفت امیر محمود را بلغتِ هندوی، و بنزدیک او فرستاد. و امیر محمود رحمةاله فرمود، تا آن شعر را بر همه شعراء هندوان و پارسیان و تازیان عرضه کردند، همه بپسندیدند و گفتند: سخن از این بلیغ‌تر و بلندتر نتوان گفت. و امیر محمود بدان افتخار کرد و فرمود تا منشوری نوشتند، نندا را به امارت پانزده قلعه، و بنزدیک او فرستادند. گفت: «این صلهٔ آن شعر است که از بهر ما گفتی»! و با آن بسیار چیز فرستاد؛ از ظرایف و جواهر و خلعت‌ها، و نندا، همچنان بسیار مال و جواهر فرستاد، و امیر محمود رحمةاله با فتح و ظفر از آنجا بازگشت و بغزنین آمد»[2]

۱- دشمنی محمود با بانو فخرالدوله نزد همگان روشن است که چون آهنگ رزم با او و گرفتن ری را کرد بانو فخرالدوله بدو پیام داد که مسن نبرد با تو را پسیچیده‌ام اما بدان که اگر بر من پیروز شوی، جهانیان می‌گویند که محمود با زنی جنگید و پیروز شد و اگر من بر تو پیروز شوم، همگان بر تو ریشخند خواهند کردن و چون محمود چنین شنید، از ترس بازگشت... اما چون آن بانوی بزرگوار بمرد، محمود دیگر بار آهنگ ری کرد، و فرزندان فخرالدوله از ری بیرون آمده به پیشواز سپاه محمود رفتند همگان را دست و پای بزنجیر بستند و کُشتند و گنج‌نبشت‌ها را آتش زدند، و دانایان را بر دار کشیدند. دفترهای آنان را زیر پای آنان آتش زدند، تا آن دفترها و نویسندگان با هم بسوختند.

برای آگهی یافتن سیاهکاری‌های محمود در ری بنگرید به نامهٔ «محمود غزنوی، سرآغاز واپسگرایی در ایران»، نوشته دکتر غلامرضا سلیم، نشر بلخ، ۱۳۸۳.

۲- تاریخ گردیزی، همان، رویهٔ ۴۰۳.

زمانِ افزودن بشاهنامه

اکنون از خوانندهٔ آگاه داوری می‌خواهم، که بهنگام محمود، که ایرانیـان، همـه، از زشترویی وی و از دست و دل تنگ او، و از اینکه یازده بار از خلیفه پاژنامی افزون بر آنچه که داشت درخواست کرده بود، آگاه بودند، می‌توان، ویرا؛ راد، و زیباروی، و شاهنشاه نامیدن؟

بیگمان چنین نشاید بودن، و در زمان نشاید چیزی را دیگر نمودن! چنانچه بیهقی نتوانست از نام فردوسی در کنار ستایشگران دروغزن دربار محمودی یاد کند!

در میان این ستایش‌ها گزافه‌تر از چنین سخن نیست:

پــدر بــر پـدر بـر، پـسـر بـر پـسـر   هـمـــه تـاجـور بـــاد و پیـروزگــر!

و چگونه شاید اندیشیدن که چنین گفتار دروغ، در زمان محمود سروده شده باشد که بدان‌زمان همگان می‌دانستند که پدر محمود را که برای فروش آورده بودند، در نیشابور به درمی چند خریده بوده‌اند!

نمونهٔ روشن دیگری که نشان میدهد که بایستی نادرستی‌ها و کژه‌گویی‌ها را بدان‌هنگام گفتن و سرودن که از داستانِ راست، اندکی گذشته باشد، تا به باور مردمان نزدیک شود، همانا کارنامهٔ اردشیر بابکان را است.

این کارنامه را در بخش‌های پایانیِ این پیشگفتار بررسیده‌ام، گزیدهٔ سخن آنست که چون اردشیر با نیرنگ و سیاهکاری اردوان را بکشت، و شیوهٔ فرمانروایی را دیگر کرد[1] ایرانیان از وی سخت رنجیـده بودند و سر بفرمان وی نمی‌نهادند، و هرگاه، آشوبی از یکی از گوشه‌های ایرانشهر برمی‌خاست، و از اردشیر سر بر می‌تافتند، چنانکه در همان کارنامه نیز ناگزیر از چنین آشوبها یاد شده است:

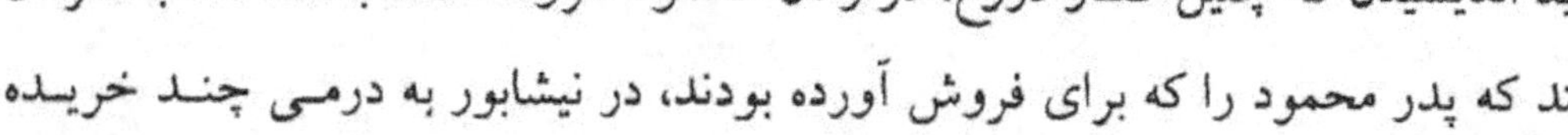

[پهلوی]

۱- پیش از من نخستین بار دوست و استاد گرامی دکتر غلامرضا سلیم، در نشست‌های سالانهٔ بررسی تاریخ ایران که در وزارت فرهنگ و هنر برگزار می‌شد گفته است که اردشیر با شیوه‌ای که امروز کودتایش می‌نامند، اردوان را بکشت و خود بر تخت نشست.

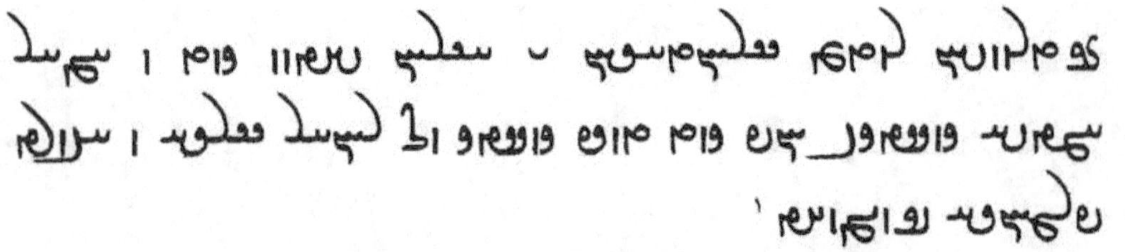

پس از آن، اردشیر به بخش‌بخش رفت و بس کارزار و کشتار با سرخدایان ایران (پادشاهان بخش‌ها) کرد، و همواره هنگامیکه یک مرز را خوب (می)کرد مرزی دیگر به بازسری (سرکشی) و نافرمانبری می‌ایستاد!

چنین سرکشی و نافرمانی همواره در ایران رخ می‌نمود، بدانروی که ایرانیان یادِ هنگـام پرشکوه و مردمسالارانهٔ اشکانیان را فراموش نمی‌کردند.

پس؛ ساسانیان چاره‌ای اندیشیدند، و آن؛ چنان بود کـه بگوینـد شـاپور، فرزنـد اردشـیر، از دختـر اردوان زاده شده است. و بدینسان نژاد او را از یکسـوی بـه اشـکانیان کشـاندند، آنگـاه بـا افسـانه‌ای کودکانه، پیوند شاپور رانیز با دختری از آن مهرک نوشزاد (انوشه‌روان) بستند، پس؛ فرزند او «اورمزد» نیز از سوی مادر به اشکانیان پیوست و بدینسان اورمزد شاپور ۷۵٪ اشـکانی بشـمار آمـد، تـا بـا ایـن افسانه‌های دروغ به ایرانیان بنمایند که ما نیز اشکانی هستیم و از ما کینه در دل مدارید...

با همهٔ این سخنان، ایرانیـان؛ اشـکانیان را فرامـوش نکردنـد، و در نخسـتین وزشِ شَـمالِ[2] آزادی بدانهنگام که پهلوان بزرگ ایران «**بهرام پورگشسب**» با خسروپرویز روبرو شده بود، بدو گفت:

بزرگی مر اشکانیان را سزا اسـت   اگر بشـنود مـردِ داننـده، راسـت!

پیدا است که این افسانهٔ ناراست، در زمان هرمز یکم، (فرزند شاپور و نوادهٔ اردشیر) یـا پـس از او ساخته و پرداخته شده است، و این گفتار کارنامه آنرا بازمی‌نماید:

«پس از آنکه هرمز به پادشاهی رسید همگی ایرانشهر، باز به «یک‌خدایی» (پادشاه یگانه) توانست رسیدن و هرمزد همگی ایرانشهر، و پادشاهان بخش‌بخش را به فرمانبرداری آورد»[3]

*

برای دریافت آنکه افزوده‌ها را چه زمان بشاهنامه اندر کرده‌اند، می‌باید به نامه‌هـای نزدیـک بزمـان پایان یافتن شاهنامه نگریستن:

خواجه نظام‌الملک وزیر سلجوقیان داستانی از محمود و پیرزنی را که بدو ستم روا داشته شده بود،

۱- کارنامهٔ اردشیر بابکان، دکتر بهرام فره‌وشی، انتشارات دانشگاه تهران، ۱۳۵۴، رویه‌های ۲-۱۱۱.

۲- شَمال در زبان فارسی برابر نسیم است و هنوز در خراسان، افغانستان و تاجیکستان بر زبان می‌رود.

۳- کارنامهٔ اردشیر بابکان، همان، رویهٔ ۱۳۷.

می‌گوید، آنجا که در سیاستنامه از «دزدان کوچ و بلوچ» نام برده شده است: «و این کوچ و بلوچ پیوستهٔ ولایت کرمان است».[۱]

در ویرایش روشن شد که نام کوچ ساختگی است، و نبرد کسری با بلوچ و کوچ از افزوده‌های شاهنامه است. اما در «سیرالملوک» خواجه نظام‌الملک که پیرامون ۴۸۴ نوشته شده است[۲] سخن از دودمان «کوچ» بهمراه بلوچ رفته است.

پس شاهنامه‌ای که در دست نظام‌الملک بوده است، همراه با افزوده‌ها بوده است.

*

عنصرالمعالی، کیکاوس پور اسکندر پور قابوس پور وشمگیر پور زیار، **قابوسنامه** را میان سالهای ۴۵۷ تا ۴۶۲ هجری نوشته است، و در آن؛ از داستانِ افزودهٔ رفتن گشتاسپ به روم و آهنگری در آن سرزمین یاد میکند:

«چنانکه گشتاسپ چون از مستقرّ خویش بیفتاد، و آن قصه درازست، اما مقصود اینستکه وی بروم افتاد، در قسطنطنیه رفت، با وی هیچ چیز نبود از دنیاوی و عیب می‌داشت نان خواستن، مگر اتفاق چنان افتاده بود که بکودکی در سرای پدر خویش آهنگران دیده بود که کاردها و تیغ‌ها و رکاب، و دهانه‌ها کردندی، مجاور، و مگر در طالع وی این صناعت اوفتاده بود، هر روز گردِ ایشان همی گشتی، و همی دیدی، و این صناعت بیاموخته بود، و این روز که بروم درماند، هیچ حیله ندانست، بدوکان آهنگران رفت و گفت: من این صناعت دانم، ویرا بمزدور گرفتند و چندانکه آنجا بود از آن صناعت همی زیست و بکس نیازش نبود...»[۳]

چنانکه در ویرایش روشن خواهد شد، آن داستانها همه افزوده بشاهنامه است، اما شاهنامه‌ای که در دست عنصرالمعالی بوده است این بخش افزوده را در خود داشته است.

از آنسوی پیدا است که در زمان محمود و مسعود دست به افزایش به شاهنامه نبرده بودند، و بهترین داور و گواه در این سخن همانا گفتار تاریخ بیهقی است که در آن نه سخن از فردوسی میرود، نه از ستایش محمود از سوی فردوسی. اما چون مسعود در سال ۴۳۲ کشته شد. فرمانروایی به «مودود» رسید با چندان جنگهای خونین و کشتارهای سخت که در تاریخ‌های بیهقی و گردیزی آمده است و اندیشهٔ ایرانیان را پریشان کرده است، نرم‌نرم می‌توانستند، نام محمود را بشاهنامه افزوده،

۱- سیرالملوک، همان، رویهٔ ۸۶

۲- قابوسنامه، غلامحسین یوسفی، شرکت انتشارات علمی فرهنگی، ۱۳۶۴، چاپ سوم، رویه ۲۰.

۳- همان، رویه‌های ۱۳۶-۱۳۵.

ستایش‌های سست و گزافه‌ای را که اکنون در میان شاهنامه است بدان بیفزایند.

اما از بررسی افزوده‌ها روشن می‌شود که پنج سراینده را برای افزایش بشاهنامه، بدینکار گمارده بوده‌اند، زیرا که شیوهٔ سخن آنان یکسان نیست.

بخش نخست، تا پادشاهی کیخسرو

بخش دویم، پادشاهی کیخسرو تا لهراسپ

بخش سیوم، لهراسپ و گشتاسپ

بخش چهارم، اسکندر

بخش پنجم، ساسانیان

این گروه هرجاکه خواسته‌اند، داستان را بریده، بخش‌هایی بدان افزوده‌اند، بدانروی تا بسروده‌های شاهنامه افزوده آنرا به شست‌هزار رج برسانند، تا نشان دهند که محمود تنگ‌چشم را چه اندازه رادی و دست‌ودل‌بازی بوده است که میخواسته است شست‌هزار دینار به فردوسی بدهد!!

چون چنین شد سرایندگان مزدور، [که بیگمان برای سرودن هر رج یکدرهم پاداش گرفته‌اند] آغاز کردند به سروده‌های سست و بی‌بنیاد... تا گنجایش شاهنامه بیشتر شود چنانکه در بخش افزوده‌ها آورده‌ام، گاه سرایندگان، سخن فردوسی را دیگر بار، بگونه‌ای سست آورده‌اند و گاه گفتاری باژگونهٔ آنچه که فردوسی گفته است بشاهنامه افزوده‌اند، تنها بدانروی که بر گنجایش شاهنامه و میزان دستمزد خویش بیفزایند...

شگفتا که دست بردن بشاهنامه پس از گفتار نخستین آغاز می‌شود:

خداوند نام و خداوند جای — خداوند روزی‌ده و رهنمای!

نادرستی این گفتار؛ بیدرنگ در رج پنجم شاهنامه خود می‌نمایاند:

ز نام و نشان و گمان برتر است — نگارندهٔ برشده گوهر است

و در این؛ هیچ گمان نیست که اندیشهٔ گویندهٔ رج نخستین، از گویندهٔ این گفتار فرسنگها بدور است، زیرا که فردوسی بر بنیاد اندیشهٔ نیاکان خویش، که پس از اسلام نیز بگونه‌ای دیگر روان بوده است، برای خداوند جایگاه و نام و نشان نمی‌شناخته و او را برتر از پندار و گمانِ مردمان می‌شمرد، چنانکه سعدی نیز پس از دوسده‌ونیم همین را می‌گوید:

ای برتر از قیاس و **گمان** و خیال و وهم

وز هرچه گفته‌اند و شنیدیم و خوانده‌ایم

مجلس تمام گشت و بآخر رسید عمر

ما همچنان در اول وصفِ تو مانده‌ایم

عطار نشابور، رهرو بزرگ جهان اندیشه و عرفان ایرانی میگوید:

ای **بی‌نشان** محض، نشان از که جویمت؟
گم گشت در تو هر دو جهان، از که جویمت؟

.....

چون در رهت یقین و گمانی همی رود
ای برتر از یقین و **گمان**، از که جویمت؟

سعدی:

گر کسی وصف او ز من پرسد — بیدل از **بی‌نشان** چه گوید باز؟
عاشقان کشتگان معشوق‌اند — بر نیاید ز کشتگان آواز

سعدی:

هرکسی را **نام معشوقی که هست** — می‌برد، معشوق ما را **نام** نیست

عطار:

هرکس که از این رهت خبر داد — می‌دان بیقین که بی‌خبر بود

عطار:

ای در میان جانم و **جان از تو بیخبر** — وز تو جهان پر است و جهان از تو بیخبر

عطار:

هرکه زو داد یک **نشانی** باز — ماند محجوب جاودانی باز

فردوسی:

نگه کرد بیژن بدان پیلتن — فکنده چو سرو سهی بر چمن
شگفت آمدش سخت و برگشت از اوی — سوی کردگار جهان کرد روی
که ای **برتر از جایگاه** و زمان — تویی برتر از گردش آسمان

حمداله مستوفی در تاریخ گزیده می‌گوید:

«حق سبحانهُ و تعالی، در مبدأ فطرت، از کمال قدرت خالقیت و مراد ظهور وحدت الهیت، از یک لفظ، دو عالم آفرید. یکی عالم امر که از **جا و جسم** مبرّا است، دوم عالم خلق که آنرا جسم و جا است، یعنی هر دو عالم از صورت آفرینش عقل کل پیدا گشت».

پس اگر نخستین آفرینش خداوندی که فرمان او است از **جسم و جان** دور باشد بیگمان خود

خداوند را جسم و جا، یا **نام و جای** نتواند بودن.

گفتار در این زمینه باندازهٔ چند دفتر است و همین اندازه را بسنده می‌دانم.

روزی‌دهندگی خداوند نیز، در اندیشهٔ ایرانی، هزاران فرسنگ دورتر از داده‌های مینوی او است، و از آنجا که پیروان همهٔ کیش‌ها، پس از خوردن، سپاس روزی‌رسانی خداوند را بجای می‌آورند، بایـد به سپاس ایرانیان از خداوند، پیش از خوردن، بنگریم:

«اکنون در اینجا می‌ستاییم اهورامزدا را که جان و راستی را آفرید. آبها را آفرید، گیاهان و روشنایی نیک را آفرید، زمین و سرتاسر پیدایش نیک را. راستی نیک بهترین است، خوشبختی است، خوشبختی برای آنکس که راستی را برای (پیوستن) به برترین راستی (خداوند) بخواهد.»

پس اگر ایرانیان بهنگام خوردن، و برخورداری از روزی‌دهندگی خداوند، سپاس دهش‌های بنیادین او را می‌کنند، نه سپاس روزی دادن او را، می‌باید بیگمان بودن بآنکه در آغازِ دفترِ خود کـه جـا بـرای ستایش ویژگی‌های برترِ او است، به روزی‌دهی او نمی‌پردازند.

٭

چون گفتار درست فردوسی را در رج پنجم شاهنامه دیدیم، روشن می‌شود که افزاینـدگان پـس از آن گفتار، گفتاری دیگر را افزوده‌اند، که بگونهٔ نادرست سروده شده است:

نیابـــد بــدو نیــز اندیشـــه راه   کــه او برتــر از نــام و از جایگـاه

افزون بر دوباره‌گویی رج پنجم چند نادرستی در آن دیده می‌شود:

یک: نیز در لت نخست نادرخور است.

دو: راه یافتنِ اندیشه به او نیز نادرست است،... و سخن درست آنستکه گفته شود: در اندیشه نمی‌گنجد.

سه: چون افزاینده به نادرستی گفتار خویش پی برد، در گفتار پسین چنین سرود:

خرد را و جان را همی سنجد او   در اندیشـهٔ سختـه کـی گنجد او

نمونه‌ای دیگر:

در گفتار میان خسروپرویز و بهرام پورگشسب چنین آمده است:

اگــر پادشـــاهی ز تخــم کیــان   بخواهد شدن، تو کهای در جهان؟

افزاینده در همان داستان چنین آورده است:

گر این پادشاهی ز تخم کیان   بخواهــد شــدن، مــن نبنــدم میــان

آشکارا نشان میدهد که افزاینده را رای بر آن بوده استِ که بگنجایش شاهنامه بیفزاید.

نمونه‌ای دیگر:

در مهمانی بهرام در خانه برزگر:

بیامد زن از خانه، با شوی گفت — که هرکاره و آتش آر، از نهفت

ز هرگونه تخم اندرافکن به آب — نباید که بیند ورا آفتاب

با چنین سخن پیدا است که آنان را آهنگ پختن «شوربا» است، اما در گفتار پسین به «شیربا» [آش شیر!] دگرگون می‌شود:

بهر کاره چون شیربا پخته شد — زن و مرد از آن کار پرداخته شد

نهاد از برش کاسهٔ شیربا — چه نیکو بدی، گر بدی زیربا!

یک: شاید بودن که خواننده گمان بَرَد که سخن از سوی افزایندگان نیست، و شوربا، بر دست نویسندگان بگونهٔ شیربا درآمده است.

دو: اما بیدرنگ در رج پسین شیربا با زیربا [زیره‌با؟] پساوا می‌یابد، و چاره نمی‌ماند که بپذیریم، افزاینده شوربا را به شیربا گردانده است.

سه: زن و مرد را «پرداخته شدند» باید.

چهار: سخن رج پایانین، خوارداشتِ خواننده است از سوی افزاینده‌ای که تنها رای او افزودن یک رج دیگر بگفتار است، تا یکدرم دیگر از کارفرما بستاند، وگرنه آن سخن را نه بهرام گفته بود، نه زن و شوی!

پس چنین گفتار از آنِ کیست بجز افزاینده؟

در آینده و بهنگام، باز؛ چنین افزوده‌ها را برمی‌رسیم، و بدینجا گفتار را بپایان می‌رسانم.

*

از همه شگفت‌انگیزتر دست بردن افزایندگان است به پیوند میان جان و روان پدر و فرزند، آنجا که فردوسی در سوگ از دست دادن فرزندش می‌گوید:

ز بدها تو بوی مرا دستگیر — چرا؟ راه جُستی، ز همراه پیر!

و آنان افزوده‌اند:

همی بود همواره با من درشت! — غمی گشت و یکباره بنمود پشت

چنین افزوده‌ها، روشن نشان می‌دهد که افزایندگان مزدور بوده‌اند، و برای سرودن هر رج پاداش گرفته‌اند، وگرنه اینچنین آشکارا، سخنان نادرخور را پی‌درپی نشایستی آوردن!

ویرایش شاهنامه

حمداله مستوفی قزوینی نخستین کس است در ایران، که دریافت، افزایندگان، به سخنان فردوسی دست برده، آنرا دیگرگون کرده‌اند.

وی در پیشگفتار **«ظفرنامه»** دربارهٔ شاهنامه چنین میگوید:

چه بحری؟ پر از پاک درّ خوشاب / شـــده از روانـــی او آب، آب
ولـیکن تبـه گشـته از روزگـار / چـو تخلیط رفتـه در او بیشـمار
ز ســهوِ نویســندگان سربســر / شـده پـاک، آن نامـه؛ زیروزبـر
ز دست بدان، نیک؛ شوریده حـال / گذشته بـر آن نامـه، بسیار سـال
نبـوده کســی را بــه تنقـیح آن / هوایی شـده نامـه، شـوریده؛ زان

وی در این سخنان یادآور می‌شود که بایستی شاهنامه ویرایش (تنقیح) شود، و خود با نگرش به بیش از پنجاه نمونهٔ شاهنامه که در دست داشته است، تا آنجا که توان داشته، چنین کرده است، اما شاهنامهٔ او نیز، نیک پیرایش یافته نیست، بدانروی که او را نیز، آگاهی‌های بایسته برای ویرایش شاهنامه نبوده است.[1]

چنین است سرگذشت، و سرنوشت کشوری که فرمانروایان آن بیگانه بوده، هیچ پیوندشان با فرهنگ کشوری که بر آن فرمان می‌رانند، نباشد.

هرآینه از زمان محمود تا انقلاب اسلامی، در دستگاه رهبری کشور، نگرشی بفرهنگ نیز می‌بود، نه بشاهنامه دستبرد می‌زدند، و نه نیاز به پالایش و ویرایش آن بود، اما چون زمان بر سرِ ما چنین نگشت... هم بشاهنامه دست بردند، و هم کسی یا دستگاهی در اندیشهٔ ویرایش آن نیفتاد.

*

پس از حمداله مستوفی، **لطفعلیخان آذر** در تذکرهٔ آتشکده دربارهٔ شاهنامه می‌گوید:

۱- از این آگاهی‌ها در گفتار چگونگی سنجش گفتار یاد خواهد شد.

«حالا نمیتوان گفت، در این کتاب، شعری از فردوسی بدون تغییر باقی مانده است».

*

و **ماکان** در پیشگفتار شاهنامهٔ خود می‌گوید:

«بتصاریف زمان و انقلاب دوران و اختلال حال ایران، چنان از دست کاتبانِ جهالت‌کیش، و نسّاخانِ کج‌اندیش، مسخ و فسخ گردید...»

و استاد روانشاد داعی‌الاسلام (ایرانپرست) در پیشگفتار فرهنگِ بزرگِ «نظام» می‌گوید:

«نسخ و دواوین شعراء پر از اغلاط است و حتی کتب مشهورهٔ شعر، مثل شاهنامه فردوسی و خمسهٔ نظامی، تاکنون پر از اغلاط کتابت و تصحیف است».

دکتر مهدی غروی در «سیمرغ سفید» میگوید: «کمتر دیده‌ایم کتابی را که در ایران و دیگر کشورهای مشرق‌زمین نوشته شود، و از اِعمال نفوذ و مداخلهٔ صاحب قدرتان عصر بدور مانده باشد. شاهنامه از جمله کتابهای کم‌نظیری است که این خصوصیات را دارد و علی‌رغم شایعات مبنی بر سروده شدن آن برای خوشایند سلطان محمود، اثری است مستقل و ملی که فردوسی آنرا ساخت (؟) فقط برای تحقق یک هدف ملی و مملکتی»[۱]

*

پیدا است که پس از پیدایی چاپ، نخستین شاهنامه چاپی در هندوستان بر دست لومسدن ۱۸۱۱ و پس از آن شاهنامهٔ ماکان ۱۸۲۹. آنگاه در ۱۸۴۹ بر دست محمدباقر صاحب تاجر شیرازی، در ۱۸۵۰ در تهران مصطفی قلی کجوری، ۱۸۵۳ بمبئی خط «آقا بابا»، شاهنامه اولیاء سمیع بندر بمبئی، و در ۱۲۳۶ (۱۸۵۷)، از روی شاهنامهٔ ماکان و شش نمونهٔ دیگر، تبریز، عسگر اردوبادی[۲]... و پس از آنها شاهنامه امیربهادر و امیرکبیر، و شاهنامه‌های ژول مُل و وولرس در اروپا، و شاهنامهٔ مسکو، و شاهنامهٔ دبیرسیاقی و شاهنامهٔ قریب بهبودی در ایران، شاهنامه جیحونی و در پایان کار بزرگِ خالقی مطلق در آلمان و چاپ آمریکا.

چنین می‌نماید که پس از ویرایش و نگرش حمدالـه مستوفی، در میان شاهنامه‌های یاد شده نخستین شاهنامه که با نگرش به هفت نمونهٔ شاهنامه انجام گرفته، همان **شاهنامه تبریز** است، و پس از آن شاهنامه مسکو، و امروز شاهنامه خالقی مطلق است.

در شاهنامهٔ چاپ مسکو، شاهنامهٔ لندن را بچاپ رساندند، و در زیرنویس دگرگونیهای نمونه‌های

۱- مجله هنر و مردم سالهای ۷-۱۳۵٦ در گفتار سیمرغ سفید، نگرشی در چگونگی استمرار فرهنگی ایرانزمین با بررسی شاهنامه فردوسی و نقش و نگاره‌های آن در هزار سال گذشته.

۲- برای آگاهی بیشتر بنگرید به کتابشناسی شاهنامه ایرج افشار.

دیگر را یادآور شدند، اما خالقی مطلق در هر رج، آن نمونه را که در پچین‌ها گونه‌گون، بیشتر همانند داشته در شاهنامهٔ خویش آورده است، و دیگر نمونه‌ها را بزیرنویس برده!

این شیوه، بنیاد را بر بیشترین کاربرد نمونه‌ها گذاشته است، که: «چون بیشتر است، درست‌تر است» کار خالقی مطلق بسیار گسترده است، و با زمانی که آن استاد بر سرِ برابر نهادن شاهنامه‌های فراوان نهاده است (سی‌وشش سال) ارزنده‌ترین کاریست که تاکنون در زمینهٔ شناختن شاهنامه بانجام رسیده است، و پیدا است که فراهم آوردن نمونه‌ها و نگرش به یکایک آنها، و برآوردن یک نمونه از میان آنها، شایستهٔ بس ستایش و بزرگداشت و آفرین است، کاری بزرگ که در ویرایش شاهنامه بیاری من آمد، و اگرچه آن رادمرد، کار را برای همهٔ ایران و ایرانیان بانجام رساند، اما من از میان ایرانیان، بیش از همه از کوشش و نگرش وی برخوردار شده‌ام، پس بیش از همگان سپاسدار وی هستم.

در بخش‌هایی از شاهنامهٔ یادشده، که هنوز بدست ما نرسیده است[1]، از نمونهٔ مسکو نیز بهره بردم، اما به یکایک شاهنامه‌های دیگر نیز نگریسته‌ام، چنانکه گونهٔ درست «نامهٔ زال بسام» را از از گفتاری از **چهار مقالهٔ عروضی سمرقندی** برگرفتم که در هیچیک از شاهنامه‌های در دست، گفتاری بدرستی آن نیامده است.

*

در میانهٔ کارِ ویرایش چون برای سخنرانی دربارهٔ شاهنامه به سپاهان فراخوانده شدم، بهنگام بازگشت، یکی از یاران؛ **دکتر یدالله بابایی** مرا بدیدار گنجینهٔ شگفت‌انگیز خویش که همه‌گونه یادگار پیشینیان در آن فراهم آمده بود، فراخواند، و چون دیدار آن گنجینه بپایان رسید، و آهنگ بازگشت کردم، ایشان شاهنامه‌ای را با دو دست به من داد، و افزود که برای ویرایش شاهنامه، از این نمونه نیز بهره ببرید. من شاهنامه را گرفته بوسیدم، و گفتم که: بهره می‌برم، و بشما بازمی‌گردانم.

چون آن شاهنامه را بتهران آوردم، دری شگفت بروی من گشوده شد، که مرا بر بسا از سردرگمی‌های ویرایش پیروز کرد.

من آن شاهنامه را «**شاهنامهٔ سپاهان**» نام نهادم، و با آنکه نیمی از آغاز شاهنامه از آن فروافتاده بود، نیمهٔ دویم آن (که از داستان نبرد بیژن و هومان آغاز می‌شود) چنانکه گفتم در ویرایش بکارم آمد، که همه جا در زیرنویس‌ها، از آن با نام شاهنامهٔ سپاهان یاد کرده‌ام.

*

و شگفتی بدانهنگام، خود می‌نماید که برخی تاریکیهای ویرایش، بیاری شاهنامه چاپ امیرکبیر

۱- پیشگفتار، پیش از بچاپ رسیدن دفترهای هفتم و هشتم شاهنامه خالقی مطلق به ایران، نوشته شده است.

(امیربهادری) که پژوهندگان، آنرا درشمار نمی‌آورند، روشن شد، که هر یک را در جای بازنموده‌ام.

*

شاهنامهٔ بنداری نیز گنجینهٔ بزرگی است که برخی شاهنامه‌شناسان! آنرا چنانکه باید نشناخته‌اند، و داوری نادرست دربارهٔ آن کرده‌اند، و در کار ویرایش هرجای که از آن بهره گرفته‌ام، در زیرنویس آورده‌ام.

امّا از آن میان دو نکته را یادآور می‌شوم:

یک: در رویهٔ ۳۶۵ دفترِ نخست بنداری پیش از داستانِ مرگِ رستم، افزایندگان؛ ستایشی نادرخور از **محمود** را گنجانده‌اند که در شاهنامهٔ بنداری نیامده است و ویراستار آن، به گمان آن که بنداری آن بخش را از شاهنامه زدوده است: «حذف المترجم هنا ابیاتاً في مدح السلطان **محمود**» : آن بخش را از نمونه‌های دیگر شاهنامه برگرفته و در زیرنویس آورده است.

پیدا است که در نسخه‌ای که دردستِ بنداری بوده است این ستایش نابجا نیامده بوده است.

دو: در داستانِ آوردنِ کلیله و دمنه (رویهٔ ۱۵۲، دفتر دویُم شاهنامهٔ بنداری) گفتاری در این زمینه آمده است که داوری‌ای است دربارهٔ ترجمانِ آن دفتر (برزویهٔ پزشک) که خواننده را بدان رهنمون می‌شوم.

فرزندان فردوسی را بایستی با سپاس و آفرین از آن بزرگمرد «**بنداری سپاهانی**» یاد کردن [که در آن **هنگامهٔ** جنگ و خونریزی و **تبهکاریهای مغولان**، آنرا بتازی برگرداند، تا اگر **شاهنامه** پارسی از میان رود گونهٔ تازی آن برجای مانَد] و نیز به ویراستار فرهیختهٔ آن **عبدالوهّاب عزّام** درود و ستایش فرستادن، که با زیرنویس‌های شایسته، آن نمونه را بدست ما داد!

نمونه‌های در دستِ خالقی مطلق را درست با همان شماره‌ها و گزیده‌ها آورده‌ام چنانکه نمونه‌های چاپ مسکو را.

از آنچه که افزون بر شاهنامه‌های یاد شده بهره گرفته‌ام در زیرنویس‌ها یاد شده است، و از آنمیان شاهنامه حمداله مستوفی است که همراه با ظفرنامه آورده است.

ویرایش من

در سال ۱۳۵۵ خیامی، با خویش می‌اندیشیدم که: برای بیدار کردن جوانان ایران از آن خوابِ سهمگین -که بدانزمان گرفتارش بودیم- چه بایستی کردن؟

چون از همه سوی؛ بدان پرسش نگریستم، بر من روشن شد که جوان ایرانی، با خواندن شاهنامه، راه خویش را پیدا خواهد کرد. اما پرسش پسین چنین بود که چگونه شاید، یک شاهنامهٔ گران را بدست نوجوان و جوان دادن، و از وی خواندن آنرا خواستن؟

پس، چندی با این اندیشه گذراندم، تا آنکه بدین جای رسیدم که: برای جوان ایرانی، خواندن سرگذشت رستم پهلوان بسنده می‌نماید، زیرا که داستانهای رستم همهٔ آنچه را که چشم بدان داریم، از؛ ایراندوستی، جانسپاری در راه ایران، مردانگی، گذشت، دیدگاه بلند، راستی، بهروزی و پیروزی... کوشش در راه اندیشهٔ نیک و پایداری میهن... نهفته است!

آنگاه پرسشی دیگر پیش آمد: داستانهای رستم نیمی از شاهنامه را دربرمیگیرد، و نمیتوان از نوجوان و جوان امروز -سال ۱۳۵۵- خواستن، که آنرا در دست گیرد و بخواند.

باز چندی در این اندیشه و جست‌وجوی گذراندم، تا آنکه فروغی بر اندیشهٔ من بتافت: می‌توان با جداسازی داستانها، از یکدیگر، آنرا در چند دفترِ خُرد فراهم کردن، تا نوجوان از دیدن و در دست گرفتن آن نهراسد!

چون چنین اندیشیدم، بیدرنگ به جداسازی داستانها پرداختم، و کار را همانروز آغاز کردم[1]، و چون در گزارش داستانها به پیش می‌رفتم، جای‌بجای به نکته‌ای سخت ناخوشایند بر می‌خوردم، و آن، چنان بود که می‌دیدم در برخی بخش‌ها، سخن من و گزارشی که بر سرودهٔ فردوسی می‌نویسم، از گفتار فردوسی زیباتر می‌نماید، و از چنین دریافت، اندریافتی[2] سخت، آزاردهنده؛ جان و روان مرا

۱- این داستانها در یازده دفتر فراهم آمد که پس از بیست و یکسال در سال ۱۳۷۶ بچاپ رسید، و در سال از ۱۳۸۳ بچاپ دویم رسید که در هر دو بار، بس زود بپایان رسید، و امید بدان می‌بندم که چاپ سیوم آن از روی نمونهٔ ویرایش شده بچاپ رسد.

۲- اندریافت در گفتار پورسینا بجای احساس و ادراک آمده است.

فرامی‌گرفت، و نزد خویش شرمزده می‌شدم که چرا بایستی چنین باشد؟

تا آنکه نرم‌نرم، چنین اندیشیدم که شاید بودن که چنین سخنان، از سوی پچین‌برداران[1] بشاهنامه افزوده شده باشد! سخنی که گاهگاه شاهنامه‌شناسان آن هنگام می‌گفتند، و بارِ همهٔ گناهان را بر دوش آنان می‌نهادند!

پس آغاز کردم بخواندنِ یکبارهٔ شاهنامه، و آنچه را که می‌اندیشیدم بر کنارِ آن می‌نوشتم، و در پایان این بخش نمونه‌ای چندی از چنان یادداشت‌ها، آمده است.

❊

بدانهنگام؛ پسر روانشاد من -که جان در راه ایرانیان باخت- ده ساله بود، و چون هربار که از بازی و ورزش کودکانه بازمی‌گشت، سرِ مرا بر روی شاهنامه خم می‌دید. یکبار بمن گفت؛ بابا! چندین خواندن از برای چیست؟ و من پاسخ دادم که: بابا جان! اگر کسی خواهد که دانشمند شود بایستی بسیار بخواند! چون چنین شنید؛ چهره پرآژنگِ پرسش کرد و گفت: پس مرا نیز بایستی همین اندازه خواندن؟ بدو گفتم بابا جان، اکنون تو را بایستی ورزش و بازی کردن و نیرومند شدن و شاد بودن! پس، بهنگام؛ تو نیز همین اندازه خواهی خواند! چون چنین گفتم، رنج، از اندیشه و شکنج از رخسارش دور گشت، و گفت پس بفرمای[2] تا یک یادگاری در این برگه که می‌خوانی بنویسم و با سروده‌ای کودکانه که خود سروده بود و همواره با بانگ بلند می‌خواند، یادگاری نوشت و نام و مُهر، و ماهروز را بدان افزود، و آن فرزند، نخستین فرزند ایران بود که در هفده سالگی شاهنامه را از سر تا بُن خوانده بود، چنانکه نمونه‌ای از آن در داستان اسکندر خواهد آمد.

۱- پچین: نسخه، رونویس.

۲- بفرمای، در زبان فارسی بجای «اجازه بده» کاربرد داشته است و در شاهنامه همواره چنین آمده است.

چون فرزند من بالا گرفت، و با داشتنِ کارِ پزشکی و درمان دردمندان، همواره بخواندن شاهنامه و متن‌های پهلوی سرگرم بود، در **مهر**روز و **مهر**ماه و جشن **مهر**گان ۱۳۷۹ **مهرک** افشین من که بروزِ دی‌**بمهر** ۱۳۴۵ چشم بجهان گشوده بود در درمانگاه **مهر**، که خود، در یک بخش فرودین نیشابور برای یاری به بیماران تهیدست بنیاد نهاده بود، بهنگام نگرش **مهر**بانانه به یک بیمارِ دردمند، برق ویرا گرفت و در یک دَم، جان بگروتمان بُرد!

پرستاران درمانگاه مرا گفتند که وی پیش از فروافتادن بزمین با نگاهی ژرف و بس شگفت، چنان بما نگریست که هرگز چنان نگاه را نه از وی، و نه از دیگر کس، ندیده بودیم... و من دانستم که آن نگاه پیام به من است، برای بپایان رساندن کار ویرایش شاهنامه، و «داستان ایران بر بنیاد گفتارهای ایرانی»...

چون سالها گذشت، و بسال ۱۳۸۵ رسیدیم **ایمان خدافرد** فرزندی دیگر، که نوشته‌های مرا با رایانه واژه‌نگاری میکند، دفتر نخست را بپایان رساند، از وی پرسیدم کار را چه روز بپایان رساندی، پاسخ داد روزِ آدینه بیست‌وسیوم تیرماه... و چون بیادداشتِ **مهرک افشین** خویش بازنگریستم بیست‌وسیوم تیرماه ۱۳۵۵ را نشان میداد! و شگفتی برتر از این نیست که نه تنها سی سال زمانِ فرخندهٔ فردوسی بر جان من نیز گذشت که ماه و روز آن نیز برابر بود![1]

*

این اندازه را بدفتر افزودم، تا بگویم که پس از رفتن وی نیز دَمبدَم یاوری او از جهان مینوی بمن می‌رسید و منِ افسردهٔ جان و دل‌پریش را با سخنانی که در خوابها میگفت، یا در خوابِ دوستان خود، مهرداد و بهنام، بگونهٔ پیام بمن میرساند، در ویرایش نیز یاور بود، چنانکه یکبار در خواب «شهلا» بمن پیام داد که رویهٔ ۲۳۶ را یکبار دیگر بنگرم، و چون بدان نگریستم دو رج افزوده می‌نمود که من در ویرایشِ پیشین بدان پی نبرده بودم، و این گفتار؛ پیامی بزرگ بود که هشدار می‌داد، «بر ویرایشی که تا آنزمان انجام شده بود بسنده نکنم»، و من هم چنین کردم، و بارها بخش‌های ویرایش شده را بازنگریستم.

چنین یاوریها از مینوجهان، چنان بود که فرزند روانشاد فردوسی نیز –که پیش از پدر

۱- ماهروز یادداشت چنانکه در نگاره دیده می‌شود ۳۵/٤/۲۳ شاهنشاهی! است که ۱۳۵۵ خیامی باشد.

از جهان برفت- در کار پدر می‌کرد، و شگفتی؛ آن زمان می‌افزاید که فرزند فردوسی بیست‌وهشت سال پس از پدر زاده شده بود:

مرا شست‌وپنج و ورا سی‌وهفت   نپرسید از این پیر و تنها برفت

افشینک نیز در بیست‌وهشت سالگی من بدین جهان گام نهاد، و گام فرخندهٔ وی برای من همچون گام فرخندهٔ فرزند فردوسی، در کارِ پدر چنان کارساز بود که بپایان نیک انجامید!

کنون او سوی روشنایی رسید   پدر را همی، جای خواهد گزید

❋

بر خواننده روشن است که من پیش از آغاز بکار شاهنامه بکار سرایش می‌پرداختم، اما چون آنرا برای خویشکاری بزرگی که در ویرایش شاهنامه و نوشتن داستان ایران داشتم؛ بکنار نهادم، در رفتن فرزندم، از چندان سرود و سخن و چکامه، تنها یک فَهلوی بر روان و زبان من گذشت:

نه بگْرفتی ز گلزار جهان؛ کام   نه ماندی در برم با ناز و آرام

نبود آیین تو، ای جان شیرین!   که در ره پیش بابا، وانهی گام!

روزگار گذشت، و چون باری دیگر به سرودهٔ فردوسی در اندوه فرزند رسیدم، دانستم که گفتار من نیز هماوای سرودهٔ فردوسی است:

ز بدها تو بودی مرا دستگیر   چرا؟ راه جُستی ز همراهِ پیر!

❋

چون چند سال بر کار ویرایش من گذشت، و انجمن‌های شاهنامه‌خوانی در بنیاد نیشابور و دانشگاهها برگزار می‌کردیم و در میانهٔ گفتار گاهگاه سخنان افزوده را می‌شکافتم، یک شب، در انجمنی که در تالار غدیر خوابگاه دانشجویان دانشگاه تهران داشتیم[1]، مردی که چهر او نشان میداد دانشجو نیست و شاید استاد باشد. از ردهٔ پشتِ تالار برخاست، و از من پرسید: استاد! چرا شما ویرایش شاهنامه را برای خود می‌کنید، نه برای چاپ، چنانکه بدست همگان رسد؟ بدانزمان، سخن از ویرایش قریب بهبودی در ایران، و ویرایش جلال خالقی مطلق در آلمان در میان بود و من بدو پاسخ

۱- بدانروی که دانشجویان در خوابگاهِ همگانی نیاز به رفت‌وآمد و رهسپری در راه‌های دراز را ندارند و بآسانی می‌توانند در انجمن‌هایی اینچنین هموند باشند چند سال در خوابگاهِ دانشجویان دانشگاه تهران انجمن‌های شاهنامه‌خوانی و آموزش پهلوی برگزار کردیم.

انجمنِ پایانین آن بود که به کوشش دانشجوی فرهیختهٔ آذربایجانی **داریوش افروز** و [امروز دکتر داریوش افروز] برپای شد و نکتهٔ پایانین بود بر کارِ پژوهش و آموزش به دانشجویان نامبرده زیرا پس از وی دیگر کسی بدان کار دست نیازید و زمان ننهاد!

دادم که در دو سوی، کارِ ویرایش، پیگیری می‌شود، و مزا نشایستی که بکار آنان انـدر شـوم! بـاز، آن مرد برخاست و گفت که شاهنامه از آن همگان است، و با چنین نگرش که شـما داریـد مـی‌بایـد کـه فرهنگیان ایران را از کار خویش آگاه سازید! بجایی زیان نمی‌رسد که از سـویی دیگـر نیـز ویرایشـی دیگر بدست ایرانیان رسد!

باز؛ من پاسخ دادم که کارِ من نگرش به پنهان، و رازورمزهای شاهنامه است چنانکه در «زنـدگی و مهاجرت آرياييان» بازنموده‌ام... کار نگرش به آشکار و گفتار را بدیگران وامی‌نهم.

سدیگربار برخاست و گفت آیا بهتر نیست؟ که برای شکافتن رازورمزهـا و نوشـتن داسـتان ایـران یک شاهنامهٔ ویرایش شده بایرانیان پیشکش کنید!

پاسخ دادم که شاهنامه را برای رسیدن به یک نمونهٔ درست برای نوشتن «داسـتان ایـران» ویـرایش می‌کنم، دیگر جایها، از آن دیگران باشد بهتر می‌نماید!

جوانمرد، باز از جای برخاست و با انگشت بر روی نگاه، مرا هشداری سخت داد!

«استاد! اگر نکنید، به فرهنگ ایران خیانت کرده‌اید!»

و تیر بر جان و دل من فرونشست...

آن شب، پس از بازگشتن از خوابگاه دانشجویان، با خویش اندیشـیدم کـه بـرای ویـرایش فراگیـر شاهنامه چه کسان را بایستی گردهم آوردن؟ تا کار بدرستی بسامان رسد!

و یکایک سنجه‌ها (معیارها) از اندیشه‌ام گذشت [که در بخش پسین بگونهٔ گسـترده‌تـر، از آن یـاد کرده‌ام]... پس؛ در یکدم بدانجا رسیدم که خداوند، و فرهنگ نیاکان، همهٔ دانش‌های بایسته را به یـک کس داده است، چنانکه نیاز به فراهم آوردن فرزانگان از چهارسوی نباشـد، و پاسـخ تـو بـه ایـن دادهٔ پروردگار، و دهش نیاکان چه باید باشد؟ بجز از آغاز به ویرایش شاهنامه برای همگان!

چون بدینجای رسیدم از جای برخاستم و خدای را نیایش کردم، و پیمان بستم که ویرایش می‌کنم، و چون نگریستم گاهشمار، ۲/۵ پس از نیمه شب را نشان می‌داد، و من ۵/۵ تسو بر سرِ آن اندیشـه و داوری نهاده بودم!

شادمان از چنان اندیشه‌ها، کار را از فردای آنروز آغاز کردم، و نام آن جـوانمرد را، کـه مـرا بـدین خویشکاری بزرگ برانگیخت نمیدانم! خداوند یارش باد و روان نیاکان خردمند، از وی خشنود!

*

آفرین‌یاد

در انجام یافتنِ این کار بزرگ چند کس یاور من بوده‌اند:

ایمان خدافرد، فرزند فروتن، اما سخت‌کوش و تیزنگر بنیـاد کـه بـا کوشـش و نگـرش چنـد سـاله،

نوشته‌های مرا با رایانه واژه‌پردازی کرد، و در بازیافتن برخی سخنان و سروده‌ها و واژه‌ها یاور من بـود، و کار واژه‌پردازی وی چنانست که از همهٔ شاهنامه‌های چاپ شدهٔ امروز زیباتر و آراسته‌تر می‌نماید.

فریبا معزّی هنرمند دل‌بسته بفرهنگ ایران، که با نگاره‌پردازیهای زیبـا و درخـور نگـرش خـویش، دفتر مرا آرایش کرد.

فرزین غفوری استاد خوشنویس که دبیرهٔ زیبایش دفتر را آراسته است.

یدالله کابلی استاد خوشنویسی شکسته نستعلیق که نوشتهٔ ویژهٔ ایشان «بنام خداوند جـان و خـرد» دیباچهٔ شاهنامهٔ ما، و سرآغازِ همهٔ دفترهای بنیاد نیشابور است.

استاد حسین شهیدی مازندرانی (بیژن) دوست و یاور گرامی که مرا در یافتن برخی نمونه‌ها یاری کرد.

سلمان محمدی هموند انجمن‌های شاهنامه‌خوانی بنیاد نیشابور کـه در آغـاز کـار، بـا ویـرایش مـن همرای نبود اما چون زمان گذشت، و دیدگاه‌های مرا پذیرفت، بسا از لغزش‌های پیش آمده در کار را، بر بنیاد همان سنجه‌ها که خود داده بودم، دریافت و در درازنای سالها شاهنامه‌خوانی یاور من بود.

آزادهٔ احسانی که دبیرهٔ پهلوی بس زیبای او زیورِ دفتر شد.

علیرضا حیدری جوان تیزنگر، که بجز از ویرایش نمونه‌های چاپی، با بینش ژرف خویش، بر بسـا از افزوده‌های شاهنامه؛ که از دید من پنهان مانده بود انگشت نهاد و یـاوری کـرد و بـا آنکـه نزدیـک بپایان کار بیاری من آمد، از آغاز تا پایان شاهنامه یاریگر من شد.

عفت امانی که نمونه‌های چاپی را ویرایش کرد، و در چند نکته در ویرایش فنی نیز یاور من بود.

محمدرضا مرندیان (بُرزین) که وی نیز با دلبستگی شگفت دفتر نخست شاهنامه را بازبینی کرد، و برخی از افزوده‌های پنهان را بر من آشکار کرد.

دکتر منوچهر مشتاق خراسانی که از پژوهشِ گستردهٔ وی[1] نگاره‌هایی را در این دفتر آورده‌ایم.

پروین توکلی مقدم که با نگرش و دلبستگی فراوان، چندماه بکار فیش‌برداری از یادداشـتهای مـن بر شاهنامه پرداخت که آن خود، گنجی است برای پژوهندگان آینده.

خواهر بزرگوارم **آرمان**، و فرزند برومند بنیاد **فرشید ابراهیمی** که در همهٔ کارها، یاور بنیاد و یـاریگر من هستند. فرشید ابراهیمی بویژه در سامان دادن به بخش پسین، کوشش‌های همه‌سویه کرد.

*

کار ما بپایان رسید، اما دستِ تنگِ بنیاد نیشابور، که همهٔ کارها را سرفرازانه، برایگان در راه فرهنگ ایران بانجام می‌رساند، برای چاپ شاهنامه درمانده بود!

1- Arms and Armor from Iran, The Bronze Age to the End of the Qajar Period, LEGAT, 2006.

در این رهگذر سه تن از یاران بنیاد نیشابور مهندس سید **حسن سادات**، مهندس **نیما عمرانی** و **فرشید ابراهیمی** کوشش‌های دامنه‌دار آغاز کردند، تا گروهی از ایرانپرستان را به یاوری مالی برای چاپ شاهنامه برانگیزند، که با درود و آفرین از آنان یاد می‌شود، و آفرینِ ویژه، بر **همهٔ آنان**؛ از سوی روان جاودانِ فردوسی است که نشان دادند با نگرش و دهش فرزندان فردوسی، شاهنامه بچاپ میرسد:

آذینی، (مهندس) محمدرضا

آریانفر (دکتر) صفر عبدالله (تاجیکستان)

اباذَری، شهرام

اتفاق، (مهندس) مسیح

افروز، (دکتر) داریوش

اردشیریان، (مهندس) فیروز

اعتضادی، مُرتا

اعتضادی، میترا

ایزدی، بهرام

پایور، (مهندس) کامبیز

پدرام، لطیف (افغانستان)

پدرام، علی‌اکبر

پرهام (دکتر)

توسلی، علی

ثمرهٔ گلستانی، مرتضی

حجازی‌زاده، حسین

خلف‌بیگی، آنژلا

خیام، رضا

ربیعی، ناصر

رضائی افشار، ایرج

زینالیان، بهاره

سادات، (مهندس سید حسن)

ساسانفر، آبتین

سراج (آدینه) از سوی فرزندان آن روانشاد

شرکت پلیمر آریاساسول

شرکت پتروشیمی مارون

صدرعاملی، (مهندس) جمال‌الدین

صوراسرافیل، (مهندس شیرین)

صوفی‌زاده، شادی (تاجیکستان)

طوسی‌وند، (دکتر) محمدحسین

عالمی، ...

عسگری، (مهندس) بهمن

عمرانی، (مهندس) مصطفی

غریب‌شاهی (دکتر شاه‌بهرام)

فریدنایینی، (مهندس) عبدالرضا

فنایی، محمدمهدی

قائمی، (دکتر) ابوالفضل

گرایلی، مژگان

مشکین، (دکتر) بهنام

مظفری سردشتی، رشید

مقدادی، مهرداد

مؤمنی اَزَندریانی، شهلا

نصیر احمدی، (دکتر) احمد

نوذری، منوچهر

نورمحمدی، آتوسا

هازلی آلانی، (دکتر) رضا، بنامگانه نیای بزرگوارش دکتر مصطفی ضرغام‌فر

یاران شهر سپاهان که در تنگدستیهای بنیاد نیشابور مرا یار بودند:

استاد **محمد مهریار، دکتر پرویز دبیری، احمد احمدی، مظفر احمدی، عباس دُخانی، مهندس محمد رضایی، محمدعلی کاروانپور**

و فرزند برومندم، مهندس سرفرازِ ایران، **ناصر تقی بیگلو** که در سخت‌ترین روزهای درماندگی

بنیاد نیشابور بیاریم برخاست و مرا از بدهی و بهره‌های روزافزون و شگفتی‌افزای بانک -که میگویند؛ بهره نمی‌گیرد!- رهانید.

روانشاد مهندس **کیخسرو اردشیر زارع** که خانهٔ خویشِ را کانون فروزشِ فرهنگِ ایران کرد و بنیاد نیشابور در این آشیانه، در؛ به روی جوانانِ فرزانهٔ ایران، گشاده دارد و انجمن‌های شاهنامه‌خوانی و آموزشِ زبانهای باستانی و پژوهش در هنر و فرهنگِ ایران در آن روان است.

دختِ خردمندش **شیرین کیخسرو زارع** که بر دهشِ پدر افزود و یک اُشکوبِ دیگر از این ساختمان را به گنج‌نپشت و پژوهشگاه و گنجینهٔ بنیاد، ویژه کرد تا جوانانِ بیداردل بتوانند با آسایشِ بیشتر در آن به پژوهش بپردازند.

دکتر **یدالله بابایی** که شاهنامهٔ سپاهان را برای ویرایش به من سپرد.

*

با سپاس از نگرش ویژهٔ نخست‌وزیر گرامی اقلیم کردستان **نچیروان بارزانی** بدین شاهنامه.

*

یارانی که سالهای دراز برگزاری انجمن‌های شاهنامه‌خوانی، یاریشان بمن رسید، **شادروان علی‌اکبر خرمشاهی، شادروان اسفندیار ماوندادی، هما خورسندیان، سالومهٔ بهشتی، حمید مقدم، مستان و مرجان، شهرزاد، ونداسپ، زربانو، بهنوش، پروانه، مهرانگیز، امیر، مهرناز، دُغدو.**

مهندس **حسن سادات** که با کوشش و نگرش پیگیر خویش در بسیاری از دشواری‌ها، یاور ما بود.

معاونت فرهنگی وزارت فرهنگ و ارشاد اسلامی، و مدیریت کل چاپ و نشر آن وزارت که با ویژه کردن کاغذ ببهای دولتی، بچاپ شاهنامه یاری رساندند.

*

با درود بر روانِ فراهم‌آورندگان شاهنامهٔ چاپ مسکو و سپاس ویژه به دکتر **جلال خالقی مطلق** که با کوششی سخت و درخور آفرین، نمونه‌ای یگانه از شاهنامه فراهم آورد، و رنج دوباره‌نگری به همهٔ آن پچین‌ها را از دوشِ آیندگان برداشت، چنانکه راهِ نگرش به آن انبوه پیشین را بر من نیز هموار کرد.

*

با سپاس از آقایان مهندس شهاب‌الدین عبدیزدان، آقای منوچهر اکبری (سرپرست سفارشات)، آقای محمد صناعی‌زاده (سرپرست لیتوگرافی)، آقای حسن آقایی (سرپرست چاپ)، آقای امیر محمودی (سرپرست صحافی) و کارکنان خویشکار و دلسوز چاپخانه وزارت فرهنگ و ارشاد اسلامی که شاهنامه را به جامه‌ای زیبا آرایش دادند.

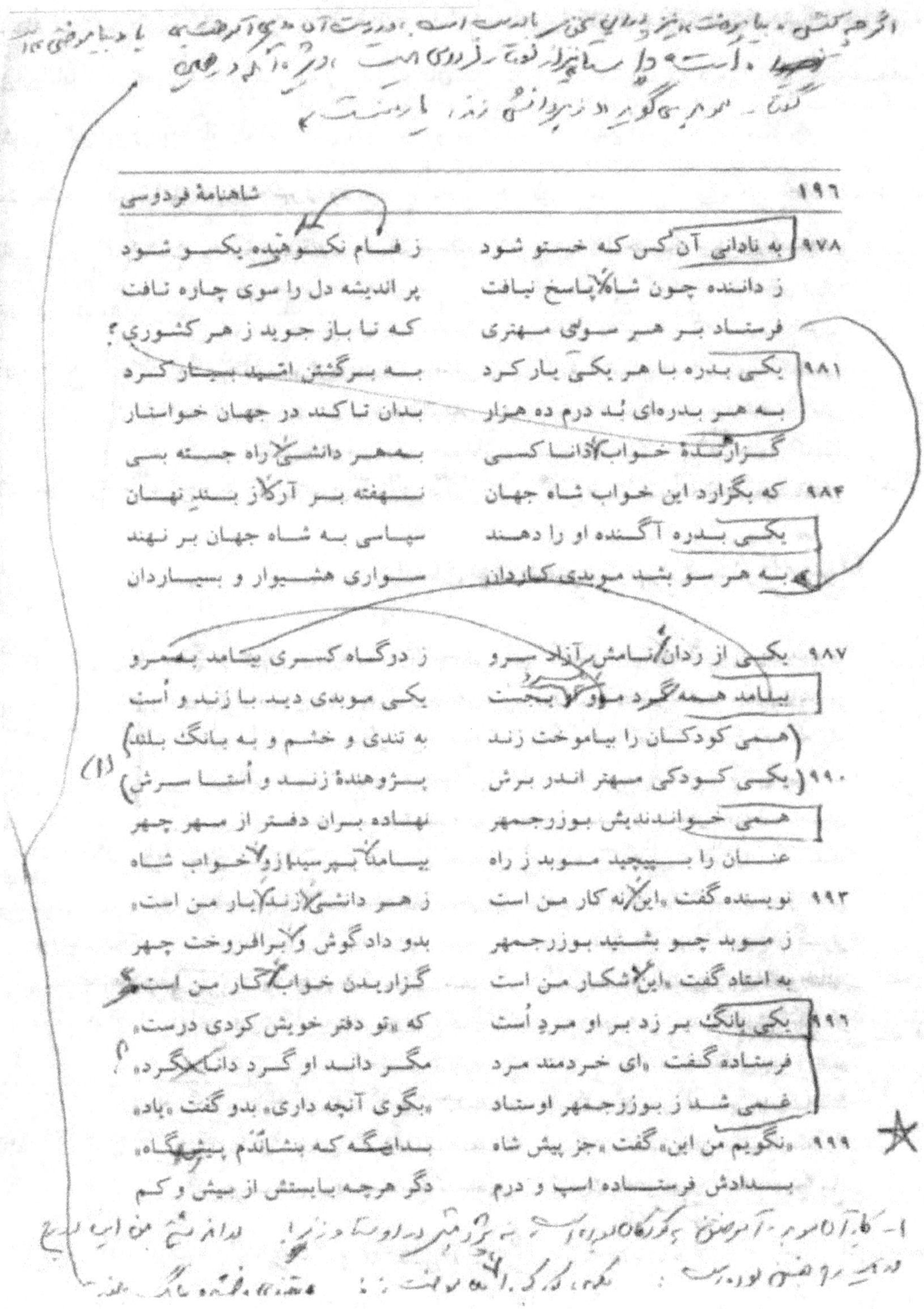

۵۰ پیشگفتاری بر ویرایش شاهنامهٔ فردوسی

۱۹۶ شاهنامهٔ فردوسی

۹۷۸ به نادانی آن کس که خستو شود / ز فام نکوهیده یکسو شود
ز داننده چون شاه پاسخ نیافت / پر اندیشه دل را سوی چاره تافت
فرستاد بر هر سوی مهتری / که تا باز جوید ز هر کشوری
۹۸۱ یکی بدره با هر یکی یار کرد / به برگشتن امید بسیار کرد
به هر بدره‌ای بُد درم ده هزار / بدان تا کند در جهان خواستار
گزارندهٔ خواب دانا کسی / به مهر دانشی راه جسته بسی
۹۸۴ که بگزارد این خواب شاه جهان / نهفته بر آرد ز بند نهان
یکی بدره آگنده او را دهند / سپاسی به شاه جهان بر نهند
به هر سو بشد موبدی کاردان / سواری هشیوار و بسیاردان

۹۸۷ یکی از ردان نامش آزاد سرو / ز درگاه کسری بیامد بمرو
بیامد همه گرد مرو بجست / یکی موبدی دید با زند و اُست
همی کودکان را بیاموخت زند / به تندی و خشم و به بانگ بلند
۹۹۰ یکی کودکی مهتر اندر برش / پژوهندهٔ زند و اُستا سرش
همی خواندندیش بوزرجمهر / نهاده بران دفتر از مهر چهر
عنان را بپیچید موبد ز راه / بیامد بپرسید ز خواب شاه
۹۹۳ نویسنده گفت «این نه کار من است / ز هر دانشی زند بار من است»
ز موبد چو بشنید بوزرجمهر / بدو داد گوش و برافروخت چهر
به استاد گفت «این شکار من است / گزاریدن خواب کار من است»
۹۹۶ یکی بانگ بر زد بر او مرد اُست / که «تو دفتر خویش کردی درست»
فرستاده گفت «ای خردمند مرد / مگر داند او گرد دانا بگرد»
غمی شد ز بوزرجمهر اوستاد / «بگوی آنچه داری» بدو گفت «باد»
۹۹۹ «نگویم من این» گفت «جز پیش شاه / بدانگه که بنشاندم پیشگاه»
بدادش فرستاده اسپ و درم / دگر هرچه بایستش از بیش و کم

یک برگ از شاهنامهٔ قریب بهبودی

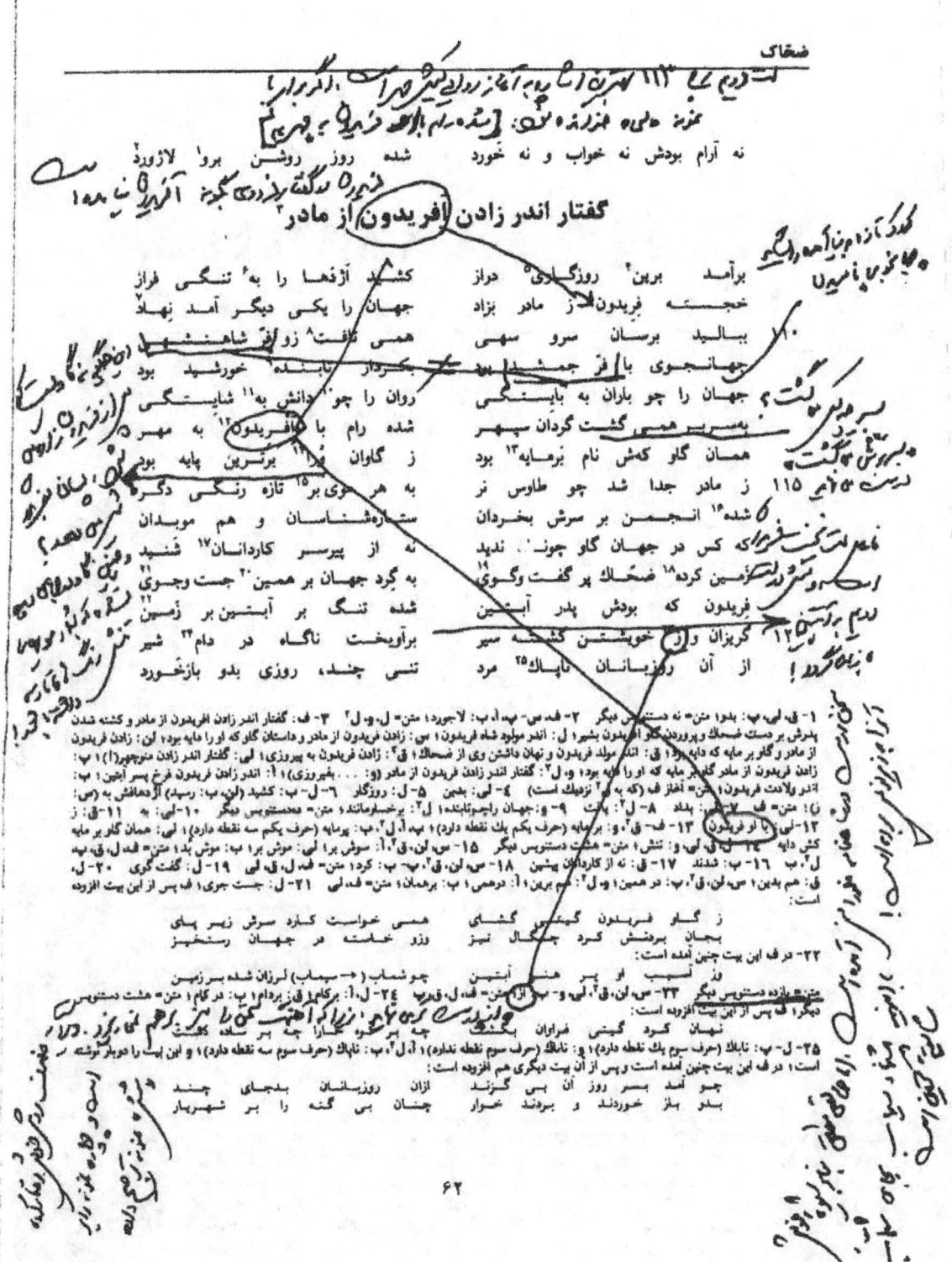

ضحاک

نه آرام بودش نه خواب و نه خورد　　شده روز روشن برو[1] لاژورد[2]

گفتار اندر زادن آفریدون از مادر[3]

برآمد برین[4] روزگاری[5] دراز　　کشید اژدها را به[6] تنگی فراز
خجسته فریدون ز مادر بزاد　　جهان را یکی دیگر آمد نهاد[7]
ببالید برسان سرو سهی　　همی تافت[8] زو فرّ شاهنشهی
جهانجوی با فرّ جمشید بود　　بکردار تابنده[9] خورشید بود
جهان را چو باران به بایستگی　　روان را چو[10] دانش به[11] شایستگی
بسربر همی گشت گردان سپهر　　شده رام با آفریدون[12] به مهر
همان گاو کش نام برمایه[13] بود　　ز گاوان ورا[14] برترین پایه بود
ز مادر جدا شد چو طاوس نر　　به هر موی بر[15] تازه رنگی دگر
شده[16] انجمن بر سرش بخردان　　ستاره‌شناسان و هم موبدان
که کس در جهان گاو چونان ندید　　نه از پیرسر کاردانان[17] شنید
زمین کرده[18] ضحاک پر گفت وگوی[19]　　به گرد جهان بر همین[20] جست وجوی[21]
فریدون که بودش پدر آبتین　　شده تنگ بر آبتین بر زمین[22]
گریزان و از خویشتن گشته سیر　　برآویخت ناگاه در دام[23] شیر
از آن روزبانان ناپاک[25] مرد　　تنی چند، روزی بدو بازخورد

۱- ق، لی، پ: بدو؛ متن= نه دستنویس دیگر　۲- فه، س- پ، آ، ب: لاجورد؛ متن= ل، و، ل[2]　۳- ف: گفتار اندر زادن افریدون از مادر و کشته شدن پدرش بر دست ضحاک و پروردن گاو افریدون بشیر؛ ل: اندر مولود شاه فریدون؛ س: زادن فریدون از مادر و داستان گاو که او را مایه بود؛ لن: زادن فریدون از مادر و گاو بر مایه که دایه بود؛ ق: اندر مولد فریدون و نهان داشتن وی از ضحاک؛ ق[2]: زادن فریدون به پیروزی؛ لی: گفتار اندر زادن منوچهر(!)؛ پ: زادن فریدون از مادر گاو بر مایه که او را دایه بود؛ و، ل[2]: گفتار اندر زادن فریدون از مادر (و: ... بفیروزی)؛ آ: اندر زادن فریدون فرخ پسر آبتین؛ ب: اندر ولادت فریدون؛ متن= آغاز ف (که به ق[2] نزدیک است)　۴- لی: بجین　۵- ل: روزگار　۶- ل- ب: کشید (لن، ب: رسید) اژدهافش به (س: ...)؛ متن= ف　۷- ...: بداد　۸- ل[2]: بافت　۹- و: جهان راچوتابنده؛ ل[2]: برخسروماننده؛ متن= محدستنویس دیگر　۱۰- لی: به　۱۱- ق: ز　۱۲- لی: با او فریدون　۱۳- ف- ق[2]، و: برمایه (حرف یکم یک نقطه دارد)؛ پ، آ، ل[2]، ب: پرمایه (حرف یکم سه نقطه دارد)؛ لی: همان گاو بر مایه کش دایه　۱۴- ق، لی، و: تنش؛ متن= هشت دستنویس دیگر　۱۵- س، لن، ق، ق[2]، آ: سوش بر؛ لی: موش بر؛ ب: موش بد؛ متن= فه، ل، ق، پ، ل[2]، ب　۱۶- ب: شدند　۱۷- ق: نه از کاردانان پیشین　۱۸- س، لن، ق، ق[2]، پ- ب: کرد؛ متن= فه، ل، ق، لی　۱۹- ل: گفت گوی　۲۰- ل، ق: هم بدین؛ س، لن، ق، ق[2]، پ: در همین؛ و، ل[2]: هم برین؛ آ: درهمی؛ ب: برهمان؛ متن= فه، لی　۲۱- ل: جست جوی؛ فه پس از این بیت افزوده است:

ز گاو فریدون گیتی گشای　　همی خواست کاره سرش زیر پای
بجان بردنش کرد چنگال تیز　　وزو خاسته در جهان رستخیز

۲۲- در فه این بیت چنین آمده است:

وز آسیب او پر هنر آبتین　　چو شماب (← سیماب) لرزان شده بسر زمین

۲۳- س، لن، ق، ق[2]، لی، و- ب: از؛ متن= فه، ل، ق، پ　۲۴- ل، آ: برکام؛ ق: بردام؛ پ: در کام؛ متن= هشت دستنویس دیگر؛ فه پس از این بیت افزوده است:

نهان کرد گیتی فراوان بکشت　　چه بر گروه گارا چه بر ساده کشت

۲۵- ل- پ: نابلک (حرف سوم یک نقطه دارد)؛ و: نابلک (حرف سوم نقطه ندارد)؛ آ، ل[2]، ب: ناپاک (حرف سوم سه نقطه دارد)؛ و این بیت را دوبار نوشته است؛ در فه این بیت چنین آمده است و پس از آن بیت دیگری هم افزوده است:

چو آمد بسر روز آن بی گزند　　ازان روزبانان بدجای چند
بدو باز خوردند و بردند خوار　　چنان بی گنه را بر شهریار

۶۲

نمونه ویرایش یک برگ از شاهنامهٔ خالقی مطلق

چند نمونه از ویرایش‌های نخستین بر روی شاهنامهٔ امیرکبیر

پادشاهی شاپور اردشیر

شاهنامهٔ فردوسی

چو دشمن بترسد شود چاپلوس
وگر آشتی جوید و راستی
بیارای دل راه داد آن که ارز
تو عهد پدر با روان پدر
شما هم برین عهد من بگذرید
به پیچید سر از عهد فیروزندو
بگردند پیکر ز عهد و وفا
پوشند پیراهن عهد تنی
نه گردد پیرامن این کهن
که باشد هر بد نگهدار آن
بیارد شکست اندرین عهمین
بگفتی مرا تا راست شیر
چو راه اردشیر است شهری دگر
که تازه شد زیباتر جوی شیر
دو در بوم بغداد و آب فرات
کنون دخمه دارم لهادی برخت
روان مرا شاد گردان بداد
چنین است آیین و رسم جهان
بکوشی و ورزی ز هرگونه چیز
بیا تا همه دستی یکی برم
چو جام لبدی دمادم شود

تو لشکر بیارای و پربند کوی
نه بینی بداش اندرون کاشی
بداش بود چون بداش پیروز
بر نگهبان پس چنین یادگار
فلس داستانها یاد گشمرید
هر آنکس که باشد ز پیروندکو
به پیدا کند از جور و جفا
بنالند با گیش میرزن
بپرانی آرد برع این مرد من
همه کیکنامی پور گارانکان
تکوشد که حظلال کرد شهد من
هوا خوشگوار و پر بارآب شیر
گر پسوی پارس کرده کدر
پران مردم بغداد و سودور
پر از چشمه و چارپایی و نباتی
نوشتابتا پاپوترد و پیربارن
که پیروز بادیبوزتخت و شاد
نخواهد گشاون بیا بر لبان
که مردم نه آنچیز ماند به لیز
زمان جهان را پید سپری
بداند که خرم شود

نیایش آفریننده و ستایش سلطان محمود

مکان و زمان و زمین آفرید
سه و زمین و زمان فرا کرده‌است
ازو مخوان کردگار جهان
همه پاک بودند و پرهیزکار
ستایم زآن پس شهنشاه را
بلیدارست و با بخشش وفر وداد
جهاندار نازم از او از فر اوی
همی سختری کوه زیر آن شود
بماناد تا جاودان نام اوی
برابر اندر جهان نام پاک
پارد پیدو مردم پرپارما
بزم اندرون زنده بی پلاس
شمشیر شاهان شکار وپند
مرغ سر باد داش پرباد

همآرام و زوی بست و همکارم ازوی
ز خاشاک ناچیز تا عرش راست
وزو بر روان محمد درود
کنون برسختها فرزدش کنبیم
جهاندار محمود باقرو جود
خداوند کوپال و شمشیر و بخش
خردمند و زیبا و چرخ ستخ
بزم آسمان را خروشان کند
سهمی از بر پدر لرزان شود
همه بهتری باد فرجام اوی
ز کیتی پذیرا باد فرجام یک
هم آنکس کشد بر زمین پادش
پسر دام در نیشاپر و بنلد
جهان بی سپر از بر و ر

همآرام ازو بستو وهمکار ازوی
سراسر بهشتی یزدان کواست
بیارای بر هر یکی بر فرود
جهان آفرین دا نیابش اکبم
کرو بخششی وجود شد سزاور
خداوند آسمانرخ تاج و
جوانه سال ور یاداش فر
چو بزم آرایش گوهر افشان کند
بنازد بفو کبید هزرور دو
بزرگی و آیین و رای ورده
ز بدها ورا بخت جوشن شدست
زمین مایه ترامو تخت اوست
چون در برگشان شیم رای او
ز آواز کوش بمیرد زجنگ
کنون پادشاهی شاپور گوی

پادشاهی شاپور اردشیر سی سال بود

بر تخت نشستن شاپور و اندرز کردن سرداران

چو شاپور بنشست پسر تخت داد
چنین گفت با نامور انجمن
که کوش داریم فرمان من
چو داد و داد سود وزن
اگر شاه بیا داد و فرخی است
همه جستش وفای و رایی بود
بداش از بزدان شناسد سپاس
و آن که شو هر کخشنوز کشت
بناشش و سبکس گرای
مرا با شما زآن فروغت مهر
زد گان نخواهم جزازسپر
در چیز گان بی نیازم گیسی
پیرو برنه فرشتیم گر آگیم
مهان و کهان پاک برخاستند

کلاه دل افروز پیرسر نهاد
بزرگان پیروش زار زن
مگر دوست بهادر شد زپیمان من
نیکی و بنادشا وباسیان جهان
خرد باسان باشد و نیکخواه
دگر آنکه با آزمون خرد
بناشی خردمند باشد مرا
کرا آرزو پیش بیمار بیش
بچر کیان دست باره اکنی
همه رسم و آیین شاه اردوتر
مرا خون برگیش آباد هست
بر با شما درا گشادست راه
نخواهم هر کز بجز آفرین
زبر جد باش بسرانگاهندی

شده انجمن بیش او بخردان
منم پاک فرزند شاه اردشیر
وزن هرچه گویم پژوهش کنید
نیکس و باداشا وباسیان جهان
خرد پاسان باشد و نیکخواه
دگر آنکه با آزمون خرد
پاشاهی خردمند باشد سزا
دل آزرو پیش خسانه بود گشت
کرپ زنان دست باز راه رای
که اختر نماید همی بر سپبر
بچشم بتا لشکر بعم آمدکی
که دشمن شود دوست از پیرچیز
بچوشیم پبسدار کار جهان
بپایها بخوبی ببارستند
همه تازه شد رسم شاه اردشیر
بدو شاد گشتند برنا و پیر

رزم شاپور بارومیان و آشتی کردن قیصر با شاپور

که پیکار شد تخت شاهنشهین
ز قیدافه برگشته شد تا بروم
خروشی برآمد از هر مرز وبوم

بمرد اردشیر آن خردمند شاه
چو آگهی آمد پشاپور شاه

شاپور بنشست برتخت و کلاه
بیاراست کوس و درفش و سیاه

وقدح بنصالها نارا ، وشوى العير . ثم أتى على لحمه أجمع . وخلع لجام فرسه وأرسله يرعى فى أجمة كانت بين يديه . ثم نام تحت قصب هناك . فلما مضت طائفة من الليل خرج سبع فرأى رستم متمددا كأنه ركن جبل ، ورأى رخشه كأنه ثعبان . فأقبل نحو للفرس ليفترسه فوثب الفرس وضرب بيديه على أم رأسه ففلق هامته ، ومزق جلده ، وتركه طريحا نكباء مقوض . فلما انتبه رستم رأى ذلك فعلم أنه من صنيع رخشه . فأقبل عليه ومسح بيده غرته ، وقال : لو انتبهت لكفيتك هذه المقاتلة . ثم لما طلعت الشمس قام وغمز ظهره وأسرجه وذكر[1] الله تعالى وركبه . وكان يسير فعرض دونه طريق قاتم الأرجاء فسلكه . فلما قام قائم الظهيرة ، واشتد الحر عطش هو وفرسه فغلبه الأمر حتى ترجل وجعل يمشى كأنه سكران . ثم رفع رأسه الى السماء ، وبسط يده بالدعاء ، وزاد به الأمر حتى وقع على رمضاء ذلك الفضاء يلهث من العطش . فبينا هو على ذلك إذ سنحت له غزالة فقام وأخذ السيف وتبع أثرها . فما سار إلا قليلا حتى وقع على عين خرارة . فكرع فيها وشرب وعادت نفسه اليه . فخر فى ذلك المكان ساجدا لله تعالى ثم أقبل على الغزالة يدعو لها ويقول : لا زلت يا غزالة الريف تفيئين الى الظل الوريف ، وتكرعين فى الزلال المعين ، وتتقلبين بين الورد والياسمين . وأيما قوس راعك إنباضه فلا زالت متقطعة أوتاره . فانك سددت رمقى ، وشفيت غلتى . قال : ثم نحى السرج عن رخشه ورحض حواركه وأكتافه . ثم توجه يطلب الصيد فاصطاد حمار وحش ، وأوقد نارا وألقاه عليها حتى نضج ، فتناول لحمه . ثم رجع الى العين وشرب من مائها . وجنه الليل فتمدد ونام ، والفرس يسرح فى مرعاه . فلما توسط الليل جاء ثعبان هائل كان يأوى الى ذلك الموضع . فلما رآه الفرس عاد نحو رستم وأخذ يضرب بحوافره الأرض حتى انتبه . فقام ونظر يمينا وشمالا فلم ير شيئا . فزجر الفرس وطرده وعاد الى نومه . فلم ينشب أن عاد الفرس يضرب الأرض حتى إنها تنشق تحت سنابكه . فانتبه وقام وجعل ينظر أمامه ووراءه فلا يرى شيئا . فطرد الفرس بجفوة وعنف ونام . فما استغرق فى النوم حتى أتاه راكضا جريا . فقام فرأى ثعبانا يتنفس فيحرق جميع ما حوله من الحشيش . وأخذ[2] السيف وأقبل نحوه فتعلق أحدهما بالآخر وطال بينهما القتال . وكاد الثعبان يغلب رستم . فلما رأى رخشه ذلك حمل على الثعبان فعضه عضة انتزع بها كتفه (١) ، وشق جلده . فانقلب الثعبان ، واستعلى عليه رستم فألقمه السيف . فخر صريعا وجعل دمه يجرى جريان السيل . فلما رأى ذلك دعا الله عز وجل وشكره . وجاء الى العين فاغتسل منها ،

(١) لا يستغرب القارئ ذكر « الكتف » هنا . فالثعبان هنا تنين خرافي . ولذلك ذكرت فى الشاه محاورة بينه وبين رستم قبل المعركة .

(١) ك ، كو ، طا : فذكر . (٢) ك : فأخذ .

نمونهٔ یک برگ از شاهنامهٔ بُنداری

نخستین رویهٔ شاهنامهٔ سپاهان

نگارهٔ نخستین برگ شاهنامهٔ سپاهان

نشانه‌ها

نشانهٔ شاهنامه‌هایی که برای چاپ مسکو از آنها برخوردار شده‌اند:

۱- شاهنامهٔ موزهٔ بریتانیا	Л آ
۲- شاهنامهٔ کتابخانه دولتی اجتماعی لنینگراد	I د
۳- شاهنامهٔ انستیتو خاورشناسی ۱	IV س
۴- شاهنامهٔ انستیتو خاورشناسی ۲	K ص
۵- شاهنامهٔ بروخیم	T بروخیم
۶- شاهنامهٔ دارالکتب قاهره	ر
۷- شاهنامهٔ توپقاپی‌سرای	ج
۸- شاهنامهٔ کتابخانه ملی دهلی	ق
۹- شاهنامه کاما	ک

نشانه‌هایی که در کار جلال خالقی مطلق، برای شناختن شاهنامه‌ها بکار رفته است:

۱- **ف** شاهنامهٔ فلورانس

۲- **ل** شاهنامهٔ لندن

۳- **س** شاهنامهٔ توپقاپی سرای!

۴- **ق** شاهنامهٔ قاهره

۵- **ک** شاهنامهٔ کراچی

۶- **ل**^{۲} شاهنامهٔ لندن ۲

۷- **س**^{۲} شاهنامهٔ توپقاپی سرای ۲

۸- **لن** شاهنامهٔ لنینگراد

۹- **ق**^{۲} شاهنامهٔ قاهره ۲

۱۰- **لی** شاهنامهٔ لیدن

۱۱- **ل**^{۳} شاهنامهٔ لندن ۳

۱۲- **پ** شاهنامهٔ پاریس

۱۳- **و** شاهنامهٔ واتیکان

۱۴- لن[۲] شاهنامهٔ لنینگراد ۲

۱۵- آ شاهنامهٔ آکسفورد

۱۶- ب شاهنامهٔ برلین

شاهنامه‌هایی که افزون بر نمونه‌های خالقی مطلق و مسکو، از آنها سود برده‌ام:

شاهنامهٔ سپاهان، شاهنامه امیرکبیر (امیربهادر)، شاهنامه حمداله مستوفی، شاهنامه بنداری سپاهانی، شاهنامه قریب بهبودی، چهار مقالهٔ نظامی عروضی سمرقندی، در یک داستان.

چگونگی سنجش گفتار

برای سنجشِ گفتارِ شاهنامه؛ چند میزانِ بایسته در کار است، که در آغاز می‌بایستی از آنها یاد کردن:

۱- **زبان فارسی**؛ و داد و آیین آن در سرایش گفتارها.

۲- **زبان پهلوی**؛ بدانروی که یک: شاهنامهٔ ابومنصوری از آن زبان بفارسی ترجمه شده است. دو: بسا از واژه‌ها و زبانزدهای شاهنامه و نیز زبان همگانی هنگام فردوسی، برخاسته از زبان پهلوی و همانند آنست.

۳- **زبان اوستایی**؛ بدانروی که ریشهٔ زبانهای ایرانی است، و زبان پهلوی و پس از آن، زبان فارسی؛ از آن ریشهٔ کهن بدور نیستند، و برخی از رازهای نهفتهٔ شاهنامه بیاری آن زبان آشکار می‌شود.

۴- **دانستن زبان تازی**؛ تا بیاری آن بتوان از یک نمونهٔ ویژهٔ شاهنامه که بکوشش بنداری سپاهانی، بتازی ترجمه شده است، سود بردن!

۵- **آگاهی همه سویه، از رازورمزهای چامه و سرود پارسی**؛ تا بیاری آن بتوان بر همهٔ نادرستیها، که پچین‌برداران[1] به گفتار فردوسی اندر کرده‌اند، پی بردن، و آنها را ویراستن، یا آراستن.

۶- **فرهنگ ایران باستان**؛ بدانروی که شاهنامهٔ ایران، برخاسته از فرهنگ و زندگی نیاکان ما است، و نشاید که در آن گفتاری آید، که رودرروی فرهنگ ایران باستان ایستد، و بسخنی دیگر، هران‌گفتار، که نه برگرفته فرهنگ ایران بوده باشد، از آنِ شاهنامه، و سرودهٔ فردوسی نیست، و بایستی آنرا از گفتارهای افزوده بشاهنامه در شمار آوردن!

۷- **کیش‌های ایرانی باستان**؛ بدانروی که نویسندگانِ نخستینِ شاهنامه را -همانند همهٔ ناموران کهن- نشایستی سخنی گفتن، یا کاری کردن که نه بر راه دین و آیین ایران باستان بوده باشد،

۱- پچین: رونوشت

و هر آینه چنین سخنان؛ نشان از آن دارند که گویندگان را، آگاهی نیک از کیش پیشینیان نبوده است، و با داوری زمانِ خویش، آنها را بشاهنامه افزوده‌اند!

کیش‌های ایران باستان، که بهنگام خود دربارهٔ آنها سخن خواهد رفت؛

۸- یک: **پوریوت‌کیش**، یا کیش نخستین که بزبان اوستایی 𐬞𐬀𐬊𐬌𐬭𐬌𐬌𐬋.𐬙𐬐𐬀𐬉𐬱𐬋 پئوئیریُو-تْکَئِیشَ خوانده می‌شود. دو: **کیش مهر**. سه: **کیش زرتشت**.

۹- **ستاره‌شناسی**؛ بدانروی که در سرتاسر شاهنامه و بیشتر، در افزوده‌ها، در گزارش اختران، و روش و ایستایی آنان، و نشانه‌گذاری آنان بر زندگانی مردمان سخن رفته است.

۱۰- **سرگذشت جهان و جهانیان**؛ بدانروی که شاهنامه کهنترین و گسترده‌ترین نامهٔ باستانی است که امروز با نام «تاریخ» از آن یاد می‌شود، و گفتارهای آن را نشایستی دگرگونه یا واژگونهٔ رویدادهای همگانی داستان (= تاریخ) جهان بودن.

۱۱- **باستانشناسی**؛ بدانروی که این کهنترین نامهٔ جهان، هنگام‌های گوناگونِ زندگی همراه با سنگ (سنگ کهن، میانه، نو) سفال، فلز: مس، مفرغ (آلیاژ)، فلزهای گوناگون آهن، پولاد، زر و سیم را بر خود گذرانده است، و نشاید سخنی در آن آید، که نه بر پایهٔ پدیده‌های باستانیِ شناخته شده باشد. مگر در زمینه‌ای که هنوز، دستِ باستانشناسان بدان نرسیده است، و در شاهنامهٔ ما، آن؛ پدیدار است!

۱۲- **زمین‌پیمایی و شناخت سرزمین‌ها**؛ که امروز با نام «جغرافیا» شناخته می‌شود، چنانکه نباید داستانی را که نه بر پایهٔ شناخت و پیمایش درستِ زمین باشد؛ از شاهنامه دانستن.

۱۳- **مردمشناسی**، بدانروی که پدیده‌های گوناگون پیوندِ مردمان، و آیین‌ها و باورهای آنان، بایستی بر پایهٔ مردمشناسی ایرانی استوار باشد، و اگر در داستانی، سخن؛ نه بر این روال آید، می‌باید آنرا از شاهنامه پیراستن.

۱۴- **پزشکی**، بدانروی که نخستین پزشکان جهان در ایران پدیدار شده‌اند، و کهنترین نمونه‌های کاردپزشکی ویژهٔ ایران است، و در شاهنامه نیز بارها از کارِ پزشکان داستان آمده است.

۱۵- **شناخت اسب**؛ بدانروی که اسب را نیاکان **ما** بیاری گرفتند، و کهنترین سرزمین پرورش اسب؛ ایران است، و زندگی جهان پهلوانِ ما همگام با اسب بود، و با رخش از جهان برفت، و زیباترین، برترین، نیرومندترین اسبانِ جهان، هنوز در ایران فرهنگی میزیند، و برترین یاریگر نیاکان ما، در پادرزم و نگاهبانیِ ایران اسب بوده است.

۱۶- **شناخت گوسفند، و دام**؛ بدانروی که چنین جانوران نیز نخستین بار در ایران بکار گرفته

شده‌اند، و هنوز نیز همراه زندگی ایرانیان‌اند.

۱۷- **شناخت جنگ‌افزارها، و کاربرد هر یک از آنها در میدان نبرد، یا دشت نخچیر**؛ از آنجا که جنگ‌افزار -همراه با جنگاوران- در بسی از داستانهای شاهنامه بکار رفته است.

۱۸- **آیین نبرد**؛ که دربارهٔ آن چون‌وچرا نمی‌باید!

۱۹- **آرایش میدان**؛ که بیشتر گفتارهای افزوده بشاهنامه را می‌توان بیاری آن شناختن و بکنار نهادن!

۲۰- **سپه‌کشی**؛ که برترین کار، و خویشکاری همراه با جنگ بوده است، و افزایندگان از آن آگاهی نداشته‌اند.

۲۱- **زمان نبرد**، و زمان سپه‌کشی، که نگرش بدان، سخنِ افزایندگان را از گفتارِ درست شاهنامه جدا میکند.

۲۲- **پوشش و آرایش چه در رزم، چه در بزم**؛ که در شاهنامه از آن فراوان یاد می‌شود.

۲۳- **آگاهی‌های همگانی، چونان:**

خنیاگری و نوای خوش

آیین می‌نوشی

گوهرشناسی

بازرگانی

کشاورزی

جانورشناسی

شکار

گله‌داری

کاروان

زندگی روستایی

آشپزی

کشورداری

شمار و آمار...

۲۴- ...**میزان و سنجش خرد**؛ در بررسی گفتارها، و بازشناسیِ سخنان افزوده به شاهنامه، که خرد آنها را نمی‌پذیرد...

۲۵- شناختن گفتارهای افزوده بشاهنامهٔ فردوسی، و نیز سخنان افزوده بشاهنامه در هنگام شاهان پیشین (پیش از فردوسی)؛ که با پیوندِ گفتار فردوسی، بهنگام ما رسیده است.

۲۶- شناختن رازها و رمزهای سخن فارسی در سروده‌ها

۲۷- شناختن گزافه‌های افزوده بشاهنامه

ویرایش؛

بر بنیاد

دستور و آیین زبان پارسی

آفرین بر روان فردوسی
آن همایون‌نژاد فرخنده
او نه استاد بود و ما شاگرد
او خداوند بود و ما بنده
انوری

«استاد ابوالقاسم فردوسی... کتاب را تمام کرد و الحق هیچ باقی نگذاشت و سخن را به آسمان علّیّن و در عذوبت به ماه معین رسانید و کدام طبع را قدرت آن باشد که سخن را بدین درجه رساند که او رساند... من در عجم سخنی بدین فصاحت نمی‌بینم.»

عروضی سمرقندی، چهار مقاله

چون اندک‌اندکْ واژه‌های تازی بزبان فارسی اندر شد، نویسندگان را هوس نوشتن واژه‌های فارسی بگونهٔ تازی پدیدار گشت، و چون چهارده سده بر چنین شیوهٔ نگارش گذشت، تازی‌نویسی گروهی از واژه‌ها؛ چنان بآیین شد که چون یکی از نویسندگان -که نام وی را بیاد ندارم- برای نخستین بار نام طوس را بگونهٔ «توس» نوشت، همگان بانگ برداشتند که از پیش خود نشاید دست به دگرگون واژه‌ها زدن... و بدانهنگام که من؛ در پیشگفتار **واژه‌نامه مازندرانی**؛ «تبرستان» را نه بگونهٔ طبرستان نوشتم، یکی از استادان بلندپایهٔ زبانشناسی دانشگاه تهران همین داوری را دربارهٔ آن کرد!

بایستی دانستن، که آن کسان که چنین واژه‌ها را بگونهٔ تازی نوشته‌اند، همگان پچین‌بردار[1] بوده‌اند، و از روی ناآگاهی چنین کرده‌اند، و آگاهان و دانشمندان امروز را نشاید در پیروی از آنان پای

۱- پچین: رونوشت

فشاردن و بانگ برداشتن!

چنین است که انبوهی از این واژه‌ها در نوشتهٔ پچین‌برداران بشاهنامه نیز اندر شده است و شایسته می‌نماید که برای یکبار، این واژه‌ها را بگونهٔ فارسی آن بنویسیم، و خود را از پیروی چنان نویسندگان ناآگاه رها سازیم!

*

نمونهٔ چنین نگاشته‌ها که بشاهنامه نیز اندر شده است، واژهٔ سَد [صد] است که در زبان کردی بگونهٔ سبکتر شدهٔ «س» درآمده است، «سد»، در شمار؛ که در زبان اوستایی بگونهٔ سَتَ، خوانده می‌شد، و در پهلوی بگونهٔ سَت در آمد، و در زبان فارسی بگونهٔ سبکتر شدهٔ «سد» خوانده می‌شود! زیبا آنست که این واژه بهنگام یاد کردن از **«جشن سده»**، و نیز بهنگام شمردنِ سده‌ها چونان سدهٔ چهارم، سدهٔ نهم... بگونهٔ فارسی خود نوشته می‌شود.

شست نیز واژه‌ایست فارسی، و نبایستی آنرا بگونهٔ شصت نوشتن.

«غَو» واژهٔ فارسی برابر با غریو است که هنوز واژهٔ **«غوغا»**، گونهٔ فارسی آنرا در خود نگاه داشته است، و در این سالها بفرمان کسی که خود را استاد برتر و فرمانروای فرهنگ ایران، و شاهنامه میدانست[1]، بگونهٔ «عَو» در آمد، و در شاهنامه‌های امروز همگان آنرا بهمین‌گونهٔ تازی می‌نویسند،

۱- **مجتبی مینوی** یک داوری شگفت دیگر دربارهٔ واژهٔ «دَمادَم» کرد، و فرمان داد که آنرا بایستی بگونهٔ دُمادُم خواندن، زیرا که اسپان که از دروازهٔ شهر بیرون می‌آیند، دُمِ آنان بدهان بدیگری پیوسته است؟!!... اگر چنین بوده باشد هر یک از اسبان ردهٔ دویم، دهانشان به دُم اسپ پیشین نزدیک می‌شود، و هر آینه دو اسب که دُم آنان بیکدیگر نزدیک باشد، در جنبش بدو سوی می‌روند، نه بیکسوی!... اما چنین نیست، و ما هنوز این واژه را بگونهٔ «دَم‌بدَم» نیز در زبان؛ روان داریم؛ دَمادم، دم‌بدم (← لحظه‌به‌لحظه) با همهٔ این سخنان، پیروان مینوی کار را بدانجا رسانیده‌اند که با پساوای «خرَم» نیز دُمادُم بکار برده‌اند، و نیندیشیده‌اند که اگر چنان هم بوده باشد، یک سوار، چگونه می‌تواند «دُمادُمِ خود برود؟» یا آنکه از شب‌ها چگونه دُمادُم یکدیگر توان یاد کردن؟ مگر شب را نیز دُم است! در آرایش جنگ بزرگ کیخسرو:

دُمادُم بشد برتَهٔ تیغزن   ابا کوهیار، اندر آن انجمن

(قریب بهبودی ۳۸۵-۲)

نیز این گفتار که با آوانویسی (ـُـ) نیز آرایش یافته است:

همانگه چو از باده خرَم شدند   ز خوردن به جام دُمادُم شدند

(قریب بهبودی ۴۱-۴)

دُمادُم به ده شب پیِ یکدگر   همی خواب دید، این شگفتی نگر

(قریب بهبودی ۲۹۳-۳)

شگفت آنست که کارِ فرمانبری از آن گویندهٔ بلندبانگ بدانجا کشید که استاد روانشاد **«رحیم عفیفی»** نیز در ویرایش فرهنگ جهانگیری، دست در واژه برده، و آنرا بگونهٔ دُمادُم آورده است:

نکاح کنیزک بی‌رضای مالک روا نبود، زود دست‌پیمان کن و دُمادُمِ من بیا [رویهٔ ۱۲۹۶] آن روانشاد نیندیشید که باری اسب را دُم هست، اما چگونه «مرد»، دُمادُمِ مردی دیگر می‌رود!

ناآگاه از آنکه «عَو» در زبان فارسی بانگ سگ است!

«لئل» که از کان و کوهستان بَدَخشان برمی‌آید، و در همهٔ تازیکستان، چنین کان نیست، که آنرا لَعل بخوانیم.

«نَئل» اسپ نیز با همین داوری... از آنجا که نه کان آهن در آن سرزمین یافت می‌شود، و نه آهنگری در آن سامان روایی داشته است!

ایرانیان اسپ را رام کرده بجهانیان پیشکش کردند. «نئل» را نیز در ایران بساختند.

کهنترین یادکرد از نئل آهنین در داستان یادگار زریران آمده است.

اوش بارَک بی بَرِنْد، هان سیاک ای آسنین سومب

و اسب او را ببرند، آن سیاه آهنین سمّ را

و این رویداد که همزمان با زندگی گشتاسپ و زرتشت بوده است، با پیدایی آهن [بر دست ایرانیان] نیز همزمان است و برای آگاهی بیشتر بنگرید به «داستان ایران، بر بنیاد گفتارهای ایرانی، دفتر دویم.»

«جیهون» رودِ نامور، در «وَرارودان»، که شایسته است آنرا بهمین گونهٔ فارسی بنویسیم، اما یک راهنمای نیکِ دیگر هست که ما را ره بهمین واژه می‌گشاید. کنار این رود، شهری بوده است بنام **«جیهان»**، که **«جیهانی»** وزیر بزرگ و دانشمند سامانیان -که درگاهِ او همواره بر روی دانشمندان گشوده بود، و همواره نیز از بام تا شام، دانشورانِ فراوان در خانهٔ وی با یکدیگر گفتار و هم‌اندیشی داشتند، و خود نیز از دانشمندان بنام هنگام خویش بشمار میرفت- از آن شهر برخاسته بود، و در همهٔ نامه‌ها همواره نام وی بهمین گونهٔ **«جیهانی»** آمده است، نه «جیحانی»!

همچنین است رودِ **سیهون** که هزار فرسنگ دورتر از تازیکستان است.

«زَئفران» که بهترین و برترین گونهٔ آن از خراسان -بویژه قَهستان، که امروز خراسان جنوبی‌اش می‌خوانند- برآمده است، و تازیکستان را هیچگاه زئفران نبوده است، اما آنان هنگامیکه چنین گُلِ خوشرنگ و بوی را دیدند «زعفران»ش خواندند.

این واژه هنوز در آذربایجان بگونهٔ «زَفران» خوانده می‌شود.

نمونه‌های دیگر از واژه‌های ایرانی که با «ئـ» خوانده می‌شوند. «ترازو» است که در

چنین می‌اندیشم که همین چند نمونه بس باشد، تا دریابیم که پیروی کورکورانهٔ نویسندگان از یک گویندهٔ بلندبانگِ خودپرست چگونه شیوهٔ نوشتن را دگرگون می‌سازد. کاری که پچین‌برداران ناآگاه، با چنین واژه‌ها کرده‌اند، و اکنون دانشگاه‌های ما و فرهنگستان ما، سر بر فرمانِ آنان نهاده‌اند.

خراسان آنرا «تْرَءزو» می‌خوانند. دیگر واژهٔ «جادّه» است که در بیشتر جایهای ایران بگونهٔ جَنده خوانده می‌شود، دیگر واژهٔ «نالین» [گونه‌ای کفش سبک] است که در زبان پهلوی نیز بهمین آوا خوانده می‌شد، چون بگونهٔ تازی «نعلین» در آمد، ما نیز آنرا بهمین گونه می‌نویسیم.

دیگر واژهٔ «نالی» [= تشک] است که در خراسان نَئلی خوانده می‌شود، و تشکچه را نَئلیچَه می‌خوانند...

واژهٔ «**هُجره**» که آنرا بگونهٔ تازی «حُجره» می‌نویسند، و نادرست است، زیرا که اگر بخواهیم بشیوهٔ واژه‌های تازی، از آن؛ ریشه برآوریم، باری، «حجر» می‌شود، و حَجَر و تَحجُر و متحجر... را با هُجره [= اتاق] پیوندی نیست.

و اگرچه این واژه، بدینگونه؛ در نوشته‌های پهلویِ برجای مانده دیده نشده است اما در اوستا؛ بگونهٔ هوکِرِتَ ؛ خوب ساخته شده آمده است.

پسوند «کرت» که بدنبال نام‌جایها، چون دارابکرت، آمده است، در دامنهٔ زمان، نرم‌تر می‌شود، و بگونه دارابکَرد، دارابگَرد، دارابگِرد، دارابجِرد، در می‌آید، و نامهایی چون بروجرد [= ویروکرت]، دستجرد [= دستکرت[1]، روستایی که نه بگونهٔ روستاهای کنار رودها و چشمه‌ها، با دست کاریگران بسازند]... در می‌آید، و بر همین بنیاد هوکِرِتَ [نیک ساخته‌شده]، نرم‌نرم بگونهٔ هوکَرت، هوگَرد، «هوجَر» [= هُجره] دگرگون می‌شود.

پسوند «کِرت» خود؛ از ریشه کَرْ اوستایی برآمده است، برابر با «ساختن» و نیز ریشهٔ کَنْ = «خانه» که واژه‌های کنت، کند، کد = خانه از آن برآمد!

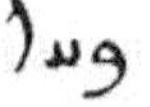

و بر این بنیاد، هوکِرِتَ = هُجره را خانهٔ خوب توان نامیدن.

هِجْله: بیگمان حِجله‌ای که بگونهٔ تازی نوشته می‌شود نیز دگرگون شدهٔ هجره است زیرا که آن نیز ریشه تازی «حجل» ندارد.

«**تاق**» و «**تاقدیس**» که هر دو واژه ایرانی است، و نباید بگونهٔ «طاق» نوشته شود! کارِ زخم (= ضربی) و برآوردن «تاق» نخستین بار در ایران انجام گرفته است و تازیان بادیه‌نشین را با تاق سروکار نبوده است.

۱– «... او وَس دهی دستکرت آپاتان کرت» و بسیار روستای دستکرد، آبادان کرد (بساخت) (کارنامهٔ اردشیر بابکان، بهرام فره‌وشی، دانشگاه تهران، ۱۳۴۳، رویهٔ ۱۵۱)

تبل واژه‌ای ایرانی است و همریشهٔ تبیره (تبل کوچک) است و نشایدش بگونهٔ «طبل» نوشتن. این گفتار رودکی، که در خوارداشتِ کسی سروده شده، گونه‌ای چند از این ابزارِ کوبه‌ای را در خود دارد:

آن خر پدرت بدشت، خاشاک زدی — مامات دف و تبیره چالاک زدی
آن بر سر گورها تبارک خواندی — وین بر درِ خانه‌ها تبوراک زدی

خرتوم نیز با پیل از هندوستان آمده است و نشاید آنرا بگونهٔ خرطوم نوشتن.

«دول» آوندی که با آن از چاه آب برمی‌آورند. واژه‌ای ایرانی است، و در پهلوی نیز خوانده می‌شود، و خراسانیان هنوز آنرا دول می‌خوانند، و نام برج یازدهم از برجهای دوازده‌گانه نیز «دول» است.

چون این واژه به زبان تازی اندرشد، آنرا «دَلْوْ» خواندند، و در نمونه‌های شاهنامه نیز بهمین گونه آورده‌اند:

یکی دختری دید، تابان چو ماه — فروهشته از چرخ، دَلوی(!) بچاه

که اگر آنرا «دولی» بخوانیم، آهنگ سخن برهم نمی‌ریزد.[1]

«تَبَق» که فارسی است، با پسوند «اَک» در پهلوی تَپَکْ خوانده می‌شود و نشاید که آنرا بگونه «طبق» نوشت.

«توغ» که آرایه‌ای بر جامهٔ شاهان و سرداران ایران بوده است، و تازیانِ بی‌جامه را طوغ نبود!

«کرتاس» که بگونه‌های «کراسه» و سادهٔ کاغذ در آمد، و پس از چین [که پدیدآورندهٔ کاغذ از پنبه بود] ایرانیان در شهری نزدیک بچین (خانبالغ) کارخانهٔ آنرا ساختند، و در جهان روان کردند![2]

این واژه در گفتار فردوسی همواره بگونهٔ درست آمده است، و در افزوده‌ها از آن با نام قرطاس و قرطاسه یاد شده است.

«رواک» پهلوی از ریشهٔ «رَو» [= رفتن] است که بگونهٔ تازی «رواق» روان شد، و آن؛ جایی از خانه است که از آن به درون می‌روند (رواق مسجد، رواق خانه) چون این واژه، در پهلویِ نو بگونه رواگ در آمد، دوباره؛ تازیان با دگرگون کردن «گ» به «ج» «رواج» را از آن برآوردند، که آن نیز چون نیک بنگریم «روایی» فارسی است و بر این بنیاد رواق و رواج که در تازی دو برآیند دارد، در زبان فارسی یکی است و بایستی بهمین گونه نوشته شود.

۱– دگرگون شدن «دول» به «دلو» در تازی از راه‌های تازی شدن (= تعریب، معرّب گشتن) واژه‌های بیگانه است که آنرا «قلب» نامیده‌اند. برای آگاهی بیشتر بنگرید به: کتاب الالفاظ الفارسیة المعرّبة. السیّد ادّی‌شیر. مطبعة الکاثولیکیة للاباء الیسوعیین فی بیروت، سنة ۱۹۰۸، و قلب در زبان عربی، دکتر صادق کیا، انتشارات دانشگاه تهران، ۱۳۴۰.

۲– در افغانستان هنوز دکان‌های کراسه‌فروشی [= نوشت‌افزار] هست، و همین نام بکار میرود.

«توفان» از ریشهٔ توف و توفیدن که بگونهٔ نادرست طوفان می‌آید.

«اود» چوبِ خوشبوی، که از هندوستان بما می‌رسد، و نبایستی آنرا بگونهٔ «عود» نوشتن.

«تاووس» نیز از هندوستان به ایران آورده شده است و زبان هندی را «ط» نیست.

«تلخند» نیز نامی هندی است و نشاید آنرا بگونهٔ «طلخند» نوشتن.

«اَنبَر» که جگر یک گونه نهنگ دریایی است، و در افریقا بدست می‌آید، و تنها خویشکاری تازیان در زمان باستان آن بوده است که «اَنبَر» سالیانهٔ باژِ حبشه را از بیابان گذرانده، به ایران رسانند.

«اَبیر» نیز فرآوردهٔ هندوستان است و بنادرست بگونهٔ «عبیر» نوشته می‌شود.

«اَروس» واژه‌ای است فارسی از ریشهٔ **ىد**(ع)ς(۱) اوستایی؛ سپید (فلز سپیدرنگ) و **ىد**(ع)ς(۲) پاک کردن، زدودن از ناپاکی، و **ىد**(ع)ς(۳) براه راست رفتن، بآیین راستی زیستن[۱]... و بر این بنیاد؛ واژهٔ اروس فارسی «سپید، پاک، راست» است که ویژگی یک دختر بآیین پاک ایرانی است، این واژه را بنادرست بگونهٔ عروس می‌نویسند که در زبان تازی ریشه ندارد، و **تعریس و معارسه و معروس!!** از آن برنمی‌آید.

«اَرِز» که در کار جنگ و آمار و شمار لشگر بگونهٔ عَرَض یا عَرْض و عرض‌گاه آمده است و در بخش «زبان اوستایی» دربارهٔ آن سخن خواهد آمد

«تراز» واژه‌ای فارسی است که ترازو، و «ترازِ» کاریگران ساختمان نیز از آنست و نبایستی بگونهٔ طراز نوشته شود.

چنین است نام شهر «تراز» در فراسوی وَرارودان که چندهزار فرسنگ از تازیکستان بدور است.

«ستاره‌یاب» فارسی که بگونهٔ کهن «استریاب» بوده است، با دگرگون شدن «ی» به «ل» چنانکه در «بُنیاد» و «بُنلاد» دیده می‌شود:

لاد را بر بنای محکم نِه — که نگهدارِ لاد، بُنلاد است

رودکی

بگونهٔ «استرلاب» در آمد، پسان تازیان آنرا بگونهٔ اصطرلاب نوشتند و سبک‌شده‌های آن چون صلّاب و صرلاب در افزوده‌های شاهنامه دیده می‌شود، که نادرست است.

«غوته» خوردن [آب‌تنی کردن] که هنوز در تاجیکستان با کنش «غوتیدن» و در گیلان «غرته» کاربرد دارد، در نوشته‌های فارسی بگونهٔ «غوطه» در آمده است، که نه ریشه در زبان تازی دارد، و نه در یکی از «باب»های زبان تازی جای میگیرد!

۱- فرهنگ واژه‌های اوستایی، احسان بهرامی، فریدون جنیدی، نشر بلخ، ۱۳۶۹، دفتر نخست، رویه‌های ۱۱۵-۱۱۴.

«ارّادَ» [= گردونه] از واژهٔ اوستائی رَثَ = گردونه، با پیشوند پیش‌برندهٔ اَر، واژهٔ اَرِرَث = اَرَثَ برآمده است که «گردونهٔ پیش‌رونده» باشد، این واژه در زبان فارسی اَرّاده خوانده شد، و هنوز در نیشابور بگونه «اَردَ» روایی دارد. واژه، تازی نیست، و خاستگاه گردونهٔ جنگی و ارّادَ نیز ایران بوده است... اگرچه چندی از باستانشناسان پیشین، خاستگاه آنرا در سومر و میانرودان می‌دانستند، اما گذر زمان، آموزگار آنان شد، و گردونه‌های برتر را در ایران یافتند.

در گفتارهای افزوده، هر جا که عراده آورده‌اند، بهمراه آن از **«منجنیق»** نیز یاد شده است که تازی شده مکانیک بوده باشد، و آن نیز نادرست است! دستگاهی که ایرانیان برای درهم کوبیدن دیوارها و دژها ساخته بودند، **«باره‌کوب»** و **«کوشک انجیر»** خوانده می‌شد، که در بخش جنگ‌افزار، دربارهٔ آن سخن خواهد آمد، و در گفتار فردوسی نیز چنین آمده است:

«ز پس گرزهای گران، باره‌کوب»

«شیدرُخ» در پهلوی شیت‌رُخ = کسی که چهره‌ای درخشان دارد، نامی ایرانی است، اما نویسندگان آنرا بگونهٔ «شیطرُخ» آورده‌اند.

«سکوبا» نام یکی از پایه‌های کیش عیسی است که بگونهٔ اُسقُف نیز خوانده می‌شود، و در همهٔ افزوده‌ها بگونهٔ نادرستِ «سُقُف» آمده است.

در افزوده‌ها همواره برای ساختن پساوا (= قافیه) «منجنیق» از **«جاثلیق»** نیز یاد می‌شود، و جاثلیق، تازی شدهٔ **کاتولیک** است، و شگفت آنکه در افزوده‌ها در رویدادهای پیش از عیسی نیز؛ از جاثلیق یاد می‌شود، باز آنکه «کاتولیک‌ها» گروهی از پیروان عیسی استند، که پس از سده‌ها؛ رودرروی آنان؛ پروتستان‌ها پدیدار شدند!

کاتولیک‌ها (= جاثلیق)، در گروش به عیسی و پیروی از او؛ سخت کوشا استند، اما در افزوده‌ها از آنان بنام کسانیکه در جنبش و کوششِ دستگاهها (= مکانیک) آگاهی دارند، یاد می‌شود!

«کشیش» و **«مِتران»** نیز که دو پاژنام از پایه‌های کیش عیسی است، در افزوده‌ها، همواره بگونهٔ «قِسّیس» و **«مطران»** آمده است.

«نفت» را که نامی ایرانی است در اوستا نَپْتو از زمین ایران بدر آمده و کهنترین گونهٔ آن در کهن‌ترین دفتر آریایی جهان؛ اوستا است، بر دست نویسندگان بگونهٔ نفط نوشته شده است.

«تبرخون» را که گونه‌ای از رنگ بزبان فارسی است. بگونهٔ طبرخون آورده‌اند.

کُرته: واژهٔ فارسی است که در زبان پهلوی «کُرتَک» خوانده می‌شد، و تازیان آنرا بگونهٔ **«قُرطَق»** درآوردند آنگاه چون از پهلوی بفارسی دیگر گشت و «کُرتَه» خوانده شد، باز؛ آنرا **«قُرطه»** خواندند.

این واژه (کُرتک) پهلوی، همانست که در زبان‌های اروپایی با فروافتادن «ر» بگونهٔ Coat، کُت در آمد، و هنوز در تاجیکستان با آوای «کُرتَ» بر زبان می‌رود، و بکار گرفتن «قُرطه» نادرست است. این واژه تنها در شاهنامهٔ واتیکان بگونهٔ درست «کرته» آمده است، و پیدا است که در همهٔ نمونه‌ها بهمین گونه بوده است، و کم‌کم، نویسندگان؛ بخواست خود آنرا بگونهٔ تازی شدهٔ «قرطه» درآورده‌اند.

«**تُبَرگ**» یا تُورُگ نامی ترکی است و نمی‌باید بگونه طبرگ، یا طورگ نوشته شود.

«**نیاتوس**» نیز نامی رومی است و نشاید آنرا بگونه نیاطوس نوشتن.

«**بَربَت**» که نام «رود»ی ایرانیست و در دست خنیاگران ایران بوده است، و هیچ پیوند با تازیکستان ندارد![1]

«**تنبور**» را نیز که رودی ایرانی است بگونهٔ طنبور آورده‌اند.

«**تپیدن**»، از ریشهٔ تپ و تپش، ایرانی است، و نبایستی بگونه طپیدن نوشته شود.

تپش و تپنده و **تپان**، نیز از ریشهٔ تَپ اوستایی برگرفته شده است و نبایستی آنرا با «ط» نوشتن.

«**تاق**» و تاق ایوان که با رازگری (= معماری) ایران بهمه جای جهان پیشکش شد و نمی‌باید آنرا بگونه طاق نوشتن.

«**شترنج**» واژه‌ای آریایی است و از [illegible] [illegible] اوستایی و سانسکریت برابر «چهار» ساخته شده است که بازی در چهارخانه است، این بازی که بر دست هندیان ساخته شد، در ایران آرایش بایسته گرفت و با نام ایرانی شترنگ یا شترنج و همهٔ نامهای شاه و وزیر و فرزین و پیاده... بسرتاسر جهان رفت... و نبایستی آنرا بگونهٔ شطرنج نوشتن.

«**تلخند**» که نام یکی از دو برادر هندی است که بازی شترنج از سرنوشت آنان ساخته و پرداخته شد، و در نمونه‌ها بگونهٔ طلخند آورده‌اند.

«**تینوش**» که نامی ساخته در داستان افزودهٔ اسکندر است و بگونهٔ طینوش آورده‌اند.

«**آج**» دندان پیل است و پیل از هندوستان و ایران برآمده است و نتوان بخشی از تن او را بتازی آوردن (عاج!)

تالقان: شهری در خراسان است و نبایستی آنرا بگونهٔ طالقان آوردن.[2]

۱- تازیان پیش از اسلام تنها، یک رود؛ بنام «یکتای عرب» داشته‌اند که یک تار داشته و آنرا به دو میخ که بدو سوی تخته‌ای می‌کوبیدند می‌بستند، که هیچگونه پرده‌ای نداشته، و تنها یک آوا از آن برمی‌آمده است پس از اسلام با رفتن خنیاگران ایرانی، به رودها و نوای خوش ایران دست یافتند (بنگرید به زمینهٔ شناخته موسیقی ایرانی، پارت، ۱۳۷۲، نوشتهٔ من)

۲- افزون بر تالقانی که نزدیک «مرورود» است، و شاهنامه از آن نام برد، یک درّه بس زیبا، با روستاهای زیبا و فرهنگ ایرانی که گزند یورش‌های انیرانیان را ندیده است در کوهستان البرز. اپاختر کرج می‌شناسیم که از آن نامی در شاهنامه نیامده است.

تَبَرزَد: شیرینی است که بتازی آنرا «نبات» خوانند، و نمی‌باید بگونهٔ طبرزدش نوشتن.

هشدارِ روزگار آنست؛ که تازیان به هرگونه که خواهند واژه‌های ایرانی را بگونهٔ تازی نویسند، کس بر کارِ آنان انگشت نمی‌نهد. اما اگر یک ایرانی بخواهد که واژه‌ای ایرانی را که پیروان تازیان گونهٔ تازی بدان داده‌اند، بفارسی نویسد، همگان بانگ برمی‌دارند و چنین کار را نادرخور می‌شمارند! اما مرا پروای تازی‌زدگان نیست، و براه نیاکان خردمند خود می‌روم، تا فرزندان ایران را از این خواب گران بیدار کنم.

نشانهٔ پیوند

نشانهٔ پیوند در زبان اوستایی (𐬎𐬙𐬀 اوتَ خوانده میشود که آوای نزدیک به آن در et لاتین و نیز et فرانسه برجای مانده است (که در فرانسه نرم‌نرم t آن از زبان فرو افتاد و امروز تنها در پیوندِ به واکِ پسین خوانده می‌شود). و با فروافتادن t در زبان ایتالیایی بگونهٔ e خوانده می‌شود.

این واژه در گذرِ خود از اوتَ به او بگونهٔ ud بر زبان می‌رفت که گونهٔ نزدیکِ بدان با گرفتنِ یک میانوندِ «ن» به گونهٔ und اوند آلمانی روان است و با دگرگون شدنِ «u» به «a» در زبانِ انگلیسی and خوانده می‌شود.

اود پهلوی در گذر زمان بگونهٔ او (u) بر زبان روان شد، که چون بزبان فارسی ره یافت با آوای اُ (o) خوانده می‌شود؛ همچون من و تو، شب و روز، سیاه و سپید. استاد روانشاد ماهیار نوابی نیز در یادگار زریران همواره بهمین گونه اُ آورده است. در گفتارِ امروزیان نیز همین آوا را دارد اما چون این واژه در آغازِ یک رج پیوستِ میانِ آن رج و رجِ پیشین باشد، اگر بگونهٔ «و» نوشته شود با آوای «وَ» (تازی) بر زبان می‌رود که در گفتارِ فردوسی چنین نبوده است و بایستی با همان آوای «اُ» بر زبان رود.

در ویرایشِ شاهنامه همواره چنین پیوندها را با «اُ» نشان داده‌ام تا آوای شاهنامه با آهنگِ درستِ زبان فارسی بر زبانِ خواننده روان شود.

در برخی از ویرایش‌ها این نکته را دریافته‌اند و آن را بگونهٔ «وُ» آورده‌اند که آن نیز بگونهٔ (vo) خوانده می‌شود که آن نیز آوایی نادرست است و آوای «اُ» زیبنده‌تر از همه می‌نماید.

فرمان، فرمانِ زبان فارسی است نه فرمانِ من! خوانندهٔ خردمند بر آن خُرده نگیرد.

چنین پیوندها را در آغاز بهمین گونه آورده‌ام تا چشم خواننده بدان آمُخته و آشنا شود و نرم‌نرم در پایان بگونهٔ «و» نیز آمده است.

واژه‌های ایرانی
که در گذرِ زمان
دگـــرگون شـــده‌اند

بُرنا

گفتار را با سخنِ افزوده بشاهنامه بیاغازیم:

توانـــا بـــود، هرکـــه دانـــا بـــود | بـــدانش دل پیـــر، برنـــا بـــود

چون سالها، این سخن بر سردرِ همهٔ فرهنگستانها و نامه‌ها؛ بگونـهٔ گفتـاری برجسـته از فردوسـی آورده شده‌است، افزوده دانستنِ آن، بس سهمگین می‌نماید، اما پیش از من مجتبی مینـوی نیـز گفتـه است که این گفتار از فردوسی نیست.

اما به چه روی؟

«دانا» با «بُرنا» پساوا[1] (قافیه) ندارد. بلکه با واژه‌هایی چون کانا، مانا، خوانا... پساوا می‌یابد. همچنین «بُرنا» با واژه‌هایی چون سُرنا و دُرنا، آوای درست می‌پـذیرد. «برنـا» برابـر بـا کـودک ۵، تـا ۱۰ سـالهٔ امروزین است و نگرشی بریشهٔ این واژه، رهنمون است:

در زبان اوستایی «زمان» «آیو» [illegible] خوانده می‌شود، که از آن، با پیشوند «پرِ» «پرِآیو» [illegible] برمی‌آید که «پُرزمان» یا «پیر» بوده باشد، اما برای خوشایند شدن آوا، یک میانوند «ن» میانِ دو بهـرِ آن پدیدار می‌شود که آنرا بگونهٔ «پرِنایو» [illegible] درمی‌آورد.

اکنون با پیشوند دگرگون کنندهٔ «اَ» بگونهٔ «اَپرِنایو» [illegible] درمـی‌آیـد کـه برابـر اسـت بـا: ناپرزمان؛ کم‌سال.

این واژه در زبان پهلوی بگونه «اَپورنای» [illegible] خوانده می‌شود، و با فروافتادن «اَ» آغـازین، در زبان فارسی بگونهٔ «بُرنا» در آمده است، چنانکه افکندن، بگونهٔ فکندن و اَپسـپورتن بگونـهٔ سـپُردن در

۱- این واژه را خالقی مطلق «پسامد» پیشنهاد کرده است، و من «پساوا» می‌خوانم زیرا که آوای پسین را نشان می‌دهد.

آمد. و بهترین نمونه برای اندریافت آن، همانا داستانِ **یادگار زریران** است که در آن «بَستور» کودک هفت سالهٔ «زریر» از گشتاسپ‌شاه می‌خواهد که برای وی اسپ زین کنند، تا او برود، و از چگونگی کار زریر، آگاهی بیاورد، و گشتاسپ می‌گوید که:

تو مرو، چون تو اپورنایی (برنایی).

نمونهٔ دیگر در داستان **ابوسعید ابوالخیر** است که:

روزی شیخ ما، در نشابور برنشسته بود (سوار بر اسب بود) و جمع متصوفه در خدمت او بودند و ببازار فرو می‌شدند. جمعی برنایان می‌آمدند؛ برهنه، هر یکی اِزارپایی چرمین در پای کرده بودند، و یکی را بر گردن گرفته، می‌آوردند. چون پیش شیخ رسیدند، شیخ پرسید که این کیست؟ گفتند: امیرِ مُقامِران (پادشاه قماربازان) است. شیخ او را گفت که: «این امیری، به چه یافتی؟ گفت: ای شیخ به راست باختن و پاک باختن! شیخ نَترِه‌ای بزد و گفت: راست‌باز باش و پاک‌باز باش و امیر باش».

پیدا است که در شهری چون نیشابور که پایگاه همهٔ دینیاران زمان خود بود، نمی‌توان گمان بردن که گروهی جوان، یا پسر بیش از ده‌ساله در بازارِ آن، نیمه برهنه پدیدار شوند، مگر آنکه آنان پیرامون پنج‌ساله، تا نه‌ساله بوده باشند.

نمونهٔ دیگر در کارنامهٔ اردشیر بابکان آمده است که «هرمز» هفت ساله با «اپورناییکان» (= برنایان) چوگان می‌زد!

شاید بودن که کسی گواهیِ دیگر از شاهنامه برای واژهٔ «برنا» بجای جوان؛ آوَرَد. اما تا پایان شاهنامه هرجا چنین آمده است از سخنان افزوده است و شکیبا باشیم، تا همهٔ آنها را بررسیم.

در نامهٔ پهلوی «**ارداویراف‌نامه**» در فرگرد ۴۳، دیدار از دوزخ، چنین آمده است:

«دیدم روان مردی که چند برنا، اندر پای او افتاده‌اند، و بانگ همی کرد، و دیوان مانند سگ در او افتاده همی دریدند!

پرسیدم، این تن چه گناه کرد؟ که روان او اینگونه گران پادافراه می‌برد؟

سروش پاک و ایزد آذر گفتند که «این روان آن مردِ دُرَوَند [= پیرو دروغ] است که بگیتی اپورنای خویش را نپذیرفت»[1]

پیدا است که اگر «برنا» جوان بوده باشد، نپذیرفتن جوان را روی نیست، زیرا که فرزند چون بجوانی رسد، خود از نزد پدرومادر میرود!

۱- ارداویراف‌نامه؛ ترجمهٔ رحیم عفیفی، دانشگاه مشهد، ۱۳۴۲، رویهٔ ۵۰.

در «**اندرز آتورپات مانسپندان**» که بدبیرهٔ پهلوی برجای مانده است:

«چهار چیز بر تن مردمان بد است:

... مرد پیرِ کودک‌خیم که زن اپورنای بزنی گیرد، و مرد جوانی که زن پیر بزنی گیرد»[1]

نیز در همان اندرز چنین آمده است:

«اگرت پسری هست به «اپورنایی» به دبیرستان ده، چون چشمِ روشن، دبیری است»[2]

و پیدا است که در ایران باستان نیز کودکان را در هفت سالگی بدبیرستان [فرهنگستان] می‌فرستادند.

نمونهٔ دیگر از شاهنامه، آنجا که **بهرام پورگشسب**، پهلوان بزرگ ایران، برای نبرد با ساوه‌شاه مردان بیش از چهل ساله را برمی‌گزیند، و هرمز در این باره، از وی می‌پرسد؛ و پاسخ پهلوان چنین است:

دگر آنکه گفتی چهل ساله مرد — ز بُرنا، فزونتر نجوید نبرد

گفتار فردوسی نشان میدهد که هرمز، زور و جنگاوری چهل سالگان را همتراز برنایان، در شمار آورده است و می‌افزاید که چهل‌سالگان را نیرو باندازهٔ برنایان (کودکان) است.

نمونهٔ دیگر از شاهنامه بدانهنگام است که پیلسَم (برادر کهتر پیران ویسه) آهنگ نبرد با رستم را میکند، و پیران که نمی‌خواهد برادرش بر دست رستم تباه گردد، به افراسیاب می‌گوید:

بدو گفت کاین مردِ برنای تیز — همی با تن خویش دارد ستیز

و با این سخن، برادر کهتر خویش را؛ کم خرد و در اندازهٔ برنایان می‌نمایاند.

در **کارنامهٔ اردشیر بابکان** چنین آمده است:

«شاپور، اورمزد را؛ از پدر پنهان داشت، تا آن زمان که به دادِ هفت سالگی رسید روزی با اپورنای‌زادگان و شاهزادگانِ اردشیر، اورمزد به اسپریس [میدان اسبدوانی] رفت و چوگان کرد.

اردشیر با موبدان موبد و ارتشتاران سردار و بسیار آزادگان و بزرگان آنجا نشست و بدیشان می‌نگریست.

اورمزد از آنان اپورناییکان، به سواری چیر، و نبَرده بود».[1]

۱- متن‌های پهلوی گردآوری دستور جاماسب جی، منوچهر جی جاماسب اسانا، با مقدمه‌ای از بهرام گور انکلساریا و دیباچه‌ای از ماهیار نوابی، بنیاد فرهنگ ایران، شماره ۱۱۲، رویهٔ ۷۱.

۲- کارنامهٔ اردشیر بابکان، همان، رویهٔ ٦٣.

فردوسی نیز این داستان را چنین گفته است:

نهان، اورمزد از میان گروه — بیامد، کز آموختن شد ستوه
دوان شد بمیدان شاه اردشیر — کمانی بیکدست، و دیگر دو تیر
ابا کودکی چند.........................

در نامه‌ای که آنرا (**رسالهٔ خسرو نوشروان و ریدک**) خوانده‌اند، در میان سخن ریدک به خسرو چنین آمده است:

«پدر به برنایی من درگذشت و مادرم -که من پسرش بودم- و بجز مَنَش دیگر پسر نبود... بهنگام به فرهنگستانم داد»[۲]

این گواه از همه درخشان‌تر است، زیرا که گوینده که هنوز «ریدک» خوانده می‌شود، بیش از پانزده ساله نبوده است، و وی از هنگام اپورنایی خویش، در زمانِ گذشته، یاد می‌کند!

همهٔ گفتارها نشان میدهد که برنا، جوان نیست و بخش‌بندی سال کودکان چنین بوده است:

۱- **کودک** تا پنج ساله
۲- **برنا** از پنج تا ده ساله
۳- **ریدک** از ده تا پانزده ساله
۴- **جوان** از پانزده ساله ببالا

و بر پایهٔ همین بخش‌بندی است که سعدی نیز گفته است:

دریغ؛ عهد جوانی و روز برنایی — نشاط کودکی و عهد خویشتن‌رایی
سرِ فروتنی انداخت، پیریم در پیش — پس از نشاط جوانی و دست‌بالایی

و سعدی در این بخش‌بندی؛ کودک، و برنا، و ریدک (عهد خویشتن‌رایی) و جوان و پیر؛ همه را یکجا آورده تا توانایی در گفتار خویش را بنماید.

و اگرچه نمونه‌های یادشده جای هیچ گمان نمی‌نهد که برنا، کودک پنج تا ده ساله است، اما در «اوستا» نیز دوازده بار از «اَپِرنایو» یاد شده است، همواره با همین کاربرد:

وندیداد، فرگرد۳ بند۳، فرگرد۱۵، بندهای ۱۵و۱۶، فرگرد۳ بند۱۱، فرگرد۹ بند۳۸، فرگرد۱۳ بند۲۳، فرگرد۱۵ بند۴۸، فرگرد۱۵، بند۴۵، فرگرد۱۶ بند۷،

۱- کارنامهٔ اردشیر بابکان پیوست ترجمه بهرام فره‌وشی، رویهٔ ۲۰۵، پارهٔ یک.

۲- متن‌های پهلوی، همان، رویهٔ ۲۷.

یسنا۲۶ بند۹، یسنا۶۸ بند۱۲، یسنا۲۳ بند۳.[۱]

بویژه در یسنا۶۸ بند۱۲، که از برنایان، در کنار مادران، یاد میکند:

«... بدوستان و بپیروان (شاگردان) و پیشوایان (استادان) و به آموزندگان و مردان و زنان و برنایان[۲]، پسر و دختر برزیگر»[۳]

در شاهنامه؛ بجز از دو نمونه که یاد کرده شد، چند بار نیز برنای، به کودک ترجمه شده است. چنانکه؛ گفتارِ آتورپات مانسپندان... «اگرت پسری هست به اپورنایی بفرهنگستان فرست...» و همین گفتار در شاهنامه چنین آمده است:

سپارید کودک بفرهنگیان　　　کسی کش بود، مایه و ارزِ آن

یا داستانِ گوی زدن پسر شاپور همراه با اپورناییکان که در نامهٔ پهلوی گذشت چنین ترجمه شده است:

ابا **کودکی** چند و، چوگان و گوی　　　بمیدان شاه آمد آن نامجوی

اما افزایندگان بیش از دویست بار «برنا» را بجای «جوان» بکار گرفته‌اند، که خود؛ نشانهٔ ناآگاهی آنانست از ریشه‌های زبان فارسی.

به سرودهٔ پیشین برگردیم:

یک: اگر «دانایی» بتواند؛ دل یک کودک (یا جوان) را همچون دل پیران، روشن بدارد، کاری است نیکو، اما؛ نه باژگونه آن!

دو: گفتار لت نخست باژگونهٔ گفتاریست که در پندهای بزرگمهر آمده است:

یکی مرد بینی تو با دستگاه　　　کلاهش رسیده برابر سیاه
که او دست چپ را نداند ز راست　　　ز بخشش فزونی نداند، نه کاست
یکی گردش آسمان بلند　　　ستاره بگوید که چونست و چند
فلک رهنمونش بسختی بود　　　همه بهرِ او، شوربختی بود

در **یادگار بزرگمهر**، باز از این گونه سخنان دیده می‌شود:

چه کس آزرده‌تر؟ شایسته، هنگامیکه ناشایست بر او چیره باشد.

دانا، هنگامیکه دژآگاه بر او فرمانروا باشد. نیکمرد، هنگامیکه بدمرد بر او

۱- فرهنگ واژه‌های اوستایی، احسان بهرامی، فریدون جنیدی، بنیاد نیشابور، ۱۳۶۹، دفتر نخست، رویهٔ ۹۲.

۲- روانشاد پورداود، همه جا «برنا» را بگمان آنکه برابر با واژهٔ «جوان» است، «نابرنا» ترجمه کرده، و مهرداد بهار نیز در ترجمه‌های پهلوی خویش چنین کرده است.

۳- یسنا، پورداود، دفتر دویم، چاپ دویم، رویهٔ ۱۰۲

پادشاه باشد[۱].

این سخن در شاهنامه چنین آمده است:

بپرسید شاه از دلی مستمند   نشسته به گُرم اندرون، دردمند
بدو گفت با دانشی پارسا   که گردد بر او، ابلهی پادشا!

بر این بنیاد، و نیز بر بنیادِ ستمی که از سوی بیدادگران در جهان روانست، دانایان را چنانکه باید توانایی نیست مگر آنکه زمانه دیگر شود!

ستُرگ

لغت فُرس اسدی توسی زیر واژهٔ ستُرگ چنین آورده است:

سترگ لجوج باشد و بی‌آزرم و شرم، فردوسی راست:

ستوده بوَد نزد خرد و بزرگ   اگر «زادمرد»ی نباشد سترگ

آزادمرد (= آزاده، ایرانی) است و از آنجا که ایرانی با داشتن پاژنام «اِیر»، فروتن و بی‌آزار است، بر بنیاد گفتار فردوسی آزادگان را سترگی (= لجوجی و بی‌آزرمی و بی‌شرمی) نباید! اما نرم‌نرم، شاید با گفتار افزایندگان بشاهنامه، بر زبان ایرانیان نیز بگونه‌ای ستوده، نزدیک به بزرگ روان شد:

یکی خانه دیدم چو کاخی بزرگ   بدو اندرون ژنده‌پیلی سترگ

پادشاهی اسکندر

یکی خانه دیدم چو کاخی بزرگ   بدو اندرون ژنده‌پیلی سترگ

رفتن کسری بسوی الانان براه دریا

چو ده ساله شد، گشت گردی سترگ   بزخم گراز آمد و خرس و گرگ

کیخسرو

بدو شاد شد شهریار بزرگ   چنین گفت کای نامدار سترگ

بیژن و منیژه

یکی لشگری باید اکنون بزرگ   فرستاد با پهلوانی سترگ

بیژن و منیژه

چو آن نامه را خواند «فور» سترگ   برآشفت، ز آن نامدار بزرگ

داستان اسکندر

بدرّد دل و گوش غُرمِ سترگ(!؟)   اگر بشنود نام چنگال گرگ

۱- متن‌های پهلوی، همان، رویهٔ ۹۷.

بیژن و منیژه

این واژه در زبان پهلوی بگونه ستورگ (= سخت، خشن، زمخت) آمده است.[1]

ریشهٔ این واژه در زبان اوستایی (۱) ستَر است که با پیشوند «آ» بگونه آ.ستَر درآمده است که از آن واژهٔ آستَرْیَ برمی‌آید برابر با: گناه آلوده کردن، رسوایی و ننگ گستردن، بی‌آبرویی گستردن[2] و در فرگرد ۵ وندیداد آمده است.

و نیز از این ریشه واژهٔ ستَرَ (۲) برآمده است که دارمستتر آنرا گناهکار و پوستی؛ خنجر و پورداود گناه و بزه ترجمه کرده‌اند.[3]

و نیز واژهٔ ستَرِتَ (۲) که برابر است با؛ ترسانیده، لرزیده، ترسیده، آشفته، گیج‌شده[4].

*

پس، با چنین ریشه‌ها و چنین واژه‌ها، چگونه شاید، که «ستُرگ» در زبان فردوسی بجای بزرگ و درخور آفرین و... آید؟

سترگ در این گفتار فردوسی، بدانهنگام که سیاوخش بیگناه را در تورانزمین سر می‌بُرند، و ایران بر می‌آشوبد، خود را نشان می‌دهد. آنگاه که رستم روی به کاووس کرده چنین می‌گوید:

از اندیشهٔ خُردِ شاهِ سترگ — در آمد بایران، زیانی بزرگ

از آنجا که کاووس با سترگی و بی‌آزرمی و پافشاری بیجا در شکستن پیمانِ سیاوخش، کاری کرد که آن شاهزادهٔ آزاده در تورانزمین کشته شود!

باز، در شاهی خسرو یکم، آنجا که بابک، شاه را نیز؛ برای سنجش کارش بمیدان فرامی‌خواند:

چو برخاست بابک ز دیوان شاه — بیامد برِ نامور پیشگاه

بدو گفت؛ کای شهریار بزرگ — گر امروز، من بنده؛ گشتم سترگ؛

همه در دلم راستی بود و داد — درشتی نگیرد ز من، شاه؛ یاد

بدو گفت شاه؛ «ای هشیوار مرد — تو هرگز ز راه درستی مگرد!

و چنانکه دیده می‌شود، از سترگی برابر با درشتی یاد کرده است.

نیز... همان گفتار نخستین که در «لغت فرس اسدی» آمده است:

ستوده بوَد، نزدِ خرد و بزرگ — اگر زادمردی، نباشد سترگ[1]

۱- فرهنگ کوچک زبان پهلوی، دیوید نیل مکنزی، ترجمهٔ مهشید میرفخرایی، پژوهشگاه علوم انسانی و مطالعات فرهنگی، ۱۳۸۳، رویهٔ ۱۳۹.

۲- فرهنگ واژه‌های اوستایی، همان، دفتر سیوم، رویهٔ ۱٤٤۳.

۳- فرهنگ واژه‌های اوستایی، همان، دفتر سیوم، رویه ۱٤٤٤.

٤- همان، همان رویه.

تو گفتی!

در افزوده‌های شاهنامه، بیش از هر چیز «تو گفتی» بکار رفته است، که نادرست است زیرا که در میان داستانی که از پیشینیان به شاهنامه رسیده و ترجمانان آنرا از پهلوی، بفارسی گردانده‌اند، و فردوسی بدان؛ پیوند داده است، «تو» کیست؟ که یکباره، روی داستان بدو برمیگردد!

باری، اگر «تو» خواننده باشد، چرا در گفتار فردوسی، هیچگاه پدیدار نمی‌شود و تنها در افزوده‌ها رخ می‌نماید؟

نمونه‌ای چند، از این «تو گفتی» ها را برمی‌رسیم:

در گفتارِ فرستادهٔ سلم و تور بدانهنگام که داستانِ رسیدن به بارگاهِ فریدون را به آنان بازمیگوید:

تبیره‌زنان، پیش پیلان بپای	ز هر سو خروشیدن کرّنای
تو گفتی که میدان بجوشد همی	زمین بآسمان، برخروشد همی
خرامان شدم پیش آن ارجمند	یکی تخت پیروزه دیدم بلند
چو کافور موی و چو گلبرگ روی	دل آزرمجوی و زبان چربگوی[2]
جهان را از او دل به بیم و امید	**تو گفتی** مگر زنده شد جم‌ّشید
منوچهر، چون زادسروِ بلند	بکردار تهمورس دیوبند
نشسته برِ شاه، بر دست راست	**تو گفتی** زبان و دل پادشا است

*

نمونهٔ دیگر بهنگام رفتن زال و رودابه از کابل به زابل:

چه آوای نای و چه آوای چنگ	خروشیدن بوق و آوای زنگ
تو گفتی مگر روز انجامش است	یکی رستخیز است، گر رامش است

۱– شگفتا که در اینزمان، کسی که او را استاد می‌خوانند و خود، خویش را سردَمدارِ فرهنگ و زبان فارسی می‌شناسد، در سروده‌ای در ستایش فردوسی چندبار پاژنام «سترگ» را دربارهٔ او بکار برده بود، و چون یادآورش شدم که «سترگ» را درخور گرگ و نهنگ و مردان دژکام بکار میبرند، بمن پاسخ داد... «آخر سترگ بار معنایی بس بزرگ‌تر و گسترده‌تر از بزرگ را دارد و شایستهٔ فردوسی است!» باز من در این سخن پای فشردم که از بکار بردن چنین واژهٔ ننگ‌آلود دربارهٔ بزرگان ایران دوری جویدا... چند سال پس از آن شنیدم که نامبرده، همان سروده را در تاجیکستان نیز خوانده است، و آن واژه را نیز از گفتار خویش نزدوده است!!

درد و ننگ و نفرین بر آنکس باد؛ که با بیدانشی، از درفش برافراشتهٔ فرهنگ ایران، فردوسی جاودان چنین یاد می‌کند!

۲– این رج از داستان مهمانی بهرام گور در خانهٔ ماهیار گوهرفروش برگرفته شده است، آنجا که دخترِ او «آرزو» در ستایش پدر می‌خواند:

زبان گرمگوی و دل آزرمجوی	چو کافور گردِ گل سرخ، روی
تویی چون فریدون آزاده‌خوی	منم چون پرستار و نام آرزوی

واژه‌های ایرانی که در گذر زمان دگرگون شده‌اند

همـه شـهر، ز آوای هنـدی‌درای ز نالیـدن بربـت و چنـگ و نـای
تو گفتی دد و دام، رامشگر است زمانـه بـر آرایشـی دیگـر است

*

نمونهٔ دیگر در نبرد کاووس با شاه هاماوران:

جهان گشت تاری، سراسر ز گرد ببارید شـنگرف، بـر لاجـورد
تـو گفتی هـوا ژالـه بـارد همی بسنگ انـدرون، لالـه کـارد همی

پیدا است که بجز از تو گفتی، افزاینده، این گفتار زیبای فردوسی را در رج نخست بگونه‌ای دیگر آورده است که نمی‌توان آنرا باور کردن:

از هوای گردآلودهٔ تاریک، ژالهٔ روشن چگونه شاید باریدن؟ و از آن گردِ برخاسته، بر روی زمینِ خاکی (از آنجا که گرد از خاک برمی‌خیزد) چگونه لاله بر سنگ کاشته می‌شود؟

باز در همان داستان:

چو بر کوهـهٔ زین نهادنـد سـر خروش آمـد و چاکچـاک تبـر
تو گفتی همی سنگ آهن کنند وگـر آسـمان، بـر زمیـن برزننـد!

بجز از تو گفتی، «کُنند» را در رج نخست با «زَنند» در رج دویم پساوا نیست و سنگ آهن کردن را گزارش نیست؟ چنانکه «سنگِ آهن کندن» نیز گزارش ندارد.

*

نمونهٔ دیگر در داستان ساختن سیاوخش‌کرد:

از آن پادشاهی خروشی بخاست **تو گفتی** زمین گشت با چرخ راست
ز بـس رامـش و نالـهٔ کرنـای **تو گفتی** بجنبد همی دل ز جای

از خروش، زمین بآسمان بر نمی‌شود، و آن؛ هنگامِ شادی بوده است، چنانکه در رج دویم از رامش سخن می‌رود!

*

نمونهٔ دیگر در نبرد پیلسم با پهلوانان ایرانی است:

بـه قلب انـدرون رستم زابلـی زره‌دار، بـا خنجـر کـابلی
تو گفتی نه شب بود پیدا، نه روز نهان گشت خورشید گیتی‌فروز

پیدا است که رستم، زره در بر نمی‌کرد، و پوشش وی «ببر بیان» بود، و هیچگاه شنیده نشده است که جنگ‌افزارِ یک جنگاور، تنها «خنجر» بوده باشد!

اما چگونه از خنجر کابلی، و زره رستم، شب از روز پیدا نبود؟

*

نمونهٔ دیگر در نبرد بزرگ کیخسرو و افراسیاب:

دو لشگر، ستاده؛ سه روز و سه شب — از ایشان یکی را نجنبید لب

تو گفتی که روی زمین آهن است — ز نیزه هوا، نیز؛ در جوشن است

از اینروی و زانروی بر پشت زین — پیاده به **پیش اندرون همچنین**

تو گفتی جهان، کوه آهن شده‌ست — همان پوشش چرخ جوشن شده است

آشکار است که رج‌های دویم و چهارم همراه با تو گفتی، هر دو یک چیز را بازمی‌نمایند، که هر دو نیز نادرخور است، زیرا که انبوهِ نیزه‌ها، زمین را تواند، به جوشن همانند کردن و هوا را نشاید!

*

نمونهٔ دیگر در رزم کیخسرو با شاه مکران:

بیاورد پیلان جنگی دویست — **تو گفتی** که اندر زمین جای نیست

از آواز اسپان و جوش سپاه — همی ماه، بر چرخ؛ گم کرد راه

تو گفتی برآمد زمین بآسمان — وگر گشت خورشید، اندر نهان

با دویست پیل، خورشید ناپیدا نمی‌شود، و از آواز اسپان و جوش سپاه، زمین بر آسمان نمی‌رود.

*

در داستان افزودهٔ نبردِ شاپور با قیصر:

تو گفتی همی آسمان بترکید — ز خورشید خون بر هوا برچکید

درفشیدن کاویانی درفش — شب تیره و تیغ‌های بنفش

تو گفتی هوا تیغ بارد همی — جهان یکسره، میغ دارد همی

یک: «بِتْرَکید» نادرست است: «بتَرکید».

دو: خون، از خورشید بر هوا چکید؟ یا از تیغ سپاهیان؟... چون از تیغ جنگجویان باشد، «چکیدن» نادرست است، و «برافشاندن» درست می‌نماید.

سه: اگر از هوا تیغ می‌بارد، از میغ (= ابر) چگونه شاید نام بردن؟

*

در داستان «گَو» و «تلخند» و پیدایی شترنگ در هندوستان:

تو گفتی که دریا بجوشد همی — نهنگ اندرو، خون خروشد همی

واژه‌های ایرانی که در گذر زمان دگرگون شده‌اند

ز زخم تبرزین و کوپال و تیغ   ز دریا برآمد یکی تیره میغ
چو بر چرخ، خورشید دامن کشید   چنان شد که کس نیز کس را ندید
تو گفتی هوا، تیغ بارد همی   بخاک اندرون لاله کارد همی

یک: خون خروشیدنِ نهنگ چگونه باشد؟

دو: زخم (= ضربه) تبرزین و کوپال و تیغ در میدان جنگ، و بر روی زمین است، پس چگونه از دریا ابر تیره برخاست؟

سه: دامن کشیدن خورشید بر چرخ را هیچ گزارش نیست و اگر چنین بیندیشیم که افزاینده را رای بر آن بوده است که نیمروزان را گوید، فردوسی در چنین هنگام از تیغ گنبد یاد می‌کند: چو خورشید بر تیغ گنبد رسید...

چهار: تیغ در دست سپاهیان بود، نه در هوا، تا از بارش آن، در خاک؛ لاله کاشته شود!

٭

و نمونه‌ای دیگر در داستان افزودهٔ دیدار بهرام چوبینه، با زنی است که در باغی پنهان بوده است:

چو بهرام زان کاخ آمد برون   **تو گفتی** ببارید از چشم خون
منش را، دگر کرد و پاسخ دگر   **تو گفتی** به پروین برآورد، سر!

که ناگفته پیدا است، میان رج نخست، با رج دویم هیچگونه پیوند نیست.

٭

با همهٔ این سخنان، هر جا که گفت‌وگوی میان دو کس است «**تو گویی**» درست می‌نماید زیرا که یکی بدیگری که روی سخن با او است؛ چنین می‌گوید:

در گفتار تهمینه به رستم

از او رستم شیردل، خیره ماند   بر او بر، جهان‌آفرین را بخواند
بپرسید ازو، گفت، نام تو چیست؟   چه جویی؟ شب تیره کام تو چیست؟
چنین داد پاسخ که تهمینه‌ام   تو گویی که از غم بدو نیمه‌ام!

٭

نمونهٔ دیگر بهنگام برگزیدن کیخسرو، بشاهی است، در گفتار گیو، بگودرز، پس از سخن گفتن با توس:

بیامد بگودرز کشواد گفت   که فرّ و خرد نیست با توس؛ جفت

دو چشمش، تو گویی، نبیند همی فریبرز را برگزینـد همـی

و چنانچه گذشت، در چنین هنگام‌ها، گوینده به شنونده «تو گویی» می‌گوید، نه «تو گفتی» که در همهٔ افزوده‌ها چنین آمده است!

اندرون!

اندر (= اندرون)، فارسی در اوستا 𐬀𐬥𐬙𐬀𐬭𐬆 اَنْتَرِ و در زبان پهلوی [illegible] بگونهٔ فارسیِ اندر و اندرون بکار رفته است. این واژه در زبان ایتالیایی entrare اِنْتْرَرِ و intero اینتِرُ و در فرانسه entre آنْتْر (با آوای غ بجای ر در گفتار) و در انگلیسی نیز inter اینتِر و interior اینتریور نیز خوانده می‌شود، و در همهٔ این زبانها بجز از میان و اندرون، برابری ندارد اما افزایندگان، در گفتارهای خویش واژه را نه در جای خود بکار برده‌اند.

پیش‌اندرون، زیراندرون

پیدا است که پیش را اندرون نیست، و «پیش» و «اندرون» هر یک بجای خود بند (= قید) است همچنین، «زیر» را اندرون نباشد! اما گفتارهای افزوده پر است از این واژهٔ آمیختهٔ نادرخور.

ابا جوشن و ترگ و ببربیان به **زیر اندرون**، ژنده‌پیلی ژیان

گفتار پیران و هومان دربارهٔ رستم

یکی رخش دارد به زیر اندرون که گویی روان شد کُهِ بیستون

در همان گفتار

یک: پیدا است که افزایندگان سخن نادرخور دیگری نیز بدین لت اندر کرده‌اند، «روان شد» نادرست است: روان است. چون روان شود...

دو: تورانیان از آنجا که بسیار از کوه بیستون بدور بودند، نمیتوانستند آنرا در گفتار خویش بیاورند.

*

همی رفت **پیش اندرون** مردِ گُرد جهانی بر او انجمن شد نه خرد

در شورش کاوه

پیدا است که افزون بر «پیش اندرون» نادرستی دیگری در این سخن روان است، و کاوه، مردی آهنگر بود نه «گُرد».

*

پسِ پشتِ لشگر کیومرس شاه	نبیره، به **پیش اندرون** با سپاه

نبرد هوشنگ با دیو

بزیر اندرون، باره‌ای گامزن	یکی ژنده‌پیل است گویی بتن

پیامبری رستم بسوی شاه مازندران

وگر باره، **زیراندرش** آهن است	شگفتی روان است و رویین‌تن است

رستم و سهراب

یکی رخش دارد، **بزیر اندرون**	که کشتی نخواهد بدریای خون

همان

پیدا است که لت دویم با پیوند «که» به رخش بازمیگردد، و چنان می‌نماید که رخش را کشتی در کار نیست باز آنکه افزاینده را رای بر آن بوده است که بگوید: رستم را با رخش نیاز بکشتی نیست.

*

پچین‌برداران، یکبار در گفتار فردوسی نیز، این نادرستی را اندر کرده‌اند، آنجا که کنده (خندق) پای بارهٔ کنگدژ را آتش می‌زنند و باره فرو می‌افتد:

بزیر اندرون آتش و نفت و چوب	زبَر، گرزهای گران، کوب‌کوب

که این گفتار فردوسی در لت نخست چنین بوده است:

به کنده درون آتش و نفت و چوب	زبر، گرزهای گران، باره‌کوب

*

یکی شاهزاده به **پیش اندرون**	جهاندیده با وی، بسی رهنمون

داستان خواب افراسیاب

همی رفت **پیش اندرون**، شاه گُرد	سپهدار پیران، ورا پیش برد

بردن پیران، کیخسرو را بنزد افراسیاب

پیدا است که ورا پیش برد، را با «همی رفت» لت نخست همخوانی نیست: ورا پیش می (همی) برد.

*

ببستند گُردان ایران، میان	به **پیش اندرون** اختر کاویان

لشکر کشیدن ایرانیان بکین سیاوخش

پیدا است که بجز از پیش اندرون... **یک:** اختر کاویان نادرست است: «درفش کاویان».
دو: هیچگاه در جنگ درفش یک کشور را پیش سپاه نمی‌برند، که بایستی درفش، در پناه سپاهیان، پسِ لشگر باشد.

پای‌اندرون

افزایندگان، پای را از این پیشتر نهاده، برای «پا» نیز اندرون ساخته‌اند:

ز زر، افسری، بر سرِ میگسار — به **پای اندرون**، کفش گوهرنگار

داستان افزودهٔ آمدن شنگل بدیدار دخترش بایران

این سخن را هیچ گزارش نیست، زیرا پای بایستی به کفش اندرون رود، نه بازگونهٔ آن...

اندردویدن:

در داستان افزودهٔ چیدن غوره از رَز، بهنگام هرمز ساسانی:

بره بر، یکی رز؛ پر از غوره، دید — بفرمود؛ تا کهتر، **اندر دوید!**

*

افزایندگان **به اسب اندر آمدن**، **بزین اندر آمدن** و همانند چنین واژه‌های آمیخته را بکار برده که هر یک در جای خویش باز نموده شده است.

پایانِ سخن آنکه، **«میان اندرون»** نیز پدید آورده‌اند، که هر دو بخش آن «میان» است:

میانِ تلِ کشتگان **اندرون** — برآمیخته با خاک، بسیار؛ خون

داستان بهرام و تژاو

*

بَر

افزایندگان که پیش اندرون را بسیار بکار گرفته‌اند، گاهگاه **«بر پیش»** [= بالا پیش] آورده‌اند، که آنرا نیز هیچ گزارش نیست.

در داستان افزوده نامه کیخسرو بکاووس:

چو **بر پیش** یزدان گشایی دو لب — نیایش کن از بهر من روز و شب

واژه‌های ایرانی که در گذر زمان دگرگون شده‌اند ۸۷

*

در داستان نامهٔ انوشیروان، به قیصر جوان روم:

چو مُهر از برِ نامه بنهاد، گفت — که با تو صلیب و مسیح است جفت

«مُهر» را نشاید؛ (از برِ نامه) نهادن، که بر نامه نهادن درست است.

نمونهٔ دیگر، در هفتخوان رستم، آنجا که رستم می‌خوابد:

بخفت و **برآسود** و نگشاد لب — چمان و چران، رخش؛ تا نیمه شب

پیدا است که پیشوند «بر» رو بسوی بالا دارد، و چون کسی را خواب فراگیرد (بر) نمی‌تواند خفتن و در چنین هنگام فروخفتن شاید، اما در همهٔ نمونه‌ها چنین آورده‌اند، و بایستی آنرا «بیاسود» خواندن.

*

نمونهٔ دیگر، در افزوده‌های نامهٔ خاقان به انوشیروان:

دو کارست **پیش اندرون**، ناگزیر — که خامش نشاید شدن خیره خیر

که آنرا بپایان، جز از رنج نیست — بجز **بر پراکندنِ** گنج نیست

پیدا است که در این دو رج بجز از «پیش اندرون» پیوند درست نیز میان آنها نیست. در رج نخست از دو کار سخن رفت، و در رج دویم «آنرا» (= آن، که یک کار است)!

اما بر پراکندن نیز نادرست است زیرا که «پراکندن» خود یک پیشوند کهن اوستایی دارد [illegible] پَرَ؛ که پیش، فرا، بسوی پیش، دور[1]... است، و هنوز در زبان فارسی نیز این پیشوند، خویش را نشان میدهد، و پراکندن، بسوی پیش آکندن و ریختن است، و بر این بنیاد پیشوند «بر» (= بالا) با آن همخوان نیست.

*

نمونهٔ دیگر، در واژهٔ آمیختهٔ «برنوشتن» در افزوده‌های داستان گریز خسروپرویز به روم:

بر این گونه بر، نامه‌ای **برنوشت** — ز هرگونه‌ای اندرو خوب و زشت

کنش نوشتن، در فارسی باستان با پیشوند «نی» بگونهٔ «نـی پَئیش» است و همین واژه در زبان پهلوی بگونهٔ [illegible] «نـی‌پیشتن» درآمده است، و

۱- فرهنگ واژه‌های اوستایی، همان، دفتر دویم، رویهٔ ۸۸٦

نشاید که پیش از پیشوند «نی» که روی بپایین دارد [همچون نی شَستن؛ نشستن، نیهوفتن؛ نهفتن، نیهاتن = نهادن] پیشوند «بر» را که رو ببالا دارد، بدان افزودن.

چون سخن از نوشتن است می‌باید به یک سخن افزوده دیگر در داستان زندانی شدن خسروپرویز، بازگردیم:

جهاندار، بر شادوردِ بزرگ **نوشته همه پیکرش میش و گرگ**

یک: خسرو بر (شادورد بزرگ) که نگارهٔ میش و گرگ بر آن باشد ننشسته بود، زیرا که در گفتار پسین، از نهالی (= تشک) زردرنگ یاد می‌شود و بالشی لاژوردین، که پشت بدان داشت.

دو: نوشته در زبان فارسی برابر است با پیچیده، لوله شده، که گونهٔ دیگرش درنوردیده است.

این واژه در زبان فارسی باستان از یک پیشوند «نی»، و یک ریشهٔ «پَئیش» برآمده است... «نی» چنانکه گفته شد، جنبش بسوی پایین را میرساند، و پَئیش نیز پیچاندن است.

از آنجا که چون نامه‌ای نگاشته شود، آنرا می‌پیچاندند، تا بگونهٔ تومارِ پیچیده شده درآید نی‌پیشتن (= نوشتن) که لوله کردن آن و پیچاندن کاغذ، یا چرم، یا پارچه است، جای نگاشتن را در زبان فارسی گرفت.

نوشتن، در زمانِ روان (= مضارع!) نوردیدن خوانده می‌شود، و هنوز در خانه‌های ایرانی ابزاری هست که آنرا «وَردنه» خوانند که بر روی خمیر می‌پیچند، و دستگاههای چاپ را نیز میله‌ای هست که «نورد»ش می‌خوانند،... تومار زندگی کسی را پیچیدن، یا درنوردیدن نیز از همین داستان سخن میگوید. در داستان بیژن و منیژه نیز آنجا که منیژه مرغ پیچیدهٔ درونِ نان و دستار را برای بیژن می‌برد، خواندیم:

نوشته بدستار، چیزی که برد چنان همچو بسته، به بیژن سپرد

و بر این بنیاد، «نوشته» در گفتار پیشین، نادرخور است.

غمی

افزایندگان همواره، غمی را بجای غمگین، یا غَمین بکار گرفته‌اند!

«غم» برابر «اندوه» فارسی است، می‌باید کاربرد آنرا نیز داشته باشد، و چنانکه نشاید از واژهٔ اندوه،

«اندوهی» برآوردن از غم نیز نباید «غمی» برآوردن، اما همواره از سوی افزایندگان این گونه؛ بکار گرفته می‌شود:

تژاو **غمی**، با دو دیده پر آب — بیامد بنزدیک افراسیاب

*

غمی گشت پیران ز تورانسپاه — ز ترکان، تهی ماند، آوردگاه

*

غمی شد، دلِ مردِ پرخاشجوی — به بیگانگان ایچ ننمود روی

*

چو خسرو **غمی** شد، ز راه دراز — فرود آمد و، برد؛ رستم نماز

شگفت آنست که افزایندگان گاهگاه، اسپ و گرز و بازو را نیز غمی نشان میدهند:

گرفتند زانپس عمود گران — غمی گشت بازوی گُندآوران

رزم پدر و فرزند

شادورد

این واژه نیز نادرست است، زیرا که ریشهٔ آن در زبان اوستایی 𐬗𐬀𐬛 چا است برابر با «پنهان» که با پسوند کننده‌ساز 𐬗𐬁𐬙𐬀𐬭 تَرَ از آن چاتَر؛ پنهان‌کننده برآمده است، که در زبان فارسی چادَر خوانده می‌شد:

بس قامت خوش که زیر چادَر باشد — چون باز کنی مادرِ مادر باشد

سعدی

و امروز آنرا چادُر؛ در تهران پنجاه سال پیش چادور خوانده می‌شد.

این واژه با پسوند «وان» (= پسوند جای) بگونهٔ چادَروان، و آنگاه شادَروان درآمد، که پردهٔ امروزین باشد.

اینست همان درگه، کز هیبت او بردی — بر شیر فلک حمله، شیرِ تنِ شادَروان

خاقانی شروانی

نگارهٔ شیرِ تنِ پردهٔ این درگاه بر شیر فلک (= برج شیر = صورت فلکی اسد) یورش می‌بَرد.

و بر این بنیاد، «شادورد» نادرست است و یکی دو بار در افزوده‌ها از آن یاد شده است.

اکنون می‌باید، به سخنی دیگر پرداختن:

شما همچنین **چادر راستی** / بپوشید، شسته؛ دل از کاستی

بر تخت نشستن بهرام گور

اگر «چادر» پنهان کننده است، چون کسی «پنهان‌کنندهٔ» راستی را بپوشد، اورا می‌باید دروغزن در شمار آوردن، و چنین است ناآگاهی افزایندگان از زبان و فرهنگ ایران!

کِفت

شانه و «کتف» در گفتار فردوسی همواره بهمین گونه آمده است:

که فرمان دهد، تا سرِ کتف اوی / ببوسم، بدان برنهم چشم و روی

داستان ابلیس با ضحاک

چون شاخ درخت آن دو مار سیاه / برآمد دگر باره از کتف شاه

همان داستان

اَبَر کتف ضحاک جادو، دو مار / برُست و برآورد از ایران، دمار

گفتار فرانک با فریدون

اما افزایندگان این واژه را بگونه کِفت درآورده‌اند، و شگفتا که همواره آنرا برای پساوای شگفت بشاهنامه افزوده‌اند:

سرانجام ببرید، هر دو ز کِفت / سزد گر بمانی بدین در، شگفت

افزودهٔ داستان ضحاک

بمالید گوش اندر آمد شگفت / بکند اژدها را بدندان، دو کفت

هفتخوان رستم

همی‌جوشد آن گرز، زان یال و کفت / سزد گر بمانی از او در شگفت

کاموس کشانی

بدو مانده بد، خسرو اندر شگفت / بدان برز بالا و آن یال و کفت

هنرنمایی گردیه نزد خسرو

چو، چون

در افزوده‌ها چون بخواهند، از کسی یا از چند کس یاد کنند، نام او یا آنان را بهمراه «چو» یا «چون» می‌آورند،

واژه‌های ایرانی که در گذر زمان دگرگون شده‌اند ۹۱

چو توس و چو گودرز و گیو دلیر	چو گرگین و بیژن، چو رهـام شیر
چو دیدنـد، بردنـد؛ پیشش نمـاز	ازآنـــپس همـــه برگشـــادند راز

انجمن پیش از مرگ کیخسرو

پیدا است که اگر بندهای چو، از رج نخستین برداشته شود، سخن بدینگونـه آراسته می‌شود: توس و گودرز و گیو و گرگین و بیژن و رهام... چو [او را] دیدند... .

یا بدینگونه:

چو توس و گودرز... [او را] بدیدند.

نمونهٔ دیگر:

چو رهام و شیدوش در پیش صـف	گرازه بکین اندر آورده کف

کاموس کشانی

پیدا است که میان لت دویم، با لت نخست، هیچ پیوند نیست.

نمونه‌ای دیگر:

چو سیسد تن از تخـم افراسیاب	کجا بختشـان انـدر آمـد بخـواب

همچنین...

ز خویشان پیران، چو نهسد سوار	کـم آمـد بـرین روز، از کـارزار

نیز...

چو گودرز و پیران و هومان و تـوس	نبُد هیچ پیـدا، درنـگ و فسـوس

... !

چو لهّاک جنگـی و فرشیدورد	ابـا سـی هـزار از دلیـران مـرد
گرفتنـد بـر میمنـه جایگـاه	جهان سربسر گشت ز آهن سیاه
چـو زنگولـهٔ گـرد و کلبـاد را	سـپهرم کـه بُـد، روز فریـاد را

پیدا است که «چو» در رج نخست پیوند رج دویم است، و درست می‌نماید، اما چون «چو» در رج سیوم پیش می‌آید همهٔ پیوندها را می‌گسلد!

چنین بود داستان **«چو»** در افزوده‌ها! اما آشکار است که چو یـا چـون در سـخن فردوسـی پیونـد درست گفتار است:

پیشگفتاری بر ویرایش شاهنامهٔ فردوسی

چو خورشید تابان برآمد ز کوه   برفتند، گردان؛ همه همگروه

رای زدن زال با موبدان، در کار رودابه

❊

چو دستور فرزانه با موبدان   سرافراز گردان و فرّخ ردان

بشادی بر پهلوان آمدند   خردمند و روشنروان آمدند؛

زبان، تیز؛ بگشاد، دستان سام   لبی پر ز خنده، دلی شادکام...

گفتار زال با بزرگان موبدان

❊

چو افراسیاب، آن سخن‌ها شنید   خوش آمدش و خندید و شادی گزید!

فرستادن افراسیاب هومان و بارمان را بنزد سهراب

شگفتا که بیشتر استادان(!) شاهنامه‌شناسی، چنین «چو» آوردن‌ها را که همگی بی‌پایان و بی‌پیوندند [از برای تأکید سخن] روا دانسته، و آنها را از گفتار فردوسی در شمار آورده‌اند!!

باز

یکی از واژه‌ها، که در همهٔ شاهنامه‌های امروز بگونهٔ نادرست «باز» آمده است، واژهٔ باز است هنگامی‌که پیوسته به یک نام می‌شود. چنانکه:

خروشید، کای مردِ رزم‌آزمای   هماوردت آمد، مشو بازِ جای

نبرد رستم با اشکبوس

بدان خستگی بازِ جنگ آمدند   گرازان، بسانِ پلنگ آمدند

نبرد هومان و بیژن

این واژه را بایستی «بازْ» خواندن، زیرا که در زبان پهلوی نیز با آوای اَپاچ (= باز) و با هزوارش ⟨پهلوی⟩ آمده است و نمونه‌ها نشان می‌دهد:

⟨پهلوی⟩

و سپاه (را) همگی باز به درگاه خواست.[1] (بدرگاه، باز خواست)

⟨پهلوی⟩

---

[1] کارنامهٔ اردشیر بابکان، همان، رویه ۶۵.

سواران (را) به آیینِ افسوس و ریشخاری، پیاده و برهنه باز به پیش اردشیر فرستاد[۱]
(به پیش اردشیر بازفرستاد)

(ارجاسپ را) بر خری دم‌بریده باز شهر خویش فرستاد[۲]. (بشهر خویش بازفرستاد)

«باز» واژه‌ایست که دستورنویسان، آنرا (حرف اضافه) خوانده‌انـد، و از همـین گـروه اسـت، «در»، «از»، «به»، و چون هیچیک از این‌ها را در پیوند سخن، بگونهٔ «درِ»، «ازِ»، «بهٔ» نشاید خواند، «باز» را نیز می‌باید بگونهٔ «باز» خواندن، نه «بازِ»! زیرا که بازخواند، بازگفت، بازرفت را نیز همـواره بهمـین گونـهٔ درست می‌خوانیم.

واژهٔ رودرروی باز «فراز» است چنانکه «در را باز کرد»، «در را فراز کرد»:

ایدون گویند که اندر شب به دهی فراز آمد.[۳]

امید نیست که دیگر به عقل بازآید — قضا همی بردش تا به چنگ بازآیـد
که گر ببیند زنـدیق در نمـاز آیـد — که هر دم از درِ او چون تویی فراز آیـد

چنانکه دیده می‌شود در این گفتارِ سعدی نیز «بـاز»، رودرروی «فـراز» آمـده اسـت، و در کارنامـهٔ اردشیر نیز «فراز» همان «فراز» است نه بگونهٔ «فرازِ».

سپُردن، سپَردن، ستَردن، شمَردن، خوَردن

چیزی را بکسی سپُردن با همین آوا، از [پهلوی] آپسپورتن پهلوی برآمده است، اما چیـزی را از زیرپای گذراندن، راه پیمودن [راه را از زیـر پـای گذرانـدن]، از [پهلوی] اپَسپارتن پهلـوی برمی‌آید که بایستی آنرا «سپَردن» خواند.

چیزی را از روی چیزی برگرفتن نیز «ستَردن» است از [پهلوی] ستَرتَن پهلوی.

شمَردن فارسی از نیز از ریشهٔ «مَر» برآمده است و بایستی بهمین گونه خوانده شود.

خوَردن فارسی نیز از [پهلوی] خوَرتن پهلوی است، و اگر این واژه‌هـا در گفتـار، بگونـه‌ای دیگـر

۱– همان، رویه ٦٩.

۲– یادگار زریران، متن‌های پهلوی، همان، رویهٔ ١٦.

۳– کارنامهٔ اردشیرِ بابکان، همان، رویهٔ ٣٢.

پساوا؛ یابند درشمار افزوده‌های شاهنامه‌اند.

*

گونه‌های درست:

۱- سپُردن:

ببازار شد، مشک و آلت ببُرد گروگان، به پرمایه مردی سپُرد

داستان لنبک آبکش

۲- سپَردن:

کسی کو روانش ندارد خرَد سزد، گر درِ پادشا، نسپَرَد

بزرگمهر

۳- ستَردن

همان راه یزدان بباید سپَرد ز دل تیرگیها بباید ستَرد

۴- شمَردن:

ترا از دوات است و کرتاس؛ بَر ز لشگر که گفتت؟ که مردم شمَر

گفتار بهرام پورگشسب

نفس، جز بفرمان او نشمَرَد پی مور، بی‌او، زمین نسپَرَد

کسری در گرگان

۵- خوَردن:

پشیمان شد از گفتِ خود، نان بخورَد بر او نیز یاد گذشته نکرد

بهرام گور

بدان، تا بگفتار تو مَی خورَیم به مَی، درد و اندوه را بشکَریم

*

و چنین گفتار افزوده است:

دگر آنکه، روزش بباید شمُرد بکار بزرگ اندرون دست بُرد

گفتار افزوده به بزرگمهر

چو خلعت بدان مردِ دانا سپُرد ورا مهتر پهلوانان شمُرد

داستان بهرام پورگشسب

دوباره‌گـــویی

در

افزوده‌ها

یکی از کارهای افزایندگان، دوباره‌گویی گفتار فردوسی است، با شیوه‌ای کژ و ناهماهنگ، چنانکه همهٔ گفتار را برهم میریزد و سخن را سست می‌نمایانـد؛ همچـون ایـن گفتـار فردوسـی، بهنگـام پرسـش سهراب از هجیر، که از وی میخواهد پاسخ درست و راست بدهد:

بفرمود، تـا رفـت؛ پیشـش هجیـر — بـدو گفـت: کـژّی نبایـد ز تیـر

نشـــانه، نبایـــد کـــه خـــم آورد — سرافشـــان شـــود، زخـــم کـــم آورد

بهـر کـار در، پیشـه کـن راسـتی — چو خواهی که نگزایدت کاسـتی

پس از لت نخستین که از شاهنامه است و از تیر؛ راستی می‌خواهد، در گفتار پسین:

یک: پیدا است که نشانه را خم و راستی نیست، نشانه؛ نشانه است، که در میدان می‌نهند.

دو: نشانه یک تختهٔ رنده شدهٔ آراسته است، و توان آنرا ندارد که خود را پیچان کند!

سه: زخم (= ضربه) را کم آوردن نشاید.

چهار: نشانه را هیچ نیرو و توان نیست که زخمِ زننده را کم کند یا بسیار! زخم از سوی تیرانداز زده می‌شود.

*

در گفتار سیمرغ بهنگام رستمزاد (زایش رستم):

یکـــی مـــرد بینـــادلِ پرفســـون — بیـــاور ابـــا خنجـــری آبگـــون

بکافـــد تهیگـــاه ســـرو ســـهی — نباشـــد مـــر او را ز درد آگهـــی

از او بچـــهٔ شـــیر، بیـــرون کشـــد — همه پهلوی مـاه، در خـون کشـد

سخن افزایندگان:

تو بنگر که بینادل افسون کند — ز صندوق، تا شیر بیرون کند

یک: بینادل و افسون، همانست که فردوسی در گفتار خود بکار برده است!

دو: «شیر بیرون کشد» در سخنِ افزاینده سست است، زیرا که در گفتار فردوسی، «از او» آمده بود، و در گفتار افزاینده «ز صندوق»، و بچهٔ شیر بیرون کشد به «شیر بیرون کند» گردید، و بیرون کردن و بیرون کشیدن، رودرروی یکدیگراند، زیرا که در «بیرون کردن» نیرو و فشار، ازسوی اندرون به بیرون است، و در «بیرون کشیدن» فشار از بیرون باندرون است.

*

در همان بخش؛ گفتار سیمرغ دربارهٔ آیندهٔ رستم چنین است:

از آواز او اندر آید ز پای — دل مردِ جنگی پولاد خای

و افزاینده، پیش از این رج افزوده است:

هر آن گُرد، کاواز کوپال او — ببیند، بر و بازو و یال او!

یک: کوپال را آواز نیست.

دو: آواز دیدنی نباشد.

سه: اگر؛ «ببیند» را پیوسته به بر و بازو و یال بدانیم، سخن در رج نخست بی‌پیوند و بی‌کنش می‌شود.

*

در نامه‌ای که کیخسرو برستم می‌نویسد، تا از وی بخواهد که برای رهایی بیژن میان بندد:

گزینِ کیانی و پشتِ سپاه — نگهدار ایران و لشگر پناه

افزاینده:

تویی پهلوان کیان جهان — نهان، آشکار، آشکارت نهان

در لت دویم سخن چنان بهمریخته است که نهان و آشکارای رستم از آن پدیدار نمی‌شود.

*

در گفتار گزیدن بهرام پورگشسب (چوبینه) بسرداری:

بپرسیدم از پیر مهران ستاد — که از روزگاران چه داری بیاد؟

افزاینده چند رج پیش از این آورده است:

بپرسید باید ز مهران‌ستاد — که از روزگاران، چه دارد بیاد؟

پیدا است که افزاینده، تنها «داری» را به «دارد» گردانده‌است.

*

در پیام بهرام آذرمهان به هرمزد، از زندان:

ترا سـودمندی است از پنـد مـن   بزنـدان، بمان؛ یکزمـان بنـدِ مـن

گفتار افزاینده:

بـایران تـرا سـودمندی بـود   خردمنـد را بـی گزنـدی بـود

که سخن بجز از افزوده بودن و دوباره‌گویی، سست و بی‌پیوند است.

*

در آیین ریختن آب بر دست نوشروان:

بگفتـار دانـا، فروریخـت آب   نه نرم و نه از ریختن بـر شتاب

گفتار افزاینده:

چنـان هـم چـو دانـاش فرمـوده بـود   نـه کـم کـرد از آن نیـز و نـه برفـزود

*

در داستان نبرد تلخند و گو و پدیدار شدن شترنگ:

هـوا شـد، ز گـرد سپـاه؛ آبنـوس   ز نالیـدن بـوق و آوای کـوس؛

سخن افزاینده:

زمین تـار شد، آسمان شـد بنفش   ز بـس نیـزه و پرنیـانی درفـش

گفتار بزرگمهر:

بپرسید و گفتـش که: «از آرزوی   چه پیش است؟ پیدا کن ای نیکخوی»

بدو گفت: «چون سرفرازی بـود   همـه آرزو، بـی‌نیـازی بـود

چو با بی‌نیازی، بود تـن؛ درست   نباید جز از کام دل، چیـز جست

سخن افزاینده:

بپرسید و گفت: «ای خـرد یافتـه   هنرها، یـک انـدر دگر بافتـه(!؟)

چه دانی کزو تن بـود سـودمند(!)   همـان بـر دل هرکسـی ارجمند»

چنین داد پاسخ کـه: «ناتندرست   که دل را جز از شادمانی نجست(!)

چـو از درد، روزی بستی بـود   همـه آرزو، تندرستی بـود»

بی‌پیوندی گفتار افزوده چنان آشکار است که گزارشش نمی‌باید.

*

در گفتار زینهارخواهی پرموده:

فروآمد از بارهٔ نامدار   بسی آفرین خواند بر شهریار

و گفتار افزاینده:

فرود آمد از دژ، سرافراز مرد   به اسپ اندر آمد سپهبد چو گرد

*

گاهگاه سخن دوباره، با اندیشه‌ای ناهمسان در داستانی دیگر می‌آید:

در داستان رفتن گیو بتوران برای یافتن کیخسرو:

چو بهر نیایش بشویی رخان   بمن بر، جهان‌آفرین را بخوان

گفتار افزاینده در نامه‌ایکه کیخسرو بر دست گیو برای کاووس می‌فرستد:

چو بر پیش(؟) یزدان گشایی دو لب   نیایش کن از بهر من روز و شب

یک: افزایندهٔ ناآگاه نمی‌دانسته است که در آیین ایران پیش از خواندن نماز، می‌بایستی که دست و روی را بشویند، و در این هنگام گفتاری بنام «سروش‌واژ» خوانده می‌شود، و گفتار و خواهش گیو، از پدر آنست که بدانهنگام از خداوند برای من پیروزی بخواه، زیرا که بهنگام ستایش یزدان، و نماز نشاید که نام از کسی دیگر بردن!

دو: سخن چنان پریشان است که هیچگونه گزارش، بر آن نتوان نهادن: هنگامیکه **بر پیش**؟ یزدان لب را می‌گشایی (نماز می‌خوانی) روز و شب برای من، یا مرا نیایش کن!! و این سخنان ناآگاهانه است که پانسدوپنجاه سال، از سوی استادان! شاهنامه خوانده شده است، و اندکی بر روی آن درنگ نکرده‌اند، تا آشفتگی گفتار و پریشانی اندیشهٔ سراینده را از آن بازیابند!

باژگونه‌گویی

با این گفتار، جای دارد که چندی از گفتارهایِ باژگونه و آشکارِ افزایندگان را بررسیم:

در انجمنی که بهرام پورگشسب با بزرگان ایران کرد:

بهرجای، «کرسی زرین» نهاد   چو شاهانِ پیروز، بنشست شاد

گفتار افزاینده:

فرستاد و گردنکشان را بخواند   برِ تخت شاهی «بزانو نشاند»

*

در داستان نبرد کوت رومی با بهرام پورگشسب:

چنین گفت پس کوت را شهریار — که رو پیش آن مردِ ابلق سوار

گفتار افزاینده:

ورا، زان سخن؛ هیچ پاسخ نداد — دلش گشت پر خون و سر پر ز باد!

*

در گفتار گزیدن شیروی بشاهی:

بزندان چو تنگ اندر آمد تخوار — بدان چاره با جامهٔ کارزار

افزاینده، پیش از آن آورده است:

سرِ لشگر نامور گشته شد — سپهبد بجنگ اندرون کشته شد

پیدا است که کُشته را با گَشته پساوا نیست... اما افزایندهٔ خام گفتار را چگونه پروای آن هست که تخوار [سپهبد آن لشگر] را که در رج پسین بزندان میرود و با شیرویه سخن می‌گوید، پیش از آن کشته بنماید؟!

*

در داستان گریز افراسیاب از میدان جنگ، رستم بایرانیان فرمان میدهد که بر سپاهِ بی‌سردار تورانیان نتازند:

تهمتن به آواز گفت آنزمان — که نیزه مدارید تیروکمان
پلنگ آنزمان پیچد از کین خویش — که نخچیر بیند به بالین خویش

افزایندگان میان این دو رج جدایی افکنده باژگونهٔ آن را آورده‌اند:

تهمتن به آواز گفت آنزمان — که نیزه مدارید و تیروکمان
بکوشید و شمشیر و گرز آورید — هنرها ز بالای بُرز آورید
پلنگ آنزمان پیچد از کین خویش — که نخچیر بیند ببالین خویش
سپه سربسر نشره برداشتند — همه نیزه بر کوه بگذاشتند
چنان شد در و دشت آوردگاه — که از کشته جایی ندیدند راه

*

در داستانِ افزودهٔ کشتن پیروزخسرو:

از آخُر همانگه یکی کرّه خواست — بزین اندرون، نوز؛ نابوده راست

در این داستان افزوده؛ پیروزخسرو را بدنبال کرّه‌اسپی تیزتاز می‌بندند، تا او را بر زمین کشانده

لگدکوب کند، و بدینسان با درد و رنج بمیرد! اما افزاینده در رج پیشین، از گردن زدن او یاد می‌کند:

مکافات یابی ز کرده، کنون / برانم ز گردن ترا، جوی خون

*

در داستان‌های افزوده نبرد بزرگ کیخسرو، افزاینده، خود با گفتار خود بیگانه می‌شود:

هم ایدون ز گنج درم سدهزار / ببردند با آلت کارزار

*

هیونان ز گنج درم ده هزار / بسی بار کردند از بهر کار!

یک: این دو داوری، با یک رج که در میان آنها بوده است رخ می‌دهد، و پیدا است که افزاینده چنان بی‌پروا بوده است که خواستش؛ تنها، افزودن بشاهنامه بوده است، و به اندیشهٔ خواننده نیندیشیده است.

دو: در رج دویم، اگر ده‌هزار درم بر هیونان بار کردند، شمارِ آن روشن است اما افزاینده در لت دویُم از «بسی بار کردند» یاد کرده است که پیوند همان یک گفتار را نیز از هم می‌گسلاند!

و با چنین بی‌پروایی است که در جنگ میان ایران و توران، فردوسی می‌فرماید:

میان، بازنگشاد کس، کشته را / نجُستند، مردانِ برگشته را

و افزاینده را سخن چنین است:

اگر کشته بودند، اگر خسته تن / گرفتار، در دست آن انجمن
ز پرمایه اسبان بزرین ستام / ز ترگ و ز شمشیر زرین نیام
جزین هرچه پرمایه‌تر بود نیز / بایرانیان ماند، بسیار چیز!

و چون افزاینده، چنین بی‌پروا باشد، چنان گمان دارد که؛ ایرانیان نمی‌دانند که تیسفون، همان مداین است یا آنکه افزاینده؛ خود اینرا نمی‌دانسته است:

از آنجا بیامد سوی تیسفون / زمین شد ز لشگر، کُهِ بیستون
ز بس خواسته کان پراکنده شد / ز زرّ و درم کشور آکنده شد
اُزآن شهر، سوی مداین کشید / که آنجا بُدی، گنج‌ها را؛ کلید

*

و چون چنین باشد، هر واژهٔ آمیخته را بشاهنامه اندر توان کردن، چنانکه «هفته روز» را بجای هفت روز در داستانهای افزودهٔ زمان کسری:

بر این نیز بگذشت **یکهفته روز** / بهشتم چو بفروخت گیتی‌فروز؛

و نیز «هفته ماه» را که درنیافتم برابر با چند هفته، یا چند ماه است:

بر این نیز بگذشت، **یکهفته ماه** نشست از برِ تخت پیروزه شاه

یا آنکه «اژدها»یی را (بر) یک شاخهٔ باریک پنهان میکنند. در داستان رفتن بزرگمهر جوان بسوی نوشروان:

چو آن اژدها شورش او شنید(!) بر آن شاخ باریک شد ناپدید

کار افزایندگان بدانجا می‌رسد که خوانندگان شاهنامه را از خرد و اندریافت و آگاهی بدور می‌دانند، و سخنانی میگویند، که بجز از خوارداشتِ خواننده گزارشی ندارد.

در داستان افزوده کشتن شیران بر دست بهرام گور چنین سخن آمده است:

بزد تیر بر سینهٔ شیر، چاک گذر کرد با پرّ و پیکان بخاک!

یک: چاک را چه گزارش تواند بودن، مگر آنکه برای پساوای خاک آورده باشند.

دو: تیرانداز چون سخت بنیرو باشد، پیکان را از شکم نخچیر می‌گذرانند، و سوفار تیر که دو پر را بدان بسته‌اند، بیرون می‌ماند. و اینچنین تیراندازی، همواره ستوده شده است؛ از کارنامهٔ اردشیر بابکان:

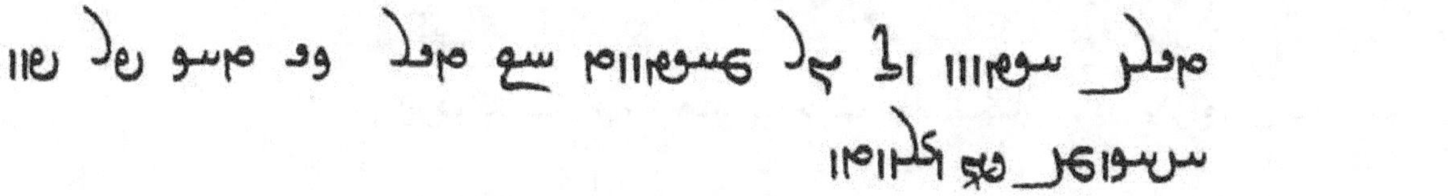

تیرِی ایتون اُوْ گور زَت کو تیر تاک پَر اندر آشکومب اندر شوت

تیری چنان بگور زد که تیر تا پر اندر شکم گور رفت

در شاهنامه بارها این گفتار آمده است که «همی پرّ و پیکانْشْ در خون کشید» چون پیکان به اندرون شکم نخچیر فرورفت، پرّ آن نیز از اینسو تا کنار زخم پیش رفت و خونین شد! در برترین تیراندازی جهان پهلوان رستم چنین آمده است:

چو پیکان ببوسید انگشت اوی گذر کرد، از مهرهٔ پشت اوی

و در اینجا نیز سخن از گذشتن پیکان، بدانسوی سینهٔ اشکبوس رفته است... اما افزاینده نه تنها پیکان و پر را از آنسوی شکم شیر گذرانْد، که آنرا، از آنسوی باندرون خاک فروبُرد! و گزافه برتر از این نمی‌شود... اما اگر اندکی پیش رویم، همان افزاینده بدنبالهٔ داستان می‌افزاید که:

چنین گفت کان تیر، بی‌پرّ بود نبد تیز، پیکان او کرّ بود

یک: اگر آن تیر را پر نبود، چگونه در هوا پرواز کرد، و از تن شیر گذشت و بخاک نیز فرورفت؟

دو: «پیکان کر» را هیچ گزارش نیست مگر برای آوردن پساوا برای پر! و از همه برتر آنکه چگونه شاید که شاهنشاه بهرام گور با تیر بی پر، و پیکان کر(؟) بشکار رود؟

*

باز، در افزوده‌های فراوانِ هنگام بهرام گور چنین آورده‌اند:

بهر شهر، مردی پدیدار کرد سرِ خفته از خواب بیدار کرد
بدان، تا نجویند پیکار نیز نپاید ز پیکار، افگار نیز
ز گنج آنچه بایستشان خوردنی ز پوشیدنی، هم ز گستردنی
بدین(!) پرخرد مویدان(!) داد و گفت که نیک و بد از من نباید نهفت
میان سخن‌ها میانجی بوید نخواهند چیزی، کرانجی بوید!

این سخنِ سر تا پا پریشان را، پایانی سخت ناشایست است که افزاینده از پیش خود، واژه‌ای ناشناخته را برای پساوای میانجی پدید آورده است. از آنجا که «میانجی» کسی است که میانهٔ دو تن، در گفت‌وگوی و پیوند و سازش باشد «کرانجی» را چگونه توان گزارش کردن؟ چنین واژه‌ها و گفتارها را نشاید سرودن، مگر آنکه سراینده، جیره‌خوار کسی یا دستگاهی بوده باشد، که بخواهد، بی‌اندیشه و با بکار بردن واژه‌های ناهمگون به برگهای شاهنامه بیفزاید!

نکته‌ای که در این سروده سخت درخور نگرش است آنستکه، افزاینده می‌توانست در رج چهارم چنین بیاورد بدان پرخرد موبدان، تا سخنِ خود را سامان بخشد. اما وی چندان بی‌پروا بوده است که «بدین» آورده است، و استادان شاهنامه نیز بدان ننگریستند!

*

باز در همان داستانها چنین آمده است:

ورا داد باید دو و چاردانگ چو شد گرسنه، تا نیاید ببانگ

یک: در این سخن نیز چون افزاینده نتوانسته است از شش دانگ نام بردن، ناچار «دو و چار» را بکار گرفت.

دو: نیاید ببانگ نیز سخنی نادرخور است: «تا بانگ برنیاورد»! سخن افزایندگان پیش از این رج بر آن بود که مردمان از آسایش و فراخی که دارند، -در زمان بهرام- بکار نمی‌پردازند، آنگاه اگر با چنین داوری روزی شش دانگ نیز به آنان دهند، خود؛ به

بیکاری آنان می‌افزاید.

در دنبالهٔ این گفتار، سخنی آمده است که آن نیز به یاوه می‌نماید:

اگــر در زمــین، گورگــاهی بــود وگــر نابراومنــد راهــی بــود...

یک: که در ایران باستان، گورگاه (= گورستان) نداشته‌ایم، و درگذشتگان را در دخمه می‌نهادند...

دو: و هیچ راه براومند (= میوه‌دار) در جهان پیدا نشده است که با این گفتار بدنبال راه بی‌میوه بگردند!

*

افزایندگان گاهگاه بی‌نگرشی و ناآگاهی خود را می‌نمایند، چنانکه در داستان ساختگی نبـرد بهـرام گور با کَرگ (= کرگدن) آورده‌اند:

چــو بیــنم بنیــروی یــزدان تــنش بــه بینــی بخــون غرقــه پیــراهنش

و بدینسان کرگدن را دارای پیراهن میکنند... و در همان داستان:

چــو از دور دیدنــد خرتــوم اوی ز هنگش همی پست شد بـوم اوی

یک: پوزهٔ کرگدن به خرتوم دگرگون می‌شود...

دو: دیگران دیدند، و زمین از نگرش آنان پست شد؟ یا از هنگ(؟) او؟

*

یا آنکه در همان داستان‌های افزوده، از چشمهٔ انبر و مشک(!) یاد میکنند:

همان چشمهٔ انبـر و اود و مشـک دگر گنج کافورِ ناگشته خشـک!

*

گاهگاه افزاینده میان سخنی آشکار را می‌شکافد، و گفتار خویش را کـه دوبـاره‌گـویی نیـز بشـمار میرود، میان آن جای میدهد، چنانکه بهنگام رهاندن بندوی، خسروپرویز را از سپاه بهرام.

گفتار خسرو:

بدو گفت خسرو، که: «دانای چین یکی خوب زد داستانی بـر ایـن؛

چو ناچیز خواهد شـدن شارسـان ممانــــاد، دیــــوارِ بیمارســــان»

افزاینده؛ میان این گفتار را شکافته، سخن سست خویش را در آن جای داده است:

بدو گفت خسرو که: «دانای چین یکی خوب زد داستانی بـر ایـن

که هـر کـاو کنـد بـر درِ شـاه، کشـت بــدان گیتــی انــدر، بیابــد بهشــت

چــو دیـوار شـهر انـدر آمـد ز پـای کلاتــه نبایــد کــه باشــد بجــای

چو ناچیز خواهد بُدن شارسان مماناد، دیوارِ بیمارسان»

*

نمونهٔ دیگر آنکه میان پرسش خسروپرویز از بهرام پورگشسب (چوبینه؟) و پاسخی که وی میدهد، یازده رج گفتار بی‌پیوند افزوده‌اند، که چون آن یازده رج را از میانه برداریم پیوند گفتار، خود را آشکارا نشان می‌دهد:

پرسش چنین است: تو که‌ای؟

پاسخ نیز چنین تواند بودن: بهرامِ جنگی منم!

*

چنین پاسخ آورد خسرو بدوی که: «ای بیهده مرد پیکارجوی
اگر پادشاهی ز تخم کیان بخواهد شدن، تو که‌ای؟ در جهان!
همه رازیان، از بنه، خود بدانند؟ دوروی‌اند و هم دشمنِ ایزدند
نخست از ری آمد سپاه اندکی که شد با سپاه سکندر یکی
میان‌ها ببستند با رومیان گرفتند ناگاه، تخت کیان
نیامد جهان‌آفرین را پسند از ایشان بایشان رسید آن گزند
کلاه کیی بر سر اردشیر نهاد آنزمان داور دستگیر
بتاج کیان او سزاوار بود وگر چند، بی‌گنج و دینار بود
کنون کار آن نامداران گذشت سخن گفتن ما، همه باد گشت
چو یزدان مر او را بشاهی گزید از او، دادگر جز نکویی ندید
کنون مهتری را سزاوار کیست؟ جهانِ جهان را، جهاندار کیست؟
بجز راستی، پاسخ من مگوی تو راه نکو گیر و کژی مجوی»
چو بشنید بهرام چونان سخن یکی پاسخ دیگر افکند بن
بدو گفت: «بهرام جنگی منم! که بیخ کیان را، ز بن بر کَنم»

که اگر افزوده‌ها را از میان برداریم این سه رج، خویش را می‌نمایاند:

چنین پاسخ آورد خسرو بدوی که: «ای بیهده مرد پرخاشجوی
اگر پادشاهی ز تخم کیان بخواهد شدن، تو که‌ای؟ در جهان»
بدو گفت: «بهرام جنگی منم که تخم کیان را، ز بُن بر کَنَم»

*

یا داستانی که میانهٔ رفتن هرمز به شکارگاه افزوده‌اند:

۱- اُزآن پس به نخچیر شد شهریار بیاورد هرکس فراوان شکار
۲- سواری، ردی، مرد گنداوری سپهبدنژادی بلنداختری

۳- بره بر، یکی رز، پر از غوره دید | بفرمود تا کهتر اندر دوید
۴- ازآن، خوشه‌ای چند ببرید و ببرد | به ایوان و، خوالیگرش را سپرد
۵- بیامد خداوندش اندر زمان | بدان مرد گفت «ای بدِ بدگمان
۶- نگهبان این رز نبودی به رنج | نه دینار دادی بها را نه گنج
۷- چرا رنج نابرده کردی تباه | بنالم کنون از تو، در پیش شاه»
۸- سوار دلاور ز بیم زیان | بزودی کمر باز کرد از میان
۹- بدو داد پرمایه زرّین کمر | به هر مهره‌ای، در نشانده گهر
۱۰- خداوند رز چون کمر دید گفت | که «کردار بد چند باید نهفت
۱۱- تو با شهریار آشنایی مکن | خریده نداری بهایی مکن
۱۲- سپاسی نهم بر تو بر زین کمر | بپیچی، اگر بشنود دادگر»

۱- هنوز در میان راه است [رج دویم پسین] به نخچیرگاه نرسیده، هرکس فراوان شکار آورد؟

۲- رج دویم پیوسته برج پسین است.

۳- دویدن را با اندر (= اندرون) نشاید آوردن.

۴- میان بیابان بودند، و چگونه به ایوان برد؟

۵- **یک:** روشن نیست که خداوند به که بازمیگردد... خداوند باغ. **دو:** آن مرد کهتر، غوره را چید، و از دشت به پایتخت رفت و آنرا به خوالیگر داد... پس چگونه خداوند باغ «اندرزمان» (= بیدرنگ)، آمد؟

۶- سخن سخت نادرخور و بی‌پیوند است.

۷- از کهتر بنالد؟ یا از مهتر؟

۸- **یک:** در گفتار گذشته، وی یک «کهتر» بود، و در این رج به «سوار دلاور» گردانده شد. **دو:** ز بیم زیان؟ یا از بیم شاه؟

۹- کمر را «مهره» نیست، که در هر یک از آنها، گوهری نشانده باشند!

۱۰- **یک:** در رج پیشین سوار یا کهتر، کمر خویش را **بدو داده بود،** و در این رج، تازه کمر را می‌بیند! **دو:** لت دویم نیز بی‌گزارش و پیوند است.

۱۱- سخن پریشان و بی‌گزارش...

رج پایان... همچنین لت دویم را با لت نخست پیوند نیست.

افزوده بر؛ افزوده

گهگاه، چنانکه افزایندگان برای گزارشِ سخن فردوسی(!) سخنی می‌آورند، افزایندگانِ آینـده نیـز هـر جای که بخواهند، بر گفتار افزودهٔ پیشین سخنی می‌افزایند، چنانچه بهنگام گریز خسروپرویز و گفتـار راهب و پیش‌بینی‌هایی که همه بسود او میکند، و همهٔ کشتارهای او را [که از کشتن پدر آغاز گردید]، از فرمان خداوند در شمار می‌آورد، خسرو از وی بپرسید:

چه گویی؟ بدین، چند باشد درنـگ! کـه آیـد مـرا پادشـاهی بچنـگ

چنین داد پاسخ کـه ده بـا دو مـاه بـرین بگـذرد، بازیـابی کـلاه

اینجا افزایندهٔ پسین، که از پچپین‌برداران بوده است، چنین می‌افزاید:

اگـر بـر سـر آیـد ده و پـنج روزا تـو گـردی شهنشـاه گیتـی‌فـروز

یک: پیدا است که این گفتار سست، افزوده پسین است، از آنجا که واژهٔ «دوازده» در آهنگ گفتار شاهنامه نمی‌گنجد، و «**ده‌ودو**» را آوردن بجای دوازده گزارش هست، اما «پانزده» چنین نیست:

چو بر پانزده بگذری، برخوری

چو گویی که من پانزده ساله‌ام

چو گویی که بگذشتم از پانزده

و آهنگِ شاهنامه در سه جای، آنرا می‌پذیرد، و بایسته نیست که پانزده روز را بگونه «ده‌وپنج» آوردن.

دو: سخن در گفتار نخست چنین است که پس از دوازده ماه، تاج شاهی را می‌یابد، و در رج سیوم با پیشوند اگر پیش‌بینیِ بی‌گمان نخستین را به بند «اگر» می‌پیوندد که، اگر نشود تاج نمی‌یابی.

*

نمونهٔ دیگر در گفتار افزودهٔ بهرام پورگشسب (چوبینه؟) با خواهرش گردیـه و دبیـر بـزرگ آمـده

است نخست؛ این سروده را بخوانیم.

ز گفتارشـــان خـــواهر پهلـــوان همـــی بـــود پیچـــان و تیـــره‌روان
بـــدان داوری هـــیچ نگشـــاد لـــب ز برگشـــتن هـــور تـــا نـــیم شـــب
بدو گفت بهرام کـ«ـای پاک تـن چه بینـی بگفتـار ایـن انجمـن؟»
ورا گُردیـــه هـــیچ پاســـخ نـــداد نـــه از رای آن مهتـــران بـــود شـــاد

*

چنـــین گفـــت او بـــا دبیـــر بـــزرگ که: «ای مـرد بدساز چـون پیـر گـرگ
گمانـت چنین اسـت کـین تـاج و تخـت ســـپاه بزرگـــی و پیروزبخـــت
ز گیتـــی کســـی را نبُـــد آرزوی ازآن نامـــــداران آزاده‌خـــــوی؟
اگـر شـاهی آسـان‌تـر از بندگیسـت بـــدین دانـــش تـــو ببایـــد گریســـت!

*

بـر آیـین شـاهان پیشـین رویـم سـخن‌هـای آن برتـران بشـنویم

*

چنـــین داد پاســـخ مـــر او را دبیـــر کـــه: «گـــر رای مـــن نیســـتت جـــایگیر
هم آن گوی و آن کـن کـه رای آیـدت بـــران رو کـــه دل، رهنمـــای آیـــدت»
همـــان خـــواهرش نیـــز بهـــرام را بگفـــت آن ســـواران خودکـــام را
«نـه نیکوسـت ایـن دانـش و رای تـو بـه کـژّی خرامـد همـی پـای تـو

*

بسی بُد که بیکار بُـد تخـت شـاه نکـرد انـدرو هـیچ کهتـر نگـاه
جهان را بـه مـردی نگـه داشـتند یکی چشم بـر تخـت نگماشـتند

آشکار است که «چنین داد پاسخ مر او را دبیر» نادرست است، زیرا که سخنان پیش نیز از سوی دبیر گفته شده بود: «چنین گفت با او دبیر بزرگ...» و گفتار افزایندهٔ دویم با «نه نیکوست این دانش و رای تو» پایان می‌پذیرد، زیرا که اگر چهار رج یادشده را از میانه برداریم گفتار دبیر بزرگ بهم پیوسته می‌شود:

بـر آیـین شـاهان پیشـین رویـم سـخن‌هـای آن برتـران بشـنویم
بسی بُد که بیکار بـد تخـت شـاه نکـرد انـدرو، ایـچ کهتـر نگـاه
جهـان را بمـردی نگـه داشـتند یکی چشم، بر تخـت نگماشـتند!

*

نمونهٔ دیگر در گفتارهای افزودهٔ بدرود کیخسرو با بزرگان ایران و لهراسپ آمده است:

خروشید و لهراسب را پیش خواند وز ایشان سخنها فراوان براند
به لهراسپ گفت این، بتان من‌اند فروزندهٔ پاک جان من‌اند
بر این هم نشست اندرین هم‌سرای همی دارشان، تا تو باشی بپای
نباید که یزدان چو خواندت پیش روان شرم دارد ز کردار خویش

پیدا است که رج سیوم از سوی افزاینده‌ای دیگر (پچین‌بردار) بگفتار سست پیشین افزوده شده است، زیرا که اگر آنرا از میانه برگیریم، پیوند گفتار آشکار می‌شود.

ویرایش افزایندگان

گاه افزایندگان پسین، در گفتار افزایندهٔ پیشین لغزشی می‌بینند، و هر یک بر آن می‌شوند، تا آن لغزش را از شاهنامه بپیرایند.

چنانکه در نبرد پهلوانان، آنجا که در گفتار افزایندهٔ پیشین سروده‌ای سست‌تر می‌بینند، آنرا بگمان خویش می‌آرایند!

سخن سربسر چون همه گفته شد — ز پیگار و جنگ آن کجا رفته(!) شد
بپردخت زان پس به افراسیاب — که با لشگر آمد به نزدیک آب
گر او از لب رود جیهون سپاه — به ایران گذارد سپه را به راه
تو دانی که با او نداریم پای — ایا فر خجسته جهان کدخدای

و افزایندگان پسین، در این گفتار؛ «فر خجسته» را نادرست می‌بینند، و به ویرایش آن می‌پردازند و در دستنوشته‌های گوناگون بجای آن «پی خجسته» «ایا پهلوان» «ایا شاه ایران»... آمده است. (خالقی مطلق ۶۱۶-۳) و پیدا است که پی خجسته نیز چون فر خجسته نادرست است، و کیخسرو نیز پهلوان نبوده، و «شاه ایران» نیز خوانده نمی‌شد که «شاهنشاه»اش می‌نامیدند.

*

نمونهٔ دیگر «در داستانِ گذشتن لشگر ایران از پیشگاه کیخسرو»؛ دربارهٔ گذرِ فریبرز در نمونه‌های ل، و چنین آمده است: **«همی رفت با باد و با برز و فر»** و چون این گفتار در اندیشهٔ پچین‌برداران هموار نیامده است و «باد» (= خودبرتربینی) را با فرّ و برز هماهنگ ندانسته‌اند، هر یک آنرا بگونه‌ای نوشته‌اند:

ف: «شادان، ابا بُرز»؛ س: «با باز و با برزو»؛ **ق، لن، پ، لن۲**: «با یال و با برزو» **ل۲**: «تابان با برز» **س۲، ل۲، ب**: «با ناز(!) و با برز» **س۲**: «بازور و با برز» ق۲: «با یار و با برز» **لی و آ**: «با باز و با یوز» و پیدا است که هر یک از پچین‌برداران، گزینش خویش را برتر شمرده است، باز آنکه همهٔ این

داستان، افزوده است.

*

نمونهٔ دیگر: در گفتار افزوده رستم است با گودرز، در داستان کاموس کُشانی:

جهانرا بخنجر بشوییم پست — بدان را نمانم که باشد نشست

«س، ل۲، س۳، ب»

پیدا است که کنش «بشوییم» در لت نخست با «نمانم» در لت دویم همخوان نیست، و گفتار، افزوده است، اما در نمونه‌ها اینچنین آمده است:

ق، ل۳: «بشویم بدست»؛ **ق۲**: «بشویم نخست»؛ **لی، آ**: «بشویم بشست(!)»؛ **و**: بشوییم دست؛ **ف**: بدان را بخنجر بشویم ز کشت(!)؛ **ل**: زمین را بخنجر بشویم ز کین؛ **لن، پ، لن۲**: «بخون یکایک بشوییم دست». (خالقی مطلق ۷۲-۴)

*

نمونهٔ دیگر در داستان بیژن و منیژه، در گفتار افزودهٔ بازگشت ایرانیان به «شهر جهاندار شاه» در ستایش کیخسرو، رستم را، در شاهنامه‌ها چنین آمده است:

بخورشید ماند همه کار تو — بنیکی، به هر جای دیدار تو!

نمونه‌های **لی، آ** آورده‌اند: «بازار تو»؛ **ل، س، ق، ل۲، ل۳، ب**، بگیتی پراکنده کردار؛ **و**: «بهرجای مردی و گفتار تو»؛ **ف، س۲، ق۲، لن، پ، لن۲**... برابر با آنچه گذشت (خالقی مطلق ۳۹۳-۳)، و پیدا است که؛ نه دیدار، نه کردار و آزار و گفتار و بازار؛ هیچیک درست نیست، و کار هیچکس را نشاید به «خورشید» همانند کردن، آنچه را که میتوان بخورشید مانده خواندن، روشنی و فروغ است که هیچ روشنایی را نیز در جهان به روشنی خورشید همانند نتوان کردن!

گزارش افزایندگان

افزایندگان یا پچین‌برداران، گاهگاه گفتار فردوسی را گزارش (= تفسیر) کرده‌اند، چنانکه در داستان نامه نوشتن گودرز به پیران، پیش از نبرد پهلوانان چنین آمده است:

۱ «نخست آنکه گفتی: من از «مهر»، نیز — ز یزدان و از گردشِ رستخیز؛

۲ نخواهم که آید مرا، پیش؛ جنگ؛ — دلم گشت ازین کارِ بیداد، تنگ؛»

*

۳ دلت با زبان آشنایی نداشت — بدانگه که این گفته بر لب گذاشت

۴ اگر داد بودی بدلت* اندرون — ترا پیشدستی نبودی بخون

۵ که ز آغاز کار اندر آمد نخست . نبودی به خون ریختن هیچ سست
۶ نخستین که آمد به پیش تو گیو وز ایران هشیوار مردانِ نیو
۷ بسازیده مر جنگ را لشگری ز کشور دمان تا دگر کشوری
۸ تو کردی همه جنگ را، دست، پیش سپه را تو برکندی از جای خویش

گذاشت در رج سیوم «گذراند» است. و رج پنجم (که ز آغاز...) گزارش رج چهارم است بگمان نویسنده! اما پیدا است که آن نه گزارش است، و نه سخنی است که دری بروی خواننده بگشاید و تنها کاری که با اندیشهٔ خواننده میکند، آنست که او را سردرگم نماید!

رج هفتم نیز باژگونه است، زیرا که در آن داستان، گودرزِ پیر، گیو را بهمراه دوازده تن از بزرگان ایران برای گفت‌وگو بنزد پیران فرستاد، و آنان در سخن چیره شدند، و بازگشتند، و بهیچ روی لشگر جنگساز با خود نبرده بودند. لت دویم این رج از لت نخست، نادرخورتر است، و هیچ راز را نمی‌گشاید، که به رازهای شاهنامه می‌افزاید!

*

نمونهٔ دیگر، در داستان نبرد پهلوانان است، آنگاه که هومان از درنگ پیران بی‌شکیب می‌شود، و از وی فرمانِ نبرد می‌خواهد، پیران بدو می‌گوید:

تو پشت سپاهی و سالار شاه برآورده از چرخِ گَردان، کلاه
کسی کاو، بنامِ بلندش نیاز نباشد، چه گردد! همی؟ گِردِ آز!

پیران با این سخن به هومان می‌گوید کسی که چون تو، نام بلند دارد، چرا می‌بایدش، بپیروی از آز، بدنبال نامِ بلندتر باشد؟

و افزاینده با این گمان؛ که خواننده گزارش این رج را درنمی‌یابد، با چنین سخنانِ پست، این گفتار را گزارش میکند:

و دیگر که از نامداران جنگ نیاید کسی نزد ما بیدرنگ
ز گردان کسی را که بی‌نام‌تر ز جنگ سواران بی‌آرام‌تر
ز لشگر فرستند، پیشت بکین اگر برنوردی بر او بر، زمین
ترا نام از آن برنیاید بلند بایرانیان نیز ناید گزند
وگر بر تو بر، دست یابد بخون شوند این دلیران ترکان زبون!

پساوا

در سرتاسر افزوده‌ها، افزایندگان برای ساختن و پرداختن پساوایی که با سخن لت نخست سازگار باشد، سخن ناساز دیگری در لت دویم می‌پردازند، که هیچ بند و پیوند با گفتار ندارد. چونان:

کُلَه ترگ و، شمشیر؛ جام منست　　　　ببازو خمِ خام دام منست

در آگاه شدن رستم از کشته شدن سیاوخش

یک: پیدا نیست که شمشیر را چگونه بجام، همانند توان کردن!

دو: دام، در لت دویم تنها برای هماوایی با جام آمده است، وگرنه کمندِ یک پهلوان را نشاید دامِ او خواندن! زیرا که دام را پنهانی می‌نهند؛ و کار با کمند؛ آشکارا است.

نمونه‌ای دیگر:

بخورد و بیاسود و یک هفته بود　　　　دوم هفته با جامهٔ ناپسود

بیامد خروشان، به آتشکده　　　　..

بازگشتن کیخسرو از نبرد توران

جامه را تا نبافند و ندوزند، جامه نمی‌شود، و چنین جامه را چگونه «ناپسود» توان نامیدن؟

نمونه‌ای دیگر:

همه بوم شد، زیر نئل اندرون　　　　چو کرباس آهار داده بخون

از زمینی که زیر (نه زیر اندرون) سمّ اسپان باشد گرد بلند می‌شود، و آنرا نشاید به کرباس آهار داده بخون همانند کردن.

نمونه‌ای دیگر:

دگر لشگری کز خراسان بدند — جهانجوی و مردمشناسان بدند

ناگفته پیدا است...

نمونه‌ای دیگر:

بدست چپ خویش برپای کرد — دلفروز را لشگرآرای کرد

آن کدام سپاه است که آرایش آن با خوبرویان بوده باشد؟

نمونه‌ای دیگر:

ز خاکی که خون سیاوش بخوَرد — بابر اندر آمد درختی ز گرد

یک: خون سیاوخش را بر تخته‌سنگ ریختند، نه بر روی خاک.

دو: خاک را توانِ خوردنِ چیزی نیست، که؛ خون، در آن فرومی‌رود.

سه: «گرد» که برای پساوا آمده است، همان خاک آغاز گفتار است.

*

نمونه‌ای دیگر:

در بردن پیشکشی‌های افراسیاب برای سیاوخش:

ازاینگونه پیش سیاوش روید — هشیوار و بیدار و خامُش روید

در فرستادن پیشکشی بنزد سیاوخش

یک: پیدا است که چون خوانچه‌کشان بهمراه اسپ و اشتر، پیشکشی برای کسی برند، با دهل و سرنا و همهمه و شادی میروند، و فرمان به خامش بودن آنان تنها از برای پساوا است.

دو: «از اینگونه» نیز نادرست است: «بدینسان»، «چنین»، «بدین آیین».

*

نمونه‌ای دیگر:

در داستان مهمان نکردن اسفندیار رستم را:

بیامد بدان کرسیِ زر نشست — پر از خشم و بویا ترنجی بدست

پیدا است که دست را برای پساوای نشست آورده‌اند، اما از برای آنکه

دست را بیاورند، ترنجی نیز بدست رستم «خشمگین» که از زابل، تا پرده‌سرای اسفندیار آمده است داده‌اند!

ترنج را چه مایهٔ آن باشد که جهان‌پهلوان آنرا بدست گیرد؟

نمونه‌ای دیگر:

در بازگشتن گرگین بی‌بیژن، در داستان بیژن و منیژه:

انوشـــه جهانــدار نیــک اختـرا   نه بینی که بر سر چه آمد مرا

سخن درست چنین باید بودن: نبینی که بر سرِ من چه آمد؟ اما افزاینده را برای پساوای «اخترا» نیاز به «مرا» بوده است.

نمونه‌ای دیگر:

در داستان کشته شدن رستم:

بجـای آر ســـد مـردِ نیرنگســــاز   بکَن چاه و بـر بـاد، مگشـای راز

اگـر ده کَنـی بهتـر آمـد ز پــنج   چو خواهی که آسوده گردی ز رنج

یک: برای کندن چاه، مرد نیرنگساز در کار نیست.

دو: یکسد مرد، را توان ساختن یکهزار چاه نیز هست! پس چگونه است که در رج دویم (در گفتاری سست) از ده و پنج چاه یاد می‌شود؟... برای پساوای «رنج» در لت دویم، و این سخن نشان می‌دهد که افزاینده؛ نخست لت دویم را سروده و برای پساوای آن در رج نخست از ده و پنج چاه یاد می‌کند.

نمونه‌ای دیگر:

در داستان شناختن همای، پسر خویش را:

بجایی که دانست، آتشکده است   وگر زندواستا و جشن سده است

جشن سده را «جای» نیست... هر سال در دهم بهمن‌ماه در همهٔ شهرها و روستاهای ایران جشن سده را برگزار می‌کردند، اما افزاینده برای پساوای آتشکده آنرا بکار گرفته است.

نمونه‌ای دیگر:

در داستان اردشیر بابکان:

بیامد دو رخساره، همرنگ نی   چو شب تیره گشت، اندر آمد به ری

«نی» برنگ سبز است، مگر آنکه آنرا بدروند، و پس‌از چند گاه رنگش به زردی گراید. اما افزاینده را برای نیاز به پساوای ری، «رنگِ زردِ نی» بایسته بوده است.

گاهگاه نیز افزاینده در تنگنایی که خود فراهم کرده، آوایی تازه، برای واژهٔ بکار گرفته، می‌سازد چنانکه در پیشگفتار افزودهٔ داستان رستم و سهراب، «تَرنج» را برای همخوانی با کُنج، بگونهٔ تُرُنج درآورده است:

اگر تندبادی برآید ز کُنج   بخاک افکند نارسیده تُرُنج[1]

گاه نیز افزاینده در تنگنایی دیگر، نامی نادرخور پدید می‌آورد، چنانکه در لشگر کشیدن ایران بکین سیاوخش، برای پساوای «چنگ»، «زین خدنگ» را پدید آورده است، و در جهان تیر خدنگ هست و زین خدنگ (= راست) پدیدار نیست:[2]

چنان برگرفتش ز زین خدنگ   که گفتی یکی پشّه دارد بچنگ

۱- روان استاد **ماهیار نوابی** شاد که از پس ده‌ها گفتار که شاهنامه‌شناسان برای گزارش این گفتار افزوده نوشته بودند او نیز زمان بر سر این گفتار نهاد، و گفت که پایان لت نخست را بایستی «کَنج» خواندن، که همان کَنگ افراسیاب باشد و تندبادی که از آن برمی‌خیزد ترنج را از درخت فرومی‌افکند... باز آنکه تندباد از هر جای که برخیزد میوه را از درخت فرومیریزد، و آن نبرد نیز در توران رخ نداده بود که در ایران بهم پیوست!

۲- دربارهٔ زین خدنگ بنگرید به بخش جنگ‌افزار.

آواهای ویژه

در

زبان فارسی

سخنی دیگر، که ناآگاهی افزایندگان را از زبان فارسی، و آواهای ویژهٔ آن نشان می‌دهد؛ آنستکه برخی واژه‌ها، در زبان فارسی دو گونه آوا دارند، چنانکه در واژهٔ شوخ؛ نخستین شُوخ šōx همسنگ «بُرد» (دلیر، گستاخ)، و پسین شُوخ šūx، هماهنگ «بود» (پلیدی، چرک).

این آواها اگرچه در تهران همسان بر زبان می‌رود، اما از کردستان تا خراسان و بلوچستان همه جا بگونهٔ درست، کاربرد دارد، و بر این بنیاد شوخ‌روی šūx-rūy کسی که چهره‌ای شوخگِن، پلید، و چرکین دارد. اما شوخ‌چشم šōx-čašm آنست که نگاه گستاخ داشته باشد، یا دلیرانه بنگرد، زیرا که شوخی šōxī در زبان فارسی، دلیری است:

«گروهی از ایشان بحصار التجا کردند، مُقدِّمی از ایشان بَر بُرجی از قلعت بود، و بسیار شُوخی میکرد، و مسلمانان را بدرد میداشت»[1]

و کسیرا که با کسی دیگر چندان دوستی باشد که با وی دلیر و گستاخ باشد، با وی «شوخی» نیز هست، اما اگر کسی را پروای کسان نباشد، و با همگان بدلیری نگاه کند، او را «شوخ‌چشم» šōx-čašm می‌خوانند که همواره نگاهی گستاخ دارد!

چنانکه در داستان هفتخوان اسفندیار آمده است که اسفندیار به راهنمای خویش می‌گوید:

جهانجوی گفت: «ای بدِ شوخ‌روی   ز من هرچه بینی تو فردا، بگوی

سخن؛ خود، از بنیاد نادرست است، زیرا که در لت دویم می‌بایستی گفتن: آنچه را که فردا بر من میگذرد یا آنچه را که فردا بر من خواهد رفت، آنچه را که فردا با آن روبرو می‌شوم... بمن بگوی.

۱- تاریخ بیهقی، دکتر علی‌اکبر فیاض، دانشگاه فردوسی مشهد، چاپ دویم، رویهٔ ۱۳۶

اما «شوخ‌روی» نیز نادرخور است، بدانروی که دلیری نمودن، با نگاه و چشم، پدیدار می‌شود، نه با روی! تا آنجا که اگر کسی بر کسی خشم گیرد و چهره‌اش دگرگون شود، باز؛ خشمِ او از چشمش زبانه می‌کشد، نه از لب و دندان و گونه!

واژه شوخ šūx = پلیدی، چرک است:

«شیخ ما روزی در حمام بود و درویشی؛ شیخ را خدمت می‌کرد و دست بر پشت شیخ می‌مالید و شوخ (šūx)، بر بازوی شیخ جمع می‌کرد چنانکه رسم قایمان (= دلّاکان) باشد، تا آنکس ببیند که او کاری کرده است. پس در میان این خدمت از شیخ سؤال کرد که ای شیخ جوانمردی چیست؟ شیخِ ما؛ حالی بگفت: آنکه؛ شوخِ مرد، به روی مرد نیاوری!»[۱]

چون چنین باشد شوخ‌روی، کسی را گویند که رخی چرکین داشته باشد، و چنین کس را شاید که دمی دیگر، روی خویشتن را شستن، و از شوخ‌رویی بدرآمدن، و شوخ‌روی را نشاید بجای شوخ‌چشم آوردن، از آنجا که مردم شوخ‌چشم، همواره شوخ‌چشم است.

شیر

جانور درّنده در زبان پهلوی بگونهٔ šēr شیر بر زبان می‌رود، و شیر خوراکی را بایستی šīr شیر خواندن، و بر این بنیاد šēr (درّنده) با واژه‌هایی چون زِیر zēr، دِلیر dlēr اِیر ēr (= ایرانی، آزاده، فروتن) و شمشیر، پساوا می‌یابد، بدینروی، این رج که دربارهٔ شیرخوارگی رستم آمده است:

به رستم همی داد، ده دایه شیر　　　کجا می‌شد آن شیرِ پرمایه سیر

نادرست است و افزوده بشمار میرود. زیرا که šīr با sēr پساوا ندارد! [اگرچه همی داد، نیز برای ده کس نادرخور است، و همی دادند بایستی].

سیر

سیر خوراکی sīr سیر است، و سیر شدن از خوراک sēr سِیر و بهمین روی سیر خوراکی را با زِیر، شِیر، دِلیر، پساوا نیست.

و آن را شاید با شیر خوراکی، پنیر، امیر، وزیر، پیر... آوردن.

۱- اسرارالتوحید فی مقامات شیخ ابی سعید، محمد منور، به تصحیح احمد بهمنیار، کتابخانهٔ طهوری، ۱۳۵۷، رویهٔ ۲۲۳.

ریش

ریش (= زخم، جراحت) بگونهٔ ریش rīš است که آنرا شاید، با «کیش» هماوا کردن و موی چهرهٔ مردان بگونهٔ ریش rēš خوانده می‌شود که با پیش pēš پساوا می‌یابد.

نام‌های ویژهٔ افزایندگان

استخر، صطخر

نام شهر باستانی ایران در نامه‌های پهلوی بگونهٔ ‭𐭮𐭲𐭧𐭥‬ سْتَخْرْ آمده است. پس در زبان فارسی بگونهٔ «استخر» روان شد، و در گفتار درست فردوسی نیز همواره بهمین گونه است:

سپاهی ز استخر، بی‌مر، ببرد   بشد ساخته، تا کند رزمِ کُرد

رزم اردشیر با کردان

*

برفتند ز استخر چندان سپاه   که از نیزه، بر باد؛ بستند راه

رزم اردشیر با مهرک نوشزاد

در نخستین رج افزودهٔ شاهنامه که این نام را بگونهٔ درست استخر آورده است، آنرا با «فخر» همخوان کرده‌اند، و چنین پساوا، همواره در گفتار افزایندگان دیده می‌شود:

نشستنگه آنگه به استخر بود   کیان را بدان جایگه فخر بود

پادشاهی کیقباد

آنگاه این نام بگونهٔ ستخر و بیشتر بگونهٔ صطخر در افزوده‌ها روان شد، همه‌جا با پساوای فخر!

بر این هم نشان تا به شهر سِتخر   که بهمن بدو داشت نیرو و فخر

داستان اردشیر و بناک

هر آن کس که بُد بابکی در صطخر   به آگاهی شاه کردند فخر

گریختن اردشیر از اردوان

ز جهرم بیامد به شهر صطخر   که آزادگان را بران بود فخر

شکست دارا

بنه سوی شهر صطخر آورید   به پیوند ما نیز فخر آورید

پیروزی اسکندر

ز کرمان بیامد به شهر صطخر — به سر برنهاد آن کیی تاج فخر

پادشاهی اسکندر در ایران

چنین تا به شهر صطخر آمدند — که از شاه‌زاده به فخر آمدند

آوردن نعمان، بهرام گور را بنزد پدر

یکی کاخ کشواد بد در صطخر — که آزادگان را بدو بود فخر

آمدن کیخسرو به ایران

سکندر بیامد زی **استخر** پارس — که دیهیم شاهان بُد و فخر پارس

پادشاهی قباد

گزیده سواری ز شهر صطخر — که آن مهتران را بدو بود فخر

پادشاهی فر آیین (گراز)

پذیره شدن را بیاراست شاه — بیاورد ز **استخر** چندان سپاه

سدیگر نبرد دارا با اسکندر

برآنند کاندر **ستخر** اردشیر — کهن گشت و شد بخت برناش پیر»

نبرد اردشیر با کردان

بیامد دمان، تا به اصطخر پارس — که اصطخر بد، بر زمین؛ فخر پارس

داستان بی‌مهری هرمز به بهرام

جهرم

نام جهرم بگونهٔ یکی از کهترین شهرهای ایران در وندیداد بگونهٔ 𐬗𐬀𐬑𐬭𐬀 چَخْرَ و چَخرِم آمده است، و در شاهنامه نیز چون نشستنگاه سردار بزرگ ایرانی، مهرک نوشزاد بود، سه بار بگونهٔ درست، آمده است:

به جهرم، یکی مرد بد؛ کی‌نژاد — کجا نام او مهرک نوشزاد

*

ز جهرم بیامد بایوان شاه — ز هر سو بیاورد بی‌مر سپاه

رفتن مهرک نوشزاد به پایتخت اردشیر

*

به جهرم چو نزدیک شد پادشا — نهان گشت زو، مهرک بیوفا

(بیوفا از دیدگاه اردشیر)

نبرد اردشیر با مهرک نوشزاد

❋

و در سالهای پایانی روزگار ساسانیان نیز یکبار:

ز جهــرم، فرخــزاد را خواندنــد بـر آن تخـت شـاهیش بنشـاندند

❋

اما پیدا است که یکی از پچین‌برداران شاهنامه از مردمانِ جهرم بوده است که با مهری که به زادگاه خویش داشته است، با افزودن نام جهرم، چنان از آن شـهر یـاد کـرده اسـت کـه گـویی کـانون همـۀ رویدادهای ایران و گاهگاه پایتخت ایران، بوده است:

جهانــدار دارا بجهــرم رسـید کـه آنجـا بـدی گـنج‌هـا را کلیـد

گریز داریوش سیوم (دارا)

❋

پس آمد سـکندر، سـوی قادسـی جهـانگیر، تـا جهـرم پارسـی(!)

داستان اسکندر

❋

بیامد ز جهرم سـوی اردشـیر(؟!) ابا لشگر و کوس و بـا دار و گیـر

گریختن اردشیر از اردوان

که در دشت جهرم(؟!) بُـد او پادشـا جهاندیـــده و راد و فرمـــانروا

همان داستان

❋

به مُنذر چنین گفت: «کای رایـزن به جهـرم رسـیدی ز شـهر یمـن!

داستان آمدن بهرام گور بهمراه منذر برای گرفتن تخت شاهی

سخن افزاینده چنین می‌نماید که جهرم میانۀ راه تازیکستان و تیسفون بـوده است.

❋

من این دشت جهرم چو دریا کـنم ز خورشـید تابـان ثریـا کـنم(؟)

همان داستان

فرسـتاد موبـد، بـدانجا سـوار شتر خواست از دشت جهرم هـزار

داستان بهرام، با براهام

❋

ز جهـرم بیایـد سـوی تیسـفون پر از آب مژگان و دل پر ز خـون

مویهٔ باربد بر خسروپرویز

*

ز جهـرم بیامـد بسـوی صـطخر کـه آزادگـان را بـدان بـود فخـر

شکست دارا از اسکندر

نام‌های بی‌بنیاد

افزایندگان هر جا که در بندِ آهنگ یا پساوای سخن افتـاده‌انـد هرگونـه نـامِ بـی‌گـزارش را بشـاهنامه افزوده‌اند. و این است نمونهٔ چنین نام‌ها:

ایلا، بُرزِ ویلا، کوه‌گوش، بوسپاس، کافور، نستیهن، قالوس، هیشوی، اهرن، فاسقون، زنگوله (زنگاله)، آخواست، فروهِل، لواده، توابه، اشکش، گهار، شنگل، گوران‌شهر، صبّاخ، شمّاخ سوری، زهیر، پیشرو، کروخان...

بیشتر این نام‌ها تنها یکبار در شاهنامه آمده است بی‌آنکه پیشینه‌ای از آن در شاهنامه بوده باشـد یـا در آینده از آنان نامی برده شود.

پسوندهای ویژه

بار... وار

«بار» فارسی از ریشه بَر اوستایی برآمده است که فارسی آن «بُردن» است و آوای «اَ» در آن هنوز در برخی گونه‌ها چون «می‌بَرَم، می‌بَری...» و نیز در «بَردِن» تبرستان و گیلان شنیده می‌شود.

این واژه با پیشوند «اَس» (= اسب) در فارسی باستان بگونه «اَسَ بارَ (= سوار)» درآمده است که در زبان پهلوی بگونهٔ اسوبار نوشته می‌شود و اَسوار خوانده می‌شود، و اینچنین؛ در زبان پهلوی واکهٔ «ب» که میان واکه «او» و یک واک (آوا) باشد، بگونهٔ «و» بر زبان می‌رود، چونان:

[گوبت] (= گُوِت gōwēt؛ گوید)

[روبیم] (= رَوِیم rawēm؛ رویم)

[شوبت] (= شَوِیت šavēt؛ شَوَد، رَوَد)

[روبشن] (= رَویشن ravišn؛ روش)

[روبان] (= رَوان rawān؛ روان)

[اوبیش] (= اَویش awiš؛ به او)

[اوبین] (= اَوین avīn، نادیده، ناپدیدار)

و بپیروی از همین داد، اسوبار، بگونهٔ «اَسوار» بر زبان می‌آید، که آن؛ باری باشد که اسب می‌برد.

از سویی پیدا است که اسپِ نژاده؛ بجز از مردم = «سوار» را نمی‌برد، و باری را که جز از مردم باشد، بخود نمی‌پذیرد، و بدینروی؛ بارِ اسپ، سوار خوانده می‌شود.

اما جانوران دیگر را، باری برمی‌نهند، که میزانِ آن باندازهٔ نیروی کششِ آنها است، چنانکه باری را که بر یک خر می‌نهند، بسا کمتر از باریست که شتر تواند بردن! و بر این بنیاد، واژه‌ای چند در زبان فارسی روان شده است، چونان؛ «خروار» که باریست باندازهٔ توانِ یک خر.

همانندهای این واژه در زبان فارسی بسیار است:

شتروار: باری که باندازه کشش یک شتر باشد؛

خروار: باری باندازه توان یک خر؛

پیلوار: باری که یک پیل توان کشیدن آنرا دارد؛

گوشوار: بارِ گوش؛

انگشتوار: (= انگشتر) بار انگشت؛

دستوار: بارِ دست (= عصا)؛

کولوار: باری باندازه‌ایکه بر کول بندند؛

تاجوار: گوهری با ارزش که بار بر تاج می‌شود؛

شاهوار: جامه‌ای با ارزش که بار بر تنِ شاه می‌شود؛

مردوار: بار غمی که تنها مردان آنرا توانند کشید؛

سوگوار: بار، بر سوزودرد، کسیکه با از دست دادن فرزند، بر روی توده‌ای از آتش نشسته باشد (سوگ، از ریشهٔ 𐬯𐬀𐬊𐬗 سوچ اوستایی = سوز)؛

دیوانه‌وار: اندیشه‌های درهمِ بار بر روان و مغز یک دیوانه؛

استوار: بار، بر اُست (= استخوان): کسیکه استوار، و بار؛ بر استخوانهای خود است، و بچیزی بیرون از خود وابسته نیست.

سزاوار: باری بسزا، یا درخور، چنانکه جامه‌ای سزاوارش بیاراستند.

اما امروز، پسوند «وار» را بجای «مانند» می‌گیرند، و فرهنگ‌های ما نیز از این نادرستی بدور نیستند، چنانکه در **لغت‌نامه دهخدا**، زیر واژهٔ پیلوار چنین آمده است:

«مانند فیل، فیل‌آسا، پیل‌سان (فرهنگ نظام) چون پیل از گرانی جثه، باندازه و بقدر فیل (انجمن آرا) بقدر جسه پیل (آنندراج) بگونهٔ فیل!»

زیرِ این گزارش چند رج از فردوسی و دیگر سرایندگان آورده‌اند،... اما چون بگونه‌ای دیگر از نمونه‌های آن، در سروده‌های پارسی برخورده‌اند. چنین افزوده‌اند:

«مقدارِ بارِ یک فیل، مقداری که بر پیلی بار توان کرد. مقدار حمل فیل، فیلبار»

و زیر این گزارش چند سروده از سرایندگان آورده‌اند، اینچنین:

عنصری، از خسروِ غازی، شهِ زابل بشعر — پیلوار زر گرفت و دیبه و اسب و غلام

سوزنی

بیـک بـار، چندانکـه یـک پیلـوار همانـا بسـنگ رطـل، بـد هـزار

اسدی

طعم خاک و قدر آتش جـوی، کـاب و بـاد راسـت

گرْتْ رنگ و بوی بخشد پیلور (پیله‌ور) سد پیلـوار

سنایی

دهخدا دربارهٔ «شتروار» نیز چنین داوری کرده است:

«مانند شتر، همانند شتر، چون شتر || (ا مرکب) حمل، وسق، بار شتر، شتربار، بمقدار باریک شتر، وزنی معلوم که بر شتری توان حمل کرد»

و چنانکه گذشت دربارهٔ شتروار نیز که بارِ شتر است، دو گونه داوری کرده‌اند، و شگفت‌تر آنست که دربارهٔ «**خروار**» که هنوز در روستاهای ایران شناخته شده است، داوری را بدرازا کشانده‌اند:

«خروار، تودهٔ چیزیکه بقدر بلندی جسم خر باشد(!) یعنی خر آنرا تواند برداشت(!؟) یا آنکه وار، در اصل، بار بوده، بقلب اضافت یعنی بار خر»! و بدین تقدیر باری که در توان برداشتن خر باشد! یا آنکه خر بمعنی کلان، و خربار بمعنی بار کلان! پس در اینصورت در هر دو اخیر، به هر مناسبت قُرب مخرج ب را به واو بدل کرده‌اند (آنندراج)، تَنگ (فرهنگ اسدی) در حاشیه برهان قاطع آمده است: این کلمه از خر+وار (= بار)، بارِ یک خر، باری که خر تواند برداشت، تنگبار[1] (ناظم‌الاطباء)»

چون فرهنگنویسان ما با ناآگاهی از زبانهای باستانی، چنین نادرستی‌هـا را در دفتـر و دیـوان روان سازند، فرهنگستان زبان نیز واژه‌هایی چون سـنگواره، جشـنواره،... را سـاخته و پرداختـه اسـت، کـه هیچیک از چنین واژه‌ها درست نیست.

گواه دیگری بر این گفتار، سرودهٔ سعدی است:

یکی قطره بـاران ز ابـری چکیـد خجل شد، چو پهنای دریـا بدیـد

که جایی که دریا است، مـن چیستم؟ گر او هـست، حقّا که مـن نیسـتم!

چو خود را بچشم حقارت بدیـد صدف در میـانش بجـان پروریـد

سـپهرش بجـایی رسـانید کـار کـه شـد نـامور «لؤلـؤ تـاجوار»

مرواریدی گرانبها، که درخورِ آنست که بار بر تاج شود!

*

چون فرهنگستان نیز با چنان پیشینه و چنین فرهنگها، به بیراهه رود، دور نیست که استادان نیـز در

۱- تَنگ؛ خود، برابر با «بار» است و سرایندگان، لب دلداران را به «تَنگِ شکر» همانند کرده‌اند و واژهٔ تنگبار، آمیزه‌ای نادرست است.

شناخت این پسوند؛ درمانند:

«**پیلوار** یعنی «مانند پیل» چون وار (پهلوی wâr) در اینجا پسوند مانندگی است و در **گوشوار** پسوند شایستگی است، و در **سوگوار** پسوند دارندگی است و در **تیروار** پسوند نسبت است، برای بیان مقدار»[1]

در این گفتار پسوند وار در، «تیروار» پسوند «بار» نیست، که آن از واژه 𐬬𐬁𐬭𐬀 (وارَ) اوستایی (= باران) است که خود از ریشه 𐬬𐬁𐬭 وار برآمده است.

این واژه در زبان پهلوی بگونهٔ [Pahlavi script] «واران» درآمد، و در فارسی «باران» خوانده می‌شود. در شاهنامه از «تیرباران» بسیار یاد شده است:

چون از آنجا که کمانوَران سپاه، بفرمان سپاهبد، با یکدیگر کمان را کشیده، تیر می‌افکندند، آنجا که تیرها از آسمان بر زمین فرومی‌بارید، همانند، باران می‌نمود، اما بارانِ تیر.

«بر او بر، ببارید، باران تیر» یا: «بر او بر، یکی تیر باران گرفت»

اندازهٔ زمینی را که تیرها پس از پرتاب، بزمین می‌رسید (می‌بارید) یک تیروار خوانده‌اند، که از آن بگونهٔ تیر پرتاب نیز یاد شده است.

پیدا است که سرایندگان همزمان فردوسی، از این پسوند برای همانندی سود برده‌اند:

«سخن رودکی‌وار نیکو بود   سخنهای من رودکی‌وار نیست»

عنصری

در گفتار افزوده بشاهنامه

«پدروار»ش از مادر اندر پذیر   وز آن گاو نغزش بپرور بشیر!

در این گفتار «اندر پذیر» نادرخور است، و در زبان فارسی همانند ندارد، چنانکه گفته شود اندر گوی، اندر خور... و بگوی و بخور و بپذیر درست است. سخن نیز دوباره‌گویی رج پیشین است:

بدو گفت کاین کودک شیرخوار   ز من، روزگاری بزنهار دار

و خواهش فرانک، همانا «زنهارداری» است، زیرا که بهنگام باز پس گرفتن کودک نیز چنین آمده است:

دوان؛ مادر آمد سوی مرغزار   چنین گفت با مردِ زنهاردار

اما در گفتار فردوسی هیچگاه چنین نیامده است که برای نمونه گفتار سپردن فرانک فرزند را؛ به نگهبان گاو پرمایه: «پدروارش از مادر اندر پذیر».

در زبان فارسی دو واژهٔ دیگر با پسوند «وار» داریم یکی دیوار است و دیگری «فروار»:

۱– یادداشت‌های خالقی مطلق بر شاهنامه (۲۰۰۱)، بخش یکم -۱- نیویورک ۱۳۸۰، بنیاد میراث ایران، رویهٔ ۲۰۵.

آن کن که، به هر سال همـی کـردی، امسـال

خز پوش و بکاشانه شو از صـفّه و «فـروار»

فرالاوی

فروار، و دیوار هست؛ که هر دو پسوند وار (= باره، بارو) است که دربارهٔ آن، در بخـش هوشـنگ «داستان ایران» سخن آورده‌ام.

یک واژهٔ دیگر که امروز بنادرست «پروار» (= گوسفند پروار) می‌خوانند، گونهٔ درستِ آن «پرواری» است و آن گوسفندی است که در فروار، کنار خود نگاه میدارند، و دم‌به‌دم برایش خوراک مـی‌ریزنـد، تا زود فربه شود.

واژه‌های ویژه

زبان برگشادن

این زبانزد، نشان از دشنام دادن و بدگفتن و «گفتار ناخوب یادکردن» است چنانچه در داستان سام جهان پهلوان و به کوه افکندن فرزندش، آنگاه که زال بالا می‌گیرد، و داستانش در جهان پراکنده شده، بگوش سام میرسد، چون سام، از بزرگان؛ در این باره می‌پرسد. پاسخ چنین است:

هرآنکس که بودند، پیر و جوان　　　زبان برگشادند بر پهلوان

که هر کاو بیزدان شود ناسپاس　　　...

در گفتار امروز نیز بدو گونه، از زبان برگشادن، یاد می‌شود: «دست از دهانم برداشتم»، و «دهانش را باز کرد و هرچه می‌بایست گفت».

اما افزایندگان، همواره از چنین کار بخوبی یاد کرده‌اند:

چو آمد بر پهلوان، مژاده داد　　　زبان برگشاد، آفرین کرد یاد

زال و رودابه

نخست از سیاوش زبان برگشاد　　　ستودش فراوان و نامه بداد

بردن رستم، نامهٔ سیاوخش را نزد کاووس

زبان برگشادند، یک با دگر　　　که اکنون ز گرمی بسوزد جگر

رزم زنگه شاوران با اخواست

افزاینده در این گفتار «زبان برگشودن» را بجای «به یکدیگر گفتند» آورده است:

شهنشاه ایران زبان برگشاد　　　ازآن تشت و خنجر بسی کرد یاد!

تنها یکبار است، که در گفتار افزایندگان از «زبان برگشودن» با کاربردِ درست آن یاد شده است و آن در نبرد افزودهٔ زواره است با پسر اسفندیار:

زواره بدشنام، لب برگشاد　　　همی کرد گفتار ناخوب، یاد

بازار

این واژه از ریشهٔ 𐬗𐬀𐬭 چَر اوستایی (= آمدن و رفتن، گشتن...) برآمده است، و در گفتار درست فردوسی همواره برابر با «آشکار» است که در زبان پهلوی «واچار»، خوانده می‌شود[1].

در داستان گزارش خواب انوشیروان از سوی بزرگمهر جوان:

گزارنده گفت: «این، نه اندرخورَ است — غلامی میان زنان اندر است
برهنه دگربار بگذارشان — بژرفی نگهدار، بازارشان

کنیزکان را برهنه از پیش بگذران، و ژرف بنگر، تا آشکار شود که کدامیک از آنان پسر است.

*

در داستان بدگویی درباریان از «سوفزای» پهلوان ایران، نزد قباد:

چنین گفت: «گر من فرستم سپاه — سرِ او بگردد، شود رزمخواه؛
کند هرکسی، یاد؛ کردار اوی — نهانی، ندانند، بازار اوی

آنچه را که در نهان دل خویش دارد، آشکارا نمی‌بینند!

*

در بدگویی گرسیوز از افراسیاب، نزد سیاوخش:

سیاوش ندانست بازار اوی — همی راست آمدْش گفتار اوی

سیاوخش از چهرهٔ او، دروغش را درنیافت.

*

بهنگام روبرو شدن افراسیاب، و گفتار گرسیوز:

سیاوش بدانست کان؛ کار او است — برآشفتنِ شه، ز بازار اوست

*

افزون بر شاهنامه، در دیگر گفتارها نیز می‌توان، بازار را دیدن:

ز دعوی، هیچ نگشاید، اگر مَردید اندر دین
چنان کاندر نهان هستید، در بازار بنمایید

عطار نیشابور

۱- این واژه در زبان سغدی «واچرن» و «واچرَن» و در ارمنی «وَچَر»، و در زبان خوزی (= ایلامی!) اوهَه چارَن خوانده می‌شود ← بنگرید به فرهنگ سغدی، بدرالزمان قریب، انتشارات فرهنگان، زیر واژه‌های ۹۷۹٦ و ۹۸۵۳.

که در این سخن بازار، رودرروی نهان آمده است، و «آشکار» را می‌نماید.

در زبان خراسانی واژهٔ چَئْرَ ča'ra، رودررو و برابر، و آشکار را می‌نماید. بویژه اگر دو کس را داوری دوگانه در یک کار باشد، آنان را «چَئْرَ» می‌کنند، که «روبروکردن» باشد!

با چنین گفتار، افزایندگان «بازار» را نیز در سروده‌های خویش بگونهٔ نادرخور بکار می‌برند:

بدان؛ تا نهانی بود، کارشان   نباشد کس آگه، ز بازارشان

گریختن کیخسرو و گیو و فرنگیس از توران

پیدا است که آنچه که در بازار است، آشکار است، و همگان از آن آگاه می‌گردند.

دلارای برداشت، چندان جهیز   که شد در جهان، روی بازار، تیز

داستان افزودهٔ پیوند دارا با روشنک

این سخن را گزارش نیست، و روشن نمی‌کند که «**روی بازار**» چیست؟ از آنجا که بازار خود آشکار است، و روی و نهان ندارد:

غمین گشت قیصر ز گفتارشان   چو بشنید زانگونه بازارشان

داستان افزوده رفتن گشتاسپ به روم

پیدا است که «بازار» شنیدنی نیست!

*

چو دستور، با لشگر آمدْش پیش   بگفت آنچه آمد ز بازار خویش

داستان‌های افزودهٔ اسکندر

سخن سخت پریشان و بی‌گزارش است:

*

کنون در بهشت است بازار شاه   بدوزخ کند، جان بدخواه؛ راه

گفتار افزودهٔ مویه‌گری رهبانان بر مرگ یزدگرد

بازار، آشکار است، و بایستی که در همین جهان بوده باشد.

چو بشنید ضحاک گفتار اوی   نهانی ندانست بازار اوی

رج افزوده داستان ضحاک و ابلیس

افزاینده در این سخن نهان و آشکار را کنار یکدیگر آورده است، اما سخن بی‌گزارش است، نهانی ندانست آشکار او؟ گوینده خواسته است بگوید که از آشکارِ او، راز پنهانش را نخواند، یا ندانست... اما نتوانسته است گفتار را نیک پیوند درست دهد.

نوید، خرام

واژهٔ «نوید» از پیشوند نی 𐬥𐬌 و واژهٔ 𐬬𐬀𐬉𐬛𐬀𐬌𐬌𐬀 وئِد اوستایی ساخته شده است[۱] که خود از ریشهٔ 𐬬𐬌𐬛 برآمده است که آگاهی و دانستن بوده باشد[۲]، بر رویهم، «آگاهی رساندن» است.

در ایران باستان، اگر کسی را رای آن بود، تا کسی دیگر را بخانه خویش بمهمانی خوانَد، فرستاده‌ای را بنزد وی گسیل میداشت، تا آگاهی (نوید) بدو دهد که در بَهْمان زمان، بمهمانی ما آیید!

پسان؛ چون روز، یا شب مهمانی فرامی‌رسید همان فرستاده، یا کسی دیگر را بسوی مهمان می‌فرستادند، تا مهمان بهمراهی وی، به خانهٔ میزبان بخرامد، و چنین کار را نام نوید و خرام بود.

در شاهنامه، و گفتار فردوسی همواره «خرام» با کاربرد خود آمده است، و از همه روشنتر در دیدار رستم و اسفندیار روی داده است که چون اسفندیار، از پهلوان خواست، تا او به مهمانی در پرده‌سرای اسفندیار رود، چون زمان بدرازا می‌کشد، و از سوی اسفندیار خرام بسوی رستم نمی‌رود، رستم خویش به پرده‌سرای وی میرود و میگوید:

خرامی نیرزید؟ مهمان تو — چنین بود؟ تا بود، پیمان تو!

و اسفندیار، پوزش می‌خواهد و می‌گوید:

شدی تنگدل؟ چون نیامد خرام — نجستم از این کار، من، نام و کام

*

بهنگام بر زمین خوردن کاووس از آسمان در شکستِ برنامهٔ پرواز:

ز شرم دلیران، منش کرد پست — خرام و درِ بار دادن ببست

*

در نامهٔ افراسیاب به سیاوخش چنین آمده است:

ز یزدان برآنگونه دارم امید — که آورد، روز خرام و نوید.

برانگیخت از شهر ایران ترا — که پرمهر دید، از دلیران؛ ترا

ببختِ تو، آرام گیرد جهان — شود جنگ و ناخوبی اندر نهان

*

بدانهنگام که کیخسرو آمادهٔ مرگ و رفتن به جهان مینو می‌شود:

کنون یافتم هرچه جستم، ز کام — بباید پسیچید، کامد خرام

۱- فرهنگ واژه‌های اوستایی، همان، دفتر سیوم، رویهٔ ۱۲٤۱

۲- همان؛ رویه ۱۲۲۲

سرودەهای زیبا در گفتار افزایندگان ۱۳۷

سحرگه مرا چشم، بغنود، دوش ز یزدان بیامد خجسته سروش

*

پیشگویی سیمرغ بهنگام زادن رستم جهان پهلوان:

بدو باشد ایرانیان را امید اُ زو، پهلوان را؛ خرام و نوید

پهلوان در لت دویم زال است. سخن چنین میگوید، که رستم با نوید تو، بخانهٔ ایرانیان می‌خرامد!

*

سخن افراسیاب در نبرد بزرگ کیخسرو:

بفرزانگان گفت کاین دشت رزم بدل بر، مرا؛ چون خرام است و بزم

*

اما افزایندگان که این واژه‌ها را نمی‌شناختند، در گفتار افزودهٔ مِهِ بانوان افراسیاب به کیخسرو میگوید:

تو ایدر بجشن و خرام آمدی ز شاهان درود و پیام آمدی

و جشن برگزاری آیین دینی است، و بزم نیست، و لت دویم بی‌گزارش است.

یا در گفتار افزودهٔ گسیل خُرّاد بُرزین بسوی ساوه‌شاه:

بگویش که من با نوید و خرام بگسترد خواهم، یکی خوب دام

آشکار است که نوید و خرام با یکدیگر همراه نیستند.

و در گفتار افزوده از زبان فردوسی(!) چنین آورده‌اند:

چه آنکس که گوید خرام است و ناز چه گوید که درد است و رنج و نیاز(!؟)

خرام را با ناز همراه کردن، نشاید، بدانروی که «خرام» بایستی با درود و خواهش بنزد مهمان رفته، او را بخانهٔ میزبان ببرد.

*

و در داستانهای افزودهٔ اسکندر:

بفرمود تا با درود و خرام بیاید برِ شاه و آرد پیام

لت نخست درست است، اما در لت دویم، «خرام» با پیام بنزد مهمان نمی‌رود، زیرا که پیام مهمانی پیشتر با «نوید» به مهمان داده می‌شود.

کیار، بی‌کیار

اینچنین؛ واژه «بی‌کیار» را سه بار در شاهنامه‌ها آورده‌اند، که ریشه و برابر در زبان فارسی ندارد. نمونهٔ نخست از داستان فرود:

چـو ایرانیـان از بـر کوهسـار / بدیدنـد، جـای فـرود و تخـوار
برآشفت از ایشان، سپهدار تـوس / فروداشت برجای، پیلان و کـوس
چنین گفـت کـز لشگر نامـدار / سـواری بیایـد کنـون؛ بـی‌کیـار

نمونه دویم از داستان بهرام و براهام، آنجا که براهام بر بهرام برمی‌آشوبد کـه چـرا سـرگین اسـپ خویش را نروفته است:

بیامـد براهـام گفـت: «ای سـوار / بگفتار خود بـر، کنـون؛ پـای دار
تو گفتی که سـرگین ایـن بـارگی / بجـاروب روبـم بیکبـارگی
کنون آنچه گفتـی، بـروب و ببـر / بـه رنجـم، ز مهمـان بیـدادگر!»
بـدو گفـت بهـرام: «شـو؛ پایکـار / بیاور که سـرگین کشـد بـی‌کیـار
دهم زر که تـا خـاک بیـرون بـرد / وز ایـن خانـهٔ تـو؛ بهـامون بـرد»

نمونه سیوم در همان داستان بدانهنگام که بهرام را، رای بر آن افتاده است که مالِ براهام را به لنبک آبکش دهد:

بفرمـود تـا لُنبـکِ آبکـش / بشد پیش او؛ دست کـرده بکـش
چـو دربارگـه رفـت؛ بنشـاندند / یکـی پاکـدل مـرد را خواندنـد
بـدو گفـت: «رو، بـارگی‌هـا ببـر / نگـر تـا نباشـی بجـز دادگـر
بخـان براهـام شـو، بـی‌کیـار / نگـر تـا چـه بینـی نهـاده؛ بیـار»

جلال خالقی مطلق دربارهٔ این واژه چنین آورده است:

واژهٔ بی‌کیار به معنی «بی‌کاهلی، چابک، شتابان» از واژه‌هایی است که در بیشتر دستنویس‌های شاهنامه به واژهٔ دیگری گشتگی یافته (← یکم ۲۱۹/۱۰۳پ؛ چاپ مسکو ۲۱۶/۳۱۶/۷پ؛ ۳۰۵۸/۱۹۰/۹پ؛ ۵۰۸/۳۵۳/۹پ). در این باره نخست آقای علی رواقی (واژه‌های ناشناخته ۱، ص ۱۰-۱۶) گزارش کرده‌اند و هم ایشان دو گواه زیر را از متون دیگر آورده‌اند:

مـرد مـزدور اندرآغازیـد کـار / پیش او دستان همی‌زد **بی‌کیار**

(رودکی، دیوان ۹۰۰/۵۳۶)

بنـزد بهـو نامـه‌ای **بـی‌کیـار** بفرمـود پـر خشـم و پرکـارزار

(گرشاسپنامه ۲۵/۷۶).»[۱]

همو در آغاز این یادداشت دربارهٔ این رج که در آگاه شدن منوچهر از کار زال آمده است؛

چـو آمـد بنزدیکـی شـهرِ شـاه سـپهبد پـذیره شـدش بـا سـپاه

چنین نوشته است:

«... دور نیست که در این بیت در **مصراع** یکم بجای **شهر شاه** نویسش **شهریار**، و در مصراع دوم بجای **با سپاه** نویسش **بی‌کیار** درست باشد و **بی‌کیار** در «**ل**»؛ «از کنار» و در «**آ**» به بی‌کنار، و در برخی نوشته‌ها به نانثار گشتگی یافته است.»[۲]

اگر این داوری را بپذیریم؛ واژهٔ بی‌کیار، چهار بار در شاهنامه آمده است.

*

اما داوری دگرگونه است، زیرا که در نمونهٔ نخست در بیشتر نمونه‌ها؛ بجـای بـی‌کیـار، «هوشـیار» آمده است:

چنـین گفـت کـز لشـگر نامـدار سـواری بیایـد کنـون هوشـیار؛

که جوشان، شود؛ زین میان گروه بَرَد اسـپ، تـا بـر سـرِ تیغ کـوه

ببینـد کـه آن دو دلاور کـی‌انـد؟ بر آن کوهسر بر، ز بهر چـی‌انـد؟

و پیدا است که «هوشیار» از برای آنکه در کارِ آن دو دلاور پژوهش کند، کاربرد درست‌تـر دارد تـا آنکه سواری بی‌کیار (← بی‌کاهلی!؟) برود، زیرا که سواران جنگی را هیچیک سُستی در کار نشاید.

در نمونهٔ دویم:

بـدو گفـت بهـرام: «شـو پایکـار بیاور که سـرگین کشـد بـی‌کیـار

در این گفتار نیز نمونه‌های قاهرهٔ۱ و سیمرغ[۳] برکنار آورده‌اند[٤]، و پیـدا اسـت کـه جـاروب کـردن سرگین یک اسب را ــ چنانکه افزایندگان آورده‌انـد،ــ «کیـار» و «بـی‌کیـاری». نشـاید، و همـان برکنـار درست است:

بـدو گفـت بهـرام: «شـو؛ پایکـار بیـاور کـه سـرگین کشـد برکنـار

دهم زر، که تا خـاک بیـرون بـرد وز این خانهٔ تو بـه هـامون بـرد»

۱- جلال خالقی مطلق یادداشت‌های شاهنامه، همان، دفتر یکم، رویهٔ ۲۰۷.

۲- همان.

۳- این شاهنامه از آن دکتر مهدی غروی است.

٤- زیرنویس قریب بهبودی، بر دفتر چهارم شاهنامه، رویهٔ ۱۱.

پایکار، یا مزدوری بیاور تا بدو زر دهم، که سرگین را جاروب کرده به بیابان بَرَد! زیرا که چون بخواهند پلیدی را از خانه بزدایند، نخست آنرا جاروب کرده، بگوشه‌ای (کناری) می‌کِشند، آنگاه آنرا با خاک‌انداز بیرون می‌برند.

در نمونهٔ سیوم، چنانکه در زیرنویس شاهنامه قریب بهبودی نیز آمده است، «دستنویس‌های موزه بریتانیا»، و شاهنامهٔ **کاما** بجای «بی‌کیار» **برکذار** آورده‌اند[۱]».

در شیوهٔ نگارش دبیرهٔ فارسی پس از اسلام چنانکه درباره واژهٔ خاک = خاگ همین پیشگفتار آمد، همواره «گ» را نیز بگونهٔ «ک» می‌نوشتند، و می‌افزودند «با کاف فارسی» همچنین «د» و «ذ» را بگونه «د» آوردند، و بر این بنیاد؛ «برکذار» شاهنامه کاما و موزهٔ بریتانیا را بایستی برگدار (= برگ‌دار) خواندن:

بخان براهام شو برگ‌دار نگر تا چه بینی نهاده، بیار

و گزارش آن چنین است: برگ‌دار (= با پروانه و نامهٔ دادستان) بخانهٔ براهام رو! زیرا که پیش از آن نیز از مردی پاکدل یاد می‌شود که می‌بایستی با دادگری، بخانهٔ براهام رود... وگرنه رفتن از کاخ بهرام تا خانهٔ براهام را (کیار و بی‌کیار) را نشاید.

داوری **علی رواقی** در دو سرودهٔ دیگر نیز درست نمی‌نماید، زیرا که سخن گرشاسبنامه چنین بوده است:

بنزد **بهو** نامه‌ای کین‌گذار بفرمود؛ پرخشم و پرکارزار

و در زیرنویس؛ دو نمونهٔ دیگر ۲- بی‌کیار، آ؛ پرنگار آمده است و وی بخواست خویش «بی‌کیار» را پذیرفته است، و روشن است که فرمان دادن برای نوشتنِ نامه (کیار و بی‌کیار)ی نمی‌پذیرد!

رجِ دیگری که از رودکی آورده است، در زمرهٔ گفتارهای پراکنده است، و رج‌های پیشین و پسین آن در دیوان رودکی نیست، و دربارهٔ آن داوری نشاید کردن!

اما نخستین کس که این واژه را آورد علی رواقی نیست، و **جمال‌الدین حسین اینجو** نویسندهٔ پرکار و دانشمند **«فرهنگ جهانگیری»** است که فرمود:

کیار با اولِ مکسور کاهلی باشد، حکیم فردوسی فرماید:

یکی پارسی بود، بس نامدار که سوجان بدش نام و او بی‌کیار

دفتر دویم، رویهٔ ۲۳۲۷

پیدا است که این سخن از فردوسی و شاهنامه نیست و شاید بودن که جمال‌الدین حسین اینجو

۱- همان، زیرنویس رویهٔ ۱۱.

آنرا از یک نمونه شاهنامهٔ کهن در هندوستان برگرفته است. که این گفتار افزوده و ناهماهنگ، در آن آمده بوده است.

اما «نامش سوجان بود و او بی‌کیار» را هیچ گزارش نیست، زیرا که نام را با «کیار و بی‌کیار» پیوند نیست، بسا که نام «فرّخ» باشد، و خود نافرّخ، سوجان نیز نامی ایرانی نیست.

فرهنگ جهانگیری پس از واژه کیار، واژهٔ «کیارا» را آورده است که بایستی بیگمان پیوندی به «کیار»ش بوده باشد! استاد روانشاد **رحیم عفیفی** در زیرنویس، این گفتار را از فرخنامه افزوده است:

کیارا و تاسه هر دو یکی است. کسی که کاری کند بی‌فایده گویند. از این کار ترا کیارا نمی‌آید، یعنی تا سه نمی‌گیرد!

چنانکه دیده می‌شود در این دو فرهنگ دو گونه داوری دربارهٔ «کیارا» آمده است و هیچ پیوندی نیز میان آن و بی‌کیار نیست.

باری ناآگاهی و آسان‌نگری نویسندگان، این واژهٔ بی‌ریشه را بشاهنامه اندر کرده است، و اگر واژهٔ «بی‌کیار» درست می‌بود، پیش از آن می‌بایستی واژهٔ «کیار» را بتنهایی در فرهنگ فارسی می‌داشتیم، و در سرتاسر نوشته‌های فارسی چنین نیست، و «بی‌کیار» نیز بیش از همین هفت نمونه را ندارد که بروشنی، نادرستی آن نموده شد. **جمال‌الدین حسین اینجو** نیز «کیار» را از روی «بی‌کیار» برگرفته است، با آن سخنِ درهمِ گواهِ «بی‌کیار». این واژه را در زبان پهلوی، و زبانهای کهن دیگر چون سغدی، خوارزمی، نوشته‌های مانوی... و در زبانهای گوناگون ایرانی از پشتون، یغنابی، یزغلانی، پامیری، تاجیکی، بلوچی، کردی، لری، آسی، گیلکی، تبری،... هیچ همانند نیست و در اوستا و فارسی باستان نیز ریشه ندارد، و پیدا شدن آن نیز چنانکه گفته شد، از روی ناآگاهی نویسندگان، و پچین‌برداران است.

واژه‌ای که بجای کیارِ یاد شده، در زبان فارسی بکار می‌رود، «سُستی» است که هزاران بار در نامه‌ها و گفتارها بکار رفته است، و آنچه که بجای بی‌کیار، در زبان فارسی بکار رفته است واژه‌های «سبک»، «تیز»، «تند»، و «چابک»... است.

شگفت آنست که شاهنامه‌شناسان ما بی‌کیار را به (تنبلی و کاهلی) ترجمه کرده‌اند، و چون چنین باشد، واژه را بایستی «بی‌کیاری» خوانند... و هرآینه کیار را که هیچ کاربرد در فرهنگ فارسی ندارد، می‌بایستی «کیاری» خواندن، چونان: سبکی، تندی، تیزی، چابکی... تا آنجا که ما، «کاهل» تازی را نیز در چنین جای «کاهلی» می‌خوانیم.

لُکانک

چون سخن از «کیار» و «بی‌کیار» رفت، و نام **علی رواقی** پژوهشگر پرکار در زمینهٔ واژه‌های ایرانی بمیان آمد، می‌باید به یکی دو داوری دیگر وی نیز بنگریم، بدانروی که کارِ او گواهی می‌دهد که سالهای دراز در گسترهٔ واژه چندان می‌کوشد، که خویش را غرقهٔ دریای فرهنگ ایرانی کرده است اما تندروی وی گاهگاه به گمراهی می‌انجامد.

داوری نخست دربارهٔ واژهٔ «لُکانه» است، در گفتاری که در **نامهٔ انجمن**، شماره یک، فصلنامهٔ انجمن آثار و مفاخر فرهنگی، سال نخست، بهار ۱۳۸۰ آورده است:[۱]

«اردشیر آهنگ رویایی با لشکر کُرد را دارد؛ سپاه کُرد از لشکر اردشیر بیشتر است، پس از یک روز ستیز و آویز سپاه اردشیر تاب پایداری نمی‌آورد؛ بسیاری از سپاهیان او کشته می‌شوند و تنها اردشیر با شماری اندک از این لشکر زنده می‌مانند. تابش خورشید و افزونی گردوخاک، تشنگی آنها را افزون می‌کند؛ با آمدن شب آن همه شور و غوغا فرومی‌نشیند و...

یکی آتشی دید بر سوی کوه — بیامد جهاندار با آن گروه
سوی آتش آورد روی اردشیر — همان اندکی مرد برنا و پیر
چو تنگ اندر آمد شبانان بدید — برآن میش و بز پاسبانان بدید
فرود آمد از باره شاه و سپاه — دهانش پُر از خاک آوردگاه
از ایشان سبک اردشیر آب خواست — هم‌آنگه ببردند با آب ماست

در چند بیت نخستینِ این نمونه‌ها، از نگاه معنایی، تردیدی نداریم دشواری در بیت پایانی است:

ازیشان سبک اردشیر آب خواست — هم‌آنگه ببردند با آب ماست

این بیت را چگونه باید خواند؟ آیا باید بخوانیم:

...هم‌آنگه ببردند با آبْ ماست

یا به بدیل‌های دیگری از هم‌آنگه توجه کنیم، دست‌نوشت‌های دیگر، به جای هم‌آنگه، یگانه یا یکایک را ضبط کرده‌اند.

اگر در این بیت هر یک از این سه صورت یعنی همانگه، یگانه یا یکایک را بگذاریم تفاوت معنایی چندانی پیدا نخواهد شد چرا که این هر سه می‌توانند در حکم قیدی برای آوردن ماست و آب یا آبِ ماست باشند، که به نظر نگارنده از نگاه معنی این

۱– گفتار، همراه با زیرنویس‌ها از علی رواقی است. درشت‌نمایی برخی از واژه‌ها یا گفتارها از نویسنده است.

قید مناسب نیست.

واژهٔ پیشنهادی ما برای درست‌خوانی این بیت واژهٔ نکانه یا نکانک و یا لکانه است. نکانه یا نکانک و لکانه از نظر شکل نوشتاری واژه، نزدیکترین صورت ممکن به یگانه و یکایک است. این واژه‌ها را بی‌نقطه و با نگارش قدیم در نظر بگیرید.

واژهٔ لکانه یا نکانه و نکانک به احتمال از واژه‌هایی است که تنها **در برخی از حوزه‌های زبانی ایران کاربرد داشته است و طبعاً از واژه‌های زبان معیار نبوده است(!)** و از همین روی در نوشته‌های فارسی **بسیار کم(!)** کاربرد است و به همین دلیل می‌تواند باشد که رونویس‌گر شاهنامه مثل بسیاری از واژه‌های شاهنامه صورت درست آن را نشناخته و دگرگون کرده است، هم‌چنانکه امروز هم این واژه برای مصحّحان، شناخته نبوده است و در چاپهای مختلفی که از شاهنامه در دست داریم ضبط‌ها تقریباً یکسان است و هیچ یک اشاره‌ای یا پیشنهادی دربارهٔ بیت بالا ندارند.

نکانه یا لکانه و نکانک در لغت فارسی به نوعی از غذا گفته می‌شده است که شباهت تام و تمامی به «سوسیس» داشته است؛ روده را پاک می‌کرده‌اند و درون آن را از گوشت و پیاز و چیزهای دیگری از این دست، می‌انباشته‌اند و می‌پخته‌اند و ظاهراً همین خوراک را در پاره‌ای از حوزه‌های زبان فارسی زویج، زونج[۱] و آگنج[۲] و برخی واژه‌های فارسی دیگر، نامیده و آن را غذایی دانسته‌اند مانند نکانه یا لکانه، معادل عربی این واژه را عصیب[۳] نوشته‌اند.

در تاریخ سیستان، در قصه‌ای که با روایت شاهنامه از نظر داستان نزدیک است، می‌خوانیم که:

> روزی [ازهر، پسرعم یعقوب لیث] از شکار همی‌آمد، پیرزنی دید و چیزی اندر بغل گرفته، گفتا زالا چه داری؟ گفت نکانک و پَژَند، گفت بیار، پیش او اندر نهاد...[۴]

و در دنبالهٔ همین داستان می‌خوانیم:

«ازهر گفت نکانک و پژند زال خورده‌ام»[۵]

۱- شاعران بی‌دیوان، ص ۱۴۱، ۳۱۲، ۳۲۹.

۲- تکلمة‌الاصناف، ص۳۷۶.

۳- دیوان کسائی، ص۸۵ (تا پایان این گفتار، زیرنویس‌ها از رواقی است)

٤- تاریخ سیستان، ص ۲۷۰.

۵- همان کتاب، ص ۲۷۱. شادروان بهار در حاشیهٔ کتاب نوشته‌اند: **نکانک** به نظر نگارنده نرسید ولی معلوم است نوعی از خوردنی است.

و ناصرخسرو گفته است:

به هنگام آموختن فتنه بودی — تو دیوانه، سر بر ترنگ چغانه
چو خر بی‌خرد زانی اکنون که آنگه — به مزد دبستان خریدی لکانه[۱]

*

دیو نخندد ز تو چو تو بنشینی — روی به محراب و دل به سوی چمانه
از پس دیوی دوان چو کودک لیکن — رود و می استت زولبیا و لکانه[۲]

این بیت را از شاعر هزّال و کودک‌نواز و تازباز غلام‌باره دورهٔ نخست زبان فارسی، طیان مرغزی دانسته‌اند:

گر زانکه لکانه‌ات آرزوی است — اینک به میان ران، لکانه[۳]

و این بیت که از پیوندهای نابه‌هنجار و غیرطبیعی مردم‌شماران حکایت دارد لکانه را با دوغ همراهی داده است:

من شاعری سلیمم با کودکان رحیمم
زیرا که جُعل ایشان **دوغی** است با لکانه

و نشانه‌ای است از معمول بودن این خوراک. هرچند در این بیت‌ها از مانندگی و مانداکی این خوراک با نماد نرینگ سخن می‌گوید. پیشنهاد نگارنده این است که است که لکانه یا نکانه و نکانک، هر سه صورت، می‌توانند در متن شاهنامه به‌جای هم‌آنگه بنشینند و معنی بیت را روشن کنند و این واژه از نظر ساختار نزدیک‌ترین صورتی است که می‌تواند به‌جای یگانه و یکایک بنشیند.

*

در پارهٔ نخست این گفتار بر چند نکته می‌توان انگشت نهادن:

اردشیر آهنگ رویارویی با لشگر «کرد» را، ندارد: «اردشیر آهنگ نبرد با **کُردان** [در کارنامهٔ اردشیر بابکان؛ با کردانشاه مادی] کرد، و از استخر به کردستان رفت، و در نبرد، بشکست و با چند تن از یاران خویش [در کارنامه؛ سرگشته شد] در شاهنامه، [اندر آن دشت] ماند.

در پارهٔ دویم گفتار، «از نگاه معنایی تردیدی نداریم، دشواری در بیت پایانی است»:

یک: رج یادشده، از افزوده‌های شاهنامه است، و رج پسین که در گفتار ایشان نیامده

۱- دیوان ناصرخسرو، ص ٤١.

۲- همان، ص ۳۸۳.

۳- شاعران بی‌دیوان، ص ۳۲۰.

است، سخن درستِ شاهنامه است، اینچنین:

بیاسود و لختی بخورد آنچه دیـد		شب تیـره خفتـان بسـر برکشید

دو: فرود آمد از باره شاه و سپاه، نادرست است، زیرا که کنش «فرود آمدند» باید.

سه: برنا: کودک پنج ساله تا ده ساله است[1]، و برنایان را با میدان جنگ کار نیست.

چهار: پیران را نیز بمیدان نبرد نمی‌برند.

پنج: «همان اندکی» نادرخور است: «با اندک یاران خود».

شش: سخنی که نویسنده، بر آن انگشت نهاده است، از افزوده‌های شاهنامه است زیرا که در گفتار پسین اردشیر پس از دیدن شبانان، آنچه را که آنان پیش آورده بودند خورد.

هفت: پیدا است که گروهی مانده و گریخته از جنگ، چون به شبانان رسند، «آب» از آنان نمی‌خواهند، که نان می‌خواهند.

هشت: آب خواستن را «سبک» (= تیز و چالاک) نشاید، که آب دادن را شاید با «سبک» همراه کردن: «آنان سبک (تیز و بیدرنگ) آب بدو دادند».

نویسنده را در پارهٔ سیوم، بایستی نام بردن که در کدامیک از نمونه‌ها؛ هم‌آنگه، و یگانه، و یکایک آمده است.

یک: [هم‌آنگه در شاهنامه لندن، یگانه در دستنویس‌های I ، K ، و یکایک در شاهنامهٔ امیربهادر]

دو: این چه داوری است؟ که واژهٔ «یگانه» در گفتاری فارسی، با «همانگه»، و آن هر دوان، با «یکایک» [تفاوت چندانی ندارند(؟!)]

سه: «یگانه» را چگونه توان، همانندِ بند (قید) برای آوردن ماست و آب درشمار آوردن؟

چهار: شگفت است که نویسنده پس از داوری دربارهٔ «قید» بیدرنگ سخن را دگرگون کرده میگوید: «بنظر نگارنده از نگاه معنی این قید مناسب نیست!»

پنج: نگارنده در این بخش از «آبِ ماست» سخن می‌آورد، تا برنامه‌ای برای رسیدن به آنچه که در پایان سخن خواهد گفتن، فراهم شود، اما در هیچ نوشتهٔ ایرانی، و هیچیک از زبانهای ایرانی از «دوغ» با نامِ «آب‌ماست» یاد نکرده‌اند.

۱- بنگرید به بخش زبان فارسی زیر گفتار «برنا».

دوغ، دوغ است، و نباید و نشاید که آنرا آب‌ماست خواندن، زیرا که آبِ ماست، آبیست که چون ماست را در کیسه کرده از میخ بیاویزند، چکه‌چکه اندرون دیگی فرومی‌ریزد که چون آنرا بجوشانند، و دوباره در کیسه کنند، از مادهٔ سخت‌شدهٔ آن «کشک» برمی‌آید، و آن آب کشک را نیز چون بجوشانند کشکی قهوه‌ای‌رنگ تیره بدست می‌آید که آنرا «تَرف» یا «قار» یا «قارا» یا «قره‌قوروت» نام است.

در پارهٔ چهارم:

یک: از علی رواقی بنام کسیکه زمان بر سرِ واژه‌های ایرانی نهاده است چشم داشتیم که واژهٔ «لُکانه» را بهمین‌گونه آورده، همانندهای آنرا که در نوشته‌های گوناگون دست برده، و دگرگون کرده‌اند، زیر واژه بیاورد، اما وی با آوردن «نکانه، نکانک و لکانه» گونهٔ درست را پس از آنها می‌آورد، و همهٔ آنها را درست می‌پندارد!

دو: داوری وی نیز در این باره که: «تنها در برخی حوزه‌های زبان ایرانی کاربرد داشته است و طبعاً زبان معیار نبوده است» نیز نادرست می‌نماید، زیرا که در فرهنگهای کهن البلغه، مقدمه‌الادب، السامی فی الاسامی... این نام بگونهٔ درست لکانک «لُکانه» آمده است که تازیان آنرا بگونه لقانَک و لقانه درآورده‌اند.

در نامهٔ **آیین شهرداری <u>اِبن اِخْوَه</u>** نیز از روایی پختن لکانه در کنار دیگر خوردی [= خوراک]ها[1] در همهٔ شهرها، در رویه‌های ۱۱۵ و ۱۱۶ یاد کرده شده است:

در حسبت بر لُکانه‌پزان

شایسته است که دکّانهای لکانه‌پران[2] نزدیک دکّهٔ محتسب باشد و مراقبت کند که لکانه را در حضور او بسازند، زیرا در آن تقلّب بسیار کنند، و نیز فرمان دهد که گوشت خوب و فربه برگیرند و آن را تمیز کنند، و نیز

۱- خوردی‌پزی در زبان فارسی برابر واژهٔ رستوران فرانسوی است.

۲- زیرنویس ترجمان: متن عربی: «نقانقیین» است جِ نقانقی، و آن سازندهٔ روده‌های پرشده با گوشت و ادویه و پیاز (نهایه، ص۳۸، ح ۱) و «نقانق» معرّب نکانه یا نکانک است. در فرهنگهای فارسی لکانه، لکانک، نکانه، نکانک، نفانق، لقانق، زونج، عصیب، چرغند، مالکانه(؟) همه به معنی رودهٔ گوسفند به گوشت (یا گوشت و جگر) آکنده و پخته آمده است (نظیر کالباس امروزه) و در مقدمةالادب زمخشری به صورتهای لکانه و لکونه و لکامه آمده، و لکامه سختوبا (آش شکمبه) معنی شده است (نک» مقدمةالادب، چاپ دانشگاه، ج ۱، ص۳٤۵). ناصرخسرو گوید:

از پس دیوی دوان چو کودک لیکن   رود و می است و زولبیا و لکانه

نک: فرهنگ اسدی و برهان قاطع. (زیرنویس از کتاب نامبرده است)

گوشت گوسفند باشد و در ظرف پاکیزه‌ای بکوبند و به هنگام کوبیدن گوشت کسی را نزد خود بگمارند که مگس‌پران به دست گیرد و مگس‌ها را براند و نیز پیه و امعا و احشای چارپا و سمیذ (آرد سفید) و فلفل و انواع روغن‌ها را در حضور محتسب یا جانشین وی یا شخصی که مورد اعتماد وی باشد به گوشت بیامیزند. سپس گوشت کوبیده را در روده‌های تمیزی که با آب و نمک شسته شده است بیاکنند.

و باید مراقبت کند که در ساختن لکانه تقلّب نکنند، چنانکه برخی از لکانه‌پزان گوشت بز یا شتر بدان می‌آمیزند و بعضی آرد سفید بیرون از اندازهٔ معمول می‌زنند، یا گوشت لاغر مصرف می‌کنند و برخی به هنگام کوبیدن گوشت به آن آب می‌پاشند. در همهٔ این موارد محتسب می‌تواند پیش از بریان کردن لکانه آن را بشکافد و از چگونگی تقلّب آگاه شود. هر شخص هشیار و دقیق نیز به تقلّبات پی می‌برد اگرچه در چیزهای کوبیده باشد، اما اگر در تابه بگذارند قابل تشخیص نیست، زیرا نخست آن را بر سیخ کباب می‌زنند و چون به پختگی نزدیک شد روغنش می‌ریزند و چگونگیش شناخته نمی‌شود.

محتسب باید لکانه‌پزان را موظّف بدارد که تابه را هر سه روز یک بار به وسیلهٔ روغن کنجد تمیز کنند و پس از بریان کردن لکانه از دانه‌های خوشبو و تَوابِلِ کوبیده[۱] و جز آن بدان بپاشند.

سه: چون، نام لُکانه در گفتار ناصرخسرو، چنان می‌آید که نیاز به روشنگریش نیست، و چون در همهٔ شهرهای ایرانی دکان لکانه‌پزی داشته‌ایم، که پس از اسلام به بازار شهرهای مسلمان‌شدهٔ بیرون از مرز ایران نیز راه یافت، و چون بگفتهٔ نویسنده، اردشیر؛ از چوپانان دشت و کوه نیز شبانه لکانه می‌خواهد(!) **چگونه شاید داوری کردن؟ که این واژه «از زبان معیار نبوده است»!!**

چهار: باری اگر چنین داوری کنیم، چگونه شاید که واژه‌ای دور از «زبان معیار» در گفتار فردوسی، آمده باشد؟

پنج: نویسنده در بند شش، می‌افزاید که: «(سخنان یاد شده...) نشانه‌ای است از معمول بودن این خوراک»... و اگر چنین باشد، چگونه است، که نام این خوراکِ

۱- «توابل» جمع تابل ادویه‌ای است که در غذا ریزند، مانند فلفل، زیره، دارچین، زردچوبه و جز آن.

«**معمول**»، از واژه‌های «زبان معیار» نبوده باشد!؟

شش: علی رواقی در این بند از گفتار خویش، و در بسا از دیگر گفتارهای خود «**بسیارکم**» را بکار گرفته است، و پیدا نیست که بسیار است؟ یا کم؟، و بسیار را چگونه با کم توان آمیختن؟ سخنوران پارسی‌گوی در چنین جایگاه، «سخت اندک» می‌گویند!...

هفت: نگریستن به کاربردِ واژه، ویرا به نادرستی‌های دیگر نیز رهنمون می‌شود، چنانکه در پارهٔ ششم؛ **یک:** در رج چهارم به پایان، از «ماندگی و **مانداکی**» یاد کرده است، واژه‌ایکه هیچگاه در زبان فارسی کاربرد نداشته ندارد!

از پیوستن پسوند «آک» در زبان پهلوی با ریشهٔ کنش، «کننده» برمی‌آید چنانکه:

دان: داناک

رَو: رواک

گُو: گُواک

شنو: شنواک

این واژه‌ها در زبان فارسی «ک» پایانی را که در پهلوی نو سبک‌تر شده بگونهٔ «گ» درآمده است، از دست داده، و بگونهٔ دانا، روا، گوا (امروز گویا) و شنوا، درآمده‌اند.[1]

بر این بنیاد اگر بخواهیم که از ریشهٔ «مان» [در کنش مانستن]، کنندهٔ آنرا برآوریم، همانا، واژهٔ «ماناک» پهلوی است که در زبان فارسی «مانا» خوانده می‌شود، و «مانداک» آمیزه‌ایست سخت نادرخور، و نشاید آنرا از زبان فارسی درشمار آوردن.

علی رواقی را از این نوپردازی‌های از ریشه گسسته؛ فراوان است، زیرا که در آغاز همین گفتار [که آنرا در این بخش نیاورده‌ام، از «رویش و **سبزش**(!)» نیز یاد کرده است.

اکنون برای بیداری می‌افزایم که با چنین پسوندها، گونه‌های تازه از نام یا گون (= صفت) بدست می‌آید، چنانکه:

از ریشهٔ رفتن؛ روا، روان، رونده، روش

۱- از این دست واژه‌ها «خوراک» و «پوشاک» است که هنوز یادگار زبان پهلوی کهن را در خود دارند. گونه‌ای دیگر از این واژه‌ها «رَواک» است که در زبان تازی بگونهٔ «رواق» درآمد. رواق، جایی که از میان آن به اندرون خانه یا مسجد... می‌روند!
شگفت آنست که چون رواک کهن بگونهٔ نو «رَواگ» درآمد، دوباره از سوی تازیان [یا ایرانیان تازی شده] «گ» آن بگونهٔ «ج» خوانده شد، و واژهٔ رواج (و ترویج و مروّج...) را از آن برآوردند، که آن نیز داستان از **روایی** چیزی می‌گوید!

از ریشهٔ شنیدن؛ شنوا، ...، شنونده، ...

از ریشه کُن؛ ...کنان، کننده، کنش

از ریشهٔ بین؛ بینا، ...، بیننده، بینش

اما شاید، آنکه «بینا» است، در همین دم بیننده نباشد، چنانکه شنوا، و شنونده و روا، و رونده...

پس اگر گونهٔ درست «مانَنداک» را که «مانا» (= همانا) باشد بکار گیریم، آنرا نشاید، همراه با «ماننده» دربارهٔ یک چیز و یک کس آوردن.

دو: رواقی، در دیوانها کاویده، یک سرودهٔ پست، از سراینده‌ای پست‌تر را آورده که «من با کودکان رحیمم زیرا که دستمزد آنان را لکانه با دوغ میدهم». و این سخن را [که دهش آفریدگار است برای افزایش نژاد همهٔ جانوران به پست‌ترین و بی‌شرمانه‌ترین کار همانند کرده] برای آن آورده است تا گمان ناراست خویش را دربارهٔ آن سخن افزوده، براست نمایاند، که لکانه را با دوغ می‌خورند!! پس گفتار پیشین چنین گزارش می‌شود: چوپانان برای وی لکانه با آب‌ماست (= دوغ!) آوردند.

اما چنین نیست، و چنانکه پیشتر سخن رفت، **هیچگاه** دوغ را آب‌ماست نخوانده‌اند، و آب ماست، خود؛ چیزی دیگر است، و آن گفتار نیز افزوده بشاهنامه است، نخست، گفتار آمیخته به افزوده‌ها را بخوانیم:

یکی آتشی دید، بر سوی کوه — بیامد جهاندار، با آن گروه
سوی آتش آورد روی اردشیر — همان اندکی مرد برنا و پیر
چو تنگ اندرآمد، شبانان بدید — برآن میش و بز، پاسبانان بدید
فرود آمد از باره شاه و سپاه — دهانش پر از خاک آوردگاه
از ایشان سبک، اردشیر، آب خواست — همانگه ببردند، با آب‌ماست
بیاسود و لختی بخورد، آنچه دید — شب تیره، خفتان ز بر درکشید

اکنون اگر افزوده‌ها را از این داستان بپیراییم، گفتار فردوسی چنین می‌نماید:

یکی آتشی دید، بر سوی کوه — بیامد جهاندار، با آن گروه
چو تنگ اندر آمد، شبانان بدید — بر آن میش و بز، پاسبانان بدید
بیاسود و لختی بخورد آنچه دید — شب تیره خفتان بسر بر کشید

این گفتار شاهنامه با آنچه که در کارنامهٔ اردشیر بابکان نیز آمده است بیشتر هماهنگ است:

«...از دور آتش شبانان دید و اردشیر بدانجای رفت، مردی پیر آنجا دید که با

گوسپندان به دشت و کوه بودند.

اردشیر آن شب آنجا رفت، و دیگر روز از آنان، راه خواست»[۱]

*

گفتار را بپایان می‌برم، زیرا که بررسی پیشنهادهای علی رواقی، خود به یک دفتر جدا، از این پیشگفتار نیاز دارد.

با همهٔ این سخنان آنجا که در داستان بهرام گور و نبرد با خاقان ازگهل و ازکهل و ازکن و... را بدرستی «**اشگهن**» پیشنهاد کرد از گفتار وی سوده برده‌ام.

کیان - کیانی

در افزوده‌های شاهنامه جای‌بجای از «**کیان**» یاد می‌شود که نخستین آن، از هنگام کیومرس، و نبرد اهریمن با وی، آغاز می‌شود:

سپه کرد و نزدیک او راه جست	همی تخت و دیهیم کی شاه جست

نادرستیهای این سخن در گفتاری که دربارهٔ «**دیهیم**» می‌گذرد نشان داده‌ام و افزایندگان: گَ ی [illegible] اوستایی را که برابر با «جان» و «زندگی» است، و در زبان پهلوی بگونه گایوک [illegible] درآمد، بر پایهٔ آوای آن در زبان فارسی؛ «کیومرس» با واژهٔ «کی» یکسان دانستند، و پس از آن نیز در گفتارهای خویش واژهٔ کی را بکار بردند.

باز آنکه پادشاهی بشیوهٔ کیانی، **با کیقباد** آغاز شد، در آن هنگام که با کشته شدن «**نوذر**»، هر یک از تیره‌های ایرانی زیر فرمان و نگرش پهلوان خویش می‌زیستند، و ایران را پادشاهی یگانه نبود، زال (پهلوان سیستان و سردار انجمن مهیستان) به بزرگان ایران میگوید:

پراکنده شد رای، بی‌تخت شاه	همه کار، بی‌بوی و؛ بی‌سر، سپاه

*

شهی کاو به اورنگ دارد زمی	که بی‌سر نباشد تن آدمی
نشان داد موبد بما، فرخان	یکی شاه، با فرّ و بخت جوان
ز تخم فریدون یل کیقباد	که با فر و برز است و با رای و داد

*

نشستند، یک هفته با رایزن	شدند اندر آن، موبدان انجمن

۱- کارنامهٔ اردشیر بابکان، همان، رویه‌های ۵۱ تا ۵۳.

بهشــــتم؛ بیاراســــته تخــت آج بیاویختنـــد از بـــرِ تـــاج، تـــاج
بشاهی نشست از بـرش کیقباد همـان تـاج گـوهر بسـربر، نهـاد

کیقباد در زبان اوستایی کَوی کَواتَ 𐬐𐬀𐬎𐬎𐬌 𐬐𐬀𐬎𐬎𐬁𐬙𐬀 ، 𐬐𐬀𐬎𐬎𐬌 خوانده می‌شود که برابر است بـا شـاهِ شاهان، یا «شاهنشاه» و فرمانروایی ایران ازآنپس چنـان شـد کـه همـهٔ بخش‌هـای ایرانـی، پهلـوان و فرمانروای خویش را داشتند، و همگان از میان پهلوانان، یکی را به شاهنشهی برمی‌گزیدند![1] و از ایـن هنگام نام کی و پادشاهی کیان در ایران آغاز شد، اما افزایندگان، هرجای که خواستند پاژنام (= لقـب) کی را به هنگام‌ها و شاهان پیشین نیز دادند، چنانکه پس از کیومرس، **هوشنگ** (هنگام خانه‌سـازی) را نیز کی خواندند:

بــدان ایـزدی فـر و جـاه **کیــان** ز نخچیـر، گـور و گـوزن ژیـان
جـدا کـرد گـاو خـر و گوسـپند بـورز آوریـد آنچـه بـد سـودمند

یا:

بــزور **کیــانی** بیازیــد دســت جهانسوز مار، از جهانجو بجست

در هنگام **تهمورس** (رام کردن جانوران)

کــی نـامور، دادشــان زینهــار بــدان؛ تـا نهـانی، کننـد آشـکار

برای جمشید:

برآمـد بـران تخـت فـرخ پـدر برسم **کیـان**، بـر سـرش تـاج زر
نشسته بر آن تخت، جمشید **کـی** بچنگ اندرون، خسروی جام مـی

برای **ضحاک** (چیرگی بابلیان بر ایران):

کــی اژدهــافش بیامـد چوبـاد بـایرانزمین، تـاج بـر سـر نهـاد

یا:

ز مـردان جنگـی یکـی خواسـتی بکشتی که بـا دیـو برخاسـتی(!؟)

۱- این شیوهٔ پادشاهی در هنگام اشکانیان دوباره زنده شد، و بدانهنگام فرخ، انجمن شهر؛ بسرداری یک کس کـه از میـان آنـان و بـا گـزینش مردمان هر شهر، برگزیده می‌شد، کارِ هر شهر و هر بخش را سرپرستی میکرد، و آنان از میان بزرگان کشور، کسی را بشاهی برمی‌گزیدنـد، و اگر شکستی در کار شاه پدیدار می‌شد، او را برکنار می‌کردند. تا آنکه با آمدن ساسانیان دوباره پادشاهی یگانهٔ خودکامه (که در کارنامهٔ اردشیر بابکان، از آن با نام ēv-xvatāyīh (= یک پادشاهی) یاد شده است در ایـران روان شـد. امـا آن شـیوهٔ پسـندیده پادشـاهی تیره‌ها، پس از چندی که از پیروزی تازیان گذشت (و امویان بر دست سپاه خراسان و ابومسلم خراسانی شکست خوردنـد)، دوبـاره در ایـران پس از اسلام روی نمود چنانکه بزرگان هر تیره، از گوشه‌گوشهٔ ایرانشهر برخاستند، و بر بخش خویش فرمان راندند، مگر آنکه در این هنگـام پایتخت ایران، نزدیک تیسفون، و در بغداد جای گرفته بود، و وزیران خودفروختهٔ ایرانی، کارِ شاهنشاه تـازی را بـرای فرمـانروایی بـر ایـران، سامان می‌دادند!

یکـــی نـــامور دختـــر خـــوبروی — بپرده درون پاک، بی‌گفت‌وگـوی

پرستنده کردیش بر پیش خـویش — نه رسم **کیی** بد نه آیین و کـیش

برای **آبتین**، پدر فریدون، در گفتار فرانک:

ز تخـم **کیـان** بـود و بیـدار بـود — خردمنـد و گـرد و بـی‌آزار بـود

برای **فریدون** در گفتار ضحاک:

مرا در نهانی یکـی دشـمن اسـت — که بر بخردان، این سخن روشن است

بسـال انـدکی و بـدانش بـزرگ — گوی، **کی**نژادی، دلیری سترگ(!)

برای فریدون بهنگام خیزش **کاوه**:

چو آن پوست، بر نیزه بر، دید، **کـی** — بنیکـی یکـی اختـر افکنـد پـی

در هنگام **منوچهر**:

یکی داسـتان زد، جهاندیـده **کـی** — که مرد جوان، چون شود نیک‌پی؛

همهٔ این گفتارها از سخنان افزوده بشاهنامه اسـت، و افزاینـدگان تـا بـدانجا پـیش رفتـه‌انـد کـه **افراسیاب تورانی** را نیز درشمار کیان آورده‌اند:

وز آنجـا بـه ایـوان آن بـدهنر — منیـژه، کـزو ننـگ دارد گهـر

بـرو بـا سـواران و تـاراج کـن — نگونبخت را بی‌سـر و تـاج کـن

بگـو ای بنفـرین شـوریده‌بخـت — که بـر تـو نزیبـد همـی تـاج و تخـت

بننـگ، از **کیـان**، پسـت کـردی سـرم — بخـاک انـدر انـداختی افـسـرم

پیدا است که در این گفتـار آنچـه کـه از نـژاد افراسیاب (و منیـژه) سـخن میگوید همان لت نخست است [از او ننگ دارد گهر]، و در سـخنان افـزوده دوباره به نژاد (= کیان!) بازمیگردد.

*

نژاد کیان برای **پهلوانان تورانی:**

دلیـری کـه بُـد نـام او پیلسَـم — گوی، **کی**نـژادی، چـو شـیر دژم

*

افزایندگان، افزون بر پهلوانان و شاهان که یاد کرده شد، در گفتار خویش افزارهای زندگی یا نبـر را به کیانیان رسانده‌اند... از آنمیان.

زین کیانی

سرش را به خنجر ببرّید، پست به فتراکِ **زین کیانی** ببست

رزم بیژن با پلاشان

یا:

ز **زین کیانیش** بگشاد، تنگ ببالین نهاد آن جناق خدنگ

جُستن رستم، اکوان دیو را

سرش را بخنجر ببرّید پست بفتراکِ **زین کیانی** ببست

رزم بیژن با پلاشان

پیدا است که زین اسپ را از چرم و چوب و آهن می‌سازند، و نژادی از سوی کیانیان ندارد.

کمند کیانی

گشاد آن **کیانی کمند** از میان دو تاهی بیامد چو شیر ژیان

بازگشتن کیخسرو از توران بایران

چنانکه کمند را از زه گوسفند، یا گاو، و کمندهای برتر را از زه گوزن و شیر می‌ساخته‌اند، و نژاد کمند به همان جانوران می‌رسد.

راه کیان

نوشتند منشور بر پرنیان برسم بزرگان و **راه کیان**

بازآمدن سیاوخش از زابلستان

افزاینده «راه کیان» را بجای آیین کیانی آورده است.

آفرینِ کیانی

کمان را نگه کرده خیره بماند بسی **آفرین کیانی** بخواند

هنر نمودن سیاوخش پیش افراسیاب

بُرز کیان

بدو گفت گر فرّ و **برز کیان** نبودیت با دانش اندر میان

ساختن سیاوخش، سیاوخشکرد را

پیدا است که پهلوانان را، که از نژاد کیان نیز نبوده‌اند بـرز و بـازوی برتـر از شاهان کیانی بوده است.

کمر کیانی

بسـر برنهـادش کـلاه کیـان ‌ ‌ ‌ ‌ ببستش **کیـانی کمـر**، بـر میـان

سپردن پیران کیخسرو را به شبان

کمر را نیز از چرم می‌سازند و با کیانش پیوند نیست.

کمان کیانی

میـان را بخفتـان رومـی ببسـت ‌ ‌ ‌ ‌ بیامـد **کمـانی کیـانی** بدسـت

رزم فرود

همچنین کمان را که از فلز و زه برمی‌آورند.

جشن کیانی

چه مایه خروشید و کـرد آفـرین ‌ ‌ ‌ ‌ به **جشـن کیـان** هرمـز فـرودین

نامه کیخسرو به رستم

هرمز فرودین نیز جشن نوروز است و از آنِ فرهنگ ایران و همه ایرانیان است، نه تنها ازآنِ کیان!

*

پیدا است که پادشاهان هنگام کیانی را در اندیشهٔ ایرانیان؛ پایگاهی بس بلند بوده است، اما ایرانیـان همه چیز را از آنان نمیدانسته‌اند، بدانروی که با پهلوانی‌ها و جانفشانی‌های پهلوانان، و دیگر ایرانیـان؛ آن سربلندی‌ها برای ایرانیان فراهم می‌شد.

بدینروی چون در گفتاری، یاد از کیان می‌شد، بیدرنگ نام یلان را نیز بدان مـی‌افزودنـد... و بـرای خجستگی و یاد **انوشه‌روان بزرگمهر بوختَکان** این گفتار را از پایان «یادگار بزرگمهر» که بخامهٔ یـک پچین‌بردار بدان افزوده شده است می‌آورم:

انوشک روان بواد بزرگمهر بوختکان و .آنان؛ کیان و یلان و ایران (ایرانیان) که جانسپاری دین مزدیسنان کردند. جای‌شان به روشنایی بی‌آغاز (= ازلِ روشن) باد. ایدون باد. ایدون‌تر باد.

*

با این گفتار می‌توان مغز سخن بهرام پورگشسب (چوبین) را دریافتن:

بزرگی، من از پارس؛ آرم به ری — نمانم کزین پس بود نامِ کی
برافرازم اندر جهان داد را — کنم زنده، آیین میلاد را

آیین بیدادِ کیان ساسانی را برمی‌اندازم، و آیین دادگری یلان را برمی‌افرازم!

میزان خرد
در
سنجش گفتار

یکی از برترین میزان‌های سنجش گفتارِ شاهنامه، همانا «خرد» است، و نشاید؛ در نامه‌ای که با نام خداوند جان و خرد آغاز می‌شود، و همواره در همهٔ گفتارهای آن، خرد؛ همچون جویباری آوازخوان و پر شکن، روان است، گفتاری آید که بهیچ روی نتوان آنرا براست داشتن، و با میزانِ خرد سنجیدن!

در سرتاسر شاهنامهٔ فردوسی سخنی اینچنین نیامده است، اما در بیشتر افزوده‌ها افزون بر نادرستی‌های دیگر، که همه؛ در جای خویش نشان داده شده است، بسا گفتارهای شگفت می‌آید، که از اندیشه و خرد بدور می‌نماید، که در اینجا چند نمونه از چنین سخنان را برمی‌رسیم، و بر دیگر نمونه‌ها، هر یک، در جای خویش انگشت نهاده‌ام:

این سرودهٔ افزوده را از گفتار خسروپرویز در پاسخی که به شیرویه و انجمن مهیستان ایرانِ داد بخوانیم:

نیاتوس را مهره دادم هزار — ز یاقوت سرخ ازدرِ گوشوار
کجا سنگِ هر مهره‌ای بد هزار — ز مثقال گنجی چو کردم شمار

افزون بر نادرستی گفتار:

یک: مهره هزار، بجای هزارمهره

دو: سنگ، بجای سنگینی و گرانی

سه: هر مهره‌ای، بجای هر یک از آنها

چهار: مثقال گنجی! زیرا که مثقال، مثقال است و گونهٔ گنجی آن را، از دیگر گونه‌ها جدایی نیست.

پنج: مثقال در گفتار فردوسی نمی‌گنجد: درمْسَنگ

شش: پیدا است که شاهنشاه! را نشایستی یکایک مهره‌ها را با دست خویش بسنجد.

هفت: چو کردم شمار نادرخور است؛ چون سنجیدم.

از این سخنان نادرخور، که بر زبان یک کودک نیز نمی‌گذرد، بگذریم، چون هر مهرهٔ آن یک‌هزار درمسنگ سنگینی داشته، چنین مهره ۶۲/۵ سیر، بیش از ۱/۵ من، و بسنگ امروز ۴/۵ کیلو و هجده گرم بوده است!

آیا خرد می‌پذیرد که کسی بتواند، چنین مهره را که بیگمان می‌بایستی با گوشواری زرین که بر گرانی آن می‌افزاید، از گوش بیاویزد؟ و آیا، در همهٔ جهان، چنین یاقوت، پیدا شده است؟

*

نمونه‌ای دیگر: در پرسشی که از کسری می‌شود:

دگر گفت، جنگی سواری بخَست	بدان خستگی دیر ماند و برست
به پیش صف رومیان حمله برد	بمرد او و زو کودکان ماند خُرد
چه فرمان دهد؟ شهریار جهان	ز کار چنان خرد کودک نوان
بفرمود کان کودکان را چهار	ز گنج درم داد باید هزار
چنین هم بسال اندرون چار بار	مبادا که باشد از این کار خوار

افزون بر نادرستی‌های زبانی:

یک: دگر گفت نادرست است: «دیگری گفت»

دو: روشن نیست که سوار جنگی کجا بخست (= مجروح شد)؟

سه: برَست...؟

چهار: ...یا بماند؟

پنج: پس از خسته شدن یورش برد؟

شش: «حمله» را در گفتار فردوسی راه نیست.

هفت: کودکان؟ در رج دویم...

هشت: ...یا کودک؟ در رج پسین!

نه: دوباره به «کودکان» بازگشت.

ده: از گنج درم بایستی دادن؟ یا درم بایستی دادن؟

یازده: سال اندرون، نادرخور است: «در هر سال».

دوازده: از کودکان در رج چهارم، به کودک در کنش «باشد» بازگشت.

سیزده: لت دویم رج پنجم را گزارش نیست: از این کار خوار (= آسان)؟

افزاینده را رای بر آن بوده است تا بگوید؛ مبادا که کارِ آن کودکان را خوار بگیرید!

اکنون برای آنکه روشن گردد که میزان این تاوان[۱] چه اندازه است، بایستی چیزی را برای سنجشِ این اندازه درم در زمان ما، میزان گیریم.

امروز (بیست‌وچهارم شهریورماه ۱۳۸۶) بهای یک مرغ میانه ۳۰۰۰ تومان است[۲]، و بهای مرغ در هنگام بهرام گور، یک درم بوده است، پس با چهارهزار درم می‌توانستند چهارهزار مرغ بخرند که با بهای امروزی ۱۲٫۰۰۰٫۰۰۰ تومان می‌شود، و چون در هر سال چهار بار، چهارهزار درم (شانزده هزار درم) در شمار آوریم، تاوان سالانهٔ آن کودکانِ خُرد ۴۸٫۰۰۰٫۰۰۰ تومان خواهد شدن، و چون خردترین کودک را دو ساله در شمار آوریم تا پانزده سالگی وی سیزده سال خواهد گذشت، و میزان (۱۶۰۰۰درم × ۱۳سال) ۲۰۸۰۰۰ درهم و بمیزان امروزی ۶۲۴٫۰۰۰٫۰۰۰ ششصدوبیست‌وچهارمیلیون تومان!

آیا چنین شمار؛ در میزانِ خرد می‌گنجد؟

نمونه‌ای دیگر

در نامه‌ای که افزایندگان پیش از پادشاهی هرمز، از سوی کسری به هرمز می‌نویسند، چنین آمده است:

به ماه خجسته به خردادروز — به نیک‌اختر و فال گیتی‌فروز
نهادیم بر سر، ترا، تاج زر — چنان هم که ما یافتیم از پدر
همان آفرین نیز کردیم یاد — که بر تاج ما کرد، فرخ قباد

نادرستی‌ها از دیدگاه زبان:

یک: در گاهشماری ایرانی ماهی بنام «خجسته» نداریم.

دو: اگر خجسته را برای یکی از ماه‌ها آورده‌اند، بایستی نام آن ماه نیز آورده شود، چنانکه هنوز نیز در گاهشماری زرتشتیان روا است: «خرداد امشاسپند و تیرماه (= ششم تیرماه) یا بهرام‌ایزد و فروردینماه (= بیستم فروردینماه) دی‌بمهر و تیرماه (پانزدهم تیرماه)...

در گفتار فردوسی:

شبِ اورمزد آمد از ماه دی — ز گفتن بیاسای و بردار می

۱- «تاوان» واژهٔ ایرانی برابر بیمه است، و برای آگاه شدن از آن بنگرید به حقوق جهان در ایران باستان، نوشتهٔ من.

۲- بدانهنگام که پانویس بر گفتار افزوده می‌نوشتم (آذرماه ۱۳۸۵) بهای یک مرغ ۲۲۶۰ تومان بود، و در این ده ماه (شهریورماه ۱۳۸۶) بهای مرغ بدین اندازه افزوده شده است.

شب نخستین از ماه دی (= شب چله، شب زایش مهر)

سه: تاج یافتنی نیست، وگرنه هرکس را شاید که در راه و بیراه تاجی بیابد.

چهار: قباد «کرد» و ما نیز «کردیم»!!... اگر قباد آفرین یاد کرد، نوشروان را بایستی چنین گفتن: «یاد می‌کنیم».

پنج: آفرین خواندنی است، نه یاد کردنی!

افزون بر این کژیها، آیا خرد می‌پذیرد که کسری که خود هنوز زنده و پادشاه است در نامه‌ای چنین یاد کند، که با تاج شاهی که بر سر تو (نهادیم) بر کشور فرمان بران؟

نمونه‌ای دیگر:

بهنگام پوزش خواستن قیصر تازه از نوشروان:

فرستاده آمد، همانگه دوان	نیایش کنان پیش نوشیروان
چو روی سرِ تاج کسری بدید	یکی باد سرد از جگر برکشید
بدل گفت کاینت سزاوارگاه	بشاهی و مردی و چندین سپاه
اُزان فیلسوفان رومی چهل	زبان برگشادند، پرباد دل
ز دینار با هرکسی سی‌هزار	نثار آوریده برِ شهریار

نادرستی‌های این بخش از دیدگاه زبان:

یک: بیدرنگ پس از یاد کردن از نوشروان (در رج نخست و گفتار فردوسی) در رج دویم از «کسری» یاد می‌شود.

دو: «رویِ سرِ تاج» نادرست است: یا روی کسری، یا تاج کسری، یا سر تاج کسری.

سه: اینت (= این ترا) در رج سیوم نادرخور است.

چهار: مگر شاهی و مردی و شمار سپاه «روی سرِ تاج» پدیدار است؟

پنج: فیلسوف چهل نادرست است: چهل فیلسوف.

شش: آن فیلسوفان نیز نادرخور است، زیرا که با افزودن «آن»، فیلسوفان؛ برای خواننده شناسا (= معرفه) می‌شوند، و باز آنکه، خواننده نمی‌داند که کدام فیلسوفان؟

هفت: زبان برگشادن، دشنام دادن است، و کسی را که پیاده و دوان، از برای پوزش پیش می‌آید، یارای دشنام دادن نیست.

هشت: دل پر باد، سخنی زشت است که بر زبان و قلم افزاینده می‌رود.

نه: کنش «آوریده» نادرست است: «آورده».

ده: کنش آوریده (= آورده) در لت پنجم با کنش برگشادند، در لت چهارم ناهمخوان است.

از این نادرستیها که بگذریم، هر سکهٔ زرین ساسانی برابر است با ۴/۵۵ گرم (با سنگ امروزین) و سکه‌های بیزانسی با سنگینی ۴ گرم (۳/۸ تا ۴/۲)[1] و چگونه شاید پذیرفتن، که فیلسوفی که بایستی با بارِ خِرَد و گفتار همراه باشد. توانِ بردنِ باری باندازهٔ ۱۲۰/۰۰۰ = ۴ × ۳۰۰۰۰ یکصدوبیست کیلو بوده باشد؟

نمونه‌ای دیگر:

در سخنان افزودهٔ فرستادن هرمز «خُرّاد برزین» را برای دلجویی از ساوه‌شاه چنین آمده است:

یکی نامه با هدیهٔ شاهوار — که آنرا نشاید گرفتن شمار
فرستاده را گفت: «سوی هری — همی رو، چو پیدا شود لشگری
چنان دان که بهرام گندآور است — مپندار، کان لشگر دیگر است

از سستی گفتار، که آشکار است بگذریم... چگونه شاید پذیرفتن؟

یک: خراد برزین که با پیشکشی (که در شمار نمی‌آمد) بسوی هری (= هرات) رود، و با آن پیشکشی بیشمار که بیگمان با کاروان اشتران بسوی هرات کشیده می‌شود، زودتر از بهرام که با سپاهی سوار بر اسپان جنگی چند روز پیشتر براه افتاده بود، برسد، و با او که روی بسوی هرات دارد، روبرو شود!

دو: چگونه توان اندیشیدن؟ که خرّاد برزین لشگر و درفش و آرایش سپاه ایران را نمی‌شناسد، و بایستی بدو گفتن که آن لشگر که با تو روبرو می‌شود، سپاه بهرام است، و مپندار که آن لشگری دیگر است!!

نمونه‌ای دیگر:

در داستان نبرد بهرام پورگشسب (چوبینه!) آنجا که می‌خواهند بدانند چند مرد از سپاه ایران کشته شده است:

کم آمد ز لشگر یکی نامور — که بهرام بُد، نام آن پرهنر
ز تخم سیاوش، گوی، مهتری — سپهبد سواری، دلاور سری!!

اگر از سستی گفتار در رج افزوده بگذریم...

۱- یادداشت **حسن پاکزادیان**، نویسندهٔ نامهٔ گرانبهای تاریخ و گاهشماری سکه‌های ساسانی، ناشر مؤلف، زمستان ۱۳۸٤

همهٔ جهانیان دانند که سیاوش را تنها یک فرزند بود بنام کیخسرو، و او نیز در برف ناپدید شد، و هرآینه اگر او را فرزندی می‌بود، پادشاهی بدان فرزند می‌رسید، نه به لهراسپ... پس چگونه شاید آن بهرام را از نژاد سیاوخش در شمار آوردن؟

نمونه‌ای دیگر:

در افزوده‌های میانِ گفت‌وگوی بهرام پورگشسب (چوبینه!) با خسروپرویز:

از آن نامور پرهنر بخردان — بزرگان و کارآزموده ردان
بدان دین که آورده بود از بهشت — خردیافته، پیرسر، زردهشت
که پیغمبر آمد به لهراسپ داد — پذیرفت، زانپس بگشتاسپ داد
هرآنکس که ما را نموده است رنج — دگر آنک از او یافتستیم گنج
همه یکسر اندر پناه منند — اگر دشمن ار نیکخواه منند

نادرستی‌ها از دیدگاه زبان:

یک: آن بخردان پرهنر و بزرگان را...

دو: ...چه پیوند با دین زرتشت است؟

سه: خرد، یافتنی نیست. در اندیشهٔ ایرانیان باستان خرد بر دو گونه است:

۱- آسْن‌خرت: خرد خدادادی، یا آنچه که امروز (خرد فطری‌اش) خوانند.

۲- گوشان‌سروت‌خرت: خردی که در گوشها سروده شده است (= خرد اکتسابی)

چهار: دین را از بهشت آوردن نشاید...

پنج: زرتشت بهنگام آشکار کردن اندیشهٔ خویش پیر (پیرسر!) نبود.

شش: روشنتر از آفتاب است که کیش زرتشت بهنگام گشتاسپ پدیدار شد، نه بهنگام لهراسپ.

هفت: رنج، نمودنی نیست دِادنی و بردنی و کشیدنی است.

هشت: پادشاهان از جایی گنج «نمی‌یافتند» که با زور، باژ و ساو از مردمان می‌گرفتند، و بر گنج خویش می‌افزودند.

از این نادرستی‌ها که بگذریم چگونه شاید که با میزان خرد سنجیدن، که رنجانندگان و پرورانندگان را در یک شمار آوردن؟

نمونه‌ای دیگر:

در داستان فریفته شدنِ فرستادهٔ بهرام پورگشسب (چوبینه!) به خسروپرویز، آنجا که پیوند بهرام را می‌شکند، و نامه‌های او را که بنزدِ بزرگان ایران نوشته شده بود به خسروپرویز می‌دهد... خسروپرویز:

مـر او را گهـر داد و دینـار داد	گرانمایـه یـاقوت بسـیار داد
بدو گفت کـاین نـزد چوبینـه بـر	شـنیده سـخن‌هـا، بـرو برشـمر

لغزش در گفتار:

یک: در یک گفتار و یک رج، سه بار کنشِ «داد» را آوردن، نادرخور است.

دو: یاقوت، نیز در ردهٔ گوهر است و دوباره یادکردن از آن، نادرست است.

سه: «این» در رج دویم نادرست می‌نماید: «اینها را».

چهار: خسروپرویز، آن فرستاده را با یاقوت و دینار فریفته بود. پس چگونه شاید؟ که خود از او بخواهد، این (= اینها) را نزد بهرام بردن!

پنج: برشمردن، گله کردن و دشنام دادن است.

اما در کدام میزان خرد می‌گنجد، که خسروپرویز، خود؛ راز خویش و دروغ فرستاده را نزد بهرام آشکار سازد و بدو بگوید که:

شنیده سخن‌ها بر او (بر بهرام) برشمر!

نمونه‌ای دیگر:

در ساختن تخت تاقدیس، بفرمان خسروپرویز:

کنـون داسـتان گـوی در داسـتان	از آن یکـدل و یکزبـان راسـتان
ز تختی که خـوانی ورا تاقـدیس	کـه بنهـاد پرویـز در اسـپریس

یک: داستان در داستان گفتن چگونه باشد؟

دو: پرویز یکدل و یکزبان نبود که پادشاهیش با کشتن پدر آغاز شد، پسان، دست بخون خالان (دایی‌ها) خود زد، آنگاه پهلوان بزرگ ما؛ بهرام پورگشسب را بنامردی بکشت، و شانزده فرزند خویش را زندانی کرد، و از زن گرفتن، آنان جلو گرفت و...

سه: تخت را در اسپریس (= میدان اسب‌دوانی) نشاید نهادن.

دربارهٔ این تخت بهنگام خود، داوری کرده‌ام، اما برخی از سخنان نادرست را اینجا آوردم.

نمونه‌ای دیگر

در آنچه که با نام توقیعات انوشیروان آورده‌اند:

اسیران رومی که آورده‌اند — بسی شیرخواره در او بَرده‌اند
به توقیع گفت آنچه هستند خرد — ز دست اسیران نباید شمرد
سوی مادرانشان فرستید باز — بدل شاد و از خواسته بی‌نیاز

افزون بر ناهمواریهای ویژه:

یک: لت نخست درهمریخته است: «اسیرانی که از روم آورده‌اند»

دو: «در او» در لت دویم نادرست است: «در میان آنان...»

سه: کودک شیرخواره را چگونه توان برده نامیدن؟

اکنون چگونه می‌توان پذیرفتن که سپاهیان روم، چون بمیدان نبرد رفتند، بسی شیرخواره را با خویش بردند؟ سخن از این سست‌تر و پست‌تر نمی‌توان گفتن... .

باز... تا اسیران را از روم بایران آورند، چند ماه زمان باید، و در این چند ماه، آن شیرخوارگان چگونه بی‌شیر، و بی‌مادر؛ زنده ماندند؟ افزون بر آنکه برای فرستادن آنان بسوی مادرانشان چند ماه دیگر زمان باید!!

نمونه‌ای دیگر:

در بخش‌های افزوده به رفتن نوشروان به گیلان:

اگر شاه را دل، ز گیلان بخست — ببرّیم سرها، ز تن‌ها بدست
دل شاه خشنود گردد مگر — چو بیند بریده، یکی توده سر

چگونه شاید اندیشیدن؟ که کسی تواند سر خویش را با دست خویش از تن بریدن، و توان آنرا نیز داشتن، که سر بریدهٔ خویش را با دست خود، بر روی تودهٔ سرها بگذارد!؟

نمونه‌ای دیگر:

در افزوده‌های داستان بهرام گور و لُنبک آبکش چنین آورده‌اند:

چو بنشست بهرام، لنبک دوید — یکی دستِ شترنج، پیش آورید

یکی چاره‌ای ساخت، تا خوردنی بیـــاورد هرگونـــه آوردنـــی
ببهـرام گفـت ای گرانمایـه مـرد بنـه مهـرهٔ بـازی از بهـر خـورد

نادرستی‌ها از دیدگاه زبان:

یک: پیش آورید نادرست است: « پیش آورد »

دو: چاره (ساختنی) نیست (کردنی) است، و افزاینده را توان آن بود که بگوید «یکی چاره‌ای کرد»، امّا نتوانست گفتن!

سه: چون (یکی) چاره‌ای کرد... نشاید از (هرگونه) آوردنی سخن راندن!

اما خرد نمی‌پذیرد که بهرام بتنهایی شترنج ببازد، چون بیگمان شترنج را دو کس می‌بازند، و لنبک نیز در آنزمان سرگرم فراهم کردن خوراک بوده است.

*

بیگمان سخن در این باره بسنده می‌نماید، و از این دست گفتارها به شاهنامه فراوان افزوده‌اند، امـا برای سخن پایانین بر این بخش، بخش‌های افزوده به داستان پاسخ بزرگمهر به دُرج بسته‌ای که قیصر روم، بایران فرستاده بود چنین آمده است:

بـه اختـر نگـه کـرد، بـوزرجمهر چو خورشید رخشنده بد بـر سپهر
بآب خـرد چشـم دل را بشسـت ز داننـدگان، اسـتواری بجسـت!

افزاینده فراموش کرده است که کسری، بزرگمهر؛ آن دانای بزرگ روزگـاران ایـران را بـه بهانـه‌ای سخت پست، کور کرده بود، و چشم آن انوشه‌روان نمی‌توانست اختر را دیدن، و دریـافتن کـه اختـر؛ چونان خورشید رخشنده است.

*

سروده‌های زیبا
در
گـفتار افـزایندگان

با همهٔ کژّه‌گویی‌ها و نادرستی‌ها که در گفتار افزایندگان هست، گاهگاه سـخنانی نغـز و دلپـذیر انـدر میان دیده می‌شود که بدانها نیز شاید نگریستن، و چنین گفتارها خود نشان میدهد که اگـر افزاینـدگان را رای آن بود، که نیک بسرایند، می‌توانستند چنین کردن، اما شتاب آنان برای بپایان بردنِ خویشکاری (= وظیفهٔ) ننگین‌شان، آنانرا از چنین کار؛ باز می‌داشت:

بدنبال این گفتار چندی از افزوده‌های زیبا را که چون پیوسته بداستان و گفتـار ویـژهٔ خـود اسـت بایستی افزوده در شمار آوردن، برمی‌رسیم:

*

به پـیش سـپاه انـدر آمـد بجنـگ　　　یکی خَشتِ رخشان گرفته بچنـگ

نبرد توس، با هومان ویسه

همــه نیکــوی بــاد کــردار مــا　　　مبینــاد کــس رنــج و تیمــار مــا

پادشاهی همای چهرزاد

خردمنـد را شــاد و نزدیــک‌دار　　　جهـان بـر بدانـدیش تاریـک‌دار

اندرز گشتاسپ

به نام نکـو گـر بمیـرم روا اسـت　　　مرا نام باید، که تن؛ مرگ راسـت

راهنمایی سیمرغ مر رستم را

مبـادا چنـین هرگـز آیـین مـن　　　سزا نیست این کـار در دیـن مـن

نبرد رستم و اسفندیار

که گوید برو دسـت رسـتم ببنـد!　　　نبنـدد مـرا دسـت چـرخ بلنـد!

رستم و اسفندیار

به پیروزی دادگر یک خدای	به ایران چنان آمدم باز جای

گفتار اسفندیار با رستم

بدرّد همی؛ باد، پیراهنش	درفشان شود آتش اندر تنش

پیشگفتار داستان رستم و اسفندیار

که رزم آزماید به توران‌زمین	بخواهد به مردی ز ارجاسپ کین

هفتخوان اسفندیار

بدو گفت: «تا چند گویی چنین	که بر تو مبادا به داد آفرین

هفتخوان اسفندیار

گر ایدونکه گردیم پیروزگر	ز رنج گذشته بیابیم بر

خوان پنجم اسفندیار

شما بازگردید پیروز و شاد	مرا کام، جز رزم جستن مباد

خوان ششم اسفندیار

برآرم ازیشان همه کام تو	درفشان کنم در جهان نام تو

گشتاسپ در روم

ولیکن ترا گر چنین است رای	نپیچم ز رای تو ای رهنمای

گشتاسپ در روم

که گر کار آن نامدار جهان	به اهرن بگویم، نماند نهان

گشتاسپ در روم

چنین داد پاسخ که: «فرمان کنم	بدین آرزو جان گروگان کنم

گشتاسپ در روم

خردمند باش و بی‌آزار باش	همیشه زوان را نگهدار باش

گزیدن کیخسرو لهراسپ را

برادرکُش و بدتن و شاه‌کُش	بداندیش و بدراه و آشفته‌هُش

نبرد بزرگ کیخسرو

بپروردم آن را که بایست کُشت	کنون شد ازو روزگارم درشت

نبرد بزرگ کیخسرو

چو رعد خروشان یکی ویله کرد	که گفتی بدرّید دشت نبرد

نبرد پهلوانان

نبیند سپه چون تو سالار، نیز	نبندد کمر چون تو هشیار، نیز

گفتار افراسیاب با پیران

زبان تازی ۱۶۹

ازان آگهی شد دلش پرنهیب — سوی چاره برگشت و بند و فریب

نبرد پهلوانان

همیدون گمانم که چون من ز راه — به پشت سپاه اندر آرم سپاه
بر ایشان شما رانده باشید کام — به خورشید تابان برآورده نام

نبرد پهلوانان

که کس را ز ترکان نباشد خرد — کز اندیشهٔ خویش رامش برد

نبرد پلهوانان

منم رستم زاولی پور زال — نه هنگام خواب است و آرام و هال

شبیخون رستم در ایوان افراسیاب

به دل گفت: «پیکارِ او، کار کیست — سپاه است بسیار و، سالار کیست؟

نبرد بزرگ کیخسرو

چو خورشید زد پنجه بر پشت گاو — ز هامون برآمد خروش چکاو

نبرد بزرگ کیخسرو (برگرفته از شاهنامه است)

به ابر اندر آمد سنان و درفش — درفشیدن تیغ‌های بنفش

نبرد پیلسم با پهلوانان ایران

بدو گفت گیو: «ای فریبنده ماه — ترا سوی این بیشه چون بود راه؟»

دیدن توس و گیو، مادر سیاوخش را

چنین سرخ دو بسّد شیربوی — شگفتی بود گر شود پیرجوی

گفتار پرستندگان با رودابه

نبیره‌ی فریدون فرّخ، پشنگ — به سیری، همی سر بپیچد ز جنگ

نخستین نبرد رستم

چنین گفت کـ«ـز شهر مازندران — یکی خوشنوازم ز رامشگران

آمدن رامشگر مازندرانی نزد کاووس

یکی نشره زد در میان گروه — که گفتی بدرّید دریا و کوه

هفتخوان رستم

چو خورشید گشت از جهان ناپدید — شب تیره بر دشت، لشگر، کشید

کشته شدن ژنده‌رزم بر دست رستم

غمین گشت سهراب را دل از آن — که جایی ز رستم نیامد نشان

پرسیدن سهراب، از هجیر

نجنبد همی بر تـو بـر، مهـر مـن نماند به چهـر تـو بـر، چهـر مـن
پژوهش داراب نژاد خویش را

چو دیـد آن بـر و چهـرهٔ دلپـذیر ز پســتان مــادر بپــالود شــیر
داستان داراب و همای

جوانــان دانــا و دانــش‌پــذیر سـزد گـر نشینند بـر جـای پیـر
اندرز اردشیر بکارداران

هر آنکس که او شاد شد، از خرد جهــان را بکــردار بــد نسـپرد
بهرام گور

ز ما بـاد بـر جـان آن کـس درود که داد و خرد باشدش تار و پـود
نوشروان

مرا بیم و باک از جهانداور اسـت که از دانـش برتـران برتـر اسـت
نوشروان

پزشکی که باشد بـه تـن دردمنـد ز بیمــار چــون بــاز دارد گزنــد
افزوده به گفتار بزرگمهر

بگفت این و سوی دگر خانه شـد بدل، بـا بـرادر؛ چـو بیگانـه شـد
گردیه و بهرام

بشاخی همی یازی امـروز دسـت که برگش بود زهر و بارش کبسـت
گفتار خسرو با بهرام

*

بویژه دو رج از گفتارهای افزوده که نشان می‌دهد، با اندیشه و تیزبینی سروده شده است:

نخستین؛ در آغاز پادشاهی قباد:

چو درویـش نـادان کنـد مهتـری بــدیوانگی مانــد ایــن داوری

از آنجا که نماد مهتریِ درست، دانایی است، و نماد مهتری در نزد مردمـان، برخـورداری از مـال و توان و دارایی است. چون کسی نه این را داشته باشد، و نه آنرا، و بدیگران مهتری فروشد، دیوانـه‌اش بایستی خواندن.

دویم؛ از گفتارهای افزودهٔ دیدار بهمن با رستم در داستان رستم و اسفندیار است:

بدو گفت بهمن؛ که: «خسـرونژاد سـخنگوی و بسـیارخواره، مبـاد»

*

پایان سخن بر این بخش:

با داوری شگفت انوری، دربارهٔ فردوسی که در آغاز این بخش آوردم و او خود یکی از بزرگترین سرایندگان سخن فارسی بوده است و بیگمان نمونه‌ای از شاهنامهٔ بی‌افزودهٔ افزایندگان را در دست داشته است جای هیچ گمان و پندار نمی‌ماند که گفتار فردوسی برترین گونهٔ سرودهٔ فارسی است و هرآینه کوچکترین لغزش در سرایش را که بر بنیاد داد و آیینِ زبانِ فارسی نباشد از آنِ فردوسی‌اش نشاید شمردن.

همخوانی

با

زبان پهـــلوی

اگرچه در بخش زبان فارسی هرجا که نیاز بود، واژه‌های پهلوی را نیز شکافته؛ بیـاری گفتـار آورده‌ام امـا در ایـن بخش چند واژهٔ ویژه را برمی‌رسیم، تا روشن شود **بی‌یاری زبان پهلوی، نشاید بکار ویرایش شاهنامه پرداختن.**

در داستان «بیوراسب» آنگاه که اهریمن، ویرا با خوردن گوشت همرای میسازد، چنین آمده است:

خورش؛ زردهٔ خایه دادش نخست   بدان؛ داشتش یکزمـان، تندرسـت

از میان نمونه‌های در دست؛ تنها پچینِ **لی** است که بجـای «خایـه»، «خـاک» آورده اسـت (خـالقی مطلق ۴۹-۱)، و همین نمونه درست است، زیرا که چون؛ پس از دبیـرهٔ پهلـوی، دبیـرهٔ فارسـی بکـار گرفته شد، نویسندگان همواره «ژ» و «ز» را بگونه «ز» می‌نوشتند و «پ» و «ب» را بگونـه «ب» و «گ» و «ک» را بگونهٔ «ک» می‌آوردند، و فرهنگنویسان چون بواژه‌ای میرسیدند که یکی از این واکه‌هـا را در خود داشت، می‌افزودند با «بای» فارسی که پ باشد، چونان:

برنده با بای فارسی، طایر باشد (← پرنده)

هزبر، با زای فارسی شیر باشد (← هژبر)

کوزن با کاف فارسی جانوریست (← گوزن)

و چون چنین است، «خاک» در نمونه **لی**، با کاف فارسی؛ **خاگ** اسـت و **[illegible]** خـاگ بزبـان پهلـوی «تخم‌مرغ» است، و از همین واژه است که هنوز **«خاگینه»** در زبان فارسی روان است. در زبان‌های زرقانی، نودان و دوزهٔ فارس، بویراحمری، آلی‌چنگی بوشهر، خاگ! در زبان بادی (بادرود کاشان) **خاخ**، و در زبان بیجار (گرروس کردستان) و نیز در زبان لری و راجی دلیجان بگونهٔ **خا** بر زبان می‌رود.

هاگ (تخم گیاهان) از همین ریشه است، و در زبـان کُـردی انبـارلویی نیـز تخـم‌مـرغ را **«هِـگ»** می‌خوانند، چنانکه در کردی سورانی نیز با یک میانوند (ل) **هِلْگه** خوانده می‌شود و ساده‌تر شـدهٔ ایـن

واژه، egg انگلیسی است.

*

نمونه‌ای دیگر:

بهنگام یورش شماساس، و خَزَروان به سیستان، چون در پیِ درگذشتنِ سام، زال؛ برای وی دخمه می‌ساخت، مهرابِ کابل‌خدای بجای زال در زابل بود، و با فرستادن نامه و مال و خواستهٔ فراوان، خویش را سرسپردهٔ افراسیاب خواند، و از زال بیزاری نمود! اما پنهانی فرستاده‌ای بسوی زال فرستاد که بشتاب!

زال پس از رسیدن به زابل، با کمانِ چَرخ (که در بخش جنگ‌افزار دربارهٔ آن گفتار می‌آید) سه چوبه تیر بروی لشگریان توران افکند.

بینداخت سه جای؛ سه چوبه تیر — برآمد خروشیدن و داروگیر

و بر تورانیان روشن شد که زال بازگشته است، و:

شماساس گفت: «ار خَزَروان شیر — نکردی چنین نرم، گردن بخیر

از آنجا که پچین‌برداران، مغز این گفتار را درنیافته‌اند، نمونه‌ها؛ فراوان است:

بجای «ار» در لت نخست نمونهٔ **ق**: «ای» آورده، و نمونهٔ آ «از».

بجای خَزَروان: **فلورانس** خز٪ران، **«س»**: خروران، **لن، و، س**[۲] خروران **ق، ق**[۲]، **ب** خزروان، **لی** خراوان، **س**[۲] خروزان، **ل**[۳] خروزان.

بجای شیر **ف** و **ل** سیز **س** و **لن**: سر. **ق، ق**[۲]، آ تیز. **لی**: بنیز. **و**: بچیز. **ب و س**[۳]: بتیز. **ل**[۲]: شماسای گفتا بخراز نیز(!)

بجای نکردی در لت دویم؛ **ف**: ندیدی. **ق و پ**: بگشتی. **ل**[۲]: بکردی.

بجای نرم گردن؛ **ف**: رزم کردن. **لن**: گرم کردن.

بجای خیر: **و**: به نیز (← خالقی مطلق ۳۱-۱).

پیدا است که با این انبوه سخنان آشفته، تنها در همین یک گفتار یک واژهٔ نزدیک به درست فارسی آمده است، و آن واژهٔ «خِیر» است که گونهٔ پهلوی آن هِیر خوانده می‌شود و هزوارش آن است، برابر، با مال و دارایی. این واژه در زبانهای ایرانی امروز یک جا در واژهٔ آمیختهٔ **«هیروم با»** میان زرتشتیان شریف‌آباد و یزد روان است، و آن؛ چنانست که خانواده‌ای بخواهند آشی بیاری همکیشان بپزند! پس کسی با کیسه‌ای به خانه‌های

دوستان میرود و بنشن برای آش می‌خواهد، و هر کس، چیزی چون ماش، نخود، لوبیا، گندم... در انبان وی میریزد، و او می‌گوید «هیروم با» (= مال و خواسته‌ات باد؛ داراییت فراوان باد)

اما این واژه بر زبان مراغیان درّه الموت، به همان گونهٔ هِیر همواره روان است، و درست؛ مال و دارایی را می‌رساند. در آفرینی بنام «خُرابیگ» (= خرم باشد) چنین می‌گویند: **روجت خُرابیگ، هِیرت خُرابیگ**... (روزت خرم باد مال و داراییت خرم باد).

در این زبان واژه بگونهٔ آمیخته، ساده‌تر شده «**هَر**» نیز خوانده می‌شود: در نوشته‌ای کوتاه بنام «کوچک آنْدَرز» چنین آمده است: **«نوهَرُنْ» مرد دَچی مخور»** (چیزی از مردان نوکیسه -تازه بمال و دارایی رسیده- مخور!)

بر این بنیاد گزارشِ رج یاد شده، چنین است که شماساس گفت که: اگر خزروان به خیر = هیر؛ **مال و خواسته‌ای** که مهراب فرستاده بود گردن نرم (= خم) نمی‌کرد... .

نه مهراب ماندی، نه لشگر، نه گنج ‌ ‌ ‌ ‌ نه از زال بودی بدین روز، رنج

*

واژهٔ دیگر «بیش» است که در نامهٔ رستم فرخزاد ببرادرش رخ می‌نماید:

بزرگان که در قادسی با من‌اند ‌ ‌ ‌ ‌ درشتند و با اهرمن دشمنند
گمانند، کاین بیش بیرون شود ‌ ‌ ‌ ‌ ز دشمن، زمین؛ رود جیهون شود

چون برخی از نویسندگان «بیش» را درنیافته‌اند، آنرا به «بیشه» دگرگون کرده‌اند، باز آنکه در آن دشت بیشه‌ای نبود که «بیرون رود!!»

این واژه در اوستا بگونهٔ بَئِیش، برابر با دردورنج است که این واژه در زبان پهلوی بگونهٔ بیش درآمد، و تا آنجا که من خوانده و دیده‌ام تنها در شاهنامه است که در زبان فارسی همسان زبان پهلوی آمده است:

آنان گمان میکنند، که این بیش (دردورنج یورش تازیان) از کشور بیرون می‌رود... امّا!

نمونه‌ای دیگر:

در پاسخ نامه‌ایست که گودرز به پیران میدهد، پیش از آغاز **نبرد پهلوانان** [**که** در برخی از نمونه‌ها

جنگ یازده پهلوان، و در دیگر نمونه‌ها جنگ دوازده پهلوان آمده است] در این نامه گودرز میگوید:

تو کردی همه، جنگ را؛ دست پیش — سپه را تو برکندی از جایِ خویش
خرد، ار پس آمد، تو پیش آمدی — بفرجامِ آرام، بِیش آمدی

پس از آرامش، بِیش [درد و رنج] پیش آوردی.

واژه‌ای دیگر:

در گفتار بزرگمهر بوختکان آمده است:

ز گیتی دو چیز است جاوید، و بس — دگر هرچه باشد، نماند بکس؛
سخن گفتن نغز و کردار نیک — نگردد کهن، تا جهان است **ریک**

«ریک» در نمونه‌ها، بگونه‌های گوناگون آمده است، اما این واژه بخشی از واژهٔ آمیختهٔ پهلوی «مورتَک ریک» (از مُرده مانده = ارثیه) است، و پیدا است که مورتک زبان پهلوی، در زبان فارسی بگونه «مرده» درآمده است.

«ریک» نیز از ریشهٔ ریچ اوستایی برگرفته شده است که چندین برابر دارد:

رها کردن، پراکنده کردن، برباد دادن، بآرامی نابودن کردن... بکناری انداختن[1].

پیدا است که «مورتک ریک» مال و دارایی و چیزهاییست که از سوی، آنکس که می‌میرد، پراکنده می‌شود، و نابود می‌گردد و به کناری ریخته می‌شود!

این واژه، پسان ساده‌تر شده و بگونه **«مرده‌ریگ»** و **«مرده‌ری»** نیز درآمده است.

و گزارش سخن چنین است که: تا جهان (از یکی بدیگری به ارث می‌رسد = تا جهان هست) سخن نغز و کردار نیک جاویدان است.

واژه‌ای دیگر:

واژهٔ دُرْوَتات اوستایی، تندرستی، و درستی است[2] که در زبان پهلوی بگونهٔ دُرُت خوانده می‌شود.

همین واژه در زبان فارسی بگونهٔ «دُرُد» درآمد که امروز «درود»ش می‌خوانیم، و درود بر شما، [تندرستی بر شما باد] است.

۱– فرهنگ واژه‌های اوستایی، همان، دفتر سیوم، رویهٔ ۱۲۲۹.

۲– فرهنگ واژه‌های اوستایی، همان، دفتر دویم، رویه ۷۷۷.

این واژه بگونهٔ درست خویش در شاهنامه آمده است. برای نمونه بدانگاه که آب، گهوارهٔ داراب را بکارگاهِ گازُر می‌برد، و او پس از دیدن کودک در گاهواره، جامه‌ها را نشسته، بخانه بازمیگردد.

چـو بیگـاه، گـازر بیامـد ز رود　　　　بدو گفت جُفتش که هست ایـن درود!

زن گازر می‌گوید، تندرست باشی[1]، چرا از کارگاه خویش زود برگشتی.

نمونهٔ نادرخور این واژه در گفتار افزودهٔ گهارگهانی:

همه دشت زین بود و خفتان و خـود　　　　تنـان را همـی داد، سـرها؛ درود!

و چگونه شاید که سرهای بریده، بتن‌های بی‌سر، درود دهند! (← گویند)

۱- در زبان امروز: «سلامتی باشد!»

همخوانی

با

زبان اوستایی

بررسی واژه‌ها در بخش‌های پیشین نشان داد، که برای دریافتن بسا از واژه‌های زبان فارسی نیازمند، شناختن ریشه‌های آن در زبان اوستایی هستیم، و در بررسی شاهنامه -که رویدادهای آن در آغاز، کهن‌تر از اوستا نیز هست- گاهگاه دانستن ریشهٔ اوستایی واژه‌ها بایسته می‌نماید.

نمونه را؛ این گفتار فردوسی دربارهٔ «کیومرس» است:

از او انـدر آمـد همـی پـرورش   که پوشیدنی نو بُد و، نو خـورش

سخن چنین می‌نماید که کیومرس مردمان را به پرورش تن رهنمون شد، که «خورش» پایانین لت دویم، بدان وابسته است، اما پوشش را با پرورش چه پیوند است؟

زبان اوستایی پاسخ میدهد:

𐬬𐬀𐬯𐬙𐬭𐬀 وَسْتْرَ در زبان اوستایی، جامه و رخت و پوشاک است و:

𐬬𐬀𐬯𐬙𐬭𐬀𐬬𐬀𐬥𐬙 وَسْتْرَوَنت، دارای جامه[1]

از همین ریشه است، که بستر و گستردن... برمی‌آید.

از سویی در آن زبان 𐬬𐬁𐬯𐬙𐬭𐬀 واسْتْرَ، چراگاه، کشتزار است و:

𐬬𐬁𐬯𐬙𐬭𐬀𐬬𐬀𐬥𐬙 واسْتْرَوَنت، دارندهٔ چراگاه، کشتزار و گندم‌زار[2] و

𐬬𐬁𐬯𐬙𐬭𐬌𐬌𐬀 واسْتْرِی، کشاورز، برزگر است.[3]

با این ریشه‌ها و واژه‌ها؛ گزارش گفتار شاهنامه نمایان می‌شود، زیرا که «پوشیدنی» یاد شده همان

۱- فرهنگ واژه‌های اوستایی، همان، دفتر سیوم، رویهٔ ۱۳۰۳

۲- همان، رویهٔ ۱۳۱۸.

۳- همان، رویهٔ ۱۳۱۹.

«پوشش گیاه» است که پی‌درپی، نو می‌شود، و مردمان از آن می‌خورند[۱].

*

نمونه‌ای دیگر

واژه‌ایست که در افزوده‌ها گاهگاه بگونهٔ «عَرْض» آمده، و گاهگاه گونه «عَرَض»!

نمونه برای عَرْض:

بخـــراد بـــرزین بفرمـــود شـــاه	که رو عرضْ‌گه ساز و دیوان بخـواه
همه لشـگر رومیـان عَـرضْ کـن	هرآنکس که هستند؛ نو، یـا کهـن
درمشـان بـده رومیـان را ز گـنج	بـدادن نبایـد کـه بیننـد رنـج

گفتار افزودهٔ خسروپرویز بهنگام یورش بایران همراه با سپاه روم!

نمونه برای عَرَض:

عَرَض را بخوان، تـا بیـارد شـمار	که چند است مردم، که آید بکـار

*

عَـرَض بـا جریـده بنزدیـک شـاه	بیامـد، بیـاورد بیمـر؛ سـپاه
شـمار سـپاه آمـدش سـدهزار	پیـاده بسـی، در میـان سـوار

از داستان افزودهٔ هرمز و لشگرکشی رومیان

از این سه گفتار، روشن نمی‌شود که عَرْض یا عَرَضْ چیست و چگونـه کاریسـت! امـا در گفتـار درست شاهنامه روشن می‌شود که «عَرِض‌گاه»، چیست:

سپهبد بشد تا (عـرض) گـاهِ شـاه	بفرمـود؛ تـا پـیش او شـد سـپاه
گـزین کـرد ز ایرانیـان لشـگری	...

از داستان گزیدن بهرام پورگشسب (چوبینه) سپاهیان چهل سالهٔ ایران را

این واژه گذشته از آنکه بدو گونه در افزوده‌ها آمده است، ریشـه در زبـان تـازی نـدارد: عـرض و عریض و معروض!!؟

واژه، 𐬀𐬭𐬆𐬰𐬀 «اَرِزَ» اوستایی است، برابر با نبـرد، جنـگ، رزم[۲] کـه خـود از ریشـهٔ 𐬀𐬭𐬆𐬰 (۳) اَرِزْ برآمده است، برابر با؛ براه راست رفتن، درستکار بودن، دادگر بودن[۳].

از این واژه، گونه‌ای چند دیگر برآمده است:

۱- برای آگاهی بیشتر بنگرید به داستان ایران بر بنیاد گفتارهای ایرانی، دفتر نخست.

۲- فرهنگ واژه‌های اوستایی، همان، رویهٔ ۱۱۵.

۳- همان، رویه.

۱۸۱

زبان تازی

𐬀𐬭𐬆𐬰𐬋𐬱𐬎𐬙𐬀 «اَرِزُوشوتَ» ستونی از ارتش که برای پیکار، بسیج می‌شود، و
𐬀𐬭𐬆𐬰𐬀𐬵 : پهنهٔ نبرد: میدان جنگ[1].

داوری درست آنستکه 𐬀𐬭𐬆𐬰𐬀𐬵 تازی نیست، و می‌باید که بگونهٔ «اَرِزْ» نوشته شود، و «اَرِزْگاه» جایگاهی است که سپاهیان شایسته را برای جنگ برمی‌گزینند، آنان که بتوانند از رویِ داد و راستی با دشمنان ایران بجنگند!

۱- همان، رویهٔ ۱۱۶.

زبان تازی

یکی از افزایندگان بشاهنامه، چون کارِ ننگین خویش را بپایان رساند، دست از کار نکشید، و سه رج دیگر بنام فردوسی سرود، تا با چنان گفتار، نشان دهد که فردوسی از کوششی که در راه شاهنامه بر خود هموار کرده بود، و پشیمان شده است:

بسی رنج بردم، بسی نامه خواندم — ز گفتار تازی و از پهلوانی
ز روز جوانی کنون مویه دارم — بدین بیت بوطاهر خسروانی
جوانی من از کودکی یاد دارم — دریغا جوانی، دریغا جوانی

این گفتارِ درهم، گذشته از سستی، رودرروی اندیشهٔ دانای ایرانزمین در شاهنامه است:

همی خواهم از داورِ یکخدای — که چندان بگیتی بمانم بپای
که این نامهٔ شهریاران پیش — درآرم بدین خوب گفتار خویش
وزانپس؛ تنِ بی‌هنر، خاک را است — روان و توان، مینوی پاک را است

و همین آرمان بلند فردوسی اورا رهنمون است که چون شاهنامه بپایان رسید، بگوید:

هرآنکس که دارد هُش و رای و دین — پس از مرگ بر من کند آفرین

*

امروز که پیشگفتار شاهنامهٔ ابومنصوری در دست ما است، بیگمانیم که فردوسی از هیچ نوشتهٔ تازی برای سرایش شاهنامه سود نبرده است، **و تنها نوشته‌ای که در دست او بوده است، همانا شاهنامهٔ ابومنصوری** است، با شیوهٔ نگارشِ پارسیِ بس آهنگین و زیبا!

نه تنها پیشگفتار، که همهٔ شاهنامهٔ ابومنصوری پس از فردوسی، نیز در دست همگان بوده...، پس چگونه کسی را یارای آن بوده است که چنین سخنان را از سوی فردوسی سروده و در نامه‌ها روان کند؟ این؛ از شگفتی‌های روزگار غزنویان است، اما در اندیشهٔ من، **فرّخ‌تر از روزگار جوانی و پیری فردوسی؛ در جهان نبوده است، که شب و روزش با زندگی نیاکان ارجمند ما گذشت، و همه با پند و فرهنگ و دانش و خرد انباز گشت...** بیگمان؛ زندگانی زیباتر از گذرِ روزگارِ فردوسی در

جهان نبوده است. چنانکه خود در گفتار پایانی شاهنامه سروده است.

برخی استادانِ (!) روزگارِ ما را؛ گمان بر آن است که بخش اسکندرنامه [افزوده بشاهنامه]، بزبان تازی بوده است، اما آنرا در بخش ویژهٔ خود؛ گزارش خواهم کردن، تا شاهنامهٔ ما از این گمان نادرست نیز پالوده شود!

*

یک: بنداری سپاهانی ترجمهٔ شاهنامه را بنام ابوالفتح عیسی، پسرِ ابوبکر ایوب کرده است، و چنین کار بزرگ را در سال ۶۲۰ هجری بانجام رساند... پیدا است که در گیرودار یورش مغولان، اندیشهٔ آن بزرگمرد، ویرا رهنمون به ترجمهٔ شاهنامه شده است، تا اگر نمونه‌های فارسی شاهنامه بر دست یورشگران، بتاراج رود و تباهی پذیرد...

دو: ...یک نمونهٔ آن بزبان تازی برجای ماند!

بیشتر کسان که در کار شاهنامه رنج برده‌اند، گمان دارند، که کارِ بنداری ترجمهٔ رج‌برج شاهنامه نبوده است، وی؛ داستانها را با یک دید همگانی آورده است، و نمونه‌های این دفتر نشان میدهد که چنین نبوده است و بنداری، شاهنامه را از روی یک نمونه که در دست داشته است رج‌برج ترجمه کرده است.

سه: و بسا از نکته‌های تاریک، در نمونه‌های دیگر هست، که بیاری این ترجمه روشن می‌شود، در شاهنامهٔ مسکو، و خالقی مطلق، گاهگاه گفتار تازی بنداری آورده شده است، اما من همه جا، گفتارهای وی را بفارسی ترجمه کرده‌ام، تا پژوهندگان جوان، خود؛ گفتارِ بنداری را دریابند و روشن شود که روشنگری‌های آن روانشاد را چه پایه و بنیاد است!

برترین یاوری که شاهنامهٔ بنداری به پژوهش‌های ایرانی میکند، در داستان نبرد هاماوران، پدیدار است نمونه‌های گوناگون دربارهٔ سرکشی شاه هاماوران چنین آورده‌اند:

یکی با گهرمرد

مرد و

بود و

بُد مرد

یکی با گهر بود، با گنج و نام

با گنج و کام

با ننگ و نام درفشی برافراشت، از مصر و شام

پیدا است که هر هفت گونهٔ یاد شده، نادرست است، زیرا که در یک سخن، دو بار «با» نشاید

آوردن!

بنداری در این داستان چنین آورده است:

«أنه خرج رجلٌ من العرب اصیل یسمی دربیس»

«همانا مردی نژاده از عرب که «دُربیس» خوانده می‌شد از سرزمین‌های مصر و شام (از کاووس) سر بتافت».

خالقی مطلق در زیرنویس، آورده است: بنداری داشته (یکی با گهر بود دربیس نام) اما، آنرا از زیرنویس ببالا نیاورده است، و بر بنیاد گزینش‌هایِ وی، درست همانست که؛ نمونه‌های بیشتر، آنرا آورده باشند!

پیدا است که لت یاد شده در آغاز چنین بوده است:

«یکی با گهر مرد، دُربیس نام»

که اگر چنین آید، پیوندِ آن با لت دویم نیز استوار می‌شود:

درفشی برافراشت از مصر و شام

*

جای دیگر که از «دربیس» یاد می‌شود، هنگامی است که سیاوخش برای دویم بار به شبستان کاووس می‌رود و چون با گفتار سودابه روبرو می‌شود، با خویش می‌اندیشد:

شنیدستم از نامور مهتران — همه داستانهای هاماوران

که در پیش

که از پیش

که دشمن ابا

او پیش، با شاه ایران چه؟ کرد — ز گردان ایران برآورد گرد!

هیچیک از نمونه‌های یاد شده نیز درست نتواند بودن، زیرا که؛

یک: سخن به سودابه بازمی‌گردد و سودابه در زندان هاوران یار و یاور مهربان کاووس بود.

دو: «در پیش» نادرست است زیرا که پیش را در (= اندر؛ اندرون) نیست.

سه: «از پیش» نیز نادرخور است، زیرا بایستی گفته شود «دشمن پیش از این...».

چهار: «دشمن ابا» نیز نادرست است، زیرا که سخن از دشمن نرفته بود، و گفتار دربارهٔ سودابه بود!

پیدا است که در میان چهار نمونهٔ یاد شده «در پیش» با «دُربیس» بیشتر همانند است، اما نویسنده

چون «دُربیس» را درنیافته است، با خویش اندیشیده است، که گفتار فردوسی «در پیش» بوده، و آنرا چنین ویراسته است!

باز، آنکس که «در پیش» را به «از پیش» برگردانده است، با خویش چنین اندیشیده است که «در پیش» نادرست است [و نادرست نیز هست، زیرا که «در» و «پیش» هر دو؛ بند (قید) زمان‌اند...] و چون چنین باشد بیگمان «از پیش» درست است... و بهمین‌گونه «او پیش»... تا آنکه زنجیرهٔ اندیشهٔ افزایندگان به «دشمن» می‌انجامد که هیچ پیوند با داستان ندارد.

بنداری اینجا نیز چنین آورده است: «و ما صنع ابوها دُربیس، ملک هاماوران با کابر ایران»[۱] و پدر او، دُربیس؛ پادشاه هاوران با بزرگان ایران چه کرد؟

«دُربیس» درست است، و نامی است که با اندکی دگرگونی، در گفته‌های همسایگان ما نیز آمده است، و در داستان ایران دفتر دویم آنرا می‌شکافم:

> اینجا ما را می‌باید، به نویسندهٔ آن شاهنامه که در دست بنداری سپاهانی بوده است درود فرستادن، که گونهٔ درست این نام را دگرگون نکرده است، و درود و آفرین به بنداری که این نام را بدست ما رساند، و همچنین پاس رنج‌های **«عبدالوهاب عزّام»** ویراستار دانای شاهنامهٔ بنداری را بداریم... که هرآینه این سه کس نمی‌بودند، بخشی شایستهٔ نگرش، از داستان ایران، بدست فراموشی سپرده می‌شد.

نمونه‌های دیگر نیز در دست هست که نشان می‌دهد، آنچه که بنداری آورده است براست بوده است، که هر یک را در جای خویش نموده‌ام، و به آوردن یکی دو نمونه بسنده میکنم:

*

بهنگام یاری‌خواهی شاه مازندران از دیو سپید، چنین آمده است:

ز دیوان به پیش اندرش سنجه بود — که جان و دلش زان سخن، رنجه بود

چنانکه در بخش زبان فارسی گذشت **«پیش اندر»** نادرست است، و پیش را «اندرون» نیست، و شاهنامهٔ بنداری آورده است:

«و کان عندهُ جنی موصوف بالدهاء و ذکاء، یسمی سنجه»

و در نزد او دیوی بنام سنجه بود که از دانایی و هوش بهره‌مند بود.

و بر این بنیاد، سخن درست فردوسی چنین بوده است:

«ز دیوان (بنزدیک او)، سنجه بود»

۱- ویرایشگر در زیرنویس افزوده است: «لیس فی نسخ شاه التی بیدی تسمیة ملک هاماوران، و الکتب الأُخری تسمیه ذالاذعار، او، شمر کما تقدم فی فصل هاماوران»: در نسک‌هایی که اندر دست منست نام پادشاه هاماوران نیست، و نامه‌های دیگر او را «ذالأذغار» یا «شمر» خوانده‌اند!

*

نمونه‌ای دیگر:

بدانهنگام که رستم رخش را «بر خوید و کشتزار» رها میکند و خود بخواب می‌رود، و دشتبان چوب بر پای خفته مرد می‌کوبد و میگوید:

چرا اسپ، بر خوید؛ بگذاشتی　　　بـرِ رنـجِ نـابرده، برداشـتی؟

*

ز گفتار او تیز شد مرد هوش　　　بجَست و گرفتش یکایک، دو گوش

پیدا است که گفتارِ دشتوان، نادرست نبوده است، که چوبی را که بر پای رستم زد نادرخور بوده است، و همچنین «مرد هوش» نادرخور است، و در همهٔ نمونه‌ها چنین آمده است مگر در **«ل»** که «خیره» آمده و **س** و **ق** که «تیره» آورده‌اند، و هیچیک را گزارشی نیست! بنداری چنین آورده است: «و ضَرَبَ بعصا، کانت معهُ علی رجله و اَمرهُ ان یمسّک فرسه عن الزرع، فقام...»: با چوبی که با وی بود بر پای او زد و فرمان داد که اسبش را از کشتزار دور کند. پس (رستم) برخاست...

با نگرش به نوشتهٔ بنداری و واکهٔ «خ» در آغاز واژهٔ «خیره» در نمونهٔ ل، تنها بیک گونه می‌توان این رج را بازنوشتن:

«ز کردارِ او، رستم آمد به جوش»

نمونه‌ای دیگر:

بهنگام گریز خسروپرویز از ایران، چون از دِیْر رو بگریز می‌نهد، همهٔ نمونه‌ها چنین آورده‌اند:

همی تاخت خسرو، به پیش اندرون　　　نه آب و گیا بود و نه رهنمون

و پیدا است که «پیش اندرون» نادرست است، و شاهنامهٔ بنداری چنین آورده است: **«و لما خَرجَ برویز من الدیر، اخذالطریق البریة لاماء فیها، و لامرعی»** و چون پرویز از دیر بیرون رفت، راهی را پیش گرفت که در آن آب و گیاه نبود.

و بر این بنیاد سخن درست چنین می‌نماید:

«**برون تاخت** خسرو، ز دیر اندرون».

شاهنامه

و

فرهنگ ایران

شاهنامه؛ در بستر درازآهنگ و آوازه‌خوان جویبار فرهنگ ایرانی سروده شده و به پیش رفته است و نشاید، در آن سخنی بیاید که آنرا همخوانی و سازگاری با فرهنگ و زندگی ایرانیان نباشد، و چنین گفتارها نشانهٔ دست‌اندازی افزایندگان، بشاهنامهٔ فردوسی است که از میان آنها، چند گفتار را برمی‌رسیم:

*

گفتار دربارهٔ فرهنگ را با نام اورمزد بیاغازیم:

در نامه‌ایکه افزایندگان از سوی بهرام گور به کارداران نوشته‌اند چنین آورده‌اند:

چو این نامه آرند نزد شما　　　که فرخنده باد اورمزد شما

اورمزد، نام روزِ نخستینِ ماه، نزد ایرانیان بس گرامی بوده است، و اینچنین؛ برای خشنودی کسان می‌گفته‌اند که هر روزت اورمزد باد، اما فرخنده باد اورمزد شما را بکار بردن نادرست است، چون بر بنیاد آیین پیشین؛ روز اورمزد، خود فرخنده بوده است. و باژگونهٔ سخن چنین می‌نماید که اورمزد فرخنده نیست، و بادا که اورمزد شما فرخنده گردد!

نمونه‌ای دیگر، در داستان تلخند و گو، و پیدایی شترنج چنین آمده است:

همه بدسگالان بنزد توأند　　　به بهرام روز، اورمزد توأند

چنانکه در گفتار پیشین گذشت، روز نخست هر ماه را نام «اورمزد» بوده است (و هست) و «بهرام» نام روز بیستم هر ماه است، و نشاید گفتن که «در روز بیستم، روز نخستِ ماه توأند!»

نام روزهای ماه در گاهشماری ایرانی چنین است:

۱- **اهورامزدا** (← اورمزد روز بیکاری) ۲- **بهمن**: اندیشهٔ نیک ویژهٔ خداوند ۳- **اَردیبهشت**: برترین پاکی و راستی و زیبایی ویژهٔ خداوند ۴- **شهریور**: شاهی آرمانی خداوند بر جهان ۵- **سپندارمذ**: گسترش و فروتنی و مهر، از آن زمینِ آفریدهٔ خداوند ۶- **خرداد**: رسایی، ۷- **امرداد**: بیمرگی و جاودانگی ۸- **دی‌به‌آذر** (روز بیکاری) ۹- **آذر** ۱۰- **آبان** ۱۱- **خور** (← خورشید) ۱۲- **ماه** ۱۳- **تیر** (تیشتر) ۱۴- **گوش** (جان جانوران) ۱۵- **دی‌بمهر** (روز بیکاری) ۱۶- **مهر** ۱۷- **سروش** (← پیام ایزدی) ۱۸- **رشن**: راستی ۱۹- **فروردین** (روز ویژه فروهر نیاکان) ۲۰- **بهرام** (← نیروی پیروزی نیکی بر بدی) ۲۱- **رام** (← روز رمه‌ها) ۲۲- **باد** ۲۳- **دی‌بدین** (روز بیکاری) ۲۴- **دین** ۲۵- **اَرد** (← نیروی نگهبان خانواده و پشتیبان دختران و بانوان و افزایندهٔ توانگری) ۲۶- **اشتاد** (← ارشتات (نیروی افزایندهٔ جهان) ۲۷- **آسمان** ۲۸- **زامیاد** (← زمین) ۲۹- **مانترسپند** (← گفتار اندیشه برانگیز ۳۰- **انغران** (← آنیران، روشنایی بی‌پایان که امروز آنرا بنادرست اناروم می‌خوانند)

ایرانیان باستان بر بنیاد نام روزها، کارهای ویژهٔ هر روز را بدانروز می‌افکندند و آتورپات مانسپندان موبد موبدان زمان ساسانی در اندرزنامهٔ خویش، خویشکاری هر روز را آورده است.

چنانکه برای روز **بهرام** چنین آورده است:

«بهرام‌روز بُنِ خان‌ومان افکن، تا زود بفرجام رسد، و به رزم و کارزار شو تا به پیروزی بازآیی»[1]

از آنجا که بهرام نیروی پیروزی نیکی بر بدی است، هرکس که خویش را فرمانبردار نیکی و بهی و راستی میداند، می‌باید که در چنین روز آهنگ میدان نبرد کند.

یا دربارهٔ روز **اشتاد** می‌گوید:

«اشتادروز اسپ، گاو، ستور به گُشن هل (نر و ماده را آمیزش ده) تا بدرستی بازآید»[2]

از آنجا که اشتاد را افزایندهٔ جهان درشمار می‌آوردند، افزایش جانوران را نیز بدو پیوند می‌دادند.

یا دربارهٔ **مهر** روز میگوید:

۱- متن‌های پهلوی، همان، رویهٔ ۷۰.

۲- همان، همان رویه.

«مهرروز، اگرت از کس موست اُومندی (← مستمندی = گله) برآمده است، پیشِ مهر ایست، از مهر داوری‌خواه، و گُرزِش (شکایت) کن»[۱]

چون مهر، داورِ راست و پاک و نگهبان پیمان است، دادخواهی را بدان روز می‌افکندند تا مهر ایزد، پیمان‌شکنی را از پیمانداری، راستی را از دروغ، آشکار کند...

و از آنجا که مهر، فروغ سپیده‌دمان است، و پیش از خورشیدِ ارونداسپ (تیزاسپ) برفراز کوه البرز نمایان می‌شود[۲]، پس برای چنین کار می‌بایستی سروتن شسته، روی بفروغ مهر ایستند و مهر را ستایش کنند، آنگاه مویه (= گله و شکایت) خویش را با مهر در میان نهند.

یا دربارهٔ سپندارمذروز گوید:

«سپندارمزروز ورزِ زمین کن»[۳]

از آنجا سپندارمذ نمادِ مینویِ زمین است، و نگهبانِ زمین است، کشاورزی و آغاز شخم زدنِ زمین را در چنین روز بآیین می‌دانستند.

این گفتار را بدینجا رساندم تا دربارهٔ «خرداد» سخن گوییم که در اندیشهٔ نیاکان نگهبان آبهای سرتاسر جهان بوده است:

«خردادروز، جوی کَن»[٤]

چون گفتار بدینجا رسید، این سخن افزوده بداستان جنبش فریدون را برمی‌رسیم:

فریدون بخورشید بر، بُرد سر	کمر تنگ بسته بکین پدر
برون رفت، خرم، بخردادروز	بنیک اختر و فال گیتی‌فروز

برترین شگفتی گفتار فردوسی و ناهموارترین گفتار افزوده از این دو رج آشکار می‌شود:

یک: خردادروز، از کدام ماه؟

دو: چون خردادروز بتنهایی آید، دوازده روز را از دوازده ماه سال درمیگیرد.

سه: در خردادروز، فرمان به برآوردن جوی، یا آغاز کردن بکارِ کندنِ کاریز، یا به هر کار که بستگی به آب دارد، داده شده است.

اما، در رج نخست سر بسوی خورشید بردن، همان داستان داوری‌خواهی از مهر، از ستم یکهزار ساله‌ایست که ضحاک (← بابلیان) بر ایرانیان روا داشتند، و آرزوی پشتیبانی از مهرایزد است، در کار بزرگی که پیشِ روی داشت!

۱- همان، رویهٔ ۷۰.

۲- یشت‌ها، پورداود، کردهٔ ٤ مهریشت، بندهای ۱۲ و ۱۳

۳- متن‌های پهلوی، همان، رویهٔ ٦۹.

٤- همان، همان رویه.

چنین آگاهی‌ها، از فرهنگ ایران باستان در شاهنامه نمونه‌های فراوان دیده می‌شود، از آنمیان چون سام جهان پهلوان از دانایان، دربارهٔ پیوند زال و رودابه می‌پرسد، آنان پاسخ می‌دهند:

ترا مژده، از دختِ مهراب و زال — که باشند، هر دو؛ بشادی همال

از این دو هنرمند، پیلی ژیان — بیاید بمردی ببندد میان

ببرّد پی بدسگالان ز خاک — بروی زمین بر، نماند مَغاک

گفتار رج سیوم، از روی آگاهی از فرهنگ ایران باستان در شاهنامه آمده است، و بایستی برای پی بردن بدان، دو بخش از دو نامهٔ باستانی **مینوی خرد** (← روح عقل) و **وندیداد** را دربارهٔ زمین بخوانیم.

پرسش نخستین دربارهٔ زمینی آمده است که شادتر است، و پاسخ «دانا» بدان چنین است:

«نخستین زمین شادمان، زمینی است که مرد پارسا در آن زندگی کند، دودیگر زمینی که در آن آتشکده‌ها سازند. سدیگر آنجا که در آن، گاوان و گوسپندان خوابند. چهارم؛ زمینی که در آن کشاورزی کنند. [پنجم؛ زمینی که لانهٔ جانوران زیانکار را در آن ویران سازند.] ششم زمینی که آمدوشد نیکان و نیایش یزدان در آن باشد. هفتم زمین ویرانی که آبادان سازند. هشتم زمینی که ازآنِ بُدان بدارایی نیکان درآید. نهم زمینی که از بر و حاصل آن در راه یزدان به نیکان و ارزانیان بهره رسانند، دهم زمینی که در آن زُهر و ستایش کنند»[1]

نیک پیدا است که مَغاک (لانهٔ جانوران زیانکار) را ویران کردن که در گفتار شاهنامه آمده است همانا، گفتار بند پنجم از این بخش از «مینوی خرد» است، و در «وندیداد» کهنترین نامهٔ ایران باستان نیز همانند گفتار یاد شده آمده است:

«نخستین بدترین زمین کجا است؟... کوهِ ارزورَ که از آنجا دیوان و دروجان از گودال بیرون آمده با هم بدوند»[2]...

«آیا چهارم بدترین جای زمین کجا است؟... هرآینه جایی که سوراخهای اهریمنی بیشتر باشد»[3]

در نوشتهٔ اوستایی، هم از برای «گودال»، در ترجمهٔ بند نخستین و هم برای سوراخ در ترجمهٔ بند

۱- مینوی خرد، ترجمهٔ احمد تفضلی، چاپ دویم، تهران، ، رویه‌های ۱۹-۱۸.

۲- وندیداد، ترجمهٔ محمدعلی داعی‌الاسلام (ایرانپرست)، رویهٔ ۲۰.

۳- وندیداد همان، رویهٔ ۲۱.

دویم واژهٔ 𐬨𐬀𐬖𐬀 مَغَ آمده است، و مَغَ در این زبان: «مغاک، غار، سوراخ» است[۱]، و رج سیوم چنانکه دیده شد، از روی آگاهی از فرهنگ ایران آمده است. که با آمدن رستم، مغاک و سوراخها در زمین از میان برداشته می‌شود.

نکتهٔ دیگر، سخنی است که در لت نخست از همان رج آمده است، و آن نیز برگرفته از همان نوشتهٔ مینوی خرد، و وندیداد است. زیرا که چون پی بدسگالان از خاک بریده شود، نیک‌اندیشان جای ایشان را میگیرند... ششم زمینی که آمدوشد نیکان و نیایش یزدن در آن باشد... و بند هشتم: زمین که از آنِ بدان بدارایی نیکان درآید.

*

چون شاهنامه اینچنین، برگرفته از فرهنگ ایران است، هرآینه هر گفتار که نه بر آیینِ فرهنگ ایران باشد، از شاهنامه نیست، و بایستی آنرا افزوده درشمار آوردن.

نمونه:

افزایندگان، در گفتار شبیخون کردن پرموده به بهرام چنین آورده‌اند:

بدانگه که بهرام شد جنگجوی … از ایران سوی ترک بنهاد روی
ستاره‌شمر، گفت بهرام را … که در چار شنبذ مزن گام را
اگر زین بپیچی گزند آیدت … همه کارِ ناسودمند آیدت

نادرستیهای این سخن:

یک: بهیچ روی، در شاهنامه چنین سخن نیامده است، که بهنگام جنبش سپاه ایران بسوی خراسان، مردی «اخترمار» به بهرام نزدیک شده، و چنین گفته باشد.

دو: بهرام از تیسفون بسوی خراسان روی نهاده بود نه بسوی ترک.

سه: بسوی ترک نیز نادرخور است بسوی ترکستان.

چهار: ستاره‌شمر نادرخور است: «ستاره‌شماری»، یا «یک ستاره‌شمار» یا «اخترماری».

پنج: «مزن گام را» نادرست‌ترین سخن است: «گام برمدار»، وانگاه؛ گام برنداشتن، خوابیدن، یا نشستن را میرساند، باز آنکه بایستی گفتن، برای انجام کار گام برمدار.

شش: در گاهشماری ایرانی، شنبه و یکشنبه... روا نبوده است، و چنانکه گفته شد، هر یک روزهای ماه را نامی بوده است که با همان نام خوانده می‌شد. تنها یکبار

۱- فرهنگ واژه‌های اوستایی، همان، دفتر سیم، رویهٔ ۱۰۷۲.

دربارهٔ کیش عیسی از «همان روزهٔ پاک یکشنبذی» یاد شده است که وابسته به مسیحیان است نه به ایرانیان».

هفت: «کار ناسودمند» را شاید «بد نبودن»، باز آنکه افزاینده در لت نخست رج سیوم از «گزند» یاد کرده بود، و همان؛ گفتار را بسنده می‌نماید.

اما بهرام، بگفتهٔ یک اخترمار، همواره بهرام‌روز را روز پرهیز می‌دانست، نه روز چهارشنبه را و در گفتار **«خرّاد برزین»** به قلون (کشندهٔ بهرام) چنین آمده است:

نگـه دار، از مـاه؛ بهـرام‌روز　　　بـرو تـا درِ مـردِ گیتـی‌فـروز
وی آن روز را شـوم دارد بفـال　　　نگـه داشتستـیم بسیار سـال

و این گفتار روشن می‌نماید که اخترمار یا فالگیر، سالها پیش؛ وی را از «بهرام‌روز» پرهیز داده بوده است نه بهنگام جنبش سپاه.

نمونه‌ای دیگر:

پس از نامردمی خسروپرویز، بیاری گستهم، و پیروزی بی‌نبرد وی بـر بهـرام پورگشسـب، افزاینـدگان چنین آورده‌اند:

بپوشـید پـس جامـهٔ شـهریار　　　بیاویخـت آن تـاج گوهرنگـار!

نادرستیهای این سخن:

یک: خسروپرویز، بهنگام نیرنگ و گریز، جامهٔ شاهی را که بر تن داشت به بندوی، خال خویش داد، تا بپوشد، و سپاهیان بهرام را فریب دهد! پس جامهٔ شاهی به همراهِ خویش نداشت.

دو: جامهٔ شهریار نادرست است: «جامهٔ شهریاری».

سه: افزاینده نمی‌دانسته است، از آنجا که تاج شاهان را بس بزرگ می‌ساختند، و گرانی آن نه چندان بود که شاه بتواند، آنرا بر سرِ خویش نهد،... تاج را با زنجیرهای بس نازک زرین و سیمین، از آسمانهٔ (سقف) تالار، آویزان می‌کردند، و چون شاه می‌نشست سر خویش را در آن می‌نهاد، تا تاج بر سر و گردنش سنگینی و درد فرود نیاورد!

بهمین روی، نخست شاهان را بر تخت می‌نشاندند، و تاج را بر سرِ ایشان هموار می‌کردند، پسان پرده را برمی‌داشتند، تا هیچکس شاه را بی‌تاج نبیند.

در این سخن، افزاینده؛ در پرده‌سرای نیز تاج گوهرنگار را بر سر خسرو می‌نهد، و

در پرده‌سرای نشاید که زنجیر آویختن، و تاج را بدان بستن... و خود؛ پرویز را بدانهنگام تاج نبوده است.

نمونه‌ای دیگر:

بدانهنگام که خُرّاد برزین، برای برانگیختن خاقان به کشتن بهرام پورگشسب (چوبینه) بنزد وی میرود، و گفتارش نزد او کارگر نمی‌افتد، برای نزدیک شدن به خاتون، در جامهٔ پزشک برای درمان دختر او میرود، و چون دختر تندرست می‌شود، خاتون برای پاداش او:

بیاورد دینار، خاتون؛ ز گنج　　　یکی بدره و تای زربفت پنج

نادرستی‌های این سخن را چنین توان شمردن:

یک: خاتون، خود کلید در گنج را ندارد.

دو: شمارشِ «دینار یکی بدره» نادرست است: «یک بدره دینار».

سه: تای زربفت پنج نیز نادرخور است: پنج تخته جامهٔ زربفت.

افزاینده روشن نکرده است که آن بدرهٔ دینار را چند دینار بود، اما در بیشتر سخنان افزایندگان که هر یک در جای خود بازنموده شده است، یک بدره را «هزار دینار» آورده‌اند، که در اندیشه نمی‌گنجد!

اکنون اگر بدرهٔ خاتون را یکسد دینار بوده باشد، می‌باید به دستمزد بیماران، در ایران باستان نگریستن:

در **«وندیداد»** مزدِ درمانِ پزشکان چنین آمده است:

«پزشک، موبد را برای خواندن یک آفرینگان درمان کند[1]. بزرگ خانه را برای ارزش کوچکترین ستور (گوسفند) کدخدای روستا را باندازهٔ بهای یک ستور میانه (خر) شهردار را برای مزدی برابر، با بزرگترین ستور (اسپ) و پادشاه را برای مزدی برابر با یک گردونه با چهار جانور»[2]

در بند ۴۳ وندیداد دستمزد برای درمان زنان چنین آمده است:

«زن کدبانو را برای بهای یک خرِ ماده، زن کدخدا را برای مزدی برابر با یک ماده گاو، زن شهردار را برای دستمزدی برابر با یک مادیان و زن شاه را برای دستمزدی

۱- آفرینگان، خواندن آفرین و ستایش یزدان و داده‌های او، و یادکرد از روان و فروهر درگذشتگان (← آیین دینی).

۲- وندیداد، ترجمه سیدمحمدعلی داعی‌الاسلام، چاپ دانش، تهران، ۱۳۶۱، رویهٔ ۶۳، بند ٤۱.

برابر با یک شتر ماده[1]»
بر بنیاد این گفتار، اگر دستمزد درمانِ دخترِ خاتون را، باندازهٔ خاتون گیریم، می‌بایستی که بهای یک شتر ماده را به خرّاد برزین دهند. نه یکسد دینار!
برای آنکه سنجیده شود که یکسددینار (افزون بر پنج تخته زربفت) با بهای امروزین چه میزان است؟ یک سکه بهار آزادی، امروز بیست‌وششم شهریورماه ۱۳۸۶، برابر با ۱۶۵۰۰۰ تومان است. بر این بنیاد یکسد دینار نامبرده را در بازار امروز ۱۶٫۵۰۰٫۰۰۰ تومان است.

و چگونه شاید سنجیدن که برای درمان یک بیمار با چنین شیوهٔ درمان:

بفرمود، تاب آبِ نار آورند — همان ترّهٔ جویبار آورند
بفرمان یزدان، چو شد هفت روز — شد آن دخت، چون ماه گیتی‌فروز!

دستمزدی برابر با شانزده‌میلیون‌وپانسدهزار تومان بپردازند؟ چنین گفتارها، ناآگاهی افزایندگان را از فرهنگ ایرانی نشان می‌دهد!

*

یک نمونهٔ دیگر برای آنکه روشن شود، یک بدره دینار را چه ارزش بوده است؟ خسروپرویز پس از آگاه شدن از کارِ درست «کاریگر» در ساختن «ایوان مداین»:

مر او را یکی بدره[2] دینار داد! — به زندانیان، چیز بسیار داد

خوانندهٔ خردمند را باید سنجیدن که؛ شاید؟ کارِ ساختن ایوان خسرو را که چهارده سده؛ زیرِ ایوانِ آسمان ایستاده است، با «دادن آبِ انار و ترهٔ جویبار» یکسان پاداش دادن؟

نمونه‌ای دیگر

افزایندگان در آغاز پادشاهی «هرمز نخستین ساسانی» یک رج بدینگونه آورده‌اند:

کنون تاج و دیهیم شاه اورمزد — بیارایم اکنون، چو ماه اورمزد

این سخن را از دیدگاه دستورزبان فارسی نادرستی است:

یک: دو بار بند (= قید) زمان «کنون» در یک سخن آنرا ناهموار می‌کند.

دو: از میان نمونه‌های در دست، برخی بجای کنون «سر» آورده‌اند: «سرِ گاه و دیهیم

۱– همان، رویهٔ ٦٤.

۲– بیشتر پچین‌برداران که خود از آزار بسیارخواهی و بسیارنمایی در رنج بوده‌اند، این گفتار را در پچین خویش چنین آورده‌اند: مر او را «چو ده» بدره دینار داد... نه آنان، و نه خوانندگان پسین از خویش نپرسیده‌اند که «چو ده بدره» چیست؟ همانند بدره؟... همانند ده؟...

شاه اورمزد».

سه: گاه (= تخت) را سر نیست، و آنچه به تخت استواری می‌بخشد همانا «پایهٔ» آنست.

چهار: دیهیم نیز گونه‌ای نوار بافتنی است که «سر» ندارد، و دنبالهٔ آن در باد لرزان و پیچان می‌شود.

از این نادرستیها که بگذریم در فرهنگ ایرانی ماهی بنام «اورمزد» نداریم!، و چنانکه گذشت اورمزد؛ روز نخستین هر ماه است، و در این روزگار دراز هیچکس باین نیندیشیده است که «ماه اورمزد» در گاهشماری ایرانی نیست.

دیهیم

دیهیم، دگرگون شدهٔ واژهٔ Diathem یونانی است که در زبانهای اروپایی بگونه diadem و diatem نیز خوانده می‌شود، و آن، گونه‌ای بافتهٔ دراز و باریک بوده است که یونانیان؛ بر گرد سروپیشانی خود می‌بسته‌اند، و در دنبالهٔ آن از پشت سر آویزان می‌شد، تا بهنگام سواری، باد در آن افتد، و آنرا افشان و پیچان کند.

این بافتهٔ آرایشی با اسکندر مقدونی بایران آمد و نخستین نشانهٔ آن، در گستره ایران باستان در تندیسه‌های «بغازکوی» است که بر سرِ مردِ میانین دیده می‌شود.

رومیان نیز در نامه‌های خویش دربارهٔ «سورنا» شاهزادهٔ اشکانی از دیهیمی که بر گرد سر می‌بسته است یاد کرده‌اند، و...

ساسانیان از کاخها و سنگ‌نگاره‌های اشکانی، چیزی برجای نگذاشته‌اند، و تنها یادِ دیهیم در این هنگام، همانا نوشتهٔ رومیان است، اما چون آنان بر روی کار آمدند، بهره‌وری از دیهیم فزونی یافت، تا آنجا که بر دیواره‌های کاخ بیشاپور، نگارهٔ یک زن دیهیم‌باف و شیوهٔ بافتن آن برجای مانده است.

شاهان ساسانی برای نشان دادن فروشکوهِ دیداری، از دیهیم بهرهٔ فراوان برمی‌گرفتند، تا آنجا که بر پشت خویش و رکاب اسب و پاها و فراز تاج نیز دیهیم می‌بستند.

چنانکه در این نگاره دیده می‌شود والریانوس نیز دیهیم به پشتِ گردنِ خود بسته است اما دیهیمِ شاپور بس بزرگتر از دیهیم اوست.

و کار دیهیم‌بافی چندان بالا گرفت که بر دستوار (= عصا) و چنبرهٔ شاهی نیز دیهیم می‌بستند.

و چنانکه دیده می‌شود، کار دیهیم‌بافی از چنان پیشرفت برخوردار شده بود، که برافراشته شدن آن، نیاز به وزش باد نیز نداشت و خود، همواره برافراشته می‌نمود.

تا آنجا که برای ماه و برای فرشتگان نیز دیهیم ساخته و پرداخته شد

❊

بر این بنیاد، هرگاه در شاهنامه؛ پیش از ساسانیان از دیهیم یاد شود، آن یادکرد را بایستی از افزوده‌های شاهنامه درشمار آوردن.

از آنمیان در داستان نبرد فرزند اهریمن، با کیومرس و سیامک:

یکی بچه بودش چو گرگ سترگ   دلاور شده، با سپاهی بزرگ

سپه کرد و نزدیک او راه جُست   همی تخت و دیهیم کی شاه جست

در این گفتار افزون بر دیهیم چند نادرستی دیگر نیز هست:

یک: بچه، و بچهٔ گرگ نیز، در کودکی سترگ نیست.

دو: دلاور شده، نادرست است، بزرگ شده بود.

سه: با سپاه بزرگ دلاور شدن نیز نادرخور است، از آنجا که یک سردار را باید،

خود؛ دلاور بودن، و آنگاه سپاه گرد آوردن.

چهار: با یورش سپاه، نشاید از «راه جستن» یاد کرد، زیرا که راه جُستن نزد دیگران، کارِ ناتوانان است.

پنج: همی جُست نیز نادرخور است، و با «کرد» لت نخست همخوانی ندارد.

شش: از دیدگاه خرد نیز لت دویم ناهماهنگ است، زیرا که جستن تخت با جنبش سپاه یکباره روی می‌نماید، و «همی» در این سخن از کاری دنباله‌دار، نشان می‌دهد!

هفت: افزاینده؛ پیشوند اوستایی «گَ یَ» در کیومرس را که در زبان پهلوی به «گایوک» دگرگون شده است، با آوای فارسی آن «کی» از زنجیرهٔ پادشاهان کیانی درشمار آورده است، و کیومرس «کی» نبود، و زنجیرهٔ پادشاهی کیانیان با کیقباد آغاز شد.

هشت: «کی شاه» نیز آمیزه‌ای نادرست است، زیرا که «کی» خود، برابر با شاه است و کی شاه (= شاه شاه) نتوان گفتن.

نمونهٔ دیگر:
در آغاز پادشاهی کیومرس در سخنان افزوده:

سخندان دهقان، چه گوید نخست	که نام بزرگی، بگیتی که جست
که بود آنکه دیهیم بر سر نهاد	ندارد، کس از روزگاران بیاد

نادرستی‌های دستوری این گفتار را در بخش خود نمایانده‌ام، اما نادرستی دیگری که در این گفتار هست، آنست که دیهیم را بر سر نمی‌نهند، و بر سر یا بر پشت می‌بندند.

نمونه‌های دیگر در پایان داستان جمشید:

بزرگی و دیهیم شاهی مرا است	که گوید که جز من کسی پادشا است

نیز آغاز پادشاهی ضحاک:

برفت و بدو داد تخت و کلاه	بزرگی و دیهیم و گنج و سپاه

در جنبش فریدون برای نبرد با ضحاک:

به اروندرود اندرآورد روی	چنانچون بود مر دیهیم‌جوی

باز؛ در پذیرهٔ سام از سوی منوچهر:

منوچهر چون یافت زو آگهی		بیاراست دیهیم شاهنشهی

و دیهیم را آرایش نباید زیرا که خود ابزاریست برای آرایش و چنین یادکردها از دیهیم، همه درشمار سخنان افزوده بشاهنامه است مگر بهنگام ساسانیان.

چهار گوهر

پیدا است که ایرانیان برای نخستین بار پی به آفرینش نخستین یزدان بردند که چهار گوهر (= آخشیج) خاک و باد و آب و آتش باشد، و از آن آفرینش توان (= انرژی) پدید آمد.[1]

و از آنجا که این چهار گوهر سرِ مایهٔ جانِ همه جانداران و جهان است، هر چهار نزد ایرانیان بس گرامی شمرده می‌شد چنانکه آلودن آنها را گناهی بس بزرگ درشمار می‌آوردند.

خاک

زمین را با نام مینویِ **سپندارمز** (= نماد افزایش و تقدس و مهر و فروتنی) یکی از چگونی (= صفت) های آفرینش خداوندی درشمار می‌آوردند... هرگز آب را از افراز بروی زمین نمی‌ریختند، و هرگز، آب دهان، بر آن نمی‌افکندند، و از برای آنکه پاکی آنرا نگاهبانی کنند، هیچگاه با پای برهنه، بر زمینِ گرامی راه نمی‌رفتند، بدانروی که شایستی بودن که کف پای، از خاری خونالوده شود، یا پوستی از پای کنده شود و سپندارمز زمین را بیالاید.

بزرگداشت زمین و سپندارمز تا بدانجا بود که هنوز از پس یکهزاروچهارسد سال، آب دهان انداختن بر زمین از سوی فرهیختگان، کاری ناشایست می‌نماید، و بسا از مادران و مادربزرگان هنوز بفرزندان خویش پند می‌دهند که ایستاده بر زمین چامین[2] نکنند.

پس اگر گفتاری در شاهنامه آمده باشد، که نه بر این بنیاد، بزمین و سپندارمز، دشنام دهند، از شاهنامه بشمار نمی‌آید:

چو سوگند خوردم **بخاک سیاه**		لب آلوده شد، مشمر از من گناه

*

چو من بگذرم زین **فرومایه خاک**		شما را بخواهم ز یزدان پاک

۱- برای روشن شدن این گفتار بنگرید به آفرینش از دیدگاه ایرانیان، در دفتر نخست داستان ایران.

۲- «چامین» در رسالهٔ **مولانا روحی انارجانی**، در زبان تبریزیان باستان، بجای پیشاب آمده است.

آب

گوهر پاکی، رویش و بالش گیاهان، مایه سرسبزی و زیبایی جهان، آرامش‌بخش جان جهانیان که در فرهنگ ایرانی با نام زیبای **اَرِدْویسور اناهیتا** همراه است، و زیباترین سروده‌های اوستایی، روی بدو دارد، و بوی از وی میگیرد، در اندیشه و فرهنگ ایرانی پایگاهی بس بلند دارد، و سه نماد برتر فرهنگ، ماه آبان و جشن آبانگان، ماه تیر و جشن تیرگان [تیر و تیشتر] و اَرِدْویسور اناهیتا، ویژه اوست، و در نیایش‌های ایرانی از تیشتر (برانگیزانندهٔ ابر از دریای فراخکرد (= اقیانوس آرام) می‌خواهند که ابرهای پربار را از دریای بزرگ برخیزاند، تا وای ایزد (بادِ ستایش‌شده)، آسمان را پیموده به کشتزارهای هفت کشورزمین (همهٔ جهان شناخته شدهٔ باستان، که دربرگیرندهٔ آسیا، اروپا و افریقا بود) برساند، تا کشتزارهای دورونزدیک، کشتزارهای با دانه‌های درشت و ریز از باران برخوردار شوند، و آسایش و آرامش و زندگی نیک برای جهانیان فراهم کنند...

گفتار دربارهٔ ستایش آب، خود به یک دفتر نیازمند است، و در زندگی روزانهٔ ایرانیان نیز چنان روان بود که هرگاه کسی را نیاز به شنا در دریاچه و رود می‌افتاد، می‌بایستی پیش از آن تن خویش را در یک آبْزَن (آبدان) که باندازهٔ «وان» امروزین بود[1]، بشوید، آنگاه به آب اندر شود، تا مبادا پلیدی تن او، اناهیتا را بیازارد، و در نامه‌های ایرانی، از همه بیشتر در نامهٔ **«امید اشاوهیشتان»**، دربارهٔ پرهیز آب و رفتن بگرمابه، و نرفتن بگرمابهٔ بددینان (که پرهیز آب را روا نمی‌دارند) سخن رفته است، و بر این بنیاد، چنین سخن برآمده از فرهنگ ایران نیست، و افزوده بشاهنامه است:

در خان هفتم اسفندیار:

یکی تیغ هندی بزد بر سرش — ز تارک بدو نیمه شد، تا بَرَش
بدریا فکندندش اندرزمان — خورِ ماهیان شد، تنِ بدگمان

در کشته شدن گروی زره، کشندهٔ سیاوخش:

گروی زره را گره تا گره — بفرمود؛ تا برکشیدند زه
چو بندش جدا شد، سراسر؛ ز بند — سرش را بریدند، چون گوسپند
بفرمود او را فکندن بآب — بگفتا، چنین باید؛ افراسیاب

پیدا است که چون بندهای کسی را از یکدیگر جدا کنند، نمیتوانند از او «زه» برآورند، و این نیز یکی دیگر از ناآگاهی‌های افزاینده است.

۱- وان امروزی نیز پدیدآوردهٔ ایرانیان است، زیرا که نخستین سفیر قاجاریه چون به پاریس رفت و خواست که بگرمابه رود، با شگفتی دریافت که اروپاییان گرمابه ندارند، و تنها تابستانها در رودها غوته می‌خورند! پس فرمان داد جایگاهی فلزین برای وی بسازند، تا در آن تن خویش را بشوید، و همان جایگاه در زمان‌های پسین کوچکتر شد، و بنام «وان» در جهان پراکنده گشت.

آتش

پاسداری از آتش و دوستداری آتش تا بدانجا رسید، که دیگران، ایرانیان را «آتش‌پرست»[1] خواندند!

در فرهنگ ایرانی آب، بر آتش نبایستی افشاندن.

موی و چرک تن و نسا (پوست و گوشت) بر آن نبایستی ریختن.

شاخه و هیزمی که کمتر از یکسال از بریدنش گذشته باشد نبایستی بر آتش نهادن (بدانروی که هنوز جان دارد، و آب، در آن نهفته است)

هنگام روبرو شدن با آتشدان؛ پنام (دهان‌بندی همانند آنچه که پزشکان در کاردپزشکی بکار میبرند) بر دهان گذارند، تا بوی دهان بر آتش ندمد، یا آب دهان بر آتش نریزد...

با چنین سخنان، چگونه شاید، این سخن را، از شاهنامه دانستن؟:

کسی را نیامد بر آن دشت خواب — می و گوشت نخچیر و چنگ و رباب
بیابان همی آتش افروختند — تر و خشک، هیزم همی سوختند!

رفتن بهرام بخانهٔ فرشیدورد

هوا

هوا و باد، نیز با نام «وای‌ایزد» از سوی ایرانیان ستایش شده است، و ایزد باد است که در میدان نبرد، جنگاوران را یاری میرساند، بدانروی که چون باد بر روی دشمنان بوزد، آنانرا بشکست نزدیک می‌کند، و زبانزدِ شگفتِ **«وای بر تو»** که هنوز بر زبان ما می‌رود، از این باورِ باستانی مایه می‌گیرد... و زبانزد دیگر «باد به پشتش خورده است» نیز این را میرساند که کسی خود کوشش نکرده است، و یاری «وای‌ایزد» وی را در کارها پیروز کرده است.

چنین گفتار، نشانه آگاهی نویسندگان پیشین شاهنامه از بادِ ستایش شده است، در نبرد کیخسرو دژ بهمن:

برآمد یکی بادِ با آفرین — هوا گشت خندان و، روی زمین
جهان شد بکردار تابنده ماه — بنام جهاندار و از فرّ شاه

خوشبختانه خامهٔ افزایندگان، بدامان باد و هوا نرسیده است، و؛ گفتاری که به هوا و باد، دشنام

۱- آتش‌پرست، پرستار و نگهبان آتش، و در هر آتشکده یک موبد، به چنین کار، خویشکاری داشت. اما دیگران پرستش در این واژه را بجای نیایش گرفتند، و گمان بر آن استوار کردند، که ایرانیان بجای خداوند آتش را نیایش می‌کنند. بنگرید به گفتار آتش‌پرست.

دهد، بشاهنامه اندر نیاورده‌اند!

نسا و مردار

ایرانیان باستان سخت‌ترین، داد و آیین و روش را برای بهداشت جهان، و دور بودن از «پلیدی و نسا» (تکه‌ای جدا شده از پوست یا گوشت یا ناخن) داشته‌اند... .

در؛ درهای ششم تا نهم **وندیداد**، و نیز همهٔ بندهای درِ دهم وندیداد سخن از دیوی میرود که در بدن مرده پدید می‌آید [= میکروب]؛ و آن دیو بزندگان «بو» می‌برد[۱]، و بیماری پدید می‌آورد؛ چنانکه در درِ هفتم از بند دوم چنین آمده است که: «دیوِ مرگ، بشکل مگس با بوی گند حمله میکند.»[۲]؛ و در درِ هفتم از بند پنجاه‌وهفتم و زیرنویس آن چنین آمده است که: «این دیوان، در گورها، غذای ناپخته و بدبوی میخورند و انسان میباید که مانند آن‌ها چیز گندیده و بدبو نخورد.»[۳]

بر مردمان است که نبردی سخت برای از میان‌بردن آن دیو بکار گیرند، و سخت‌ترین فرمان‌های وندیداد برای نبرد با بیماری‌های فراگیر (واگیردار!) است:

> ...آنچه باعث خوشی و لذت دیوها [= میکروب‌ها] است، از آن بوی بد بیرون می‌آید، در آن دخمه‌ها، بسیار نجاست و گری و تب و ناتوانی (تب) نوبه و لرزه و استخوان زیاد و موی زیاد هست. از آن دخمه‌ها مردمان بعد از غروب آفتاب در تباه‌ترین حالت خواهند بود.[۴]

درِ هفتم، بند پنجاه‌ونهم

> با نجاست مرده (که از دیو در آن میآید) مقابله میکنیم، با نجاست مستقیم (مرده) مقابله میکنیم. با نجاست غیرمستقیم (که از مرده سرایت کند) مقابله میکنیم، برای دورکردن آن از خانه و از محله و از ایل و از ولایت، و از تن خود و از مردِ نزدیک مرده رفته، و از زنِ نزدیک مرده رفته، و از رئیس خانه و از رئیس محله و از رئیس ایل و از تمام مخلوق مقدس.[۵]

درِ دهم، بند ششم

۱– بوبردن: سرایت کردن، و اگر نیک بنگریم سرایت کردن گند از چیزی یا کسی بچیز یا کس دیگر همانا بوبردن، یا گندبردن، یا میکروب را بردن از این به آن است.

۲– وندیداد، همان، رویهٔ ۵۷.

۳– همان، رویهٔ ٦۷.

٤– وندیداد، همان، رویه‌های ٦۷ و ٦۸.

۵– وندیداد، همان، رویهٔ ۱۰۰.

سخنی که آشکارا نشان میدهد که مقصود از دیوِ مرگ در وندیداد همان است که امروز «میکروب» نامیده میشود، در پایان بند پنجاه‌وهفتم از درِ هفتم آمده است که از شمار این دیـوان در دخمـه‌هـا بـا شمارهٔ پنجاه‌ها و سدها و هزارها، ده‌هزارها و بیشمار بیشمارها یاد میکنـد و بهتـرینِ نمـودِ آن در بنـد چهل‌ویکم از دَرِ نهم است که چنین آمده:

از راه ناخن (اهل خانه) آن دیو نجس موت حمله میکند.[۱]

و بهمین روی، بزرگترین مبارزه با گند یا میکروب در تن مردمان، مبارزه با پلیدیِ زیرِ ناخن اسـت که باید ده گام دور از آتش و بیست گام دور از آب، در گـودالی ریختـه شـود و روی آنـرا بـا خـاک بپوشانند[۲]؛ و هنوز همهٔ روستاییان ایران ناخن خـود را پـس از گـرفتن، زیـر خـاک پنهـان میکننـد، و برآیندی که از این همه تیزنگری و پیگیری در میان ایرانیان پدیدار بوده است، شگفت‌انگیز اسـت و از بررسی یک بند وندیداد روشن میشود:

پس، در آن زمین نجس (که در آن دیوپرستان مو و ناخن ریختند) دیوها جمع می‌شوند و در آن زمینِ نجس حشرات جمع می‌شوند، یعنی آن حشره که مردم بدان شپش نام می‌دهند [از همان جنس] شپش است که غلّه مردم را در مزرعه و علف می‌خورد.[۳]

درِ هفدهم، بند سوم

و این بند نشان میدهد که در ایران چهار یا پنج‌هزار سـال پـیش، شـپش جـانوری دور از مـردم و ناشناخته بوده است که آنرا به شپش گندم و جو همانند میکرده‌انـد!، و نیـز در همـین بنـد نشـان داده میشود که شپش بدانروی در میان دیوپرستان (انیرانیان) می‌افتاد که در زندگی پـاکیزگی و بهداشـت را بکار نمی‌گرفته‌اند!

در شاهنامه فردوسی نیز در داستان جمشید، که زمانی دورتر از آنرا بازمی‌نماید، کار بدانجا رسـیده بوده است که «بهداشت»، از «پزشکی» جدا شده، هر یک کار خود را انجام میداده است:

پزشـکی و درمـانِ هـر دردمنـد درِ تندرسـتی و راهِ گزنـد!

و بهمین روی است که ایرانیان با شناختن دیو مرگ یـا گنـد، یـا میکـروب، بگفتهٔ تاریخنویسـان یونانی، «آب را در آن سرزمین‌ها که نمی‌شناخته‌اند نخست می‌جوشانده‌اند، پسانگاه می‌نوشیده‌اند!»

چند بند از «وندیداد» به نسا و پاک کردن کسی که دست بـه نسـا و مـردار زده باشـد، ویـژه شـده

۱- وندیداد، همان، رویهٔ ۹۵.

۲- وندیداد، همان، رویهٔ ۱۳۱.

۳- وندیداد، همان، رویهٔ ۹۵.

است، و دربارهٔ کسانیکه دست بمرده زده باشند سختگیری بیشتر بوده است، و آنانرا می‌بایستی از یک خانهٔ بهداشت بنام «نُشوه‌خانه» گذشتن، و این نام برگرفته از برنامهٔ سخت‌دشوارِ کسانی است که نُه شبانروز در آن می‌ماندند، و بندبه‌بند، از بندهای پشت سرهم می‌گذشتند، که در هر بند آیینی ویژه برای شست‌وشوی؛ روان بود، و پس از گذر از نُه شبانروز، می‌توانستند به خانه و روستا و شهر خود اندر شوند...

آنگاه با چنین فرهنگ و اندیشه، چگونه میتوان، این سخنان را از شاهنامه دانستن؟ در نبرد پایانی میان گودرز پهلوان ایرانی و پیران سپهسالار توران، چون پیران کشته می‌شود:

چو گودرز دیدش چنان مرده، خوار — بخاک و بخون بر، تپیده بزار
فرو برد چنگال و خون برگرفت — بخورد و بیالود روی ای شگفت
ز خون سیاوش خروشید، زار — نیایش همی کرد بر کردگار
ز هفتاد خون گرامی پسر — بنالید با داورِ دادگر!

گذشته از چنان کار که نه بر آیین ایران بود، این چند رج را چند نادرستی بهمراه است:

یک: پیران، مرده نبود، کشته شده بود.

دو: پس از کشته شدن، تپیدن، چگونه شاید؟

سه: خون برگرفتنی نیست.

چهار: چه چیز را بخورد؟ بایستی روشن شود که از خون پیران بخورد!

پنج: پس از آلودن بخون و مردار با چنان ناپاکی، یاد خدا کردن در آیین ایران نبوده است و نیست! چنانکه هنوز از پسِ گذرِ چند هزار سال، دختران و زنان چون در هنگام «دَشتان» باشند، می گویند «بی‌نمازم».

شش: رج چهارم را پیوند بایسته نیست.

افزون بر این سخنان، چگونه شاید، که پیر گودرز، که با چنان مهر با پیران سخن میگوید، چنین کرده باشد؟

به میدان نبرد آن دو پهلوان بنگریم:

بر آن کوهسر بر، زمانی تپید — پس؛ از کین و آوردگه، آرمید
چنین گفت گودرز که: «ای نرّه شیر — سرِ پهلوانان و گردِ دلیر
جهان چون من و چون تو بسیار دید — نخواهد همی با کسی آرمید
سرش را همی خواست، از تن برید — چنان بدکنش؛ خویشتن را ندید
درفشش ببالینْش بر پای کرد — سرش را بدان سایه بر، جای کرد

شگفتا که در همان نبردِ پهلوانان، افزایندگان همهٔ پهلوانان ایران را چنین می‌نمایند:

نبرد فریبرز و کشتن کلباد:

برآورد و زد تیغ بر گردنش — بدو نیمه شد تا کمرگه تنش
فرود آمد از اسب بگشاد بند — ز فتراک خود، آن کیانی کمند
ببست از برِ اسب، کلباد را — گشاد از برش، بندِ پولاد را

یک: کمرگه واژهٔ آمیخته‌ایست که بجای آن «میان» را توان بکار بردن.

دو: بند را بگشاد؟ یا کمند کیانی را؟

سه: پیشتر دربارهٔ زبانزد نادرست کمر کیانی سخن رفت.

چهار: «کمر»، خود، میان‌بند است، و «کمربند» و کمربسته به رهی (= غلام گویند).

پنج: یک پهلوان را نشاید، کمند خویش را از دست دادن!

شش: بند پولاد نادرست است، زیرا که «کمر» = میان‌بند را از چرم برمی‌آورده‌اند.

هفت: نام کلباد ساختگی است و داستانِ رزم فریبرز و کلباد از افزوده‌های شاهنامه است.

در نبرد گرازه و سیامک:

چنان سخت زد بر زمین کاستخوان — بریزید(؟) و هم در زمان داد جان
گرازه همان‌دم ببستش بر اسب — نشست از بر زین چو آذرگشسب

از نادرستی‌های سخن در این سروده‌ها می‌گذریم:

نبرد فروهل با زنگله:

نگون شد سرِ زنگله، جان بداد — همانا که جز روزِ بد را نزاد
فروهل فروجست و بُبْرید سرْش — برون کرد خفتان رومی ز برْش
سرش را بفتراک زین بر ببست — بیامد گرفت اسپ او را بدست

رزم رهام با بارمان:

بکین سیاوش کشیدش نگون — ز کینه بمالید بر روی، خون
بزین اندر آورد و بستش چو سنگ — سر آویخته، پایها، زیر تنگ

رزم بیژن با رویین:

بشمشیر کردش جدا، سر ز تن — نیاید همی کشته گور و کفن
کمند اندر افکند و بر زین کشید — نبد کس، که تیمار رویین کشید

رزم گرگین با اندریمان:

فرود آمد از اسپ گرگین چو گرد   سر اندریمان ز تن دور کرد

بفتراک بربست و خود برنشست   عنان سوار نبرده بدست

نبرد برته با کهرم:

یکایک بپیچید، از برته روی   یکی تیغ زد بر سر ترگ اوی

که تا سینه کهرم بدو نیم گشت   دل دشمن از برته پربیم گشت(!)

فرود آمد از اسپ و او را ببست   بر آن زینِ توزی و خود برنشست

همهٔ این گفتارها را ناهمواری و نادرستی سخن نیز هست اما، از گزارش آنها چشم پوشیدم زیرا که در جای خود، همه را یاد کرده‌ام.

شاهنامه

و

کیش و آیین و دین

پیدا است که همچنانکه گفتار شاهنامه با فرهنگ ایران همخوان است، با کیش و آیین ایرانی نیز بایستی همراه بودن، و هرآینه سخنی که بر بنیاد دین ایرانی نیست، از شاهنامه‌اش درشمار نباید آوردن.

*

همهٔ آنانکه دربارهٔ کیش ایران باستان پژوهیده‌اند، گمان بر آن دارند که کیش ایرانیان پیش از اسلام همانا کیش زرتشتی بوده است اما چنین نیست، و ایرانیان با فرهنگ خویش کیشی را پدیدآورده‌اند، که با گذرِ زمان، نرم‌نرم به پیش رفته است، تا به اندیشهٔ زرتشت رسد.

نخستین کیش ایرانیان، در نوشته‌های پهلوی بنام پوریوت‌کیشی خوانده شده است این نام در اوستا پَئوئیریوتکَئِشَ بوده است.

واژهٔ اوستایی نیز همان است که در پهلوی روان بود، **پَئوئیریو** = نخستین، **تْکَئِشَ** = کیش.

همه گزارندگان اوستا، این واژه را نخستین آموزگاران دین [زرتشتی] ترجمه کرده‌اند، اما همهٔ آنان، تا روانشاد پورداود، درست نیندیشیده‌اند، و این واژه، ترجمه‌ای بجز از کیش نخستین ندارد.

کیش نخستین

نخستین کیش ایرانیان در هنگام جمشید پدیدار شد، و آن کیشی است که نگرش به آسمان دارد، و خورشید و ماه و ستارگان، در آن ستایش می‌شده‌اند، و گفتار درست شاهنامه نیز چنین می‌نماید:

نیایش همی کرد خورشید را   چنانچون که بُد، راه؛ جمشید را

این سخن، در کناره‌گیری لهراسپ از پادشاهی و گوشه‌نشینی وی در بلخ؛ در گفتار **دقیقی** آمده است، و نشان از آن می‌نماید که بهنگام گشتاسپ (که کیش زرتشت روان گردید)، گروهی که به اندیشه و آیین کهن باور داشتند گوشه‌ای گرفته، در بلخ به ستایش خورشید (و ماه...) می‌پرداخته‌اند.

دربارهٔ ستایش آسمان، و خورشید و ماه و ستارگان بهنگام جمشید، گفتاری گسترده در داستان ایران دفتر نخست آمده است که خواننده را بدان رهنمون می‌شوم.

اما، بایسته می‌نماید که بخشی از اندرز پوریوتکیشان را بدین گفتار بیفزایم:

«چِیْ پِیْتاکْ کو، هَم چیم راد، خْوَرشِیِتْ هَر روچ سه گاس اُوْ مرتومان گِیتیک فْرَمان دَهِیت».

چون پیدا (است) به همین روی، خورشید، هر روز سه گاه به مردمان گیتی فرمان میدهد.

دنبالهٔ این گفتار را در داستان ایران بخوانید، و نمونه‌های یاد شده نشان از کیش کهن ایران میدهد که شاید بیش از پانزده هزار سال[1] جان و روان نیاکان ما تازه نگاداشته، و هنوز نیز نشانه‌های آن در اندیشهٔ دین ما روان است.

کیش مهر

«کیشِ مهر» کیشِ هنگام فریدون است، بی‌آنکه ارزش‌های کیشِ نخستین را بکنار نهد، ارزش‌های تازه بهمراه آورد.

این کیش از آغاز پادشاهی فریدون (شش‌هزار سال پیش) بنام دین ایران روان شد، اما پیدایی آن به [هنگام یکهزارساله ستم بابلیان (ضحاک) و آزار و کشتار جوانان ایران] بازمیگردد. از آنجا که پسران و جوانان، براهنمایی مادران بکوهستانها گریخته در پناهگاه‌های استوار، در کوههای سخت‌گذر می‌زیستند، زندگی سخت و همراه با ورزش‌های سنگینِ همیشگی، با نخستین فروغ سپیده‌دم آغاز می‌شد، و با ستایش آن، به ورزش و کارِ روزانه می‌پرداختند، و بر این بنیاد، نمادِ گیتیایی مهر، فروغ سپیده‌دمان است، و این نیایش و ستایش همراه با پیمانِ راستی بود که برای رهایی از ستمِ بابلیان، با یکدیگر، و با فروغ سپیده‌دم (← مهر) می‌بستند، پس نمادِ مینوی آن، راستی و پیمانداری بود، و با چنین اندیشه و کیش (پیمانداری و راستی) کار خویش را در پهنهٔ گیتی روان کردند، و بابلیان

۱- نگارنده نیک میداند که یاد کردن از چنین گسترهٔ شگفت برای آنانکه از دیدگاه پژوهندگان اروپایی به زندگی نیاکان خود می‌نگرند، تا چه اندازه سهمگین می‌نماید اما در «داستان ایران» همهٔ این رویدادها، بیاری برترین پدیده‌های دانش امروز؛ زمان‌بندی شده است، و برای خواننده هیچ جای شگفتی نمی‌گذارد.

(ضحاک) شکسته شدند، و راستی و پیمان جهان را گرفت.

این کیش تا زمان زرتشت میان ایرانیان روایی داشت و اندیشهٔ زرتشت نیز چنانکه از گاثاها برمی‌آید آنرا بکنار ننهاد، و بسا از ارزش‌های آن در کیش زرتشتی روان گردید، چنانکه هنوز نیز بسا از آن ارزش‌ها در میان مردمان مسلمان ایران روان است و همهٔ این سخنان در داستان ایران آشکار شده است.

در چنین هنگام بود که بدنبال گسترش گرما و خشکسالی برخی از ایرانیان بدنبال یافتن چراگاه بسوی خورورران (← اروپا) رفتند، و گروهی از آنان بسوی خراسان و دشت‌های آسیای میانین کوچیدند، اما آنان نیز کیش خود را بهمراه خویش بسرزمین‌های تازه بردند، چنانکه تا روایی کیش مسیح، اروپاییان را کیش مهری بود.[1]

نمونه‌ها در این زمینه فراوان است و بیکی از آنها بسنده می‌کنم، آنجا که رستم و پیران (سپهسالار توران) پیش از نبرد، در میدان با یکدیگر روبرو می‌شوند.

بدو گفت رستم، که ای پهلوان — درودت ز خورشیدِ روشنروان!

*

در کیش ایرانی، دهش خداوند را بایستی پاس نهادن، و بدینروی، زمان در نزد ایرانیان گرامی بود، چنانکه جان! و شادی برترین دهش خداوند بود، و اینچنین در یسنا (که از سروده‌های پیش از زرتشت است شادی ستایش می شد، و ناشادی را گناه می‌شمردند... و در گفتارهای پیشین چنین آمده است:

«تا او را از نابودی و بزه (گناه) ناشادی کم باشد»[2]

در همان دیدار، چون رستم از پیران می‌پرسد که چرا به ایران نمی‌آیی؟...

همی گفتم این خاک بیداد و شوم — گذاری بیایی به آبادبوم
ببینی مگر شاه با داد و مهر — جوان و نوازنده و خوبچهر

*

ترا پوشش خوک و چرم پلنگ — بسی خوشتر آید ز دیبا و رنگ!

پاسخ پیران به رستم چنین است که مرا آرزو آنست که بایران آیم، اما فرزندان و دودمان گستردهٔ من در توران، و گله‌های گوسفند و اسپ و سوار، کارِ آمدن را دشوار می‌سازد و:

۱– در این باره نیز نیک میدانیم که پیدایی و گسترش کیش مهر را در اروپا، با رفتن یک کشتی دزدان دریایی به اروپا می‌دانند، اما آنان هیچ نیندیشیده‌اند که چند دزد پیمان‌شکن دروغگو و خونریز را چگونه شاید پیام‌آور راستی و پیمان درشمار آوردن؟ در این زمینه نیز خواننده را به «داستان ایران» ره می‌نمایم.

۲– گزیده‌های زاتسپرم، ترجمه محمدتقی راشدمحصل، مؤسسه مطالعات و تحقیقات فرهنگی، تهران، ۱۳۶۶، رویهٔ ۵.

ز نیمه‌شب و دیده‌ام نیست شرم | که چندین بپالوده‌ام خون گرم

پیران، با چنین سخن، میگوید که نیمه‌شبان می‌گریم، و نه از نیمه‌شب (زمان فرخندهٔ شب) شرم دارم، و نه از دهش خداوند که اشگ از چشمان می‌ریزم [... و ناشادم!]

نمونهٔ دیگر

در داستان نبرد پهلوانان، چون تورانیان دربارهٔ نبرد سران با یکدیگر بسگالش می‌پردازند، چنین گفته می‌شود:

ز پیمان نگردند؛ ایرانیان | از این در، کنون نیست ما را؛ زیان

همین گفتار را در کیش مهر ایران، بازمی‌یابیم، آنجا که در بند دو مهریشت آمده است:

«ترا نباید مهروپیمان شکستن، نه آن (پیمان که) با یک دروغپرست، و نه آنکه با یک پیرو راستی بسته‌ای زیرا پیمان هر دو یکی است، خواه با دروغپرست، خواه با پیرو راستی»[1]

نمونهٔ دیگر

بدانهنگام که زنگهٔ شاوران و بهرام، سیاوخش را پند می‌دهند که:

یکی نامه بنویس نزدیک شاه | گوِ پیلتن را، از او بازخواه
اگر جنگ فرمان دهد، جنگ ساز | سخن کوته است، ار نگیری دراز
گر آرام گیری سخن تنگ نیست | ترا، پوزش اندر پدر، ننگ نیست
دلت گر چنین رنجه گشت از نوا[2] | رها کن، نه بر تو؛ چک است و گوا
بنامه، جز از جنگ، فرمانْش نیست | نرفتست کاری، که درمانش نیست

...

سیاوخش؛ پند بهرام را، اگرچه با خرد سازگار است نمی‌پذیرد و...:

چنین داد پاسخ، که فرمان شاه | برآنم که برتر ز خورشید و ماه!
ولیکن بفرمان یزدان، دلیر | نباشد، ز خاشاک، تا پیل و شیر

پاسخ سیاوخش، ریشه در فرهنگ ایران و کیش مهر دارد، زیرا که در مهریشت اندازهٔ مهر یا پیمانی که میان کسی با دیگران بسته می‌شود روشن است:

١- یشت‌ها، همان دفتر نخست، رویهٔ ٤٢٣ و ٤٢٥ با اندکی ویرایش به سبک گفتار این دفتر.

٢- نوا: گروگان

«(درجهٔ) مهر (پیمان)، بیست است میان دو همدوش، سی است میان دو همکار، چهل است میان دو کس از یک دودمان، پنجاه است میان دو همخانه، شست است میان دو تن از پیشوایان، هفتاد است میان شاگرد و استاد، هشتاد است میان داماد و پدرزن (خسورَ)، نود است میان دو برادر، یکسد است میان پدر و فرزند، هزار است میان دو کشور، ده هزار است میان (پیروان) دین مزدیسنا...»[۱]

و بر این بنیاد سیاوخش می‌گوید که پیمانی که با خداوند بسته‌ام، دارای ده‌هزار درجه است، باز آنکه پیمانی که میان من و پدرم بسته شده است، دارای یکسد درجه است، و پیوند میان من و پدرم در پایگاه پادشاه کشور هزار درجه است، و چون پیمان با خداوند برتر است، آنرا برای خشنودی پدرم؛ نمی‌شکنم!

نمودی دیگر

از پیمانداری ایرانیان آنست که در داستان هفتخوان رستم آمده است، چنانکه رستم، از اولاد می‌خواهد که راهنمایی وی را دریافتن کاووس‌شاه و پهلوانان ایران را بپذیرد:

بدو گفت: «اگر راست گویی سَخُن — ز کژّی نه سر یابم از تو نه بُن
نمایی مرا جای دیو سپید — همان جای پولاد غندی و بید
بجایی که بستست کاووس‌شاه — کسی کاین بدی را نموده است راه—
من آن تاج و آن تخت و گرز گران — بگردانم از شاه مازندران
تو باشی بر این بوم و بر، شهریار — ....

و چون اولاد رستم را ره می‌نماید و کار بپایان می‌رسد:

چو کاووس بنشست بر تخت باز — چنین گفت با رستم سرفراز
که ای پهلوان جهان، سربسر — بمردی نمودی به هر جا هنر
ز تو یافتم من کنون، تخت خویش — بتو باد روشن‌دل و دین و کیش
تهمتن چنین گفت با شهریار — که هرگونه‌ای مردم آید بکار
مرا این هنرها ز اولاد خاست — که هر سو مرا، راه بنمود؛ راست
بمازندران دارد اکنون امید — چنین دادمش، راستی را، نوید
سزد گر شهنشاه کهترنواز — در این انجمن سازدش سرفراز
کنون خلعت شاه باید نخست — یکی عهد و مُهری بر او بر، درست

۱- یشت‌ها، همان، دفتر نخستین، رویه‌های ۴۸۷-۴۸۹.

که او شاه باشد بمازندران پرستش کنندش همه مهتران

اما کار افزایندگان در هفتخان اسفندیار نه بر آیین راستی و پیمانداریست چنانکه پس از گذر از خوان هفتم، پرسشی سخت از گرگسار(؟) رهنمای خویش می‌کند، و چون گرگسار، براستی پاسخ می‌گوید، اسفندیار از راستی وی برانگیخته می‌شود:

ز گفتار او تیز شد شهریار برآشفت، بر خیره سر گرگسار
یکی تیغ هندی بزد بر سرش ز تارک بدو نیمه شد تا برش!

کیش زرتشتی

پیرامون سه‌هزار سال تا سه‌هزارودویست سال پیش[1]، زرتشت؛ در میدان اندیشه و خرد ایران سربرافراشت و ایرانیان بدو گرویدند.

زرتشت در گاثاهای خود، هیچیک از اندیشه‌های نیک نیاکان را بکنار ننهاد، تا آنجا که آتشکدهٔ باستانی در این هنگام نیز برجای ماند[2]، و ستایش یزدان، و آفرینش ایزدی و پدیده‌های گیتی و مینو بهمان گونه روا بود، و هست... مگر آنکه وی اندیشه‌های تازهٔ خویش را نیز با مردمان در میان نهاد، که همهٔ آنها خوشبختانه در «گاثاها» برجای مانده است.

از برترین ویژگیهای اندیشهٔ زرتشت، اینست که وی با جنگ و خونریزی همرای نبود، و چنین کار را دشمنی با جان جهان، و آفرینش ایزدی میدانست، و برای گسترش اندیشهٔ خویش فرمان بجنگ نداد، و بهمین روی، این کیش از مرز ایران ره بدیگر کشورها نگشود، مگر آنکه یک گروه تورانی (که همنژاد ما بودند) بنام خاندان **هوفْرَیان**، با کیش زرتشت میزیستند، و نام آنان در نوشته‌های دینی ایران آمده است.

این روش، چنان در ایران شناخته شده بود که بهنگام ساسانیان، با چندان جنگ و آویزش و کارزار، و با چنان خونریزی و دست‌آویزی بمرزهای دیگران، **«خرّاد برزین»** نمایندهٔ خسرو پرویز؛ به قیصر چنین می‌گوید:

نباشند، شاهانِ ما دین‌فروش بفرمانِ دارنده، دارند؛ گوش

پیدا است که لت دویم درست نیست، و خسروپرویز، خود؛ فرمان بکشتن پدر خویش داد، و خالان (دایی‌ها) خویش را نیز، برای بیگناه نشان دادن خویش در کشتن پدر، به بدترین گونه بکشت...

۱- زمانسنجی پیش کشیده شده، همه در «داستان ایران، بر بنیاد گفتارهای ایرانی» باز شکافته می‌شود!

۲- امروز نیز ازپسِ سی سده، زرتشتیان یزد، آتشکده را «بَر مهر» می‌خوانند، و زرتشتیان کرمان «درِ مهر»، و زرتشتیان خراسان مِهرَوا (= مهرآباد).

آنگاه فرمان بکشتن پهلوان بزرگ ایران، بهرام پورگشسب داد و شانزده پسر خویش را تا پایان پادشاهیش در زندان بداشت)... و هرمز پدر او، همهٔ بزرگان ایران را بر باد داد، یا در زندان بکشت، و از همه شگفت‌تر خسرو یکم است که نخست دستش به کشتن مزدک و مزدکیان خونالود شد، آنگاه سه وزیر دانایِ خویش مهبود، زروان و بزرگمهر انوشه‌روان را بکشت و برای کشتن، آن دانایِ بزرگ روزگاران را، در تنوری آهنین که از هر سوی میخ و نیزه کار گذاشته بودند، در گرمای آتشزای تابستان تیسفون چندان نگاه بداشت تا کور شد و بمرد... چنین کارها را نشاید بفرمان‌دارنده (= خداوند) درشمار آوردن! اما، لت نخست درست است، زیرا که ایرانیان؛ در نبردهای هنگام ساسانیان و پیش از آن، در همه جهان، یک کس را نیز به داشتن کیش ایرانی وادار نکرده‌اند.

*

این گفتار بهنگام پذیرفتن کیش که با سدره پوشیدن و کُشتی بستن[1] همراه است، گفته می‌شود:

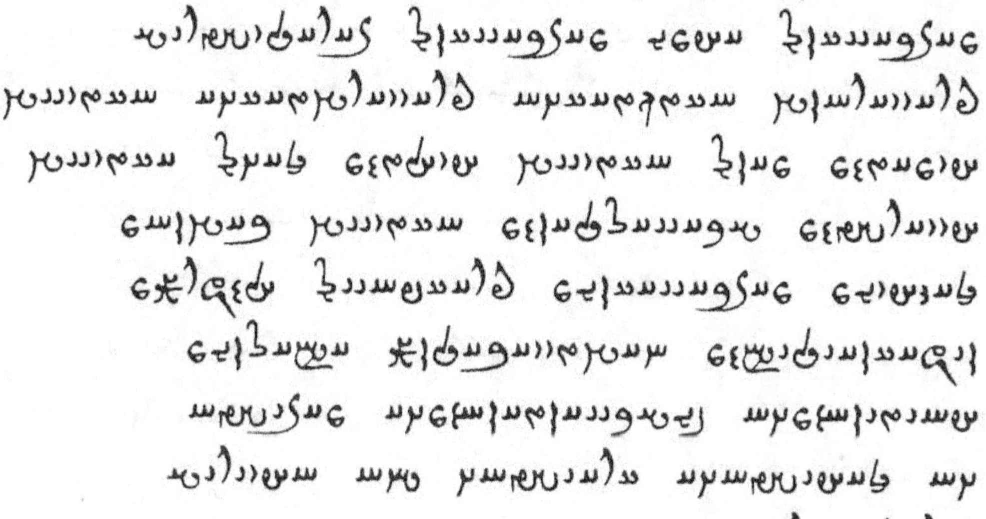

ترجمهٔ این گفتار چنین است:

من ستایندهٔ خرد هستم، ستایندهٔ خرد زرتشتی هستم، می‌ستایم در اندیشه، اندیشهٔ نیک را، می‌ستایم در گفتار، گفتارِ نیک را، می‌ستایم در کردار، کردارِ نیک را. می‌ستایم دینِ بهِ مزدیسنی را که ناسازگار (مخالف) با جنگ و ناهمخوانی، و کنار گذارندهٔ جنگ‌افزار، و پیونددهندهٔ راستین است که اکنون و در آینده بزرگترین،

۱- سدره پیراهن سپیدی است که همواره یک زرتشتی می‌باید آنرا زیرِ پیراهن خویش بپوشد و کُشتی میان‌بندی است که از هفتادودو رشتهٔ نازک از پشم گوسپند بر روی آن، سه بار پیرامونِ میان، بسته می‌شود، از پشم گوسپند نیز بدانروی بهره می‌برند که گوسفند، بی‌آزارترین جانور است، و او را سر جنگ با هیچکس نیست، مگر آنکه چون به پیشانی و شاخهایش فشار آورند، برای پادرزم آماده می‌شود.

بهترین، زیباترین است.

*

پس با چنین گفتار که هر زرتشتی بهنگام پذیرفتن دین، و در هر شبانروز بهنگام بجا آوردن نماز، آنرا هر روز و شب پیش خود می‌گوید، چگونه توان باور کردن که این سخنان از سوی گشتاسپ به اسفندیار باشد؟

برو، گفت: «پایت بزین اندرآر | همه کشوران را بدین اندرآر
از آن شهرها، بت‌پرستان بکش | پس آتشکده کن، بهرجا، بهُش(؟)
بشد تیغزن، گُردکش، پور شاه | بگردِ همه کشوران، با سپاه
بروم و بهندوستان بر بگشت | ز دریا و تاریکی اندرگذشت
شه روم و هندوستان و یمن | همه نامه کردند زی پیلتن
مر این دین به را بیاراستند | از این دین گزارش همی خواستند

این گفتار که از بخش گشتاسپ‌نامهٔ دقیقی گذشت، افزون بر ناهمخوانی با اندیشه و کیش زرتشت نادرستی گفتار نیز فراوان دارد:

یک: لت نخست درهمریخته است.

دو: پایت بزین اندرآر نادرست است، زیرا که پای را در رکاب می‌نهند نه بمیانِ زین.

سه: کشورها را؟ یا مردمان آن کشورها را؟

چهار: کشورها به «شهرها» گردید.

پنج: بت‌پرستان را «را» باید.

شش: در لت دویم سخن سخت نادرخور است.

هفت: به گِردِ کشوران(ها) رفت؟ یا بجنگ آن کشورها؟

هشت: رودرروی «دریا»، «خشکی» باید، «نه تاریکی».

نُه: اگر بدان کشورها رفته بود، بس می‌نمود که آنان خود به اسفندیار بگویند، نه آنکه بدو نامه نویسند!

ده: نامه کردن نیز نادرست است نامه نوشتند.

یازده: در نامه بایستی گفته شود که «بیاراستیم».

دوازده: دین آراستنی نیست، پذیرفتنی است.

سیزده: آوردن دو بار «این» در یک گفتار، آنرا سست می‌نماید.

چهارده: «آراستند» را «خواستند» باید، نه «همی خواستند».

*

آنگاه همهٔ این نادرستیها، چه در اندیشه و کرداری که به جنگ و کشتار پیوست، و چه در گفتارهای نادرخور، یک ناراستی بس بزرگ نیز رخ می‌نماید:

«اگر آنان این کیش را پذیرفتند، چرا در آن کشورها یک زرتشتی نیز نبوده، و نیست؟!»

نمونهٔ دیگر

در گفتارهای افزوده دربارهٔ کردار اسفندیار در هفتخوان:

بیامد، یکی تیغ هندی بمشت — کسی را که دید از بزرگان بکشت
همه بارگاهش چنان شد که راه — نبود اندر آن نامور بارگاه
ز بس کشته و خسته و کوفته — زمین همچو دریا شد آشوفته

نمونهٔ دیگر

بهرجای بر، تودهٔ کشته بود — کسی را کجا، بخت؛ برگشته بود
همه دشت بی‌تن، سر و یال بود — بجای دگر دست و کوپال بود
ز خون بر در دژ همی موج خاست — که دانست؟ دست چپ از دست راست
همی گرز بارید، همچون تگرگ — زمین پر ز ترگ و هوا پر ز مرگ(؟)
سر از تیغ باران چو برگ درخت — یکی ریخت رخت و یکی یافت تخت(؟)
همی موج زد خون در آن رزمگاه — سری زیر نئل و سری باکلاه

نمونهٔ دیگر:

از گفتار اسفندیار:

بتوران و چین، آنچه من کرده‌ام — همان رنج و سختی که من برده‌ام
همانا ندیده است گور، از پلنگ — نه از شست صیاد، کام نهنگ
برافروختم آتش زردهشت — که با مجمر آورده بود از بهشت(؟!)

*

از همه برتر این گفتار افزوده است دربارهٔ اسفندیار:

شهنشاه خونریز و بیداد بود — سپاهش ز بیداد وی، شاد بود!

این گفتارها چه در سروده‌های دقیقی، و چه در سخنان فردوسی، همه افزوده می‌نماید، و اسفندیار را نشاید، که با چنین گفته‌ها از وی یاد کردن، و بویژه او را گسترانندهٔ کیش زرتشتی خواندن، زیرا که پیروان این کیش در هیچ مرز دیگر بجز از ایرانشهر، دیده نمی‌شوند!

نوشتهٔ دیگری که در آن نیز از اسفندیار همچون پهلوانی خونریز یاد می‌شود، و بیشتر پژوهندگان زبان پهلوی و فرهنگ کهن از آن با نام [جنگ‌های مذهبی گشتاسپ‌شاه] یاد می‌کنند، گفتاریست با نام

[اَدیاتکاری زَریران]، یادگار زریران.

در این گفتار چنین آمده است که پس از آنکه ایرانیان کیش زرتشت را می‌پذیرند، از سوی **«ارجاسپ هیونان‌خدای»** (ارجاسپ پادشاه هیونان) نامه‌ای بسوی **گشتاسپ** فرستاده می‌شود که در آن چنین آمده است:

«... که شنیدم که شما بَغان [اعلیحضرت] این دینِ ویژهٔ مزدیسنان را از اورمزد پذیرفتید، و اگرنه آنرا بازدارید (اگر از آن بازنگردید) آنگاه بر ما از آن، زیان و دشخواری گران شاید بودن.

اما اگر شما بغان بنگرید، این دین ویژه را هلید (فروگذارید) و با ما همکیش باشید، آنگاه شما را بخدایی (پادشاهی) پرستیم (خدمت کنیم)، آنگاه دهیم سال‌بسال بسیار زر و بسیار سیمین و بسیار اسپ نیک و بسیار گاه (تخت) شهریاری. و اگر این دین را بنهلید، و با ما همکیش نباشید، آنگاه بشما می‌رسیم، سبز را خوریم و خشگ را سوزیم و چهارپای و دوپای (مردم) را برده گیریم، و شما را به بند گران و دشواری کار فرماییم»[1]

و چون گشتاسپ شاه چنین سخن را نمی‌پذیرد، از هر دو سوی آمادهٔ نبرد می‌شوند، اما پیدا است که چون میدان نبرد، در دشت هوتوس (= توس) بوده است، هیونان برای کارزار به ایران یورش آورده بودند، و کار ایرانیان، در آن نبرد پادرزم (دفاع) بوده است.

چنین پیدا است که یک میدان نبرد دیگر در نزدیکی کوه **«مهرفریاد»** (**یاری‌رسانی مهر**) در میاندشت که دشتی گسترده میان شاهرود و سبزوار است، رخ نموده است، و چون «مهر» یاری ایرانیان می‌رسد [برای پدیده‌ای؛ شاید لرزهٔ کوه،... شاید بادی که بر روی هیونان خورده بود...] آن کوه را مهرفریاد خواندند، و در بندهش در بخش نام کوههای ایرانی از آن یاد شده است.[2]

در نبرد یاد شده، نشان از آن می‌بینیم که سپاه هیونان، ایرانیان را از توس به پس رانده‌اند، پس پیروزی‌های نخستین ازآن هیونان بوده است، چنانکه در یادگار زریران نیز دیده می‌شود و پس از شکست نخستین تیره‌های ایرانی بپا می‌خیزند، و دشمن را از خاک خود به بیرون می‌رانند، و اگر چنین است **از این نبردها نشاید با نام نبردهای مذهبی گشتاسپ‌شاه یاد کردن، که ایرانیان برای**

۱- متن‌های پهلوی، همان، رویهٔ ۲.

۲- این نام در پهلوی بگونهٔ [illegible] **میترفریات** نوشته شده، و غربیان آنرا مَتَن (آمدن) فریاد خوانده‌اند. شگفتا که آمیزهٔ «آمدن فریاد» خود نادرست است، و چون یک اروپایی آنرا چنین خوانده است، پیروان ایرانی آنان نیز بهمین گونه‌اش می‌خوانند، و از آنمیان مهرداد بهار در ترجمهٔ بندهش خود، آنرا بگونهٔ «آمد بفریاد» آورده است. (فرنبغ دادگی، بندهش، مهرداد بهار، انتشارات توس، ۱۳۸۰، رویهٔ۷۲.)

پادرزم میهن خویش جنگیده‌اند، و کشته شدن هیونان در این زنجیره جنگ‌ها، از بـرای کـیش زرتشتی نبوده است، که برای بیرون راندن آنان از خاک ایران درشمار می‌رود!

دانش و دین ایرانی

در نامهٔ افزوده‌ای که کیخسرو پس از شکست توس از تورانیان به فریبرز می‌نویسـد، یـک رج در ستایش خداوند؛ چنین آمده است:

جهـــان و مکـــان و زمـــان آفریـــد   پـــی مـــور و پیـلِ گـران آفریــد

بر این سخن چند بار انگشت توان نهادن:

یک: مکان، چیزی و جایی بجز از جهان نیست.

دو: در لت دویم چون سخن از پی مور می‌رود، بایستی پی پیل آید نه خودِ پیل.

سه: از پیل گرانتر در جهان هست، همچون نهنگ، کوه...

اما بر آنچه که از دیدگاه اندیشهٔ دینی ایرانیان، توان انگشت نهادن، آنست کـه، در اندیشـهٔ دینـی ایرانی که برگرفته از دانش نیاکان است. زمان، آفریده نبود، و در «سروش بـاژ» کـه پـیش از نمازهـای پنجگانه بهنگام شستن دستوروی می‌خواندند، چنین آمده است:

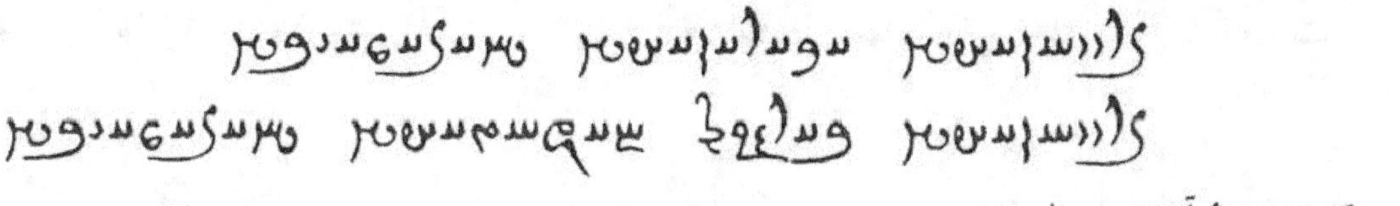

[متن اوستایی]

که ترجمهٔ آن چنین است:

«زروانِ بیکران را می‌ستاییم، زروانِ کهنِ خودداده (خودآفریده) را می‌ستاییم.»

بر بنیاد این اندیشه، زروان، زمان بیکران که زمانِ زمـین مـا نیـز از آن گرفتـه شـده اسـت آفریـدهٔ خداوند نیست، و در آفرینش خداوند، جهان پدیدار می‌شود، آنگاه از جنبش و روش ستارگان و مـاه و خورشید و زمین، زمان پدید می‌آید.

باری زمانی که در کرهٔ زمین شناخته می‌شود از جنبش زمین بـر گـردِ خـویش، و آنگـاه بـر گـردِ خورشید پدید می‌آید، و در همین دم، چنین زمان؛ در ماه که از آنِ زمـین اسـت، اینچنـین شـناخته نمی‌شود، و اگر اندکی از این، گام را فراتر نهیم، آنچه را که بنام بهار می‌شناسیم، در ناهیـد و تیـر و بهرام شناخته نمی‌شود، از آنجا که در آن کره‌ها، زمانی ویژهٔ خویش، و بر بنیاد جنبش و روشِ خویش بر گردِ خورشید دارند!

اینچنین؛ زمان، زادهٔ جنبش و روش هر یک از ستارگان است، و ایرانیان چند

هزار سال پیش، چنین پدیدهٔ شگفت را که زمانِ هر یک از ستارگان از جنبش و گردش خودشان پدیدار می‌شود شناخته بودند. و آنرا زروان می‌نامیدند.

زروان از ریشه (۱) برگرفته شده است[1] که پیر و کهن بوده باشد[2] و با افزودن که آن نیز دیر، دور، دراز[3] است برای زروان، یک کهنگی و دیری فراوان نشان داده‌اند، چنانکه درازی آن در اندیشهٔ ما پدیدار نمی‌شود. با این گفتار، «زمان آفرید» در رج یاد شده، برآمده از اندیشه و دانش و کیش ایرانی نیست، و آنرا نشاید از آن شاهنامه درشمار آوردن!

از این دست سخن، چند بار در افزوده‌های شاهنامه آمده است:

مکان و زمان آفرید و سپهر — بیاراست جان و دل ما به مهر

از افزوده‌های شاهنامه در پادشاهی خسرو نوشروان

که چرخِ سپهر و زمان آفرید — بسی آشکار و نهان آفرید

همچنین در نبرد رستم با ساوه‌شاه و گهارگهانی

که چرخِ سپهر و زمان آفرید — توانایی و ناتوان آفرید

فرستادن خسروپرویز خراد برزین را برای چاره‌گری در کار بهرام

که چرخ و زمین و زمان آفرید — توانایی و ناتوان آفرید

اندرز کردن دارا، اسکندر را

همهٔ این گفتارها، را؛ نادرستی همراه است، اما بر هر یک از آنها نادرستی‌های دیگر نیز هست.

در رج دویم؛

یک: چرخ، چرخ اختران است، زیرا که آنها چون چرخ بر آسمان می‌چرخند، و سپهر، چیزی یا جاییست برتر از چرخ، که آنرا نیز خودداده نامیده‌اند، و در سروش‌واژ، بدنبال گفتار یاد شده اینچنین می‌آید:

سپهر بیکران را می‌ستاییم، سپهر کهن (دور، دیر) خودداده (خودآفریده) را می‌ستاییم. از آنجا که سپهر برتر از چرخ ستارگان است، و هیچ ستاره‌ای در آن نیست که آفریده شده باشد.

۱- فرهنگ واژه‌های اوستایی، همان، دفتر دویم، رویهٔ ۵٦٦.

۲- پاژنام «زر» بر نام زال نیز بهمین روی گذاشته شده است.

۳- فرهنگ واژه‌های اوستایی، همان، دفتر دویم، رویهٔ ٦٩٦.

دو: آنچه که از دیدگاه ما پنهان است، در آفرینش ایزدی پنهان نبوده و نیست، که او همه را آشکار آفرید، اما مردمان را بایستی برای آشکار دیدن آنان (بر چشم خویش) پنهان را آشکار کردن.

در رج سیوم:

یک: چون از «توانایی» یاد می‌شود می‌باید که رودرروی آن از «ناتوانی» یاد کردن، نه از «ناتوان»، و چنین گفتار از دیدگاه زبان نادرست است.

اما آنچه را که از دیدگاه کیش ایرانی می‌توان انگشت نهادن، آنست در دیدگاه ایرانیان، سرتاسرِ آفرینش ایزدی همه درستی و راستی و توانایی است، و در آفرینش او «ناتوانی» نیست، و چنین است دنبالهٔ آن گفتار که بهنگام پذیرفتن دین، آمده است.

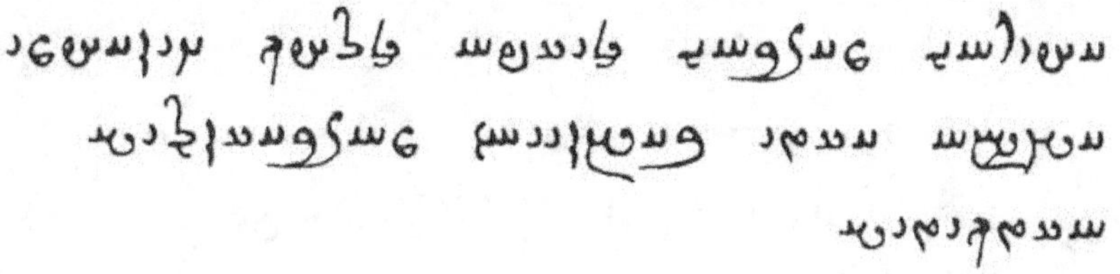

سدااسد ىدگوسد ىادىد ىاطىاع ىدىسىد
ىدرىس ىدمد ىدمىدد ىدگودىدىىد
سدىدمدمدىد

اهورامزدا (سرآغاز) همهٔ نیکی‌هاست، این است آنچه که دین مزدیسنی بر آن استوار است.

پس: از دیدگاه کیش و آیین ایرانی نمی‌توان پذیرفتن که «ناتوانی» نیز همراه با آفرینش ایزدی است.

نکته‌ای دیگر:

سرآغاز ناامید شدن کیخسرو از پادشاهی این رج است:

چهل روز، سوگ نیا داشت شاه   ز شادی شده سیر و از تاج و گاه

نگاهداشتن چهل روزهٔ سوگ از آنِ ایرانیان پس از اسلام است، و در ایران باستان، چون کسی درمیگذشت، بامدادِ روز چهارم پیکرش را بدخمه می‌بردند، و این دیرروی، بدانروی بود که در اندیشه و کیش ایرانی، چنین روان بود که روان درگذشته، سه شبانروز پیرامون پیکر می‌ماند، و بامداد روز چهارم، از پیکر گسسته به همارواناِن (روان همه درگذشتگان) می‌پیوندند، از آنجا که در میان درگذشتگان بسا با ایستایی دل، زنده هنوز بودند و پیکرشان بی‌جنبش به مرده می‌مانست، در این سه روز درنگ، چنین مردگان، بزندگی بازمی‌گشتند.

بامداد چهارم نیز نانی بر روی سینهٔ درگذشته می‌نهادند و سگی سخت باهوش را که با داشتن دو خال بر روی پیشانی آنرا «سگ چهارچشم» می‌نامیدند ببالین وی می‌آوردند. هرآینه سگ برای برداشتن نان، دُم می‌جنبانْد، و سپاس می‌گزارد، پیدا بود که آن پیکر را هنوز؛ جان هست، و شاید که برخیزد و زندگی را از سر گیرد، اما اگر سگ بی‌سپاسداری نان را برمیداشت بیگمان می‌شدند که پیکر، درگذشته است.

یک شب، پیش از بامداد چهارم آیین مهمانی و جشن در خانهٔ درگذشته برگزار می‌شد، که همراه با خواندنِ اوستای بایسته، مَی می‌نوشیدند، و دخترکان جوانتر نیز نرم‌نرم برخاسته، به دست‌افشانی می‌پرداختند! و چنین شادمانی از برای آن بود که روان درگذشته را، از شادی خویش شادمانی بخشند تا او به آرامی و شادی، بجهان مینوان بخرامد.[1]

چنین جشن و رامش را نام «سدوش» است که شب سیوم بوده باشد، که فردای آن، برای درگذشته آیین پُرسه برگزار می‌شد و پس از آن، در پایان یکماه آیین سیروزه می‌گیرند که با خواندن اوستای بایسته و خوراک شایسته همراه بود، و هست.

چنین پیدا است که چون ایرانیان مسلمان شده خواستند به آیین پیشین سدوش و پُرسه و سیروزه گیرند، با ایستادگی کارگزاران دیوانی روبرو شدند، پس پُرسه را به هفتم و سیروزه را به چهلم گرداندند، اما در هنگام کیخسرو چنین نبوده، ویژه آنکه چهل روز سوگ (= سوز و درد) داشتن از برای درگذشت کاووس پیر، سزاوار نمی‌نماید.

نکته‌ای دیگر:

بهنگام زادن شیرویه فرزند خسروپرویز از دخت قیصر:

ششم سال، از دخت قیصر، چو ماه — یکی پورش آمد، همانند شاه
نبود آنزمان رسم بانگ نماز — بگوش چنان پرورید بناز
یکی نام گفتی بگوش اندرون — همی خواندی آشکارا، برون

این گفتار را چند نادرستی از دیدگاه زبان هست:

۱– این آیین هنوز میان زرتشتیان یزد و کرمان، روایی دارد.

یک: کودک تازه زاده را نشاید «پروریده بناز» خواندن.

دو: بگوش اندرونِ چه کس؟

سه: در لت دویم، (همی) خواندی، با گفتی لت نخست همخوان نیست.

چهار: چه کس این نام‌ها را می‌گفت؟ یا می‌خواند؟

پنج: آشکارا برون را چه گزارش است؟

سخن از دیدگاه کیش و آیین نیز نادرست است، زیرا که ایرانیان باستان را پنج گاهِ نماز بود، و بانگ نماز را نیز با آوای تبیره و نقّاره و نای و گاودُم از سردرِ کاخ شاه بلند می‌کردند، تا مردمان آگاه شوند که هنگام نماز است، پس از اسلام نیز این شیوهٔ آگاهی‌رسانی در ایران دنبال می‌شد، و تا زمان ایلخانان از آن نشان داریم، در این سرودهٔ سعدی:

گر پنج نوبتت بدرِ قصر می‌زنند　　　نوبت بدیگران بگذاری و بگذری

تا آنجا که هنوز برفراز سردر کاخ اما رضا در دو گاهِ نماز نقاره می‌زنند!

گاههای نماز شبانروز در ایران چنین بوده است:

۱- نمازِ سپیده‌دم بنام **اوشَهین‌گاه** بهنگام نخستین روشنایی سپیده ۳ تسو (ساعت) پس از نیمه شب؛

۲- نماز بامدادین با آغاز برآمدن خورشید، تا نیمروزان بنام نماز گاهِ **هاوَن**؛

۳- نماز نیمروزان از نیمروز، تا سه تسو پس از نیمروز، بنام نماز گاهِ **رَپیثوین**؛

۴- نماز پسین از سه تسو پس از نیمروز، تا فرورفتن خورشید بنام نمازِ گاهِ **اُزیرِن**

۵- نماز شام از فرورفتن خورشید تا نیمه شب، بنام گاهِ **اَئیوی سروثْرِم**

چنین پیدا است که در نماز ایرانی، سه گاه در روشنایی روز، و یک گاه در هنگام تاریکی شب، و یک گاه، بگاه نیمه روشن سپیده‌دم خوانده می‌شد.

اما در نمازهای اسلامی بدانروی که تازیکستان را هوایی گرم است، نماز گاهِ هاون که از بامداد، تا نیمروزان بود، به گاهِ «اِیواران» (= مغرب) برده شده است، تا نمازگزاران، بیش از دو بار، گرمای روز را بر تن و جان خویش نگذرانند.

اما نکته اینجا است که در نقّاره‌خانهٔ امام رضا، دو گاه را نقّاره می‌نوازند: (برآمدن، و فرورفتن خورشید)، و آغازِ آن دو گاه برابر است با آغازِ گاه هاون و گاه اَئیوی سروترِم ایرانی، اما نمازگزاران خراسانی این دو گاه را چنین گزارش میکنند.

آغاز نقارهٔ گاه بامدادین؛ گاهی است که دیگر نماز نبایستی خواندن!
و آغاز نقارهٔ گاه اِیواران؛ گاهی است که نمازِ شام آغاز میگردد!
و بدینسان گوشه‌ای از فرهنگ ایران باستان، در گرامی‌ترین جای از دیدگاه ایرانیان مسلمان، پاسداری شده است.

نکته‌ای دیگر

نماز ایرانی، روی به فروغ و روشنایی خوانده می‌شد، سپیده‌دم و گاهِ هاون، روی بخراسان، گاهِ نیمروزان، رو به نیمروز، و گاهِ پسین روی به خوروران و شبانگاه نیز روی بفروغ ماه یا ستاره، یا چراغ.

چون روزهنگام در آتشکده؛ نماز می‌خواندند، روی به آتشدان، بگونه‌ای می‌ایستادند، که رویشان بسوی خورشید نیز باشد.

نماز با شستن دست و رو، ایستاده روی به روشنایی انجام می‌پذیرفت، و این گفتار افزوده بشاهنامه در نبرد بزرگ کیخسرو با افراسیاب آمده است:

دوتایی شده پشت و، بنهاد سر   همی آفرین خواند، بر دادگر

نادرستی خود را آشکار می‌کند، چرا که در نماز ایرانی، دوتایی(؟) شدن (کاری بیش از رکوع)، و سر نهادن (= سجود) نبوده است، و این آیین در هیچیک از کیش‌های شناخته شدهٔ باستان نیز دیده نمی‌شود مگر آنکه با دین اسلام، پدیدار شد. و در آنزمان هنوز دین اسلام آشکار نشده بود.

نکته‌ای دیگر:

این گفتار نیز، بارها در افزوده‌های بشاهنامه آمده است که برای نماز، نمازگزار را به پیشِ خداوند(؟) می‌فرستند؛ چنانکه کیخسرو را در جنگ بزرگ با افراسیاب:

بیامد، بیکسو، ز پیش سپاه   به پیش خداوندِ خورشید و ماه

و در آن پیشگاهِ بی‌پیشگاه، روی نمازگزار را بر خاک می‌مالند:

بگفت این و بر خاک مالید؛ روی   جهان شد، پر از نالهٔ زارِ اوی

و در گفتار افزایندگان پیش از یکصد بار، این سخن را آورده‌اند، باز آنکه نماز ایرانیان باستان ایستاده انجام می‌پذیرفت. و در همین گونه نمازِ بی‌آیین، کیخسرو بخداوند می‌گوید:

اگر نیستم من، ستم یافته!   چو آهن به کوره درون تافته!
نخواهم که پیروز باشم بجنگ   نه بر دادگر بر، کنم؛ جای تنگ(!؟)

چگونه در اندیشهٔ کس می‌گنجد که مردم را توان آن هست که جای را بر خداوند تنگ کنند؟ و

این از شگفتی‌های اندیشهٔ پستِ افزایندگان است. در افزوده‌ها، افزایندگان بهنگام نماز و نیایش، همواره از «جای پرستش» «پیش خدا» «پیشگاه یزدان» یاد می‌کنند. باز آنکه در اندیشهٔ ایرانی خداوند را جای و پیشگاه نیست و «ز نام و نشان و گمان برتر است».

ز بهر نیایش سر و تن بشست — یکی پاک جای پرستش بجست
ازآن‌پس نهاد از برِ خاک، سر — چنین گفت کای داورِ دادگر

جنگ بزرگ کیخسرو

فرود آمد از بارهٔ سرفراز — به پیش جهاندار، بردش نماز

اسفندیار پیش از نبرد با گرگ

خروشان بغلتید بر خاک بر — به پیش خداوند پیروزگر

اسفندیار، پیش از نبرد با اژدها

ز بهر پرستش سروتن بشست — بشمع خرد، راه یزدان بجُست
بپوشید پس، جامهٔ نوسپید — نیایش‌کنان رفت، دل پرامید
بیامد خرامان به «جای نماز» — همی گفت، با داور پاک، راز

کیخسرو بهنگام ناامید شدن از جهان

همی بود، گریان و رخ بر زمین — همی خواند بر کردگار آفرین

دیدن کیخسرو، سروش را بخواب

چو بشنید خسرو؛ دوان شد بخاک — نیایش‌کنان، پیش یزدان پاک
همی گفت کای روشنِ کردگار — جهاندار و بیدار و پروردگار

پس از گریز تورانیان از میدان نبرد

این سروده‌ها، همه از گفتارِ افزایندگان است، زیرا که در کیش ایرانی، در هر جای و هر گاه می‌توان نماز خواندن و نمونهٔ آن، گفت‌وگوی رستم است، با خداوند، در خوان دویم بهنگام تشنگی:

تن رخش و گویازبانِ سوار — ز گرمی و از تشنگی شد ز کار
پیاده شد از اسب و ژوپین بدست — همی رفت پویان، بکردار مست
چنین گفت کای داورِ دادگر — همه رنج و سختی، تو آری بسر
بپویم همی تا مگر کردگار — دهد شاه کاووس را زینهار
هم ایرانیان را، ز چنگال دیو — رهاند بی‌آزار، کیهان‌خدیو
اگر داد بینی همی کارِ من — مگردان یکی، تیره؛ بازار من

*

نمونهٔ دیگر در داستان کاموس کُشانی رخ نمود، بدانگاه که ایرانیان از سرما و برف آزار دیده و در میدان نبرد شکست خورده بودند:

سپهدار و گردنکشان، آنزمان گرفتند زاری، سوی آسمان
که ای برتر از دانش و هوش و رای نه در جای و، بر جای، و برتر ز جای
از این برف و سرما، تو فریادرس نداریم فریادرس، جز تو؛ کس!

*

نکتهٔ دیگر

پیدا است که پیش از آغاز نماز، بهنگام خواندن **«سروش باژ»** کشتی (میان‌بند) را می‌بندند، و نماز را می‌آغازند، پس این گفتار افزاینده، بهنگام ناامید شدن کیخسرو از پادشاهی، باژگونهٔ آنست:

ببست آن درِ بارگاه کیان خروشان بیامد، گشاده میان
ز بهر پرستش سروتن بشست بشمع خرد، راه یزدان بجست(!)

*

نکته‌ای دیگر:

در افزوده‌ها دیده می‌شود، سر و تن شستن پیش از نیایش است و اینکه چگونه در میدان نبرد، جایی برای شستن تن پیدا می‌شود!

سر و تن بشوییم، با پای و دست(!؟) چنانچون بود، مرد یزدانپرست
بزاری ابا کردگار جهان بزمزم کنیم آفرین مهان(!!!)

باز آنکه چنانچون در گفتار «سروش باژ» گذشت، پیش از نماز دست و روی را می‌شستند و **سروش باژ** را می‌خواندند.

سخن درست در این، در گفتار گیو آمده است، آنگاه که پدر (گودرز) را بدرود می‌گوید، تا برای یافتن کیخسرو، براهی دراز و ناپیدا رود:

تو پدرود باش و مرا یاد دار روان را ز درد من آزاد دار
مگر باشدم، دادگر؛ رهنمای بنزدیک آن نامور کدخدای
چو شویی ز بهر نیایش رُخان بمن بر، جهان‌آفرین را بخوان

نکتهٔ دیگر

در آیین ایرانیان باستان بود که پیش از آغاز بخوردنِ خوراک، آرام و با زمزمه، ستایش یزدان می‌کردند و بهنگام خوردن، با کسی سخن نمی‌گفتند، چرا که همگان همان زمزمه را می‌کردند.

آفرین چنین است:

«اکنون در اینجا می‌ستاییم اهورامزدا را که جان و راستی را آفرید. آب را آفرید، گیاه

و روشنایی نیک را آفرید، زمین و سرتاسر پیدایش نیک را

راستی نیک بهترین است

خوشبختی است

خوشبختی برای کسیکه

راستی را برای برترین راستی (خداوند) بورزد»

و بدانروی که خوردن مَی، با رامش و رامشگر و آواز و گفتار و خنده همراه بود، هیچگاه بر سرِ خوان خوراک، می نمی‌نوشیدند، و چون خوردن خوراک بپایان می‌رسید، خوان را به گُل و مُل می‌آراستند، و گفتار و خرمی و شادی با آن آغاز می‌گشت.

افزایندگان چون، از چنین زمزم و آفرین آگاه نبوده‌اند، چنین می گفتند:

بزمزم همی خواندند آفرین	بر آن دادگر شهریار زمین

بازگشتن خاقان و کشیدن کسری به تیسفون

بخوردند بشتاب، چیزی که بود	پسانگه بزمزم بگفتند زود

گریختن خسرو به روم

چو آن جامه‌ها را بپوشید شاه	بزمزم همی توبه کرد از گناه(!)

کشته شدن خسرو، بر دست مهرهرمزد

بزمزم بدو گفت: «بر گوی راست	کجا موبدان موبد اکنون کجا است؟

پادشاهی شاپور دویم

بزرگان بر او گوهر افشاندند	بزمزم بر او آفرین خواندند

رفتن کسری بسوی الانان براه دریا

٭

پیش از خوردن نان، سه شاخه یا هفت شاخه گیاه سبز بنام «برسَم» [در اوستا 𐬠𐬀𐬭𐬆𐬯𐬨𐬀𐬥 بَرِسْمَن] در دست می گرفتند، «واژِ خوردن» را یکبار می‌خواندند، پسانگاه؛ برسم را، کنار می‌نهادند، و همراه با خوردن خوراک باژ را آرام‌آرام می‌خواندند تا خوراک بپایان میرسید.

و چنین است داوری‌های نادرست دربارهٔ «برسم»:

چو بَرسم بدید، اندرآمد به واژ	نه گاه سخن بود و گفتارِ ژاژ

کشته شدن خسرو بر دست مهرهرمز

نشستند با باژ، هر دو بر اسب	دمان، تا درِ خانِ آذرگشسب

کشته شدن افراسیاب بر دست کیخسرو

بیاورد هرچش بفرمود شاه	بیاراسته بَرسم و باژگاه(!)

بزمزم بدو گفت، برگوی راست — که تا موبدان موبد، اکنون کجا است

گریز شاپور دویم از روم

بزاری ابا کردگار جهان — بزمزم کنیم آفرین مهان

بازگشت کیخسرو از توران

به بَرسم شتابید و آمد براه — بجایی که بود اندر آن، باژگاه[1](!؟)

چنین گفتارهای درهم و بی‌گزارش را با گفتار شاهنامه دربارهٔ «باژ» و «بَرسم» بسنجیم:

نهادند خوان، پیشِ ایزدگشسب — گرفتند پس واژ، بَرسم بدست

کشتن هرمزد، بزرگان ایران را

چونان خورده شد مجلس آراستند — می و رود و رامشگران خواستند

نیرنگ شغاد

چونان خورده شد، در زمان؛ میزبان — بیاورد جامی ز می، شادمان

مهمانی لنبک آبکش

چونان خورده شد، می گرفتند و جام — نخست از شهنشاه بردند نام

مهمانی لنبک آبکش

چونان خورده شد، جام می خواستند — به می، جان خرم بیاراستند

بزم نخستین بزرگمهر با شهریار و دانایان

نکته‌ای دیگر:

«اندرز» بزبان اوستایی (بجای وصیت تازی) روان بوده است، و هرآینه کسی اندرز میکرد و بازماندگان را بکاری فرمان می‌داد، آنرا اندرزفرمان می‌خواندند، و اگر فرزند یا هر بازمانده آن فرمان را بجای نمی‌آورد، گناهکار درشمار می‌رفت، و گناه او را «گناه اندرزفرمان» می‌خواندند.

یکی از افزایندگان بشاهنامه که بویی از چنین سخن شنیده بوده است، در بخش افزودهٔ کیخسرو، گناه اندرزفرمان را، نخواندن بسیارِ اندرز شاهان آورده است:[2]

گنهکار باشد بیزدان بسی — که اندرز شاهان نخوانَد بسی!

نکته‌ای دیگر:

نویسندگان شاهنامه، دبیران ایرانی بودند، و چنانکه گذشت آنانرا، در همهٔ زمینه‌های فرهنگ ایران،

۱– افزاینده چندان از فرهنگ ایران بدور بوده که گمان بر آن برده است که باژ را در باژگاه (= باجگاهِ مرزِ دو کشور) بایستی یافتن!

۲– بهرام فره‌وشی نیز در فرهنگ پهلوی خود هندرزفرمان را چنین آورده است: «نام گناهی است». (فرهنگ پهلوی، همان ۲۰۵)

آگاهی و دانش بایسته بود.

پیش از برشمردن نادرستی‌های گفتار افزایندگان، نگاهی به آگاهی نویسندگان شاهنامه بیفکنیم در داستان زال و رودابه، آنجا که زال؛ پرده از راز دلدادگی خویش برمیدارد، با موبدان چنین می‌گوید:

جهان را فـزایش ز جُفـت آفریـد — که از یـک، فزونـی؛ نیایـد پدیـد
ز چـرخ بلنـد انـدر آمـد سـخُن — سراسر همین اسـت گیتـی ز بُـن

آنچه در چشم مردمان آشکار نمایان می‌شود، آنستکه چـرخ آسـمان یکـی است و گیتی نیز یگانه است اما آنچه که در فرهنگ ایران دربـارهٔ آسـمان و زمین و گیتی آمده است چنین است که اهورامزدا دو گوهر و دو نیرو، برای پیدایی جهان و روایی کار جهان پدید آورد:

نیروی نخست سپندمینو که در اوسـتا [illegible] سپِنت مَئینیـو خوانده می‌شود که مینوی افزاینده باشد.

دودیگـر، اَنگرَمینـو کـه در اوسـتا [illegible] اَنگهرَمَئینیـو خوانده می‌شود، و آن نیروی زننده یا تباه‌کننده است.[۱]

از رویارویی این دو نیرو است که کار جهان و گردش جان و جهـان سـامان می‌پذیرد، زیرا که اگر سپندمینو بتنهـایی کـار میکـرد، بـزودی گسـترش در گسترش، کار جهان را بنابودی می‌کشاند، اما چون سپندمینو بافزایش جهـان بپردازد، و نیروی روبرو که انگره‌مینو باشـد، از آن بکاهـد همـواره چرخـهٔ آفرینش می‌چرخد، و هیچگاه با ایستایی روبرو نخواهد شد!

و در این گفتار هم، از چرخ یاد شده است و هم از گیتی، که با همراهـی دو نیروی یاد شده جان در آن روان است، و جهان با آن جاودان است.

نمونه‌ای دیگر:

اکنون بدین گفتار در داستان بیژن و منیژه بنگریم بدانگاه کـه از گفتـارِ گـرگین دربـارهٔ زیبـایی منیـژه برانگیخته شده برای دیدار او براه می‌افتند:

چو بشنید گفتار گـرگین؛ جـوان — بجوشـیدش آن گـوهرِ پهلـوان
برفتنـــد، هـــردو؛ بـــراه دراز — یکـی آزپیشـه، دگـر کینـه‌سـاز!
بیژن — گرگین

۱- فرهنگ واژه‌های اوستایی، همان، دفتر سیوم، ص۱۰۷.

شاهنامه با این گفتار، از جنبش و روش آن دو **پهلوان** به بدی یاد میکند، بدانروی که در کیش ایرانی از پنج دیو، یاد شده است، که هر یک از آنها، بتنهایی برای رنجاندن جانِ جهان و مردمان و جنگ و ستیز و دشمنی و آشوب، کار میکند.

این پنج دیو: را چنین بایستی نام بردن:

نیاز

آز

رشگ

کین

خشم!

زیرا که چون برای کسی «نیاز» پیش آید، درگذرِ زمان، به «آز» روی می‌نماید.

و چون «آز» زمانی دراز در رگ و خون کسی بجوشد، او را بسوی رشگ رهنمون می‌شود.

و چون «رشگ» بر جان کسی پادشاه شود، او را به سوی کین می‌کشاند.

و چون «کین» پدیدار شود، خشم برمی‌انگیزد، و از دیو خشم در نوشته‌های باستانی با پاژنام **«دارندهٔ درفش خونین»** یاد شده است، زیرا که جنگ و ویرانی و تباهی پیش می‌آورد... و سرآغاز همهٔ این نابسامانی‌ها «نیاز» است و از برای آنکه نیاز پیش نیاید می‌باید همهٔ مردمان بکار و کوشش و کشاورزی و آبادانی جهان بپردازند، و بدینروی، در ایران باستان «گدا» نبود، و «گداپروری» نیز در شمارِ بدترین کارها بود، زیرا که به نیرو گرفتن «دیو نیاز»، «دیوِ آز» در اندرون و اندیشهٔ گدایان یاری می‌رسانید.

اینجا بایسته می‌نماید که یادی از **انوشه‌روان مزدک بامدادان** کنیم که راست گفت، و جان خویش را بر سرِ راستی و راستی‌خواهی باخت، که گفت:

بپیچانـد از راسـتی، پـنج چیـز | که دانـا، بـر آن پـنج، نفـزود نیـز
کجا خشم و کین است و رشگ و نیاز | به پنجم که گردد بر او، چیـره؛ آز

اکنون بایستی سنجیدن که گفتار یاد شدهٔ شاهنامه در جنبش دو پهلوان بسوی جشنگاه منیژه چه را می‌نماید؟

«دو دیو از پنج دیو ویران‌کنندهٔ جهان، با آنان همراه بود بیژن با «آز» و گرگین با «کین»

با چنین آگاهی‌ها که دو نمونهٔ آنرا یاد کردم، اگر در شاهنامه نادرستیهایی در داستان دین پیش آید، آن ناهمواریها، نه از گفتار شاهنامه است، نه سخن فردوسی.

*

دربارهٔ اوستا

نخست بدین نکته بایستی پرداختن:

واژهٔ «اوستا» چنانکه برخی گفته‌اند از ریشهٔ وید [illegible] اوستا و سانسکریت (= آگاهی)، یـا ویسـتا (= دانش) اوستایی برنیامده است، زیرا که در سرتاسر اوسـتایی کـه در دسـت داریـم ایـن واژه دیـده نمی‌شود، و در نوشته‌های پهلوی بگونهٔ **[illegible]** اَپستاک آمده است که در زبان فارسی با دگرگـون شدن «پ» به «و» بگونهٔ «اوستا» درآمد، و با چنین دگرگونی، نشاید که آنرا از ریشه «وید» بدانیم زیـرا که اگر ریشهٔ آن «اَپَس» بوده باشد، و آنرا با «وید» هیچ پیوند نیست.

پیدا است که چون **اسکندر گجسته** فرمان بسوزاندن دفترهای ایرانی داد، تا زمان **بـلاش اشـکانی** هیچ نامه و دفتر، در ایرانشهر نبود، و بدینروی آن نامه‌ها را اَپستاک خواندند که پدیدار و پیدا و آشکار نبود. واژهٔ اَپستاک با دگرگون شدن «س» به «ی» [چنانکه در واژهٔ «پَس» و «پَی» دیده می‌شود] گونه‌ای از **[illegible]** اَپیتاک پهلوی، برابر با «ناپیدا»ی فارسی است و چون بلاش به پادشاهی رسید، فرمان داد که سرتاسر ایرانشهر را بگردند، باشد که بخشی از آن نامه‌های ناپیدا، را بیابند، و چون چنـین کردنـد، همهٔ خانه‌ها ـو آتشکده‌ها ـی ایران را بگشتند و از همهٔ آن دوازده هزار ـو بگفته‌ای یکهزارودویسـت دفتر- بیست‌ویک نَسک[1] را یافتند، اما چون زمانی دراز بر نام اپستاک = ناپیدا گذشته بود پس از یافتن آن نسک‌ها نیز؛ همان نام اپستاک بر آنها ماند، تا بزمان ما رسید!

این سخن، داوری من است، که برای نخستین بار در پیشگفتار فرهنـگ واژه‌هـای اوسـتایی آوردم، اما یک نشانه از گذشته هست که چنین داوری را بنیرو می‌کند، و آن گفتاری از دینکرت است کـه در آن پرسنده‌ای از دانا، می‌پرسد که: «**چرا دین (اوستا، و نمازهای دینی) را به آوازی ناآشـنا و نهفتـهٔ اوستا نام گوییم ـمی‌خوانیم-**[2]» این گفتار، نشان می‌دهد که در زمان اشکانیان و ساسـانیان نیـز زبـان اوستایی، برای مردمان ناآشنا و نهفته بوده است، و نهفته چیزی جز ناپیدا (= اپستاک) نیست و بر ایـن بنیاد، برای آنکه مردمان از رهنمودهای اوستا آگاه شوند، بزبان پهلوی گزارش (تفسیر) بر نامهٔ اوستایی

۱- نَسک، در زبان پهلوی و فارسی همان دفتر [کتاب] است که چون آنرا بتازی گرداندند، «نسخه» خوانده شد.

۲- دستنویس ک۴۳ بخش دویم از انتشارات مؤسسه آسیایی دانشگاه شیراز، رویهٔ ۲۷.

می‌نوشتند، تا بیاری آن گزارش‌ها، اوستا دانسته شود.

چنین گزارش‌ها بزبان پهلوی و فارسی «زند» خوانده می‌شود که از واژه 𐬀𐬰𐬀𐬌𐬥𐬙𐬌 آزَئینتی اوستایی گرفته شده است[1]، که خود از یشهٔ 𐬰𐬀𐬥 زَن(۲)، یا [illegible] برآمده است[2] که دانستن باشد.[3]

پس، کسی که نتواند اوستا را خواندن و دریافتن بناچار می‌بایستش که از دفتر «زند» یاری جوید، اما افزایندگان همواره از زند و اوستا با هم یاد کرده‌اند، آنهم با آوای نادرست «اُست» بجای اوستا:

چو خسرو بآب مژه، رخ بشست   برافشاند دینار، بر زند و اُست(؟!)

در ناامیدی کیخسرو از جهان

بشد هیربد، زند و استا بدست   بـه پیش جهاندار یزدانپرست

در رفتن خسروپرویز بآتشکده آذرگشسب

به کنجی نشسته‌ست با زند و اُست   ز امید گیتی شده پیر و سست

پرسش هرمز از مهران‌ستاد

همه زند و اُستش همی سوختند   چه پرمایه‌تر بود برتوختند(!؟)

کشته شدن لهراسب

بر آن آب روشن، سر و تن بشست   همی خواند، اندر نهان زند و اُست

پایان کار کیخسرو

جهاندار یک شب سر و تن بشست   بشد دور، با دفتر زند و اُست

همان

چنانکه گذشت، همهٔ گفتارهای پیشین از دیدگاه زبان فارسی نیز کژّه و ناهموار‌اند.

سخن دیگر آنست که چون بر بنیاد گفتارهای پیشین واژهٔ «اَپستاک» در هنگام اشکانیان پدیدار شد اگر در گفتارهای پیش از اشکانیان نام «اوستا» بهمین‌گونه بیاید در سخن افزوده است، چون در آن هنگام پیشین هنوز نام اوستا پدیدار نشده بود، از آنمیان، در نبرد رستم و اسفندیار، از زبان رستم:

بخورشید و ماه و اوستا و زند   که دل را نرانی براه گزند!

در این سخن یک نادرستی دیگر نیز هست و آن چنین است که انبوه گفتارهای زند، در هنگام اشکانیان و ساسانیان پدیدار شد، و بدانهنگام که اسفندیار میزیست، زبان اوستا، برای مردمان ناآشنا و نهفته نبود که «زند» بر اوستا بنویسند!

۱- فرهنگ واژه‌های اوستایی، همان، دفتر نخست، رویهٔ ۲۰۳.

۲- همان، دفتر دویم، رویهٔ ٥٦٤.

۳- ریشهٔ زن هنوز در زبان کردی در واژهٔ زانا (= دانا) بر زبان می‌رود، و در زبان فارسی نیز واژهٔ فرزانه (= فَرزان) کاربرد دارد.

نمونه‌ای دیگر

چون افزایندگان را از فرهنگ ایران باستان، و از آنمیان از اندیشهٔ زرتشت هیچ آگاهی نبوده است، داوری و گفتارشان درست؛ رودرروی اندیشه زرتشت می‌ایستد. گفت‌وگوی پشوتن و اسفندیار را بازخوانیم، آنجا که پشوتن اسفندیار را از نبرد با رستم جهان‌پهلوان پرهیز می‌دهد. افزایندگان گفتاری را میان سخن پشوتن می‌آورند که سخن از همان ناآگاهی میگوید:

بخسب امشب و بامداد پگاه — برو تا بایوان او، بی‌سپاه
بایوان او، روز؛ فرخ کنیم — سخن هرچه پرسدْش پاسخ کنیم
همه کار نیکوست زو؛ در جهان — میان کهان و میان مهان
یکی پاسخ آوردش اسفندیار — که بر گوشهٔ گلستان رُست خوار
بدو گفت کز مردم پاکدین — همانا نزیبد که گوید چنین
گر ایدونکه دستور ایران تویی — دل و چشم و گوش دلیران تویی
همی خوب دانی چنین راه را — خرد را و آزردن شاه را(!؟)
همه رنج و تیمار ما باد گشت — همان دین زرتشت بیداد گشت
[که گوید که هرکو ز فرمان شاه — بپیچد، بدوزخ برد پایگاه]
مرا چند گویی گنهکار شو — ز فرمان گشتاسپ بیزار شو
تو گویی و من خود چنین کی کنم — که از رای و گفتار او پی کنم(؟)
گر ایدونکه ترسی همی از تنم — من امروز، ترس ترا بشکنم
کسی بی‌زمانه بگیتی نمرد — بمرد آنکه نام بزرگی نبرد
تو فردا ببینی که در دشت و جنگ — چه کار آورم پیش جنگی نهنگ(؟)
پشوتن بدو گفت کای نامدار — چنین چند گویی تو از کارزار
که تا تو رسیدی بتیر و کمان — نبد بر تو ابلیس را این گمان(؟)
بدل دیو را راه دادی کنون — همی نشنوی پند این رهنمون
دلت خیره بینم سرت پرستیز — کنون جامه بر تن کنم ریزریز(!!)
چگونه کنم من که ترس از دلم — بدینسان بیکبارگی بگسلم!
دو جنگی، دو مرد و، و دو شیر دلیر — چه دانم که پشت که آید بزیر
ورا نامور، هیچ پاسخ نداد — دلش گشت پردرد و سر پر ز باد

در این سروده‌ها، سخنان افزوده، آشکارا خود را نشان میدهند، اما آنچه پیوند بگفتار دارد همان دو رج است که اسفندیار می‌گوید:

همه رنج و تیمار ما باد گشت — همان دین زرتشت، بیداد گشت
که گوید که هر کاو ز فرمان شاه — بپیچد، بدوزخ بَرَد پایگاه

گاثاهای زرتشت، امروز در دست است، و در آن چند بخشِ برتر، خود می‌نماید.

نخست، روشنگری دربارهٔ جان جهان و خداوند، و گون‌های (= صفات) خداوند است، اینچنین:

۱- **بهمن**: اندیشهٔ نیک؛ نشان از آنکه خداوند با اندیشهٔ نیک آفرینش را آغاز کرد.

۲- **اردیبهشت**: برترین راستی و پاکی و زیبایی؛ که ویژهٔ خداوند و آفرینش او است.

۳- **شهریور**: شهریاری آرمانی؛ آن شهریاری که بر جانِ همهٔ جهان فرمان میراند، و فرمانِ درست او همهٔ جهان را می‌گرداند.

۴- **سپندارمز**: زمین؛ گسترش‌دهندهٔ نماد مهر و فروتنی.

۵- **خرداد**: زندگی روی بافزایش و برتری.

۶- **امرداد**: جاودانگی.

چون نیک بنگریم بجز از اندیشهٔ نیک، نمودِ دیگر امشاسپندان را در چهرهٔ جهان بچشم نیز می‌بینیم، از زیبایی و راستی و پاکی جهان، و روایی فرمان خداوند در همه جای، و افزایش و بالندگی گیاهان و جانوران، و مهرِ زمین بهمهٔ باشندگان، رویش و بالندگی در همهٔ جان جهان، و بیمرگی و جاودانگی که در همهٔ جهان روان است، و بدینسان، خداوند همراه با آفرینش خویش است و چشم دل، همه جا و همه گاه فرمان خداوند را در زمین و آسمان می‌بیند و درمی‌یابد.

دودیگر: گفتارهای فراوان دربارهٔ راستی، و راستی ورزیدن، و با چنین کار با اشا = راستی و فرمان خداوند که بر همهٔ جهان روان است، همراه شدن.

سدیگر: آبادان کردن جهان و شاد کردن مردمان.

چهارم: پیوند مردمان با یکدیگر و راه‌های راستی و مهرورزی را با هم پیمودن.

پنجم: پیوند مردمان با فرمانروایان، و بویژه با فرمان روشن... با شاهان ستمگر رودررو شدن، و آنانرا از تخت بزرگی بزیر کشیدن.

در گاتاها از چنین فرمانروایان با نام کَوی وسدااا و کَرپَن وسد(سرهسا) یاد می‌شود، و چنانکه میدانیم کَوی خود برابر با پادشاه است، اما یک برابرِ دیگر آن «کور» است.[1]

این پیدا است که واژهٔ دیگری در اوستا برای کور داریم؛ سوکورون سدوس(اار)[2]، که آوای «کـور» فارسی را نیز در خود دارد، اما چرا شاهان را در گاتاها برابر کور آوردند؟ از برای آنکه آنان هیچ چیز را بجز خود نمی‌بینند.

کَرپِن نیز برابر است با کر و ناشنوا[3]، و بر این بنیاد شاهان بیدادگر در دیدگاه زرتشت «کور و کر»اند، که وی همواره مردمان را برای ایستادن در برابر آنان برانگیخته است! پس چگونه میتوان چنین گفتار دروغ را که افزایندگان آورده‌اند، از شاهنامه درشمار آوردن؟

نکته‌ای دیگر

موبدان، از دیدگاه خویشکاری که خواندن یسنا در آتشکده دارند، به هشت نام خوانده می‌شوند:

۱- زُوت: که کار او خواندن یسنا بوده است.

۲- راسپی: که گاهگاه بگونهٔ پرسش و پاسخ، با «زوت» سخن می‌شد.

۳- آتروَخش: که کار روشن نگاهداشتن آتش با او بود.

۴- هاونان: که هوم را در هاون می‌کوبید.

۵- آسن‌تار: که آوندهای فلزی را جابجا می‌کرد.

۶- آبِرتار: که کارش آوردن آب برای کوبیدن هوم بود.

۷و۸- رِیت وَشکَر، و سروشاوَرز: که کارهای کوچکتر را انجام میدادند.

اما موبدان را ردهبندی، از دیدگاه پایگاه کشوری بر بنیاد گفتار ارداویراف‌نامه چنین بوده است:

دستور، دادور، هیربد، موبد، دین‌بردار، افزارمند یا کارمند دیوان (= دولت) و یک گروه دیگر که دانش‌آموز بودند بنام هاویشت.

از میان این گروه‌ها، «هیربدان» بکار آموزگاری می‌پرداختند! این واژه در زبان پهلوی سعلرهم هیِرپت، و در زبان اوستایی اَاِثرَپَئیتی سد‌اال(سد سه‌سدهه‌د رههسده‌مد بوده است. این واژه از ریشـهٔ د ای(۲)

۱- فرهنگ واژه‌های اوستایی، همان، دفتر نخست، رویهٔ ۳۶۸.

۲- همان، دفتر سیم، رویهٔ ۱۴۲۶.

۳- همان، دفتر نخست، رویهٔ ۳۵۹.

برآمده است برابر، با دانش، فراگرفتن دانش است[1]، و بر رویهم **آموزگار** را می‌رساند.

این گروه را کار، در فرهنگستان‌ها بود، و هیچ پیوند، با کارِ آتشکده نداشتند، مگر آنکه خود بخواهند، به آتشکده رفته، نیایش کنند.

اما در گفتار افزایندگان همواره هیربد در آتشکده است، و کارِ آتشکده را سرپرستی میکند:

دگر هر کجا رسم آتشکده است(؟) | که بی‌هیربد، جای ویران شده‌ست

در سخنان افزوده بداستان بهرام گور

از آنجا به نوش‌آذر اندر شدند | رد و هیربد را بهم برزدند

در کشتن لهراسپ

همان هیربد، پیر یزدانپرست | که بودند با زند و استا بدست

در همان داستان

بریده زوانت به شمشیرِ بد(!) | تنت سوخته ز آتش هیربد

رزم گو تلخند در داستان شترنگ

سه یک دیگر، از بهر آتشکده | همان بهرِ نوروز و جشن سده
فرستاد، تا هیربد را دهند | که در پیش آتشکده برنهند

گفتار افزوده به داستان هرمز و بهرام

رد و هیربد پیش، غلتان بخاک | همه دامنِ کُرته‌ها کرده چاک
بزرگان بر او گوهر افشاندند | بزمزم بر او آفرین خواندند(؟!)

ناآگاهی افزایندگان در سخن آینده بیش از همهٔ آن افزوده‌ها، خود می‌نماید که خسروپرویز پس از **غلتیدن بخاک** و راز و نیاز با خداوند، چنین میگوید:

ز بهرامیان هر که گردد اسیر | به پیش من آرد کسی دستگیر
پرستندهٔ فرخ آتش کنم | دل موبد و هیربد، خَوش کنم

افزاینده نمی‌دانسته است که در پایه‌های موبدی، آترِوَخش پس از زُوت و راسپی جای دارد، و پایهٔ سیوم از پایه‌های موبدی از آن او است، و همو است که بایستی همواره آتش را در آتشکده روشن دارد، و چون چنین خویشکاری از آن.او است پس آتش‌پرست[2]، همو است، و چنین کس را افزون بر داشتن نژاد از خاندان موبدان، سالها بایستی در فرهنگستان آموزش دیدن، پسان به گروه موبدان اندر شدن، و ماه‌ها و سال‌ها بایستی در پایه‌های

۱- فرهنگ واژه‌های اوستایی؛ همان، دفتر یکم، رویهٔ ۲۳۸

۲- بنگرید به گفتار آتش‌پرست در پایگاه اینترنتی بنیاد نیشابور، www.Bonyad-Neyshaboor.com.

سروشاورز و ریت‌وشکر و آبِرِتاروآسنَ تار... کوشیدن، تا بپایهٔ آتش‌پرستی رسد. پس چگونه شاید؟ کسانی را که هیچ آموزش ندیده‌اند، و از هیچیک از پایه‌های یاد شده نگذشته‌اند، یکباره به نگهبانی آتش گمارند؟

وانگاه، مگر بخش‌بندی سختِ گروه‌های مردمان، بویژه در هنگام ساسانیان، پروای اندرشدن دیگر گروه را به گروه موبدان میداد؟

گذرِ زمان

و

رویدادهای جهان

اکنون بایسته می‌نماید که شاهنامه را از دیدگاه گذر زمان، و آنچه که دیگران «تاریخ»اش[1] می‌خوانند بررسیم:

هنگام‌های زندگی ایرانیان را از آغاز تا فریدون در «زندگی و مهاجرت آریاییان» گشوده‌ام، و پس از فریدون که هنگام سه بهره شدن آریاییان و کوچ آنان از ایران بسوی اروپا و آسیای میانین است نام‌های [**منوچهر**، **نوذر**، **زو**] نشانهٔ پادشاهی تیره‌های گوناگون است در ایران و از هنگام **کیقباد**. تیره‌های ایرانی پادشاهی یگانه برمی‌گزینند که او را شاهِ شاهان (کیقباد) نامیدند.

پس از کیقباد، شاهی به **کاوس** (زنجیرهٔ کاسیان) رسید که سده‌های بیشمار، بر ایران فرمان راندند، و چون پادشاهیشان بر بنیاد گزینش انجمن مهیستان ایران نبود در بسا از رویدادها کارهای نادرخورِ ناسزاوار می‌کردند که شاهنامه آنانرا نکوهش کرده است.

گفتار **گودرز** است در انجمن مهیستان ایران:

همی بینم اندر جهان تاج و تخت — بزرگان و شاهان بیداربخت
چو کاووس خودکامه اندر جهان — ندیده کسی از مهان و کهان
یک اندیشهٔ او همی نغز نیست — تو گویی بسرْشْ اندرون مغز نیست
چو دیوانگانست بی‌هوش و رای — به هر باد کاید، بجُنبد ز جای!

۱- تاریخ واژه‌ایست که ریشهٔ ایرانی دارد، و بگفتهٔ **ابوریحان بیرونی** چون بهنگام **عمر** چکی (سندی) آوردند که روشن نبود در سال آینده بایستی پرداخت شود، یا در سالِ روان، عمر از **پیروزان** پرسید که شما در ایران در چنین رویدادها **چه** میکردید؟ پیروزان پاسخ داد که ما را گاهشماری بود بنام «ماه‌روچ» (= ماه‌روز) که بر بنیاد آن می‌توانستیم روز و ماه و سال هر چک را دریابیم! پس، عمر؛ ماه‌روچ را به «مُوَرَخ» گردانید، و از آن مصدر تاریخ را برآوردند، و ازآن‌پس، واژهٔ تاریخ در زبان و جهان تازیان روان گردید. [چک نیز واژه‌ای ایرانی است (که بگونهٔ **الصّک** تازی درآمد)، و پسان که در جنگ‌های چلیپایی باروپا رفت با گونهٔ «چک» بایران بازگشت].

پس از کاسیان، پادشاهی به **کیخسرو** تیرهٔ پارس کهن در **آذربایجان میرسد**، و در آنزمان بدنبال رویدادی سخت و جانفرسا نیمهٔ فرازین ایران را تباهی و درد و رنج و مرگ میرسد... و نرم‌نرم پادشاهی لهراسپ از سوی بلخ پدید می‌آید، و پس از چندی لهراسپ به گشتاسپ (در رِیوند باستانی که نزدیک نیشابور امروز است) می‌سپارد.

چون چندی با نبرد هیونان می‌گذرد، پادشاهی از خراسان به خوروران **(اسفندیار)** و پس از او به **بهمن** (منوا) می‌رسد.

فرزندِ بهمن هومای (= هوماد؛ مادِ نیک زنجیرهٔ شاهان ماد) است که در نامه‌های امروز جهان شناخته‌تراند و پس از هُمای (= ماد) پادشاهی به «داراب» می‌رسد که زنجیرهٔ **کوروشیان** باشند.

آنگاه زنجیرهٔ **داریوشیان** با نام «دارای دارایان» پدید می‌آید که پس از چندی کارشان به آشوب و سستی می‌رسد، و اسکندر آنانرا شکست می‌دهد!

شگفت آنست که آن گروه از ایرانیان و استادان(!) ایرانی که سر بر فرمان اروپاییان دارند بر این دیدگاه اروپایی، پای می‌فشارند که -اگر شاهنامه رویدادهای ایران را در بر دارد، چرا در آن از زنجیرهٔ هخامنشیان که روزگار آنان هنگامی بی‌مانند و درخشان بوده است یاد نشده است!-

واژهٔ داریوش در سنگنوشته‌های هخامنشی بیشتر بگونهٔ **کرتار** (فاعلی) 𐎭𐎠𐎼𐎹𐎺𐎢𐏁 **دَرَوَئوش** آمده است، و یکی دو جای نیز از آن بگونهٔ **کرده** (مفعولی) 𐎭𐎠𐎼𐎹𐎺𐎢𐎶 **دَرَوَئوم** یاد می‌شود.

پس اگر نشانه‌های دستوری «اوش» و «اوم» را از آن برداریم آنچه که برجای می‌ماند «دَرَوَ» است که در شاهنامهٔ ما بگونهٔ «داراب» یا «دارا» آمده است.

اگر دیگران بکشورگیری داریوش سربلند می‌کنند، ما را می‌باید به یک کار بس بزرگ دانشی نیاکانمان که در زمان هخامنشیان، در جهان رخ داد، سرفراز بودن، و آن کندن آبراهه‌ای است که دریای سرخ را به رود نیل و آنگاه بدریای مدیترانه می‌پیوندد!

این رویداد بزرگ دانشی جهان در دوهزاروپانسد سال پیش، بیگمان هزاران بار بزرگتر از کار کندن کانال سوئز بر دست فرانسویان سدهٔ پیش است که در این دفتر نمیتوان بدان پرداختن. اما اروپائیان بهنگام خاکبرداری، سنگنوشته‌ای از داریوش را پیدا کردند، که در آن، داستانِ کندن آبراهه و یاری کارگران دیگر کشورها در کندن آن آمده است!

یونانیان در دفترهای خویش از چند آبراههٔ دیگر نیز که در یونان و بفرمان ایرانیان کنده شده است، یاد می‌کنند از آنمیان آبراهه «آتوس» است که هنوز دو بخش از دریا را در یونان بیکدیگر در پیوند دارد!

چنین رویداد بزرگ دانشی؛ در جهان، که بسا برتر از لشگرکشی‌ها و نبردهای داریوش است، از دیدگاه پژوهشگران اروپایی بدور مانده است. اما ایرانیان آنرا فراموش نکرده‌اند، و ابوریحان بیرونی از آن یاد کرده است[1]، و شاهنامه نیز از آن چنین یاد میکند:

ز پستی برآمد، بکوهی رسید — یکی بیکران، ژرف دریا بدید
بفرمود کز هند و از رومیان — بیارند، کارآزموده ردان
گشایند از آن آب دریا، دری — رسانند رودی بهر کشوری
چو بگشاد داننده، زان آب؛ بند — یکی شهر فرمود پس، سودمند

نکتهٔ دیگری که می‌توان بر آن انگشت نهادن گفتارِ شاهنامه است دربارهٔ داریوش؛ اینچنین:

یکی مرد بُد تیز -دارا- و، تند — شدی با زبانش، دلِ تیغ کُند
چو بنشست بر گاه، گفت ای سران — سرافراز گُردان و گندآوران
کسی کاو ز فرمان ما بگذرد — سرش را همی، تن؛ بسر نشمَرد
اُگر هیچ تاب اندر آرد بدل — بشمشیر باشم ورا دل گُسِل

این سخنان، نیک نمایاندهٔ منش و رفتار داریوش است زیرا که وی بر بنیاد سنگنوشته‌های خویش بارها و بارها با مرزبانانِ گوشه‌گوشهٔ ایرانشهر بجنگید و ستون بندیانِ دست‌وگردن بسته که پیشِ داریوش ایستاده‌اند و آنکه زیر پای وی افتاده است همه ایرانی بوده‌اند که با گذرِ پادشاهی از تیرهٔ کوروشیان به تیرهٔ داریوشیان همرای نشدند و در این رهگذر از همه بیشتر پادشاهِ تیرهٔ ماد آسیب دید که پس از پنج بار نبرد چون داریوش بر وی چیره شد، او را بگرفت و دست و پای و زبان و گوش و بینی بریده او را به ستون کاخِ خودش بست تا جان دهد.

از میان رویدادهای هنگام هخامنشیان، این گفتار تاریخ گردیزی نیز، درخور نگرش است: «رسم مُهر نهادن بر دِرَم، او آورد، و مرحلهٔ «برید» نهاد، و اسپان برید را دُم بریدن او فرمود، و شهر دارابکرد او بنا کرد، و «دارابشاه» بمصر، او بنا کرد».[2] که در این گفتارِ گزیده؛ میخ درم و دینار و دیوان برید، و پیوند ایران و مصر و ساختن تخت‌جمشید یاد شده است.

اما اگر در شاهنامه، بیشتر؛ دربارهٔ هخامنشیان گفتار نیامده است آن نیز گناهِ یونانیان است که همهٔ دفترهای دانایانِ ایران را به آتش کشیدند و بهری از آن را به یونان بردند تا مایهٔ دانشِ دانشمندان آنان گردد.

اکنون با چنین گفتار، می‌توان به برخی از داستانها که افزایندگان بشاهنامه اندر کرده‌اند، پرداختن.

۱- ابوریحان بیرونی، تحدید النهایات الاماکن لتصحیح المسافات المساکن، ترجمهٔ احمد آرام، انتشارات دانشگاه تهران، ۱۳۵۲، رویهٔ ۲۳.

۲- تاریخ گردیزی، همان، رویهٔ ۱۱۶.

نمونهٔ نخست

رفتن شاپور دویم در زیِّ بازرگان به روم، و به بند افتادن وی، و فرمان قیصر، که او را در پوست خر کنند.

از آنپس تاختن قیصر بایران، و ویران کردن آبادبوم و همه را کشتن و بازگشتن به روم و رهایی شاپور بر دست دخترک پرستنده، و بازگشت بایران، که با خرد هماهنگ نیست، و در جای دیگر دربارهٔ آن سخن راندم.

اما، چنین داستان در دفترهای رومیان و داستان (تاریخ) آنان نیامده است، و در جای خود، یکایک سخنان آن داستان بلند را شکافته‌ام که از دیدگاه سخن و دستور و خرد نیز، افزوده بودن آن، بشاهنامه روشن گشت.

نمونه‌ای دیگر:

داستان رفتن بهرام گور بنمایندگی از خود، بسوی هندوستان و رویدادهای شگفت سراپا افسانه و دروغ که در آن داستان آمده است، و در جای خود آنرا شکافته‌ام.

*

خوشبختانه این داستان نیز در نوشته‌های هندوستان نیامده است.

نکته‌ای دیگر:

چو پیروز از آن روز تنگی برست — بآرام بر تخت شاهی نشست
یکی شارسان کرد پیروز رام — بفرمود کاو را نهادند نام
جهاندارِ گوینده گوید ری است — که آرام شاهانِ فرخ پی است

یک: جهاندار گوینده، کیست؟

دو: اما، ری از کهنترین شهرهای ایرانی است که نام آن در وندیداد نیز «بگونهٔ رَگ» آمده است و بر این بنیاد نشاید آنرا برآوردهٔ پیروز، درشمار آوردن!

سه: آرام شاهان نادرست است: آرامگه شاهان!

چهار: اما هیچیک از شاهان ایران در ری نزیستند، و تنها افراسیاب بود که بهنگام پیروز شدن بر نوذر آنجا را بپایتختی برگزید!

پنج: سخن در لت دویم از رج دویم نادرخور است، زیرا که در لت نخست از پیروز

رام، یاد شده بود که همانا نامِ آن شهر ساختگی بوده است.

نکته‌ای دیگر:

در داستان خاقان بهنگام نوشروان:

به سُغد اندرون بود خاقان، که شاه بگرگان همی رای زد با سپاه
ز خویشان ارجاسپ و افراسیاب شده سُغد یکسر چو دریای آب
همی گفت خاقان: سپاه مرا زمین برنتابد، کلاه مرا
از ایدر سپه سوی ایران کشیم وز ایران بدشت دلیران کشیم
همه خاک ایران بچین آوریم همان تازیان را بدین آوریم

یک: افراسیاب پادشاه توران بود و توران بهنگام کیخسرو در یک رویداد بزرگ زمینی از میان رفته بود، [بنگرید بداستان ایران بر بنیاد گفتارهای ایرانی، دفتر دویم] چنانکه بخش فرازین ایران نیز بهمراه کیخسرو از میان رفت.

دو: ارجاسپ پادشاه هیونان بود، تیره‌ای که پس از تباهی توران در همان دشت‌ها می‌زیستند، و همزمان با گشتاسپ بودند و کمِ کم، یکهزار سال پس از افراسیاب بودند.

سه: سپاه مرا زمین برنتابد... «کلاه مرا» بدنبال آن نادرخور است.

چهار: ترکان بت‌پرست آنزمان، می‌خواستند، تازیان بت‌پرستِ همان زمان را بکدام دین بیاورند؟ به کیش بت‌پرستی؟!

نمونه‌ای دیگر:

در داستان جانشینی هرمز پور کسری بجای کسری:

نبشتند عهدی بفرمان شاه که هرمزد را داد، تخت و کلاه
چو قرطاس رومی شد از باد خشک نهادند مهری بر او بر ز مشک

نخستین بار، «کاغذ» در چین پدیدار شد، و پیش از آن بر چرم یا چوب توز [چنانکه یاد شد] یا گونه‌ای پارچهٔ ابریشمین می‌نوشتند.

آنگاه پیرامون پیدایی اسلام، در شهر خانبالغ از دیارِ سغد برای نخستین بار کارخانهٔ کاغذسازی پدیدار شد.

نام کاغذ بزبان پهلوی [illegible] کوراسک و در زبان فارسی «کُراسه» بود، و هنوز

در افغانستان دکان‌های «کُراسه‌فروشی» دیده می‌شود.
آنگاه این نام بگونهٔ تازی «قرطاس» درآمد، و بدانهنگام در کشور روم چنین کارخانه‌ای نبود، که از فرآوردهٔ آن بتوان با «قرطاس رومی» یاد کردن.

نمونه‌ای درست را از آنچه که رنگ افسانه بخود گرفته است، در ساختن آتشکدهٔ آذرگشسب بهنگام کیخسرو [پیش از سه هزار سال پیش] در شاهنامه می‌بینیم:
بهنگام پیروزی کیخسرو و گودرز بر دژ بهمن، گفتاری آمده است:

بفرمود خسرو بدان جایگاه	یکی گنبدی تا به ابر سیاه
درازا و پهنای او، ده کمند	بگرد اندرش تاق‌های بلند
ز بیرون چو نیم از تگِ تازی اسپ	برآورد و بنهاد آذرگشسب

رج پایانین در نمونه‌ها، گونه‌گون آمده است. چو نیمی تک، ز نیم تک، دژ بر تک، چو نیمی یکی، دو تک از تک، دو یک از یک، ز بیرونش نیمی -یکی، (ر.ک. به خالقی مطلق ۲۶۷-۲). از برابر نهادن همهٔ این نمونه‌ها می‌توان چنین برآوردن: «ز بیرونْش؛ دژ، یک تکِ تازی اسپ» (= بیرون آن گنبد، دژی «برآورد» (لت دویم) باندازهٔ تکِ اسپ = یک میل ۱۵۰۰ گز ۱۶۲۰ متر = ۸۱۰ متر کنونی)
و درازای دیوار بیرونی آتشکدهٔ آذرگشسب اکنون نیز نزدیک بهمین اندازه است.

نکته‌ای دیگر:
در افزوده‌ها، بسی؛ از زره رومی، تَرگِ رومی یا رومی کلاه، و یا رومی عمود یاد شده است:
یک: باز آنکه پیشتر از آنکه روم [و یونان که در نامه‌های ایرانی روم خوانده می‌شود] در جهان پدیدار شوند، نشاید چیزی که ساخته و برآوردهٔ روم باشد، در ایران بکار رود.
دو: پس از پدیدار شدن آن کشور نیز برای ایرانیان که خود؛ تخت‌نشین جهان بوده‌اند مایهٔ شرمساری و سرافکندگی بود که چیزی از ساخته‌های آن کشور را بکار گیرند. چنانکه در نبردی که میان ایران با رومیان بوده باشد، ایرانیان از کلاه رومی، یا زره رومی بهره برند!
سه: در هیچیک از سنگ‌نگاره‌های ایرانی نیز دیده نشده است که ایرانیان پوشش و یا زره و جنگ‌افزار رومیان را داشته باشند.
اما در افزوده‌ها، همواره از فرآورده‌های رومی یاد می‌شود. نمونه را:

که؟ جوید کنون، نام نزدیک شاه	بپوشد سرش را به رومی کلاه

*

همه مانده بودند، ایرانیان		شده سست و سوده، ز آهن میان
ندادند، پاسخ جز از گستهم		که بود اندرآورد، شیر دژم

هنگام کیخسرو، پیش از چهارهزار سال پیش؛ روم، در جهان پدیدار نشده بود، و یونان نیز (که در نوشته‌های ایران از آن با نام روم یاد می‌شود) ۲۸۰۰ سال پیش بنیاد گرفت.

در دنبالهٔ همان داستان:

بفرمود شاه جهان تا سلیح		بیارند و تیغ و سنان و رَمیح(!)
ز برگستوان و ز رومی کلاه		یکی توده کردند، نزدیک شاه

از سلیح و رمیح (نیزهٔ تازی) بگذریم، باز در همان زمان از کلاهخود رومی یاد شده است.

در نبرد پهلوانان:

بپوشید رومی زره، جنگ را		یکی تنگ بربست شبرنگ را

یادکرد از زره رومی در همان نبرد

دوباره، درخواستن بیژن زره سیاوخش از گیو:

دهد مر مرا خود و رومی زره		ز بند زره برگشاید گره

عمود رومی بجای گرز:

به رومی عمود، آنگهی پور گیو		همی گشت با گُردِ رویین نیو

در پیام افراسیاب نزد کیخسرو:

به رومی عمود و بشمشیر و تیر		بگشتند با یکدگر ناگزیر

پیدا است که همهٔ این سخنان نادرخور است، چه از دیدگاه زمان، که هنوز، روم در جهان پدیدار نشده بود چه از دیدگاه سنجش خرد، پس از پدید آمدن روم که ایرانیان هیچگاه پروای آنرا نداشته‌اند که کلاهخود کشوری دیگر را بر سر نهند، بویژه بهنگام نبرد با روم!

اما در شاهنامه یکبار این واژه، درست بکار رفته است، آنجا که **نوشزاد** پسر کسری که بکیش مادر

خویش مریم بود و مسیحی، در نبردی که با سپاه خسرو یکم کرد، **پیروزشیر**، پیرِ دانای ایرانی پیش از جنگ برای پند دادن به نوشزاد پیش سپاه می‌آید و در میان سخنان میگوید:

تو با شاه کسری بسنده نه‌ای　　　اُگر، پیل و شیرِ دمنده نه‌ای
پیاده شو از باره، زنهارخواه　　　بخاک افکن این گرز و رومی کلاه

پیدا است که نوشزاد مسیحی که بیاری روم؛ آهنگ گرفتنِ ایران کرده است، با ارج نهادن بکشورِ مادرش گرز رومی بدست، کلاه رومی بر سر نهاده است، و این تنها گفتارِ شاهنامه است درباره جنگ‌افزار رومی، که **پیروزشیر** بدو پند می‌دهند و می‌گوید که این گرز و کلاه رومی را بخاک افکن!

*

نکتهٔ دیگر

امروز کمابیش، همهٔ جهانیان میدانند که دو برادر «**مارکوپولو**» چون از ایران بازگشتند، با خود پرنیان و پرند [پارچهٔ ابریشمین] از ایران به اروپا بردند، و پیش از آن از چنین جامه در اروپا سراغ نداریم، اما افزایندگان ناآگاه این جامه را نه تنها بر تن ایرانیان که بر تن تورانیان نیز کرده‌اند:

خداوند ایران و نیران و هند　　　ز فرش جهان شد چو رومی پرند

داستان رستم و شغاد

سوی نیمروز اندرون تا به سند　　　جهان شد بکردار رومی پرند

پاسخ نامهٔ پیران ویسه از گودرز

به دیبای رومی تن پاک اوی　　　بپوشید آن جان ناباک اوی

رزم برته با کهرم

زمان

پیدا است که آنچه را که در شاهنامه آمده است، می‌باید بر بنیاد «داستانِ ایران در گذر زمان» سنجیدن، چنانکه در این رج بهنگام جمشید:

هرآنچ از گِل آمد، چو بشناختند　　　سبک، خِشت را کالبد ساختند

این سخن نشان می‌دهد که نیاکان ما با دست‌یابی به گِل، نخست آوندهای گلین را بساختند، و پس از چندهزار سال، به کالبدِ خِشت دست یافتند.

باستانشناسی امروز، نیز این گفتار را براست میدارد، زیرا که در کاوش تپه‌های باستانی که بیش از ده‌هزار سال بر آنها گذشته است، آوندهای گلین دست‌ساز یافته‌اند، اما بدانهنگام هنوز، خشت دیوارها، دست‌ساز، و بی‌کالبد بوده است.

نمونهٔ آن، ساختمانی در گنج‌درهٔ کرماشان با زمانی پیرامون ۱۰۴۰۰ سال پیش که آوندهای پیداشدهٔ آن در نگاره دیده می‌شود، اما خشت‌هایی که ساختن آن بکار رفته است بی‌اندازه و بی‌کالبد است.

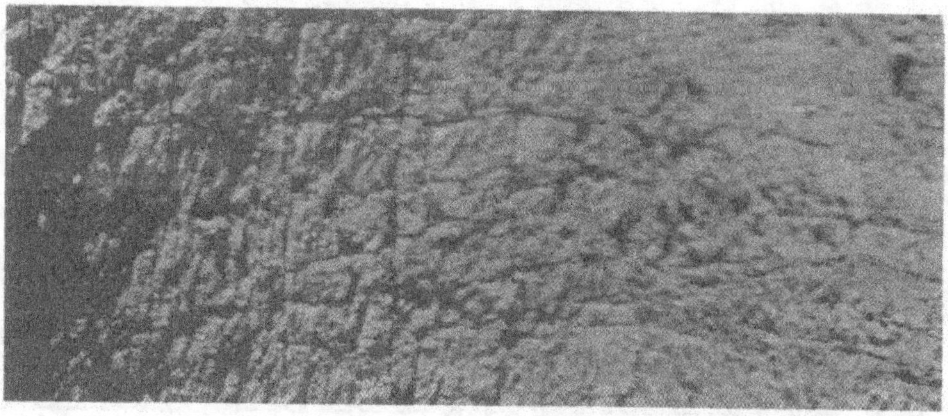

بدنبال سخن یادشده این رج آمده است:

بسنگ و به گِل، دیو؛ دیوار کرد   به خشت از برش هندسی، کار کرد

و چنین اندازه را در ساختمانهای هشت‌هزار سالهٔ تپهٔ زاغه، و یک نمونهٔ یافت‌شده از شاهرود می‌بینیم که آن نیز هشت‌هزار سال پیشینه دارد.[1]

۱- دنباله، و گستردگی این رویدادها را در داستان ایران بر بنیاد گفتارهای ایرانی ببینید!

بر این بنیاد، اگر در نوشته‌ای از داستان سفال بگونه‌های دیگر یاد شود، و از «اندازه» پیش از «آوندهای گلین» سخن آید، نادرست می‌نماید، و با زمانِ گذشته بر داستان ایران، همخوان نیست!

*

نمونه را از کهن‌ترین رویدادهای شاهنامه برگزیدم، تا داوری خوانندگان دربارهٔ رویدادهای نو، آسانتر شود!

نمونه‌ای دیگر:

داستان کافور مردم‌خوار، و شهری که در آن میزیست، و نبرد پهلوانان ایران با او، همگی نادرست است، زیرا که داستان جهان، نشان از آن ندارد که در آسیا، در نزدیکی سغد، یا جایگاه سمرقند و بخارا، و پایگاه ایرانیان نژاده، مردمانی بوده باشند که خوراک آنان گوشت دیگر مردمان بوده باشد.

پیدا است که در اروپا چنین مردمان میزیسته‌اند، چنانکه تا یکی دو سده پیش در بخش‌هایی از اسکاتلند، گوشت مردم فروخته می‌شده است، اما داستان «کافور» و شهرِ او بنام «بیداد»(!) از بُن ساختگی است، و اگرچه یکایک سخنان را در جای خویش شکافته‌ام، اما یک نگرش کوتاه به چند رج آن، ساختگی بودن آنرا نیک نشان می‌دهد:

وزآنجایگه لشگر اندرکشید — بیک منزلی بر، یکی شهر دید
کجا نام آن شهر، بیداد بود — دژی بود و از مردم آباد بود
همه خوردنی‌شان ز مردم بدی — پریچهره‌ای هر زمان گم بُدی
بخوان چنان شهریار پلید — نبودی بجز کودک نارسید
پرستندگانی که نیکو بدی — بدیدار و بالا، بی‌آهو بدی
از او ساختندی بخوان بر خورش — بدینگونه بد، شاه را پرورش

از همین گفتارِ کوتاه، ناراستی داستان برمی‌آید:

یک: نام شهر را «بیداد» نشاید نهادن، بدانروی که نام شهر، بهنگام بنیاد نهادن آن بر زبان روان می‌شود، و با «بیداد» نشاید، شهری را بنیاد کردن.

دو: شهر بود؟ یا دژ بود؟ پیدا است که شهرهای باستانی را همه دژ بوده است.

سه: آبادی شهر...

چهار: ...در جاییکه خوراک مردم، مردم است، چگونه شاید؟

پنج: پیدا است که اگر خوراک یک شهر گوشت تن مردم باشد، هر چند روز یکبار یکی را نمی‌کشند که پیوسته و هر روز، بایستی مردم را کشتن و گوشت آنان را

فروختن.

شش: چون مردمان یک شهر، آشکارا مردم‌خوار بوده باشند، درست نمی‌نماید که گاهگاه پریچهره‌ای «گم شود» [و پنهانی او را بکشند].

هفت: سخن از مردمان شهر بود، نه از شهریار!...

هشت: ...و در رج چهارم، خوردن گوشت مردم تنها به شهریار بازگشت.

نُه: پرستندگان را کنش «بودند» باید.

ده: در رج پنجم، از بالای بلند پریچهرگان یاد می‌شود، باز آنکه در رج پیشین از کودک نارسید! و کودک نارسیده را بالای بلند نیست.

یازده: «پرستندگان» را در رج ششم «از آنان» باید نه «از او».

پیدا است که کژّه‌گویی افزایندگان بس بیشتر از آنست که گذشت و در جای خویش نشان داده‌ام، اما چنانکه یاد شد، در «یک منزلی» سُغد، از بودن چنین شهر، آگاهی بما نرسیده است.

نمونهٔ دیگر

در داستان کاموس کشانی، از یکی از دشمنان ایران بنام «شنگل» پادشاه هندوستان یاد می‌شود پسان... از پسِ گذرِ چندهزار سال، در داستان افزودهٔ رفتن بهرام گور به هندوستان، هنوز نام پادشاه هندوستان «شنگل» است، و چنین داستان، چگونه شاید؟

نمونهٔ دیگر

«همان داستان، رفتن بهرامِ گور بنام فرستاده، بسوی هندوستان، و هنرنمایی او در نبرد با کرگ و اژدها و کشتن آن هر دو پتیاره را، که همهٔ سپاه هندوستان را یارای رودررویی بـا آنهـا نبـود و زناشـویی بـا دختر شنگل و گریز او بایران، همه افزوده درشمار است، زیرا که در داستان هندوستان، چنین رویـداد شگفت دیده نمی‌شود... و هیچیک از پادشاهان آنان را در هنگام ساسانیان، نام؛ «شنگل» نبوده است!

نمونهٔ دیگر:

بخش نخست ساختن «تخت تاقدیس» بفرمان خسروپرویز، ساختگی و افزوده بشاهنامه است:

۱ کنـون داسـتان‌گـوی در داسـتان — ازان یک‌دل و یک‌زبـان راسـتان

۲ ز تختی که خوانی ورا تاقـدیس — کـه بنهـاد پرویـز در اسـپریس

۳ سـر مایـهٔ آن ز ضـحاک بـود — کـه ناپارسـا بـود و ناپـاک بـود

۲۵۲ پیشگفتاری بر ویرایش شاهنامهٔ فردوسی

۴ بگاهی که رفت آفریدون گرد   اُزان تازیان نام شاهی ببرد
۵ یکی مرد بُد در دماوند کوه   که شاهش، جدا داشتی از گروه
۶ کجا جَهن بُرزین بُدی نام اوی   رسیده، بهر کشوری، کام اوی
۷ یکی، نامور شاه، را تخت ساخت   گهر، گرد بر گرد او، در نشاخت
۸ که شاه آفریدون بدو شاد بود   که آن تخت پرمایه آزاد بود
۹ درم داد مر جهن را سی‌هزار   یکی تاج زرّین و دو گوشوار
۱۰ همان عهد ساری و آمل نوشت   که بُد مرز منشور او چون بهشت
۱۱ بدانگه که ایران، به ایرج رسید   که از نامداران، وی آمد پدید
۱۲ جهاندار شاه آفریدون سه چیز   بران پادشاهی برافزود نیز
۱۳ یکی تخت و آن گرزهٔ گاوسار   که مانده‌ست زو در جهان یادگار
۱۴ سدیگر کجا هفت چشمه گهر   همی خواندی نام او دادگر
۱۵ چو ایرج بشد زو بماند این سه چیز   همان شاد بُد زو منوچهر نیز
۱۶ هر آن کس که او تاج شاهی پسود   بران تخت چیزی همی برفزود
۱۷ چو آمد به کیخسرو نیکبخت   فراوان بیفزود بالای تخت
۱۸ برین هم نشان تا به لهراسپ شد   وزو همچنان تا به گشتاسپ شد
۱۹ چو گشتاسپ آن تخت را دید گفت   که: «کار بزرگان نشاید نهفت»
۲۰ به جاماسپ گفت: «ای گرانمایه مرد   فزونی چه داری بدین کارکرد
۲۱ یکایک ببین تا چه خواهی فزود   پس از مرگ ما را که خواهد ستود»
۲۲ چو جاماسب آن تخت را بنگرید   بدید از درِ گنج دانش کلید
۲۳ بر و بر شمار سپهر بلند   همی کرد پیدا چه و چون و چند
۲۴ ز کیوان همه نقش‌ها تا به ماه   بران تخت کرد او به فرمان شاه
۲۵ چنین تا به گاه سکندر رسید   ز شاهان هر آن کس که آن گاه دید
۲۶ همی برفزودی بر او چند چیز   ز زرّ و ز سیم و ز آج و ز شیز
۲۷ مر آن را سکندر همه پاره کرد   ز بی‌دانشی کار یکباره کرد
۲۸ بسی از بزرگان نهان داشتند   همی دست بر دست بگذاشتند
۲۹ بدین گونه بُد تا سر اردشیر   کجا گشته بُد نام آن تخت پیر
۳۰ ازآن تخت جایی نشانی نیافت   بران آرزو سوی دیگر شتافت
۳۱ بمرد او و آن تخت ازو باز ماند   ازان پس که کام بزرگی براند

۳۲ بدین گونه بُد تا بـه پیـروز شـاه | رسـید آن گرامـی سـزاوار گـاه
۳۳ ز هر کشـور مهتـران را بخوانـد | اُ زآن تخت چندی سخن‌ها براند
۳۴ ازیشان فـراوان شکسـته بیافـت | به شادی سوی گرد کـردن شـتافت

رج۱- هیچکس بخویشتن فرمان انجام کاری را نمی‌دهد.

رج۲- تختی را که تازیان درهم شکستند، چگونه خوانندهٔ شاهنامه آنرا تاقدیس می‌خواند؟

رج۳- «آن یکدل و یکزبان راستانِ» نام‌برده در رج نخست، به ضحاک ناپارسا و ناپاک برگشت!

رج۴- «بگاهی» نادرست است: بدانگاه! آفریدون نیز در گفتار فردوسی «فریدون» است.

رج۵- چرا بایستی کسی را که چندان هنر دارد، جدا از دیگران داشتن؟

رج۶- و آن مردِ جدا از گروه چگونه کامش به «هر کشوری» رسیده بود؟

رج۷- چرا از آن «تخت نامور» نامی در جهان نمانده است؟ نیز؛ چون جهن برزین تختی جداگانه از تخت ضحاک بساخت، چرا پیشتر، نام از تختِ ضحاک رفت؟

رج۸- تخت را چگونه «آزاد» توان خواندن؟

رج۹- تاج ازآنِ شاهان بوده است، نه ازآنِ یک درگر (= نجار).

رج۱۰- فرمان آمل و ساری را برای چه کس نوشت؟ آمل جایگاه شهر «کوس» باستانی و پایتخت فریدون بود[۱]، و نشایستی که دو پادشاه را در یک شهر گنجاندن! لت دویم نیز بی‌پیوند می‌نماید... افزاینده را رای بر آن بوده است که بگوید، مرزی که منشور آنرا برای جهن برزین نوشتند، چونان بهشت بود.

رج۱۱- ایران هیچگاه به ایرج نرسید، و آن انوشه‌روان بهنگام پادشاهی فریدون کشته شد! لت دویم نیز بی‌پیوند و نادرخور است.

رج۱۲- چون هنگام به ایرج رسیده بود، «آفریدون»(!) را نشایستی به تخت وی دست بردن.

رج۱۳- تخت را چگونه به تخت برافزودند؟

رج۱۴- چشمهٔ گوهر چگونه چشمه‌ای باشد؟ و چسان، نام چشمه را دادگر توان خواندن؟

۱-

ز آمـل گـذر سـوی تمّیشـه کـرد | نشـست انـدر آن نـامور بیشـه کـرد
کجا کز جهان کوس خوانی همـی | جـز ایـن نـامی نـدانی همـی

رج۱۵– سه چیز نامبرده را ایرج نساخته بود که از وی بازمانَد! «زو» در لت دویم نادرخور است: «از آنها».

رج۱۶– «پسود» در لت نخست را، «برفزود» در لت دویم باید و «همی برفزود» نادرخور است.

رج۱۷– **یک:** از منوچهر، تا کیخسرو، چند تن پادشاهی کردند نوذر، زو، کیقباد، کیکاووس، و چرا از آنان نامی در میان نیست؟ مگر نه آنست؟ که در رج پیشین گفته شد که هر پادشاه که آن تخت را «پسود»(!) چیزی بر آن بیفزود! **دو:** لت دویم بی‌پیوند است، و روشن نمی‌نماید که چگونه بالای تخت را بیفزودند!

رج۱۸– **یک:** «تا» در لت نخست؛ جداییِ زمانی را نشان میدهد، بازآنکه تخت از کیخسرو «به» لهراسب رسید بی‌گذرِ زمان! **دو:** همچنین است «تا» در لت دویم.

رج۱۹– خرد نمی‌پذیرد که گشتاسپ در همهٔ هنگام پادشاهی لهراسپ، تخت پدر را ندیده باشد.

رج۲۰– «فزونی چه داری» نادرخور است: «بدین تخت چه می‌توانی افزودن».

رج۲۱– افزاینده دریافت که سخن پیشین ناهموار بوده است، و با چنین گفتار سست، خواسته است که آنرا بیاراید.

رج۲۲– **یک:** جاماسپ نیز پیشتر تخت را دیده بود. **دو:** لت دویم نیز بی‌پیوند و نادرخور است.

رج۲۳– «چه و چون و چند» نخستین بار در داستان آموزش سیاوخش آمده است که آنرا گزارش کردم چه؛ چیستی (= دانش طبیعی) چون؛ چگونگی (= دانش فیزیک) و چند؛ شمار و آمار (= دانش ریاضی) است، و آنرا با نگاره چرخ بلند نتوان بر تخت، افزودن!

رج۲۴– کیوان بزرگترین و دورترین ستارهٔ در گروه خورشیدی است، و آنرا به «ماه» زمین نشاید پیوند دادن! هرآینه توان گفتن «از کیوان تا تیر» که دورترین و نزدیکترین ستاره‌ها بخورشیداند.[1]

رج۲۵– دوباره نام چند پادشاه از خامهٔ افزاینده، فرومی‌افتد.

رج۲۶– گفتار دوباره دربارهٔ افزودن به تخت.

۱– پیدا است که چندهزار سال پس از آنروزگار، اروپاییان ستاره‌های نپتون و پلوتون و چند ستاره ریزتر را پیدا کردند، در دانش اخترماری ایران باستان کیوان دورترین ستاره بخورشید بوَد.

رج۲۷- تنها همین یک سخن درست و زیبا آمده است.

رج۲۸- بسی از بزرگان، چه را نهان داشتند؟ بایستی روشن گفته شود که بزرگان ایران پاره‌های آن تخت را پنهان کردند.

رج۲۹- سیوم بار از اسکندر تا اردشیر، نامی از پادشاهان برده نشده است.

رج۳۰- اگر بزرگان ایران پاره‌های آن تخت را پنهانی نگاهداشتند، چرا بایستی آنها را به اردشیر بازننمایند؟

رج۳۱- سخن درهم است: «اردشیر بمرد و آن تخت را نیافت و آرزو را بگور برد!»، و این گفتار، درست رودرروی داستان تخت اردشیر در شاهنامه است که، در رج چهارم پس از این می‌آید!

رج۳۲- **یک:** چهارم‌هنگامِ گذشتِ شاهان، بی‌نام بردن از آنان. **دو:** سخن در لت دویم چنین می‌نماید، که آن تخت سزاوار به خسرو رسید...

رج۳۳- ...اما در این رج دربارهٔ آن سخن می‌گوید...

رج۳۴- ...و در این رج پاره‌های شکستهٔ آنرا می‌یابد!

*

افزایندگان چنین گفتارِ درهم و آشفته و بی‌پیوند را سرآغاز می‌کرده‌اند، برای گفتار درست شاهنامه که با این سخنان آغاز می‌شود!

بیاورد پس، تخت شاه اردشیر ز ایران، هر آن کس که بُد تیزویر؛

بهم بر زدند آن سزاوار تخت به هنگام آن شاه پیروزبخت

نمونه‌ای دیگر:

افزایندگان، در هنگام شاپور دویم ساسانی، ویرا بگونهٔ بازرگانی به روم می‌فرستند، و پس از چندی رومیان او را دستگیر کرده، در پوست خرش می‌کنند، آنگاه:

یکی خانه‌ای بود، تاریک و تنگ ببردند بدبخت را بیدرنگ

بدان جای تنگ اندر انداختند در خانه را قفل برساختند

کلیدش بکدبانوی خانه داد تنش را بدان چرم بیگانه داد

بزن گفت چندان دهش نان و آب که از تن نگیرد روانش شتاب

پس؛ نگهبان شاپور، در آن خانهٔ (زندان) تاریک، کدبانویی از رومیان بود...:

زن قیصر آن خانه را در ببست بایوان، دگر جای بودش نشست

که آن کدبانو، زن قیصر بود، و با آنکه در جایی دیگر نشستنگه داشت، نگهبان شاپور نیز بـود!... و بیدرنگ:

یکـی مـاهرخ بـود، گنجـور اوی — گزیـده بهـر کـار، دسـتور اوی
کـز ایرانیـان بُـد مـر او را نـژاد — پدر بر پدر بر، همـی داشـت یـاد
کلیـد در خانـه او را سـپرد — بچرم اندرون بسته، شـاپور گـرد!

کلید زندان بدست آن ماهرخ میرسد، و قیصر آهنگ نبرد با ایران کرده، بایران می‌رود و:

ز ایران همـی بـرد، رومـی؛ اسـیر — نبـود آن یـلان را کسـی دسـتگیر
بایران زن و مرد و کـودک نمانـد — همان چیز بسـیار و انـدک نمانـد
از ایـران بـی‌انـدازه ترسـا شـدند — یکایـک بـه پـیش سکوبا شـدند

اگر از مرد و زن و کودک کس در ایران نماند، پس آنان که ترسا شدند، که بودند؟

*

کنیزک دل بمهر شاپور می‌بندد و چون شاپور از او سوگند می‌خواهد، چنین سوگند یاد می‌کند:

کنیـزک بـدادار سـوگند خَـورد — بزنّارِ شـمّاس(؟!) و رهبـانِ گُـرد (پساوا ندارد)
بجان مسیحا و سـوگ صـلیب(!) — بـدارای ایـران و مهـر و نهیـب

کیست؟ که او را اندک خرد باشد، و چنین سوگند را باور کند! اما بیش از نهسدوپنجاه سال است که چنین سخنان یاوه بشاهنامهٔ ما اندرون شده است، و هیچکس را اندیشهٔ آن نبـوده اسـت کـه ایـن سخنان نادرخور را با گفتار درخشندهٔ فردوسی بسنجد و داوری کند!

افزون بر همهٔ این سخنان نادرخور، خرد نمی‌پذیرد کـه کسـی را در «پوسـت خـر» کننـد، و او در چنان جای تنگ که چون چوب سخت می‌شود چندان زنده بماند، تا قیصر بجنگ ایران رفته و یکسال پس، باز پس گردد. آنگاه کنیزک او را برهاند!

*

در نامه‌های رومیان نیز از چنین رویداد، یاد نشده است!

اسکندر
در
شـــاهنامـه

داستان سراپای آشفته و دروغ اسکندر پس از کشته شد دارا است که پیش از بررسیِ آن می‌باید به چند گفتار از دیگران دربارهٔ آن بپردازیم.

*

ذبیح‌اله صفا، چنین داوری کرده است:[1]

هنگام مطالعه در شاهنامه با آنکه نزدیک بتمام الفاظ آن کلمات عَذْب(؟) دریست، باز هم به یک دسته از مفردات عربی باز میخوریم این مفردات عادةً ساده و مستعمل و متداولست و در آثار شعرای پیش از فردوسی ودورهٔ او نیز بوفور دیده می‌شود. الفاظ مهجور عربی در شاهنامه یا اصلاً راه نیافته و یا بحدّی نادِرست که حکم معدوم دارد. اما الفاظ ساده عربی همچنانکه گفته‌ایم کم نیست مانند: سنان، رکیب، عنان، غم، قطره، هزیمت، جوشن، سلاح، منادی، قلب، نعره، مریخ، نظاره، ثریا، نبات، حصار، سحاب، عقاب، برهان، فلک، حمله، مبتلی، دُرج، صف، میمنه، جاثلیق، صلیب و امثال آنها.

در داستان اسکندر از شاهنامهٔ فردوسی نفوذ مفردات و حتی ترکیبات عربی (مانند: محب‌الصلیب، قرطاس، حریر، جزع، الله اکبر، عمود، نعم، بؤس و جز آنها) بیشتر از موارد دیگر مشهود است و علت این امر آنست که **مأخذ کار استاد طوس درین مبحث اصل یا ترجمهٔ اسکندرنامهٔ عربی بود که**

۱- حماسه‌سرایی در ایران از قدیمترین عهد تاریخی تا قرن چهاردهم هجری، ذبیح‌اله صفا، امیرکبیر، ۱۳۳۲، جلد ۱، رویهٔ ۴۹۷.

اصلاً بیونانی نگارش یافته و سپس بپهلوی و سریانی و عربی گردانده شده و از راه عربی بزبان پارسی درآمده بود.

مطالعه در شاهنامه و علاقه فردوسی بآوردن مفردات پارسی و عدم افراط در ایراد مفردات عربی، بر خواننده ثابت می‌کند که شاعر زبان عادی و عمومی اهل زبان را که در خراسان رایج بوده است مورد استفادهٔ خود در شاعری قرار داده بود، و ابداً تعهدی در آوردن کلمات پارسی یا خودداری از ایراد مفردات عربی نداشته و ضمناً تحت تأثیر مأخذ کار خود نیز قرار داشته است و بهمین سبب در داستان اسکندر **تحت تأثیر یک مأخذ عربی یا ترجمهٔ آن، که طبعاً حاوی مفردات بیشتری از عربی بوده، لغات تازی بیشتر بکار برده است.**

بنابراین چگونه ممکن است فردوسی با این آگاهی که نسبت به کردار اسکندر در ایران دارد و او را چون ضحاک و افراسیاب می‌داند دوهزار بیت شعر در بزرگداشت او بگوید آنهم با زبانی که درخور سنجش با بقیه شاهنامه نیست.

پروفسور **هلمهارت کانوس کِردِ** Helmhart Kanus-credé از آلمان فدرال در سخنرانی خود هنگام برگزاری نخستین جشن طوس ۱۳۵۴ (۲۵۳۴) در گفتاری بنام «فردوسی و اسکندر: اسطوره و تاریخ در حماسهٔ ملی ایران» می‌گوید[۱]:

«با همهٔ اینها در شعرهای فردوسی واژهٔ تند و تلخی درباره رویدادهای مربوط تاخت‌وتاز اسکندر نمی‌یابیم. به جای آن، فردوسی می‌گوید:

چو اسکندر این نیکوییها بگفت — دل پادشا، گشت با داد جفت
ز دیوان برآمد یکی آفرین — بر آن دادگر شهریار زمین

(شاهنامه مسکو، ج۷، ص۶)

...ترجمه سریانی اسکندرنامه در سده نهم به زبان تازی برگردانیده شد، این ترجمه گم شده اما دینوری، المبشر و فردوسی از آن استفاده کرده‌اند.»

۱- مجموعهٔ سخنرانی‌های نخستین جشن توس، ۲۵۳۴ شاهنشاهی [۱۳۵۴ خیامی] رویه‌های ۱۶۴-۱۵۱.

داوری دیگر:

نوشته‌اند که فردوسی داستانهای گوناگونی را که گیرایی و تازگی کمتری داشتند، و بعدها اخلاف و مقلّدانش آنها را زنده کردند، از قلم انداخت، و در اثر خود بدانها نپرداخت.[۱]

داوری دیگر:

«چنین بنظر می‌رسد که تمثال تاریخی اسکندر هم باید در تاریخ منظوم ایران انعکاس یافته باشد. ولی در حقیقت این مرحله یکی از مراحلی است، که خیلی کم جنبهٔ تاریخی دارد و با افسانه‌ها و خیالبافی‌ها در شاهنامه آمده است. اسکندر بعنوان غالب و متصرف نشان داده نشده، بلکه پادشاه قانونی ایران و آخرین پادشاه کیانی است. در تاریخ‌نگاری قرون وسطی اسلامی بطور کلی نکات و حقایق واقعی ذکر نشده، بلکه رومان اللینیستی (هلنیستی) «درباره اسکندر» (اثر اصلاح‌شدهٔ اساسی، که باصطلاح «کالیستنس دروغی» نامیده می‌شود) با شقوق افسانه‌های محلی، خاص ایرانی و اسلامی بوجود آمده است. در اینمورد هم تضاد بین تمایلات ایرانی زرتشتی و اسلام در تنویر و تجسم تمثال جهانگیر مذکور، که بهیچوجه قابل وفق دادن نیست هویدا است، همان تضادی که در شاهنامه انعکاس یافته است...[۲] بدین ترتیب در قسمت مربوط به اسکندر ما فقط خلاصهٔ طرح وقایع معروف نزد عامه و چند اسم تاریخی را مشاهده می‌کنیم از قبیل: دارا (داریوش)، فیلقوس (فیلیپ)، ارسطاطالیس (آریستوتل)، فور (پور پادشاه هند)[۳]... .

داوری دیگر:

«با وجود اینکه قصهٔ اسکندر و دارا کاملاً افسانه‌آمیز است، باز هم اسلوب آن تفاوت بسیاری با افسانه‌های عصر پهلوانی ایران مربوط به زمان شاهان

۱- تاریخ کمبریج، تاریخ ایران از اسلام تا سلاجقه: دفتر چهارم، رویهٔ ۵۳۷.

۲- آ.آ. استاریکوف: فردوسی و شاهنامه ترجمه رضا آذرخشی، چاپ دویم، سازمان کتابهای جیبی، ۱۳۴۶، رویه‌های ۳-۱۴۲.

۳- همان، ۱۴۲-۱۴۳.

باستان دارد... تمام فصل راجع باسکندر یک قسمت بیگانه‌ای بشمار میرود».[۱]

داوری دیگر:

«داستان اسکندر به زمان درازی پیش از فردوسی ترجمه شده و مورد تقلید قرار گرفته بود بطوریکه شاعر توس با آنهمه غرور ملی که داشت، نتوانست از آن دیده بپوشد، و ناگزیر به نظم آن شد»[۲]

داوری دیگر:

خردهٔ واقعی که بتوان بر فردوسی گرفت بعضی غفلتهای جزئی است، مثل اینکه در ضمن حکایات بعضی جاها گوئی فراموش کرده است که داستانهایی که نقل می‌کند راجع بما قبل اسلام و پیش از نزول قرآن است، و اسکندر را مسیحی می‌داند پیش از حضرت عیسی، از اسقف و سکوبا گفتگو بمیان می‌آورد و در زمان گشتاسپ کیانی حکایت از قیصر روم میکند...»[۳]

داوری دیگر:

«این اسکندر شهسوار و جوانمرد مربوط بروایات افسانه‌ای ایران نیست بلکه ایران اسلامی او را در ادبیات یونانی-سریانی کشف کرده است که ریشهٔ آنها نیز بنوبهٔ خود از آثار پلوتارخس و کالیستنس دروغین آب می‌خورد، بنابر روایات ایرانی حقیقی، ساسانی و اوستایی، اسکندر شرِ مجسم و ملعون شمرده می‌شده است.»[٤]

و اینک؛ برآیند داوری‌های یادشده:

۱- حماسه‌سرایی در ایران، تئودور نولدکه، ترجمه بزرگ علوی، با مقدمهٔ سعید نفیسی، دانشگاه تهران، ۱۳۲۷، رویه‌های ۸۱ و ۷۹.

۲- اسکندر و ادبیات ایران، دکتر سیدحسن صفوی، امیرکبیر، ۱۳٦٤، رویهٔ ۷۸.

۳- مجموعه گفتارهای «هزارهٔ شاهنامه، مقام فردوسی و اهمیت شاهنامه»، محمدعلی فروغی، رویهٔ ۳۳.

٤- یونانیان و بربرها (روی دیگر تاریخ)، امیرمهدی بدیع، ترجمه احمد آرام، جلد ۱و۲، نشر پرواز، ۱۳۶۴، رویهٔ ۲۰۵.

یک: واژه‌های تازی در شاهنامه کم نیست [روی دیگر سخن نشان میدهد که بسیار است!]

دو: واژه‌هایی چون محب‌الصلیب و جزع، الله‌اکبر، عمود، نعم و بؤس در اسکندرنامه از آنست که آن نامه بزبان تازی بوده، و فردوسی در ترجمهٔ آن، نگاه به نوشتهٔ تازی آن داشته است و زیر فشار آن، نوشتار واژه‌های دور از اندیشه را در ترجمهٔ خویش بکار گرفته است.

سه: بر این بنیاد فردوسی خود را ناچار از ترجمهٔ این بخش، و آوردن آن بشاهنامه شده است!

چهار: فردوسی، از اسکندر همچون یک پادشاه دادگر، یاد کرده است.

پنج: رویارویی اندیشه‌ها و رویکردها در داستان اسکندر، برخاسته از رویارویی خواسته‌های ایرانی زرتشتی و اسلامی است!

شش: شاهنامه همچون بخش اسکندر سرتاسر افسانه‌آمیز است!

هفت: داستان اسکندر پیش از فردوسی ترجمه شده بود، و فردوسی خود را ناچار از آوردن آن در شاهنامه دید.

هشت: خرده‌ای که بر کار فردوسی میتوان گرفت آنست که نامهایی چون اسقف و سکوبا را پیش از عیسی آورده است.

نُه: تنها کسی که میگوید داستان اسکندر از دروغ‌های یونانی است، **شادروان امیرمهدی بدیع** است، اما او نیز گمان دارد که این داستان آشفته را فردوسی بشاهنامه اندر کرده است.

پاسخ:

داوری نخست و دویم، سخت کودکانه است، زیرا که امروز نیز ترجمانانِ آگاه و فرهیخته، از چند زبان گوناگون ترجمه می‌کنند، و نشانه‌ای از واژه‌های آن زبانها در ترجمهٔ ایشان نیست.

آنچه که ترجمان بدان می‌اندیشد، همانا زبانی است که بایستی گفتار، بدان ترجمه شود و بهیچ روی نشاید پذیرفتن که واژه‌های دور و نادرخور تازی، در اندیشهٔ خداوند سخن، فردوسی، بهمان گونهٔ تازیِ خود بماند!

برای آنکه روشن شود که در برگرداندن از تازی بپارسی، هیچ نشان از زبان تازی بر روی ترجمه

نمی‌گذارد... بنگرید به ترجمه‌های نگارنده بر روی آنچه که از شاهنامهٔ بنداری آورده‌ام!

اگر مرا که خاک پای فردوسی نیز درشمار نیستم، توان آن باشد، که یک شاهنامه را از تازی بپارسی بگردانم، چنانکه هیچ واژهٔ تازی در آن نباشد. بر فردوسی چنین گمان بردن، سخت؛ بدور از راستی‌خواهی و درست‌اندیشی است، و گوینده بخود نگریسته، و چنان داوری کرده است.

*

نمونهٔ ترجمهٔ من بهنگام گزارش فرستادهٔ سلم و تور، پایتخت فریدون را (در سخنان افزوده):

«و علی رأسه سام بن نریمان، حامل سیفهُ و هو کالسحاب المبرّق المرّعد»

بر بالای سرش سام نریمان، نگهدار شمشیر او که همانند ابری است آذرخش ریزِ تندرخیز!

نمونهٔ دیگر در گفتار سیندخت با سام نریمان در گفتارهای افزوده:

«فانّی تجوز المعدلة الفائضة، و الرحمة الشاملة أن یعاقب لاساءته مهراب الذی هو غرس نعمتک، و التراب قدمک و لم یسلک منذ تصدی لسلطنة الکابل غیر طریق طاعتک، و منهج عبودیتک، نعم و إن کان قصدالملک لبلاده من أجل الدین فإن إلهنا و إلهکم واحد، لاخلاف بین الطائفتین فیه، غیر أن قبلتنا التمائیل و الاصنام، و قبلتکم الشمس و النیران.»

«... هرآنکس که از دادِ بهره‌رسان و مهربانی گسترده تو؛ سر کشد، بدی پادافره خویش را می‌بیند. مهراب نهال کاشته شدهٔ خوبیهای تو، و خاک گامهای تست، و از آغاز فرمانروایی بر کابل، براهی بجز از فرمانبرداری از تو نرفته است، و اگر خواستِ پادشاه از آهنگ به سرزمینِ او، بهانهٔ دین است، خدای ما و شما یکی است و دگراندیشی میان دو تیره نیست، مگر آنکه ما را روی به پیکره و نگاره است، و شما را روی به خورشید و آتش!

داوری سیوم:

چه کس؟ فردوسی را ناچار کرد که نه بر آهنگِ رای و اندیشه و آرمانِ خویش بخشی را بشاهنامه بیفزاید، که در آن به ستایشِ دشمن ایران، و برهم‌زنندهٔ زندگی و کشور و آیین ایرانی، و بتاراج‌دهندهٔ نمادهای فرهنگ و دانش ایرانیان و جهان بپردازد؟

این داوری سخت کودکانه و بی‌بهانه است.

داوری چهارم:

فردوسی بجز از این بخش افزوده، هر جا که از اسکندر یاد کرده است او را بزشتی و بدرایی و سترگی نشان داده است، و او را سزاوار نفرین درشمار آورده است:

چنان بر فریدون بود آفرین — بر اویست نفرین ز جویای کین

*

چو او ناجوانمرد بود و درشت — که سی‌وشش از شهریاران بکشت

*

بدانگه که اسکندر آمد ز روم — بایران و ویران شد آبادبوم

*

کسی نیست زین نامدار انجمن — ز فرزانه و مردمِ رایزن
که نشنید کاسکندر بدنهان — چه کرد از فرومایگی در جهان

داوری پنجم:

دربارهٔ رویارویی اندیشه‌ها و رویکردها که از رویارویی خواستهٔ ایرانی زرتشتی و اسلامی است!

چنین نیست، و بجز از همین داستان افزودهٔ دروغ، فردوسی هیچگاه؛ خامهٔ خویش را از فرهنگ و رویدادهای ایران باستان بدینسوی نکشیده است.

داوری ششم:

سخن بی‌بنیاد **نُلدکه** (که سرتاسر شاهنامه را افسانه می‌پندارد) زمانی خویش را می‌نمایاند که روشن شود، آن انیرانی دشمن فرهنگ ایران، در شاهنامه چنین چراغ‌های روشنِ رهنمای را ندیده است:

- پیدایی خانه در جهان
- نمودن چهار بار سرمای جهانی (که آنرا وورم نامیده‌اند) در زندگی ایرانیان **(در داستان ایران بر بنیاد گفتارهای ایرانی شکافته‌ام)**
- پیدا شدن سفال که باستانشناسان، آنرا برترین نماد فرهنگِ جهانی بشمار می‌آورند.
- پیدایی اندازه در جهان، تنها در شاهنامه، و نه در هیچ نامه و دفتر

و فرهنگنامه جهانی

- پیدایی پزشکی... و هزاران نکتهٔ دیگر که تنها در شاهنامه آمده است، و هیچیک افسانه‌آمیزِ نیست... اما چشمِ بینا، و اندیشهٔ پژوهنده باید، تا چنین نکته‌های روشن را از شاهنامه دریابد، و گفتارهای افسانه‌آمیزِ افزایندگان را از آن بزداید!

داوری هفتم:

درست همانند داوری سیوم

داوری هشتم:

خرده‌ای که بر اندیشهٔ محمدعلی فروغی (که بزمان خویش، خود را فرمانروای گسترهٔ فرهنگ و زندگی ایرانیان می‌دید) توان گرفت، آنستکه او و دیگر استادان(!) شاهنامه‌خوان هیچگاه بدنبال گفتار **حمداله مستوفی** و داوری **شاهنامهٔ ماکان** و گفتار روانشاد **داعی‌الاسلام** نرفته و، نیندیشیدند که آن سخنان سست را، افزایندگان پسین بشاهنامه افزوده‌اند!

اسکندرنامه

داستانهایی از لشگرکشیدن اسکندر بنزد کید هندی [سپاه اسکندر تا مرز هندوستان بیش پیش نرفت] رفتن ده مرد رومی بدیدن چهار چیز شگفت کید هندی، آمدن دختر و فیلسوف و پزشک با جام؛ نزد اسکندر، آمدن اسکندر بجنگ فور هندی. رفتن اسکندر بدیدن کعبه!! پیاده بیامد به بیت‌الحرام، سماعیلیان زو شده شادکام...، لشگر کشیدن از جدّه بسوی مصر. لشگر کشیدن اسکندر بسوی اندلس و گرفتن دژ شاه قرقار!!! [و از اسپانیا] رفتن اسکندر برزم برهمنان... رسیدن اسکندر بدریای خاور... [از هندوستان بسوی خراسان و دریای فراخکرت، (اقیانوس آرام) توان رفتن نه بسوی خورروران شدن]، بیدرنگ رسیدن اسکندر بزمین حبش!

رسیدن اسکندر بشهر نرم پایان، رسیدن اسکندر بشهر زنان [زندگی و پادشاهی زن بی‌شوی... پایدار نمی‌ماند] رفتن اسکندر در تاریکی به جُستن آب حیات، رفتن اسکندر بسوی باختر [گمان افزاینده خورروران بوده است] بستن اسکندر سد یأجوج و مأجوج را، بیدرنگ رفتن اسکندر به چین! و بیدرنگ نبرد اسکندر با سندیان (سند = هند) و رفتن از آنجا بسوی یمن، بیدرنگ لشکرکشیدن او

بسوی بابل و یافتن گنج کیخسرو را... . به خوابی درهمْ می‌نماید که از سوی یک آشفته مغزِ پریشان‌اندیشه، بهنگام تبی سوزان در کابوس دیده شده باشد، که با آنچه که در ایران و بابل و مصر از سوی اسکندر روی داده است، همخوان نیست، و از سیاه‌ترین کارِ وی که آتش زدن گنجینهٔ دفتر و دیوان ایرانی، و نیز بآتش کشیدنِ بزرگترین و باشکوه‌ترین کاخ ایرانی که رهاورد هنر و اندیشه و دانش ایرانیان بود، [و در ساختن آن از همهٔ نیروهای جهانی نیز بهره‌ور بودیم]، در این کارنامهٔ سیاه، سخنی نیامده است، باز آنکه نویسندگان یونانی و رومی از هر دوی آن یاد کرده‌اند.[1]

*

به یک پرده از این خواب آشفته بنگریم:

۱ بپرسید کایدر چه باشد شگفت؟ — کزان بدتر اندازه نتوان گرفت
۲ زبان برگشادند بر شهریار — بنالیدنِ گردش روزگار
۳ که ما را یکی کار، پیش است سخت — بگوییم با شاه پیروزبخت
۴ بدین کوهسر تا به ابر اندرون — دل ما پر از رنج و درد است و خون
۵ ز چیزی که ما را بدو تاب نیست — ز یأجوج و مأجوج‌مان خواب نیست
۶ چو آیند بهری سوی شهر ما — غم و رنج باشد همه بهر ما
۷ همه روی‌هاشان چو روی هیون — زبان‌ها سیه، دیده‌ها پر ز خون
۸ سیه‌روی و دندانها چون گراز — که یارد شدن نزد ایشان فراز؟
۹ همه تن پر از موی و مو همچو نیل — بر و سینه و گوشهاشان چو پیل
۱۰ بخسپند یکی گوش بستر کنند — دگر بر تن خویش چادر کنند
۱۱ ز هر ماده‌ای بچه زاید هزار — کم‌وبیش ایشان که داند شمار؟
۱۲ به گرد آمدن چون ستوران شوند — تگ آرند، برسان گوران شوند
۱۳ بهاران کز ابر اندر آید خروش — همان سبز دریا برآید بجوش
۱۴ چو تنّین از آن موج بردارد ابر — هوا بر خروشد چو بسان هزبر
۱۵ خورش آن بود سال تا سالشان — که آگنده گردد، بر و یالشان
۱۶ گیاشان بود زان سپس خوردنی — بیارند هر سو، ز آوردنی
۱۷ چو سرما بود، سخت لاغر شوند — به آواز بر سان کبتر(!) شوند
۱۸ بهاران بیبنی بکردار گرگ — بغرّند بر سانِ پیل سترگ

*

۱- لت دویم از گفتار فردوسی برگرفته شده است: کزان برتر اندازه نتوان گرفت.

۲- **یک:** زبان برگشودن، دشنام دادن است. **دو:** لت دویم را گزارش نیست، و بر

[1] برای آگاهی بیشتر و آشنا شدن با چهرهٔ پلید اسکندر، بنگرید به کار بزرگ روانشاد امیرمهدی بدیع «یونانیان و بربرها».

رویهم چنین گزارش می‌شود دشنام بشهریار دادن از ناله‌ای که از گردش روزگار (برمیخیزد).

۳- «کار»، [پیش] نبود، که روزگار آنان همواره با آن همراه بوده است.

۴- **یک:** چون سخن در میانه با «تا» همراه است. گفتار نخست نیز می‌باید با «از» آغاز شود: از... تا. **دو:** از کوهسر تا به ابر، میان آسمان است و بکارِ زمینیانش پیوند نیست. **سه:** دل بی‌خون نمی‌شود. همان رنج و درد، بس می‌نماید.

۵- از چیزی؟... یا از یأجوج و مأجوج؟

۶- چرا بهری از آنان؟ آیا دیگران در میانهٔ آسمان می‌مانند؟

۷- **یک:** رویِ هیون، سخت زیبا است و ترس ندارد. **دو:** در لت دویم زبان‌ها(شان) باید.

۸- **یک:** روی هیون سیاه نیست. **دو:** روی و دندان‌ها را «شان» باید. **سه:** «که یارد» نادرخور است: «کس نیارد»؛ کسی یارا ندارد که نزد آنان رود.

۹- **یک:** تن پر از موی ترس ندارد، گوسفند و گاو و آهو... را با چندان زیبایی همهٔ تن پر از موی است. **دو:** مو را چگونه توان به رود نیل همانند کردن؟ **سه:** اگر رای افزاینده آن بوده است که رنگ آنان را گوید می‌بایستی گفتن: «مویشان برنگ نیل» نه همچو نیل. **چهار:** لت دویم نیز نادرخور است. بر و سینه و گوش آنان به بر و سینه و گوش پیل ماند، یا ساده‌تر: اندامشان به پیل ماند.

۱۰- **یک:** گوش پیل باندازهٔ بستر یک پیل نیست که روی آن بخوابد. **دو:** همچنین باندازهٔ روی‌اندازِ او.

۱۱- اگر هر ماده‌ای از آنان هزار بچه میزایید، می‌بایستی جهان پر از یأجوج و مأجوج شود.

۱۲- **یک:** «شوند» پایانی لت نخست نادرخور است، «چون ستوران گرد می‌آیند». **دو:** و در لت دویم نیز پیوند «چون» باید: چون تگ آرند!

۱۳- از ابر؛ خروش (اندر) نمی‌آید: خروش از ابر، برمی‌خیزد.

۱۴- **یک:** تنین «اژدها» بزبان تازی است و کاربرد آن سخت نادرخور است. **دو:** برای سنجشِ اندیشهٔ ایرانی، با چنین گفتارها بنگرید به گفتارِ برانگیختن ابرها از روی دریای فراخکرد که در بخش گاهشماری و نجوم گذشت! **سه:** هوا را خروش

نیست، و خروش نیز از آنِ ابرها است.

۱۵- **یک:** سخن چنین می‌نماید که خورش آنان خروش ابرها است!!! **دو:** پیوند لت دویم نیز نادرخور است... و از آن، بر و یالشان آکنده می‌شود.

۱۶- **یک:** اگر خوردنی آنان گیاه است، پس آزاری بمردمان نمی‌رسانند! **دو:** لت دویم باژگونهٔ لت نخست است، زیرا هرگونه آوردنی (بجز از گیاه نیز) از هر سوی می‌آورند!

۱۷- **یک:** افزایندهٔ سست سخن می‌توانست بگوید «چو سرما شود» یا «چو سرما بیاید. یا: چو گردد هوا سرد... **دو:** در هیچ نوشتهٔ پارسی کبوتر، بگونهٔ «کبتر» نیامده است.

۱۸- اینجا بگونهٔ گرگ نمایانده می‌شوند، باز آنکه پیشتر بسان هیولایی بی‌مانند از آنان یاد شده بود.

اما چاره‌گری اسکندر:

سکندر بیامد، نگه کرد کوه / بیاورد زان فیلسوفان گروه
بفرمود کاهنگران آورید / مس و روی و پتک گران آورید
گچ و سنگ و هیزم فزون از شمار / بیارید چندانکه آید بکار
بی‌اندازه بردند چیزی که خواست / چو شد، ساخته کار و اندیشه راست(؟!)
ز دیوارگر هم ز آهنگران / هرآنکس که استاد بود اندر آن
ز گیتی به پیش سکندر شدند / بدان کار بایسته، یاور شدند
ز هر کشوری دانشی شد گروه / دو دیوار کر از دو پهلوی کوه
ز بن تا سر تیغ با رای اوی / چو صد شاه رش کرده پهنای اوی
از او یک رش انگشت (ذغال) و آهن یکی / پراکنده مس در میان اندکی
همی ریخت گوگردش اندر میان / چنین باشد افسون دانا کیان(!!؟)
همی ریخت هر گوهری یک رده / چو از خاک تا تیغ شد آزده
بسی نفت و روغن برآمیختند / همی بر سرِ گوهران(؟) ریختند
بخروار انگِشت بر سر زدند(؟) / بفرمود، تا آتش اندر زدند
دم آورد و آهنگران (سه بار) صدهزار / بفرمان پیروزگر شهریار
خروش دمنده برآمد ز کوه / ستاره شد از تفتهٔ آتش ستوه
چنین روزگاری برآمد بر آن / دم آتش و رنجِ آهنگران (چهار بار)
گهرها یک اندر دگر ساختند(؟!) / وز آن آتش و تیز بگداختند

ز یـأجوج و مـأجوج گیتـی برسـت   زمـین گشـت جـای خـرام و نشسـت

از گفتار درهم و پریشان چنین داستان که بگذریم، دیواری را که یـک رش؛ انگِشـت (= ذغـال) و یک رج؛ آهن ریزند و در میان آن نیز گوگرد پراکنند، و نفت و روغن بسیار بر سرِ آن ریزنـد، همگـی آتش می‌گیرد و آهن و مسِ آن آب شده بر زمین روان میگردد!

و... چنین بود افسون دانا کیان! (در گفتار افزایندگان)

*

و چنین است آیین سخنگویی در این داستان بی‌سروبُن:

اگر ماند ایـدر ز تـو، نـام زشـت   نیـابی عفـی الّـه، خـرم بهشـت

این چگونه بخشش خداوندی (عفی اله) است که آنکس که خداوند بر او بخشوده اسـت، بـدوزخ می‌رود؟!

چنین است اندیشهٔ افزاینده‌ای که اسکندر؛ زشت‌نـام‌تـرینِ مردمـانِ گیتـی را بـا چنین گفتارهـای نادرخور، می‌ستاید!

*

با آنکه گفتار را در این زمینه بسنده می‌دانم، به انبوهی از واژه‌های تازی این داستان که بیاری یـاور مهربانم استاد **حسین شهیدی مازندرانی (بیژن)** فراهم شده و در دیگر بخـش‌هـای شـاهنامه هماننـد ندارد. بنگریم. شماره‌های سوی راست شمارهٔ رج از شاهنامه چاپ مسکو، و سوی چـپ، شـمارِ واژه بکار برده است.

نَفَس	۱۸۳۳	۱
عفاالله	۱۹۱۹	۱
ثریا	۲۲۳	۱
انقاس	۳۵۶	۱
صفت	۳۵۹	۱
نجوم	۴۷۶	۱
عرش	۴	۱
محمد	۶	
علی	۷	
علی ولی	۷	
محمود	۱۶	

زبان تازی		۲۶۹
ثنای	۲۱	۱
فیلسوف	۷۴-۱۱۱-۳۲۱-۳۵۵-۳۷۶-۳۹۰-۴۰۱-۴۰۷-۴۷۲-۴۷۵-۵۸۱-۱۱۷۳-۱۲۷۷- ۱۴۷۹	۱۵
مکافات	۸۶-۹۷۷	۲
خادمان	۱۱۰-۱۲۳	۲
فخر	۱۲۵	۱
حکیمان	۱۵۳-۲۶۷-۱۸۷۰	۳
مغناطیس	۴۸۲	۱
طبع	۴۸۳	۱
نُعم	۴۹۶-۸۶۷	۲
بؤس	۴۹۶-۸۶۷-۱۷۹۸	۳
حرم	۶۵۸-۶۶۰-۶۸۱	۳
بیت‌الحرام	۶۶۱-۶۸۷	۲
نصر قتیب	۶۶۶-۶۷۱-۶۷۵-۶۸۹	۴
سماعیل	۶۵۹-۶۷۰-۶۷۶-۶۸۳-۶۸۶-۶۸۷	۶
قحطان	۶۷۶	۱
خزاعه	۶۸۰	۱
مصور	۷۰۱	۱
صورت	۷۰۱-۷۰۴-۸۳۶	۳
فیروز	۷۳۶	۱
قبا	۸۱۹	۱
دهر	۸۸۸-۱۷۶۲	۲
کوکب	۸۲۹	۱
جزع	۸۲۰-۸۵۷	۲
معدن	۸۶۴	۱
حکم	۹۰۱	۱
مسیح	۹۰۹	۱
صلیب	۹۹۵-۱۰۰۰	۲

روح‌القدس	۹۹۶	۱
وفا	۱۰۸۵-۹۹۹	۲
شماس	۲۸	۱
قوس قزح	۱۰۳۳	۱
ملمع	۱۰۳۷	۱
ابلهی	۱۱۵۵	۱
غمز	۱۲۶۹	۱
مغرب	۱۵۳۵	۱
آب حیوان	۱۴۴۱-۱۳۹۷-۱۳۹۳-۱۳۸۶-۱۳۶۵-۱۳۶۴	۶
خضر	۱۳۹۶-۱۳۹۴-۱۳۸۳	۳
الله اکبر	۱۳۹۳	۱
منقار	۱۴۲۰-۱۴۱۶	۲
سرافیل،اسرافیل	۱۴۲۴	
صور	۱۴۲۴	۱
سدّ	۱۹۲۵-۱۴۹۷	۲
قندیل	۱۵۰۵	۲
تشویر	۱۶۴۰	۱
طرایف	۱۶۵۱-۱۶۰۳	۲
سلمه	۱۶۹۴	۱
ملوک طوایف	۱۷۶۵	۱
فال	۱۷۷۱	۱
کفن	۱۸۴۲-۱۷۷۵	۳

*

گفتارِ این بخش دربارهٔ گذرِ زمان و سرگذشت جهانیان است، پس بایسته می‌نماید که در پایانِ سخن، نگاه دیگری از دیدگاه زمان بیفکنیم.

نُلدکه و ذبیح‌اله صفا و فروغی و دیگران، بدانروی در داوری دربارهٔ داستان اسکندر، سرگشته شده‌اند، که گمان برده‌اند، شاهنامه افسانه است و (تاریخ) نیست، و بر این بنیاد، درنیافته‌اند که داراب و دارای دارایان که پس از همای (= ماد) در سرگذشت ایران پدیدار می‌شوند، دو شاخه از زنجیرهٔ

هخامنشیان‌اند: (کورش و کمبوجیه - و داریوش و فرزندانش)، و فیلیپ و اسکندر در پایان هنگام هخامنشیان پدیدار شده‌اند، نه بهنگام کورش و این گره بر دست فرزند روانشادم **مهرک افشین** در نامه‌ایکه در هجده سالگی بمن نوشته است، باز می‌شود که پس از پرسش دربارهٔ اسکندر، داوری میکند که چون وی همزمان کورش نبوده است، پس گفتار از شاهنامه نیست!

چند سؤال هم دارم. اولاً چرا اینقدر فردوسی از اسکندر تعریف کرده با اینکه
اسکندر در زمان کورش نبوده این با شاهنامه مطابقت نداره. در ضمن می‌خواهم
بدانم که گیو و گودرز - گرگین - رهام - اشکش - فرهاد - زنگه شاوران
گستهم - گژدهم نماینده چه نژادی بوده‌اند؟ آیا نژاد خراسان اینقدر زشت
بوده که تمام پهلوانان و پادشاهان طوس را سرزنش می‌کنند؟
خوان ششم هفت‌خوان اسفندیار کشتن سیمرغ است. اگر سیمرغ را اسفندیار
می‌کشد پس چرا در جنگ رستم و اسفندیار رستم توسط سیمرغ خوب می‌شود؟
آخر، بازهم اشکال داشتم می‌پرسم حتماً پرونده پزشکی و قرص‌ها را می‌شود از
طریق پاکت‌های بزرگ پست کرد. دیگر سخنان [illegible]
را به تمام دوستان و آشنایان [illegible] برسانید.

به امید دیدار

افشین

۸ تیر ۱۳۶۳

زادروز افشینکم دوازدهم تیرماه ۱۳۴۵ است، و بهنگام نوشتن این نامه در آستانهٔ هجده سالگی بود. روان همهٔ جانسپاران راه ایران شاد باد.

زمین‌پیمایی[1]

و

چارسوی

زمین‌پیمایی:

ایران که کانون و میانهٔ جهان بود، برای نگاهبانی از مرزِ پهناور خویش بسا زودتر از همهٔ جهانیـان بـه پیمایش و اندازه‌گیری زمین و کوهها و دریاها پرداخت.

برآیندِ شگفت این اندازه‌گیری، از خراسانِ (مشـرق) ژاپس، تـا خـوروَرانِ (مغـرب) جزیـره‌هـای خالدات [کاناری] که جهان شناخته شدهٔ باستان بود، در گزینش نیمروزانِ ایران پدیدار است زیـرا کـه اگر در نیمکرهٔ باستانی همه‌جا روز باشد، خدِّ نیمروز، از نیمروز و سیستان ایران میگذرد!

در مهریشت، کردهٔ ۲۷-بند۱۰۴ چنین آمده است:

«(مهر) که بازوان بسیار بلندش پیمانشکنان را گرفتار سازد، او را بگیرد اگرچه او در مشرق هندوستان باشد، او را برافکند اگر او در مغرب نیغنِ باشد اگر هم او در دهانهٔ رود اَرَنگ (سیردریا - سیهون) باشد، اگر هم او در میانهٔ زمین باشد»[2]

پیدا است که کشور مهر در دو سوی هندوستان و نیغنِ[3] گسترده شده است، اما از دو سوی اپـاختر (شمال) و نیمروزان، سخن از دهانهٔ رود اَرَنگ و میانهٔ زمین می‌رود.

میانهٔ زمین جزیره‌ایست که در نامهٔ گرامی **«حدود العالم من المشرق الی المغـرب»** از آن بـا نـام **«فاره»** یاد شده است.

۱- واژهٔ ژئومتری، ریشه در ایران دارد: بخش نخست آن ژئو [با دگرگون شدن گ به ژ] در واژهٔ گیتی و گیهان بگونهٔ کهنتر روان است، بخـش دویم آن «مِتر» نیز از ریشه 𐬨𐬁 «ما» اوستایی؛ اندازه و سنجش برآمده است که در واژه‌های مار، شمار، آمار، پیمانه پتمانک پهلـوی و نیـز در meazer و metring اروپایی هنوز روان است. امروز این واژه ژئوگرافی (= جغرافیا) خوانده می‌شود.

۲- یشت‌ها، همان، دفتر دویم، رویهٔ ٤٨١.

۳- بنگرید به «داستان ایران»، دفتر نخست.

و خطّی که از دهانهٔ رود ارنگ و جزیرهٔ فاره میگذرد همان نیمروزان است که از نیمروز و سیستان نیز می‌گذرد، و ایرانیان با چنین سنجشِ شگفت در زمانهای دور (که در داستان ایران بگستردگی آمده است) نگرش و تیزبینی و درستیِ کارِ سنجش و اندازه را نشان داده‌اند:

«یازدهم جزیرهٔ فاره است بر خط استواست، بر میانهٔ آبادانی جهان، طول او از مشرق تا مغرب ۹۰ درجه است و زیجهاء و رصدها و جای کواکب سیاره و ثابتات بدین جزیره راست کرده‌اند، اندر زیجهاء قدیم، و این جزیره را استواء اللیل و النهار خوانند»[1]

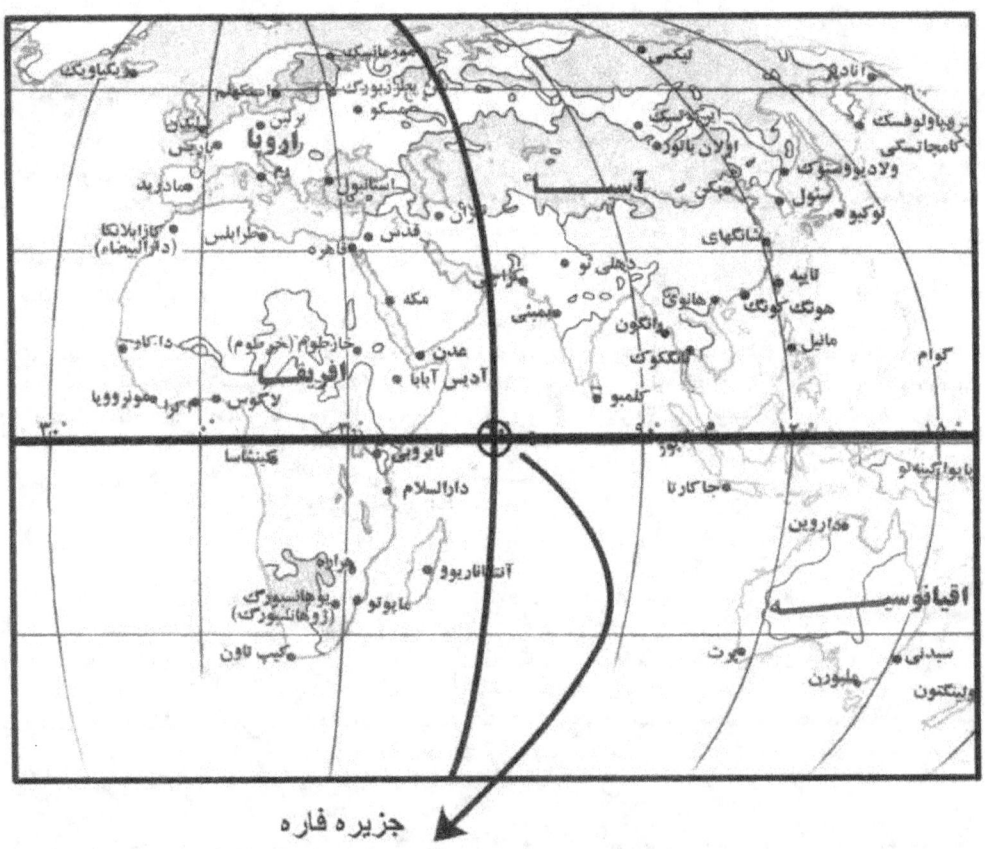

جزیره فاره

و چون دانایان کشوری با چنین تیزنگری، بکار سنجش و پیمایش سرزمین‌ها در جهانِ شناخته‌شدهٔ آنروز می‌پرداختند، نویسندگان شاهنامه را نشاید سخنی آوردن که بدور از آگاهی‌ها و دانشِ زمین‌پیمایی بوده باشد.

نمونهٔ درست‌ترین گفتار بر پایهٔ اندازه‌های زمین، این گفتار شاهنامه است بهنگام کاووس:

۱- حدود العالم من المشرق الی المغرب، نویسندهٔ روانشاد ناشناس، بکوشش دکتر منوچهر ستوده، کتابخانه طهوری، ۱۳۶۲، رویهٔ ۲۰.

یکی خانه بنهاد بـرِ خـدِّ راسـت　　　　که نه تیر بفزود و نه دی بکاسـت

خدِّ راست همانست که چون بتازی گردانده شد، و خط استوایش خواندند، و این گفتـار شـاهنامه درست همانست که در حدودالعالم نیز دربارهٔ زیج‌ها و زوله‌گاههای[1] ساخته شده در جزیرهٔ فاره که از یکسو بـر روی خـدّ راسـت (اسـتوا) اسـت و از یکسـو بـر روی خـدّ نیمـروزان... و بـدینروی آنـرا **روزوشب‌برابر** (← استواء اللیل و النهار) خوانده‌اند، همانکه در گفتار فردوسی گذشت، زیـرا کـه بـر روی خدّ راست شب‌وروز همواره بیک اندازه است، و در تیرماه و دیماه کاست و فزود نمی‌پذیرد.

نمونه‌ای دیگر

بر بنیاد گفتهٔ **ابوریحان بیرونی**، رود آموی پیشتر؛ از نزدیکی شهر چارجُو (چهـارجوی) بسـوی چـپ روان بود و بدریای گرگان میریخت، اما بدنبال دگرگونی‌هـای پدیـد آمـده در زمـین، از زمـین‌لـرزه و فرونشستن آن... این راه بسته شد، و آب بسوی دریای خوارزم روان گردید، بر ایـن بنیـاد، شـهر آبـادِ **دهیستان** که در کنارهٔ رود بود کم‌کم کوچکتر شد، و چون مغولان یورش آوردند، همان شهر کوچـک نیز ویران گردید و با گذرِ پیشین آموی، به افسانه پیوست.

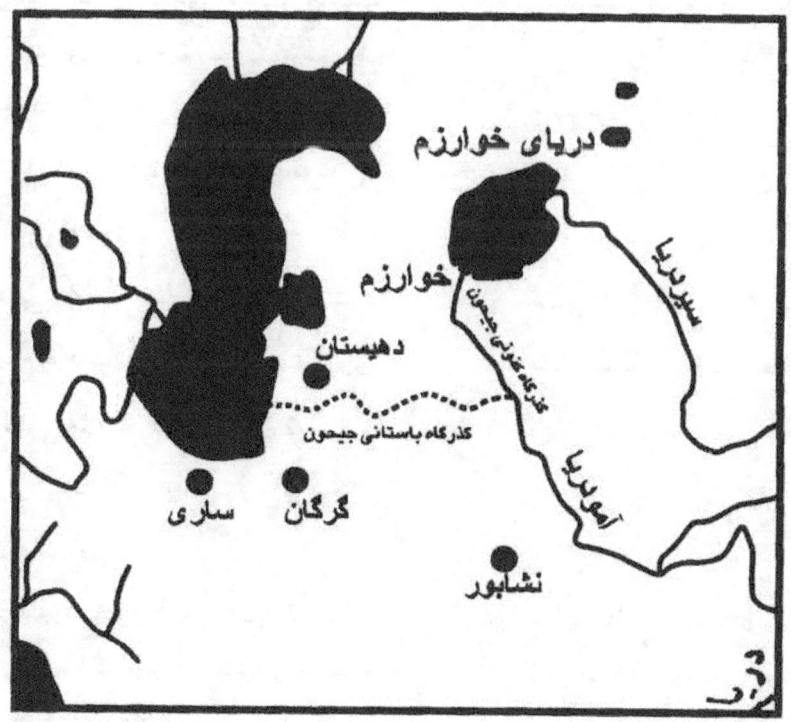

بیابانی که میان دو دریا پدیدار است، امروز نیز ریگزار اسـت و تنهـا در بهـاران، از بـاران سرسـبز

۱- زوله‌گاه در زبانِ فارسی «رصدخانه» است و در داستان ایران، بدان پرداخته‌ام.

می‌شود، و برکه‌های آب در آن پدیدار می‌شود، و با آمدن تیرماه، سبزه‌ها زرد و آبها خشک می‌شوند.

اینچنین، چون **پشنگ** فرمان یورش به افراسیاب می‌دهد، می‌گوید:

چو از دامنِ ابر، چین کم شود — بیابان ز باران پر از نم شود
جهان سربسر، سبز گردد ز خوید — به هامون، سراپرده باید کشید
دل شاد، بر سبزه و گل برید — سپه را همه، سوی آمل برید
دَهِستان و گرگان، همه زیر نَعل — بکوبید و از خون، کنید؛ آب لَعل
منوچهر از آنجایگه جنگجوی — بکینه سوی تور، بنهاد روی!

گفتار دیگر که از بیابان و رود، بدرستی یاد میکند! در داستان نبرد بزرگ کیخسرو است:

سپه را سوی راست؛ خوارزم بود — همه ریگ و دشت، ازدرِ رزم بود
بچپ بر دَهِستان و بر راست آب — میان ریگ و پیش‌اندر افراسیاب

اما گفتار افزوده‌ایکه نشان از آن دارد که گویندهٔ آن را از گذرگاهِ پیشین آمودریا، و بیابان خوارزم آگاهی نبوده است، و در همان نبرد بزرگ کیخسرو چنین آمده است:

که چندین سپه را برین دشت جنگ — علف باید و ساز و جای درنگ
ز یکسو بدریای گیلان رهست — چراگاه اسپان و جای نشست
بدین روی جیهون و آب روان — خورش آورد مرد روشنروان
میان اندرون، ریگ و دشت فراخ — سراپرده و خیمه بر سوی کاخ

و نیز در داستان نبرد افراسیاب با نوذر چنین آمده است:

بهنگام گریز نوذر:

همی تاخت کز روز بد بگذرد — سپهرش مگر؛ زیر پی نسپرد
چو افراسیاب آگهی یافت زوی — که سوی بیابان نهادند روی

در همهٔ نمونه‌ها «که سوی بیابان نهادند...» آورده‌اند، اما پیدا است که سخن درست «ز سوی بیابان» است، از سوی بیابان بسوی نیمروز گریختند.

در همان داستان:

شما را سوی پارس باید شدن — شبستان بدربردن و آمدن(!؟)
از آنجا کشیدن سپه را بکوه — بر آن کوه البرز، بردن گروه
از ایدر کنون زی سپاهان روید — از این لشگر خویش، پنهان روید

پریشان‌تر از این گفتار، چگونه شاید بودنَ؟

بسوی پارس رفتن، و بسوی البرز کشیدن، و پیش از آن بسوی سپاهان رفتن!؟

نمونه‌ای دیگر

آنجا که زال و پهلوانان ایرانی سپاه را از سیستان بسوی ری می‌کشند تا با افراسیاب (در خوارِ ری) بجنگند، چنین آمده است:

بزد نای رویین و بربست کوس　　بیاراست لشگر چو خشم خروس
سپهبد سوی پارس بنهاد روی　　همی رفت پر خشم و، دل؛ کینه‌جوی

پیدا است که چون راه سپاه از سیستان، بسوی ری بوده باشد، می‌بایستی از خراسان گذشته، از راه کومِش (دامغان) بسوی خوار و ورامین روند، و کشیدن سپاه بسوی پارس، راه آنان دو برابر میکند، که بهیچ روی درست نمی‌نماید.

یک: بدانروی که زمان بیشتر در جنبش سپاه می‌گذرد، و چنین کار، زمان بیشتر برای آمادگی بدشمن می‌دهد.

دو: بدانروی که سپاهیانِ بیشتر مانده و فرسوده شده، و در رویارویی با دشمن، به شکست نزدیکتر می‌شوند.

سه: راهِ گذر از سیستان بسوی پارس، از کویر می‌گذرد، و سپاه را از درون کویر نشاید گذراندن.

نمونه‌ای دیگر:

چون پیران ویسه سپهسالار توران با سیاوخش همراه می‌شود، تا وی شهر سیاوخشکرد را بسازد، از سوی افراسیاب فرمانی بدو داده می‌شود که:

کز آنجا برو تا بدریای چین　　ازآنپس گذر کن به مکران‌زمین
همی رو چنین تا سرِ مرز هند　　از آنجا گذر کن بدریای سند
همه باژ کشور، سراسر بخواه　　بگستر بمرزِ خزر در، سپاه

یک: سخن چنین نشان می‌دهد که مرز هند، آنسوی دریای چین (اقیانوس آرام) است، و چنین نیست.

دو: چون کسی بخواهد از سوی ایران (و توران) بهندوستان رود، رود سند، خود مرز هندوستان است و نشاید گفتن از سرِ مرز هند، بدریای سند گذر کن.

سه: و اگر از سوی چین بمرز هند روند، گذر از همهٔ خاک هندوستان باید، تا از اینسوی به «رود سند» رسند، و هیچگاه در هیچ نامه دیده نشده است که هندوستان باژگزارِ توران بوده باشد، تا وزیر افراسیاب سرتاسر آن مرز را بپیماید و باژ ستاند!

و نیز در داستان گریز یزدگرد بسوی مرو:

ز ری سوی گرگان بیامد چو باد / همی بود یکچند، ناشاد و شاد
ز گرگان بیامد سوی مرز بُست / پرآژنگ رخسار و دل نادرست

پیدا است که شهر بُست در بخش فرودینِ خراسان (افغانستان امروز) بوده است، و آنکس را که از گرگان بسوی مرو می‌رود، نشاید که راهِ راست و نزدیکِ خود را چنین پرپیچ و خم و دراز کردن، و راه یکماهه را به یکسال پیمودن!

نمونه‌ای دیگر

در داستان بند بر پای نهادن بهمن زال را:

غمین شد فرامرز در مرز بُست / ز دردِ نیا دستِ کین را بشست
سپه کرد و سر سوی بهمن نهاد / ز رزم تهمتن بسی کرد یاد
چو نزدیک بهمن رسید آگهی / برآشفت بر تخت شاهنشهی
بنه برنهاد و سپه برنشاند / به غور اندر آمد، دو هفته بماند
فرامرز پیش آمدش با سپاه / جهان شد ز گرد سواران سیاه

پایتخت بهمن در آذربایجان بود (بنگرید بداستان ایران)، و چون بهمن از آذربایجان بجنبد، و فرامرز از شهر بُست... بیگمان می‌بایستی آن دو سپاه در میانهٔ راه نزدیک به «ری» بهم رسند، نه در شهری چون غور، در دورترین کرانه‌های خراسان نزدیک بهندوستان!

از سویی چون بر بنیاد گفتار افزاینده، فرامرز بسوی بهمن لشگر می‌کشد. باری بهتر می‌نماید که بهمن در مرز خویش بماند، تا سپاهیان فرامرز، مانده و آسیب‌دیده از رنج راه برسند، و شکست بخورند!

نمونه‌ای دیگر

بهنگام گریز سپاهیان توران:

چو نیمی ز تیره شب اندر گذشت / سپهر از برِ گویِ ساکن بگشت
سپهدار ترکان بنه برنهاد / سپه را همه ترگ و جوشن بداد

پیدا است که سپاهیان را پیش از آهنگ رزم ترگ و جوشن می‌دهند و نیمه شب بهنگام گریز ترگ و جوشن دادن درست نمی‌نماید.

گویِ ساکن نیز گزارشی ندارد و افزاینده این لت را از گفتار درست فردوسی:

چو نیمی ز تیره شب اندرگذشت   شباهنگ بر چرخ گردان بگشت

برگرفته است.

نمونه‌ای دیگر

چون میدان نبرد خسروپرویز و بهرام پورگشسب آرایش می‌پذیرد:

نیاتوس و بندوی و گستهم و شاه   ببالا گذشتند زان رزمگاه

نشستند بر کوهِ دوک، آن سران   نهاده دو دیده به فرمانبران

چون میدان نبرد، در آذربایجان بوده است پیدا است که در آن مرزِ پرگهر، کوهی بنام «دوک» نداریم و این سخن از افزایندگان است، زیرا که از «نشستن بر کوه» در رج نخستین با «ببالا گذشتند» یاد شده است، و در شاهنامه بنداری نیز نامی از این کوه دیده نمی‌شود: «و صعد برویز و اصحابه الایرانیین تلّاً»: «و پرویز و یاران ایرانیش از تپه‌ای ببالا رفتند...».

نمونه‌ای دیگر

در نبرد پهلوانان:

همان شب سپاه اندر آورد گرد   برفت از درِ بلخ تا ویسه‌کرد

میانِ **بلخ** تا **ویسه‌گرد** بیست روزه راه است، پس چگونه شاید که سپاه را یکشبه از بلخ به ویسه‌گرد بردن؟

نمونه‌ای دیگر

در نبرد بهرام با ساوه‌شاه، چون بهرام بر ساوه پیروزگر می‌شود:

بدو منزلِ بلخ، هر دو سپاه   گزیدند شایسته دو رزمگاه

یک: «بدو منزلی» باید.

دو: دو سپاه را یک رزمگاه بیش نشاید.

سه: بهرام در هرات مانده و پیش نرفته بود، پس چگونه رزمگاه آنان در دو منزلی بلخ گزیده شد؟

نمونه‌ای دیگر:

در رای زدن هرمز با بزرگان دربارهٔ جنگ با ساوه‌شاه:

سپاه خزر گر بیاید بجنگ / نیابند جنگی زمانی درنگ
ابا رومیان، داستانها زنیم / ز بُن پایهٔ تازیان برکنیم
ندارم بدل بیم، از تازیان / که از دیدشان، دیده؛ دارد زیان
که هم مارخوارند و هم سوسمار / ندارند جنگی گهِ کارزار
ترا ساوه‌شاه است نزدیکتر / وز او کار ما نیز تاریکتر

افزایندگان را آشنایی با راه‌ها و شهرها و کشورهای پیرامون ایران نبوده است، تا بدانند که خزر و روم و تازیکستان، هر سه به تیسفون نزدیکترند، تا خراسان!

نمونه‌ای دیگر

پس از گوشمالی الانان... در آغاز کارِ نوشروان:

از آن جایگه، تیز لشگر براند / به هندوستان رفت و چندی بماند

یک: هیچکس را این پرسش پیش نیامده است که نوشروان چگونه از آلان [جمهوری امروز آذربایجان] و از آنسوی ارس، بیدرنگ بهندوستان رفت؟!

دو: و باز این پرسش پیش نیامده است که چرا نوشروان در هندوستان بماند؟ مگر هندوستان بخشی از ایران بوده است، که شاه را رای درنگ در آن سرزمین باشد؟ بیگمان برای رفتن بهندوستان و ماندن در آن کشور می‌بایستی جنگیدن، و چنین سخن در آن داستان نیامده است.

پس از بازگشت از هندوستان:

به راه اندر آگاهی آمد به شاه / که: «گشت از بلوچی جهانی سیاه
ز بس کشتن و غارت و تاختن / زمین را به آب اندر انداختن
ز گیلان تباهی فزون است ازین / ز نفرین پراکنده شد آفرین»
دل شاه نوشیروان شد غمی / برآمیخت اندوه با خرّمی
به ایرانیان گفت: «الانان و هند / شد از بیم شمشیر ما چون پرند
بسنده نباشیم با شهر خویش / همی شیر جوییم پیچان ز میش»
بدو گفت گوینده کـ«ـای شهریار / به پالیز گل نیست بی‌زخم خار
همان مرز تا بود با رنج بود / ز بهر پراکندن گنج بود
بکار بلوچ ارجمند اردشیر / بکوشید با کاردانان پیر
نبُد سودمندی بافسون و رنگ / نه از بند و رنج و نه پیکار و جنگ»

اگرچند، بد؛ این سخن ناگزیر بپوشید بر خویشتن، اردشیر

*

ز گفتار دهقان برآشفت شاه بسوی بلوچ اندر آمد ز راه
چو آمد بنزدیک آن برزکوه(؟!) بگردید گرد اندرش با گروه
بدانگونه گرد اندر آمد سپاه که بستند بر باد و بر مور، راه
همه دامن کوه، تا روی شخ سپه بود برسان مور و ملخ
منادی‌گری، گرد لشگر بگشت خروش آمد از کوه و از غار و دشت
که: «هر کز بلوچی بیابند خرد چه از تیغداران و مردان گرد
اگر انجمن باشد ار اندکی نباید که یابد رهایی یکی
چو آگاه شد لشگر از خشم شاه سوار و پیاده ببستند راه
از ایشان فراوان و اندک نماند(؟!) زن و مرد جنگی و کودک نماند
سراسر بشمشیر بگذاشتند ستم کردن لوچ(؟!!!) برداشتند
بشد ایمن از رنج ایشان جهان بلوچی نماند آشکار و نهان(!!)
چنان شد که بر کوه ایشان گله بدی بی‌نگهبان و کرده یله
شبانی نبودی بر گوسفند بهامون و بر تیغ کوه بلند
همه رنجها، خوار بگذاشتند در و کوه را(!!) خانه پنداشتند
از آن جایگه سوی گیلان کشید چو رنج آمد از گیل و دیلم پدید

اگر از گزافه‌های سخت و سخنان ناراست و نادرست این داستان، که با خرد همراه نیست بگذریم، بهرهٔ کاری که افزایندگان با چنین داستان کرده‌اند، آنست که تیرهٔ پاک و پاکدل و ایرانی‌نژاد بلوچ را، از ایران برنجانند! اما سخنان درهم، خود، نشاندهندهٔ ناراستی داستان است، زیرا که اگر زن و مرد جنگی و کودک بلوچ (همه را کشتند، پس آنانکه بکوه‌ها گریختند، چه کسان بودند، و اینان که اکنون در سرتاسر مرزِ پرارزِ بلوچستان با نام بلوچ می‌زیند، از نژادِ کیستند؟

*

رج پایانین این داستان را بنگریم، خود بخوبی نشان می‌دهد که پس از پرداختن کارِ اراَنیان (الانان) نوشروان بگیلان می‌رسد که همسایهٔ اراَن است و اگر سخنان افزوده را از میان برداریم پیوستگی داستان، خود را نشان می‌دهد:

بر ایشان (الانیان) ببخشود بیدارشاه ببخشید، یکسر؛ گذشته گناه
از آن جایگه سوی گیلان کشید چو رنج آمد از گیل و دیلم پدید!

نمونه‌ای دیگر

در نبرد بهرام گور و خاقان چین که در مرو، یا کشمیهن نزدیک مرو روی داده بود، پس از پیروز شدن بر خاقان:

ز پیروزی چین چو سر برفراخت / همه کامکاری ز یزدان شناخت
کجا داد بر نیک و بد دستگاه / که دارندهٔ آفتاب است و ماه
بیاسود در مرو، بهرام گور / چو آسوده شد شاه و جنگی ستور
ز تیزی، روانش مدارا گزید / دلش رای رزم بخارا گزید
بیک روز و یکشب به آموی شد / ز نخجیر و بازی، جهانجوی شد

یک: پیدا است؛ آنکس را که رای رزم است با بازی و نخجیر، زمان را از دست نمی‌دهد! و هیچکس در همهٔ جهان با بازی و نخجیر جهانجوی نشده است.

دو: در نامه‌های باستانی یادی از نبرد بهرام گور با بخاراییان نشده است.

سه: از مرو تا آموی را بیکروز نمی‌توان رفتن!

چهار: چگونه شاید که کسی از مرو به آموی کشد، و راه را دور کند، تا به بخارا رسد!؟

نمونه‌ای دیگر

در داستان ناامیدشدنِ کیخسرو از کار جهان، چون بزرگان ایران گیو را برای آگاه کردن زال و رستم به سیستان می‌فرستند:

جهاندار (کیخسرو) بر پای بد هفت روز / بهشتم چو بفروخت گیتی‌فروز...

افزایندگان، کیخسرو را هفت شبانروز بر پای می‌دارند، و چنین کار در جهان دیده نشده است که کسی را توان یکهفته بر پای ایستادن باشد!... اما آنان با ایستاندن کیخسرو، خواسته‌اند زمانی برای رفتن گیو به سیستان و آوردن زال و رستم دستان بیندیشند،... اما رفتن از پایتخت کیخسرو در آذربایجان بسوی سیستان و بازگشتن از سیستان به آذربایجان را شش ماه زمان باید، و به هفت روز نشاید چنین راه درازا را پیمودن!

نمونه‌ای دیگر

در داستان کشته شدن افراسیاب بر دست کیخسرو است که چون هوم (پرستندهٔ اندیشهٔ افزایندگان) با

گودرز سخن می‌گوید:

همانگه نشستند شاهان بر اسپ　　　برفتند ز ایوانِ آذرگشسب

افزایندگان کیخسرو و کاووس را از آتشکدهٔ آذرگشسب در «تکاب» یکروزه به بردع (برته) پایتخت باستانی اران، بالای ارس می‌فرستند، چنانکه گویی گذرنده‌ای از یک برزن به برزن دیگر می‌رود. باز آنکه پیمودن چندان راه را نیاز به یکماه زمان بوده است.

در همان داستان

افزایندگان افراسیاب را در غاری نزدیک بردع (برته، نزدیک باکو) پناه می‌دهند، و هیچ نیندیشیده‌اند که یک مردِ سرگشته را (که پیشتر) به آب زره (اقیانوس آرام) گریخته بود چگونه توان آن هست که، پیاده و رنجور، خویش را از کنار دریای فراخکرت (اقیانوس آرام) به اران رساندن؛ تا بنزدیک دشمن خویش کیخسرو آید،... تا کیخسرو از وی کین کشد(!؟!)

*

گمان بر آنست که سخن دربارهٔ ناآگاهی افزایندگان از زمین و پیمایش آن و دوری و نزدیکی شهرها و راه میان آنها بسنده است، تنها یک نکته که بدین گفتارش پیوند است، زمینی است که کاووس به سیاوخش داد و پچین‌برداران آنرا بگونه‌های شگفت نوشته‌اند، و نویسندگان پسین، نیز گاهگاه آنرا گزارش کرده‌اند.

در شاهنامهٔ فلورانس «زمین در کَوَرستان» آمده است و دو بار دیگر نیز همین نام بدنبال می‌آید در دیگر نمونه‌ها کوی‌ساران، کهستان، کورسان، کورستان، کوستان، کورشان، کواوسان، ازوشان، خراسان (خالقی مطلق ۲-۲۱۱) و؛ ارسان (مسکو ۳-۱۳) آمده است و چندین پریشانی از آنجا است که نویسندگان، جایگاه زمین کهستان را نمی‌دانسته‌اند و یکی از افزایندگان این بیت را نیز افزوده است که:

زمین کورستان (کهستان) بُد از پیشتر　　　که خوانی ورا ماورالنهر در

این زمین چون با دگرگونی ک به ق قَهستان نیز خوانده شده است، در نامه‌ها با «ق» قُهستان نوشته شد، و این‌گونه، چیزی جز کُهستان و کوهستان را نشان نمی‌دهد، جایگاه آن را نیز از سرزمین خود، بجایی بردند که دارای کوه بوده باشد! اما راست آنستکه این زمین «قَهستان» است و بر بنیادِ پژوهش پژوهشگر پرتلاش **فیروز منصوری**، «قَه» که گونه‌ای دیگر از «کَه» در کهریز و کاریز و قنات است، همان کاریز است، که کهنترین و ژرف‌ترین آن در ایران و جهان، در شهرهای گناباد و قاین و

بیرجند دیده می‌شود! از آنجا که نویسندگان در این بخش از خراسان، کوهستان بلند نمی‌شناسند، ناچار برای آنکه «قُهستان»(!) را گزارش کنند، آنرا به بالای خراسان «ورارود» (ماوراءالنهر) برده‌اند، یا هرگونه نام شگفت؛ که پیشتر آمد، بدان داده‌اند! بنداری نیز، این آشفتگی را دیده و تنها نوشته است: «... و کتب لهُ منشور، علی بعض الممالک» «و فرمان چند سرزمین را برای او نوشت».

چهارسوی:

از چهارسوی جهان در زبان اوستایی چنین یاد شده است:

۱- 𐬎𐬱𐬀𐬯𐬙𐬀𐬭𐬀 اوشَستَرَ که از ریشهٔ 𐬎𐬱، درخشیدن، سوختن، سوزاندن، برآمده است[۱] که 𐬎𐬱𐬀𐬢𐬵𐬀 اوشَنگَهْ؛ بامداد، سپیده‌دم نیز گونه‌ای از آنست.

پسوند 𐬙𐬀𐬭𐬀 تَرَ، نشانهٔ «کرتار» (فاعل) است، و بر روی هم روشنی‌دهنده، روشنی‌بخش، روشن‌کننده است.

این واژه در زبان پهلوی بگونهٔ [illegible] خوَراسان درآمد که خورآیان، یا برآمدنگاهِ خورشید باشد.

در زبان فارسی نیز خراسانش می‌نامیم و فخرالدین اسعد گرگانی دربارهٔ آن گفته است:

خراسان آن بود، کز وی خور آسد (آید)

۲- 𐬛𐬀𐬊𐬱𐬀𐬙𐬀𐬭𐬀 دَئوشَ تَرَ، آنجا که روشنایی خورشید فرومی‌رود[۲]، خاموش‌کنندهٔ روشنی که در اوستا بگونهٔ 𐬛𐬀𐬊𐬱𐬀𐬯𐬙𐬀𐬭𐬀 دئوشَستَرَ نیز آمده است.

این واژه در زبان پهلوی بگونهٔ [illegible] خوَروَران درآمد، که در زبان فارسی نیز خوروَران خوانده می‌شود.

۳- 𐬭𐬀𐬞𐬌𐬚𐬎𐬎𐬌𐬙𐬀𐬭𐬀 رَپیثوی‌تَرَ که از واژهٔ 𐬭𐬀𐬞𐬌𐬚𐬎𐬎𐬀 رَپیثوا، برآمده است[۳] که نیمروز بوده باشد.

واژه در زبان پهلوی [illegible] نیمرُچ و در زبان فارسی نیمروز خوانده شد.

۴- سوی چهارم بنام 𐬀𐬞𐬁𐬑𐬙𐬀𐬭𐬀 اپاختَرَ، یا 𐬀𐬞𐬁𐬑𐬆𐬜𐬭𐬀 آپاخِذرِ خوانده می‌شد[۴] که

۱- فرهنگ واژه‌های اوستایی، همان، دفتر نخست، رویهٔ ۳۱۳.

۲- همان، دفتر دویم، رویهٔ ٦۸٥.

۳- همان، دفتر سیوم، رویهٔ ۱۲۱٤.

٤- همان، دفتر نخست، رویهٔ ۹۰.

گزارش‌های گوناگون دارد، و ایرانیان، آن بخش را از آن ایران درشمار نمی‌آوردند، زیرا که جایگاه دیو سرما بود.

این واژه در زبان پهلوی **اپاختر**، و در زبان فارسی **باختر** خوانده شد.

رودکی در ستایش خورشید، چنین سروده است:

از خراسان سرزَنَد تاووس‌وش　　سوی خاور می‌خرامد، شاد و کَش

چنین است گفتار فردوسی:

همی بود، تا تیره‌تر گشت روز　　سوی باختر گشت، گیتی‌فروز

شایستهٔ نگرش است که بلعمی، بهنگام یورش تازیان آنجا که داستان شکستن پل اروندرود بر دست تیسفونیان را می‌گوید، از کشاندن زورق‌ها و کشتی‌ها، بسوی «خراسانِ رود» یاد میکند.[1]

✲

تا هنگام یورش مغولان در دفتر و دیوان فارسی، از چهارسوی بهمان گونهٔ باستانی‌اش یاد شده است، اما بایستی سنجیدن که با یورش و کشتار و سوختارِ آنان، در ایران چه رخ داد، که ایرانیان دست راست را از چپ بازنشناختند، و خاور را بجای خراسان آوردند!!

چون چنین شد باختر را نیز از سوی فرازین بسوی چپ کشاندند، و خاور (مغرب) را باختر خواندند!

پیدا است که در شاهنامهٔ فردوسی از چهارسوی، همواره بآیین یاد شده است، چنانکه در نبرد هماوَن، چون از سوی توران [اپاختر = شمال] سپاهی برای تورانیان به یاری می‌آید، چنین آمده است:

سپهدار گودرز، بر تیغِ کوه　　برآمد، برفت از میان گروه

بزاری خروش آمد از دیدگاه　　که شد، کارِ گردانِ ایران، تباه

سوی **باختر**، گشت گیتی ز گرد　　سراسر بسانِ شب لاجورد!

و در همان داستان:

چو خورشید تابان ز گنبد بگشت　　ز بالا همی سوی **خاور** گذشت

سوی **باختر** گشت گیتی ز گرد　　سراسر بسان شب لاجورد!

در داستان فریدون، بخش کردن جهان میان پسران:

نخستین به سلم اندرون بنگرید　　همه روم و **خاور**، مر او را گزید

✲

۱– ترجمهٔ تاریخ تبری، ابوعلی محمد بلعمی، نسخهٔ آستان قدس رضوی، بنیاد فرهنگ ایران، رویهٔ ۱۳: «و مداین حصار گرفتند، و مداین بر دو کران رود دجله است. یک نیمه بپرداختند و بدیگر نیمه شدند و جَسر ببریدند، و بر نیمهٔ خراسان آمدند و کشتیها و زورقها همه برگرفتند».

بر این بنیاد، هر آن سخن که از چهارسوی، نه بر این آیین یاد شود، از شاهنامه‌اش درشمار نباید آوردن چنانکه این رج از داستان رستم و اسفندیار:

کنون خاور، او راست؛ تا باختر همی بشکند پشت شیران نر!

که آشکار از خراسان تا خورروران را از خاور تا باختر آورده است!

نبــرد

واژهٔ نبرد فارسی از 𐬞𐬆𐬭𐬆𐬙 پَرِتْ اوستایی برابر با ستیزه کردن، کشاکش، پرخاش[1] برآمده است، که آن خود، از ریشه 𐬞𐬆𐬭(۱) برآمده است، که «ناتوان کردن، شکست دادن، جنگیدن، رودررو شدن» باشد[2].

واژهٔ پَرِت اوستایی با پیشوند نی 𐬥𐬌، بگونه نی‌پَرِت 𐬥𐬌𐬞𐬆𐬭𐬆𐬙 درمی‌آید که انجام جنگ، و کشاکش در میدان باشد، و با پیشوندِ استوارساز آ 𐬁، بگونه آپَرِت 𐬁𐬞𐬆𐬭𐬆𐬙 خوانده می‌شود!

واژهٔ نخستین در زبان پهلوی بگونهٔ نی‌پَرْتْ درآمد، که در فارسی «نبرد» خوانده می‌شود، و در نوشته‌های برجای ماندهٔ پهلوی واژهٔ دویم، دیده نشد، اما در فارسی، ساده شدهٔ آن بگونهٔ «آوَرد»، در واژه‌های آمیختهٔ «آوردگاه» (= میدان جنگ) و نیز «هماورد» (= دو کس که با یکدیگر می‌جنگند) برجای مانده است.

بر این بنیاد، این رج که در داستان شاپور و برانوش آمده است:

برانوش بنشست و اندیشه کرد　　ز روم و ز آوردگاهِ نبرد

نادرست است، زیرا که «آوردگاه» خود، واژه آورد (= 𐬁𐬞𐬆𐬭𐬆𐬙) را در خود دارد که نبرد و جنگ بوده باشد، و آوردگاه نبرد، بزبان امروز «نبردگاه نبرد» خواهد بود، که دو بار ریشهٔ واژهٔ نبرد را در خود دارد.

نمونه‌ای دیگر:

که در فرستادنِ سرِ ساوه شاه:

اسیران و سرها همه گرد کرد　　ببردند، ز آوردگاه نبرد

۱- فرهنگ واژه‌های اوستایی، همان؛ دفتر دویم، رویهٔ ۸۹۱.

۲- همان، رویه‌های ٤-۸۸۳

پیدا است که بجز از واژهٔ نادرست آوردگاه نبرد، فرستادن انبوهی از سرِ دشمنان از خراسان به تیسفون، کشور را به گند و وبا و بیماری واگیر -در اوستا اَستَرِمَ- می‌کشانَد، و چنین کار ناشدنی، و نادرخور می‌نماید.

در افزوده‌ها چند بار نیز به واژهٔ نادرست «ناورد» برمی‌خوریم، از آنمیان در سخنان افزودهٔ داستان رستم و سهراب آمده است:

بشبگیر، چون من به آوردگاه   روم پیش این ترکِ «ناورد خواه»

*

یا این سخن؛ در رای زدن افراسیاب با بزرگان توران:

تگِ آهوان دارد و هول شیر   به ناورد، با شیر گردد دلیر

پیدا است که افزایندگان «ناورد» را بجای نَبَرد و «نی‌پَرت» آورده‌اند، و نادرست است.

در اوستا، یک واژهٔ دیگر از این ریشه برآمده است، «پاپِرتانَ» که نبرد سهمگین و سخت را میرساند، و این واژه؛ در زبان پهلوی و فارسی، روان نشده است!

همانند این واژه، «خورشید» است که در اوستا، از دو بهرِ (۳) خوَرْ = درخشیدن، شکوهمند شدن[1]، و نیز خشَئِتَ؛ شید، درخشان، باشکوه[2] (از ریشهٔ (۳) خْشی درخشیدن، شکوهمند شدن[3] برآمده است.

خورشید، در اوستا، خوَرْ خشَئِتَ نامیده می‌شود که برترین درخشندگی و شکوه، و بیشترین آمیزهٔ شکوهمندی و فروغ جهان باشد، و با رهنمودِ این واژه میتوان پی به واژهٔ بردن، که از چگونه جنگ و کشتار سخن میگوید!

*

ایرانیان در میانهٔ جهان باستان با آرامش و آشتی می‌زیستند، و پژوهش‌های باستانشناسی نیز بدین سخن رسیده است که از هفت‌هزار سال به پیش، در ایران نشانه‌ای از جنگ و نبرد و ویرانگری و کوچ همگانیِ پس از ویرانی، و آتش‌سوزی گسترده، و نیز جنگ‌افزار پیدا نشده است.

پس؛ با یورش بابلیان (ضحاک) ایران، هزار سال زیر آتش و خون و خاکستر می‌تپید، و مرگ و

۱- فرهنگ واژه‌های اوستایی، همان: دفتر نخست، رویهٔ ۳۹۶.

۲- همان، رویهٔ ۴۲۲.

۳- همان، رویهٔ ۴۳۰.

درد... و «بر دار کشیدن و تازیانه و آتش زدن او پدیدار کرد[۱].»

آنگاه چون ایرانیان بر آن ستم پیروز شدند، گروهی که از گرمای سرزمین میانین بدنبال آبشخور و چراگاه‌های تازه از ایران برفتند (سلم و تور) هر بار به کشور نیاکانشان می‌تاختند، و مرگ و درد و ویرانی پدید می‌آوردند.

*

چون چنین شد؛ ایرانیان نیز، چاره را در پادرزم، و آمادگی رزمی و پدید آوردن جنگ‌افزار و پرورش اسبان جنگی و پرورش تن دانستند، و از آنجا که یورش همسایگان را هیچگاه پایان نبود، آمادگی برای پادرزم نیز همواره؛ بایسته می‌نمود، و بهمین روی، بخشی بزرگ از شاهنامهٔ ما به نبرد و جنگ و گریز و پیروزی و شکست ویژه شده است، و بدینروی خواننده را می‌باید از همهٔ شیوه‌ها و ویژگیهای نبرد، از آماده کردن تن، آرایش سپاه، جنبش بسوی سپاه دشمن، آیینِ پیکارِ تن‌بتن، و آیینِ پیکار و رزمِ بانبوه، آگاهی بدست آوردن، تا هر آن سخن نادرست را که افزایندگانِ خانه‌نشین و ناآگاه از جنگ و جنگاوری، بگزافه به شاهنامه اندر کرده باشند، دریابد، و گفتارِ درستِ شاهنامه را که با سخن بلند فردوسی همراه شده است، از گفتارهای نادرست، بازشناسد!

اَرز و اَرزگاه

نخستین کار که برای آمادگی نبرد انجام میگیرد فراخواندن سپاهیان و گزینش آنان و آراستن سپاهیان، به جنگ‌افزار بایسته است:

این است سخنِ شاهنامه دربارهٔ «اَرزگاه» در گزینش سپاهیان از سوی پهلوان، بهرام پورگشسب:

سپهبد بشد تا اَرزگاه شاه — بفرمود تا پیش او شد سپاه
چهل‌سالگان را نوشتند نام — ....

و افزایندگان این نام را گاه بگونهٔ «عَرْض»، و گاه بگونه «عَرَض» آورده‌اند:

عَرَض را بخوان تا بیارد شمار — که چندست مردم، که آید بکار

*

عَرَض با جریده بنزدیک شاه — بیامد بیاورد، بیمر؛ سپاه

در پادشاهی هرمز

همه لشگر رومیان عَرضْ کن — هرآنکس که هستند نو، گر کهن

یاری‌خواهی خسروپرویز از رومیان

۱- تاریخ بلعمی، همان، دفتر یکم، رویهٔ ۱۴۳.

چو بشنید زیشان، عَرَض را بخواند درم داد و او را بـــایوان نشـــاند

رای زدن گردیه با بزرگان سپاه

از آن جایگــه شــد بپــرده‌ســرای عَرَض پیش او رفت، با کدخدای

چنانکه دیده می‌شود در این سخنان افزوده عَرَض یا عرض کسی است کـه کـارِ گـزینش سـپاه را میکند، باز آنکه در گفتار درست شاهنامه از «اَرزِگاه» نام‌برده می‌شود، و در بخش گفتار زبان اوسـتایی نیز ریشه‌های آنرا شکافته‌ام.

افزایندگان پای را از این پیشتر نهاده در این گفتار افزوده کار آرایش کاخ را نیز از خویشکاری وی شمرده‌اند:

نوشـتی عـرض نـامِ دیـوان اوی بیاراســتی کــاخ و ایــوان اوی

داستان داد و فرهنگ اردشیر

چنانکه در این گفتار ویران‌کنندهٔ کاخ و ایوان است:

عَـرَض بسـترد نـامِ دیـوانِ اوی بپـای انـدر آرنـد، ایـوان اوی!

در داستان کسری

و در این سخن؛ عَرَض بخش‌کنندهٔ درم درشمار است:

عَرَض شد ز در، سوی هر کشوری درم بـرد، نزدیـک هـر مهتـری

پادشاهی کسری

و در این گفتار نیمه‌شبان، بهنگام گریز افراسیاب:

چو نیمی ز تیره شب اندر گذشـت سپهر از برِ چرخ گردان بگشـت(!؟)

سـپهدار ترکـان بنـه برنهـاد سپه را همه ترگ و جوشن بـداد!

روزی دادن

پس از اَرزِگاه، و گزینش سپاهیان کارِ **روزی‌دهان** آغاز می‌شد، و آن درم و دینار دادن بـه آنانسـت که براه دور می‌روند، و می‌بایستی زن و فرزندانشـان در آن هنگـام دراز، از آرامـش برخـوردار بـوده باشند، تا آنان نیز با اندیشه‌ای آرام، از آرامش فرزندان، بتوانند به جنگ و پادرزم میهن بپردازند!

روزی‌دهان، افزارمندانی از ردهٔ پایین و کارمندان دیوانی بودنـد، کـه کارشـان دادن درم ماهانـه بـه افزارمندان (کارمندان)، و پیشکاران، و درم سالانه بـه سـپاهیان بـود، و در ایـن سـخنِ افـزوده، آنـانرا درشمار بزرگان کشور آورده‌اند:

بنوروز، چـون برنشسـتی بتخـت بنزدیــک او موبــد نیکبخــت

فروتـر ز موبـد، مهـان را بـدی　　　بزرگـان و روزی‌دهـان را بـدی

در آیین بر تخت نشستن خسرو

و در این سخن؛ دادن جنگ‌افزار را نیز درشمار کارِ روزی‌دهان آورده‌اند:

درِ گـنجِ دینـار و تیـغ و کمـر　　　همان مایه‌ور جوشـن و خـودِ زر

بـه روزی‌دهـان داد یکسـر کلیـد　　　چـو آمـد گـهِ نـام جسـتن پدیـد

پاسخ کیخسرو بنامهٔ گودرز

و در این گفتار روزی‌دهان را، «آمارگر» خوانده‌اند:

بفرمـود خسـرو بـه روزی‌دهـان　　　کـه گوینـد، نـام کهـان و مهـان

نمایش لشگر کیخسرو

باز آنکه گفتار شاهنامه دربارهٔ «روزی‌دهان» چنین است:

سـپهدار، روزی‌دهـان را بخوانـد　　　اُ زان جنگ چندی، سخن‌ها برانـد

رفتن کسری بجنگ روم

درم داد و روزی‌دهـان را بخوانـد　　　بسی بـا سـپهبد سـخن‌هـا برانـد

داستان کاموس کشانی

در داستان یاری رستم بایرانیان که در کوه هماون گرفتار بودند:

سـپه را درم دادن آغـاز کـرد　　　بدشـت آمـد و رزم را سـاز کـرد

افزایندگان بیدرنگ پس از چنین کار داستانِ بزن خواستنِ فریبرز مادر کیخسرو را؟! افـزوده و ایـن سخن را نیز بدان پیوسته‌اند:

چو این کرده شد، رستم پهلـوان　　　سوی دشت شـد بـا دلاور گـوان

سـپه را درم دادن آغـاز کـرد　　　بدشت اندرون رزم را سـاز کـرد!

باز آنکه رزم در دشت ایران نبود، و در کوه هَماوَن رخ نمود!

سپه‌کشی

پیش از آغاز جنبش سپاه، گروهی کارآی، بفرمان فرماندهی کارآزموده، که او را «**سپه‌کش**» می‌خواندند در راه سپاه، بفراهم آوردن همهٔ چیزها، که سپاهیان را بایسته بود، می‌پرداختند.

اینچنین:

یک: سپاه را در میانهٔ راه؛ آب باید، چه برای مردان، و چه برای ستوران، پس کوشش می‌کردند که راهِ گذرِ سپاه از کنار دهکده‌های آباد، و شهرها، یا رودبار، و چشمه‌سار باشد!

اما سرزمین ایران را بیشتر خشکی فراگرفته است، بویژه سپاهی که از پایتخت (قزوین در هنگام کاووس [کاسیان] و آذربایجان در هنگام کیخسرو)، بسوی توران راه می‌سپرد، بناچار، راهِ گذر از سرزمین‌های خشک کنارهٔ کویر، داشت و در چنین جایگاه‌ها باندازهٔ راهی که بیک نشستنگاه (منزل) میرسید؛ آب می‌بایست، و برای فراهم آوردن آب، چاه می‌بایستی کندن! و چون چاه کنده می‌شد، بر آن چرخ و ریسمان و دول می‌بایستی نهادن، و کنار چاه استخری می‌بایستی کندن، تا؛ آب را که با چرخ از چاه کشیده می‌شود، در آن ریزند،... و اسپانِ تشنهٔ رهسپرده، بتوانند پس از یکروز راه، از آن آب بیاشامند.

اما یک چاه و یک رسن و دول، برای ده‌هزار یا سی‌هزار اسپ و سپاهی بسنده نبود! پس؛ می‌بایستی چندان چاه کنده شود که درخور شمارِ سپاهیان و اسپان بوده باشد! و گروهی خویشکار از بام تا شام، آب از چاه برآورند، و در استخر ریزند.

دو: چون سپاهیان رهسپرده به چنان آرامگاه رسند، نیاز به جایگاه آسایش و پرده‌سرای و جامهٔ خواب و جامهٔ گستردنی دارند،... که بایستی همهٔ آنها، فراهم شده باشد.

سه: چون سپاهیان به آسایشگاه رسند، نیاز به آبریزگاه دارند، و برای هر چند کس، یک چاه آبریزگاه (که از پیرامون با چادر پوشیده می‌شد) بایسته بود... شمار آبریزگاههای کنده شده می‌بایستی باندازهٔ بایسته برای سپاهیان بوده باشد!

چهار: چون سپاهیان می‌رسیدند و از تشنگی می‌رهیدند، نیازشان به نان بود پس می‌بایستی تنور نیز باندازهٔ خوراک سپاه، از پیش ساخته شده باشد.

پنج: چون تنور آماده باشد، تشت خمیرگیری و آرد و آوندِ آب و هیزمِ باندازه باید.

شش: در هر یک از این دستگاه‌ها، یک نانوا، و دو شاگرد می‌بایست.

هفت: برای کشیدن هیزم و آرد، از روستاهای نزدیک، خر و شتر و پیشکار باندازهٔ بایسته، می‌بایستی.

هشت: چون، نان آماده می‌شد، برای سپاهیان راه پیموده و فرسوده؛ خوراک بایستی، و برای فراهم کردن خوراک دیگ و دیگ‌بر و کفگیر و آبگردان و سینی و پتیشخوار (پیش‌قاب = بشقاب) و دستارخوان (سفره) بایستی.

نُه: ...و آشپز و سرآشپر و خویشکارِ باندازه!

ده: سپاهیان ره نوردیده و کوفته را خوراکِ بنیرو بایستی، پس؛ می‌بایستی که شماری گوسفند را سر بریدن و پوست کندن و برای چنین کار نیز می‌بایستی مردانِ گوشت‌پیرای (= قصاب) با سه پایه و تخته و کارد و ساتور، پیش از رسیدن سپاه گوشت برای خوراک آنان آماده کنند.

یازده: گاه شاید بودن که در نشستنگاهی؛ گوسفند و ابزار نتوان فراهم آوردن. که برای چنین جایگاه‌ها، بایستی از پیش باندازهٔ بسنده، گوشتِ نمکسود [که امروز آنرا قورمه می‌خوانند] در مشک‌های چرمین، آماده کرده باشند.[۱]

دوازده: چون سپاهیان از راه می‌رسیدند، بسا کسان که در میانهٔ راه بیمار شده و نیازمند به پزشک و دارو، بودند، که آن نیز می‌بایستی از پیش فراهم گردد.

سیزده: بسا باشد که در میانهٔ راه جُل و پالان اشتران و استران و خران باربر (که بنهٔ

۱- برای شیوهٔ پختن «نمکسود» بنگرید به بخش کشاورزی و زندگی روستایی، در همین دفتر.

سپاه را می‌بردند) پاره شود، پس نیاز به شماری پالاندوز و پلاس و نخ و ریسمان و سوزنِ جوالدوزِ باندازه بود.

چهارده: همچنین اگر در میانهٔ راه، دهنه و افسار و زین و برگ سپاهیان پاره می‌شد، نیاز به شماری چرم‌گر و نخ و زهِ بایسته بود.

پانزده: اگر زخم به رکاب، یا سرنیزه، یا شمشیر سپاهیان می‌خورد، نیاز به آهنگر داشتند که با کوره و دم و ذغال و پتک و سندان آمادهٔ کار بوده باشند.

شانزده: همچنین درگر (← نجار) باندازهٔ بایسته در کار بود تا نیزه و تیرهای تازه بجای نیزهٔ آسیب‌دیده فراهم کنند... درگران را نیز چوب و تخته و اره و تیشه و رندهٔ بایسته بود!

هفده: بیگمان در میانهٔ راه نئل برخی از چارپایان می‌شکست یا آسیب می‌دید و گروهی نئل‌بند، با ابزارهای پیوسته بدان، بایسته می‌نمود.

هجده: از همهٔ این کارها دشوارتر، فراهم آوردن خوراک اسبان و جانوران بود:

گیاهی که امروز در بیشتر زبانهای ایرانی **یونجه** می‌نامند، در زبانهای باستانی **𐬀𐬯𐬞𐬆𐬯𐬙𐬌** اَسپَست خوانده می‌شد، که «خوراک اسب» ترجمه می‌شود، و خشک‌شدهٔ آنرا همراه با جو، و کاه درآخورِ اسپ میریزند.

اسپست تازه را، دو کس بیاری هم باندازهٔ ۳ گز میپیچاندند تا بگونهٔ یک تناب یا ریسمان پیچیدهٔ کلفت درآید آنگاه آنرا از سه جا «تا» می‌کردند [در این هنگام درازای یونجه یک گز بود]، و همگیِ آن ریسمان بلند بر گرد هم می‌پیچد، و آنگاه آنها را بر روی پشت‌بام می‌خواباندند، تا خشک شود، و چون یک سوی آن خشک می‌شد، دیگر سوی را رو به آفتاب می‌کردند، تا آن سوی نیز خشک شود، اکنون، نامِ آن از یونجه، به «بیده» دیگرگون می‌شد، اینچنین:

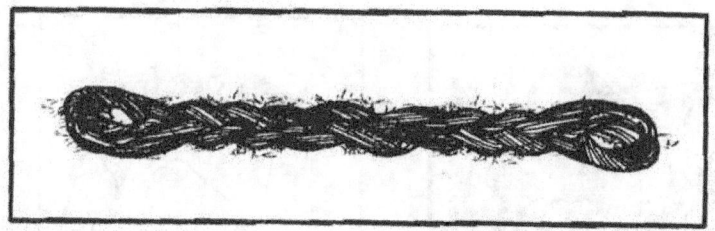

آنگاه انبوهی از آنرا بار بر خران می‌کردند، و به جایگاه نشست سپاه

می‌بردند! اما جانوران؛ چنان تنابِ پیچیدهٔ کلفت را نمی‌توانستند خوردن! پس با ارّه‌ای خمیده؛ بیده را باندازه چهار انگشت، چهار انگشت می‌بریدند. و در آخور میریختند و کاه و جو بدان می‌افزودند، تا آمادهٔ خوردن شود! کاه را نیز بر پشت خر در تورهای ریسمانی بزرگی می‌کشیدند و به جایگاه می‌بردند و بردن «جو» در جوال؛ بر پشت خران [برای هر خر یک کیسه] انجام میگرفت.

خوانندهٔ آگاه خود بسنجد که انجام چنین کار را، چه اندازه مایه و سرمایه و کار و پیشکار بایسته است!

نوزده: کار بپایان نرسیده است، و اسپ را بایستی در آخور، خوراک دادن! پس بهنگام ساختن نانوایی و آشپزخانه... باندازهٔ اسپان سپاه نیز آخور می‌بایستی برآوردن.

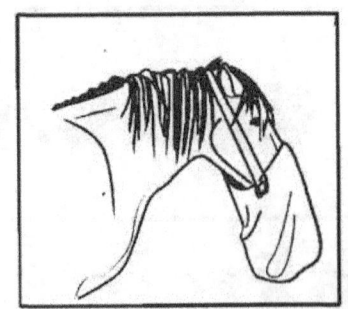

بیست: سواران هر یک، خود توبره‌ای بهمراه داشتند که چون در زیستگاهی آخُرِ ساخته نمی‌بود، آن را بر سر اسپ می‌بستند، تا اسپ از میان آن بخورد چنین توبره را «آخُرِ پلاسین» می‌خواندند.

بیست‌ویک: در همهمهٔ جنبش سپاه؛ بسا شاید که در میانهٔ راه، اسبی را دست یا پای بشکند! پس بایستی اسپانی افزون بر اسپان سپاه، در نشستنگاه آماده باشند، و دامپزشک نیز برای شکسته‌بندی و درمان، پیش‌بینی شده باشد.

بیست‌ودو: بایستی برای انبوه خر و استر و اشتر، که برای آوردن بنه‌ها بکار گرفته شده‌اند، نیز در جایی جداگانه، آخور و آبخور، ساخته می‌شد.

بیست‌وسه: از روستاها یا شهرهای نزدیک گروهی کشاورز و فروشنده، در کنار جایگاهِ نشست، بازاری خرد، یا بزرگ از دستاوردهای کشاورزی، یا کارهای دستی خویش بر پای میکردند، تا اگر سپاهیان خواهند، از آنان چیزی بخرند. نگرش بکار آنان نیز، و کار و بازار آنان را سامان دادن، از خویشکاریهای سپهکش بود.

بیست‌وچهار: شاید بودن که در میانهٔ راه کفشِ برخی از سواران پاره شود پس می‌بایستی باندازهٔ بایسته کفشگر و نخ و درفش و سوزن و چرم فراهم شده باشد.

بیست‌وپنج: همچنین برای آن کسان که جامه‌شان در میانهٔ راه پاره شده درزی‌گر (← خیاط) و نخ و سوزن و دوکارد (← قیچی) بایسته می‌نمود.

بیست‌وشش: این سازمان بزرگ را آگاهی‌رسانی به جایگاه‌های پیشین و پسین بایسته بود! پس گروهی از کارگزاران دیوان برید نیز با نگرش سپهکش، کارِ پیوند میان جایگاه‌ها را سامان می‌دادند.

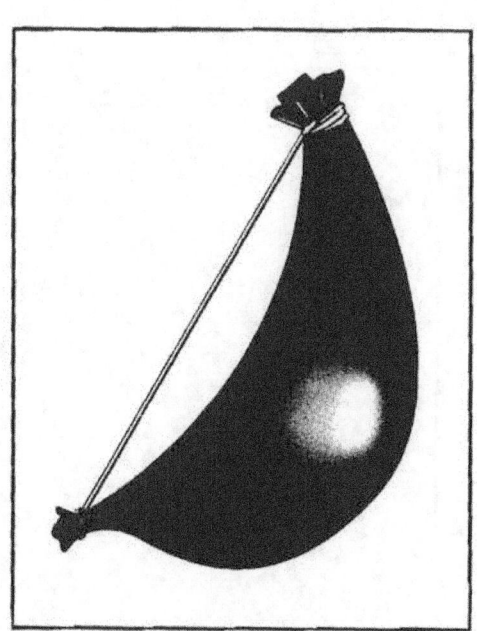

بیست‌وهفت: یک کار دیگر، که از دیگر کارها برتر می‌نمود، فراهم آوردن همهٔ چیزهای یاد شده در لشگرگاه، یا جایگاهِ پایانینِ کار بود.

بیست‌وهشت: در میانهٔ راه با ده فرسنگ

راهپیمایی در بیابان لشگریان تشنه می‌شدند، پس گروهی آبکش با مشک‌های پر از آب می‌بایست بهمراه سپاه روند تا به تشنگان آب برسانند.

بیست‌ونُه: بُنه که دربارهٔ آن جداگانه سخن می‌رود.

*

سی: ایرانیان باستان مَی می‌نوشیدند، و بدانهنگام که مانده و کوفته و فرسوده از راه به زیستگاه می‌رسیدند، می‌بایستشان برای زدودن زنگِ ماندگی، می نوشیدن، تا آنجا که گاهگاه در کشور دشمن نیز چنین می‌کردند، که در یکی از آن می‌نوشیها، سرهای فراوان بباد رفت:

وزآنجایگـه، سـوی ایرانسپاه — برفتنـد بـر سـان ابـر سـیاه
همـه مسـت بودنـد ایرانیـان — گروهـی نشسـته، گشـاده میـان
خروش آمـد و بانـگ زخـم تبـر — سراسـیمه شـد گیـو پرخاشـخر
بزیـر سـرِ مسـت، بـالین نـرم — ز بر، تیغ و شمشیر و کوپال گـرم

می را با خیک، چرم گوسفند، [هر دو خیک بار بر یک خر] می‌بردند، و به هر سپاهی یک کوزهٔ کوچکِ می، می‌دادند که چون بر زمین می‌نهادند، واژگون نمی‌شد.

کوزهٔ می برای یک کس

بدینسان، یک شهر را با همهٔ چیزهای بایسته در آن، در میانهٔ بیابان بر پای می‌کردند!

اما، این؛ همهٔ کار نبود، زیرا که چون سپیده‌دم فردا سپاه براه می‌افتاد، شاید بودن که در نشستنگاهی دیگر فرود آید، و همهٔ آنچه را که پیشتر از آن یاد شد، در جایگاه تازه نیز می‌بایستی آماده و بر پای داشتن!... اینچنین از آغاز، تا پایان، در میانهٔ بیابانها!

و کسیکه چنین کار شگفت و بزرگ را سرپرستی می‌کرد **سپه‌کش**[1] خوانده می‌شد، که می‌بایستی همهٔ کارهای برشمرده شده را بشناسد، و فرمانش بر فرمانبران روان باشد، و همه‌چیز را، پیش‌بینی کند، و بُنهٔ سپاه را نیز، که در بارهٔ آن سخن خواهد آمد، فراهم کند و در میانهٔ همهمهٔ نبرد، خوراک و آب و پرده‌سرای و... آماده داشته باشد، تا سپاهیان پس از نبرد، به آسایشگاه او باز آیند! و با این گفتار، سپه‌کش را نبایستی هیچ پروای جنگ در سر داشتن!

*

چنین است که کاووس چون سیاوخش را به نبرد با افراسیاب می‌فرستد، کارِ سپه‌کشی او را برستم جهان پهلوان می‌سپارد![2] و اگرچه سپه‌کشی، کار رستم پهلوان نبود اما پیدا است که مهری که در دل، به پروردهٔ خویش سیاوخش داشت او را بپذیرش چنین کار واداشته بود.

اکنون، افزایندگان، در میانهٔ میدان نبرد، خنجر و کفن بدست رستم می‌دهند...

نَوَندی برافکند، هنگام خواب — سپهبد، بنزدیک افراسیاب
که آمد دلاور سپاهی گران — همه نامداران و گندآوران
سپه‌کش چو رستم، گو پیلتن — بیکدست خنجر، بدیگر کفن!

بر این گفتار، در بخش **آیین نبرد** نیز انگشت نهاده‌ام، که نادرستی دیگری همراه آنست! اما یک سخن دیگر نیز مانده است: افراسیاب با یکسدهزار سوار، از رود جیهون گذشته و بسرزمین ایران، پای نهاده است و گروهی از سپاهیان توران بسرداری سپهرم و بارمان، تا بلخ پیش آمده‌اند، آنگاه سیاوخش بهمراه رستم در میانهٔ راه اینچنین بسوی میدان نبرد می‌رود:

از ایران سوی زابلستان کشید — ابا پیلتن سوی دستان کشید
همی بود یکچند، با رود و می — بنزدیک دستانِ فرخنده‌پی
گهی با تهمتن بدی می بدست — گهی با زواره، گزیدی نشست

۱- چنین کار، را پیشتر، ادارهٔ لجستیکی ارتش می‌نامیدند و پسان، آنرا به «ترابری» دگرگون کردند، که هر دو نام نادرخور است و همان سپه‌کشی باستانی از هر نام برازنده‌تر می‌نماید.

۲- روانشاد **بنداری اصفهانی** از کار سپه‌کشی آگاهی نداشته است، و در این بخش چنین آورده است: «**و بهلوانهم، رستم**» (شاهنامه بنداری، رویهٔ ۱۶۳). بازآنکه پهلوان آن سپاه، سیاوخش بود.

گهی شاد، بر تخت دستان بُدی　　گهی در شکار نیستان(!!؟) بُدی

*

و نیز این داستان، افزوده می‌نماید بدانهنگام که پهلوان **بهرام پورگشسب** به پذیرهٔ خاقان می‌رود:

زنی با جوالی، میان پر ز کاه!!　　همی بود(!) پویان، میان سپاه
سواری بیامد، خرید آن جوال　　ندادش بها و بپیچید یال
خروشان زن آمد به بهرام گفت　　که: «کاه است لختی مرا در نهفت
بهایی، جوالی همی داشتم　　به پیش سپاه تو بگذاشتم
کنون بستد از من سواری براه　　که دارد بسربر، ز آهن؛ کلاه»
بجُستند آن مرد را، در زمان　　کشیدند پیش سپهبد، دمان
ستاننده را گفت بهرامِ گُرد　　که: «این جرم(!) چونین شمردی تو خرد؟»
سر و دست و پایش شکستند خرد　　کشانش به پیش سراپرده برد
میانش بخنجر بدو نیم کرد　　دل مرد بیدار، پربیم کرد

نادرستی‌های این داستان افزوده، در جای خود نموده می‌شود، اما پیدا است که سپاهیان، خود، برای اسپ خویش کاه نمی‌خریدند، که سپه کش، کاه را باندازهٔ بایسته؛ در انبارها گرد می‌کرده است. باری چنانکه گفته شد، خوراکِ اسپ، یونجه و جو است، و کاه را برای انباشتنِ بیشتر، به یونجه می‌آمیخته‌اند، وگرنه اسپ را هیچگاه پروای خوردن «کاه» بتنهایی نیست.

نمونه‌ای دیگر

بدان هنگام که ایرانیان در **کوه هماون** گرفتار بودند، کیخسرو، رستم و فریبرز را با سپاهشان بیاری ایرانیان گسیل میدارد. نخست؛ فریبرز که چند روز پیش از رستم بکوه هماون میرسد و مژدهٔ آمدن جهان‌پهلوان را می‌دهد:

فریبرزِ کاووس را دِه سپاه　　که او پیشرو باشد و کینه‌خواه
فریبرز را گفت: «برکش براه　　سپاه اندر آور به پیش سپاه

پس؛ این سخن که در داستان افزوده و نادرستِ بزن‌خواستن فریبرز فرنگیس مادر کیخسرو آمده است، نادرست‌تر از داستان می‌نماید که:

فریبرز باشد سپه‌کش براه　　چو رستم بود پهلو کینه‌خواه

و این چگونه سپه‌کشی است که سپه‌کش آن برای نبرد، و پیش از سپاهیان، بکوه هماون می‌رسد؟

بُنه

چون سپاهیان بلشگرگاه رسند، بایستی هرآنچه را که پیش‌تر؛ شمردیم در لشگرگاه آماده باشد و بدانهنگام که نبرد آغاز می‌شد. همه را بار بر اَستران کرده آماده دارند، تا اگر در میدان نبرد، شکستی به سپاه اندر آید، آنان که پسِ پشت سپاه، آماده ایستاده‌اند، روی بگریز نهند تا بنهٔ آنان بدست دشمن نیفتد، که اگر چنین می‌شد بیگمان، مرگِ سپاهیان و اسپان را بدنبال داشت! و بر این بنیاد است که از آغاز نبرد همواره با چنین سخن یاد می‌شود:

«بُنه برنهاد و سپه برنشاند»

برنهادن: بارها را بر پشت استران و خران و اشتران نهادن؛

برنشاندن: سوار کردن؛ سواران را بر اسپان بر نشاندن؛

برنشستن: سوار شدن.

اینجا؛ یاد از دلاوری **گُردیه** خواهر پهلوان بهرام کنیم، که چون پس از کشته شدن [ترور] بهرام، آهنگِ ایران کرد، خاقان، برادرش تُبُرگ را از پسِ وی فرستاد:

بروز چهارم؛ بایشان رسید   زن شیردل، چون سپه بنگرید
از ایشان بدل بر، نکرد ایچ یاد   ز لشگر سوی ساروان شد چو باد
یکایک «**بُنه**» در پسِ پشت کرد   بیامد، نگه کرد؛ جای نبرد

بُنه را همواره یک فرسنگ بدور از سپاه نگاه می‌داشتند،[1] تا بهنگام گریز، دست دشمن بدان نرسد، اما در آن نبرد، گردیه را، چاره‌ای نبود که سپاه را؛ آرایش جنگ دهد و بنه را به پشت سپاه بَرَد، زیرا که چون سپاه تبرگ از دور دیده شد، اینان را چاره‌ای جز آرایش زودهنگام نبود و نمی‌توانستند که بُنه را یکفرسنگ از سپاه، دور نگاهدارند.

سخن پایانی دربارهٔ بنه آنستکه در هر یک از ایستگاه‌های نامبرده؛ خوراک یک یا دو شبانروز سپاهیان و اسپان پیش‌بینی می‌شد، اما بُنه سپاه را بهنگام جنگ، بس بیشتر از یکروز می‌بایستی فراهم کردن، و پی‌درپی نیز بدان یاری رساندن، و برای چنین کار نیز، کاروانهای استر و اشتر و خر، بیدرنگ «پَتِخْوی»[2] و خوراک به بنهٔ سپاه می‌رساندند.

چنین کار، با خریدن کالا از روستاییان پیرامون انجام میگرفت، چه در کشور دشمن، و چه در ایران و فرمان فرهنگ ایران بسپاهسالاران ایرانی چنین بوده است که کیخسرو بتوس گفت:

کشاورز، یا مردم پیشه‌ور   کسی کاو، برزمت نبندد کمر

۱– در بخش آرایش سپاه در این باره سخن می‌آورم.

۲– در زبان پهلوی patēxvīh، خوراک اسپان و ستوران است که نویسندگان آنرا به علف برگرداندند.

نباید که آزار بیند؛ براه چنین است آیینِ تخت و کلاه

بگذریم از آنکه همسایگان بی‌فرهنگ ما چون بایران می‌رسیدند، «تر را می‌خوردند، و خشک را می‌سوزاندند»[1] و با کشتار و سوختار و آزار، از روستاییان خوراک و پتخوی می‌ستاندند، و از سوزاندن درخت و کشتزار پروایشان نبود... و در یکی از این نبردها، از سوی آشوریان نمک نیز بر کشتزارها پراکندند، تا ریشهٔ گیاهان آن بسوزد، و دیگر؛ از این سرزمین گیاه نروید[2] و چنین کار در دیدگاه همسایگان چنان بآیین بود که اگر در میان همهٔ سپاهیان یک کس بود که سپاهیان تازی را از سوزاندن درختان جلو گرفت او را خدیز نامیدند که کدبانو باشد... «خدیز گفت اندر شهر مشوید کی بیران (ویران) بکنید که این سغد چون بوستانی است! مردمان نیز بر این سخن بر او افسوس (ریشخند) کردند، و گفتند، خدیز را آینه و شانه باید، او را با حرب چکار؟ و مردمان لشگر دست باز نداشتند...»[3]

از کشتارها و سوختارهای هموارهٔ یونانیان و مغولان و غزان و ازبکان و بآتش کشیدن گنج‌نپشت‌ها بر دست اسکندر و دیگران بگذریم...

۱- گفتار ارجاسپ هیونانی خدای، در نامه‌ایکه بگشتاسپ نوشته بود. متن‌های پهلوی، همان، رویهٔ۲، پارهٔ۱۲.

۲- بدین گفتارها از آسور نازیرپال بنگریم؛ «در یورش ۸۸۴ پیش‌ازمیلاد! بفرموده آشور و ایشتار خدایان بزرگ که حامیان من هستند با لشگریان و ارابه‌های جنگی خود به شهر گینابو حمله بردم و آن را به یک ضرب شست تصرف کردم - ۶۰۰ نفر از جنگیان دشمن را بیدرنگ سر بریدم. سه‌هزار اسیر را زنده‌زنده طعمه آتش ساختم و حتی یک نفر را باقی نگذاشتم تا به گروگانی رود. حاکم شهر را به دست خودم زنده پوست کندم و پوستش را به دیوار شهر آویختم از آنجا به سوی شهر **تلا** روان شدم. مردم این شهر از در عجز و الحاح درنیامدند و تسلیم من نشدند. لاجرم به شهرشان یورش بردم و آن را گشودم. سه‌هزار نفر را از دم تیغ گذراندم بسیاری دیگر را در آتش کباب کردم. اسرای بیشمار را دست و انگشت و گوش و بینی بریدم و هزاران چشم از کاسه و هزاران زبان از دهان بیرون کشیدم. از اجساد کشتگان پشته‌ها ساختم و سرهای بریده را بر تاکهای شهر آویختم».

و نیز در سنگنوشتهٔ سناخریب (سال ٦٨٩ ق.م) چنین:

«بر سی‌وچهار دژ و شهرهایی بی‌حساب که تابع آن‌ها بودند یورش بردم و آنها را در محاصره گرفتم و گشودم. آنگاه مردم این شهرها و قلعه‌ها را به اسیری بردم و خانه‌هایشان را خراب کردم و به صورت تل خاکی درآوردم. همه را چنان آتش زدم که روزهای بسیار دود حریق مانند دود قربانی بزرگی رو به آسمان پهناور بالا رفت. وقتی که بابل را گشودم و آتش زدم، نهر فرات را که در میان شهر بود، روی خرابه‌ها باز کردم، تا حتی آثار این ویرانه‌ها را نیز آب ببرد:

نَبوکدُنصُر پادشاه بابل (سال ٥٥٦ ق.م) در سنگنوشته‌اش آورده است:

«فرمان دادم که صدهزار چشم درآورند و صدهزار قلم پا را بشکنند. با دست خودم چشم فرمانده دشمن را درآوردم. هزاران پسر و دختر را زنده‌زنده در آتش سوختم. خانه‌ها را چنان کوفتم که دیگر بانگ زنده‌ای از آنها برنخیزد».

در کتیبه **آسوربانی‌پال** (سال ٦٤٥ ق.م) می‌خوانیم: «خاک شهر **شوستان** و **شهر ماداکتو** و **شهرهای دیگر** را به آشور کشیدم. در مدت یک ماه و یک روز کشور ایلام (خوزستان) را به تمامی عرض آن جارو کردم. این مملکت را از عبور حشم و از نغمات موسیقی بی‌نصیب ساختم. به درندگان و ماران و جانوران کویر اجازه دادم که آن را سراسر فروگیرند.

نمونه‌ها همه از کتاب: حکومتی که برای جهان دستور می‌نوشت، دکتر ن. بختورتاش، انتشارات فروهر، ۱۳۷٤، رویه‌های ۲-٤١.

۳- ترجمه تاریخ طبری، ابوعلی بلعمی، چاپ عکسی، بنیاد فرهنگ ایران، رویهٔ ٤٦٦و٤٦٧.

در میانهٔ این هیاهو فرمانِ فرهنگ ایران دربارهٔ کشاورز و پیشه‌ور چنین بود:

نباید که بر وی وزَد بادِ سرد — مکوشید، جز با کسی همنبرد
نباید نمودن به بیرنج رنج — که بر کس نماند سرای سپنج

آرایش سپاه

سپاهِ درهم و پریشان را توان نبرد و پادرزم نیست، زیرا که اگر چنین باشد جنگاوران نمی‌دانند، با که بایستی جنگیدن!

چنین سپاه، برای ایلغار و غارت و یغما[1] در یورش به روستاها و شهرها، کاربرد داشت، اما در میدان جنگ سپاه را آرایشی بایسته بود که هرکس جایگاه خویش را بداند، و فرمانده خویش را بشناسد و چون فرمانده، فرمان بکاری یا بسویی دهد، همگان آنرا بشنوند و بکار بندند.

آرایش سپاه در زمان باستان به پیکر شاهینی بود که بالهای خویش را گشوده باشد:

سپهسالار که در نوشته‌های پهلوی از او با نام «ایران سپاهپت» یاد شده است در میانهٔ سپاه می‌ایستاد، و هر یک از دو بال را فرماندهی ویژه بود که سر بفرمان سپهسالار داشتند.

دنبالهٔ سپاه را که در نوشته‌های فارسی با نام «ساقه» از آن یاد شده است در زمان باستان «پشت اسپان» و فرمانده آنرا «پشت اسپان سردار» می‌نامیدند.

ویژگی برترِ چنین آرایش در آن بود که آنانکه در پیش سپاه، مانده یا خسته (مجروح) می‌شدند می‌توانستند که دمادم بسوی پشت اسپان (ساقه) بازگردند و اینچنین؛ همواره مردان آمادهٔ نبرد از پشت اسپان به بالها می‌پیوستند.

ویژگی دیگر، آن بود که اگر دشمن بسوی یکی از بالها یورش می‌برد، یا شکستی ناگهانی و رویدادی پیش‌بینی نشده، رخ می‌داد، از هر دو سوی ساقه، توان یاری رساندن به آن بال، بود!

در میانه و بالها، کسانیکه در گاودم و شیپور می‌دمیدند، و آنانکه تبیره (تَبل ریز) می‌زدند [که چون بنیرو باشد، سخت انگیزاننده است] و آنانکه کوس (تَبل‌های بزرگ) و جام فلزین (بگونهٔ یک بشگهٔ فلزی که آن را روئینه‌خم می‌نامیدند) بر روی پیل‌ها می‌نواختند، جای داشتند، تا بهنگام آغاز نبرد با نواختن بر کوس و جام، و دمیدن در شیپور و نای... هم سپاهیان خویش را برانگیزند و هم ترس در

۱- نام سه قبیله از تیره‌های ترکان که نامشان همراه با چنین کشتارها و سوختار برجای مانده است بنگرید به دیوان لغات‌الترک کاشغری بکوشش دبیرسیاقی، زیر هر یک از واژه‌ها.

دل سپاهیان دشمن افکنند.[1]

میان دو سپاه چنانکه بارها در شاهنامه آمده است: **«میان دو لشگر، دو فرسنگ بود»**، و چنین ترسکاری از برای آن بود که مبادا یکباره از سپاه روبرو یورش آغاز گردد.

چون سپاه را آرایش میدادند، و نرم‌نرم بسوی یکدیگر پیش می‌رفتند، بنه را که برنهاده بودند، برجا می‌نهادند، و چون هر یک از دو سپاه، یک فرسنگ راه می‌پیمود، بیکدیگر می‌رسیدند، پس «بنه» همواره در یک فرسنگی پشت سپاه، جای داشت.

یک فرسنگ باستانی، ۶ میل بود، و چون هر میل ۱۵۰۰ گز، (برابر با ۱۶۲۰ متر امروز) بود، پس دو بُنه ۹۷۲۰ متر [یا نزدیک به ده کیلومتر در اندازه‌های امروز] از سپاه خویش بدور بودند.[2]

دو سپاه درست در میانهٔ دشت نبرد و میان دو بنه

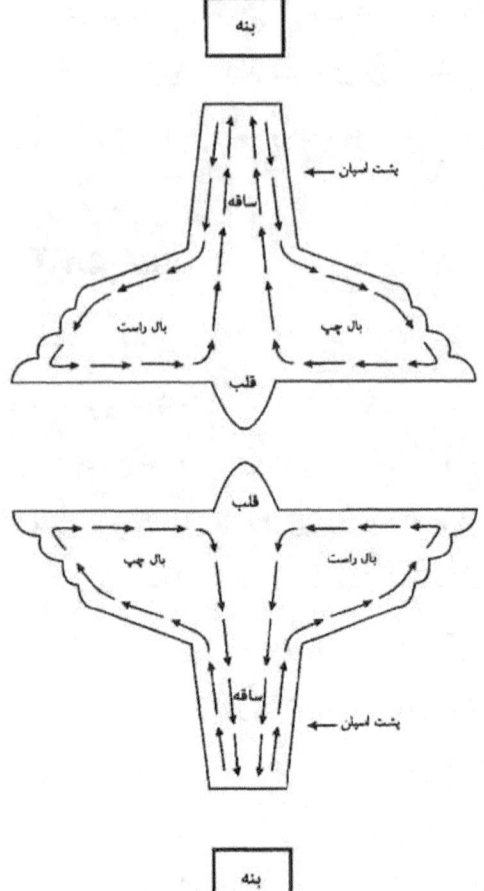

۱- در نبردهای میان ایرانیان و تورانیان، ساز جنگ همین بود که نام بردم، اما چون چنین کار به مصریان و یونانیان رسید آنان دستگاه‌هایی برآوردند چون دبدبه، کبکبه جُلجُل، ماستیوس [بنگرید به زمینه شناخت موسیقی ایرانی، نوشتهٔ من، رویهٔ ۱۰۵] و چنین سازها را چندان بانگ بلند بوده است که کوبندگان آن گوشهای خویش را با قیر پر می‌کرده‌اند، که خود، کمتر آسیب بینند... پس‌ازاسلام، از این کوبه‌ها در سپاهیان محمود نیز نشان داریم:

> «پس بفرمود تا بیکبار بوق و دبدبه و دهل و طبل بزدند، بر پشت پیلان تهالی (جام فلزی) و مهرهٔ سپید و (شاید زنگ و سنج) و مجبور بزدند، و جهان از آواز ایشان کر خواست گشت، و مردمان مدهوش کردند [گشتند] و هر کس در ترکستان و ماوراءالنهر اندرون لشگرگاه حاضر بودند، زهره‌شان خواست بکفید» تاریخ گردیزی، بکوشش عبدالحی حبیبی، دنیای کتاب، ۱۳٦۳، رویه‌های ٦-٤۰٥.

و نیز:

> «دبدبهٔ تاختن و آینه بزدند. ترکانی که مانده بودند، چون آن بانگ بشنودند خویشتن اندر آب افکندند از بیم و غرق شدند» (همان، رویهٔ ۳۸۹).

۲- بیاد دارم که بهنگام نوجوانی چون در خراسان، در راه‌های مالرو روستایی، بسویی می‌رفتیم، چون از رهگذران می‌پرسیدیم که تا فلان روستا چند فرسنگ است، و آنان پاسخ می‌دادند، سه فرسنگ! پرسش پسین ما این بود که سه فرسنگ کُردی، یا فارسی، و پاسخ می‌شنیدیم سه فرسنگ کردی! و ما درمی‌یافتیم که آن سه فرسنگ کردی برابر پنج فرسنگ فارسی است.

من در جهان اندیشه‌های نوجوانی همواره با خویش می‌گفتم بیگمان، نیروی کردان بیشتر است، که راه بر ایشان کوتاه می‌نماید و پنج فرسنگ را سه فرسنگ درشمار می‌آورند، و امروز درمی‌یابم که چون کردان را پیوستگی به گذشته بیشتر است، همان فرسنگ باستانی را فرسنگ می‌شمارند.

جنگ‌افزار ۳۰۵

با هم برخورد می‌کردند، و نبرد در همان میانه دشت روی میداد. میدان، از ریشهٔ اوستایی 𐬨𐬀𐬌𐬜𐬌𐬌𐬀𐬥𐬀 مَئیدی برگرفته شده است که نیمه و میانه باشد.

اکنون بایستی به سپاه دشمن نیز بنگریم که آنان را نیز چنین آرایشی بود.

پس در آرایش دو سپاه، همواره بال راست هر یک با بال چپ سپاه دشمن، و بال چپ هر یک با بال راست، روبرو می‌شد.

نخ کشیدن

در شاهنامه، بهنگام آرایش سپاه، از نخ کشیدن یاد می‌شود.

کاری که امروز در میدان‌های ورزشی با خطّهای سپیدرنگ که بر روی زمین کشیده می‌شود، تا ورزشکاران، در یک راستا، پشت آن بایستند، در زمان باستان با نگاهداشتنِ ریسمانی کشیده از هر دو سوی، انجام میگرفت که سواران یا پیاد گان پشت آن (نخ) در یک ردهٔ راست بایستند.

در داستانهای دیگر نیز گاهگاه از نخ کشیدن سخن رفته است، از آنمیان **نخ کشیدن دختران روستا**، نزدیک آسیا، بدانهنگام که بهرام گور از آنجا میگذرد:

بدانروی آتش بسی دختران   یکی جشنگه ساخته بر کران
ز گل بر سر هر یکی افسری   نشسته؛ بهرجای رامشگری
همه ماهروی و همه جعد موی   همه چرب‌گوی و همه مشکبوی
بنزدیک دروازهٔ آسیا   برامش کشید، نخی برگیا

بر روی سبزه‌زار، نخ کشیده بودند.

نمونهٔ دیگر

به رده رفتنِ نخچیران در دشتها، بهنگام بهار:

بهار آمد و شد جهان چون بهشت   بروی زمین بر، هوا؛ لاله کشت
همه بوم‌ها پر ز نخچیر گشت   بجوی؛ آبها چون می و شیر گشت
گرازیدن گور و آهو؛ به شخ   کشیدند بر سبزه؛ هر جای نخ

*

پیدا است که در این گفتار، افزایندگان ندانستند که نخ کشیدن را چه گزارش باشد آن را برای زربفت چینی آورده‌اند:

ز زربفت چینی کشیدند نخ   سپاه اندر آمد چو مور و ملخ

آمدن فرستادهٔ سعد وقّاص بنزد رستم فرخزاد

سَفَـ: صف

در زبان اوستایی سُمّ اسپ 𐬯𐬀𐬞𐬀 سَفَـ خوانده می‌شود[1].

در یسنا۵۷، بند۲۷ چنین آمده است:

«سروش پاکِ خوب، بلندبالای پیروزمند گیتی‌افزای پاک و «رَدِ» [سرور، سردار] پاکی را می‌ستاییم که او را چهار تکاور سپید روشن، درخشان پاک هوشیار بی‌سایه [مینوی]، در جایگاه مینوی می‌کِشند؛ سُم‌های شاخین آنها، زرکوب است.

تندتر از اسبها، تندتر از بادها، تندتر از باران، تندتر از ابر، تندتر از پرندگان، تندتر از تیرِ خوب رهاشده»[2]

پسان، چون درگذر زمان سفال نیز بر دست نیاکان ما پدید آمد، بدانروی که رنگ آن و سختی آن به سم اسپ می‌مانست، آنرا نیز سَفَـ نامیدند[3]، و همانندی سُنب (= سم) با خُنب (= خم سفالین) در زمانهای نزدیکتر نیز از همین ریشه است.

پیدا است که چون برای اسپان، در دشت؛ نخ بکشند، سمّ همهٔ آنها در یک رده دیده می‌شود، و تازیان این واژه را بگونهٔ سه‌بخشی (ثلاثی) **صَفّ** تازی آوردند.[4]

فی صف الأمامی، در ردهٔ پیشین.

مقدم الصف، پیشرو صف.

این واژه امروز تازی شناخته می‌شود، اما پیدا است که تازیان در نبردهای خویش به رده نمی‌ایستاده‌اند، و یورش آنان با هیاهو، و درهم، بوده است.

*

با نگرش به آرایش سپاه، این گفتار افزاینده در نبرد بزرگ کیخسرو نادرست می‌نماید:

بیاراست قلب و جناح سپاه — طلایه که دارد ز دشمن نگاه
همان ساقه و جایگاه بنه — همه میسره نیز با میمنه

یک: جناح، همان دو بال سپاه است، که در رج دویم نیز بگونه میسره (بال چپ) و میمنه (بال راست) دوباره آمده است.

۱- فرهنگ واژه‌های اوستایی، همان، دفتر سیوم، رویهٔ ۱۴۱۰.

۲- یسنا؛ پورداود، دفتر دویم، رویهٔ ٦٤.

۳- فرهنگ واژه‌های اوستایی، همان، دفتر سیوم، رویهٔ ۱٤۱۰.

٤- فرهنگ معاصر عربی - فارسی آذرتاش آذرنوش، نشر نی، ۱۳۸۳، رویه ۳٦۸.

دو: کارِ طلایه (پیشاهنگان سپاه) شب‌هنگام و بیداری و نگهبانی است، نه نگهداری در روز، بهنگام رودررویی دو سپاه.
سه: بنه را چنانکه گذشت، جایگاه در میانهٔ سپاه نبوده است که همه را بار بر باربران می‌کردند، آمادهٔ گریز.

نمونه‌ای دیگر

و این گفتار بهنگام پروَست یا پریوار (محاصرهٔ دژ) در هفتخوان اسفندیار:

سـپه میسـره میمنـه برکشـید   چنان شد که کس، روز روشن ندیـد

آرایش سپاه و بال‌های راست‌وچپ، بهنگام جنگِ رودرروی دو سپاه انجام میگیرد، نه بهنگام پَروَستِ (محاصرهٔ) دژ، زیرا که در چنین نبرد، سپاهیان را می‌باید گردبرگردِ دژ ایستادن و باران تیر و باره‌کوب بر دژ فروریختن.

نیز این سخن، در همان نبرد:

چنان هم بقلـب سپه حملـه بـرد   بزرگش یکی بـود، بـا مـردِ خـرد
برآنسان دو لشگر، بهم برشکست   که از تیر، بـر سرکشـان ابربسـت

یک: چون سپاهیان دشمن در دژ بوده باشند سپاه آنانرا «قلب» نیست!
دو: دو لشگر چگونه بهم بر می‌شکنند؟!
سه: گیریم که چنین سخن، در دشت و جنگ رویاروی پذیرفته باشد، اما چون یکی از دو سپاه در دژ و دیگری در دشت باشند، بهم برخورد ندارند!
چهار: از دنبالهٔ سخن چنین برمی‌آید که برشکستن دو لشگر بهم، همانا تیراندازی است!!

*

نمونه‌ای دیگر

در داستان نادرست شبیخون ایرانیان در جنگ هماون:

چنین گفت شیدوش و گستهم شیر   که شـد کـار پیکـار سـالار، دیـر

یک: افزاینده فراموش کرده است که در داستان افزودهٔ شبیخون، گودرز و توس، شیدوش و گستهم را در دوبال لشگر جای داده بودند، و آنانکه؛ بس، از یکدیگر دور بوده‌اند، نمی‌توانسته‌اند، با یکدیگر سخن گویند.

دو: شیدوش و گستهم را «گفتند» باید.

سه: کارِ پیکار را گزارش نیست.

نمونه‌ای دیگر:

در نبرد تن‌بتن میان دو سپاه ایران و توران در نبرد بزرگ کیخسرو، و افراسیاب:

سـپه را رده برکشـیده بمانـد　　　　خـود و نامـداران ز تـوران برانـد

یک: در آشوب نبرد تن‌بتن، ردهٔ سپاهیان برهم میریزد.

دو: خود و نامداران نادرست است: «خود با نامداران».

نمونه‌ای دیگر:

این رج در نبرد بزرگ کیخسرو:

کشـیدند بـر هفـت فرسـنگ نـخ　　　　فزون گشت مردم، ز مـور و ملـخ

چهـارم، سـپه برکشـیدند صـف　　　　ز دریـا برآمـد بخورشـید، تـف

یک: اگر برای هر سوار یک گز پهنا، جای بایسته باشد، در هفت فرسنگ (نُه‌هزار گز باستانی) «پنجاه‌وچهارهزار سوار» در یک رده! سخن سخت گزافه می‌نماید، اما چنین سپاه را تاب پایداری برابر دشمن نیست، زیرا که دشمن به هرجای که یورش برد، یک رده سپاه بیشتر، پیشِ روی خود نمی‌بیند، و شکستن آن رده بس آسان می‌نماید.

دو: با رج دویم، افزاینده نشان می‌دهد که «نخ کشیدن» را که همان «صف کشیدن» است، نمی‌شناخته.

سه: «چهارم» نیز نادرخور است: «بروز چهارم».

نمونه‌ای دیگر:

این گفتار در نبرد بزرگ کیخسرو:

نگه کرد گرسیوز از پشت شـاه　　　　بجنـگ انـدر آورد یکسـر سـپاه

سـپاهی فرسـتاد بـر میمنـه　　　　گرانمایـه و یکـدل و یـک‌تنـه

سوی میسـره همچنـین لشـگری　　　　پراکنـد بـر هـر سـویی مهتـری

یک: پیدا است که اگر سپاه را آرایش جنگ بوده است، نمیتوان از آن بگونهٔ «یکسر»

یاد کردن.

دو: همچنین یک سپاه دیگر، افزون بر آن سپاه فرستادن به بال راست نادرست است، زیرا که یاری رساندن به بالها، چنانکه پیشتر گذشت، از سوی «پشت اسپان» بوده است.

سه: همچنین فرستادن یک لشگر دیگر بسوی بال چپ!

چهار: مهتران که از ایشان یاد می‌شود، تاکنون کجا بودند؟ که سپاه بی‌مهتر را یارای جنگ نیست.

نمونه‌ای دیگر

پس از آگاه شدن افراسیاب از کشته شدن پیران:

همان میسره، جَهن را داد و گفت   که نیک اخترت باد، هر جای؛ جفت
بدو داد ترک چگِل سدهزار   سواران شایستهٔ کارزار
که باشد نگهبان پشت پشنگ   نپیچد سر، ار؛ بارد از ابر سنگ

یک: پیدا است که آنکه در بال چپ است، نمیتواند که نگهبان پشتِ پشنگ بوده باشد که خود فرمانده بال راست است.

دو: اگر یک بال لشگر را یکسدهزار سوار باشد. همهٔ لشکر را کمابیش چهارسدهزار سوار باید، که گزافه‌ای سخت است.

سه: چون سخن از **ترک چگل** می‌رود، بیگمان یکسدهزار سوار، از یک شهر، چنین می‌باید که در آن شهر بیش از دوهزارهزار (دومیلیون) مردم بوده باشد! شماری که در شهرهای باستانی پدیدار نبود...

اما دنبالهٔ داستان:

سوی میمنه لشگری برگزید   که خورشید گشت از جهان ناپدید
تتاری و بلخی و خلّخ سوار   همان سی‌هزار، ازدرِ کارزار!

یک: بلخیان ایرانی را چگونه شاید درشمار تاتاران و خُلّخیان در سپاه افراسیاب آوردن!

دو: چون بال چپ را یکسدهزار سوار بود، چگونه شاید که پیش از نبرد به بال راست، سی‌هزار سوار ویژه کنند؟

گاه، شاید که در میانهٔ نبرد، چنانکه پیشتر گفته شد؛ بدانروی که یورش دشمن بسوی یک بال، در آنسوی سستی و شکست پیش آوَرَد، از سوی پشت اسپان بسوی آن بال، یار فرستند، اما پیش از نبرد، چنین کار نباید، و نشاید!

جایگاه سرداران و پادشاه در میدان نبرد

جایگاه سپاهسالار، در میانهٔ سپاه (قلب) بود که فرمانش به هر سه سوی [بال راست، بال چپ، ساقه یا دنبالهٔ سپاه] برسد. و بر هر یک از بخش‌های یادشده یکی از سرداران بزرگ، فرمان میراند بنه نیز در یک فرسنگی سپاه، گوش بفرمان سپاهسالار بود.

اما اگر پادشاه نیز بمیدان نبرد می‌رفت، پرده‌سرای او را بر فراز تپه‌ای بلند پشت سپاه برمی‌افراشتند، تا از آن افراز، هم سپاهیان خویش را ببینید، هم به کشش و کوشش میدان جنگ بنگرد، و جنبش‌های سپاه دشمن را که پشتِ سپاه انجام می‌شد، از چشم دور ندارد.

چنانکه شایستی که از پشت سپاه دشمن، نیروی یاری‌دهنده برای یکی از بال‌ها براه افتد!

در چنین رخداد، وی نیز به سپهسالار فرمان می‌داد که با فرستادن نیرو، به همان بال، آنانرا یاری رسانند.

نمونه از یادگار زریران:

«پس زدند، سه‌هزار میخ آهنین و بدان بستند سه‌هزار ریسمان که هر ریسمانی سه‌هزار زنگ زرین بدان آویخته بود»[1]

اگرچه در این گفتار جایگاهِ برافراشتنِ پرده‌سرای، روشن نیست، اما در دنبالهٔ داستان چنین می‌آید:

«پس گشتاسپ‌شاه به کوهسر (← قلهٔ کوه) نشیند... ارجاسپ هیونان‌خدای به کوهسر نشیند»

«پس گشتاسپ‌شاه از کوهسر نگاه کند و گوید که پندارم که زریرِ ایران‌سپاهبدمان کشته شد، چون اکنون نیاید فُرَشن کمانها و بانگ مردان دلیر! از شما ایران (← ایرانیان) کیست که رود و کین زریران (← خانوادهٔ زریر) را خواهد»[2]

در شاهنامه نیز هرگاه که شاه بمیدان می‌رود، در چنین جایگاه می‌نشیند:

نیاتوس و گستهم و بندوی و شاه ‌‌‌ ‌ ‌ بـبـالا نشستند از آن رزمگـاه

رزم بهرام پورگشسب با سپاه روم

۱– متن‌های پهلوی، همان، رویهٔ ٤.

۲– همان، رویه‌های ۱۱–۱۰.

تلی بود خرم، بدان جایگاه / پس پشت آن رنجدیده سپاه
یکی تخت زرین نهاده بر اوی / نشسته بر آن، ساوهٔ جنگجوی
سپه دید، چون کوه آهن؛ روان / همه سر پر از گرد و تیره روان
پس پشتشان ژنده‌پیلان مست / همی کوفتند آن سپه را بدست

رزم بهرام پورگشسب با ساوه‌شاه

اگر شاه در چنین رزمگاه؛ بر تل و تپه و کوه نمی‌نشست بدو آن میرسید که به پیروز و قباد و دیگر شاهزادگان ساسانی رسید:

چو آمد بنزدیکی خوشنواز / سپهدار توران از او گشت باز
عنان را بپیچید و بنمود پشت / پسِ او سپاه اندر آمد، درشت
برانگیخته باره، پیروز شاه / پسِ پشت او، خوارمایه سپاه
بکنده در افتاد با چند مرد / دلیران و شیرانِ روز نبرد
بدینسان نگون شد سرِ هفت شاه / همه نامداران زرین کلاه
شکسته سروپشت پیروزشاه / سر نامداران با فرّ و جاه
ز شاهان نبُد زنده، کس؛ جز قباد / شد آن لشگر و پادشاهی بباد

نبرد پیروز با خوشنواز

در میدان جنگ، دبیران و افزارمندان نیز که نبردآزموده نبودند، بر فراز تپه‌وتل، می‌نشستند:

دبیران بجُستند، راه گریز / بدان، تا نبینند آن رستخیز
یکی تندبالا، بُد؛ از رزم دور / بیکسو ز راه سواران تور
برفتند ترسان، بدان بُرز راه / که شایست کردن، بلشگر نگاه

رزم بهرام پورگشسب با ساوه‌شاه

پیام‌رسانی

کارِ رساندن فرمان شاهان به سپهسالار، همچنین فرمان سپهسالار بفرماندهان بال‌ها و دنباله و بنه، خویشکاریِ (← وظیفهٔ) شاخه‌ای از دیوان برید بود، اینچنین:

برافراز کوههای بلند (و نیز برفراز تپه‌ای که شاه در آن نشسته بود) کسانی بودند که گوشهای تیز داشتند، تا آواهای دور را از هرگونه که باشد بشنوند، و نیز گروهی که با چشم‌های نگرانشان از دورترین راه‌ها کوچکترین جنبش و کوشش را ببینند.

اینان چون می‌دیدند، و چون می‌شنیدند، پیام را بکسانی میگفتند که بانگی بس بلند داشتند و با

بانگ بلند، پیام را بمرد بلند بانگ دیگری که دور ایستاده بود می‌رساندند.

جدایی میان آن دو مرد باندازه‌ای بود که بانگ‌هایشان بدیگری برسد، و در روزهایی که باد می‌وزید آنان نزدیکتر می‌ایستادند!

یکی بدیگری، همچنان، تا پیام بگوش شاه، یا سپهسالار می‌رسید، و او نیز فرمان را بهمین‌سان بسوی دیگران می‌فرستاد. اما در میان میدان نبرد، با غریو و غوغای شگفتی که پهنهٔ میدان را فرومی‌گرفت، پیام را با بانگ نتوانستندی رساندن و آنجا پیام‌رسانان خود بسوی پیام‌گیرنده می‌شتافتند!

با چنین شیوهٔ پیام‌رسانی، فرمان را زود و بیدرنگ می‌رساندند، چنانکه آگاهی از دوردست نیز میرسید!

سپهدار گودرز، بر تیغ کوه — برآمد، برفت از میان گروه
بزاری **خروش آمد** از دیدگاه — که شد کارِ گُردان ایران تباه
سوی باختر (←شمال) گشت گیتی ز گرد — سراسر بسان شب لاجورد

*

غَوِ دیده[1] بشنید گودرز و گفت — که جز خاک تیره، نداریم جفت

آگاهی رساندن دیدگاه ایران، از یاری رسیدن به سپاه توران

نیز در همان داستان:

چنین گفت با دیدبان پهلوان — که ای مردِ بینا و روشنروان
نگه کن بایران و توران سپاه — که آید کسی سوی این رزمگاه؟
بدو دیده‌بان گفت کز هیچ روی — نبینم همی جنبش و جست‌وجوی
از آن سو بتاب و شتاب اندرانند — وزینسو تو گویی بخواب اندرنند!

*

نهادند، زین بر سمندِ چمان — **خروش آمد** از دیده، هم؛ در زمان
که ای پهلوان جهان، شاد باش — ز درد و ز تیمار، آزاد باش
که از راه ایران یکی تیره گرد — پدید آمد و روز شد، لاجورد

آگاهیِ رسیدن فریبرز بیاری

*

چو گردون تهی شد ز خورشید و ماه — طلایه برآمد ز هر دو سپاه؛
از آن دیدگه، «دید» **بگشاد لب** — که گردی برآمد بتاریک شب

۱- دیده: بینندهٔ دیدگاه: دیدبان.

پر از گفت‌وگوی است هامون و راغ میان یلان نیز، چندی چراغ

همانا که آمد، گوِ پیلتن دمان و، ز زابل یکی انجمن[1]

آگاهی آمدن جهان‌پهلوان

۱– من خود در روزگار کودکی در خراسان، از پیران دربارهٔ راهی که کمتر از یک فرسنگ بود می‌شنیدم که دو جیغ راه است... سه جیغ راه است!

آیین نبرد

گاه؛ دو سپاه، در همان دو فرسنگی روبروی یکدیگر می‌ایستادند، تا سستی در کار یکی از دو سپاه روی دهد، یا از سپاه روبرو؛ تاب برود، و یورش آوَرَد، و اینان که ایستاده‌اند، پشت بکوه داشته باشند، و آن پشتیبانِ استوار، دشمن را به شکست کشاند!

نمونهٔ بزرگ چنین درنگ، آرایش سپاه گودرز و پیران است. پیش از آغازِ نبردِ پهلوانان! که از سپاه توران، **هومان ویسه** به سپهسالار پیران؛ پرخاش میکند، و فرمانِ نبرد می‌خواهد:

که ای پهلوانِ رد افراسیاب — گرفت اندرین جنگ، ما را شتاب
به پنجم فراز آمد این روزگار — میان بسته در جنگ، چندین سوار
از آهن میان سوده و، دل؛ ز کین — نهاده دو دیده بایرانزمین
چه داری؟ بروی اندر آورده، روی — چه اندیشه داری؟ بدل در، بگوی!

*

چو بشنید پیران، ز هومان سخن — بدو گفت مشتاب و تندی مکن
بدان ای برادر که این رزمخواه — که آمد برِ ما چنین کینه‌خواه
گزینِ بزرگانِ کیخسرو است — نه او در جهان، نامداری نو است

.....

چو از کوه بیرون کشد لشکرش — یکی تیرباران کنم بر سرش

و نیز رزم خواستن بیژن از گیو و گودرز در همان آوردگاه:

خبر شد به بیژن که هومان چو شیر — به پیش نیای وی آمد دلیر
برآشفت بر خویشتن چون پلنگ — نبرد ورا، تیز کرده؛ دو چنگ؛
به پیش پدر شد، پر از کیمیا — سخن گفت با او ز بهر نیا

.....

نشاید جز از من، که با او؛ نبرد — کند، تا برآرم، زمردیش گرد!

*

اما چنین رویدادها در شاهنامه کمتر دیده می‌شود و دو سپاه که در دو فرسنگی روبروی هم می‌ایستادند، یک بامداد؛ بسوی هم پیش می‌رفتند، آرام‌آرام! و بدینسان، بنه؛ در جای خود بار کرده و آمادهٔ جنبش و گریز می‌ماند!

پر از درد شد جان افراسیاب نکرد ایچ بر جنگ جُستن شتاب
سپه را بجنگ اندر آورد شاه بجنبید، ناچار؛ دیگر سپاه!

آغاز رزم؛ با تیر و کمان:

چون دو سپاه به تیررس یکدیگر می‌رسیدند، کارِ تیراندازان پیاده که در ردهٔ پیشین ایستاده بودند، آغاز می‌شد چنانکه با فرمان فرماندهٔ خود، باران تیر را بر سر سپاه دشمن می‌ریختند، و چنین گمان می‌رود که تیراندازی، هر بار با فرمان یک سپاهیِ بلندبانگ در یک دم انجام میگرفت، تا یکباره باران تیر را بر سر دشمنان فروریزند و اینچنین... تیراندازی پی‌درپی با پیش‌نهادنِ گام در هر پرتاب، چندان به پیش میرفت، تا تیرِ کمانوَران در ترکش بپایان رسد، و ترکش یا تیردان پیرامون چهل تیر را در خود جای میداد!

کمانوَرانِ پیاده، سپر نیز با خود داشتند که بهنگام رسیدن تیرهای دشمن آنرا بر سر گیرند... و آنگاه که تیرها بپایان میرسید، آرام؛ از میان سواران، خویش را بدرون سپاه می‌کشیدند و پشت سپاه، جای میگرفتند، و ترکش خویش را با تیرهای تازه که از **زره‌خانهٔ**[1] سپاه؛ نزدیکِ بنه، بدیشان میرسید پر می‌کردند.

چنین بود نخستین بخش از رزمِ دو سپاهِ هماورد... که بیگمان؛ بخشی از پیادگانِ کمانور یا سواران جوشَنوَر در آن آسیب می‌دیدند، یا کشته می‌شدند!

چون کارِ کمانوران، پایان می‌یافت، هنگام یورشِ نیزه‌وران فرا میرسید، که پس از رفتنِ کمانوران، در ردهٔ پیشین سپاه، جای داشتند.

گفتار درست شاهنامه در این باره چنین است:

عنان را به بورِ سرافراز داد به نیزه درآمد، کمان باز داد
فرامرز بگذاشت قلب سپاه برِ سُرخه، با نیزه شد؛ کینه‌خواه

نبرد سُرخه پسر افراسیاب با فرامرز

پیدا است که شاهان و پهلوانان، خود نیزهٔ خویش را همراه نمی‌بردند، و کسی بود که نیزهٔ ایشان را با خویش ببَرَد، همچنین کمان را...

یکی زابلی بود، آلوای نام سپهدار و گردنکش و تیزگام

۱- در نوشته‌های فارسی بگونهٔ «زرادخانه» آمده است.

که خـود نیـزهٔ رسـتم، او داشـتی　　　　پـسِ پشـتِ او، هـیچ نگذاشـتی

در نگارهٔ شاهان هخامنشی همواره کسی پشت او ایستاده است نیزه بدست، و او نیزه‌دار شاه است. چنانکه داریوش نیز در زمان کمبوجیه، نیزه‌دار او بوده است.

یورش نیزه‌وران

سوار، می‌بایستی سرِ خویش را خم کرده روی یال اسپ بخواباند. بدانروی که اگر نشسته یورش بَـرَد، هرآینه نیزهٔ هماورد، بر هر جای تنِ وی فرود آید، اگر زره نیز پایدار باشد فشـارِ نیـزه، کـه بـا شـتاب اسپ نیز همراه است استخوانهای سینه را می‌شکند! با خواباندن سـر بـر روی یـال، اگـر نـاوکِ نیـزهٔ هماورد به کلاهخود فرود آید بیمی از آن نیست، چرا که خود فلز است و همچون زره بـافتنی نیسـت و زخمِ نیزه بر آن، کارآی نیست!

بُنِ نیزه در دست راست، و میانهٔ آن در دستِ چپِ سوار، که از میـان دو گـوش اسـپ، سـرِ نیـزهٔ خویش، و سوارِ هماورد را می‌نگرد و بسوی یکدیگر تاخت می‌برند.

در سرتاسر شاهنامه تنها یک بار دیده می‌شود که یکی از دو هماورد، بدانهنگام که دشـمن بـا نیـزه بدو یورش می‌آورد، سر خم نمی‌کند، و از میان گوش و یال نمی‌نگرد، و نیز نیـزه برنمـی‌گیـرد، و آن نبردِ پهلوان بزرگ ایران **بهرام پورگشسب** [فرزندِ بآیینِ رستم پهلوان] با **کوت رومی** است:

چو برخاست آوای کوس، از دو سوی　　　　برفتنـد؛ مـردانِ پرخاشـجوی

دل و جانِ خسرو پراندیشـه بـود　　　　جهان پیش چشمش یکی بیشه بـود

که بگسست، کوت؛ از میان سپاه ‌ ‌ ‌ ‌ ز آهن بکردار کوهی سیاه
بیامد دمان، تا میان گروه ‌ ‌ ‌ ‌ چو نزدیک‌تر شد بدان بُرز کوه
بخسرو چنین گفت که:«ای سرفراز ‌ ‌ ‌ ‌ نگه کن بدان بندهٔ دیوساز؛
که با او، برزم اندرآویختی ‌ ‌ ‌ ‌ چو او کامران شد، تو بگریختی!
کنون تا بیاموزمش کارزار ‌ ‌ ‌ ‌ ببیند دل و رزم مردان کار»

*

چو بشنید خسرو ز کوت این سخُن ‌ ‌ ‌ ‌ دلش گشت پردردِ رزمِ کهن
چنین گفت پس کوت را شهریار ‌ ‌ ‌ ‌ که: «رو، پیش آن مرد ابلق سوار
چو بیند ترا پیشت آید بجنگ ‌ ‌ ‌ ‌ تو مگریز، تا لب نخایی ز ننگ!»
چو بشنید کوت این سخن بازگشت ‌ ‌ ‌ ‌ چنان شد که با باد، انباز گشت
چو نزدیک شد، خواست بهرام را ‌ ‌ ‌ ‌ برافراخت زانگونه زو، نام را
چو بهرام بشنید، تیغ از نیام؛ ‌ ‌ ‌ ‌ برآهخت چون باد و، بر گفت نام

*

چو خسرو چنان دید، بر پای خاست ‌ ‌ ‌ ‌ از آن کوهسر، سر برآورد راست
نهاده بکوت و ببهرام چَشم ‌ ‌ ‌ ‌ دو دیده پر از آب و دل پر ز خَشم

*

چو رومی، بنیزه در آمد ز جای ‌ ‌ ‌ ‌ جهانجوی بر جای، بفشارد پای
بروی اندر آورد، جنگی؛ سپر ‌ ‌ ‌ ‌ چو نیزه نیامد بر او کارگر؛
یکی تیغ زد بر سروگردنش ‌ ‌ ‌ ‌ که تا سینه ببرید، تیره تنش

یک: پیدا است که پهلوان را، تا چه اندازه استواری بر خویش و نیروی بازوی خویش، و تندی و تیزی در کار، بایسته است که سپر را چنان پیش گیرد، که نیزه بر میانهٔ آن خورَد، زیرا که اگر نیزه اندکی بر اینسو و آنسو فرود آید، چون سپر بسوی راست، یا چپ خم گردد، نیزه کمانه کرده، و بر جایی از تن او فرومی‌نشیند!

دو: آنگاه؛ تا چه اندازه به نیروی مچ و انگشتان و دست چپ استوار باید بودن که برابر نیروی یورش اسپ و زخمِ نیزه‌گزار، [که نیرو را چند برابر می‌کند] بایستد.

سه: آنگاه در چنان تندی وَ تیزیِ گذرِ اسپ، با آنکه دشمن بر روی یال اسپ خویش خوابیده است بتواند شمشیر را بر گردن وی فرود آوَرَد!... روانش شاد باد! بدینروی است که چون بهرام، بر آیین یورش با نیزه، شمشیر و سپر می‌گیرد. خسرو

شگفت‌زده بر پای می‌خیزد!

هنگام شمشیر:

با چنین یورش بخشی از سواران نیزه‌گزار، از هر سوی کشته یا خسته می‌شوند و بر زمین می‌افتند، و چون چنین شود، آنانکه زنده مانده‌اند، رودرروی و نزدیک دشمن‌اند، و در چنین هنگام، نیزه کاربرد خویش را ندارد، زیرا که اگر نیزه‌گزار بخواهد، بُنِ نیزه را در دست گیرد، با اندازهٔ دوونیم گزی آن چگونه تواند، دشمن را در یک گزی بنیزه زدن! و نیز اگر بخواهد سرِ نیزه را بدست گیرد، بُنِ آن لنگر می‌کند، و کار را بر نیزه‌گزار دشوار می‌سازد.

پس؛ سواران، همگی نیزه‌ها را بدور می‌ریزند، و شمشیر برمی‌کشند. و سپر بر دست چپ روی سر خویش می‌گیرند... در این بخش از نبرد نیز بهری از سپاهیان کشته می‌شوند، اما شمشیر را چندان پایداری در جنگ نیست، زیرا که با برخورد تیغهٔ نازک آن بر سپرها و خودها، زخم و آسیب می‌بیند و بزودی کاربرد خویش را از دست می‌دهد.

گرز

آنگاه، زمان گرز فرامیرسد... و گرز را پایداری بیشتر در میدان جنگ است... و بهترین گفتار در چنین نبردِ بآیین، در رزم رستم و سهراب آمده است:

بآوردگه رفت و نیزه گرفت — همی مانده از گفتِ مادر؛ شگفت
بشمشیر هندی برآویختند — همی ز آهن آتش فروریختند
بزخم اندرون، تیغ شد ریزریز — ....
گرفتند در دست گرز گران — ....

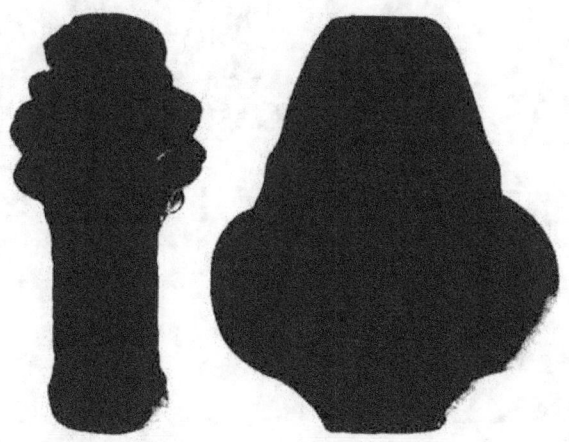

سه نمونه از گرزهای یادشده که دستهٔ چوبی آنها از میان رفته است

خنجر

کاربردِ گرز را نیز پایانی است و در چنین رویداد، دو دشمن سخت بیکدیگر نزدیکند، و چاره‌ای جز بکار بردن خنجر نمی‌ماند....

هر یک از هماوردان خنجر را بدست راست می‌گیرد تا بدشمن زند، و با دست چپ مُچِ دست راست همنبرد را میگیرد، که او نیز خنجر کشیده و آهنگ کشتن هماورد را دارد...

چون چندی بر این کشمکش بگذرد یکی از دو همنبرد پیروز می‌شود، اما اگر هر دو؛ در پیچ و تاب؛ خنجر را از دست بیندازند... آنگاهست که:

نگاره‌ها از پژوهش دکتر منوچهر مشتاق خراسانی

کشتی

بکشتی گـرفتن، نهادنـد سـر   گرفتنـد، هــر دو؛ دوال کمــر

«کُشتی»، میان‌بند یا کمر است و در چنین هنگام، هر یک از دو همنبرد، کُشتیِ دیگری را میگیرد و با زور آوردن بر آن می‌کوشد که ویرا از اسپ جدا کرده، بر زمین زند. و در چنین هنگام، سواران را بایستی بر روی رکاب ایستادن، تا با فشار آوردن بر آن نیروی بیشتر برای بلند کردن دیگری داشته باشند، و هر یک از آنها، سرِ خویش را بر گردن دیگری می‌نهد. تا با فشار آوردن بر آن، جایی دیگر (افزون بر رکاب‌ها) برای ایستایی خویش پیدا کند، و چنین است که در شاهنامه کشتی گرفتن، همواره با (سرنهادن) همراه است، و چنانکه دیده می‌شود امروز نیز پهلوانان کشتی‌گیر سر را بر سر دیگری می‌نهند، اما گرفتن «دوال» کمر در کُشتی‌های بومی چند جای از ایران، همچون خراسان و تبرستان و گیلان برجای مانده است و کشتی‌گیران بجز از دوال کمر، هیچ یک از اندام‌های همنبرد را نمی‌گیرند!

*

کمانِ چرخ

در شاهنامه دو بار از کمانی بس بزرگ بنام کمان چرخ یاد می‌شود که تیر آن باندازهٔ نیزه‌ای بزرگ بوده است! داستان نخست؛ در رزم زال با خَزَروان و شماساس:

نگه کرد، تا جای گُردان؛ کجا است؟ — خدنگی به چرخ اندرون راند، راست
بینداخت، سه جای؛ سه چوبه تیر — برآمد خروشیدن داروگیر

*

بگفتند؛ کاین؛ تیرِ زال است و بس — نراند چنین، در کمان تیر؛ کس

داستان دیگر:

در نبرد اشکبوس با رستم:

.....

کشانی بدو گفت: «بی‌بارگی — دهی تن بکشتن، بیکبارگی»
تهمتن چنین داد پاسخ بدوی — که: «ای بیهده مردِ پرخاشجوی
پیاده ندیدی که جنگ آورد؟ — سرِ سرکشان، زیر سنگ آورد
پیاده مرا، زان فرستاد؛ توس — که تا اسب بستانم از اشکبوس
کشانی پیاده شود، همچو من — ز دو روی، خندان شود انجمن»
کشانی بدو گفت: «با تو؛ سلیح — نبینم همی جز فریب و مزیح»
بدو گفت رستم که: «تیروکمان — ببینی، هم‌اکنون؛ کت آید زمان»

.....

ستون کرد چپ را و، خم کرد راست — خروش از خمِ چَرخِ چاچی بخاست

.....

چو برگشت رستم، هم اندرزمان — سواری فرستاد، خاقان؛ دمان

کزان نامور، تیر؛ بیرون کشید — همه تیر، تا پَرْش در خون کشید

میانِ سپه، تیر؛ بگذاشتند — مر آن را همه، نیزه پنداشتند

*

چنین کمان، با چنان تیر، کمان چرخ است که تیر آنرا بدرون شهرها، یا سپاه می‌افکندند تا ترس و همهمه و آشفتگی پدید آوَرَد.

اندازهٔ آن بس بزرگتر از کمانِ کمانوَران بود، و زهِ آنرا با یک چرخ می‌کشیدند که در دو سوی دو دسته داشت، و هر دسته را یک مرد می‌گرفت، و بیاری یکدیگر چرخ را می‌چرخاندند.

با چرخیدن چرخ، زهی که به زهِ کمان بسته شده بود، بر گرد میلهٔ میانین چرخ پیچیده می‌شد.

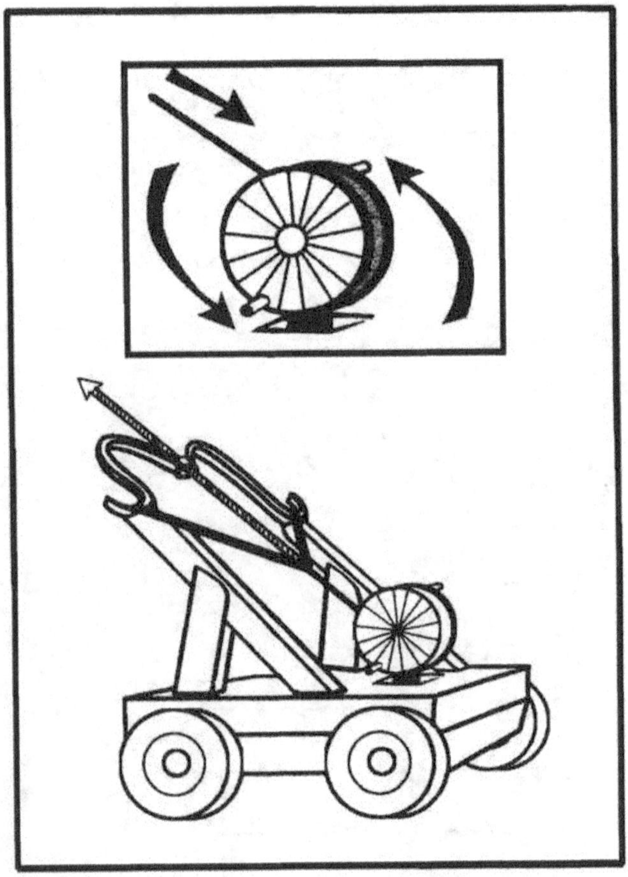

اگر پیرامون میلهٔ میانین (محور) یکدهم پیرامون چرخ بوده باشد، و هر یک از دو گرداننده ۵۰ کیلو نیرو بر چرخ بکار بَرَد، زه پیوسته به کمان با یکسد کیلو نیرو × ده = یکهزار کیلو نیرو می‌چرخد، و توان آنرا دارد که کمان بزرگ را خم کند.

چون، کمان؛ باندازهٔ بایسته کشیده شود، و زهِ کشندهٔ کمان را رها کنند، کمان چرخ همچون یک کمانِ شناخته شده کار میکند با نیرویی بیست برابرِ آن، تیر نیزه مانند را بسوی دشمن پرتاب میکند.

سخن پایان آنکه کمان را برای ایستادگی بیشتر، نود درجه می‌چرخانند، تا روی دستگاه بخوابد، و جایگزینی تیر بر روی آن بهتر باشد، و برای آنکه تیر همتراز با زمین پرواز نکند و بهوا رفته بر سپاه دشمن افتد، سرِ دستگاه را چهل‌وپنج درجه ببالا بلند می‌کردند تا چنین

شود، و بر رویهم نگارهٔ پایانی اینچنین می‌شود.

فتراک

پشت زین اسپ در بخش استخوان‌بندی فلزی آن، دو سوراخ است که از هر یک از آنها زهی بدرازای کمتر از یک گز بسته می‌شود.

این زه را نام «فِتراک» است که به سوی راستِ آن گرز را می‌بستند، و در سوی چپ کمند را.

بستن این زه نیز با گره پروانه‌ای انجام می‌شد، تا بهنگامِ بایسته، زود از فتراک جدا شود.

گاهگاه می‌توانستند از هر دو سوی آن برای بستن یک چیز (همانند زره و خفتان، که در میانهٔ راه بدان نیاز نیست، یا زیرانداز، و روی‌انداز) بهره ببرند! در چنین هنگام، بسته؛ پشت زین جای می‌گرفت.

کَشَک؛ کشک انجیر، باره‌کوب

نخست این یادداشت‌ها را از لغتنامه دهخدا زیر واژهٔ باره‌کوب بخوانیم:

«باره‌کوب: آلتی جنگی، تخریب باره و حصار و دژ را. منجنیق، ابزاری چون توپ و

تانک امروزی»[1]

نیز:

«توپ کلان که بدان قلعه‌ها را خراب سازند. سنگی که بر منجنیق گذارند و بر حصار و قلعه اندازند (ناظم‌الاطباء)[2]

کشک انجیر توپ کلان، منجنیق که بدان دیوار قلعه اندازند معنی ترکیبی آن سوراخ‌کنندهٔ کشک (= کوشک) است.

نه منجنیق رسد بر سرش، نه کشک انجیر

انوری

چوب گُنده‌ایست مانند ستون که بر زمین فرو برند و سر آن چوب شکافته غلتکی در آن تعبیه کنند و ریسمانی بر آن غلتک انداخته از آن شکاف بگذرانند. و از یک سر آن ریسمان، توبره‌ای پر از ریگ و سنگ بیاویزند، و میان آن ستون قبضه‌واری نصب کنند، تا کسیکه خواهد که مشق کمان کشیدن کند، بدست چپ آن قبضه را و بدست راست سرِ دیگر آن ریسمان را بکشاکش آورد و به هندی منجر و بشیرازی منجل گویند از فرهنگ رشیدی.

نه منجنیق رسد بر سرش نه کشکنجیر نه تیر چرخ و نه سامان بر شدن بـه وَهَـق

و وزن کمان بلندترین ششصد من [۱۸۰۰ کیلو] نهاده‌اند و مران را کشکنجیر خوانده‌اند، و آن مر قلعه‌ها را بوَد، و فروترین یک من بود و مر این را بهرِ کودکانِ خرد سازند. (نوروزنامه منسوب به خیام).

داوری نویسندگان لغتنامه؛ آشفته و درهم است:

یک: چوب گنده(!)ای که نام برده‌اند. با گزارشی که از شیوهٔ کار آن شده است، سازه‌ای است برای ورزشِ کشیدن کمان اما پیدا است که اندکی دگرگون شده است. این سازه را بایستی چنین در گمان آوردن:

چوب ستبری که آنرا در زمین فرو کنند، و بر سر آن شکافی پدید آورده غلتک (قرقره‌ای) کار گذارند، و ریسمانی از آن بگذرانند که بر یک سر آن ریسمان کیسه‌ای پر از ریگ و سنگ بندند، و بر سر دیگر آن دستگیره‌ای، و آنانکه ورزش کشیدن کمان می‌کنند، آن دستگیره را بسوی خود می‌کشند، و کیسهٔ سنگ و ریگ از آنسوی

۱- لغتنامه دهخدا (ب. بابک) رویهٔ ۳۲۹.

۲- همان (ک. کاخ) رویهٔ ۵۶۳.

ببالا می‌رود، و چون بازگردانند، کیسه بجای خویش بازمی‌گردد.

دو: دستگیره را بر میانهٔ چوب کاری نیست، و آنرا هم بر سرِ ریسمان می‌بستند، زیرا که کشیدن ریسمان بی‌دستگیره سخت دشوار است و پی‌درپی ریسمان در میانهٔ دست لغزیده، دست را خونین می‌کند.

سه: قرقره، نیروی کارگر را، نیمِ نیرویِ ایستادگی می‌کند. چنانکه اگر نیروی ایستادگی بر بنیاد گفتار لغت‌نامه ۱۸۰۰ کیلو بوده باشد، از سوی بازوی مرد بایستی ۹۰۰ کیلو فشار بر ریسمان آید، و کشیدن اینچنین وزنه و با چنین نیرو از افسانه افسانه‌تر است.[1]

چهار: گفتاری که از نوروزنامه آورده‌اند، سخنی دیگر را میرساند چنانکه کار آن کوبیدن دژها گزارش شده است.

> از برابر نهادن سخنان یاد شده پیدا است که آنچه که بکار ورزش کمان کشیدن می‌رفته است کَشَک نام داشته که در زبان هندی منجر و در شیراز منجل خوانده می‌شد، اما کیسهٔ ریگی که بدان آویزان می‌کرده‌اند نمی‌بایستی بیش از سی من (= یکسد کیلو بسنگ امروزین) گرانی داشته باشد، زیرا که چون باری را با غلتک (قرقره) کشند، گرانی آن نیمِ گرانی آن بار می‌شود، و نیمِ آن پنجاه کیلو است، و کشیدن پنجاه کیلو برابر با سخت‌ترین کمانهای زمان باستان بوده است، اما برای کودکان ۱/۵ کیلو، سنگی شایسته است.
>
> دستگاهی که بنام باره‌کوب از آن یاد شده است، و در شاهنامه نیز یکبار از آن در نبرد بزرگ کیخسرو و کوبیدن بارهٔ کنگدژ آگاهی بما رسیده است، با نام دیگری نیز خوانده می‌شده است، که از آن در سروده‌های شاعران نیز بگونهٔ **«کوشک انجیر»** یاد شده است: **ویران‌کنندهٔ کوشک**.
>
> اما چون نویسندگان «کوشک» را بگونه کُشْک نوشتند، با فروافتادن «ـُ» از آن «کشک» بگونهٔ «کَشَک» درآمد و «کَشکنجیر» خوانده شد، و با «کَشَک» یکی دانسته شد!

باره‌کوب

چنان چوبِ ستبرِ ایستاده برجای، با غلتک و دستگیره، بکار باره‌کوبی نمی‌آید، باره‌کوب اهرمی بزرگ است که بر چهار پایه یا چهار چرخ استوار می‌شود. بر یکسوی آن کیسهٔ ریگ می‌بستند، و سوی دیگرش بسان کفچه‌ای بود برای سنگ. چون کیسهٔ ریگ را به بازوی ایستادگی بندند، بازوی کارگر را

۱– بنگریم که وزنه‌برداران پهلوان جهان ۱۵۰ تا ۲۰۰ کیلو وزنه را با دو دست برمیدارند.

با نیروی چند مرد و بیاری ریسمانها بپایین می‌کشیدند، و در کفچهٔ آن پاره‌های سنگ می‌نهادند.

چون کار بدینجا رسد، و ریسمانهای آنسوی را رها کنند، کیسهٔ ریگ با شتاب بسوی پایین کشیده می‌شود، و بازوی ایستادگی را بسوی بالا می‌کشد، و چون بازوی کارگر، بسان آونگ بسوی پس کشیده شود، بازوی ایستادگی؛ سنگها را که بجایی بند نیستند، پیش بسوی دژ پرتاب میکند.

سخن از باره‌کوب در داستان گرفتن کنگدژ و گریختن افراسیاب چنین آمده است:

به کنده درون آتش و نفت و چوب　　　زبـر، گرزهـای گـران بـاره‌کـوب

سپر

در شاهنامه از سه گونه سپر یاد شده است:

۱- **سپر آهنین** که گرد است و در میانهٔ آن قپه‌ای برجسته می‌سازند که مشتِ سپروَر

از آنسوی در آن جای میگیرد و دستهٔ سپر را که میانِ قپه است در میان میگیرد. قُپه در میان سپر، که خمیدگی بیشتر از سپر دارد، ایستادگی آنرا در زخم گرز، یا شمشیر بیشتر می‌کند.

برخی از سپرها دارای چند قُپّه استند که از لغـزش شمشیر بـر روی سپر جلوگیری میکند تا تیغهٔ شمشیر پس از گذر از سپر، بـا انـدام سپروَر برخـورد نکند!

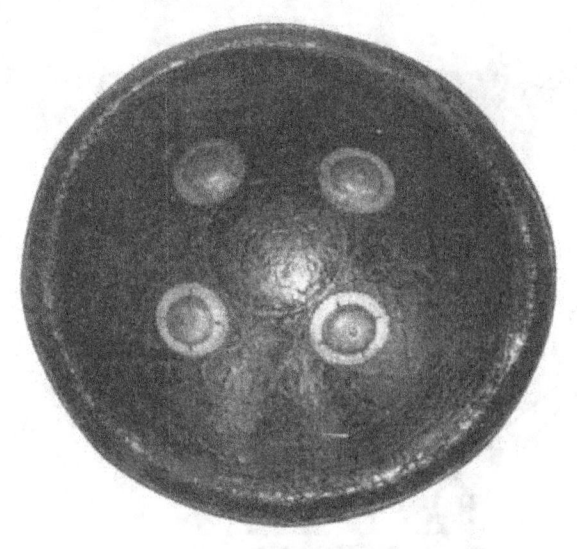

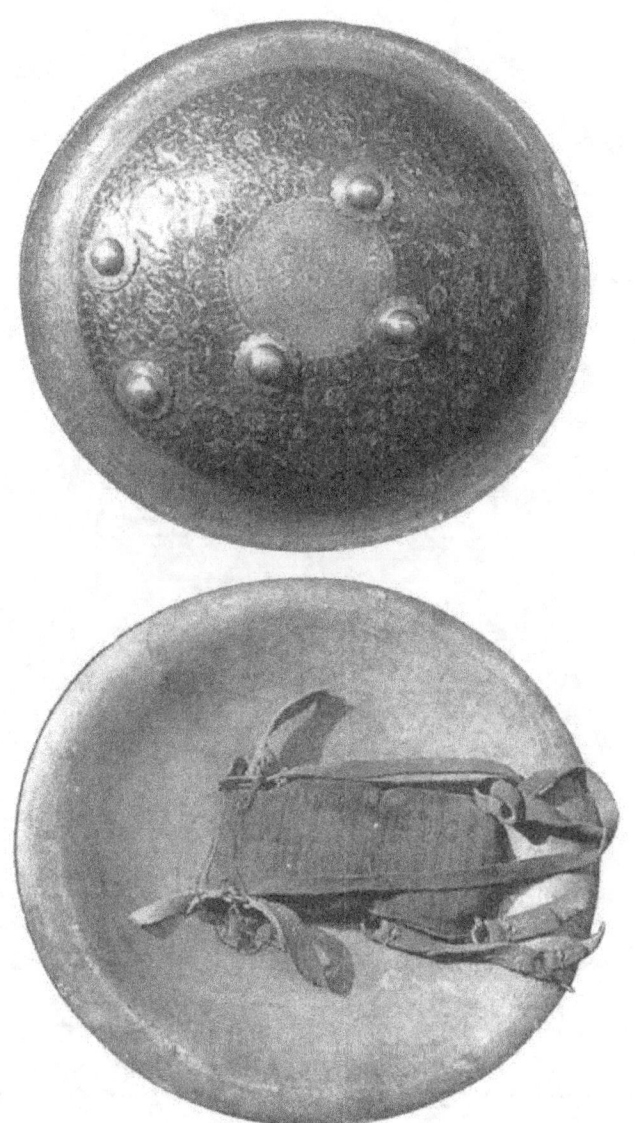

۲- **سپر کَرگ**: یا سپری که از پوست کرگدن ساخته می‌شود، و سبک و سخت جان است.[۱]

۳- **سپر گیلی** که از ترکه‌های نازکِ گونه‌ای از بید، بسانِ سَبَد؛ بافته می‌شد و بس سبک بود، و این سخنِ افزوده از سه گونه سپر یاد میکند:

همه مرزبانان زرین کمر　　　　بلوچی و گیلی، و زرین سپر

سپر زرین را کاربرد نیست زیرا که پیشِ زخم گرز پایدار نمی‌مانَد.

۱- در این سالها، در روزنامه خواندم که گروهی که برای نشان دادن تعزیه (که دنبالهٔ سوگ سیاوخش است) به اروپا رفتند، و یکی از تعزیه‌خوانان را پشت‌درپشتِ چندهزار ساله «سپر کرگ» بوده است که با بهایی اندک از چنگش بدر آوردند!

نمونه‌ای دیگر

بیفکند نیزه کمان برگرفت یکی درقهٔ کرگ بر سر گرفت

یک: هیچگاه در گفتار فردوسی «درقه» تازی بجای سپر نیامده است.

دو: در آیین نبرد، نیزه را پس از کمان میگیرند، و نه کمان را پس از نیزه:

عنانرا به بور سرافراز داد بنیزه درآمد، کمان باز داد

سه: چون کسی کمان برگیرد، در یک دست کمان و در دیگر است تیر دارد و چنین کس را توانِ آن نیست که سپر نیز بر سر گیرد.

شمشیر

آشناترین نام از میان جنگ‌افزارها است که از ریشهٔ **ددسد**(۱) اوستایی برآمده است که «بریدن» باشد، و پیدا است که برنده‌ترین جنگ‌افزار جهان شمشیر است این واژه در سانسکریت نیز šafšēr خوانده می‌شود از ریشهٔ šas برابر با بریدن، و پیدا است که ریشهٔ «سا» اوستایی کهنتر از آنست، اما در بسی از نبردها، شمشیر هندی در دست پهلوانان ایرانی است، و این، دور نیست، زیرا که هندیان از ایران بسوی سرزمین کنونی رفته‌اند، و پیش از کوچ، زندگی و فرهنگی یگانه با ایرانیان داشته‌اند.

شمشیر ایرانی و هندی اندکی کمان دارد (خمیده است) و بکار گرفتن خوبِ آن، زره را نیز بر تنِ هماورد می‌دریده است، و نمونهٔ نیک آن نبرد **بهرام پورگشسب** پهلوان ایران با «کوت» پهلوان رومی است که پیش از این نیز در کارِ نیزه زدن از آن یاد شد:

یلان‌سینه، بهرام را بانگ کرد که بیدار باش، ای سوار نبرد
که آمد یکی دیو، چون پیل مست کمندی بفتراک و نیزه بدست
چو بشنید بهرام، تیغ از نیام برآهیخت چون باد و بر گفت نام

*

چو خسرو چنان دید، بر پای خاست از آن کوهسر، سر برآورد راست
نهاده ببهرام و بر کوت، چشم دو دیده پر از آب و دل پر ز خشم
چو رومی بنیزه برآمد ز جای جهانجوی بر جای، بفشارد پای
بروی اندر آورد، جنگی، سپر چو نیزه نیامد بر او کارگر؛
یکی تیغ زد بر سروگردنش که تا سینه ببرید، جنگی تنش!

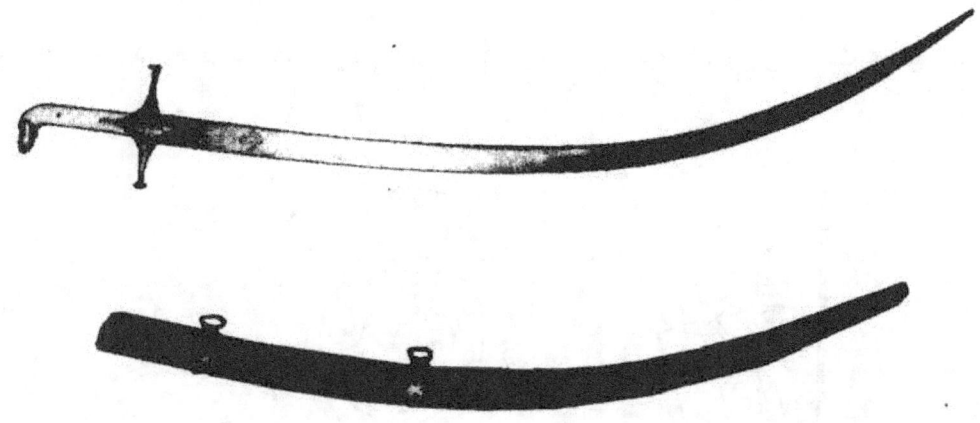

کتّاره

کتّاره جنگ‌افزاری است کوتاه‌تر از شمشیر که راست ساخته می‌شده و گزارشِ آن برّنده (قطع‌کننده) از ریشهٔ 𐬐𐬀𐬙𐬀 (= کَت) که در اینزمان آن را قدّاره می‌نامند.

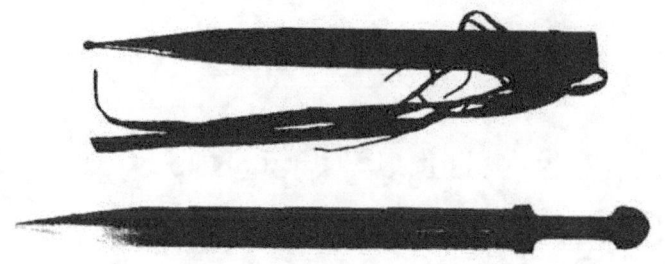

کارد فارسی نیز از همین ریشه است چنانکه Cut انگلیسی نیز.

خنجر

نیز که جنگ‌افزاری آشنا است چنانکه در آیین جنگ دربارهٔ آن سخن رفت، و در پایان نبرد، بکار گرفته می‌شد.

خنجر در زبان اوستایی 𐬀𐬱𐬙𐬭𐬀 (اَشتَرَ خوانده می‌شود که گزارش آن: «گذرنده از گوشت» است، بدانروی که خنجر گوشت را سوراخ می‌کند.

دربارهٔ خنجر پیشتر از این سخن رفت.

*

نیزه

نیزه باندازهٔ نزدیک به دو گز که برای آغاز جنگ بکار می‌رفت در این نگاره پشتِ سرِ شاهان هخامنشی دیده می‌شود. چنانکه پیدا است در بُنِ نیزه نیز چیزی همانند گُرز گِرد کار می‌گذاشتند که

بهنگام یورش در میانِ دستِ راست قرار می‌گرفت. کاربرد آن، استواری دست بر نیزه بود که بهنگام یورش لغزش پدید نیاید.

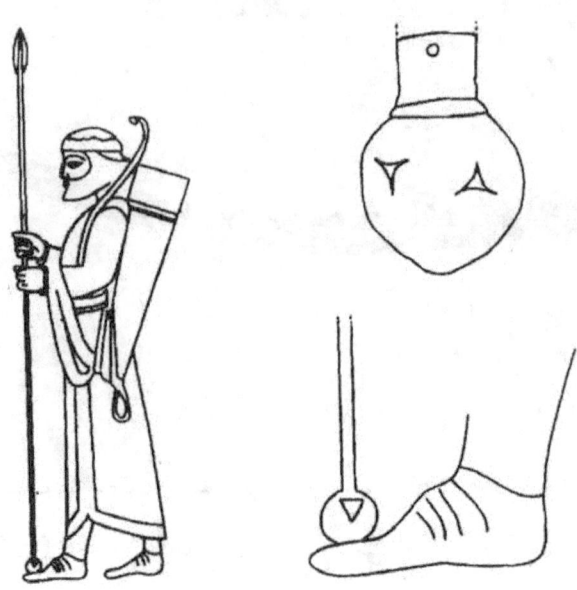

ژوپین

نیزهٔ کوتاه بلندتر از شمشیر که پیادگان آنرا بکار می‌گرفتند، زیرا که برای سواران کوتاه می‌نمود.

در این نگاره (سپاهیان ماد یا مانا از نگاره‌های برجسته آشوری دور-شاروکین (۲۸۰۰ سال پیش) برگرفته از تاریخ ماد دیاکونوف) مردِ پیشین ژوپین در دست دارد و مردِ پسین نیزه‌دار است.

زره، خفتان و کلاهخود

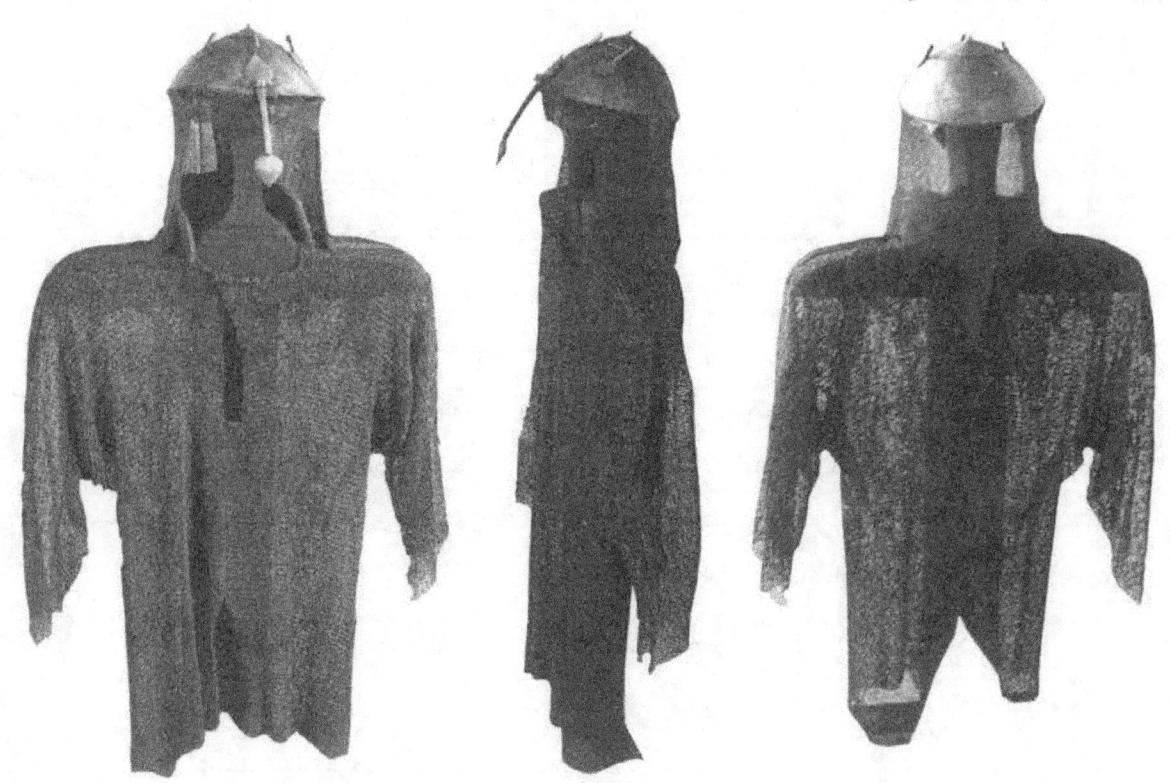

نگاره‌ها از پژوهش دکتر منوچهر مشتاق خراسانی

*

گفتاری چند، افزوده و نادرخور با جنگ و جنگ‌افزار

در داستان افزودهٔ کشتن بهرام گور، کَرگ را در هندوستان:

به بهرام گفت ای پسندیده مرد — برآید بدست تو، این کارکرد
بنزدیک آن کرگ باید شدن — همه چرم او را بتیر آزدن

یک: آژدن، فروکردن چیزی چون گوهر است در چیزی دیگر چون زر یا سیم، چنانکه در جای، پایدار ماند، چونان نگین بر انگشتری.

دو: پس چرم را چگونه شاید بتیر آزدن؟

سه: افزاینده را از پوست کرگدن آگاهی نبوده است که از آن سپر می‌سازند، پس تیر در آن فرو نمی‌رود، و نخچیرگران را برای شکار آن جانور، بایستی تیر را بچشم یا دهان وی بزنند، نه به چرم او!

چهار: پوست جانور را نشاید «چرم» نامیدن، زیرا که پس از پوست پیرایی، چرم

بدست می‌آید.

نمونه‌ای دیگر

در گفتارهای افزوده به پناه گرفتن ایرانیان در کوه هماون:

چو رستم بیاید نکوهش کند / مگر کاین سخن را پژوهش کند
که چون مرغ پیچیده بودم به دام / همه کار، ناکام و پیکار، خام

مرغ به دام نمی‌پیچد، که دام بر مرغ می‌پیچد!

اکنون جای دارد که به چند گفتار افزوده، که با آیین نبرد باستانی همخوانی ندارد بنگریم:

چو گودرز، گیتی؛ بر آنگونه دید / ز کوهه، عمود گران برکشید
بزد اسپ، با نامداری هزار / ابا نیزه و تیر جوشن گذار

داستان گشتن کاووس گرد جهان

یک: پیدا است که گرز را از راه دور کاربرد نیست.

دو: چگونه می‌توان آنرا در دست گرفتن، که نیزه را نیز در دست دارد، و نیزه را با دو دست باید گرفتن!

سه: آنگاه کسی را که نیزه و گرز در دست دارد، چگونه توان آن نیز هست که با دو دست، تیروکمان را برگیرد!

نمونه‌ای دیگر

بیفکند نیزه کمان برگرفت / یکی دَرَقهٔ کَرگ بر سر گرفت
کمان را بزه کرد و بگشاد بر / که با دست پیران بدوزد سپر!
بزد بر سرش چارچوبه خدنگ / نبد کارگر، تیر بر کوهِ سنگ
همیدون سه چوبه بر اسپِ سوار / بزد گیو، پیکانِ آهن گذار

نبرد گودرز و پیران

نادرستی‌های این گفتار:

یک: کاربردِ کمان، و تیراندازی، چنانکه گذشت، پیش از گرفتن نیزه بود.

دو: در گفتار فردوسی «دَرَقه» بجای «سپر» نمی‌آید.

سه: کسی را که با یکدست سپر بر سر گرفته باشد، چگونه توان آن هست که با دو دست تیروکمان بدست گیرد؟

چهار: در لت چهارم، گفتار؛ چنین می‌نماید که گیو، تیر بر میانهٔ سپر زد، تا از

آنسوی بیرون آید و دست پیران بر سنپر دوخته شود! اما تیر هرگز بر سپر فرو نمی‌رود، بویژه بر میانهٔ آن که یک قُبّهٔ سختِ سنگین است، تا دست، در پناه آن باشد! (بنگرید به بخش جنگ‌افزار)

پنج: چگونه است که تیری را که بسوی سپر پیران افکنده بود بجای آنکه بسوی سپر رود، بسوی سرِ دشمن رفت؟!

شش: افزایندهٔ سست سخن را توان آن بود که بجای چار «چوبه»، چارتیر خدنگ گوید! چون «چوبه» چوبی است که پیکان ندارد، مگر آنکه با تیر همراه شود.

نیز این گفتار:

برفتند و گفتند؛ گر جان پاک — نباشد بتن، نیست‌مان بیم و باک
ببندیم دامن، یک اندر دگر — نشاید گشادن بر این کین، کمر

همان داستان

یک: سخن در رج نخست نادرست است، زیرا که چون، جان از تن برود، جایی برای بیم و باک نمی‌ماند.

دو: چون دامن‌ها را بیکدیگر بندند نمیتوانند بدینسوی و آنسوی یورش بردن!

سه: مگر دامن زره را می‌توان بیکدیگر بستن؟

گفتاری دیگر:

عمودی فروهشت بر گستهم — که تا بگسلاند میانش ز هم
به تیغش برآمد، بدو نیم گشت — دل گستهم زو پر از بیم گشت

یک: فروهشتن، فرونهادن است، و با فرونهادن گرز، آسیب بکس نمی‌رسد، «فرو کوفت» باید، و شگفتا که افزاینده می‌توانست «فروکوفت» گوید، و آهنگ سخن را برهم نریزد، اما افزایندگان در اندیشهٔ درستی گفتار نبودند، و می‌خواستند، زودتر خویشکاری خویش را که افزودن بگفتار شاهنامه بود بپایان رسانند.

دو: لت دویم نادرخور است، زیرا که چون گرز را بر میان همنبرد فروکوبند، میان را تواند شکستن، و نشاید آنرا بدو نیمه کردن!

سه: رج دویم نیز سخت نادرست است که وی آهنگ آن داشت تا گرز را بر میانِ گستهم فروکوبد نه بر شمشیر او!

چهار: اگر گستهم خود در پادرزم، با شمشیر بر گرز او کوبیده باشد، بایستی روشن شود که چه کس چنین کار را کرده است.

پنج: شمشیر را توان آن نیست که گرز را بدو نیمه کند!

نمونهٔ دیگر:

به پشت یلان اندر آمد هجیر	ابر اندریمان، ببارید تیر
خدنگش بدرید برگستوان	بماند آنزمان بارگی بی‌روان
پیاده شد از باره، مرد سوار	سپر بر سر آورد و برساخت کار

یک: خدنگ (تیر)، را توان آن نیست که برگستوان (زره اسپ) را از هم بدرد، که شاید بودن که آنرا سوراخ کند.

دو: لت دویم از رج دویم سخت سست می‌نماید، و افزاینده خواسته است بگوید که «اسپ جان بداد» و تاکنون هیچکس از روان اسپ سخن نگفته است.

سه: چون خدنگ بر گردن اسپ فرورود، زمانی دراز باید، تا بمیرد و بیدرنگ نمی‌میرد.

چهار: چون اسپ بمیرد، فرومی‌غلتد، و سوار، خودبخود، از وی جدا می‌شود و نشاید گفتن «پیاده شد از باره».

پنج: با سپر بر سر آوردن (کار ساخته) نمی‌شود، که سپر بر سر گرفتن تنها برای گریز از مرگ است.

نمونه‌ای دیگر

از همان داستان:

سوی راست، گیو اندر آمد چو گرد	گرازه بپرخاش فرشیدورد
ز پولاد، در چنگ؛ رومی ستون	بزیر اندرون، باره‌ای چون هیون
گرازه چو بگشاد، از باد؛ دست	بزین بر، شد آن ترگِ پولاد پست
بزد نیزه‌ای بر کمربند اوی	زره بود، نگسست پیوند اوی

یک: در لت نخست کنش «آمد» هم برای گیو است، و هم برای گرازه.

دو: همنبرد گرازه فرشیدورد است، اما هماورد گیو پیدا نیست.

سه: گرز را به ستون همانند کردن، ترجمه‌ای است از عمود تازی!

چهار: روم در آن زمان در پهنهٔ جهان پدیدار نشده بود.

پنج: برخی نمونه‌ها «سیمین ستون» آورده‌اند که آن نیز نادرست است، زیرا که ستون پولادین را نشاید سیمین خواندن!

شش: اگر سیمین چنگ باشد... چنگ سیمین... چنگِ پهلوانان را در میدان نبرد، نشاید سیمین خواندن زیرا که چنگ آنان همواره زیر آفتابِ سوزان، سوخته بوده است.

هفت: روشن نیست که ستون رومی یا سیمین از آن فرشیدورد است یا ازآنِ گرازه.

هشت: همچنین بارهٔ چون هیون که روشن نمی‌نماید ازآنِ کیست.

نُه: «زیر» را اندرون نیست.

ده: چگونه توان، از باد: دست گشادن؟!

یازده: چگونه با گشادن دست از باد، آن «ترگِ پولاد» پست می‌شود؟

دوازده: ترگ پولاد نادرست است: «ترگ پولادین».

سیزده: تورانیان بدانزمان ترک نبوده‌اند، و دست‌کم، نام فرشیدورد که ایرانی است نشان میدهد که آنان از نژاد فریدون و ایرانی‌تباراند.

چهارده: برخی نمونه‌ها «تَرگِ پولاد» آورده‌اند، اما «آن ترگ پولاد» نیز نادرست است: «تَرگِ پولادین او».

پانزده: چه کس نیزه بر کمربند چه کس زد؟

شانزده: «کمربند» برابر است با بنده (← غلامِ کمربسته).

هفده: زره بود، در لت دویم نادرست است: «چون زره بر تن داشت.»

هجده: زخم نیزه را شاید که بپوست و گوشت فرورود، اما بندِ پیوند (ستون مهره‌های) کس را نتواند، از هم گسستن!

نمونه‌ای دیگر

در افزوده‌های رزم نخستین رستم:

برآمد خروشیدن داروکوب — درخشیدن خنجر و زخم چوب
بر آن ترگِ زرین و زرین‌سپر — غمی شد سر از چاکچاک تبر
تو گفتی که ابری برآمد ز کنج — ز شنگرف نیرنگ زده بر ترنج

ز گـــرد ســـواران در آن پهندشـــت | زمین شد شش و آسمان گشت هشت
هزاروسدوشـــــت گـــرد دلیـــر | بیک زخم شد کشته، چون نرهٔ شیر

یک: گیرودار (بگیر و بدار) را در گفتار فارسی پیشینه هست، اما «داروکوب» پیشینه ندارد.

دو: مگر سپاهیان با چوب بنبرد رفته بودند؟

سه: هنگامیکه چوب بلند در دست هماورد باشد، از خنجر نتوان بهره گرفتن.

چهار: ترگ و سپر هر دو را نشاید از زر برآوردن زیرا که تاب زخم گرز را ندارد.

پنج: کدام ترگ زرین؟ و سپرِ کدام پهلوان؟

شش: پیشتر سخن از خنجر و چوب بود، و بیدرنگ «تبر» بمیان آمد!

هفت: سری را که از تبر چاکچاک شود پروای غمگین شدن نیست.

هشت: چه کس گفت؟ خواننده؟

نُه: ابر از کُنج برنمی‌آید...

ده: ...و «تُرَنج» را با «کُنج» پساوا نیست.

چه کسان بر سر این سخن افزوده جان و نیرو نهادند و گره را نگشادند، و استاد روانشاد **ماهیار نوابی**، پس از همه کوشید، تا گنج را «کَنج» (= کنگ افراسیاب) گزارش کند، باز آنکه آن نبرد، در ایران روی داده بود، نه در توران که ابری از کنگ (= کَنج) برآید.

یازده: گرد سواران نیز دوباره‌گویی برآمدن ابر در رج پیشین است.

دوازده: چگونه شمارشی است؟ که درست؛ یکهزارویکسدوشست گُرد را در بر گرفت، و پنجاه‌ونُه یا شست‌وپنج نشد؟

در چنین جای بایستی گفتن سدها... هزاران.

سیزده: کنش «شد» برای ۱۱۶۰ کس نادرست است.

چهارده: چگونه؛ خرد می‌پذیرد که با یک زخم گرز ۱۱۶۰ کس کشته شوند؟

پانزده: یکهزارویکسدوشست پشه را [... نه!... ده پشه را] نشاید با یک زخم کشتن، پس چگونه آنانرا که با یک زخم کشته می‌شوند، «نره شیر» توان نامیدن؟

نمونه‌ای دیگر:

چو گیو، اندر آن زخم او بنگرید عمود گران، از میان برکشید
بزد چون یکی تیزدم اژدها که از دست او، خنجر آمد رها
سبک، دیگری، زد بگردنْش بر که آتش ببارید، بر تنش بر
بجوشید خون، بر دهانْش از جگر تنش سست برگشت و آسیمه سر
چو گیو اندرین بود، لهّاک زود نشست از برِ بادپایی چو دود
ابا گرز و با نیزه، بر سان شیر برِ گیو رفتند (لهّاک و فرشیدورد) هر دو، دلیر
چه مایه، ز چنگ دلاور سران بر اوبر، ببارید، گرز گران
به زین خدنگ اندرون بُد، سوار ستوهی نیامدْش از کارزار

یک: بهنگام نبرد با نیزه، تیغ را، کاربرد نیست.

دو: دو بار «نیزه» بکار گرفتن در یک گفتار، آنرا سست می‌نماید.

سه: «برگشت» در لت دویم به «نیزه» بازمی‌گردد.

چهار: چون سخن را آسان گیریم و برگشت را به فرشیدورد (زنندهٔ شمشیر) پیوند دهیم، «برگشت شاد» نادرخور است چرا که در چنان کشاکش نبرد، کس نمی‌تواند شاد باشد.

پنج: «اندر زخم نگریستن» نادرست است، زیرا که زخم (= ضربه) را اندرون نیست...: «چون گیو چنان زخم خورد».

شش: باز، در میانهٔ نیزه و شمشیر، سخن از گرز می‌رود با کاربرد «گران».

هفت: گرز را بمیان نمی‌بستند که بر فِتراکِ زین آویزان می‌کردند.

هشت: اژدهای تیزدم را گرز نیست.

نُه: رها (آمدنی) نیست، (شدنی) است.

ده: افزاینده؛ فراموش کرده است که خود از تیغ (= شمشیر) فرشیدورد یاد کرده بود، نه خنجرِ او.

یازده: چون گرز بر گردن کس خورَد، بیدرنگ مهره‌های گردن را آسیب می‌رساند، و از پایش می‌افکند.

دوازده: و چون از زخمی، خون بر دهان کسی بجوشد، نشان از مرگ او دارد...

سیزده: ... اما وی بیدرنگ بر اسپی بادپای برمی‌نشیند!

چهارده: افزاینده. میدان جنگ را، دشت و چراگاه اسپان پنداشته است که هر جای، اسپی بوده باشد، تا بتوان بر آن سوار شد!

پانزده: اگر چنین نیز بوده باشد، اسپ را بایستی با کمند گرفتن و زین برنهادن و برنشستن... و چنین کارها را «دودآسا» نتوان بانجام رساندن.

شانزده: افزاینده فراموش کرده است که فرشیدورد تیغ بر نیزهٔ گیو زده بود، و اکنون لهّاک می گریزد!

هفده: چون نیزه را با دو دست گیرند، جای برای گرفتن گرز نمی‌ماند.

هجده: فرشیدورد را که بر بادپایی چو دود برنشست و از چنگ گیو گریخت... چگونه شاید در گفتار پسین به شیری همانند کردن، که بسوی گیو می‌رود.

نوزده: باز افزاینده فراموش کرد، که بچنگ آنان نیزه نیز داده بود.

بیست: زین خدنگ نادرست است [بنگرید به گفتار «جنگ‌افزار»]

بیست‌ویک: زین، زیرِ تنِ سوار است، و گرز از فراز بر سرِ وی می‌بارد، پس چگونه شاید گفتن که زین خدنگ زخم گرزها را از وی دور کرد؟ یا آنکه؛ زخم بر سرش می‌خورد، و زینِ زیر پایش؛ زخم‌ها را دور می‌کرد... خوانندهٔ خردمند خود بسنجد!

نمونه‌ای دیگر

در نبرد هاماوران:

جهاندیـده بایـد عنانـدار، کـس　　　سنان و سـپر بایـدش یـار، بـس

پیدا است؛ که سناندار را در نبرد هر دو دست در کار است و چون نیزه برگیرد سپر نتواند گرفتن.

نمونه‌ای دیگر

در نبرد توران و ایران

سپهدار ترکـان برآراسـت جنـگ　　　گرفتند، کوپـال و خنجـر بچنـگ

یک: تورانیان ترک نبودند.

دو: «گرفتند» را در لت دویم با «برآراست» در لت نخست همخوانی نیست.

سه: کوپال در نبرد رودرروی دو کس کاربرد دارد، که بیش از دو گز از یکدیگر دور باشند [بنگرید به بخش جنگ‌افزار] و در چنین رویداد، خنجر بکار نیاید زیرا که خنجر

۳٤۱
جنگ‌افزار

میان دو کس کشیده می‌شود که از یکدیگر دور نباشند.

نمونه‌ای دیگر:

درخشیدن تیغ و ژوپین و خشت   تو گویی که زر، اندر آهن سرشت

یک: خَشت [نیزهٔ کوتاه ← بنگرید به جنگ‌افزار] نیز میان دو کس پرتاب می‌شود که بیش از دو گز از هم بدور باشند، و تیغ را در چنین جای، کاربرد نیست.

دو: افزاینده «خَشت» را از خِشت گلین و سفالین باز نمی‌شناخته است، و با پساوی سرِشت، خِشت آورده است.

باز:

بشمشیر و با نیزهٔ سرگرای   همی کشت از ایشان، یل رهنمای

نبرد گیو و پیران

سوار نیزه‌ور را توان آن نیست که شمشیر نیز در چنگ گیرد، و نیزه را نیز بمیان دشمن می‌زنند نه بر سرش.

باز:

چنان هم همی رفت با ساز جنگ   همه نیزه و گرز و خنجر بچنگ!

برای گرفتن نیزه و گرز وخنجر، [که هیچیک را **با دیگری همزمان نشاید بکار بردن**] چهار دست بایسته است.

باز:

فکندند بر یال اسپان، عنان   بزهر آب دادند نوک سنان
چو بر کوههٔ زین نهادند سر   خروش آمد و چاکچاک تبر

یک: زهر آب دادن سنان [ناوکِ نیزه] را، کارخانهٔ آهنگری بایستی! وبهنگام تاختن اسپ نتوان چنان کردن!

دو: چون آهنگ نبرد با نیزه کنند، سر را روی یال و پشت سر اسپ می‌خوابانند نه بر کوههٔ زین.

سه: هیچکس را در جهان، توانِ آن نیست که سرِ خویش را چندان خم نماید که بکوهه زین بخواباند.

چهار: اگر چنین نرم‌تنی پیدا شود، چون سر را بر کوههٔ زین بخواباند، چشمانش رو

۳٤۲ پیشگفتاری بر ویرایش شاهنامهٔ فردوسی

بسوی تن خود دارد، و نمیتواند میدان نبرد و جنبش هماورد را ببیند!

پنج: اگر چنین کارها از برای نبرد با نیزه بود، پس خروش (!) و چاکچاک تبر را چگونه گزارش توان کردن؟

باز:

چـو آوازِ جویـان برسـتم رسـید | خروشی چو شـیر ژیـان برکشـید
پسِ پشت او اندر آمـد چـو گـرد | سنان بر کمربنـد او راسـت کـرد

در نبرد شاه مازندران

یک: پیشتر جویان و رستم با یکدیگر سخن می‌گفتند، و لت نخست نادرست می‌نماید.

دو: رستم نمی‌توانست در میدانِ رودرروی، به پشتِ جویان رود.

سه: افزایندهٔ خام گفتار را چندان اندیشه نبوده است که اگر چنین نیز بشود، جویان نیز برمیگردد، و روی برستم می‌ایستد، نه آنکه پشت بدو کرده، بهلَد تا رستم، نیزه بر میان او زند!

چهار: کمربند (بنده (← غلام)) است نه میان‌بند.

دیگر:

سـپهدار قـارن چـو بـاد دمـان | بکـف تیـغ تیـز و ببـازو کمـان

چون کمان را ببازو افکنند، نگهداری آن بر روی بازو، از کارآیی سوار می‌کاهد، ویژه آن سوار را که در دست دیگرش شمشیر باشد.

دیگر:

یکی تیغ زد بـر سـرش سـوفزای | سـپاه انـدر آمـد بتنـدی ز جـای
بجست از کف تیغزن، خوشـنواز | به شیب اندر انداخت، اسپ از فـراز
چو باد دمـان از پسـش سـوفزای | همی تاخـت بـا نیـزهٔ سـر گـرای
بسـی کـرد زان نامـداران، اسـیر | بسی کشته شد هم به پیکان و تیـر

یک: تیغ زدن بر سر دشمن را چه پیوند با سپاه اندر آمدن؟

دو: چون شمشیر پهلوانی چون سوفزای بر سرِ خوشنواز خورد، چگونه بجست؟

سه: اسپ برای رفتن به سراشیبی، سخت با آرامش و پرهیز می‌رود، و نشاید برای چنین رفتن، با «اندر انداختن از فراز» یاد کردن. [بنگرید به بخش اسپ]

چهار: پهلوانِ تیغ در دست، در میانهٔ میدان، نیزه را از کجا بچنگ آورد؟

پنج: نیزه همواره بسوی میان، نشانه می‌رود، نه بسوی سر... (← نیزهٔ سرگرای!)

شش: چون نیزه یکبار بر تنِ دشمن فرورود، بیرون آورده نمی‌شود، زیرا که دو سوی نوک «۸» مانند پیکان در گوشت فرومی‌رود، و پایداری میکند، پس چگونه شاید که با یک نیزه بسا از مردمان را «اسیر» کردن؟!

هفت: افزاینده، با شمشیر و نیزه، تیروکمان را نیز بدست سوفزای داد.

دیگر:

سوار از دلیری بیفشارد ران گران شد رکیب و سبک شد عنان

کاموس کشانی پس از افتادن در کمند رستم

افزاینده را، هیچ آگاهی از میدان نبرد نبوده و آنرا ببازی گرفته است!

چون کسی در کمند افتد، چه جای تاختن اسب است؟ زیرا که با تاختن اسپ، وی بیدرنگ در خم کمند، بر زمین می‌غلتد!

*

این اندازه برای نمونه بس می‌نماید، تا خوانندهٔ آگاه دریابد که افزایندگان خانه‌نشین که هرگز میدان جنگ را ندیده بوده‌اند، در میانهٔ داستانهای شاهنامه، هرگاه که بدشت نبرد رسیده‌اند. خامهٔ پوشالینِ خویش را؛ به جنبش درآورده، بیش از هر جای دیگر سخنان سستِ برگرفته از اندیشهٔ پست‌شان را در شاهنامه روان کرده‌اند.

میدان دو هماورد

در نبردهای باستانی، گاه؛ از یکی از دو سپاه، پهلوانی بیرون می‌آمد و از سپاه روبرو هماورد می‌خواست، و کشته شدن یکی از آن دو، سپاهیان آنسوی را غمگین و ترسان می‌کرد، و به سپاهیان سوی دیگر نیرو می‌بخشید!

آنگاه بود که به انبوه، نبرد می‌کردند،... تا سرنوشت جنگ چه باشد!

نبرد آن دو پهلوان نیز کمابیش نمونه‌ای از نبرد دو سپاه بود،... با باران تیر و یورش با نیزه و کشیدن شمشیر و گرز و خنجر! و اگر کار با خنجر بپایان نمی‌رسید، بکُشتی با یکدگر برمی‌آویختند.

گاه نیز در چنین نبردها؛ سه جنگ‌افزار دیگر را بکار میگرفتند که در نبرد دو سپاه کارآیی نداشت: «کمند» و «خَشت» و «کوپال». [که در گفتار ویژهٔ جنگ‌افزار بدان بازمی‌گردم]

نمونه‌ای درست از چنین نبرد، نبرد پدر و فرزند است در داستان رستم و سهراب:

یکی تنگ میدان بپرداختند / به کوتاه نیزه همی تاختند
نماند ایچ بر نیزه بند و سنان / بچپ باز بردند، هر دو عنان
بشمشیر، هر دو برآویختند / همی ز آهن، آتش فروریختند
ز اسپان فروریخت برگستوان / زره پاره شد بر میان گوان

*

نمونهٔ نادرستِ آن، در داستان افزودهٔ نبرد خواستن ساوه از رستم آمده است:

یکی خویش کاموس بُد، ساوه‌نام / سرافراز و هرجای گسترده کام
بیامد به پیش تهمتن بجنگ / یکی تیغ هندی گرفته بچنگ
بگردید دست چپ و دست راست / ز رستم همی کین کاموس خواست
بِرُستم چنین گفت ک:«ای ژنده‌پیل / ببینی کنون موج دریای نیل»
چو گفتار ساوه بِرُستم رسید / بزد دست و گرز گران برکشید
برآورد و زد بر سر و مغفرش / ندیده‌ست گفتی تنش را سرش

پیدا است که نبرد با تیر و آنگاه با نیزه آغاز می‌شود نه با شمشیر از یکسو و گرز از دیگر سوی، و چون گرز بر سر کسی کوبیده شود، سر را از تن جدا نمی‌سازد!

نمونه‌ای دیگر

در نبرد خواستن چنگش از رستم است در همان داستان:

بیامد همانگاه، چنگش چو باد — دو زاغ کمان را بزه برنهاد

یک: پیدا است که کمان را پیش از نبرد بزه می‌کردند، و در میدان نبرد جای و زمان چنین کار نبود [← بنگرید به جنگ‌افزار]

دو: افزاینده را چندان آگاهی از کمان نیست، که یک زاغِ آن همواره با زه است، و بهنگام نیاز، زاغ دیگر آنرا نیز به زه می‌کشند نه هر دو زاغ را.

نمونهٔ دیگر:

بکردار آتش، بنیزه سوار — همی گشت بر مرکز کارزار
بدانگه که زنگه بدو دست یافت — سنان سوی او کرد و اندرشتافت
یکی نیزه زد بر کمرگاه اوی — کز اسبش نگون کرد، و بر زد بروی

یک: نیزه‌ور را گردش بر کانون کارزار نباید، که او را می‌باید، راست؛ بسوی هماورد تاختن.

دو: در نبرد نیزه کسی بکسی دست نمی‌یابد، چون که نیزه درازتر از دست است.

سه: در رج دویُم لت دویم باژگونهٔ لت نخستین را است!

چهار: برزد = اَپَرزد، ببالا زدن است، باز آنکه افزاینده را رای بر آن بوده است تا بگوید. با رخ (بر) زمین کوفت.

نمونه‌ای دیگر:

در رزم شیده و کیخسرو:

رسیدند جایی که شیر و پلنگ — بدان شخِ بی‌آب ننهاد چنگ
نه پرّید بر آسمانش عقاب — از آن بهرهٔ شخ و بهر سراب

یک: افزاینده چندان از اسپ، و سواری بدور بوده است که هیچ با خویش نیندیشید،

که شخِ (صخره، سنگ کوه‌پیکر) بی‌آب؛ که پلنگ و شیر را با پنجهٔ تیز، گذر نیست، اسپ چگونه با نئل آهنین لغزان، بر آن؛ تواند رفتن، تا در نبرد دو پهلوان و پیچش و تپش جنگ انباز باشد؟

دو: «بهرهٔ شخ» را هیچ گزارش نیست.

سه: همچنین بهر سراب را.

چهار: سراب از چشم زمینیان در دشت‌های هموار گسترده دیده می‌شود، نه از افراز آسمان و دیدگاه شاهین! چنانکه از افراز کوهستانها نیز هرگز سراب دیده نمی‌شود.

گزینشِ چنین جای نادرخور، در نبرد **بهرام پورگشسب** (چوبینه) پهلوان ایران بـا **مقاتوره**، پهلـوان ترک، برگرفته از همین داستان است:

گزیدند، جایی کـه هرگـز پلنـگ   بدان دشت و هامون نرفتی بجنگ!

یک: باز آنکه آوردگاهِ آنان در میدان پیش کاخ بوده است و بهمین روی، خاقان نیز پس از شنیدن داستان نبرد بیدرنگ سواری را برای دیدن مقاتوره بمیدان فرستاد!

دو: افزاینده فراموش کرده است که در رج ششم پیش از این گفتار، سخنِ مقاتوره چنین بوده است:

بخشـم و بتنـدی بیازیـد چنـگ   ز تَرکِش بـرآورد، تیـری خـدنگ
ببهرام گفت: «این نشان من اسـت   برزم اندرون، ترجمان مـن اسـت
چـو فـردا بیـایی **بـدین بارگـاه**   همـی دار پیکـار مـا را نگـاه»

جنگ‌افزار

پیدا است که شناختن جنگ‌افزارها و بکار بردنِ درستِ آنها در میدان نبرد و نخچیر و نمایش پهلوانی، از گزینه‌های بایسته برای شناخت گفتار شاهنامه است، و برای چنین کار، نخست باید جنگ‌افزارهای باستانی را شناختن:

*

۱- نیزه؛ که دسته‌ای بلند باندازهٔ دو گز، یا دوونیم گز از «نی» یا چوبی راست و استوار ساخته می‌شد، و پیکان بزرگِ آن را سِنان می‌خواندند و در آنسوی نیزه نیز، دستگیره‌ای گرزمانند کار می‌گذاشتند تا بهنگام یورش در دست گیرند که نیز، در دست نلغزد.

این جنگ‌افزار، آغازگرِ نبردِ رویاروی بود، و در نخچیرگاه نیز برای یورش بسوی جانوران بکار می‌رفت. نیزه را برای بلندی که داشت دسته‌دسته بر پشت اَسترانِ باربر، تا میدان جنگ می‌بردند، و پیش از آغاز نبرد به سواران نیزه‌ور می‌سپردند!

۲- ژوپین؛ که نیزه‌ای کوتاه‌تر بود، و و نگارهٔ آن پیشتر گذشت، در نبردِ سواران کاربرد نداشت و پیادگان آن را بکار می‌گرفتند.

۳- خَشت؛ یا کوتاه نیزه که باندازهٔ یک بَدَست (= وجب) بود، و بر سرِ آن ناوک، و در تـهِ آن چنبره‌ای بود که زه، از آن گذرانده، گره می‌زدند.

سرِ دیگرِ زه را نیز چنبره کرده به انگشت میانین دست راست می‌بستند. آنگاه خَشت را میان شست و انگشتان گرفته بسوی رُخِ دشمن رها می‌کردند و، بیدرنگ آنرا بسوی خویش، بازپس می‌کشیدند.

خَشت زنان را چندان، ورزش و کوشش در کار بایستی که:

یک: خَشت را درست بسوی نشانه‌ای که میخواستند، چون چشم و دهان و گردن... پرتاب کنند.

دو: بی‌هیچ درنگ پس از برخوردن خشت، به نشانه، آنرا با کششی تیز، بسوی پَس،

بازگردانند.

سه: بازگرداندن بایستی چنان باشد که خشت، بمیان انگشتان کشانده شود!

خود بسنجید که چنین کار را، چه اندازه ورزش و کوششِ پیشین و سنجش در زمان، بایسته است، تا خَشت، پس از خوردن به نشانه، تیز بسوی انگشتان بازگردد.

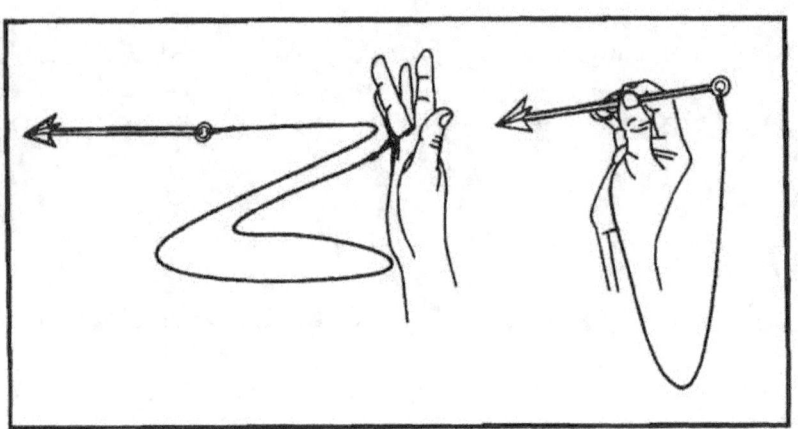

زیباترین گفتار دربارهٔ خَشت و خَشت زدن در داستان **بهرام پورگشسب** آمده است که چون شبانگاه در باغی که با پهلوانان به می‌گساری نشسته بود، پَروَست (← محاصره) شد، فرمان داد تا رخنه‌ای بدانسوی دیوار باغ زدند، و از آن رخنه سواره بیرون آمد.

یلان‌سینه را گفت کـ:«ای سرفراز — بدیوار باغ اندرون رخنه ساز»
پس‌آنگاه بهرام و ایزدگشسب — نشستند با جنگجویان بر اسپ
از آن رخنهٔ باغ بیرون شدند — که دانست؟ کان سرکشان چون شدند!
همی تاخت بهرام، خَشتی بدست — چنانچون بوَد مردمِ نیم مست
نَجَستند جز اندک، از دست اوی — به خون گشت یازان، سرِ شستِ اوی

پیدا است که چون خشت بر تن دشمنان فرود آید، خونین می‌شود، و چون بتیزی، بدست سوار بازگردد، خون را با خویش آورده، انگشتان سوار را، خونین میکند.

نمونه‌ای دیگر

با کاربرد درست خشت، با پاژنام «کوتاه نیزه»:

یکی تنگ میدان فروساختند — بکوتاه نیزه، همی باختند

نماند ایچ بر نیزه بند و سنان   بچپ بازبردند، هردو؛ عنان

*

اما پیدا است که چون افزایندگان؛ خشت را نمی‌شناخته‌اند، آنرا در سخنان خویش بگونه‌ای نموده‌اند، که هزار فرسنگ از خَشت بدور است:

به دل نرّه شیر و بتن ژنده‌پیل   به آورد، خشت افکند بر دو میل

یک: خشت را نباید بیش از سه گز پرتاب باشد و خشتی را که به دو میلی میرود، نمیتوان بسوی خویش بازپس؛ کشیدن!

دو: برای خشتی که تا دو میل برود، زهی بدرازای دو میل باید، و در همهٔ جهان زهی پدیدار نبوده است که بیش از شست گز درازی داشته باشد، و آن کمند رستم و پسان سهراب بوده است.

بدو گفت کاموس؛ چندین مَدَم   بنیروی این رشتهٔ شست خم

نبرد رستم و کاموس کشانی

پیدا است که کاموس، کمندِ رستم را «رشته» (= ریسمان) می‌خواند، و از آن، با خوارداشت یاد می‌کند، و رستم بدو چنین پاسخ میدهد:

همی رشته خوانی؟ کمند مرا   ببینی کنون، تنگ بند مرا

سه: زه با پیچاندن رودهٔ جانوران، یا با پوست آنان که نازک بریده باشد و پیچانده باشند فراهم می‌شود و چنانکه گفته شد هیچ جانور نیست که بتوان با تابدادن پوست آن دو میل زه برآوردن! و اگر چنین شود با یک شمارِ ساده، دو میل؛ برابر است با ۳۰۰۰ گز باستانی و ۳۲۸۰ متر امروزین، و گرانی چنین زه، خود؛ برابر است با ۸۲ من باستانی و ۲۴۶ کیلوی امروزین! و چون چنین باشد، خَشتی را که بتواند در دو میل، چنین زه را با خود بکشاند چه اندازه گرانی باید بودن؟

چهار: آنگاه؛ خشت را پس از پرتاب، با کشش دست بسوی پشت، بسوی خویش می‌کشند... باری آن کدام دست است که بتواند زهی را از دو میل، بسوی خویش کشد؟

سخنان ناآگاهانهٔ افزایندگان!!

نمونه‌ای دیگر:

درخشیدن تیغ و ژوپین و خشت   تو گویی که زرّ اندر آهن سرشت!

افزاینده؛ خَشت را خِشت گمان برده و آنرا با سِرشت پساوا کرده است!

همچنین در برخی از گفتارهای افزایندگان سخن از «**خَشت‌های گران**» آمده است که آن نیز نادرخور است، زیرا که ویژگی خشت و کوپال هر دو، در آنست که سبک باشند، تا آسانتر بتوان آنرا در جنگها، براه‌های دور بردن!

*

با چنان پهلوانی و کاربردِ درستِ خَشت بر دست **بهرام پهلوان**، در شب تار، بد نیست که به خَشت زدن مسعود غزنوی انیرانی نیز که همچون پدرش بر بخشی از ایران بنادانی و ستم و دروغ فرمان راند بنگریم:

«و عادت چنان داشت که چون شیر پیش آمدی، خشتی کوتاه دستهٔ قوی بدست گرفتی و نیزه‌ای ستبر و کوتاه... تا اگر خشت بینداختی و کاری نیامدی، آن نیزه را بگزاردی بزودی، و شیر را بر جای بداشتی... این روز چنان افتاد که خشت بینداخت، شیر خویشتن را در دزدید، تا خشت با وی نیامد و زبَرِ سرش بگذشت!»

تاریخ بیهقی، رویه‌های ۱۵۰–۱۵۱

خشت را بایستی چنان تیز انداختن که بیدرنگ بر چشم و دهان شیر خورَد، و شیر را توان دزدیدن سر نباشد، و چون مسعود خشت را نتوانست به نشانه زَنَد. و از فرازِ سر شیر گذر کرد، نویسنده، گناه را از شیر درشمار می‌آورد، نه از مسعود!

۴- کوپال

دیگر جنگ‌افزارِ سبک؛ کوپال بوده است که آنرا کوچکتر از مشتِ بسته، با گِل می‌ساختند و از میانهٔ آن چوبی نازک و راست می‌گذراندند، آنگاه در کوره می‌پختند، تا سفال شود، و چوب میانین آن نیز در آتش بسوزد.

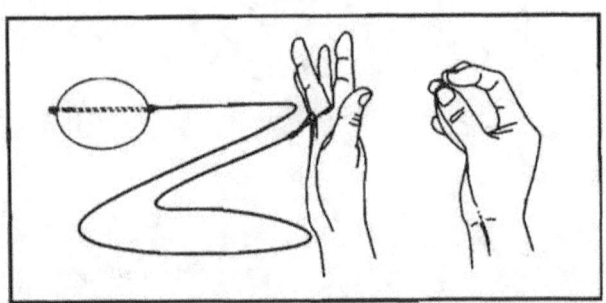

پس؛ زهی باندازهٔ سه گز از میان آن می‌گذراندند، و سر زه را گره می‌زدند، و چون زه از اینسوی نیز بیرون می‌آمد، یک گره نیز بر اینسوی میزدند، تا کوپال، روی زه نلغزد، پس سرِ زه را همچون

خَشت بر انگشت می‌بستند و اینست نگارهٔ آن:

بهنگام نبردِ انبوه کوپال را نیز، همچون خشت، کاربرد نبود، زیرا که بیم آن میرفت که زه در کشاکش نبرد پاره شود، یا بجایی گره خورَد... اما در نبردِ تن‌بتن، یا نبرد در گروهِ اندک، کوپال را بکار میگرفتند، چنان که آنرا در کف دست گرفته بسوی دشمن پرتاب می‌کردند و همچون خَشت بتیزی، آنرا بازپس می‌کشیدند، تا بکف دست بازآید...

برتری کوپال، بر خَشت در آن بود که خشت را می‌بایستی تنها بسوی چهره، یا دستهای همنبرد که برهنه بود افکندن، تا در آن فرورود، اما کوپال را به هر جای چون روی زره، پسِ گردن، سینه، شانه‌ها، شکم، کپل اسپ، سرِ اسپ... فروکوبند، زخمِ آن شکستگی و برافروختگی پیش می‌آورد. و بسا باشد که همنبرد، با یک زخم دردناک کوپال، از پای افتد.

اما، این جنگ‌افزار سادهٔ ارزان و سبک را شاید، در نبردها شکستن... پس همواره، باندازهٔ بایسته، با بُنه کوپال نیز همراه می‌کردند تا همواره بتوان بجای کوپال‌های شکسته، از کوپالِ تازه بهره‌ور شدن! در این گفتار از سبک بودن کوپال یاد کردم، تا روشن شود که افزایندگان ناآشنا به جنگ‌افزار در بیشتر داستانها، همچون «**خشت گران**» از «**کوپال گران**» نیز یاد کرده‌اند، که نشاید آنرا از گفتارِ شاهنامه، درشمار آوردن.

کوپال: ابزار کوبیدن است که نامِ آن با آوای پَهلَویی خود [illegible] بزبان فارسی ره گشوده است.

۵- چنگ

از جنگ‌افزاری بنام چنگ یکبار در داستان کاموس کشانی یاد شده است:

سر زاولی را به روز نبرد   بچنگِ دراز اندر آرم بگرد

چنگ، جنگ‌افزاری است که در جنگ‌های تن‌بتن کاربرد دارد و سر خمیده آن را با ناوکی تیز به گردن هماورد می‌افکندند و به سوی خود می‌کشیدند! همین نمونه در چنگکِ آویزان کردن گوشت نیز بگونهٔ کوچک‌تر دیده می‌شود. گونهٔ بسیار خردِ آن، چنگکی است که برای گرفتن ماهی به کار می‌رود که نام سادهٔ آن «شست» است که در شاهنامه بسیار بکار رفته است:

اگر من شوم کشته بر دست تو   ز دریا نهنگ آورد شستِ تو

چنگ‌ها را نمونه‌ای چند است که نگارهٔ آنها را می‌بینید:

چنگک ماهیگیری
(شست)

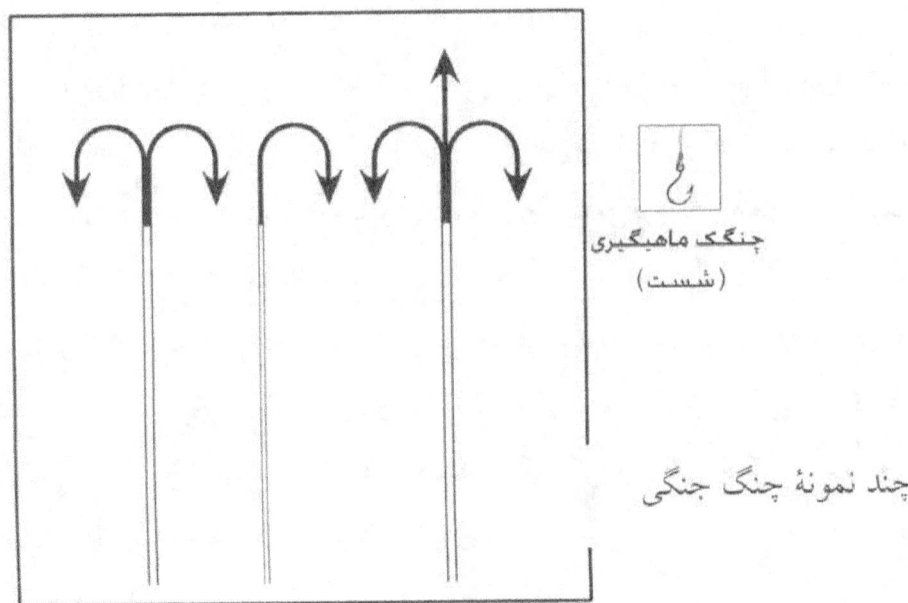

چند نمونهٔ چنگ جنگی

چنگ از نخستین جنگ‌افزارهای مردمان است که با چوبِ دوشاخهٔ درخت برای گرفتن جانوران فراهم می‌آمده است. در سرخ‌کوهِ روستای نُدوشن از شهرستان صدوق یزد نگارهٔ بسیار کهن مردی با چنگی در دست دیده شده است.

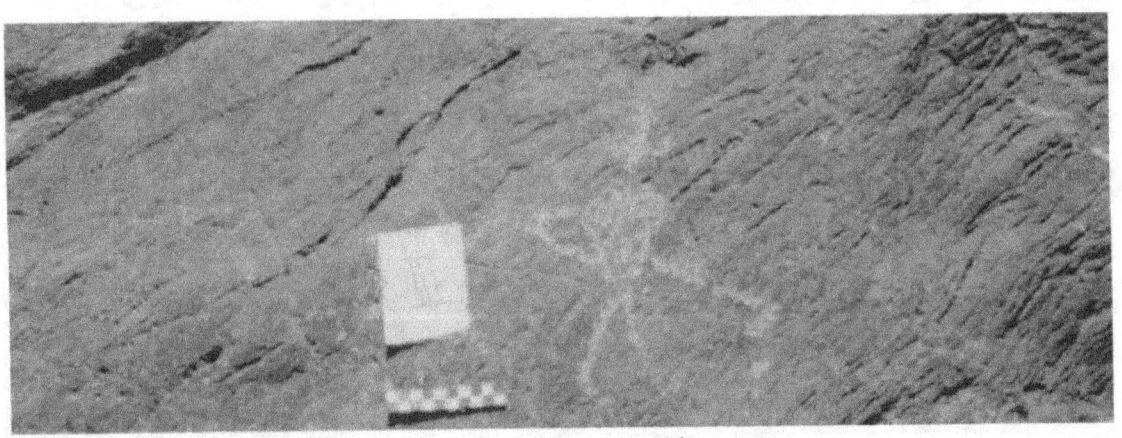

نگاره از علیرضا حصارنوی

۶-تیر و کمان

کمان، نیروی بازو را در هنگام کشیدن، برای خم شدن میگیرد، و با نیروهای بازتاب خویش آنرا چند برابر کرده تیر را پرتاب میکند. چنانکه اگر کسی بخواهد تیر را با دست خویش بسویی پرتاب کند یکدهم بردِ تیرِ پرتاب‌شده با کمان را ندارد.

در ایران باستان، کمانهای گوناگون می‌ساختند، که چند گونه از کمانهای ایرانی را در این بخش می‌بینید:

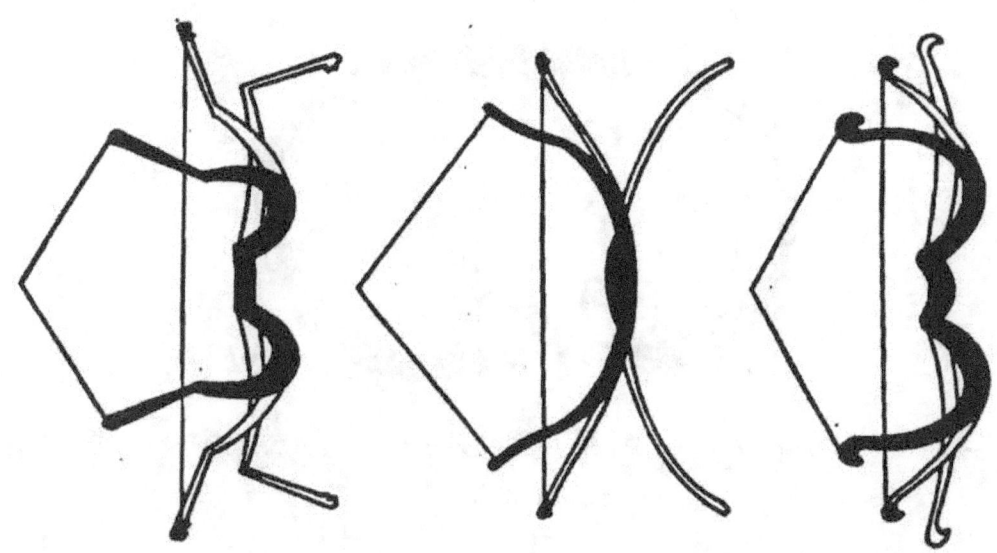

در این نگاره‌ها نشان داده شده است، که چگونه نیروهای بازتاب‌شونده، بنیروی کشش نخستین یاری می‌رسانند.

چنانکه همگان دانند، بهترین کمانهای ایران در شهر **چاچ**[۱] ساخته می‌شد:

نگون شد سرِ شاه یزدانپرست بیفتاد چاچی کمانش ز راست

کشته شدن اسفندیار

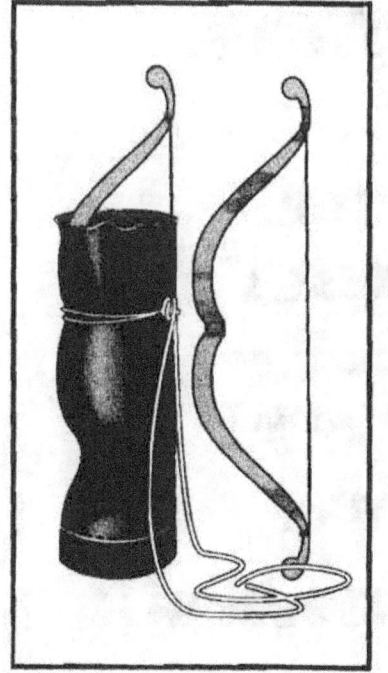

کمان را در جایگاهی بنام «قُربان» یا کماندان می‌نهادند تا بهنگام بایسته آنرا از قربان بیرون آورده بکار گیرند.

یک گونهٔ دیگر کمان آن بود که بر بازوی خمیدهٔ آن زهی کوتاه می‌بستند، و چون زه را می‌کشیدند آن دو بازو کشیده و راست می‌شد، و چون رهایش می‌کردند بازوها دوباره خم می‌شد، و تیر، با نیروی بازگشتِ بازوها پرتاب می‌گردید.

۱- این شهر ایرانی در بخش‌بندی‌هایی که **«استالین»**، خودکامه اتحاد! جماهیر شوروی کرد، همراه با سمرقند و بخارا و تِرمِذ... دیگر شهرهای ایرانی بکشوری بنام اُزبکستان بخشیده شد، و پایتخت آنرا همان چاچ برگزیدند، اما برای آنکه نام ایرانی آن پنهان شود آنرا به تاشکند برگرداندند، تا آوایی اُزبکی بدان دهند!!

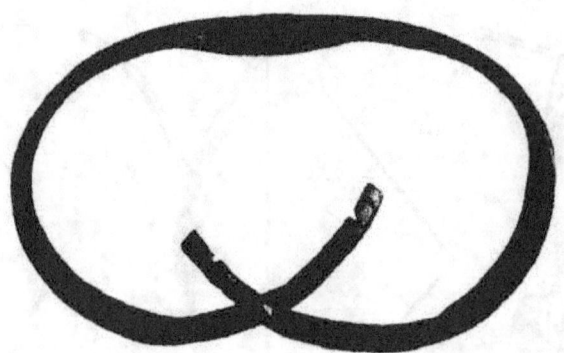

این نمونه از کار بزرگ دکتر منوچهر مشتاق خراسانی برگرفته شده که ساخت هنگام قاجاریه است، و گونهٔ کهنتر آن بدست نیامده است!

تیر؛ تیر که همراه همیشگی کمان بود و بی‌آن، کمان را توان نبرد نبود، بایستی از شاخه‌های راست و باریک درختانی، چون سپیدار و بید یا انار برآورند. و پیکان را در سویِ باریکترِ آن کار گذاشته دو پرّ پرندگان را به پایان آن (بخش کلفت‌تر) چنان ببندند که روبروی یکدیگر باشند.

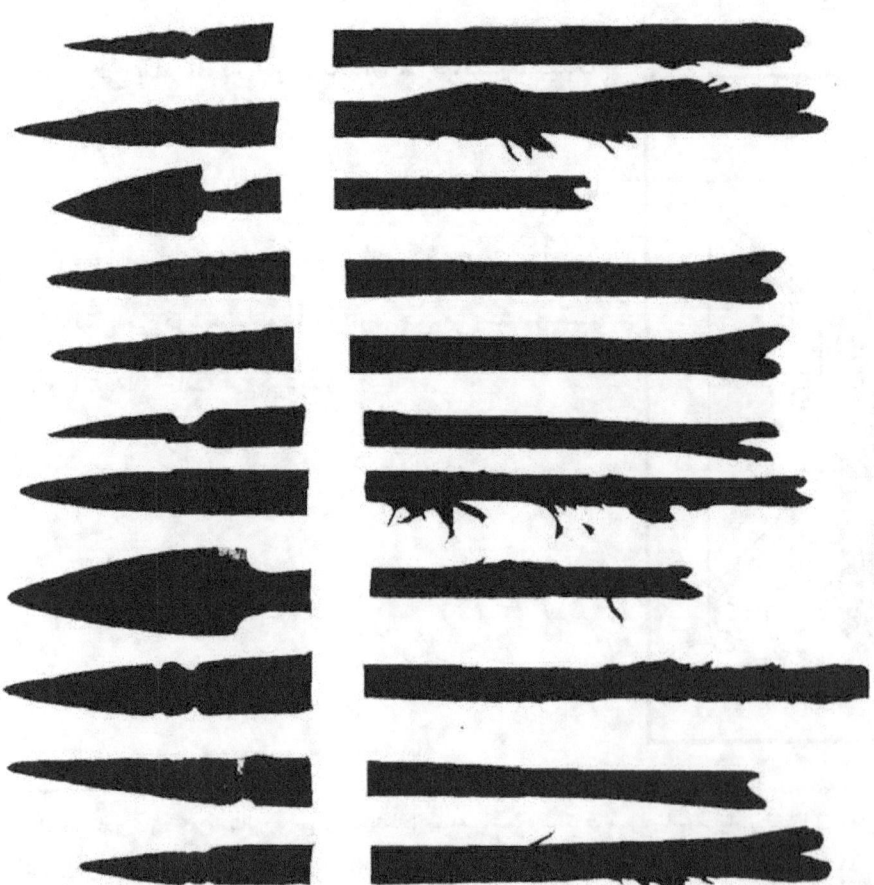

دو پرِ با شکافتنِ هوا، راهِ پرتاب تیر را یکسان و راست نگاه میدارد[۱].

در بخش پایانین تیر، شکافی پدید می‌آوردند تا زه در آن جای گیرد و این بخش از تیر را **«سوفار»** نام نهاده‌اند.

سوفار از ریشهٔ **ددرر** سوپ اوستایی برآمده است که شکافتن و سوراخ کردن باشد[۲] و سوفار، شکاف پایانی تیر است.

بر این بنیاد، گفتاری که در نبرد رستم و اشکبوس چنین آمده است:

تهمتن، به بند کمر برد، چنگ — گزین کرد یک چوبه تیر خدنگ
خدنگی برآورد پیکان چو آب — نهاده بر او چار پرّ عقاب

رجِ دویم، نادرست است:

یک: در رج نخستین گفته شد که تیری خدنگ را برگزید، و «خدنگی برآورد» در رج دویم، دوباره‌گویی است.

دو: پیکانِ چون آب را گزارش نیست.

سه: اگر چهار پرّ شاهین را بر سوفار بندند، ایستایی پرها در برابر هوا، پرّش تیر را کند می‌کند، زیرا که در چنین پرتاب، چهار پر را توانِ شکافتنِ هوا نیست!

چهار: اگر چهار پر به چهارسوی تیر بسته شود دو پر آن اینسو و آنسوی زِه جای میگیرد و دو پرِ دیگر با کشیدنِ زِه می‌شکند زیرا که درست در راستای زِه ایستاده است.

نگارهٔ چند پیکان که از کاوش‌های **دکتر نگهبان** از تپهٔ مارلیک گیلان بدست آمده و بخوبی از آگاهی شگفتی‌انگیز نیاکان ما، در ساختن پیکانهایی که شکافندهٔ هوا باشند، سخن می‌گوید.[۳]

۱- در فیزیک امروز چنین نیرو را آیرودینامیک یا دینامیک و نیروی هوا خوانند.

۲- فرهنگ واژه‌های اوستایی، همان، دفتر سیوم، رویهٔ ۱۴۲۷.

۳- از این نیرو در فیزیک اروپایی با نام «آئیرو دینامیک» یاد می‌شود.

نگاره‌ها چنان‌اند که گویی برخی هواپیماهای جنگندهٔ تیزپروازِ امروزین را از روی آنها ساخته‌اند!

چنین گفتار باز هم بر خامهٔ افزایندگان گذشته است، آنجا که سیاوخش، نـزدِ افراسیاب و بزرگـان توران هنرنمایی می‌کند:

نشـانی نهادنـد، بـر اسـپریس — سیاوش نکرد ایچ، با کس؛ مکـیس

نشسـت از بـرِ بادپـایی چـو دیـو — برافشـارد ران و برآمـد غریـو

یکـی تیـر زد بـر میـان نشـان — نهـاده بـدو، چشـم؛ گردنکشـان

خـدنگی دگـر بـاره، بـا چـار پـر — بچرخ اندرون رانـد و بگشـاد بـر

نشـانه دوبـاره، بیـک تـاختن — مُغَربَـل بکـرد انـدر انـداختن

افزون بر خدنگ چارپر، نادرستی‌های این گفتار را از دیدگاه زبان و خرد، چنین توان برشمردن:

یک: «مکیس» در زبان تازی، گفت‌وگو و چانه‌زدن در خرید و فروش است! و مگر در اسپریس (میدان اسبدوانی) خریدوفروش رخ می‌نمود؟

دو: شاهان و پهلوانان را، اسبی ویژهٔ آنان بود، که بجز از آن، بر هیچ اسب دیگر سوار نمی‌شدند و «بادپایی چو دیو» سخن از یک اسپ دیگر میگوید.

سه: ران را «برفشاردن» نادرست است، ران را می‌باید به پهلوی اسپ فشاردن، نه بسوی بالا (= بر)، شگفتا که اگر افزاینده می‌گفت، «بیفشارد ران» سخن آراسته می‌شد، و آهنگ گفتار نیز برهم نمی‌خورد، اما، تا آنجا که من دیده‌ام افزایندگان را پروای درستی گفتار نبوده است، و می‌خواسته‌اند که زودتر، خویشکاری (وظیفهٔ) خویش را که افزودن به شاهنامه و گرفتنِ درم بوده باشد بپایان رسانند.

چهار: غریو، از کجا و از چه کس برآمد؟ افزاینده را بایستی گفتن که «غریو برآورد» و اگر غریو از مردمان و نگرندگان میدان بوده است. آن را نیز بایستی روشن نمودن.

پنج: چهار پر بر سوفار، چنانکه پیشتر نموده شد، نادرست است.

شش: با تاختن مُغَربَل شد؟ یا با انداختن؟

هفت: اندر انداختن را برای افکندن سنگی بمیان چاه، یا استخر یا خانه یا هرجای دیگر، شاید بکار بردن، و برای پرتاب تیر، نشاید!

هشت: مغربَل تازی‌شده «غربال شده» است، و هیچگاه در گفتار فردوسی، و تا آنجا که من دیده‌ام در گفتار هیچیک از گویندگان نام‌آور فارسی، بکار نرفته است.

نُه: چگونه شاید که با یک سوراخ که از پرتاب تیر، پدید می‌آید، نشانه‌ای مغَربل(!) شود؟

مغَربَل را اگر درست بوده باشد، برای گندم یا نخود، یا هر چیز دیگر که غربال (= آلک) شود، بکار توان گرفتن، نه برای چیزی که خود بسان غربال سوراخ‌سوراخ است.

خدنگ

خدنگ، برابر با راست است، و بخش نخست آن «خد» را امروز بگونهٔ تازی خط مـی‌خـوانیم، امـا در واژهٔ «خدّوخال» (← خدِ ابروان و لبها و مژگان همراه با خال) هنوز بگونهٔ فارسی خود کاربرد دارد.

> واژه‌ای دیگر که بهمین شیوه دگرگون شده است «دَرز» فارسی است که در زبان تازی بگونهٔ «طرز» درآمد، که در قبای مُطَرّز (← قبای دوخته شده و درزدار) و نیز آستین مطرز دیده می‌شود.
>
> در زبان تازی بجز از طرز و مطرز واژه‌ای از درز فارسی (= طرز) برنیامده است... آنگاه طرز تازی بجای شیوهٔ فارسی، در زبان فارسی روان شد، که نادرست است.

پسوند «انگ» فارسی، که در اوستا بگونه آنگهْ 𐬀𐬥𐬔𐬵𐬀 بر زبـان میـرود، از ریشـهٔ کـنشِ کَرتـار = کننده (اسم آلت = نام افزار) می‌سازد، چنانکه آویختن (← آو+انگ = آونگ) یا کُلیستن = کندن (کُـل + انک = کلنگ)...

این پسوند در زبان کردی بگونهٔ اینگ در واژهٔ «برینگ» (= قیچی) از کنش بُریـدن (بُـر + اینـگ = برینگ) درآمده است که در خراسان با فروافتادن «نگ» آن بگونهٔ «بُری» درآمده است که بریـدن پشـم گوسفندان باشد.

بر این بنیاد «خدنگ» نام تیر یا چوبی است که راست بوده باشد، و نشاید آنرا، در بارهٔ زیـن، بکـار

بردن، چنانکه در این گفتار افزوده در «لشگر کشیدن ایرانیان بکین سیاوخش» آمده است:

که چون برگشادم در کین و جنگ　　　ورا برگرفتم ز زین خدنگ

و نیز در این رج که در همان گفتار آمده است:

چنان برگرفتش ز زین خدنگ　　　که گفتی یکی پشّه دارد بچنگ

افزایندگان گاهگاه، جناغ خدنگ نیز آورده‌اند، که آن نیز نادرست است:

ز دیبا و اسپان و زین پلنگ　　　برِ زین ستام و جناغ خدنگ

ساختن سیاوخش سیاوخشکرد را

ز زین کیانیش بگشاد بند　　　ببالین نهاد آن جناغ خدنگ

جستن رستم، اکوان دیو را

تیردان، ترکش، کَنتیر – توز

سه نام نخستین، یکی است و به جایگاهی گفته می‌شود که تیرها را پیش از پرتاب در آن می‌نهند و با بندی در سوی چپِ پشت به شانه و کمر می‌بستند، تا بهنگام برداشتن تیر با دست راست از روی شانهٔ چپ کار، آسان باشد.

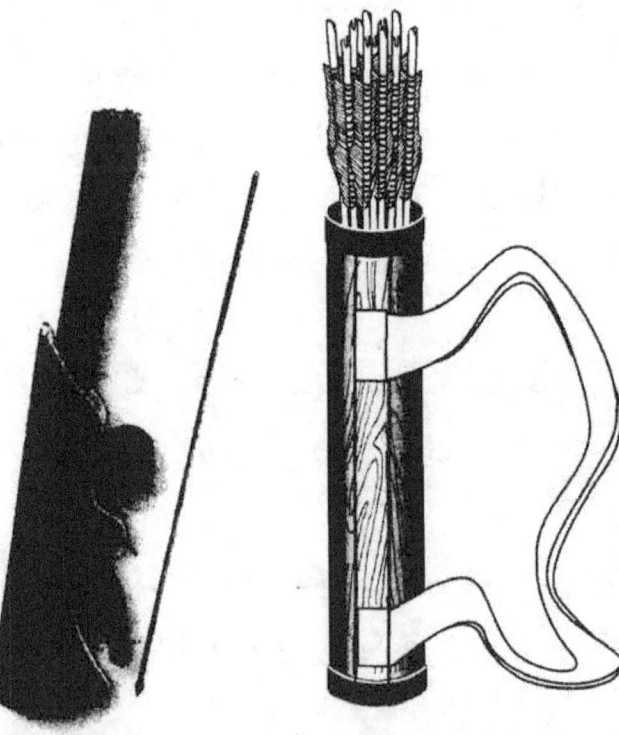

کنتیر ویژهٔ پادشاهان و سرداران　　　کنتیر سپاهیان

ناوک تیرها بسوی پایین بود، و سوفار آنها برفراز بود به چند روی:

یک: چون سوفار را با دو انگشت می‌گرفتند و در زه می‌نهادند، ناوک؛ خود بسوی کمان میرفت.

دو: اگر تیرها را واژگون می‌نهادند پَرسوفارها آسیب می‌دید.

سه: در چنین رویداد. ناوک، بمیان دو انگشت می‌آمد، و برای نهادن ناوک به کمان می‌بایستی تیر را در دست چرخاندن، و این، خود؛ زمان بیشتر برای تیراندازی می‌خواست.

بهترین تیردان را از «**چوب توز**» می‌ساختند[۱]، زیرا که چوب توز، برگه‌برگه از هم جدا می‌شود و هر برگه؛ نازک و سبک است، تا گرانی آن، به گرانی تیرها نیفزاید! هر ترکش را، چهل چوبه تیر گنجایش بود، و در تهِ آن نیز سوراخی پدید می‌آوردند که در هنگام‌های بارانی، آب باران از آن فروریزد و به تیرها آسیب نرساند! و آسیب آب برای چوب خماندن آن است.

چوب توز با برگه‌برگه کردن؛ چندان نازک می‌شد که بر روی آن می‌نوشتند، و از آن؛ دفتر برمی‌آوردند.

یک آگاهی دردانگیز در زمان **ابوریحان بیرونی** دانشمند بزرگ ایران چنین بما رسیده است:

«در زمانِ ما، در «**جِی**» که یکی از شهرهای اصفهان است، از تل‌هایی که شکافته شده، خانه‌هایی یافتند که عدلهای بسیاری از پوست درختی که (توز) نام دارد، و با آن کمان و سپر را جلد می‌کردند پر بود، و این پوستهای درخت به کتابت‌هایی مکتوب بود که دانسته نشد چیست»[۲]

لغت‌نامهٔ دهخدا، زیر واژهٔ «توز» چنین آورده است:

«پوست درخت که بسیار نازک و شبیه کاغذ باشد پوست درخت توز که بر کمان پیچند، و در هندوستان مرکزی، در قدیم کتابت نیز می‌کرده‌اند و حتی بر آن پوست‌ها کتاب می‌نوشته‌اند، و نام چنین کتابها «پوتی» بوده است. پوست درخت خدنگ(؟) است،... چنانکه کتب یافت شده در «جی» اصفهانک بر توز نوشته شده بود... ابن‌الندیم در باب انواع کاغذ گوید: برای آنکه نوشته جاودان بماند، در روی توز که کمان‌ها بدان پوشند چیز می‌نوشتند»[۳]

۱- یکی از این تیردانها، هنوز در گنجینهٔ مردمشناسی «چالشتر» شهرکرد نگهداری می‌شود.

۲- آثارالباقیه ابوریحان بیرونی بقلم اکبر داناسرشت، انتشارات ابن‌سینا، ۱۳۵۲، رویهٔ ۳۹.

۳- لغت‌نامه، ۱۳۴۳، رویهٔ ۱۱۱۱. چنانکه دیده می‌شود فرهنگنویسان ما، از روی افزوده‌های شاهنامه گمان برده‌اند که چوب خدنگ از درختی بنام «خدنگ» است، و در جهان درختی بدین نام نیست.

بر این بنیاد، با چوب توز که می‌توان آنرا خماندن، اما آمادگی «دو لا» شدن را ندارد، نمیتوان «زین اسپ» ساختن و پرداختن، چنانکه در افزوده‌های شاهنامه گاهگاه از آن یاد می‌شود:

فرود آمد از اسپ و او را ببست   بر آن زین توزی و خود برنشست

*

برآویخت الکوس، با پیلتن   بپوشید بر زین توزی کفن

و چنانکه دیده می‌شود هیچیک از دو نمونهٔ یادشده را گزارش نیست!

نیز گفتاری که در داستان نبرد سیاوخش با افراسیاب آمده است:

همی از لبت شیر بوید، هنوز   که زد بر کمان تو از جنگ، توز

روشن نیست که توز را «از جنگ بر کمان‌زدن» که افزایندهٔ ناآگاه از آن یاد کرده است چگونه است؟ مگر آنکه داوری کنیم که افزایندگان خانه‌نشین را هیچ آشنایی با نبرد و جنگ‌افزار و کمان و توز و... نبوده است، و در آوردن سخنان بی‌پیوند نیز بی‌پروا بوده است.

افزاینده، در داستان هنرنمایی گشتاسپ در روم «کمان» را نیز از چوب توز ساخته و پرداخته است:

بیفکند چوگان، کمان برگرفت   زه و توز از او، دست بر سر گرفت(!)

یک: زه و توز را سرودست نباشد که دست بر سر گیرند [نه گرفت].

دو: کمانی که ازآنِ یک سوار است، و همواره او را در جنگ و شکار، بکار است، چرا بایستی از نیروی بازوی همان سوار بیچاره شود؟ [و دست بر سر گیرد]

به‌زه کردنِ کمان

کمان را از دو سوی، دو برجستگی است همچون سرِ مرغان که آنرا «زاغ کمان» خوانند، و در جای پیوند آن با کمان دو فرورفتگی می‌نهند، تا زه بدانجا استوار شود، اما همواره یک سرِ زه آزاد است، بدانروی که اگر هر دو سرِ زه همواره بر دو زاغ افکنده شود، فشاری که زه بر کمان می‌آورد، آنرا، از کشش بایستهٔ خویش دور میکند چنانکه شاید که کمانی را که زمانی دراز بر کشش آن گذشته باشد آزاد کنند، به همان گونه خم بماند، و هیچ نیروی کششی در آن نماند!

اکنون؛ چون بخواهند نبرد را بیاغازند، یا آنکه بخواهند به شکار و نخچیر یا میدان بازی روند، پیشتر سرِ آزادِ زه را نیز به زاغ کمان می‌افکنند، و چنین کار را «بزه کردن کمان» یا «کمان را به‌زه کردن» خوانند.

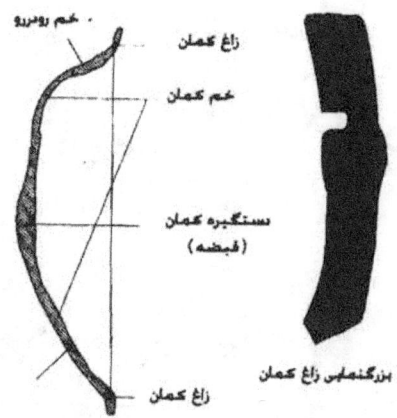

برای آنکه کمان [که نیروی کششی سخت دارد] به‌زه شود، می‌باید یک زاغ کمان را روی زمین نهادن و زانو بر زمین زدن، و زاغ دیگر کمان را در دست گرفتن، با دست، که بایستی به تن پیوسته شده فشار را افزون نماید، کمان را چندان خم کنند، تا زهِ آزاد؛ نرم‌نرم به زاغ رسیده در آن افتد.

چنین کار را نه سواره توان بانجام رساندن، نه ایستاده، زیرا که نیروی ایستادگی زمین نیمی از نیروی بایستهٔ خم شدن کمان را بخویش می‌پذیرد، و دیگر نیمه، از سوی کمانوَر بدان فشار می‌آورد! و در چنین فشار چنانکه گفته شد. نیروی بازو که به تن پیوسته است، همراه با نیروی شانه و فشارِ تن و پای خم شده از یکسو و پای دیگر که همچون یک ستون پایدار، بدان نیروها یاوری میرساند، از دیگر سوی، کمان را بخَم می‌آورد.

پس اگر در گفتاری، از «بزه کردن کمان» در میانهٔ جنگ، یا در دشت شکار، یا سواره یاد شود، بیگمان آن سخن از سوی افزایندگانِ ناآگاه، بشاهنامه اندر شده است. چنانکه این سخن در افزوده‌های جنگ رستم و اسفندیار:

بیا تا چه داری تو از کار جنگ — که جُستی بگیتی بسی نام و ننگ
چو بشنید رستم، گوِ رزمساز — بدانست کامد، زمانش فراز
کمان را بزه کرد و آن تیر گز — که پیکانش را داده بود آب رز
چو آن تیر گز راند، اندر کمان — خداوند را خواند اندر نهان

یک: از نام جستن، شاید؛ با سرفرازی یاد کردن، اما از جستن ننگ، نه!

دو: زمانش فراز آمد، در گفتار پیشینیان، سخن از رسیدن هنگام مرگ گوید، و زمانِ رستم بدانگه فراز نرسیده بود.

سه: کمان را چنانکه یاد شد، در میدان جنگ و سوار بر اسب نشاید بزه کردن.

چهار: آب رز که در برخی نمونه‌ها بگونهٔ «آبِ زر» یا «آب زهر» نیز آمده است چگونه آبی است؟

پنج: داستانِ رج پایانی، و راندن تیر اندر کمان در گفتار فردوسی، در رج دهم پس‌ازاین بگونه‌ای بس زیبا می‌آید:

تهمتن، گز اندر کمان راند زود　　بدانسان که سیمرغ فرموده بود

نمونه‌ای دیگر:

و نیز این سخن در داستان افزودهٔ نبرد گیو با فرود:

کمان را بزه کرد، جنگی فرود　　سر خامهٔ چرخ بر کف بسود

یک: فرود، در آن تیراندازی‌ها، پیش‌تر کمان را به‌زه کرده بود:

در نبرد با زرسپ:

فرود دلاور برانگیخت اسپ　　یکی تیر زد بر میان زرسپ

و پس‌ازآن در نبرد با توس و کشتن اسپ توس:

خدنگی بر اسپ سپهبد بزد　　چنان کز کمان سواران سزد

دو: خامهٔ چرخ، چه باشد؟

نمونه‌ای دیگر

در نبرد افزودهٔ بهرام با کبوده(!؟) در شب!

برآورد اسب کبوده خروش　　ز لشگر برافراخت، بهرام گوش
کمان را بزه کرد و بفشارد ران　　برآمد ز جا، آن هیون گران
یکی تیر بگشاد و نگشاد لب　　کبوده نبود ایچ پیدا ز شب

یک: کمان را روز روشن نتوان بر روی اسپ بزه کردن، و در شب تیره گفتار ندارد!

دو: تیر گشودنی نیست، افکندنی است.

نمونه‌ای دیگر

در کشتن بهرام گور، شیران را:

همانگه به بیرون خرامید شیر　　کمانرا بزه کرد مرد دلیر
بزد تیر و پهلوش با دل بدوخت　　دل شیر ماده برو بر، بسوخت

یک: کمان را پیش از رفتن بشکارگاه بزه می‌کردند.

دو: پهلو را با دل چگونه توان دوختن؟

شایستی گفتن که بازوی شیر را بر سینهٔ او بدوخت، اما پهلو و دل بیکدیگر پیوسته‌اند، و برهم دوختنشان نتوان!

نمونه‌ای دیگر

در داستانهای افزودهٔ بهرام گور:

وز آنجا برانگیخت شبرنگ، شاه — یکی بیشه پیش اندر آمد براه
دو شیر ژیان پیش آن بیشه دید — کمانرا بزه کرد و اندرکشید
بزد تیر، بر سینهٔ شیر نر — گذر کرد تیرش به پیکان و پر
برِ ماده شد تیز و بگشاد دست — برِ شیر، با گُرده‌گاهش ببست
چنین گفت کاین تیر، بی‌پرّ بود(!) — نبُد تیز پیکان او کرّ بود(!)

یک: پیش را اندر [اندرون] نیست.

دو: پیشِ بیشه نیز نادرست است: «کنار بیشه».

سه: بزه کردن کمان هنگام نبرد با شیران!

چهار: به پیکان و پر، گذر کردن را روی نباشد. تیری را که سخت بنیرو افکنند پیکانش از تن نخچیر می‌گذرد، اما سوفار (= پرِ) آن اینسوی تنِ نخچیر بیرون می‌ماند، زیرا که پرهای درشتِ سوفار از سوراخی که پیکان پدید می‌آورد نمی‌گذرد.

پنج: در این گفتار ناهماهنگ نیز افزاینده برِ شیر را با گُردگاه او [که همان بر] باشد ببست!

دیگر نکته‌ها در این گفتار در بخش آیین نبرد روشن شده است.

*

در میان چندین گفتار نادرست دربارهٔ کمان و زه، بدین سرودهٔ درست فردوسی در جنگ رستم و اشکبوس بنگریم:

ز قلب سپه، اندر آشفت توس — بزد اسب کاید برِ اشکبوس
تهمتن برآشفت و با توس گفت — که رُهّام را جام باده است جفت؟
بمی در؟ همی تیغ بازی کند! — میان یلان، سرفرازی کند!
تو قلب سپه را بآیین بدار — من اکنون، پیاده کنم کارزار

*

کمــان را بــزه بــر، ببــازو فکنــد	به بنـد کمـر بـر، بـزد تیـر چنـد
خروشـید کـای مـرد زورآزمـای	هماوردت آمد، مشـو بـاز جـای!

اسپ
و
ســــواری

ویراینده را باید، آگاهیِ همه سویه، از زندگی اسپ و پرورش و نگهبانی آن بوده باشد تا بتواند، سخنان نادرخورِ افزوده بشاهنامه را دربارهٔ اسپ بازشناختن!

و اگرچه در گفتارِ آیینِ نبرد و آرایش سپاه، جای‌بجای دربارهٔ اسپ سخن رفت، اما هنوز دربارهٔ آن، سخن فراوان است و نیکست که گفتار را با رَخشِ جهان‌پهلوان بیاغازیم:

یکی مادیان، تیز؛ بگذشت خِنگ — برش چون برِ شیر و کوتاه لِنگ
دو گوشش چو دو خنجر آبدار — برویال فربه، میانش نزار

*

یکی کرّه از پس، بدنبال او — سُرین و برش هم به پهنای او
سیه‌چشم و بور اَبرَش و گاودُم — سیه خایه و تُند و پولاد سُم
تنش پرنگار، از کران تا کران — چو برگ گل سرخ بر زئفران

یک: خِنگ نام یک گونه از اسپ است با رنگ سپید.

دو: کوتاه‌لنگ: ویژگی اسپی است که گامهای کوتاه برمیدارد و چون چنین ره درنوَردد، بی‌تکان و هموار، سوار را با خویش می‌بَرَد.[1] زیرا که گامهای بلند اسب که با زخم [ضربه] و تکان همراه است، پی‌درپی، با هر گام، روده و شکم و شُشِ... سوار را ببالا برده بپایین می‌کوبد، و برای راههای دراز، آسیب و زخم و درد فراهم می‌آوَرَد.[2]

۱- چون اسبان ایرانی بدست تاتاران افتاد، چنین شیوهٔ راه رفتن را «یُرغه» نامیدند.

۲- چنین راه رفتن را امروز «قَدَم» می‌خوانند.

بسا از اسپان، خود از سوی مادر، یا پدر خویش چنین ره می‌پیمایند، چنانکه مادرِ رخش، بی‌آنکه آموزش بیند، چنین بود، اما دیگر اسپان را دست‌وپای، با ریسمان می‌بستند، تا بهنگام راه رفتن، بیش از اندازهٔ آن ریسمان‌ها گام برندارند، و نرم‌نرم بدین شیوه آمُخته شوند.

سه: اسبِ نیک را دو گوشِ تیز و کوتاه، بایسته است.

چهار: سینه و سُرین (کپل) اسپ را پهن باید، اما میان، و شکمش فرورفته و لاغر باید! از سعدی است:

اسـپ لاغـر میـان بکـار آیـد　　　روزِ میـدان، نـه گـاوِ پـرواری

پنج: چشم اسپ نژاده سیاهرنگ است، و اسپان فروتر را گاه نیمی از چشم برنگ سرخ است.

شش: چنانکه خایهٔ اسپ نژاده؛ بیگمان سیاه است، و اسپان فروتر و یابو گهگاه نیمی از خایه سیاهرنگ دارند و نیمی از آن سرخ است، یا همهٔ آن سرخرنگ می‌نماید!

هفت: اسپ نژاده را بایستی دُمی بلند به بلندای دم گاو باشد، و اسپِ دُم کُل (دُم کوتاه) نژاده نیست.

چون رستم، رخش را با کمند می‌گیرد و زور و استواری او را می‌سنجد:

بدل گفت کاین، برنشست منست　　　کنون کار کردن بدست منست

این گفتار نشان میدهد که اسپ را بجز از آنکه نژاد درست باید، بایستی در گذرِ زمان، بشیوه‌های نیکِ رهنوردی و همراهی با سوار... آمخته کردن.

بـزین انـدر آورد، گلرنـگ را　　　سرش تیز شد کینـه و جنـگ را
گشاده ز نـخ کـردش و تیـز تـگ　　　بدیدش که دارد دل و زور و تگ

بدینسان اسپ خوب آنستکه گامهای کوتاه بردارد، و هموار برود، دُم را افشان کند و بهنگام رفتن زنخ را گشاده دارد، چنانکه از دهان وی دم‌بدم کف فروریزد، و چنین روش را به رفتن کشتی بر روی آب همانند می‌کنند.[1]

زَنَخ نرم و کفک‌افکن و دستکَش　　　سرین گِرد و بینادل و گام خَـوش

از آنجا که اسپ نژاده همواره سر بهوا دارد، پیش پای خویش را نیک نمـی‌بینـد، و بسـا روی داده است که دست اسپ در رهگذر، بسنگی خورَد و با تکانی سخت بسوی پایین خم شود و سوار را بـر

۱- دوان بادپایان، چو کشتی بر آب

زمین افکند!

پس، اسپ را بایستی بهنگام گام برداشتن، یکایک گام‌های دو دست را، از زمین برداشته، بلند کند، و همچون یک کمان، سم را بسوی بالا کشیده و گِرد، بسوی پایین آوَرَد، تا اگر سنگی میان راه باشد، با سُمِّ وی برخورد نکند، و او را یا سوار را بر زمین نزند.[1]

اگر اسپی، خود؛ دستکش نباشد، او را از روی دیواره‌های کوتاه می‌گذرانند، تا به دست کشیدن خوی گیرد.

نیز اسپِ نیک بهنگام تاختن، یا راه رفتن، سر را بسوی بالا میگیرد، چنانکه درازای سرِ او همتراز (موازی) زمین گردد. و گاهگاه پوزهٔ او بالاتر از این نیز می‌رود، زیرا که، راندنِ اسپ، خویشکاری سوار است، و او است که اسپ را بچپ و راست میبرد، و اسپ بی‌هیچ درنگ، سر بفرمان سوار دارد، و بزمین نمی‌نگرد!

اسپ خوب، با همهٔ دل و جانش بسوار مهر می‌ورزد، و با چنین سر بلند کردن، راه را برای دیدن سوارِ خود از پَسِ سر، می‌گشاید، زیرا که اسپ از ندیدن سوار، دلتنگ می‌شود، و با دیدن او آرامش می‌پذیرد! مهری را که اسپ، بسوار خویش دارد، تنها می‌توان به مهر یک کودک سه چهار ساله بپدر و مادرِ مهربان، یا مهرِ دو دلدادهٔ بی‌تاب، در آستانهٔ جدایی، همانند کردن.

۱- چنین تکان را امروز «کلّه کردن» نامند.

اسب بهنگام ایستادن نیز همواره سر می‌جنباند و تکان می‌خورد و بسوار می‌نگرد. و اینچنین همواره آماده سواری، و سواری دادن است که، برای او همچون یک بازی دلپذیر است با سوار، و بهمین روی به ماندگی و راه دراز نمی‌اندیشد، و همواره آمادهٔ پرواز است و این سوار است که با کشیدن لگام (دهانهٔ) او، ویرا آرام نگاه میدارد و با همهٔ اینها، اسپ ایستاده، یا رهرو، دهان از لگام می‌کشد، و سر را بفراز و فرود می‌آورد، تا دهانه را از دست سوار کشیده بپرواز درآید.

اسپ نیک بهنگام تاختن، هیچ نمی‌ایستد، و چندان می‌تازد، تا شکم او پاره شود[1]، و بدینروی در **«دیوان برید»** ایران، دوری میل‌های دیده‌بانی و آتش را یکهزاروپانسد گز (= ۱۶۲۰ متر امروزی) می‌گرفتند، تا اسپ بیش از این ندود، و جان بر سرِ دویدن نگذارد!

چنین است که سواران امروز نیز، پس از گذر راهی پیرامون یک میل اسپ را آرام می‌کنند!

چون اسپِ نیک در تکاپو، خویَ (← اَرَک ← عرق تازی شده) میریزد، همهٔ تن او خیس می‌شود و هنگامیکه به ایستگاه رسند، بایستی لگام او را در دست گرفته، همراه با گامِ پیادهٔ لگام‌دار، اینسوی و آنسویش برند، تا خشک شود، آنگاه زین و لگام را از وی برگیرند، و به آخور بندند وگرنه بیم سرماخوردگی و مردن اسپ در پیش است!

هر اندازه که اسپ در دشت و راه‌های هموار، سر بلند میدارد و بی‌پروا است، در سرازیری با درنگ و آرام است، و در چنین جای سروگردن خویش را بسوی زمین خم میکند چنانکه پوزهٔ او نزدیک بزمین میرسد و آرام‌آرام و بس کوتاه، گام برمیدارد.

اسپ نژاده را هیچگاه، پس افتادن از دیگر اسپان، در اندیشه نمی‌گنجد، و بهمین روی همواره کوشش دارد که از دیگر اسپان پیشی گیرد، و تا پای جان در اینراه پیش می‌رود.

اسپ نژاده بجز از سوار خویش، کسیرا نمی‌برد، و اگر دیگر کس، با زور سوار بر او شود می‌کوشد که ویرا بر زمین زند. اسپان پیماندار بجز از سوار، تنها به پرستار خود (که او را مهتر اسپ می‌خوانند) رکاب می‌دهند.

چون مهترِ اسپ، برای او خوراک بَرَد، اسپ؛ از دور سر خویش را بفراز و فرود می‌برد، و با آوایی بم‌تر، و کوتاه‌تر از شیهه، از او سپاسگزاری می‌کند، و چنین سپاسگزاری در دیگر جانوران بجز از سگ دیده نشده است، مگر آنکه آوای سگ بهنگام سپاسگزاری نازک‌تر، از آوای همیشگی او است، و آواز اسپ بم‌تر و شکوهمندتر... .

چندین بی‌تابی و خروش و خیزش و آویزش، ویژهٔ اسپ نر است، و مادیان را چون مهر بفرزند

۱– بیاد اسپ کَهَر بس زیبایی می‌افتم که در کودکی من و او هر دو بیکدیگر مهر داشتیم، و چون تابستان شد و من بروستا رفتم، اسپ را نمی‌دیدم تا آنکه پس از چند روز بمن گفتند، که با تاختِ بیدرنگ، با سواری که اسپ را نمی‌شناخته، شکمش پاره شده و جان داده است!

خویش است، روش؛ بآرام و کوشش؛ به پیمان است، اگر بتازندش، می‌تازد وگرنه آرامش می‌پذیرد، و چون سر؛ بهوا ندارد کمتر «کلّه میکند». و سوار را هموار و بی‌بیم می‌برد، و بدینروی است که در فرهنگ ایران، بانوان؛ همواره سوار بر مادیان می‌رفتند، و دیده نشده است که بانویی بر اسپ نر نشیند، مگر دو بانوی جنگاور در شاهنامه:

یک: یورش گردآفرید بسهراب.

دو: نبرد گُردیه با تُبَرگ برادر خاقان، و نمایش او، نزد خسرو و شیرین و زنان مشکوی خسرو.

اسپ در سر بالایی‌ها، برای نگاهبانی از خویش، سر را به پیش خم میکند، تا ترازِ تنش برهم نریزد، و در سرازیری نیز چنین می‌کند.

اسپ چون سوار خویش را مرده بیند، سر خم میکند و زمین و پیکر او را می‌بوید، و اشگ میریزد.

کرّهٔ اسپ، هیچگاه؛ در راه، پیش‌تر از مادر خود نمی‌رود، و همیشه بدنبال او راه می‌پیماید. اما اگر رویداد زمان را، از مادر خویش جدا افتد، پیرامون همان جا که مادر را گم کرده است، چندان می‌ماند و شیهه‌های نازک و سوزناک می‌کشد، تا چه زمان؛ سوار پی ببرد که کره از مادر جدا افتاده، و مادیان را برگرداند، و بهمان جای نخستین بازآیند، و مادر و فرزند بیکدیگر رسند...

باری، مادیان که خود میداند که کره‌اش از وی جدا افتاده، باز؛ سر بفرمان سوار دارد و چندان که سوار فرمان دهد به پیش می‌رود، با دلِ ریش!... و زبانزدِ «سر بفرمان داشتن» از روش و منش اسپ برگرفته شده است... جهان زیبایی است، جهان اسپ!

*

چون اسپ، هنگام کودکی را بگذراند، و بخواهند بر او زین نهند، فرمان نمی‌برد، و با آنکه دو یا سه سال بهمراه مادر خویش اینسو و آنسو رفته بوده است، و مادر خویش را دیده است که بر او زین برنهاده و سوارش شده‌اند، باز؛ چنین کار را بر خود نمی‌پذیرد، تا آنکه چند تن سوارکار، ویرا به بند کشند و افسار بر سر وی نهند! و چنین کار با ایستایی و سرکشی سخت از سوی اسب همراه است، اما پایان کار، پیروزی از آن مردان است.

چون چندی بر افسارپذیری اسپ نوجوان بگذرد، هنگام آن فرامی‌رسد که لگام (دهنهٔ) آهنین بر دهانش گذارند! و چنین کار نیز با زخم و آسیب فراوان انجام می‌پذیرد.

افسار، بندی چرمین است که گرداگرد رخ و پیشانی و پشت سر اسپ را می‌گیرد، و ریسمانی در زیر دهان به چنبرهٔ آن بسته می‌شود، که دهان اسپ را برای خوردن، آزاد می‌گذارد.

پیشگفتاری بر ویرایش شاهنامهٔ فردوسی ۳۷۲

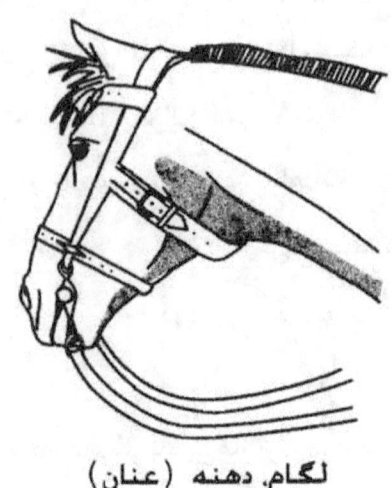
لگام، دهنه (عنان)

افسار

اما لگام [دهانه] میله‌ایست آهنین که آنرا میان دهان اسپ می‌نهند و از دو سو به بند چرمی می‌پیوندند، که سر آن در دست سوار است.

اینچنین، اسپ با داشتن افسار، توان چریدن را دارد، و با لگام، چنین نمی‌تواند کردن.

چون سوار را رای آن باشد که اسپ را بسویی ره نماید، لگام را بر دیگر سوی گردن اسپ خوابانده، بدانسوی فشار می‌آورد، و اسپ گردن را کج کرده بهمان سوی می‌رود! چنین است که اگر لگام روی راست گردن فشار آورد، اسپ بسوی چپ می‌رود... و چون دو سوار در میدان پیکار باشند، و آهنگ بازگشت کنند، از آنجا که در دست راست جنگ‌افزاری همچون؛ شمشیر، خنجر، یا گرز... دارند، بایستی لگام اسپ را با دست چپ، روی گردن راست فشار آورند تا اسپ از دست چپ بازگردد، و گفتار درست شاهنامه در چنین هنگام چنین است:

نماند ایچ بر نیزه بند و سنان   بچپ بازبردند، هر دو؛ عنان

نبرد پدر و فرزند

اما در این رج که در افزوده‌های هنرنمایی سیاوخش نزد افراسیاب است، آمده است:

عنان را بپیچید بر دست راست   بزد بار دیگر بر آنسو که خواست

و چنین کار دشوار است، زیرا که اگر با دست چپ بر گردن چپ فشار آورند، لگام را بسوی تنهٔ راست اسپ بردن دشوارتر است، تا از راست بسوی چپ کشیدن.

چون اسپ سرکش را لگام زنند، و نمدزین و زین و برگ برنهند، بایستی بندِ تنگ چرمین را که از زیر برگ‌ها سر به بیرون دارد، از دو سوی زیر سینهٔ اسپ چنانکه نزدیک به دست‌های او باشد ببندند، و چنین کار نیز در آغاز، با ستم و آسیب همراه است.

اکنون می‌باید سوارکاری چیره، بیاری چند کس که اسپ را گرفته‌اند بر زین نشیند، اما اسپ، دستهای خویش را بر آسمان بلند کرده، خود را با پشت بر زمین میزند، چنانکه هم خود بر زمین خورَد، و هم سوار را بر زمین کوبد... و در چنین هنگام چون دهانه در دست کسی نیست می‌گریزد... تا او را دوباره به بند اندازند... بارها و بارها چنین کار، از نو آزمایش می‌شود، تا آنکه اسپ بیچاره، ناچار تن به زین و برگ و لگام و افسار دهد و رام گردد.

اما برخی اسپان سخت تُوسَن‌اند و سر به لگام و تن به زین نمی‌دهند، و چون هنگام آزمایش سواری فرامیرسد، بارها و بارها سرکشی میکنند و رکاب به سوار نمی‌دهند!

برای چنین اسپان لگامی می‌سازند که میلهٔ میان دهان آن از چند سو خاروخنجر دارد، و با کوچکترین تکان که از سوی سوار به لگام داده شود، آن خارها بر زبان و کام و سقّ دهانِ آن بیگناه فرومی‌رود و دهانش را خونین می‌کند، چنانکه خونابه از کنارهٔ دو لب آن جانور بر زمین میریزد... و در این جایگاه است که اسپ، بناچار رام می‌شود، و پس از چندی لگام او را برداشته لگامی ساده بر دهانش می‌زنند.[1]

اسپ نژاده هیچگاه از پس؛ جفته (لگد) نمی‌زند، که از روی؛ به پیش می‌آید و بهترین نمونهٔ آن در نبرد رخش، با شیر چنین آمده است:

چو یک پاس بگذشت، درنده شیر	بسوی کنام خود آمد دلیر
به نی بر، یکی پیلتن خفته دید	بر او، یکی اسپ آشفته دید
نخست اسب را گفت باید شکست	چو خواهم، سوارم خود آید بدست
سوی رخشِ رخشان بیامد دمان	چو آتش برافروخت رخش آنزمان
دو دست اندر آورد و زد بر سرش	همی تیزدندان به پشت اندرش
همی زدش بر خاک، تا پاره کرد	ددی را بدان چاره، بیچار کرد

خوان نخست رستم

اما اگر ددی، همچون گرگ، بدنبال اسپ افتد، اسب با سمّ خویش خاک (یا برف را در زمستان) از زمین تراشیده به روی او می‌پاشد، تا توان بینایی ویرا کم کند.

*

با چنین گفتارها، می‌توان برخی از ناهماهنگی‌های افزایندگان بر شاهنامه را، سنجیدن:

همان گفت، تا لشگر نیمروز	برفتند بـا رستم نیوسوز(!)
بفرمود تا بر هیونان مست	نشینند و گیرند اسپان بدست

یک: «همان گفت» نادرخور است: «بفرمود».

۱- در خراسان این لگام‌ها را «کافردهنه» می‌خوانند.

دو: دیگر در هیچ جای شاهنامه از رستم پهلوان با پاژنام «نیوسوز» یاد نشده است.

سه: سواری که دهانهٔ یک اسپ دیگر را در دست گرفته، او را پشت اسپ خویش بکشاند، بکار جنگ و پرخاش نمی‌آید.

بیامد بپوشید خفتان جنگ — ببست از بَرِ پشتِ شبرنگ، تنگ

تنگ را زیر سینهٔ اسپ می‌بندند، نه بر پشت او.

همان دیده‌بان بر سر کوه کرد — که جنگ سواران بی‌اندوه کرد
ز ایرانیان گر سواری ز دور — عنان تافتی سوی پیکار تور
نگهبانِ دیده گرفتی خروش — همه رزمگاه آمدی زو بجوش

یک: دیده‌بان را کار، دیدن و آگاه کردن است، و او نمیتواند اندوه نبرد را از میان بردارد.

دو: «جنگ سواران بی‌اندوه» را گزارش نیست.

سه: اگر سواری «عنان بتابد» روی از سوی لشگریان توران گردانده است! سخن باژگونه است... برای رفتن بمیدان، لگام اسپ را «رها می‌کنند» تا او بسوی دشمن بتازد.

چهار: خروش گرفتنی نیست!

پنج: هنوز جنگ آغاز نشده و نشاید از رزمگاه یاد کردن.

نمونه‌ای دیگر:

بر آخُر یکی مادیان بُد بلند — کُهِ کارزاری و زیبا سمند
همان شب یکی کره‌ای زاد، خنگ — برش چون بر شیر و کوتاه لنگ

یک: هیچگاه مادیان را بجنگ نمی‌بردند، که از او با نام «کوه کارزاری» توان یاد کردن.

دو: بخشی از گفتار لت دویم از داستانِ گرفتنِ رخش برگرفته شده است:

یکی مادیان، تیز بگذشت خِنگ — برش چون برِ شیر و کوتاه لِنگ

سه: کرهٔ نوزاد را توان راه رفتن نیست، تا نشان دهد که کوتاه لنگ است یا نه!

چهار: افزاینده با برداشت از چنین سخن نشان می‌دهد که «لِنگ» (= پای) کره را خواسته است گفتن، نه: «پا کوتاه»، و نه شیوهٔ گام برداری او را.

نمونه‌ای دیگر:

در افزوده‌های داستان گرفتن رستم رخش را:

گله هر چه بودش بزابُلسِتان | بیاورد و بهری ز کابلستان

همه پیش رستم همی راندند | بر او داغ شاهان همی خواندند

هر اسپی که رستم کشیدش به پیش | به پشتش بیفشاردی دست خویش

ز نیروی او، پشت کردی بخَم | نهادی بروی زمین بر، شکم

میان ستوران (جانوران خانگی)[1] گوسفند و گاو و اشتر می‌توانند بر روی شکم بنشینند اما اسب و اَستر و خر را توان نشستن بر روی شکم نیست.

این جانوران برای آنکه بخوابند، یا ماندگی بگیرند، روی زمین لَم می‌دهند و دست و پای آنسویشان نیمه‌دراز می‌ماند و با سم خویش برای استواری بر روی زمین فشار می‌آورند.

گیریم که با فشار دست رستم، آنان ناچار خم شوند، اما چگونگی استخوان‌بندی اسب، از رسیدن زیرِ شکمش بزمین جلوگیری میکند، و من خود بارها چنین دیده‌ام که چون در همهمه و آشوب، یکی از این جانوران بر زمین افتد، بهمین‌سان بر زمین فرود می‌آید.

نمونه‌ای دیگر

در گنجها بخشیدن کیخسرو پهلوانان را:

کسی را که چون سر بپیچد تژاو | سزد گر ندارد دل شیر، تاو

۱- جانوران خانگی در اوستا؛ [illegible] «اَنوم ی» خوانده می‌شود، و این واژه همانست که در زبانهای اروپایی به animal گردید... و بهرِ پایانی آن در زبان فارسی نیز بگونهٔ «مال» برای همین جانوران روان است، و اگرچه در تهران و برخی شهرها مال را برای «خواسته» و دارایی بکار میگیرند اما در خراسان... تاجیکستان، افغانستان هنوز این واژه برای چارپایان، روایی دارد.

پرستنده ای دارد او روز جنگ — کـز آواز او، رام گـردد پلنگ
برُخ چون بهار و ببالا چو سرو — میانش چو غرو و برفتن تذرو
یکی ماهرویست، نام اسپنوی — پری پیکر و دلبر و مشکبوی
سمنبر نگاری رخش لعل فام — سواری که آرد مر او را بدام؛
نباید زدن، چون بیابدش تیغ — که از تیغ باشد، چنان رخ دریغ
بخم کمندش بگیرد کمر — بدانسان بیارد که دارد ببر
نباید که بادی بر آن بروزد — که پژمرده گردد نه ما را سزد

یک: سخن در رج نخست پریشان است. افزاینده را رای بر آن بوده است که بگوید چون تژاو از، جنگ آهنگ گریز کند... لت دویم نیز سخت درهم و بی‌گزارش است.

دو: پهلوان را در روز جنگ، پرستنده بکار نیاید.

سه: آنهم پرستندهٔ زیبارخی که پلنگ رام او می‌شود!

چهار: رج سیوم برگرفته از شاهنامه است.

پنج: «اسپنوی» نامی ساختگی است.

شش: لت دویم از این رج و لت نخست از رج پسین دوباره‌گوییِ چگونگیِ زیبایی او است.

هفت: اگر سواری او را بدام آرد...

هشت: ...جای شمشیر کشیدنش نیست.

نُه: لت دویم باژگونه است: تیغ زدن بر چنان رخ دریغ است.

ده: یکبار او را بدام آورده، و دیگر بار؛ از کمند نام بردن، نشاید.

یازده: کمر «میان‌بند» است و میان‌بند را نشاید با کمند گرفتن که «میان» را شاید به بند کمند گرفتن.

دوازده: افزاینده هیچ نیندیشیده است که سوار چگونه تواند در راهی پیرامون یکهزار فرسنگ، کسی دیگر را در بر گیرد، و اسپ او بی‌ایستایی، آندو را به پایتخت کیخسرو در آذربایجان آوَرَد.

نمونه‌ای دیگر:

دنبالهٔ همان داستان، بدانهنگام که تژاو می‌گریزد و بیژن چندان به وی نزدیک است که تاج او را از سرش می‌رباید:

بـــآواز گفــت اســپنوی، ای تــژاو — سپاهت کجـا هسـت و آن زور و تـاو
کـه بـر مـن چنین، پشت برگاشتی — بـدین دژ، مـرا خـوار بگذاشـتی
نمـانم بـدین جـای پـر هـول و بـاک — وگرنـه بدسـت خـودم کـن هـلاک
سـزد گـر پـس انـدر نشـانی مـرا — در ایـن دژ بدشـمن نمـانی مـرا
تــژاو ســرافراز را دل بســوخت — بکـردار آتـش رخـش برفروخـت
فـراز اسـپنوی و تـژاو از نشـیب — بـدو داد، در تـاختن یـک رکیـب
چـو بـاد اسپنوی از پسـش برنشست — بیـاورد در گُردگـاهش دور دسـت

یک: لت دویم از رج نخست سست می‌نماید.

دو: «پشت برگاشتن»، روی نمودن است، و افزاینده آنرا بجای «روی برگاشتن» آورده است.

سه: در رج سیوم پیوندِ «یا» باید: «یا» من در این جای نمی‌مانم «یا» تو مرا بکش! از سستی سخن می‌گذریم.

چهار: «پس» را «اندر» نیست.

پنج: پسِ چه چیز و چه کس؟ افزاینده را رای بر آن بوده است که بگوید مرا پشتِ خویش بر اسپ نشان!

شش: سواری را که شکست خورده و از دشمن می‌گریزد، نشاید «سرافراز» خواندن!

هفت: لت نخست رج ششم را پیوندِ درست نیست.

هشت: چگونه شاید اندیشیدن که دخترکی که برش به سمن (= یاسمن) می‌ماند و پیکرش همچون پریان نازک است بتواند در تاختن اسپ یک پای خویش را به رکاب نهد...

نُه: ...و پای دیگر را از پشت سر تژاو و زین و فتراک و گرز و کمند او بگذراند و بر اسپ نشیند! مگر گشادی ران چنان دخترک نازک اندام چه اندازه بوده است که چنین کند؟ چنین بر نشستن را در سیرک‌های امروزین نیز نمیتوان دیدن!

ده: تژاو بر فرود بود و اسپنوی برفراز، نشان از آن میدهد که تژاو روی بفراز داشته است و کدام اسپ است که با برگستوان و سوار زره‌دار و جنگ‌افزار، بتواند کسی دیگر را نیز بتاخت، رو بسوی فراز بَرَد؟

یازده: لت دویم از رج پایانین نادرست‌تر است: «دو دست در گردگاه آوردن» را گزارش نیست.

نمونه‌ای دیگر:

در بخش افزودهٔ نبرد **سوفزای** با خوشنواز:

یکی تیغ زد بر سرش سوفزای — سپاه اندر آمد بتندی ز جای(!)
بجست از کفِ تیغزن، خوشنواز — به شیب اندر انداخت، اسپ از فراز
چو باد دمان از پسش سوفزای — همی تاخت، با نیزهٔ سرگرای
بسی کرد زان نامداران، اسیر — بسی کشته شد، هم؛ به پیکان تیر!

این گفتار را در بخش آیین نبرد شکافتم، اما آنچه که پیوند با اسب و سواری دارد همانست که اسب در «شیب» آرام‌آرام، آرامتر از گاو، گام برمیدارد، و نشاید که از روش اسب در سرازیری با «باد دمان» یاد کردن!

*

گفتار را بپایان می‌برم، و همین اندازه بس می‌نماید، تا نشان دهد که افزایندگان خانه‌نشین را با اسپ و روش و رفتار و زندگی این جانور مهربان آشنایی نبوده است.

گاهشماری

و

اخترماری (نجوم)

پیدا است که رویدادهای شاهنامه، باید برابر با گاهشماری درست ایرانی باشد، و اگر سخنی نه بر این روال پیدا شود، آنرا نمی‌باید از شاهنامه بشمار آوردن.

ایرانیان باستان سال را به دوازده ماه ۳۰ روزه بخش کرده بودنـد، [۳۶۰ روز] و پـنج روز دیگـر را بنام پنجهٔ گاتها، برای فُرَوَهَران یا گاهنبار پایان سال جشن می‌گرفتند.

نام اوستایی این پنجه، گاهِ هَمَسپَتْمَئیدیم بـود. ایـن واژهٔ اوسـتایی برابر است با گاهِ برابریِ گرما و سرما، یا روز و شبِ میانه!

در هنگام جمشید، چنانکه گذشت کیش ایرانیان نگرش به آسمان و ماه و خورشـید و سـتارگان و ستایش و نیایش آن بوده است، و با گذر سالهای بیشمار، بر ایـن نگـرش، سـتاره‌هـایی را در آسـمان، پیوسته بهم، پنداشتند، که از بهم پیوستن آنها نگاره‌ای پدید می‌آمد، و چـون نیـک نگریسـتند. بـر آنـان روشـن شـد، کـه خورشید، در هر یکماه، همزمان با یکـی از آن نگاره‌ها، از خراسان سر بر می‌زند.

و چنین است گـردش خورشـید در میان این نگاره‌ها، که هر یـک از آنهـا را یک «برج» خواندند.

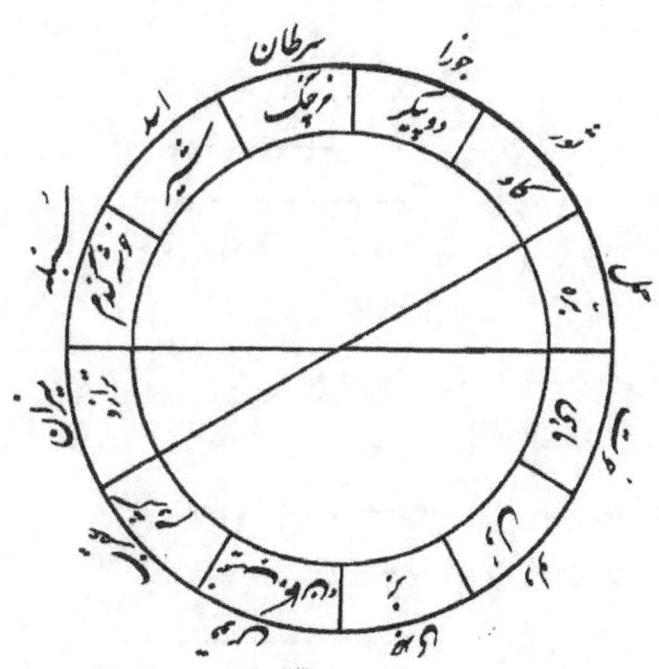

همزمانی برآمدن خورشید با هر یـک از برج‌های دوازده‌گانه در گفتار فردوسی بزیبایی هرچه بیشتر نمایان شـده اسـت،

چنانکه در این سروده:

چو خورشید زد پنجه بر پشت گاو ز هامون برآمد خروش چکاو[1]

گاو، برج دویم، و ماه اردیبهشت است، و پنجه زدن خورشید بر پشت گاو در این ماه، همزمانی برآمدن آن با برج گاو است،... و زیبایی گفتار آنگاه پدیدار می‌شود که بدانیم. چکاوکان (پرستوها) در کوچ بهاری خویش، در اردیبهشت‌ماه بایران می‌آیند، و خروش چکاوکان نیز در آسمان، از این ماه آغاز می‌شود.

یا «چو خورشید بر شیر گردد درشت» نشانه از برآمدن خورشید در برج پنجم یا امردادماه است که برج شیر باشد... یا «چو برزد سر از برج خرچنگ هور» نشانه از برآمدن آن در برج چهارم یا تیرماه است.

*

با این پیشگفتار می‌توان به سخنان افزوده بشاهنامه از دیدگاه گاهشماری و اخترماری نگریستن. و این سخن در داستان خان دویم اسفندیار، کشتن شیران آمده است:

ز جای اندر آمد چو کوهِ سیاه تو گفتی که تاریک شد چرخ ماه

چون چرخ ماه سیاه شود، همهٔ آسمان را بایستی تیره و تار شدن، که نه تنها آن چرخ را. زیرا که چرخ ماه نزدیکترین چرخه بزمین و میان زمین و دیگر چرخه‌ها است.

نمونهٔ دیگر:

در داستان تُنبل ساختن قیصر:

چو بشنید قیصر، گرفت آفرین بدان نامداران با رای و دین
همی بود تا شمع گردان سپهر دگرگونه‌تر شد بآیین و چهر
چو خورشید گردنده بیرنگ شد ستاره ببرج شباهنگ شد

یک: آفرین خواندنی است نه گرفتنی.

دو: در رج دویم فرارسیدنِ شب را می‌گوید، با زبانی ناخوش.

سه: در رج سیوم نیز همان سخن میرود با گفتاری ناخوش‌تر. این سخنان نادرخور را با یکی از گفتارهای فردوسی دربارهٔ فرورفتن خورشید بسنجیم:

چو خورشید، در قیر زد شَعرِ زرد گُهر بَفت شد گنبدِ لاجورد...

۱- چنین گفتار یکبار نیز در داستان افزودهٔ پیام افراسیاب بنزد کیخسرو آمده است، اما آن، برداشتی از گفتار فردوسی است.

چهار: کدام ستاره، از انبوه بیشمارِ ستارگان آسمان؟

پنج: در آسمان برجی بنام شباهنگ نداریم.

شش: شباهنگ در اخترماری ایرانی ستارهٔ درخشانی است که چون نیمی از شب بگذرد او نیز از افراز چرخ آسمان بسوی خوروَران میرود، و در گفتار فردوسی دربارهٔ جنبش و روش او چنین آمده است:

چو نیمی ز تیره شب اندر گذشت — شباهنگ، بر چرخ گردان بگشت

نمونه‌ای دیگر:

بیاسود، چون گشت گیتی سیاه — بکردار سیمین سپر گشت ماه

سخن نادرست است، زیرا بدانهنگام که ماه چون سپری سیمین سر از سوی خراسان برآورد همانا آن شب، شب چهاردهم ماه است، و فرورفتن خورشید و برآمدن ماه با هم، جهانرا و آسمان را برنگی بس زیبا می‌آراید، و هیچگاه در چنان شب گیتی «سیاه» نمی‌شود.

نمونه‌ای دیگر:

در داستان نبرد کیخسرو در مرز بهمن:

مرا داد، اورند و فرّ کیان — تن پیل و چنگال شیر ژیان

جهانی سراسر بشاهی مرا است — ز گاو، تا برجِ ماهی مرا است

یک: هنوز پادشاهی به کیخسرو نرسیده بود که چنین سخن گوید.

دو: «اُوْرند» نمونهٔ پادشاهی مردمسالارانه است، و هنوز کیخسرو چنین آزمایش نداده است.

سه: لت دویم از رج دویم سخت نادرخور است.

چنانکه پیشتر گذشت دوازده برج از بره تا ماهی شمرده می‌شوند!

اگر گمان افزاینده بر آن بوده است که بگوید افزون بر پادشاهی که بر سرتاسر زمین دارم، دوازده برج آسمان نیز از آن منست، با چنین شمارش یازده برج آسمان را نام برده است و برج نخستین که برج بره باشد، در آن نیامده، و این چگونه داوری است که از دوازده پارهٔ آسمان یازده پاره را از آن او درشمار آورند؟

چهار: اما چنین پیدا است که افزاینده، سخن را از اندیشهٔ هندیان بوام گرفته است

که گمان می‌بردند، زمین بر روی شاخ گاوی ایستاده است، و آن گاو، بر پشت ماهی بس بزرگ در دریای زیر زمین است... بر این بنیاد از پادشاهی آسمانی، او را، تنها از گاو و ماهی (گاوماهی) بهره‌ور کرده‌اند، که زیرزمین است.

پنج: در چنین گفتار «درِ گاو» گفتن را روی نیست.

نمونه‌ای دیگر:

چو بنمود شب، جَعدِ زلفِ سیاه   از اندیشه، خمّیده شد پشت ماه

ماه خمیده، یا خمیده‌ترین ماه، در شب بیست‌وهشتم ماه، نزدیک به بامداد رخ می‌نماید، نه در آغاز شب بدانهنگام که زلف سیاه خویش را می‌نمایاند.

نمونه‌ای دیگر:

چو بر دامن کوه بنشست ماه   یلان بازگشتند، ز آوردگاه

ماه بر دامن کوه نمی‌نشیند که بر پشت کوه فرو می‌رود!

نمونه‌ای دیگر:

در نامهٔ خسرو به قیصر:

از ایران، جهاندار یزدان پاک   برآورد بوم ترا بر سماک

سماک کوچکترین ستاره از گروه هفتورنگ (دُب اکبر) است که از چندان کم‌فروغی و ریزی، نیروی چشم را با دیدن آن می‌سنجیده‌اند، و چنین ستارهٔ ریز را چه جای آنست که آنرا با اوج آسمان همتراز آورند؟

یکبار دیگر نیز در افزوده‌ها چنین آمده است:

چه مایه شبان، دیده اندر سماک   نیایش‌کنان پیش یزدان پاک!

نمونه‌ای دیگر

در داستان بیژن و منیژه:

برخسارگان چون سهیل یمن   بنفشه گرفته دو برگ سمن

در اخترماری ایران باستان، سه ستاره درخشان را ستایش ویژه می‌کردند:

یک: ستارهٔ تیشتر 𐬙𐬌𐬱𐬙𐬭𐬌𐬌𐬀 [از ریشهٔ 𐬙𐬌𐬱 درخشیدن، تابیدن]، که نزدیک

سپیده‌دمان در آسمان خراسان پدیدار می‌شود، آنرا چشم روشن آسمان نام نهاده‌اند، و ۲۵۰۰۰ کلوین فروغ و گرما دارد.

در فرهنگ کهن برخاستن ابر از روی دریاها و فرود آمدن باران را در کشتزارها از نیروی آن ستارهٔ درخشان می‌دانستند.[1]

و فرونشستن این ستاره هیچگاه از چشم زمینیان دیده نمی‌شود زیرا که با فروغ خورشید، نرم‌نرم ناپیدا می‌شود. این ستاره را **سپاهپت خورآسان** می‌خواندند.

دو: ستارهٔ «وَنَنْد» که در آغاز شب درست برفراز، و در میانهٔ آسمان است و بدین روی آنرا [illegible] اوپَرتات خوانده‌اند که در برترین جای آسمانِ شب است، و پیش از سپیده‌دم، در خوروَران، ناپیدا می‌شود. این ستاره را سپاهپت خورووران [مغرب] می‌خواندند.

سه: ستارهٔ سَدویس [سد جایگاه] که در اوستا [illegible] سَتَ وَئیسَ با همین پاژنام آمده است، زیرا که برفراز دریای «سَدویس» [که امروز اقیانوس هندش می‌نامند] می‌درخشد، و سپاهپت نیمروزان آسمان خوانده می‌شد.

این ستاره در آسمان نیمکرهٔ فرودین [جنوبی] بخوبی دیده می‌شود، و در آسمان نیمکره فرازین [شمالی] کمتر پدیدار می‌شود، چنانکه در بهار و تابستان که روزها رو بفراز دارد. سدَویس را می‌توان بیشتر دیدن، در بخش‌های نیمروزی پیرامون ۴۵ روز در تابستان! و در آذربایجان در بالاترین چرخش آن هجده روز در پایان تیرماه و آغاز امردادماه دیده می‌شود، و در خوارزم و سغد هیچگاه پدیدار نمی‌شود. این ستاره را بتازی **سُهیل** می‌نامند، چون از دیدگاه تازیان از سوی «یمن» دیده می‌شود «سهیل یمانی»اش **می‌**خوانده‌اند، اما چون از ایران برافرازِ دریای سَدوِیس دیده می‌شود، آنرا **سدویس** نامیده‌اند. و خویشکاری او پالایش آبهای آلوده‌ایست که در هفت‌کشورزمین از راه رودها، بدریا ریخته می‌شود.

زبانزد «ستارهٔ سهیل» [که در آسمان کم پدیدار می‌شود] بهمین روی بر زبانها روان شده است... و بایستی دانستن که این نام، تازی است و در ایران باستان کاربرد نداشته است و نشاید چنین نام را در رویدادهای ایران باستان بکار گرفتن!... اما اگر بکار نیز گیریم، سهیل یمن [= سدویس] را چه همانندی با رخسارهٔ زیبای مردمان

۱- در همین بخش، از تیریشت، و نبرد تیشتر یاد خواهد شد.

است؟... زبانزد **«به ستارهٔ سهیل می‌ماند»** را برای کسی بکار میبرند، که **همچون** سدویس یا سهیل، دیربدیر دیده می‌شود، نه از برای آنکس که رخی زیبا دارد! در فرهنگ ایرانی روی زیبا را همواره به ماه همانند کرده‌اند، چنانکه چهر تابناک، بخورشید همانند می‌شود.

نمونه‌ای دیگر:

در گفتار فردوسی همواره نام ایرانی برج‌ها روان است، پس اگر جایی نام تازی آن آید، آن گفتار را از فردوسی نباید شمردن؛ چنانکه در سخنان افزوده پادشاهی کیومرس:

چو آمد به برج حَمَل، آفتاب — جهان گشت با فرّ و آیین و تاب
بتابید زانسان ببرج بره — که گیتی جوان گشت از او یکسره

یک: در گفتار فردوسی هیچگاه از **«آمدن»** آفتاب به یک برج یاد نشده است:

چو برزد از برجِ خرچنگ هور

*

چو خورشید، بر شیر گشتی درشت

*

چو خورشید برزد بخرچنگ چنگ

دو: جهانرا از تابش خورشید «تاب» (= گرما) شاید گرفتن، اما فرّوآیین نشاید!

سه: تابش خورشید از برج بره [نه ببرج بره] همواره یکسان است، و نشاید چنین گفتن که در همان یکبار چنان (= زانسان) تابید که...

چهار: گیتی بدانهنگام پیر نشده بود که جوان شود.

نکته‌ای دیگر:

نبردها، بویژه جنگ‌های میان ایران و توران که بخش بزرگی از شاهنامه را در بر گرفته است، می‌بایستی در تابستان روی دهد، زیرا که در بهار با چندان بارندگی، سپه‌کشی و سپه‌رانی با دشواری روبرو می‌شد و نیرویی فراوان از سپاهیان، و دیگر خویشکاران می‌گرفت!

در زمستان، برفِ دشت‌های بیکران و درْ پاییز نیز آغاز سرما، بویژه در سرزمین توران، سپاهیان را ناتوان می‌کرد و بکشتن می‌داد.

بهمین روی است که پشنگ نیز بافراسیاب چنین فرمان می‌دهد:

چو از دامنِ ابر، چنین، کم شود — بیابان ز باران پر از نم
دل شاد، بر سبزه و گل برید — سپه را سوی دشت آمل برید

تَرسال، یا سالی که در آن، باران؛ بآیین بارد، سالی است که در آن؛ ششم، شانزدهم، بیست‌وششم فروردین، سی‌وششم (ششم اردیبهشت‌ماه) چهل‌وششم، پنجاه‌وششم و شست‌وششم (ششم خردادماه) باران ببارد، و چنین باران را پیشینیان «شیشه» می‌نامیدند.[1]

پس از ششم خردادماه، از دامن ابر، چین کم می‌شد، و تا روز تیرگان، سیزدهم تیر ماه باستانی (دهم تیر ماه خیامی) بارانی دیگر می‌بارد که باران تیر و تیشترش می‌نامیدند.

اینچنین از ششم خردادماه تا سیزدهم تیرماه زمان خوبی برای سپه راندن بود، و بهمین روی است که بیشتر نبردهای ایران و توران پیرامون تیرماه و امردادماه روی میداد.

چنین است که در داستان **کاموس کُشانی** جنبش ایران و توران هر دو در آغاز تیرماه روی میدهد:

چو برزد سر از **برج خرچنگ** شید — جهان گشت چون روی رومی سپید
تبیره برآمد، ز هر دو سرای — جهان پر شد از نالهٔ کرّنای
...
هوا تیره‌گون بود، از تیرماه — همی گشت بر کوه، ابر سیاه

در تبرستان و تاجیکستان پاییز را «تیره‌ماه» می‌خوانند، و برخی از نمونه‌برداران نیز در این رج «تیره‌ماه» آورده‌اند. اما خرد نمی‌پذیرد که نبردی که در آغاز تیرماه و برج خرچنگ رُخ داده باشد، یکروزه بپاییز رسد، و هوا از «پاییز» تیره گردد!

چنانکه پیشتر گذشت، روز تیرگان باران تیشتر می‌بارد، و خواننده با اندک نگرش می‌تواند تیرماه و تیرگان را پاس بدارد، تا بر او نیز روشن شود که یکی‌دو بار پیش از تیرگان باران میریزد، و در تیرگان بارانی تند، ایران را فرامیگیرد، و تیرگی هوا در آن نبرد، از ماه تیر بوده است، نه از تیره ماه (= پاییز!)

داستان نبرد تیشتر با دیو «اَپ‌ئوش» [illegible] که گزارش آن «خشکی پیش‌رونده» یا خشکی فراگیر است، در تیریشت بزیبایی آمده است:

«... تیشترِ رایومندِ فرهمند، به پیکر اسپ سپید زیبایی، با گوشهای زرین و لگام زرنشان بدریای فراخکرت (= اقیانوس آرام) فرود آید. رودرروی او دیو اَپوش به پیکر اسپ سیاهی در آید.

یک اسپِ کَل، با گوشهای کل. یک اسپ کل با گردن کل، یک اسپِ کل با

۱- بارها چون در چنین روزها باران می‌بارید، از روانشاد مادرم که با چشمان درخشان از ریزش باران سخن می‌گفت شنیده‌ام: «شیشه میزنه ها!»

دُمِ کل، یک اسپِ گَرِ ترسناک.

هر دو... تیشتر رایُومَندِ فرهمند، و دیو اَپوش بهم درآویزند. هر دو در زمان سه شب و سه روز با یکدیگر بجنگند. دیو اپوش به تیشتر رایومند فرهمند چیره شود، و او را شکست دهد.

پس‌ازآن، او (اپوش) او را (تیشتر را) باندازه یک هاثَر[1] از دریای فراخکرد دور براند... تیشتر خروش درد و ماتم برآورد: «و ای بر من ای اهورامزدا بَدا بشما ای آبها، ای گیاهان، سختی بتو ای دین مزدیسنا. اکنون مردمان در نمازی که از من نام برده شده مرا نمی‌ستایند، چنانکه دیگر یَزَتان را در نماز، نام برده؛ می‌ستایند!... من خود (اهورامزدا) تیشتر رایومند فرهمند را نام برده در نماز می‌ستایم من بدو نیروی ده اسپ، نیروی ده شتر، نیروی ده گاو، نیروی ده کوه، نیروی ده رود ناوتاک (درخور کشتیرانی) می‌دهم...

آنگاه... تیشتر رایومند فرهمند، به پیکر اسپی سپید و زیبا، با گوشهای زرین و لگام زرنشان بدریای فراخکرد فرود آید.

رودرروی او دیو اپوش به پیکر اسپی سیاه بدرآید.

یک اسپ کل...

هر دو؛ تیشترِ رایومندِ فرهمند، و دیو اپوش بهم درآویزند. هر دو با یکدیگر بجنگند و بهنگام نیمروز، تیشتر رایومند فرهمند بر دیو اپوش چیره شود و او را شکست دهد، و... باندازه یک هاثَر از دریای فراخکرد دور براند، تیشتر خروش شادکامی و رستاری (رستگاری) برآورد... و به پیکر اسپی سپید زیبا با گوشهای زرین و لگام زرنشان بدریای فراخکرد فرود آید.

او دریا را به خیزاب (موج) درآورد، او دریا را بجنبش درآورد، او دریا را بخروش درآورد او دریا را بجوشش درآورد... پس‌ازآن مِه‌های پاکِ انگیزانندهٔ ابر بجنبش درآید... باد وزیده آنها را پیش براهی براند که «هوم» شادمانی بخش و افزایندهٔ جهان میگذرد. پس بادِ چالاکِ مزداآفریده، باران و ابر و تگرگ را بسوی کشتزارهای هفت کشور براند.[2]

۱- اندازه‌ای که گمان میرود، برابر با یک فرسنگ بوده باشد. این اندازه هنوز در آذربایجان بگونهٔ «هزار» روان است. بنگرید به فرهنگ واژه‌های کهن در زبان امروز آذربایجان، محمدرضا شعار، نشر بلخ وابسته به بنیاد نیشابور، ۱۳۷۸.

۲- برگزیده از یشت‌ها، پورداود، همان، دفتر نخست، رویه‌های ۳۵۷-۳٤۹، با اندکی فارسی‌نویسی بشیوهٔ گفتار این دفتر.

این کهنترین یادگار نیاکان است که در آن از نبرد خشبگی و باران یاد شده است چند بار در تیرماه ابر در آسمان پدیدار می‌شود، و گاه اندکی باران نیز می‌بارد، اما همچنان خشکی فرمانروا است تا آنکه در تیرگان یا یکی‌دو روز پیرامون تیرگان باران می‌بارد و تیشتر بر اپوش چیره می‌شود و گفتار شاهنامه نیز همین را میگوید:

هوا تیره‌گون بُد، خود از تیرماه — همی گشت بر کوه، ابر سیاه
همه دست نیزه گرازان ز کار — فروماند از برف، در کارزار

پیدا است که چون در تیرگان، ابرِ ایران؛ باران ببارد، شاید بودن که در تورانزمین که هوای آن همواره سردتر است، در یکی از سالها، برف فروباریده، و شکست بر ایرانیان فرود آورده باشد، از آنجا که تورانیان خود بسرما بیشتر خوی کرده‌اند، و ایرانیان از سرزمین گرم؛ روی بدانسوی نهاده بودند.

با چنین رویداد، دست افسانه‌بافان و افزایندگان بشاهنامه باز می‌شود، که ریختن آن برف را از جادوگری تورانیان درشمار آورند، و بگویند:

ز ترکان یکی بود بازور نام — بافسون بهرجای گسترده کام
چنین گفت پیران بافسون‌پژوه — که: «از ایدر برو تا سرِ تیغ کوه
یکی برف و سرما و باد دمان — بریشان بیاور هم اندر زمان»
هوا تیره‌گون بد، خود از تیرماه — همیگشت بر کوه، ابر سیاه
چو شد مرد جادو بر آنجا روان — برآمد یکی برف و بادِ دمان
ببارید یکسر بر ایرانیان — بماندند حیران همه در میان

اکنون بایستی سنجیدن، که ایرانیان شکست‌خورده، از میدان جنگ گریختند و در کوه هماون پناه گرفتند، و چندان روز وشب بر آنان گذشت، تا آگاهی آنان به ایران رسید، و از ایران سپاهی بسرداری فریبرز بتوران روانه شد، و از آنسوی نیز کاموس کشانی بیاری تورانسپاه آمد، و هنوز تیرماه است:

چو خورشید برزد بخرچنگ جنگ — بدرّید پیراهن مشک رنگ

این گفتار را با آنکه با نام فارسی خرچنگ آمده است، بایستی افزوده درشمار آوردن، بدانروی که از رویدادی نادرست، یاد می‌کند. چنانکه پیشتر از آن یاد شد!

نمونه‌ای دیگر:

چو برزد سر از برج خرچنگ هور — جهان شد پر از جنگ و آهنگ و شور

که درست پس از گذشتن یکروز، زمان را از اردیبهشت‌ماه به تیرماه می‌رساند.

گفتار روز پیشین در نبرد بزرگ کیخسرو چنین بود:

چو خورشید زد پنجه بر پشت گاو ز هامون برآمد خروش چکاو

یک: با آنکه این سخن درست و برگرفته از گفتار فردوسی است، اما رویدادهای داستان که این سخن در میان آنها آمده است افزوده است.

دو: چنانکه پیشتر گفته شد، اردیبهشت‌ماه و زمان بارانهای بهاری، هنگام نبرد نبوده است.

اما در همان جنگ که بر بنیاد رج پیشین در آغاز تیرماه آغاز شد، چون بیدرنگ بر افراسیاب شکست می‌رسد و آهنگ گریز می‌کنند. فردای آنروز کیخسرو میگوید:

بباشم بر این رزمگه پنج روز ششم روز هرمزد گیتی‌فروز
بهفتم برانیم ز ایدر سپاه که او کین فزایست و من کینه‌خواه

پیدا است که چون از آغاز تیرماه پنج روز بگذرد، روز ششم؛ «خردادروز» است، نه «هرمزد»! باری هرمزد همان روز نخست تیرماه و روز آغاز جنگ بوده است.

نمونه‌ای دیگر:

در داستان گشتاسپ:

چو خورشید از آن کوشش آگاه شد ز برج کمان، بر سرِ گاه شد!

اگر زمین و زمان را کوشش فرا گیرد، یا آرام و بی‌جنبش بگذرد، خورشید، خود؛ بزمان خود، از برج کمان [دیماه] خواهد تابیدن و سخن لت دویم را با لت نخستین پیوند نیست!

*

سرتاسر شاهنامه (و بیشتر در افزوده‌ها) سخن از اخترماری و اخترماران رفته است، و می‌بایستی سخنی چند پیرامون آن نیز آوردن!

۱- زوله‌گاه

چنانکه در گفتار ویژهٔ زمین‌پیمایی گذشت ایرانیان برای نگرش جنبش و روش ستارگان، جایگاه‌های ویژه می‌ساختند که برترین آنها در جزیرهٔ «فاره» در میانهٔ جهان، بر روی خدّ راست (استوا) برافراشته شد!

دیدار ستارگان در شب‌های بی‌ابر، آسان است، اما ستاره‌شناسان و اخترماران را می‌بایستی در روز نیز گذر و جنبش آنها را بنگرند... و برای رسیدن به چنین کار، ساختمانهای ویژه می‌ساختند که از

جاییکه اخترمار می‌نشست سوراخهای چاه‌مانند بلند، تا گنبدِ آن ساخته می‌شد، و، جای رسیدن سوراخ به گنبد را نیز بگونه‌ای می‌ساختند، که با سایه‌بانی کوچک بر کنار آن، فروغ خورشید بدان نتابد، و چون چنین می‌کردند، شبی ساختگی در هر یک از آن سوراخها و چاه‌ها پدیدار می‌شد، که به آنان توانِ آن را میداد، تا در روزها نیز با نگرشِ همواره، از آن نهانگاه، گذر و گذارِ ستارگان را بنگرند. چنین کار در در زبان فارسی **«زُل زدن»** خوانده می‌شود، که هنوز در نگرشِ **همواره** یک کس بیک چیز یا کس، کاربرد دارد.

چنان جای را نام زوله‌گاه، یا «زولگاه» بود، و چون خواستند که آنرا بزبان تازی برگردانند از آن **«مزوله»** را ساختند که در همان زبان، **همسنگ مِفعَلَه**[1] (اسم آلت) خوانده می‌شود[2].

اما در زبان تازی یک واژه هست که برابر است با «زل زدن» و آن رصد است:

«مراقب (کسی) بودن، مواظب (کسی) بودن، در کمین (کسی) نشستن، در انتظار بودن (برای...) پاییدن (کسی را) احضار کردن با دعا (جن را)، رصد کردن.»[3]

پس، از آمیختن خانهٔ فارسی با این واژه؛ «رصدخانه» برآورده شد، و نرم‌نرم مزوله جای خویش را به رصدخانه[4] داد، چون نامِ تازی‌شدهٔ مزوله بکام فارسی‌زبانان خوشایند نبود.

ستاره‌یاب

نیز از ابزارهای اخترماری بوده است، اما «ی» را شاید به «ل» دگرگون شدن، چنانچه در این گفتار **فرالاوی**، بنیاد، بگونهٔ بُنلاد برجای مانده:

لاد را بر بُنای محکم نه   که نگهدار لاد، بنلاد است

و بر این بنیاد، ستاره‌یاب با ساده‌تر شدنِ آواها بگونهٔ استریاب و استرلاب درآمد.

۱-

اسم آلت که به آلت دال است   مِفعَل و مِفعَلَه و مِفعال است

۲- **ذبیح بهروز نیز چون چنین نام را دید، گمان برد که مزوله را از زاول یا زابل برآورده‌اند و با هیاهوی بسیار جایگاه مزوله‌ها را زابل خواند، باز آنکه اگرچه زابل به نیمروز جهان نزدیک است، اما مزوله را در هر جای دیگر توان ساختن، چنانکه از یکی از آنها، بزمان خواجه** نصیرالدین توسی در شهر مراغه سراغ داریم.

۳- فرهنگ معاصر عربی ـ فارسی ـ انگلیسی، ترجمهٔ آذرتاش آذرنوش، نشر نی، ۱۳۸٤، رویهٔ ۲۳۷.

٤- شگفت آنست که در این روزگار، کودکی از خانه و خانواده گریخته که گزارش «رصد» را نمی‌داند، در دخمه‌گاه یا گورگاه هخامنشیان، برجِ روشنایی آنرا که شبانگاهان از آن، روشنی به دخمه‌ها می‌افکندند، رصدخانه، درشمار آورده است. باز آنکه خورشید جهانتاب را رصد نشاید که همه گاه و همه جا آشکار است و جنبش و روش آنرا از روی سایهٔ میل‌ها بر روی رویه‌های درجه‌دار می‌سنجیدند، نه از روی سایهٔ پله‌های برج روشنایی در یک گورستان!

آنگاه چون آن کودک نتوانست نگاه‌ها را بسوی برج روشنایی هخامنشیان بکشاند، یک چارتاقی کوچک را که آتشکدهٔ روستایی پیرامون کاشان بود برای این کار برگزید و پیرامون آن، هر روز هیاهویی برپا میکند.

تازیان را شاید که چنانچه خود بخواهند، آنرا بگونه «اصطرلاب» بنویسند، اما ساده کردن، و آن را بگونهٔ «صلّاب» درآوردن، کار افزایندگان شاهنامه است، و در جایی دیگر دیده نشده است، بر این بنیاد همهٔ سخنانی که در آن، استرلاب؛ بگونهٔ صلاب درآمده است، افزوده درشمار می‌آیند، و از همه برتر و بدتر، گفتاری است که بهنگام رزم رستم فرخزاد، با تازیان آورده‌اند:

بدانست رستم شمار سپهر — ستاره‌شمر بود و با داد و مهر
همی گفت که :«این رزم را روی نیست — ره آب شاهان بدین جوی نیست»
بیاورد صلّاب و اختر گرفت — ز روز بلا دست بر سر گرفت
یکی نامه سوی برادر، به درد؛ — نوشت و سخن‌ها همه یاد کرد
نخست آفرین کرد بر کردگار — کزو دید، نیک و بد روزگار
چنین گفت که :«ز گردش آسمان — پژوهنده مردم، شود بدگمان
گنهکارتر، در زمانه منم — ازیرا گرفتار اهریمنم
که این خانه از پادشاهی تهیست — نه هنگام پیروزی و فرّهیست
ز چارم، همی بنگرد آفتاب — کزین جنگ، ما را بد آید شتاب
ز بهرام و زهره‌ست ما را گزند — نشاید گذشتن ز چرخ بلند
همان تیر و کیوان برابر شده‌ست — عطارد ببرج دو پیکر شده‌ست

یک: دانستن شمار سپهر را با داد و مهر همراه نشاید کردن، زیرا بسا کسان هستند که با داد و مهراند و شمار سپهر را نمی‌دانند، و نیز باژگونهٔ آن.

دو: رج دویم بویژه در لت دویم نادرخور است.

سه: صلاب؟

چهار: در آن بیابان صلاب را از کجا آورد؟

پنج: «اختر گرفتن» را هیچ گزارش نیست.

شش: در اندیشهٔ ایرانی هیچگاه بدی از سوی خداوند درشمار نمی‌آید، و چنانچه در بخش کیش و دین و آیین گفته شد، ایرانیان اهورامزدا را سرآغاز همهٔ نیکی‌ها می‌دانستند: **«اهورایی مزدایی ویسپا وُهو چینَهمی»**

هفت: چرخ چهارم، همواره چرخ گردش خورشید است، و خورشید همواره از آن چرخ می‌نگرد، چه در زمان فرّهی و پیروزی، و چه در هنگام شکست و سیه‌روزی!

هشت: لت دویم را نیز با لت نخست، و با خود، پیوند نیست، و گزارش ندارد.

نُه: بایستی روشن شود که گزندی که از بهرام و زهره (= ناهید) به ایران می‌رسد، از

۱

برگرفته از کارتوگرافی سحاب (نگارگر: فریبا معزی)
مؤسسه گیتاشناسی

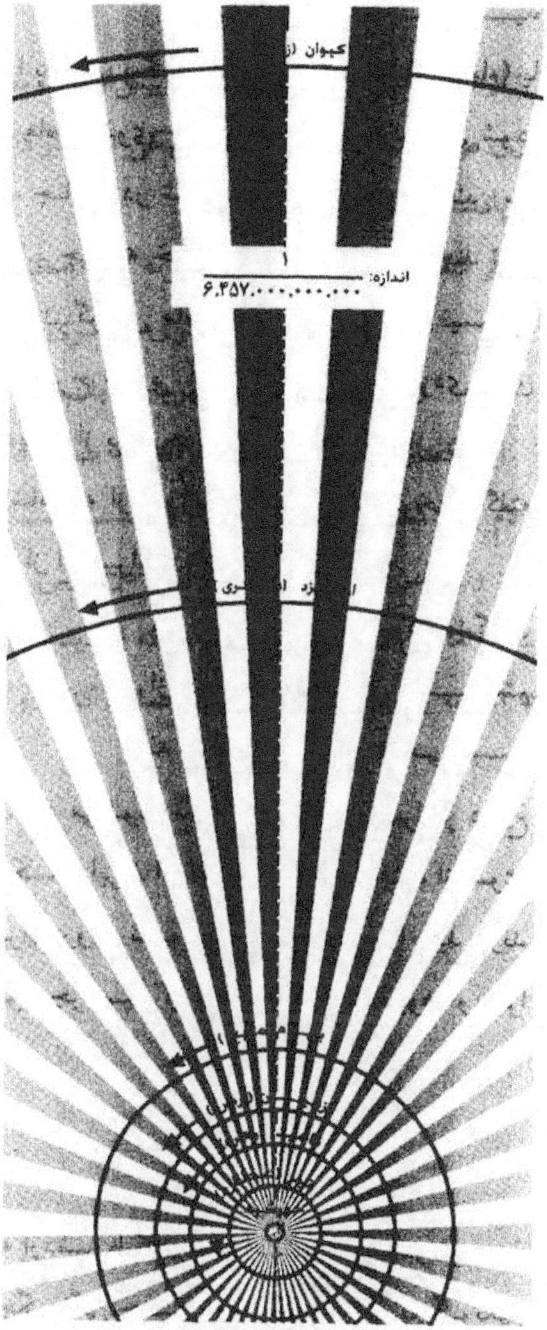

چیست؟ و از کدام جنبش و روش آنها چنین برمی‌آید؟[1]

ده: نشاید گذشتن ز چرخ بلند نادرخور است، زیرا که هیچگاه گذشتن از آن نشاید! بایستی گفتن که از فرمان چرخ بلند نشاید گذشتن!

یازده: برای پی بردن بنادرستی سخت نادرخور رج پایانین، می‌بایستی بدین نگاره نگریستن، تا روشن شود که تیر، نزدیک‌ترین و خردترین ستارهٔ گروه خورشیدی را، چه برابری با کیوان، بزرگترین و دورترین ستارگان برجستهٔ[2] این گروه است؟، و اگر خواستِ افزاینده از همسویی دو ستاره است (که بتازی قِران خوانده شده است، بایستی گفتار چنین باشد تیر و کیوان همسو شده(اند).

دوازده: اما افزایندهٔ ناآگاه نمی‌دانسته است که «عطارد» نام تازی همان «تیر» است، و دوباره با رویکردی تازه از وی نام برده است!

سیزده: ستاره تیر (عطارد) چندان بخورشید نزدیک است، که همواره و گاهگاه با چند درجه دوری با خورشید سر از برج‌ها بر می‌آورد، و او را توانِ آن نیست که خود، بخودی‌خود، دور از خورشید، از برجی دیگر سر زند! باری اگر تیر به برج دوپیکر رود، پس بایستی کیوان نیز (که با آن برابر نمایانده شده بود) به برج دوپیکر رود، (و چنین یاد نشده است).

چهارده: سر برآوردن از یک برج، ویژهٔ خورشید است و بس! اگرچه افزایندگان یکبار سر ماه را نیز از برجی برآورده‌اند:

۱- در همین بخش در گزارش پیش‌بینی اخترماران در این‌باره در کارنامهٔ اردشیر بابکان سخن می‌آید.

۲- پیدا است که در گروه خورشیدی هرگاه، ستاره‌ای نو شناخته می‌شود، چنانکه نپتون و پلوتن را اروپائیان شناختند اما میان ستاره‌های شناخته شدهٔ آنزمان کیوان از همه بزرگتر و دورتر بود.

سر از برج ماهی برآورد ماه　　بدرّید تا ناف شعر سیاه

چون ماه تا ناف پیراهن آسمان شب را بدراند. بیگمان ماه شب چهارده (= پُرماه) یا نزدیک بدان است، چون سر بر آوردن ماه از سوی خراسان شب‌بشب کمتر می‌شود، تا بدان هنگام رسد که شب تیره باشد، چنانکه در شعر نخست گذشت و چنین سر برآوردن در هر شب از ماه که باشد، با برجی که خورشید از آن برمی‌آید چند تسو (= ساعت) جدایی دارد. و از سویی چون گردش ماه همواره بر یک آیین نیست و پس‌وپیش می‌رود، دانستنِ آنکه از کدام برج سر بر آورده است، هیچ سودی برای ستاره‌شمار ندارد، زیرا که در هنگامی دیگر، از برجی دیگر سر بر می‌آورد!

سخن درست همانست که در گفتار شاهنامه از سوی روانشاد رستم فرخزاد گفته شده است که چون گفتارهای افزوده را از آن بپیراییم چنین است:

چنین گفت کز گردش آسمان　　پژوهنده مردم شود بدگمان
گنهکارتر، در زمانه منم　　ازیرا گرفتار اهریمنم
که این خانه از پادشاهی تهیست　　نه هنگام پیروزی و فرهی است

گردش آسمان که در این گفتار از آن یاد می‌شود، نگرش گفتارهای سراسر دروغ موبدانی است که پیش از آن دربارهٔ شکست ایران از دشمنانی که در آینده از سوی دشت تازیکان می‌آیند، در فرهنگ ایران روان شده بود، و خواننده را باید «زند وهومن‌یسن» را خواندن، تا روشن شود چرا سپاه ایران آمادهٔ شکست بود، و چرا بی‌هیچ نبرد، شکست خورد!

نمونه‌ای دیگر

که دربارهٔ گردش چرخ و پیش‌بینی اخترماران در کارنامهٔ اردشیر بابکان آمده است، اگرچه در ترجمهٔ شاهنامه فروافتاده است، اما برای آنکه روشن شود از چگونگی جنبش اختران؛ داوری بچگونگی بخت و پادشاهی و دیگر شدن آن می‌کرده‌اند، یاد می‌کنم!

«روزی اردوان دانایان و اخترماران (که) بدرگاه بودند به پیش خواست و پرسید که چه همی بینید به چیزِ هفتان (← هفت ستارهٔ روان گروه خورشیدی) و دوازدهان (← دوازده برج) و ایستش و.روشِ ستارگان...»

«اخترماران سردار، بپاسخ گفت که دوازدهان فروافتاده و ستارهٔ اورمزد ببالست آید و از بهرام و ناهید، به کُستهٔ (= ناحیهٔ) هفتورنگ و شیراختر مَرزند، و به اورمزد یاری

دهند.»[1]

از این گفتار افزوده بشاهنامه (پیش‌از فردوسی)، چنین برمی‌آید که بهرام و شیراختر به اورمزد یاری می‌دهند،... گردش آسمان بیکی از ستارگان یاری میرساند که او بفراز رود، و این، نشانهٔ آنست که پادشاهی نو، پدیدار می‌شود.

در شاهنامه این گفتار بدین گونه آمده است:

که بگریزد از مهتری کهتری — سپهبد نژادی و گندآوری
وزانپس شود شهریاری بلند — جهاندار و نیک‌اختر و سودمند

این گفتار را از آن آوردم که اگرچه سخن اخترماران دربارهٔ دگرگون شدنِ پادشاهی و روزگار مردم یک کشور، افسانه و دروغ و سست است، و گردش کهکشان و اختران، بس برتر از آنست که خود را با سرگذشت یک مردِ خُرد، در زمینی خُرد تراز خُرد در جهان شگفت‌انگیز کهکشان‌ها، همراه سازد، اما این نمونه نشان می‌دهد که از دیدگاهِ اخترمارانِ یاوه‌پرداز؛ بایستی جنبشی یا کاری پیش آید که آنرا به رویدادهای این جهان همانند کنند، وگرنه «عطارد به برج دو پیکر شده‌ست» را هیچ گزارش نیست!

۱– کارنامهٔ اردشیر بابکان، پیوست ترجمهٔ بهرام فره‌وشی، رویهٔ ۱۵۸.

آگاهی‌های
همـــــگانی

ویراستار را بایستی از خم‌وپیچ‌های زندگی و شیوهٔ زندگانی و پیوند و آمیزش مردمان با یکدیگر و دادوستد و پیشه‌وکار و آماروشمار نخچیروشکار، دامداری، زندگی روستایی و شهری... . آگاهی باشد، تا بتواند، در میان انبوه رویدادهای چندهزار سالهٔ ایرانیان، سخنانِ نادرخور، یا دور از خرد را که از سوی افزایندگان بشاهنامه اندر شده است بازشناسد، و از شاهنامه بپیراید!

نمونه‌ای چند از این سخنان، یا داستان‌های افزوده را برمی‌رسیم.

گوهرِ ناپسود!

در افزوده‌ها، بویژه آنجا که سخن از فرستادن مال و خواسته و گوهر و زر و سیم از سوی سردار یا پادشاهی میرود، شاید بیش از یکسدبار از **گوهر ناپسود** نیز یاد شده است:

ازآن‌پس **همه** خواسته هرچه بود — ز دینار و از گوهر ناپسود

پدرود کیخسرو

ازآنجایگه خواسته هرچه بود — ز دینار و از گوهر ناپسود

وزم کیخسرو شاه مکران

ز دینار و از گوهر ناپسود — ز تخت و ز گستردنی هرچه بود

پادشاهی بهمن

طرایف بچین اندرون هرچه بود — ز دینار و از گوهر ناپسود

شبیخون افراسیاب بر ایرانسپاه

یک: پیدا است که افزاینده یا افزایندگان این لت را از روی هم نوشته‌اند، و در همهٔ افزوده‌های شاهنامه چنین آمده است.

دو: دینار را با گوهر نشاید آوردن که با «درم» همراه توان کردن.

سه: بکار گرفتنِ واژه‌هایی چون «طرایف» در میان گفتار شاهنامه سخت نادرخور است...

چهار: گوهر ناپسود، سنگ کانی است که گوهر را از آن برمی‌آورد، و آنرا بهایی چندان نیست، زیرا که شاید از آن سنگ، گوهری پربها بدست نیاید.

چون سنگ را تراش دهند، و روشن شود که گوهری شایسته در میانهٔ رگه‌های آن هست، آنگاه با چرخ دیگری گوهر را تراش ویژه میدهند، باندازهٔ دلخواه چنانکه بر روی زروسیم جای گیرد، و آن گاه است که گوهر، ارزش پیدا می‌کند!

اما افزایندگان که بیگمان بیشترین کاربرد، از این واژهٔ نادرخور را در شاهنامه روان ساخته‌اند، واژه را از روی داستانی از شاهنامه برگرفته‌اند، آنجا که توس و گیو، دختری زیبا (مادر سیاوخش) را در بیابان می‌بینند و هر یک را آرزوی او در دل برمی‌خیزد و چون بدانجا می‌کشد «که این را همی سر را بباید برید»، با پند یکی از همراهان او را بنزد کاووس می‌برند، تا او در آن کار داوری کند، و کاووس خود؛ دل بدو می‌بازد، و دختر نیز کاووس را از میان گردنکشان می‌پذیرد، و چون وی را بمشکوی شاه می‌برند:

دگر ایزدی، هرچه بایست؛ بود　　　یکی گوهر سرخ بُد، ناپسود

گوهر سرخ دست نخوردهٔ ایزدی که دختران دارند... و این، تنها گوهریست که ناپسودهٔ آن برای خواهان (= خواستار، خواستگار) با ارزش‌تر است... و افزایندگانِ خام‌اندیش این سخن را چنانکه پیشتر گفته شد، بیش از یکسد بار دربارهٔ گوهری بکار برده‌اند، که «پسودهٔ» آن باارزش است!!

یکبار دیگر در شاهنامه، گوهر ناپسود در جای خود بکار رفته است در داستان فرستادن قیصر دُرج دربسته به نزد انوشیروان و پی بردن بدان از سوی بزرگمهر:

یکی سُفته و دیگری نیم‌سفت　　　یکی آنکه آهن ندیده است جفت

....

سه گوهر بدان پرده اندرنهفت　　　چنان هم که دانای ایران بگفت

نخستین ز گوهر یکی سُفته بود　　　یکی نیم‌سُفته دگر ناپسود

از این دو سخن آشکار می‌شود که گوهری را که هنوز نسُفته‌اند، مته و آهن و چرخ و پیراستن به خود ندیده است و چنانکه پیدا است در این گفتار نیز، گوهر ناپسودهٔ دختران در پرده آمده است.

سعدی نیز در گفتاری که به زناشویی مردی پیر با دختری جوان پرداخته است در پرده می‌گوید:

«تو را که دست بلرزد، گهر چه دانی سُفت؟»

شماروآمار

افزایندگان با شماروآمار بیگانه‌اند، و چون با توسن اندیشه بپرواز درمی‌آیند، در ستایش و نیایش از اندازه می‌گذرند، و پروای راستی و درستی در گفتار را ندارند. چنانکه در نبرد بزرگ کیخسرو:

نهادند صندوق بر پشت پیل — زمین شد بکردار دریای نیل
هزار از دلیران روز نبرد — بصندوق در، ناوک‌انداز کرد
نگهبان هر پیل سیسد سوار — همه جنگجوی و همه نامدار

بر بنیاد این گفتار برای یکهزار پیل، سیسد هزار سوار جنگی و نامدار بایستی، گزافه‌ای سخت بزرگ، که اگر سیسدهزار سوار نگهبان پیلان لشگر بوده باشند، چندهزارهزار (= میلیون) سوار دیگر برای جنگ بایسته می‌نماید؟ و مگر پیل جنگی را نگهبان باید؟

در همان نبرد بزرگ شمار سپاهیان از هر دو سوی، چنان است که خوراکِ ستوران آن را در جهان باستان نمیتوانستند فراهم کردن (بنگرید به پانویس‌های آن نبرد که میزانِ پتخوی را آورده‌ام)

در همان نبرد از سوی افراسیاب:

سپه را ز بیکند، بیرون کشید — دمان، تا لب رود جیهون کشید
سپه بود سرتاسر رودبار — بیاورد کشتی و زورق هزار

پیش‌ازاین یاد کرده شد، که گذرگاه باستانی جیهون از نزدیک شهر «چارجُوْ» [چهارجوی] تا دریای مازندران بوده است که کمابیش یکهزار میل درازا داشته است و آن چگونه لشگری است که سرتاسر آن رودبار را گرفته باشد؟

اگر سپاهیان در یک رده بایستند، در هر یک گز دو کس و در هر ۱۵۰۰ گز (یک میل) سه‌هزار، و در یکهزار میل سه‌هزارهزار (سه‌میلیون) سپاهی باید!

اما افزاینده نه رودبار جیهون را دیده است، و نه از شماروآمار آگاهی داشته است.

در هفتخوان اسفندیار:

ازآن‌پس که اندر بیابان رسی — یکی منزل آید بفرسنگ، سی
همه ریگ تفته است، گر، خاک و شخ — بر او نگذرد مرغ و مور و ملخ

(منزل) همان کاروانسرای است و میان دو کاروانسرای را یک (منزل) راه می‌خوانند بدانروی که در یک روز می‌توان آن راه را پیمودن و شب در کاروانسرای پسین آرمیدن!

هر فرسنگ در زمان ما شش کیلومتر [= ۶۰۰۰ متر] است فرسنگ باستانی؛ شش میل

بوده‌است، و از آنجا که هر میل باستانی ۱۵۰۰ گز درشمار میرفت یک فرسنگ ۹۰۰۰ گز [کمی بیشتر از ۱/۵ برابر فرسنگ امروزین] بوده است، و چون سی فرسنگ راه برای رسیدن بدان خوان، درشمار آوریم ۲۷۰/۰۰۰ گز، نزدیک به ۳۰۰٫۰۰۰ متر یا سیسد کیلومتر امروزی است، آنگاه با کدام اسپ، میتوان چنین راه دراز را در یک نیمهٔ روز پیمودن؟

پیدا است که افزایندهٔ خانه‌نشین را، با راه و کاروان و کاروانسرای آشنایی نبوده است و بی‌پروا، آنچه را که برای پساوای «رسی» در لت نخست بایسته بوده است، در لت دویم آورده است.

در ساختن تخت تاقدیس:

برش بود و بالاش سد شاه‌رش — چو هفتاد رش برنهی از برش
سدوبیست رش نیز پهناش بود — که پهناش کمتر ز بالاش بود

یک: «بَر» در زبان فارسی همان پهنا است، که در رج دویم آمده است و افزایندهٔ ناتوان دو بار از آن نام برده است.

دو: «شاه‌رش» اندازه‌ای میان دو دست از دو سوی شانهٔ باز کرده است که اگر میانه برابر با ۱/۵ گزش بگیریم برابر با ۱۶۶ سانتی‌متر امروز است و چون آنرا در ۱۷۰ بزنیم، بلندای آن ۲۷۵/۴ متر امروز می‌شود، و کدام ایوان در جهان ساخته شده است که تختی به بلندای دویست‌وهفتادوپنج متر و پهنا (= بر) ۱۹۴/۴ متر را بتوان در آن جای دادن؟

در پاسخ خسرو به شیرویه:

نیاتوس را مهره دادم هزار — همان زرِّ سرخ و همان گوشوار
کجا سنگ هر مهره‌ای بدهزار — ز مثقال گنجی که کردم شمار

یک: روشن نیست که هزار مهره، یا هزار زر سرخ و گوشوار.

دو: مثقال گنجی را گزارش نیست.

سه: مثقال در زبان فارسی، درمسنگ است.

چهار: اگر هر مهرهٔ آن هزار مثقال بوده باشد، از آنجا که هر ۱۶ مثقال برابر یک سیر است سنگینی هر مهره ۶۳ سیر می‌شود که بیش از ۵/۲۵ کیلوی امروزین است.

پنج: اکنون اگر گرانیِ زری را که برای گوشوار بکار می‌رود بر آن بیفزاییم، آن کدام

گوش است؟ در جهان، که توان بردنِ چنین گوشوار را داشته باشد؟

در نامهٔ یزدگرد به مرزبانان توس:

ز گاوان گردون‌کشان –چهل‌هزار   بخوشه درون، گندم آرند –بار–

یک: افزایندهٔ ناتوان «چهل‌هزار بار» را از یکدیگر گسیخته در دو لت آورده است.

دو: اگر هر گردونه را دویست من بار درشمار آوریم چهل‌هزار گردونه ۸٬۰۰۰٬۰۰۰ من و ۲۴۰٬۰۰۰٬۰۰۰ کیلو است، برابر با ۲۴۰٬۰۰۰ تن و دویست‌وچهل‌هزار تن گندم را کجا، جای توانند دادن؟

سه: خرد نمی‌پذیرد که گندم را با خوشه (و ساقه) انبار کنند، و هیچکس تاکنون چنین نکرده است، زیرا که چون گندم را بکوبند و از ساقه و خوشه جدا کنند جای کمتری میگیرد و چنین است که گندم را می‌توان در «کندو»ها جای دادن. بنگریم که افزایندگان، چگونه با خرد و اندریافتِ خوانندگان بازی می‌کنند!

نوای خوش

در داستان باربد و خسرو:

بجویید در باغ تا این کجا است   همه باغ و گلشن چپ و دست راست

دهان و برش پر ز گوهر کنم   برین رود سازانْش مهتر کنم

یک: این کجا است؟ نادرخور است. این نوازنده کجا است؟

دو: چون برِ (آغوش) کسی را پر از گوهر کنند، دهان را چه اندازه باشد که از آن یاد کنند؟

سه: با آوردن «رودسازان»، افزاینده؛ نشان می‌دهد که «ساختنِ رود» را نمی‌شناخته است، و آنرا بجای «نواختن» آورده است.

آنرا که امروز «ساز» می‌خوانیم، در زبان باستان «رود» خوانده می‌شد، و چون آهنگِ نواختنِ رود می‌کردند، می‌بایستی کشش تارهای آنرا هماهنگ کنند تا هر پرده‌ای نوای خویش را داشته باشد، و اینکار را «ساختن» یا «ساز کردن» می‌خواندند:

زننده، چو بایست، «برساخت» رود   برآورد مازندرانی سرود

زننده، رود را «ساز کرد»!

از سعدی است، دربارهٔ خنیاگر بدآواز:

گویی رگ جان می گسلد، زخمهٔ ناسازش
ناخوشتر از آوازهٔ مرگ پدر؛ آوازش!

زخمهٔ ناساز، زخمه بر رودی است که ناساخته، یا ناساز (= ناکوک) باشد. بر این بنیاد، «رودسازان» نادرخور است، و بایستی بجای آن «رودنوازان» آید.

بهنگام بار یافتن رامشگر مازندرانی نویسندگان در گفتار فردوسی دست برده چنین نوشته‌اند:

بفرمود تا پیش او خواندند
برِ رود سازانش بنشاندند

در این رج نیز بایستی بجای «رودسازان» خوشنوازان آید!

موسیقی در زبان پهلوی هونَواک (= نوای خوش) است که درگذرِ زمان به «هونیاک» دگرگون شد، و پسان در فارسی بگونهٔ واژهٔ خُنیا که در «خنیاگر» شنیده می‌شود در آمد که گونهٔ دیگر آن خوشنواز است.

این ناآگاهی را با آگاهی درست نویسندگان شاهنامه به هنگام زاری کردن باربد بسنجیم:

بسازید، ره را؛ بر آوازِ رود
ببربت همی «مویه» زد با سرود

آوای رود را در راه (= دستگاه) ساز کرد (= کوک کرد!)، و با نوای بربت در گوشهٔ «مویه» سرود خواند.

آیین می‌نوشی:

در ایران باستان «می‌نوشی» را آیینی ویژه بوده است، که از آن نشایستی سر تابیدن.[1]

۱- جام می را هفت خدّ بوده است، که از زیر ببالا چنین خوانده می‌شد:

فرودینه

وَرشکر

کاسه‌گر

اَزْرَک (ازرق)

بَجْرَک یا بسره (بصره)

۱- در این باره بنگرید به پژوهشی دربارهٔ می www.bonyad-neyshaboor.com.

بغداد

جور

و در انجمن، هر کس باندازهٔ توان خویش در یکی از این اندازه‌ها مَی می‌نوشید، از آغاز تا پایان... و چنین پیدا است که هفت جام می می‌نوشیدند، از آنجا که در نامه خسرو قبادان و ریدک خسرو از وی دربارهٔ چیزهایی که با هر جام می‌نوشند، می‌پرسد، و پاسخ وی چنین است:

اندر میِ نخست؛ خوشبوی. دودیگر دارینک (میوه‌هایی که از درخت می‌چینند) سدیگر هلیلهٔ پرورده، چهارم خامیز (گونه‌ای خوراک که با گوشت اسپ یا آهو... در سرکه می‌پروردند) پنجم بَزماورد (گوشت کوبیده سرخ کرده و پخته همراه با چاشنی که در نانِ تُنُک (امروز لواش) گرمِ تازه از تنور بیرون آمده می‌پیچدند و بر سر خوان آورده با کارد می‌بریدند و می‌خوردند. ششم وس‌شام (شناخته نشد) هفتم روغن اندود (شناخته نشد) و خوابیدن.

اما هر جام را بنام کسی می‌نوشیدند، نخستین جام بنام شاهنشاه. دودیگر بنام سپاهبد خراسان. سدیگر بنام سپاهبد نیمروزان، چهارم بنام سپاهبد خورروران و جامهای دیگر را بنام دیگران.

پیدا است که چون جام بنام شاهنشاه یا سپاهبدان نوشیده می‌شد، برپای میخاستند و یکجا در شاهنامه از بوسیدن جام نیز یاد شده است.

رستم در نبرد هفت پهلوان:

بکف بر، نهاد آن درخشنده جام — نخستین ز کاووس کی برد نام
که شاه زمانه، مرا یاد باد — همیشه تن و جانش آباد باد
دگر باره بستد، بر آن داد بوس — چنین گفت کاین باده بر روی توس

*

زواره چو ساغر بکف بر، نهاد — همان از شه نامور کرد یاد
می زابلی، سرخ؛ در جام زرد — تهمتن بروی زواره بخَورد

در آن انجمن رستم چنانکه گفته شد، جام نخستین را بیاد کاووس، دودیگر را بیاد توس (سپهسالار خراسان) و سدیگر را بروی زواره برادرش (که سپهسالار نیمروز بود) نوشید. و اینچنین آهنگ نوشیدن هفت جام را داشت که بزرگان ایران از وی خواهش کردند، بدان جام بس کند، زیرا که سپاه افراسیاب نزدیک می‌شد:

سران جهاندار برخاستند — اَبَر پهلوان خواهش آراستند

اما رستم:

ز بگماز و رامش نکرد ایچ کم		بشادی بیفزود و کاهید غم

گفتار رستم:

پس از پیروزی بر خاقان چین:

غم و کام دل بیگمان بگذرد		زمانه دم ما همی بشمرد
همان به که ما جام می بشمریم		بدین چرخ نامهربان ننگریم
می خسروانی بیاورد و جام		نخستین ز شاه جهان برد نام

با چنین آیین، پیدا است که این سخن افزوده بشاهنامه است، در رسیدن بهمن به رستم:

یکی جام زرین پر از باده کرد		وز او یاد مردان آزاده کرد
دگر جام بر دست بهمن نهاد		که میکن از آنکس که خواهی تو یاد

*

دیگر آیین، چنان بود که چون ایرانیان بهنگام خوراک آهسته و زیر لب ستایش یزدان می‌کردند، پس هیچکس را پروای آن نبود که با ستایش یزدان بر سرِ خوانِ خوراک گفت‌وگوی کند.

چون نان خورده می‌شد، خوان را به می و گل می‌آراستند، و مَی می‌نوشیدند، تا بهنگام می‌نوشی بتوانند با یکدیگر بگویند و بخندند و سرود خوانند و رامش پذیرند!

پس این گفتار، در همان دیدار، با فرهنگ ایرانی سازگار نیست:

ازو بستد آن جام، بهمن؛ سبک		دلارام، میخواره‌ای بُد تُنُک(؟!)
چو از خوان نخجیر برخاستند		سبک بارهٔ مهتران خواستند

که خوان خوراک و خوان می هیچگاه یکزمان گسترده نمی‌شد.

باز در همان داستان در دیدار رستم و اسفندیار:

بیاورد یک جامِ می میگسار		که کشتی بکردی بر او بر، گذار(!!؟)
بیاد شهنشاه رستم بخَورد		برآورد از آن چشمهٔ زرد گرد
یکی جام را کودک میگسار		بیاورد پر باده شاهوار
چنین گفت پس با پشوتن براز		که: «بر خوان نیاید به آبت نیاز؟
چرا؟ آب در جام می بفکنی		که تیز نبیدِ کهن بشکنی»
پشوتن چنین گفت با میگسار		که: «بی‌آب، جامی پر از می بیار»

یک: رج نخست را دروغ‌آزمایی گفته است که خود از گزافهٔ خویش ناآگاه بوده است.

دو: جامی که چون دریا بود به «چشمهٔ زرد» دیگر شد.

سه: رج سیوم دوباره‌گویی است، گوینده را بایستی چنین گفتن: «دویم جام را کودک میگسار».

چهار: جام‌ها را تنها برای رستم نشایستی آوردن که همگان با هم بودند، و با هم می‌می‌نوشیدند.

پنج: «شاهوار» را چنانکه در بخش زبان فارسی گذشت، نشاید برای «جام» یا «باده» آوردن! شاهوار بار بر شاه است، و آن جامه‌ای یا تاجی است که بر تن شاه می‌کردند، نه آنچه که شاه آنرا می‌خورد!

شش: اگر بادهٔ شاهوار(!) بود چرا در رج پسین با آب آمیخته شد؟

هفت: نبید کهن «می انگوری» است، و بهیچ روی نشاید آب بدان افزودن زیرا که بیدرنگ ویژگی خویش را از دست می‌دهد، آنچه را که شاید بدان آب افزودن «مُل» (بزبان رومانو مُل، در گفتار فارسی مُل، در زبان زرتشتیان یزد و کرمان اَرَک، تازی شده اَرَق (عرق) است که دو آتشه، یا چند آتشه‌اش می‌کشند تا مایه‌اش بیشتر و گرانیش کمتر شود و برای بردن براه‌های دور آسانتر باشد.

اینچنین، مُل را در زیستگاه‌ها، با آب، سبکتر می‌کردند.

آیین

نخجیرگری و شکار

چند روز پیش از شکار، گروهی که بآنان جَرگه نام داده‌اند، بخش گسترده‌ای از کوه و دشت را در میان می‌گرفتند [واژهٔ پَریوار یا پَروَست پهلوی برابر با محاصرهٔ تازی است که در زبان فارسی فراموش شده است] آنان با آوای بوق و تبیره، و بانگِ کوس، خروشان بسوی کانونِ همان پَروَست به پیش می‌رفتند و پریوار را تنگ می‌کردند و جانوران را از ترس بانگ آنان، بمیان پریوار پیش می‌رفتند!

این راهپیمایان چندان به پیش می‌رفتند، تا جانورانی که در یک گسترهٔ بزرگ می‌زیستند، در یک دشت کوچک گرد آیند... آنگاه، شاه کشورگشای(!) بهرسو که می‌نگریست جانوران را نزدیک خویش می‌دید، و می‌توانست که هرچه بیشتر جانوران را بکشد و اندرون تیره و خونریز خویش را با شکار و کشتن آنها خرم سازد!!

در این پریوار؛ چند کس از شاهزادگان و نزدیکان و سرداران بزرگ همراه شاه بودند، و دیگران را نبایستی شکار کردن! نگاره‌های بسیار از شکار شاهان، بویژه شکار خسروپرویز در دست هست و نشان می‌دهد که وی در میان انبوهی از نخچیران، بهرسوی که می‌خواست تیر می‌افکند.

بایستی بدین سخن سخت نگریستن که شکار در ایران باستان از گناهان بشمار می‌رفت، و تنها آن کسان که بیکار بودند می‌توانستند باندازهٔ روزی خویش شکار کنند، اما پادشاهان در اینکار آزاد بودند، چنانکه در داستانها از آن یاد شده است.

با چنان جرگه بستن‌ها، این گفتار را بایستی از افزوده‌های شاهنامه درشمار آوردن:

دگر روز، چون تاج بفروخت هور — جهاندار شد سوی نخچیر گور
کمان را بزه بر، نهاده سپاه — پسِ لشگر اندر همی رفت شاه
چنین گفت هر کاو کمان را بدست — بمالد، گشاید، به اندازه شست
نباید زدن تیر، جز بر سرون — که از سینه پیکانش آید برون!

یک: آیین شکار و بستنِ جرگه چنان نبوده است، که لشگریان را نیز با خود بهمراه برند...

دو: ...آنگاه، لشگریان، پیش روند، و شاه؛ از پس!!

سه: شست را باندازه نشاید گشادن، که «بر» را بایستی باندازه‌ای گشودن که سوفار بگوش رسد، و پیکان روی انگشتان دست چپ کنار کمان برسد.

چهار: گشادِ برِ یک تیرانداز پهلوان و بلندبالا کمی بیش از نیم‌گز بوده است، و تیر را نیز بزرگتر از این نشاید بریدن، زیرا که هر دو سر آن بایستی میان دو دست، در کمانِ گشاده جای گیرد، و درازای چنین تیر باندازه‌ای نیست که از سرون (= کپل) نخچیری چون گور، فرورود، و از سینه او بدر آید!

در دنبالهٔ همان داستان چنین آمده است:

برانگیخت شبدیز، بهرام گور — چو نزدیک شد با یکی نرّه گور
چو آمدش هنگام، بگشادِ شست — بر گور را با سرونش ببست
شگفت اندر آن زخم او ماندند — یکایک بر او آفرین خواندند
که کس پرّ و پیکان تیرش ندید — ببالای آن گور، شد ناپدید

یک: آمد هنگام بگشاد «شست»، سخت نادرخور است... بگفتار درست فردوسی در نبرد با اشکبوس بنگریم:

چو پیکان ببوسید، انگشت اوی	گذر کرد، از مهرهٔ پشت اوی

دو: افزاینده در سخن پیشین فرمان نه چنین داده بود! پیمان چنین بود که تیر را بر سرون گور چنان بزنند، که از سینه‌اش بدر آید.

سه: افزایندهٔ سست گفتار، نتوانست آنچه را که خود گفته بود، بجای آوَرَد، و سرون را نه با سینه، که با «برِ» او ببست.

چهار: سرون (کپل) گور، از برِ او چندان دور نیست که یک تیر، میانِ آن گُم شود! آنهم تیری که می‌بایستی از سرون تا پیشِ سینه او برود!

پنج: سوفارِ تیر چنانکه پیشتر نیز گفته شد، بیرون می‌مانَد، و به اندرون نمیرود، زیرا که گشادگی پرهای آن از سوراخی که پیکان میان گوشت می‌سازد، بیشتر است.

شش: تیریکه از سرون تا «برِ» گور رفت، در رج چهارم در «بالا»ی گور ناپدید شد!

کشاورزی و زندگی روستایی

دام

زندگی شهری

کارِ روستاییان همواره همراه با کشاورزی بوده است، و در شاهنامهٔ ما، چنانکه بکار سپاه و کشور فرهنگ و دین... پرداخته شده است، روستائیان نیز جایگاه ویژهٔ خویش را دارند، و گفتارهایی که نه درخور روستا و کشاورزی باشد، از شاهنامه نیست، و افزوده بشمار میرود.

نمونه‌ای از آنچه که در زندگی روستایی و هم‌شهری کاربرد فراوان داشته است «نمکسود» است که در بخش‌های افزوده بداستان بهرام و روستایی با دگرگونهٔ آن روبرو می‌شویم:

نداری نمکسود و هیزم نه نان — چه سازی تو برگِ چنین میهمان

بَره کُشتی و خورد و رفت این سوار — تو شو، خر؛ به انبوهی اندر گذار

زمستان و سرما و بادِ دمان — به پیش آیدت بیگمان، ناگهان

یک: نمکسود را امروز در بیشتر زبانهای ایرانی «قورمه» می‌نامند، و فراهم آوردن آن چنانست که نخست؛ دنبهٔ گوسفند را ریز کرده در دیگ بهم می‌زنند تا روغن آن برآید. آنگاه گوشت را که به تکه‌های بزرگتر از یک لقمه بریده‌اند، اندرون آن می‌ریزند و با افزودن نمک بیشتر از اندازهٔ خوراک چندان بهم می‌زنند، تا گوشت میان روغن سرخ و پخته شود. پس از سرد شدن، در خیک یا دیگی می‌ریزند، و چون روغن بر خود ببندد، آنرا در جایگاهی خنک نگاه می‌دارند...، و در همهٔ هنگام پاییز و زمستان گوشت، میان روغنِ بستهٔ نمکسوده می‌ماند، تا بتوانند از آن سود جسته مهمانِ از راه رسیده را پذیرا باشند!

دو: آنزمان که بهرام بخانهٔ روستایی رفت، خردادماه؛ هنگامِ داشتنِ نمکسود نبود، زیرا که نمکسود با رسیدن نوروز بپایان می‌رسد.

سه: خانواده‌ای که بره‌ای دارد که برای مهمان سرش را ببرند، بیگمان بهنگام پاییز نیز بره خواهند داشت، تا نمکسود فراهم کنند، و این سخن را در آغاز خردادماه، جای گفتن نیست.

چهار: بهار است، و، زن، از شوی کشتن بره می‌خواهد، نه نمکسود.

پنج: نمی‌توان باور کردن که خانهٔ روستایی را نان نباشد.

شش: زن، در کارِ (ساختن برگ میهمان) است، که از شوی خود می‌خواهد، بره‌ای بکشد.

هفت: از همه برتر آنکه هنوز، با دگرگون شدن بسیاری از ارزش‌ها، هیچ روستایی (و شهری) ایرانی نیست که چون مهمان بخانهٔ او آید، اینچنین سخنان را نزد میهمان بزنِ خویش بگوید!

نمونهٔ دیگر:

در همان داستان:

بیاورد گاو، از چراگاه خویش — فراوان گیا برد و بنهاد پیش

به پستانش بر، دست مالید و گفت — «بنام خداوند بی‌یار و جفت

یک: شیر گاوان و گوسفندان را بامدادان، پیش از فرستادن آنان بچراگاه می‌دوشند، پس درست نمی‌نماید که در چنان هنگام از آوردن گاو (از چراگاه) یاد شود.

دو: چون گاو از چراگاه بازگردد، سیر است و به [گیاه فراوانش] نیاز نیست.

سه: هم گاو و هم گوسفند نشخوارکننده‌اند، و شب‌هنگام؛ آنچه را که روز خورده‌اند نشخوار می‌کنند، و زمان برای خوردنِ دوباره ندارند.

نمونهٔ دیگر

بامداد است و:

بدانگه که خور، چادر مشکبوی — بدرید و بر چرخ بنمود روی

بیامد زن از خانه، با شوی گفت — که هر کاره با آتش آر، از نهفت

ز هر گونه تخم اندرافکن بآب — نباید که بیند ورا، آفتاب

پس از پخته شدن، گفتارِ افزوده چنین آمده است:

به هر کاره چون «شیربا» پخته شد — زن و مرد از آن کار پرداخته شد

بنزدیـک مهمـان شـد آن پـاکرای | همی برد خوان، از پسش؛ کدخـدای
نهـــاد از بـــرش کاســـهٔ شـــیربا | چـه نیکـو بـدی گـر بـدی زیربـا(!؟)

یک: در گفتار درست شاهنامه چون زن را آهنگ دوشیدن گاو است، از شوی خویش می‌خواهد که هرگونه تخم (= بُنشَن، نخود، لوبیا، ماش، مرجومک [عدس]، گندم...) در «هر کاره» (= دیگ سنگی) بریزد.

دو: چنین هرکاره چون پخته شود، شوربا (= آش یا آبگوشت) است، نه شیربا (= آش شیر)!!

سه: زن و مرد را از آن کار «پردخته شدند» باید.

چهار: پس از گفتار درست شاهنامه، باز سخن از کاسهٔ «شیربا» می‌رود که نادرست است.

پنج: مغز افزاینده، در این گفتار با «ایست» روبرو می‌شود و گفتار نادرخورِ لت دویم را می‌سراید، تنها از برای پساوای شیربا! و اگر (زیربا) که گونهٔ نادرست (زیره‌با) است بهتر می‌بود، چه کس آرزوی آنرا کرد؟ زن و شوی؟... که آنان می‌توانستند بجای شیربا زیره‌با بپزند... بهرام؟ که از آیین شرم ایرانی بدور است که، بمیزبان گوید کاش زیره‌با می‌پختید!!

نمونهٔ دیگر:

هنگامیکه بهرام بخانهٔ آن روستایی میرسد:

زنی دید، بر کتـف او بـر، سـبوی | ز بهـــرام خســرو بپوشـید روی
بدو گفت بهرام، کـ :«سایدر، سپنج | دهی؟ گر بباید گذشتن به رنـج!»
چنین گفت زن کای نبـرده سـوار | تو این خانه را خانـهٔ خـویش دار

از آنپس زن:

سـوی خانـهٔ آب شـد، آب بـرد | همی در نهان، شـوی را برشـمرد

یک: بدانهنگام که بهرام از زن روستایی سپنج خواست، زن با سبویی بر شانه، بسوی خانهٔ خویش میرفت، پس چرا بایستی بیدرنگ بسوی (خانهٔ آب) رود، و آب ببرد؟

دو: «خانهٔ آب» در زبان فارسی کاربرد ندارد، و واژهٔ درست آن «آب‌انبار» است.

سه: در شهرها، در هر یک از خانه‌ها، یک آب‌انبار نیز ساخته می‌شد، اما در روستاها، همگان، یک آب‌انبار همگانی بزرگ داشتند، که هنوز در بسا از شهرهای کویری

ویران نشده و پا برجای‌اند و در هیچ روستای ایرانی دیده نشده است که هر خانهٔ روستایی برای خود آب‌انبار ویژه [نه خانهٔ آب] داشته باشد.

چهار: «شمَرد» را با «بُرد» پساوا نیست.

پنج: اگر زن در نهانِ خویش؛ بشوی خود دشنام داده بود، چه کس از آن آگاه شد، تا داستانِ آن در شاهنامه بیاید؟

نمونه‌ای دیگر:

در داستان‌های افزوده به هنگام بهرام گور:

همه جویباران پر از مُشک‌دُم بسانِ گُلِ نارون، می بخُم

یک: گیاهی بنام مُشک‌دُم نداریم.

دو: درخت نارون را گل نیست، و برگهایی گِرد، و سبزِ کمرنگ دارد که از برگ بازشناخته می‌شود.

سه: باری آن برگهایِ سبزِ گرد، سرخرنگ نیستند که بتوان رنگشان را با «مَی سرخ» همانند کردن!

نمونه‌ای دیگر:

در داستانهای افزوده بهنگام بهرام گور:

بهار آمد و شد جهان چون بهشت بخاک سیه بر، فلک لاله کشت
بگفتند با شاه بهرام گور که شد دیر، هنگام نخچیرِ گور

یک: در سرتاسر ایران فرهنگی بهنگام بهار که نخچیران بچه دارند، کسی بشکار آنان نمی‌رود، که هنگامِ آن، دیر نیز؛ شده باشد.

نمونه‌ای دیگر:

در سیر شدن کیخسرو از شاهی:

دگر گنج، کش نام «بادآور» است پر از افسر و زیور و گوهر است
نگه کن...
دگر چاهساری که بی‌آب گشت فراوان بر او، سالیان برگذشت

یک: «گنج بادآورد» بهنگام خسروپرویز پیدا شد، و چنانکه گفته‌اند، یک کشتی دزدان دریایی که سرنشینان آن در نبردی میان دزدان کشته شده بودند، بی‌سرنشین بسوی ایران می‌آمد، و گوهرهای آنرا برای خسروپرویز در گنجی ویژه نهادند.

دو: افزاینده بجای کاریزِ بی‌آب؛ چاهسارِ بی‌آب آورده است.

کاریز، یک رشته چاه است که از «مادر چاه» تا «هَرَنج» یا «فَرَهَنج» یا «شکافته» آبرا از خزانهٔ زیر زمین، به روی زمین می‌آورد.

و چاهسار، دشتی است که در میان آن چاههای فراوان کنده باشند، خواه آب داشته باشند، خواه بی‌آب باشند.

از همان بخش:

دگر آبگیری که باشد خراب　　　از ایران و از رنج افراسیاب

یک: آبگیر، آبدان، آبزن، در زبان ارمنی آوازان، بتازی حوض گشته است که جایگاه گردآوری آب باشد، و چنین جای را نشاید «خراب» آنهم از رنج افراسیاب یا ایرانیان درشمار آوردن، زیرا که هرآن آبگیر را که اندکی ویرانی پیش آید، با چند بیل گل و خاک می‌توان آنرا درست کردن، و آباد کردنِ آن نیاز به درم و دینار ندارد.

دو: «باشد خراب» نادرست است: «خراب شده است» اما چنین واژه‌ها در گفتار فردوسی روان نمی‌شود، اگر افزاینده را اندکی بینش می‌بود، چنین می‌توانست سرودن:

دگر آبگیری که ویران شده است　　　ز تورانیان «گر» (= یا) از ایران شده است

نمونه‌ای دیگر:

در داستان گازر و داراب:

چون زن از گازُر می‌پرسد که:

که بازآمدی، جامه‌ها، نیم نَم　　　بدین کار کرد، از که یابی؟ درم

بدو گفت گازر که: «بازآر هوش　　　ترا زشت باشد از این پس خروش

کنون گر بماند سخن در نهفت　　　بگویم به پیش سزاوار جفت

بسنگی که من جامه را برزنم　　　چو پاکیزه گردد به آب افکنم؛

پیش از آنکه گردهای شیمیایی ساختگی ببازار آید، گروهی بنام «گازُر» که کارشان رختشویی بود، جامه‌ها را از مردمان می‌گرفتند، و در جایی بنام «گازرگاه» که در کنار رود، یا دهانهٔ کاریز، کنده‌ای

باندازهٔ نیم‌گز یا کمتر گود می‌کردند، و با چیدن چند سنگ جلو آب را میگرفتند و سنگی بزرگِ پهن نیز کنار آب می‌نهادند، و پس از خیس کردن جامه‌ها «لابَرلا»[1] اُشنان[2] می‌ریختند و با ابزاری چوبین بنام کُتَک، گوازم، یا جواز که دستهٔ آن گرد، بود و کم‌کم بسوی پایان پهن می‌شد، جامه‌ها را می‌کوبیدند، و چنین کوبیدن و اشنان ریختن را چندان دنبال می‌گرفتند، تا جامه پاکیزه گردد، آنگاه جامه‌ها را آب کشیده بشهر بازمی‌گرداندند.

این سخن باژگونه است. «جامه را بسنگ زدن»! بجای «گوازِمْ را بر جامه کوبیدن» آمده است.

نمونه‌ای دیگر:

در داستانهای افزوده بزمان کسری:

چنین بُد که بر کوه ایشان، گله — بدی بی‌نگهبان و کرده یله
شبان هم نبودی پسِ گوسفند — به هامون و بر تیغِ کوه بلند

گلهٔ بُزان را شاید بفراز تیغ کوه رفتن، اما گوسفندان را توان رفتن به کوه و شخ نیست، و بایستی در دشت، یا دامنه‌های هموار تپه‌ها چرا کنند.

نمونه‌ای دیگر:

در افزوده‌های زمان بهرام گور، از مالداری بنام فرشیدورد یاد می‌شود که خانه‌ای ویرانه دارد، با دری شکسته، که مهمان نمی‌پذیرد. پسان که در کارِ وی پژوهش میکنند، روشن می‌شود که دارایی وی از اندازه بیرون است:

ز گاوان ورز و ز گاوانِ شیر — ده‌ودوهزارش نوشت آن دبیر
همان اسپ و اشتر ده‌ودوهزار — نویسنده بنوشت آنرا شمار
بیابان سراسر، همه کنده سُم — همان روغن گاو درهم بخُم
ز شیراز و از «ترف» سیسدهزار — شتروار بُد، بر لبِ جویبار!

یک: گاوان شیر نادرست است: ماده گاوان.

دو: «آن» را پیش از «دبیر» آوردن ناخور است.

سه: سخن درهمریخته است: شمار اسپان و اشتران او دوازده‌هزار بود! دوازده‌هزار اسپ؟ یا اشتر؟ بایستی روشن باشد؟ اگر از هر یک از آنها دوازده‌هزار داشت پس

۱- روانشاد مادرم همواره بجای لابلا لابرلا می‌گفت. دامغانیان بجای لابلا، لابرلا می‌گویند.

۲- اشنان را در برخی گویش‌ها «چوبک» می‌خواندند.

دارایی وی باندازهٔ خسروپرویز بوده است!

چهار: سُم (سوم) آغلی است که در زیر تپه‌ها می‌کنند، تا جایگاه خوراکِ دامان، یا جایگاه گوسفندان باشد. و روشن نیست که در همهٔ آن بیابان چند «سوم» کنده شده بود؟

پنج: و «روغنِ درهم» را چه گزارش است؟

شش: اما از همهٔ گزافه‌ها برتر سخنی است که دربارهٔ سیسدهزار شتروار «تَرف»، که فرآورده‌ای از شیر گوسفند است آمده است، و چون در زیرنویس همان داستان، سخن را شکافته‌ام، خواننده را بدان بخش رهنمون می‌شوم اینجا تنها یک سخن بایسته است که برای چندین شتروار «ترف» دوهزارهزارهزار (= دو میلیارد) گوسفند باید... و گزافه؛ برتر از این گفتار، در جهان نبوده است.

نمونه‌ای دیگر:

هم در داستانهای افزودهٔ بهرام گور:

بهاران و گوران، شده جفتجوی — ز گُشنی، بروی اندر آورده روی
همی پوست کند این از آن آن ازین — ز خون‌شان شده لئل روی زمین

یک: جانوران، در بهاران جفت‌جوی نمی‌شوند که در بهاران بچه می‌زایند.

دو: «ز گشنی» (= جوانی، یا نَری) را گزارش نیست.

سه: چون جانوران جفت‌جوی شوند، روی، بروی یکدیگر نمی‌آورند که جانور نر، از پسِ ماده برمی‌آید![1]

چهار: نه چنین است که جانوران جفتجوی پوست از یکدیگر برکنند، چنانکه زمین از خون آنان سرخرنگ شود!

دنبالهٔ همان گفتار:

همی بود بهرام، تا گور نر — به مُستی جدا شد یکی از دگر
چو پیروز شد نرّه گور دلیر — یکی ماده را اندر آورد زیر
به زه داشت بهرام جنگی، کمان — بخندید، چون گور شد شادمان
بزد تیر بر پشت آن گور نر — گذر کرد بر گور، پیکان و پر

۱- با چنین گفتار، شایسته می‌بینم که به برخی از جوانان که میگویند از پس کار برآمدم، یا نمی‌آیم هشدار دهم، که چنین؛ سخن نگویند.

نرماده را هر دو بر هم بدوخت   دل لشگر از زخم او برفروخت

یک: دنبالهٔ سخن چنین می‌نماید که آن دو گور که از یکدیگر خون بر زمین میریختند، هر دو نر بوده‌اند، و یکی بر دیگری پیروز شده است، تا با ماده جفت شود، اما «مُستی» گله‌گزاری است و دربارهٔ مردمان کاربرد دارد نه درباره جانوران!

دو: چنین داستان درست نیست، چون خداوند برای هر گور نر، ماده‌ای نیز آفریده است و سزاوار نیست که دو گور تا مرزِ مرگ با یکدیگر بجنگند، تا بیک ماده برسند.

سه: گور شد شادمان را گزارش نیست: «چون گورِ نر، از ماده برخوردار می‌شود».

چهار: افزاینده از آیین شکار ایرانی آگاهی نداشته است که در بهاران هیچ شکارگر آهنگ نخچیر نمی‌کند، تا برّه‌ها بزرگ شده از شیر گرفته شوند... هنوز نیز روستاییان ایران در بهاران چنین نمی‌کنند!

پنج: افزون بر بهاران، در آنزمان که نخچیری آب می‌نوشد، بسویش تیر نمی‌افکنند.

شش: چنین کار دلخراش که افزاینده از آن یاد کرده است درخور دژخیمان است نه پادشاهی مردم‌پرور چون بهرام گور.

هفت: چنانکه پیشتر گفته شد، بهاران؛ هنگام جفتگیری نخچیران نیست.

نمونه‌ای دیگر:

بدانهنگام که در داستان افزودهٔ کشتن افراسیاب و گرسیوز آمده است:

چو فرمان دهد شهریار بلند   برادرش را پای کرده ببند
بیارند، بر کتف او، خام گاو   بدوزند تا گم کند زور و تاو
چو آواز او یابد افراسیاب   همانا برآید ز دریای آب

یک: اگر خام گاو، چرم گاو باشد. افزاینده کاربرد آنرا دربارهٔ بندیان نمی‌دانسته است و داستان چنین است که آنکس را که میخواسته‌اند رنج فراوان دهند، در میان پوست گاو یا خری [که بتازگی کشته شده باشد]، کرده – پوست تازه را بر گردِ تنش می‌پوشاندند، و چون آن چرم، خام بود و کارِ پوست پیرایی بر آن نکرده بودند، کم‌کم خشک می‌شد و پیکر آن زندانی تیره روز را در خود میگرفت، و می‌فشرد و خشکی آن بجایی میرسید که همچون چوب، می‌شد و پیکر آن شکنجه‌شونده را سخت می‌فشرد، چنانکه از هیچ سوی کوچکترین جنبش نمی‌توانست کردن! و

چندان بر او روزگار میگذشت که توان داشت، تا آنکه در اندرون آن زندان سخت جان می‌سپرد!! چنین بود داستان چرم خام، اما چنان نبوده است که چرخ خام را بر شانهٔ کسی بدوزند!

دو: چون کسی را در چرم گاو کنند، نیازی به بند زدن بپای او نمی‌ماند، زیرا که خود، آن پوست گاو، از هزار بند و زندان دردآورتر است.

سه: زور و تاو «گم کردنی» نیست، «از دست دادنی» است.

چهار: آواز نیز «یافتنی» نیست «شنیدنی» است.

نکته‌ای دیگر

در نبردهای کیخسرو و افراسیاب:

بفرمود تا پیش او شد پشنگ — که او داشتی چنگ و زورِ نهنگ

یک: نهنگ را چنگ نیست!!

دو: پشنگ پدر افراسیاب بود، نه پسر او و در زیرنویس‌ها، داستان را روشن کرده‌ام.

نمونه‌ای دیگر:

بهنگام آمادگیِ نمودن بیژن برای جنگ با گرازان:

یکی بیشه، پر خوکِ گردنفراز — تو گویی سرانشان ببرّم بگاز؟

تو یاوه سخن چند گویی همی؟ — گل زهر، خیره چه بویی همی؟

یک: خوک را گردن نیست که آنرا بفرازد!

دو: گلی بنام گلِ زهر در جهان نیست.

نمونه‌ای دیگر

در داستان افزودهٔ رفتن بزرگمهر بهندوستان، و بازگشت او:

ز اود و ز انبر، ز کافور و زر — همه جامه و جام، پیکرگهر

از سستی سخن که بگذریم، «اَنبر» بخشی از جگرِ گونه‌ای نهنگ است که از دریابار افریقا و حبشه می‌آوردند، و هندوستان را «اَنبَر» نبوده است.

نمونه‌ای دیگر

در خان هفتم اسفندیار:

برفتند و صندوق‌ها را به پشت	کشیدند و ماهار اشتر به مشت

یک: خرد نمی‌پذیرد که سپاهیان ایران صندوق را به پشت گیرند، جائیکه اشتران هستند!

دو: افزاینده برای آهنگ سخن «مهار» را به «ماهار» گرداند!

سه: چون صندوق را به پشت گیرند. [اگر بتوانند] دو دست برای گرفتن آنها در کار است، و در چنین هنگام با دست دیگر نمیتوانند مهار اشتران را بگیرند!

نکته‌ای دیگر:

در کارِ کشورداری ساسانیان اندر سخنانِ افزوده:

گزیتی نهادند بر یک درم	گر ایدونکه دهقان نباشد دژم

.....

گزیتِ رزِ باروَر شش درم	به خرماستان بر، همین بُد رقم!

یک: گزیت گونه‌ای باژ بوده است که بر انیرانیان می‌نهادند، چنانکه هر یک از آنان هر سال می‌بایستی باندازه‌ای که از پیش نهاده بودند، به دیوان گزیت (= باژ) بپردازد،... و آنرا سرگزیت می‌نامیدند، که بر سران (= کسان) بخش می‌شد، و هر سر (= هر کس) باندازهٔ خود، آنرا می‌پرداخت! چون اسلام بایران آمد، خلیفگان، آنرا بگونهٔ تازی (جزیه) درآوردند، و بر ایرانیان نهادند، و در خاک ایران از آنان می‌ستدند. چنانکه در داستانِ «آمدن شاه بهرام ورجاوند» که بدبیرهٔ پهلوی برجای آمده است از آن یاد شده است.[1]

دو: همچنین بر درختان نیز نشایستی گزیت نهند، که بشمار درختان از برزیگران باژ می‌ستاندند.

سه: اگر چنین باشد و باژ را بر جای گزیت گذاریم، درختان را، کوچک و بزرگ است، و نشاید که بر همهٔ آنها یکسان باژ نهادن!

چهار: اندازهٔ خرماستان و کوچکی و بزرگی آن نیز پدیدار نیست.

۱- متن‌های پهلوی، گردآورنده دستور جاماسب‌جی - منوچهرجی جاماسپ اسانا، با مقدمه‌ای از بهرام گور انکلساریا و دیباچه از ماهیار نوابی، بنیاد فرهنگ ایران، رویه‌های ۱۶۱-۱۶۰.

افزوده‌های بشاهنامه

پیش‌از

شاهنامه ابومنصوری

در میان نوشته‌های پهلوی برجای مانده، گفتاری دیده می‌شود، بنام «**اندر ستاینیتنِ سور آفـرین**» و آن سخنانِ کسی است که در پایانِ یک انجمن سور، پس از ستایش یزدان و نیروهای مینوی... از میزبان و خوالیگران و خنیاگران و همه کسان که در کارِ آن سور، خویشکار بوده‌اند، تا دربان سپاسداری میکند، و در پایان می‌گوید که چون «می» را با آردِ سنجد بر روی آن خورده‌ام توان گفتار بیشتر نـدارم، شـما خود همه بهتر دانید گفتن![1]

بررسی این گفتار نشان می‌دهد که در همان انجمن سخنانِ گوینده را تندنویسی کرده‌اند، زیـرا کـه اگر از پیش نوشته شده بود، سخنران از کجا می‌دانست که بر روی می، آرد سنجد خواهد خورد، و بـا خوردن آن آمیزه، پروای گفتنش نمی‌ماند!

چون در انجمن سور، گزارشِ سخنانِ سخنران را تندنویسی می‌کرده‌اند، خود نشانِ آشکاری است که چنین گزارش از همهٔ انجمن‌ها و از کار دیوان‌ها و پادشاهان فراهم می‌شده است و چون از چنین نوشته‌ها گزارش سالانه، و آنگاه گزارش هنگام هر پادشاه را می‌نوشتند، رویـدادهای برجسـتهٔ هنگـامِ شاهان بشاهنامه افزوده می‌شد، تا آنکه شاهنامه بدین اندازه رسید که اکنون در دست ما است! اما پیـدا است که هر یک از شاهان در زمان خویش، برخی گفتارها را بسود خویش بشاهنامه اندر کـرده‌انـد، و بیشتر این افزایش‌ها بهنگام شاهان ساسانی، رخ می‌نماید.

نمونهٔ آشکار چنین افزوده‌ها، داستان فرستادن شترنگ از سوی پادشاه هندوستان است بـایران،[2] و

۱- [illegible] متن‌های پهلوی، همان، رویه‌های ۱۵۵ تا ۱۵۹.

۲- در شاهنامه تنها از شاه هند، و فرستادهٔ وی نام برده شده است اما در نوشتهٔ پهلوی «گزارش چترنگ» که بدبیرهٔ پهلوی برجای مانـده اسـت از شاه هندوستان با نام سزیدارم(؟) یاد شده است، و نام دستور او که آورنده چترنگ بود بگونهٔ **تَختریتوس** یا **تاتریتوس** آمده است که هر دو نام ساختگی می‌نماید.

پیشگفتاری بر ویرایش شاهنامهٔ فردوسی ۴۲۰

پی بردن بزرگمهر بدان، و بازی با فرستادهٔ هند، و بردن سه دست شترنج از وی!

آنگاه پدید آوردن بزرگمهر تختهٔ نرد را، و بردن آن بسوی شاه هند، و فروماندنِ بزرگان هندوستان در بازی با آن.

این داستان افزون بر سخنان افزودهٔ پسین، گفتاریست بس استوار و باشکوه و از آنِ فردوسی است، و نمونه را:

در داستان شترنج:

من این نغزبازی بجای آورم   خرد را بدین، رهنمای آورم

در داستان نرد:

دو لشگر ببخشید، بر هشت بهر   همه رزمجویان گیرندهٔ شهر

که دارند، رفتار، هر دو بهم   یکی از دگر، برنگیرد ستم

این داستان پیش‌از فراهم آمدن شاهنامهٔ ابومنصوری نیز در نوشتهٔ پهلوی با نام «**گزارش چترنگ و نهادن نیواردشیر**»[1] آمده است.

بویژه، دربارهٔ نامی که بزرگمهر برای تختهٔ نرد برگزیده است، چنین آورده‌اند:

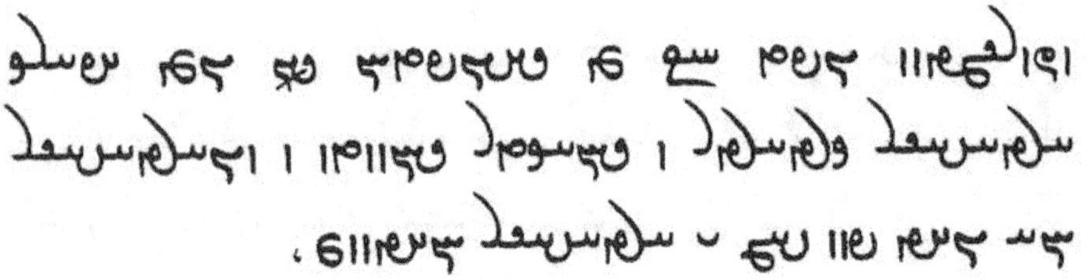

[متن پهلوی]

«بزرگمهر گفت که از دهیوپتان (پادشاهان) اندر این هزاره، اردشیر کَرتارتر (کارآی‌تر) و داناتر بود و "**نیواردشیر**" این جفت (را) بنام اردشیر نهم»[2]

اما انوشه‌روان بزرگمهر بوختکان چنین کار را نکرده است، و افزایندگان زمان خسرو یکم برای بزرگنمایی وی این داستان را بشاهنامه افزوده‌اند، تا پیدایی دو بازی بزرگ جهانی (که در اینزمان نیز هنوز گسترهٔ فرهنگ جهان را گشوده دارد) بنام وی و بهنگامِ وی؛ بازشناخته شود، و چراغی که روشنی بر چنین کار می‌افکند؛ همانا «**کارنامهٔ اردشیر بابکان**» است که بهنگام پرورش و آموزش اردشیر، چنین داوری میکند:

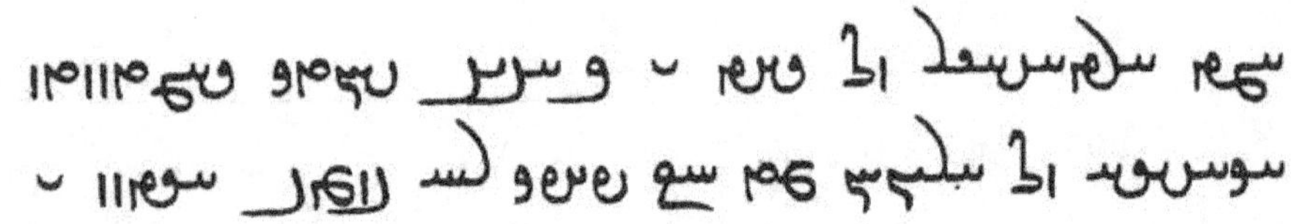

[متن پهلوی]

۱- [متن پهلوی] . متن‌های پهلوی، همان، رویه‌های ۱۱۵ تا ۱۲۰.

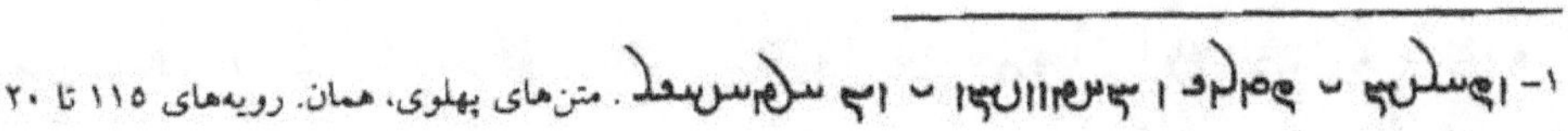

۲- همان، رویه ۱۱۸.

«هنگامیکه اردشیر به دادِ پانزده ساله رسید آگاهی به اردوان آمد که بابک را فرزندی است که به فرهنگ و سواری فرهیخته و بایسته است»[1]

و چون اردشیر بنزد اردوان می‌آید:

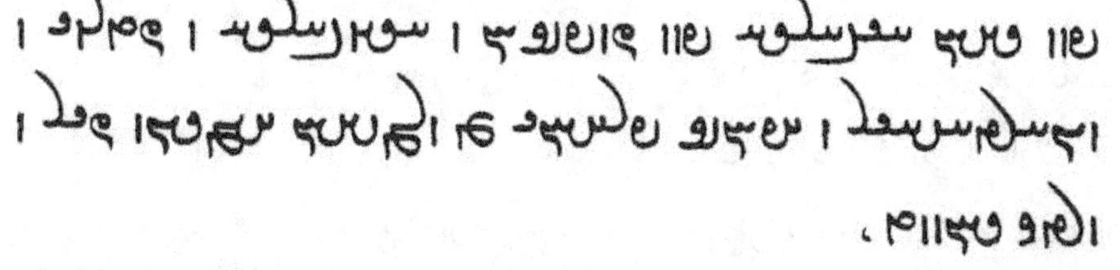

«بیاری یزدان به چوگان و سواری و شترنج و نیواردشیر و دیگر فرهنگ، از همگی آنان، چیره و پیشرفته(تر) بود»[2]

و با چنین داوری، روشن می‌شود که شترنج و نیواردشیر (تخته نرد) پیش از کسری، و پیش از اردشیر، در جهان شناخته می‌شده، و با آن بازی کرده‌اند.

دو گواه روشن دیگر، که افزوده بودن داستان را آشکار می‌سازد، یافته‌های باستانشناسی است:

یک: در کاوش‌های موهنجودارو و هاراپا ۳۵۰۰ سال پیش.

دو: در کاوش‌های شهر سوخته ۵۰۰۰ سال پیش.

تاس تخته نرد بدست آمده است، و پیشینهٔ ساختن آنرا به پنجهزار سال پیش می‌رساند، تا کاوش‌های آینده، داستان از چه گوید!

نمونه‌ای دیگر:

داستان فرستادن قیصر روم، دُرجِ دربسته‌ای را بنزد کسری، تا دانایان ایران بی‌آنکه آنرا بگشایند دریابند که چیست؟ چنین داستان از بُن؛ نادرست است و به یاوه می‌ماند، بدانروی که هیچکس را توان آن نیست که میان درج دربسته را ببیند و دربارهٔ آن داوری کند.

اما دبیران زمان کسری، سخن را بدانسوی کشاندند که چون دانایان ایران از دریافت فروماندند، بناچار بزرگمهر را که کور و خانه‌نشین شده بود، برای گشادن آن راز فراخواندند و او نیز از راهنمای خویش پرسید که از سه کس بپرسد، و او یک دختر شوی ناکرده، یک زن شویمند، و یک زن فرزنددار را دید و بزرگمهر دریافت که سه گوهر در آن حُقّه نهفته است: یکی سفته، دیگری نیم‌سفت

۱- کارنامهٔ اردشیر بابکان، همان، رویه ۱۳۰.

۲- همان، رویهٔ ۱۵.

و سدیگر ناپَسودا!!

بزرگمهر بوختکان دانای بزرگ ایرانزمین، در نوشته‌های خویش، بسا؛ پادشاه را از کردارهای ناخوب پرهیز داده است و او را ترسانده است، از آنمیان: «اندر گیتی؛ که برازنده‌تر است؟ پادشاه نیرومند پیروزگرِ کرفه‌کام (کسیکه کام و خواستهٔ او نیکی کردن باشد)»[1]

«و چه کس مستمندتر است؟ شکوه (ترسناکی) بدپادشاهانِ پیروِ دروغ»[2]

«چه کس سهمگین (ترسناک)تر است؟ پادشاه نازک (زودرنج) و کشنده [قاتل]»[3]

«چه (کار) رنج‌آمیزتر؟ پرستش (= خدمت) به پادشاه دُش ویر (پادشاهی که بدی در یاد دارد).[4]

«چه کس آزرده‌تر؟ شایسته، هنگامیکه ناشایسته بر او پیروز باشد، و دانا، هنگامیکه دژآگاه بر او فرمان راند، و نیک هنگامیکه بد بر او پادشاه باشد»[5]

«چه کس پشیمان‌تر؟ خودپرست هنگامیکه بپایان کار (= مرگ) رسد».[6]

و همراه چنین سخنان که همه، بیم دادن به پادشاه است، چنین گفتار را نیز آورده است:

«**چه** کس بلندپایگاه‌تر (سزاوارتر)؟ نیازمندِ بیچاره و بی‌آز که سپاسگزاری را، با کوشش سودمندانه برای امیدی بزرگ کوشد!»[7]

و پیدا است که شاهِ نازکِ سهمگین و خودپرست؛ چشم بدان دارد که بزرگمهر از وی بنام بلندپایگاه و سرفراز یاد کند، که چنین نکرد!

در پیشگفتار همان نامه، بزرگمهر پریشانیِ ناف و پیوند پادشاهی ساسانیان را در چهارسد سال پیش‌بینی کرده است[8]، و چنانکه پیدا است ساسانیان چهارسدوپانزده سال فرمان راندند، و در بخشی از همان پیشگفتار سخنی شگفت آورده است:

«اکنون من، چنانکه کامه به کوششِ پاکی ورزیدن و پرهیز از گناه کردن [دارم] مگر آنچه که روی داده است، از کنشِ [و] فرمایش هنگام خدایان (پادشاهان هنگام

۱- یادگار بزرگمهر در متن‌های پهلوی، همان، رویهٔ ٩٤.

۲- همان، رویهٔ ٩٦.

۳- همان، رویهٔ ٩٦.

٤- همان رویهٔ ١٠٠.

٥- همان، رویهٔ ٩٧.

٦- همان، رویهٔ ٩٧. پیدا است که از همه کس خودپرست‌تر، پادشاهان بوده‌اند.

۷- همان، رویهٔ ٨٦

۸- همان، رویه‌های ٨٧-٨٦

ساسانی) و بدپادشاهی [که] بدان ناچارم[۱]»!!

ایرانیان به دو گونه شاهی و فرمانروایی باور داشتند. هوپاتخشایی (پادشاهی نیک) که ویژهٔ فریدون و منوچهر و زَوْ و کیقباد... بوده است و دُش‌پاتخشایی (پادشاهی بد) که ویژهٔ ضحاک (بیوراسب) و افراسیاب و اسکندر بوده است.

و چون بزرگمهر با چنین روشنی پادشاهی هنگام ساسانیان را بدپادشاهی می‌نامد، و آنانرا همپایهٔ ضحاک و اسکندر می‌خواند، بایستی سنجیدن که با چنین سخنان، چگونه آتش رشگ و خشم در مغز کسری زبانه می‌کشد!

*

چنین شد، و کسری به بهانه‌ای سخت سست و شرم‌آور... بزرگمهر را به بند و زندان افکند:

چو بیدار شد شاه و او را بدید — کزآنسان همی لب بدندان گزید
گمانی چنان برد، کاو را؛ بخواب — خورش، کرد؛ بر پرورش بر، شتاب[۲]!!

و با چنین گمان، فرمان بزندانی کردن بزرگمهر در خانهٔ خودش داد، و پس از چندی، بدو؛ پیام فرستاد که با فروافتادن از آن پایگاه و آبروی؛ چونی؟ و بزرگمهر پاسخ داد:

که حالِ من از حالِ شاه جهان — فراوان به است، آشکار و نهان

پس کسری فرمان بفرستادن بزندانش داد، و چون پس از چندی از روزگار او پرسید، پاسخ آن بود:

«که روز من آسانتر از روز شاه»!

آنگاه کسری فرمان داد، تا آن دانای بزرگ روزگاران در تنوری تنگ آهنین که اندرون آن از همه سو میخِ تیز کار گذاشته بودند، جای دادند... و:

نبد روزش آرام و شب، جای خواب — تنش پر ز سختی، دلش پرشتاب

باز دل کینه‌ور کسری را آرامش نبود، و پرسش چنین کرد که:

بگویش که چون بینی؟ اکنون تنت! — که از میخ تیز است پیراهنت!

و پاسخ چنین یافت:

..... — کـه روزم بـه از روز نوشیروان
چو برگشت و پاسخ بیاورد مرد — ز گفتار شد، شاه را، روی؛ زرد!

و آن انوشه‌روان در آن تنور آهنین جان بداد، و روانش چنان بپرواز درآمد، که بسا دگرگون شدن

۱– در این باره بهنگام گزارش کارنامه اردشیر بابکان سخن گسترده‌تر می‌آید.

۲– مرا شرم می‌آید که این سخن را گزارش کنم، اما چون بیگمانم که بسا از جوانان آنرا درنمی‌یابند، از گزارش آن ناچارم:
چون کسری از خواب بیدار شد، و دید که بزرگمهر لب بدندان می‌گزد، گمان برد که در خواب، از او؛ بادی برجسته است!... ای وای!!

آیین ایران، جایگاه او، همواره بر آسمان اندیشهٔ ایرانیان پرتوافکن است، و گفتارش همچون چراغی روشن، فرا راهِ رهروانِ اندیشه و دانش و خرد، رهنمای است و جانفزای.

❊

پیدا است که ایرانیان با از دست دادن چنان آموزگار بلندپایگاه، از کردار کسری رنجیده‌اند و نرم‌نرم، زمزمه‌های ناخرسندی مردمان بگوش شاه رسید، و او که خشمگین از گفتارهای آزادیخواهانهٔ بزرگمهر، ویرا با چنان پادافره سخت بکشت، ناچار؛ آن افسانهٔ یاوه را پیش کشید، و دبیران مزدور دربار نیز بدان پروبال دادند، و بزرگمهر را کور کردند، تا جانش را پایدار نشان دهند و افسانهٔ هقّهٔ قیصر روم و گشادن آن را ساختند، تا در پایان، شاه از بزرگمهر دلجویی کند، و بزرگمهر همچنان؛ پایگاه بلند کسری را بستاید:

بدو گفت کاین، بودنی کار بود — ندارد پشیمانی و درد، سود
چو آید بدو نیک، رای سپهر — چه شاه و چه موبد چه بوزرجمهر
دل شاه نوشیروان شاد باد! — همیشه ز درد و غم آزاد باد!

نمونه‌ای دیگر:

بزرگمهر در پیشگفتار یادگار بزرگمهر، از کنش و فرمایش «هنگام خدایان» یاد می‌کند، و این سخن نشان می‌دهد که بزرگمهر، تنها؛ در هنگامِ کسری، بکارهای دیوانی نمی‌پرداخته است، و دستِکم در هنگام یک پادشاه دیگر نیز، خویشکار بوده است زیرا که اگر تنها در هنگام انوشیروان می‌زیست، نشایستی از «خدایان» [= پادشاهان] یاد کردن از سویی وی بهنگام کسری کشته شد، پس می‌بایستی پیش از کسری نیز بکارهای دیوانی، گمارده بوده باشد! و بر این بنیاد داستان خواب کسری و گزارش آن از سوی بزرگمهر و کودک دبستانی، از افزوده‌های هنگام کسری است، تا بیاری این داستانِ کودکانه، نشان دهند که آن دانای روزگاران که بفرمان کسری کشته شد، بر دست خودِ وی نیز بپایگاه بلند برکشیده شده بود!

نمونه‌ای دیگر:

دربارهٔ **بهرام پورگشسب** پهلوان آزادهٔ ایرانی است.

با گفتار فرود آمدن پرموده از دژ، پس از رسیدن نامهٔ زینهاری هرمزد بمیدان سخن اندر شویم:

فرود آمد از دژ، سرافراز مرد — باسپ نبرد اندر آمد چو گرد
همیرفت با لشگر، از دژ براه — نکرد ایچ بهرام یل را نگاه

چو آن دید بهرام، ننگ آمدش ·اُگر چند، شاهی بچنگ آمدش
فرستاد و او را پیاده براه بیاورد پویان به پیش سپاه
پر از خشم، بهرام گفتش: «چنین شما را است؟ آیین بتوران و چین!
که بی‌خواهشِ من، سر اندر نهی براه، این نباشد مگر ابلهی
چنین گفت پرموده او را، که من سرافراز بودم به هر انجمن
کنون بی‌منش زینهاری شدم در اوج بلندی، بخواری شدم
بدین روز هم نیستی؟ خوش‌منش که پیشِ من آوردی، ای بدکنش!»
برآشفت بهرام و شد سرخ (شوخ) چشم ز گفتار پرموده آمد بخشم
به تیزیش یک تازیانه بزد بدانسان که از ناسزایان سزد
ببستند هم در زمان، پای اوی یکی تنگ خرگاه شد، جای اوی
چو خرّاد برزین چنان دید، گفت که: «این پهلوان را، خرد نیست جفت!»
بیامد بنزد دبیر بزرگ بدو گفت که: «این پهلوان سترگ؛
بیک پشّه، از بُن ندارد خرد ازیرا کسی را بکس نشمرد
ببایدش گفتن، کزین چاره نیست ورا بدتر از خشم، پتیاره نیست»
بگفتند؛ که: «این رنج، دادی بباد سرِ نامور، پر ز آتش مباد»
بدانست بهرام، کان بود زشت بآب اندر افکنده شد، خشک خِشت
پشیمان شد و بند از او برگرفت ز کردار خود، دست بر سر گرفت

دنبالهٔ داستان آنست که پرموده را با اسپی بستام زرین روانهٔ تیسفون می‌کند، و خود ببدرقه[1] او می‌رود و بهنگام پدرود، از وی خواهش می‌کند که از آن داستان نزد هرمز سخن نگوید، و پرموده با سخنان درشت بدو پاسخ میدهد:

چو بشنید بهرام، شد زردروی نگه کرد، خرّاد برزین بدوی
بترسید از آن تیز و خونخواره مرد که او را ز باد، اندر آرد، بگرد
ببهرام گفت ای سپهدار شاه بخور خشم و، سر بازگردان ز راه

پس از بازگشتن پرموده از تیسفون بهرام کار خوراک اسپان و همراهان او را سامان می‌دهد و به پذیرهٔ وی میرود و چند روز نیز او را بدرقه می‌کند:

همی راند بهرام، با او براه نکرد ایچ خاقان، بدو در، نگاه

۱- بدرقه واژه‌ای ایرانیست، برآمده از پَت پهلوی = به در زبان فارسی و «رقه» دگرگون شدهٔ رِگه کردی = راه، و بر روی هم «بـراه فرستادن» است.

بدینگونـه بـا او سـه منـزل برانـد که یکـروز پرمـوده او را نخوانـد
چهـارم فرسـتاد خاقـان کسـی که برگرد، چون رنج دیدی بسـی

بیگمان این گفتارها سرودهٔ فردوسی است، چنانکه بر هیچ بند آن نشاید انگشت نهادن... اما با چنین پیشینه، سخت شگفت می‌نماید که بهرام، پس از فریبکاری خسرو، و پیوستن سپاهیانش بسپاه او، به ری بازمی‌گردد:

ببـود و برآسـود و زانجـا برفـت بنزدیـک خاقـان خرامیـد تفـت!

و شگفتی بدانهنگام فزونی می‌گیرد که:

که چون او سوی شهر ترکان رسید بنزدیـک خاقـان و شیران رسید
ز گُـردانِ بیـداردل ده هـزار پـذیره شـدندش، گزیـده سـوار
چو خاقان ورا دید، بر پای جست ببوسید و بستَرد رویش بدست
بپرسـید بسـیارش از رنـج راه ز جنگ و ز پیکـار شاه و سـپاه

خاقان، با چنین گشادگی چهر، و با چنین پذیرش و مهر، او را در کشور خویش مـی‌پـذیرد و او را سروری میدهد دختِ خویش را بدو به همسری می‌دهد، و چون **خرّاد بُرزین** از سوی پرویز برای برانگیختن خاقان به کشتن بهرام می‌آید، ویرا خوار می‌کند:

بدو گفت: «زین سان سخنها مگوی که تیره کنی، نـزدِ مـا، آبِ روی
نی‌ام من بداندیش و پیمان شکن که پیمان‌شکن، خـاک یابـد کفـن

اما چون **«قلون»** بچارهٔ «خرّاد برزینِ» دژآگاه، بهرام؛ پهلوان ما را می‌کشد، بهرام بهنگام درگذشتن از جهان، نامه‌ای برای خاقان می‌نویسد، تا یاران خویش را به خاقان سپارد:

تو این ماندگان را ز مـن یـاد دار ز رنـج و بـدِ دشـمن، آزاد دار
که من با تو، هرگـز نکـردم بـدی همـه راستی جُستم و بخـردی!

خردمندان را بایستی اندیشیدن که چون است؟ که بهرام بهنگام پدرود با خاقان، دمی چند پیش از مرگش، چونین سخن می‌گوید که هیچگاه از سوی من بر تو بدی نرفته است!!

این گفتارِ واپسین بهرام، بر چندان سخنان افزوده بشاهنامه روشنی می‌افکند که بهرام هیچگاه بر پرموده خشم نگرفته است و ویرا بتازیانه نکوفته است و پای در بند، به خرگاهی خُرد نیفکنده است، و همهٔ آن گفتارها دربارهٔ سرسنگینی پرموده با بهرام و نپـذیرفتن نویـد و خـرامِ او؛ افـزوده بشاهنامه است! اما از سوی چه کس؟ ...از سوی دبیران مـزدورِ زمـان هرمـز، تـا چنـدان مـردی و مردانگـی و هوشیاری بهرام، پهلوانِ ما را، زیرِ پرده‌ای از تباهکاری‌های دربار ساسانی و سیه‌کاریهـای هرمـزد، و پاداش او را که برای بهرام جامهٔ زنانِ و دوکدان و پنبه فرستاده بود، با چنین داستان، بپوشانند.

*

دستی دیگر که در داستان بهرام پورگشسب برده‌اند، آنست که ویرا؛ مردی از دوردست، و ناشناخته و گمنام آورده‌اند، که کس؛ نام و آرام و شهر او را نمی‌شناسد، و با گفتار پیر **مهران‌ستاد**، از روی گفتهٔ اخترماران دربار خاقان [پدربزرگ هرمزد] بهنگام پیشگویی دربارهٔ هرمز، چنین می‌گویند که:

از ایـن دختـر و شـاه ایرانیـان　　　یکـی مهتـر آیـد چـو شیر ژیـان
ببـالا بلنـد و ببـازو و سـتبر　　　بمردی چو شیر و به بخشش چو ابر

چنین گفتار بازگونهٔ آنست که بزرگان ایران دربارهٔ هرمز، به کسری میگویند:

که آن ترک‌زاده (هرمز) سزاوار نیست　　　کس او را بشاهی خریدار نیست
که خاقان‌نژاد است و بدگوهر است　　　بیالا و دیدار (رخساره) چون مادر است

از بالا و دیدارِ ترکان زردپوست در گفتار **خاقانی شروانی** بدانهنگام که در سوگ امام محمدیحیی نیشابوری که بر دست غزان کشته شد، چنین یاد شده است:

جُوقی لئیم یک دو سه کژ سِیر و کـوژ سـار
چون پنج پای آبـی و چـون چارپـای خـاک

گروهی پست که چون پنج‌پای‌آبی (خرچنگ) کژکژ براه می‌روند، و چون چارپای خاک (خر) پشتی کوژ دارند... .[1]

*

گفتار افزایندگان پس از آن ستایش نادرخور از هرمز، چنین است که مهران‌ستاد بدو می‌گوید که بدنبال کسی بگردید که:

یکی کهتـری باشـدش دوردسـت　　　سواری سـرافراز و خسروپرسـت

۱- این گفتارها را با گفتارِ اروپاییانی که ترکان و مغولان را از نزدیک دیده‌اند بسنجیم:

«هیکلِ درشت و قامتِ کوتاه و بالاتنهٔ ستبر و سری بی‌اندازه بزرگ به آنها هیبت و شکلِ دیو داده».

گفتار سیدوان آپولینر، امپراتوری صحرانوردان، رنه گروسه، عبدالحسین میکده، شرکت انتشارات علمی و فرهنگی، چاپ دویم، ۱۳۶۵، رویهٔ ۱۵۰

«مردمی که عرض و طول جمجمهٔ آنها تقریباً مساوی است و بینی پهن شده‌ای دارند که گویی عضوی زاید و له شده است... گونه‌هایشان برآمده است ولی دیدگانشان چنان در قعر چشمدان فرورفته که گویی در غاری جای دارد».

همان، رویه‌های ۱۵۰ و ۱۵۱

«مغولان دارای بدنی قوی، قد متوسط و صورتِ پهن و چشم‌های مورّب، بینی و پیشانی مسطح بودند. ریش آنان کم و تُنُک بود».

تاریخ مغول در ایران، برتولد اشپولر، محمود میرآفتاب، شرکت انتشارات علمی و فرهنگی، چاپ دویم، ۱۳۶۵، رویهٔ ۴۴۴

«گردن و بازوان مغولان دراز، سینهٔ آنان پهن و پاهای آنان کوتاه بود».

همان، رویهٔ ۴۴

پیشگفتاری بر ویرایش شاهنامهٔ فردوسی ٤٢٨

بـبـالا؛ دراز و بانـدام؛ خشـگ / بگِردِ سرش، جعدمویی چو مُشک
قـوی اسـتخوانها و بینـی بـزرگ / سیه چرده گُردی دلیـر و سـترگ!

*

نشان جست باید ز هـر کشوری / اگـر مهتـری باشـد، ار کهتـری
بجوییـد و او را بجـای آوریـد / همـه رنجهـا زیـر پـای آوریـد

*

یکـی کهتـری نـامبردار بـود / کـه بـر آخـور اسـپ سـالار بـود
کجـا، زاد فـرخ بـدی نـام اوی / همـه شـادی شاه بُـد کـام اوی
بیامد برِ شاه و گفت: ایـن نشـان؛ / که داد ایـن سـتوده بگردنکشـان؛
ز بهـرام چوبینـه، پورگشسـب / سواری سرافراز و پیچنـده اسـب
کـه دادی ورا بـردع و اردبیـل / یکی مرزبان گشت با کوس و فیـل

این گفتار را، که از دیدگاه سخن آراسته می‌نماید چند نادرستی همراه است:

یک: مهران‌ستاد بهنگام رفتن بخواستاری دختر خاقان پیر بوده است:

گزین کـرد پیـری خردمنـد و راد / کجـا نـام او بـود مهـران‌سـتاد

*

پس از گزیدن دختر خاقان:

بدو گفت خاتون، که ای مرد پیـر / نگویی همی یک سـخن، دلپـذیر!

چون مهران‌ستاد را بدانهنگام هشتاد ساله پنداریم، از آنجا که هرمز نیز پسر بزرگ کسری بوده است، کسری را بایستی پیرامون سالهای بیست، زناشویی کردن. چون کسری را پنجاه سال پادشاهی بود، و ده سال پس از پادشاهی وی، خاقان بسوی ایران یورش آورده بود، در چنین هنگام مهران‌ستاد بایستی یکسدوچهل ساله بوده باشد، و این شگفت می‌نماید! پس، دبیران؛ نام مهران‌ستاد را از برای آبرو، و آزرمی که آن پیر بهنگام خود داشته است، پس از مرگ او نیز بداستان افزوده‌اند تا بدان، استواری بیشتر دهند!

دو: بهرام پورگشسب از بزرگان ایران، و مرزبان ری بود و نژاد به **«میلاد»** پهلوان ایران باستان پیوسته داشت، و نشاید ویرا بی‌نام و نشان نامیدن!

سه: ری یکی از باستانی‌ترین شهرهای ایران بود، و در میانهٔ کشور جای داشت و نشاید آنرا دوردست خواندن.

چهار: برای آنکه سستی این داستان بیشتر نمایانده شود، بایستی یادآوری کردن که ایران را در زمان باستان سه بخش بوده است.

۱- خراسان (← مشرق) خراسان امروزین و بخش فرازین افغانستان و تاجیکستان، تا مرزِ ری.

۲- خورَوران (← مغرب) آذربایجان و ارّان و گرجستان و ارمنستان و کردستان و لرستان، تا مرزِ ری.

۳- نیمروزان از سوی کابل و قندهار تا کرمان و پارس و سپاهان و خوزستان، تا مرزِ ری!

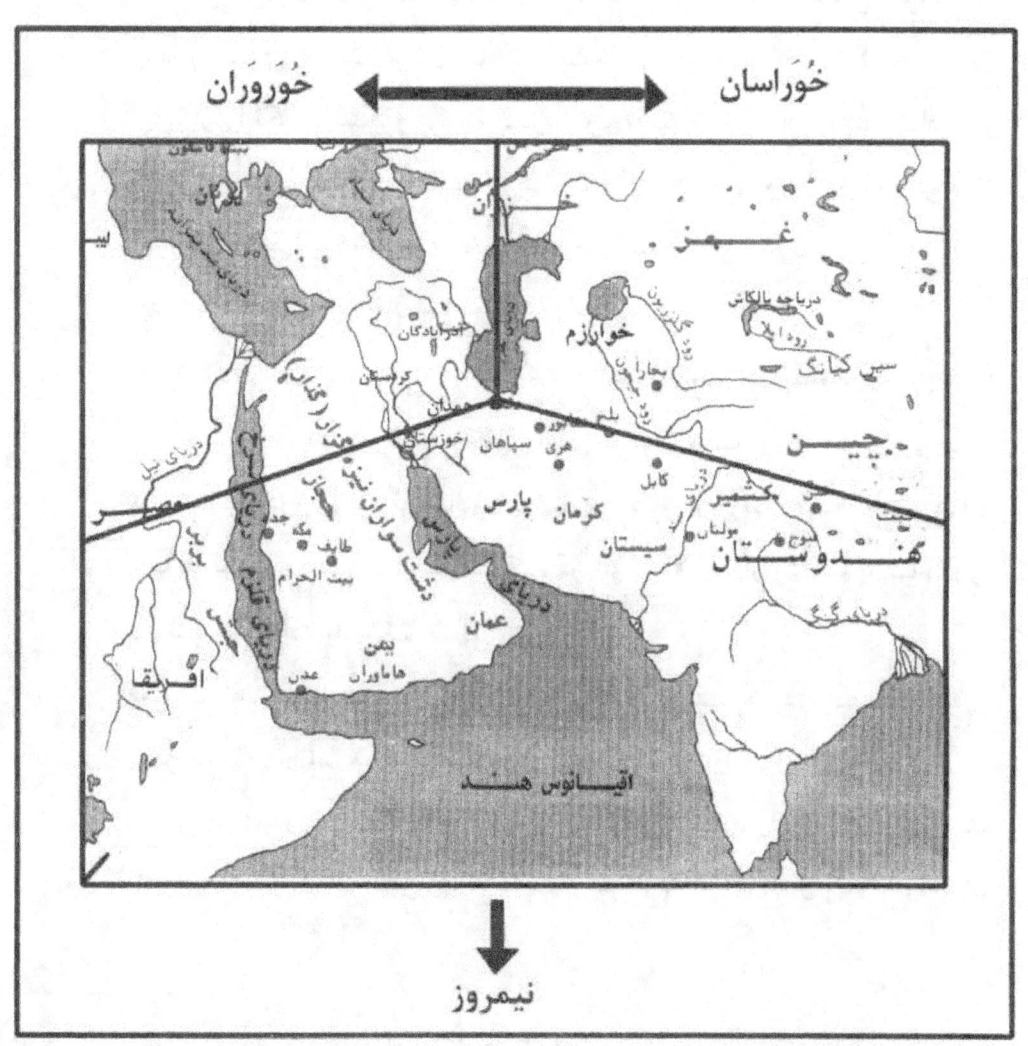

این نگاره بر بنیاد «نامهٔ شهرستانهای ایران»[1] فراهم آمده است، و در خماپیچ سرگذشت دور کرانهٔ ایران باستان تا هنگام هخامنشیان، پایتخت خراسان چند بار دیگر شد؛ آمل ← نَئوتَر (دره گز کنونی) ← زَو یا زاب (نزدیک به تربت حیدریهٔ کنونی) ← توس ← بلخ ← ریوند (نزدیک به نیشابور کنونی).

بر پایتخت خورَوران نیز چنین گذشت.

قزوین ← آذربایجان ← مرز بهمن (مانا در گفتار اروپاییان) ← همدان!

اما شهرِ کهن «ری» (در اوستا [illegible] رَگَ (روشن، فروغمند) همواره در میانهٔ ایران پای‌برجای بود، و دروازهٔ یگانهٔ هر سه بخشِ ایران بشمار میرفت و پس از اسلام نیز چنین جایگاه و پایگاه را داشت، از آنجا که چون **خاقانی شروانی** نخواست که در آذربایجان مانَد و به ستایش شروانشاه پردازَد بسوی خراسان روان شد، اما پیشکارانِ خوروران بفرمان شروانشاه در ری، او را نگاه داشتند و پروانهٔ گذر از ری، بسوی خراسان را بدو ندادند، و خاقانی چکامهٔ بلندی در گله از کارِ کارگزاران خوروران (و در پرده؛ از شروانشاه) سرود که با این سخن آغاز می‌شود:

چه سبب سوی خراسان شدنم نگذرانم؟

عندلیبم، بگلستان شدنم نگذارند!

اگر چنین بوده است، بایستی کارگزاران خراسان و نیمروزان نیز در ری بوده باشند و آن دروازه بزرگ میانین ایرانشهر، کانون پیوند همهٔ بخش‌ها و شهرها بود و بهمین روی است که در «اوستا» نیز از ری با پاژنام **«ری دارندهٔ سه نژاد»** یاد شده است.

«من که اهورامزدا هستم، در بهترین جایگاه‌ها و شهرها، دوازدهم «ری» را بیافریدم که دارنده سه نژاد است.»[2]

بر این بنیاد، «ری» یگانه شهر استوارِ میانهٔ ایرانشهر، را نشاید دوردست نامیدن، و مرزبان آن شهر را که پشت‌درپشت، به پشتیبانان و پهلوانانِ ایران

۱- [illegible]، متن‌های پهلوی، همان، رویه‌های ۲۴-۱۸.

۲- وندیداد، همان، رویهٔ ۱۱.

باستان پیوسته بوده است، ناشناس خواندن.

پنج: همین یکبار است که در شاهنامه، از بالای بلند بگونهٔ «بالای دراز» یاد شده است و این، کژه‌گویی گفتارِ مزدوران هنگام هرمز یا خسرو دویم است، که از هرمزد، آن کژهٔ کژروش «بالای بلند، و بازوی ستبر» برآورده‌اند، و از پهلوانی چون بهرام، که دلاوری و زور و بازو و کاردانی‌اش تنها به رستم می‌ماند، با بالای دراز یاد کرده‌اند.

شش: اندامِ خشک چگونه باشد؟ کسی را که با یک تیر (و در اندیشهٔ من با یک یورش با نیزه) سپاه سه‌سدهزاری ساوه‌شاه را شکست، و با سپر، راه را بر نیزهٔ کوت رومی بست، چگونه می‌توان «خشگ‌اندام» نامیدن؟

هفت: ایرانیان در همهٔ هنگام‌ها، تا پس از جنگ جهانی دویم، همگان، چه مرد و چه زن، سر را با شال و کلاه می‌پوشاندند، و با سرِ برهنه راه رفتن را گناه می‌دانستند، از آنجا که شاید از سرِ آنان مویی بر زمین ریزد و سپندارمز زمین را ناپاک و آلوده سازد! پس افزایندگان چگونه دریافتند، که گردِ سر او را «مویی پیچنده» پوشانده است؟!

هشت: چون از استخوانهای نیرومند او یاد می‌شود، چنین می‌نماید که تن او را گوشت و ماهیچه و زور و رزم‌آزمایی نبوده است.

نُه: افزایندگان؛ با سترگی و بی‌آزرمی و بی‌شرمی، پهلوان بزرگ ایران را «سترگ» می‌خوانند، و ننگ بر آنان باد!

ده: پس از این گفتار، باز بهرام پهلوان را چنان ناشناس میخوانند، که می‌بایستی با چنان نشانه‌ها، گردِ جهان بپویند، و از وی نشان بجویند.

یازده: بهرام پشت‌درپشت، مرزبان ری بوده است، و او نشایستی به بردع (برته) و اردبیل فرستادن!

دوازده: اگر نام خانوادگی بهرام، چوبین بوده باشد، می‌بایستی که برادرش **«گُردوی»** را نیز گردوی «چوبینه» خوانند که هیچگاه چنین نیامده است. چوبینه خواندن بهرام پورگشسب برای خوارداشت او، و همانند کردنش به **مرغ چوبینه** است که گردن و نوک و پاهای دراز دارد! بدین گفتار لغتنامهٔ دهخدا بنگریم:

«چوبین: کاروانک پرنده‌ایست شبیه بمرغ خانگی (برهان) هوبره و کاروانک»

لغتنامه: ص ۳۷۸

«کاروانک پرنده‌ایست گردن‌دراز، پیوسته در کناره‌های آب نشیند.»

لغتنامه: ص ۱۴۹

دبیران مزدور دربار هرمز این سخنان را دربارهٔ بهرام فراموش کرده‌اند:

سپهبد تویی هم سپهبدنژاد　　　خُنُک باد کاو چون تو فرزند زاد

گفتار بهرام سیاوشان به بهرام

بدو گفت موبد که جاوید زی　　　که خود جاودان، زندگی را سزی

بدین برز بالا و روشن‌روان　　　بدین کتف و یال و برِ پهلوان

نباشد مگر شاد و پیروزگر　　　اُزو دشمن شاه، زیر و زبر

گفتار موبد به هرمز بهنگام جنبش بهرام پورگشسب

و نیز این گفتار هرمز را:

چنین گفت بهرام را شهریار　　　ز هر گونه‌ای دیده‌ای کارزار

افزایندگان، پای را از این پیش‌تر نهاده‌اند، تا آنجا که آوای مردانهٔ بهرام را که لرزه به سه‌سدهزار سپاه ساوه‌شاه افکند، به آوای مرغ چوبین همانند کرده‌اند:

به سوری که دَستانش چوبین بود　　　چنان دان که خوانی نوآیین بود!

از آفتاب روشنتر است که مرزبان ری، بزرگترین شهر ایران میانین، می‌بایستی روشناس (= معروف) بوده باشد، اما چند سخن دیگر، بدین گفتار یاری میرساند:

❖ برادر بهرام **«گُردوی»** یکی از نزدیکان خسروپرویز بود، و در همهٔ کارها بیاری گستهم و بندوی و خسرو می‌پرداخت، و چون او یکی از نام‌آوران دربار ساسانی بشمار میرفت، چگونه شاید که برادر بزرگِ وی ناشناس بوده و از دوردستش آورده باشند؟

❖ چون از سوی خسرو، فرمان نبرد با بهرام، به **نستوه**، یکی از پهلوانان ایران داده شد:

همی راند نستوه، دل پر ز درد　　　نبد مردِ بهرام، روز نبرد!

اگر نستوه را آشنایی با بهرام نبود، از کجا میدانست که در میدان یارای نبرد با او را ندارد؟

❖ چون «بهرامِ سیاوشان» با فریبِ بندوی، آهنگ کشتن بهرام کرد، و زره زیر جامه پوشید:

زنی بود بهرام یل را، نه پاک — که بهرام را خواستی، زیر خاک!
به دل، دوست بهرام چوبینه بود — که از شوی، جانش پر از کینه بود
فرستاد نزدیک بهرام، کس — که تن را نگه‌دار و فریادرس
که بهرام پوشید، پنهان، زره — برافکند بند زره را گره
ندانم که در دل، چه دارد ز بد — تو، گر خویش از او، دور داری، سزد

با این داستان، بهرام نه تنها میان مردان و پهلوانان، روشناس بوده است، که زنان نیز از پهلوانی و آهنگ و فرهنگ، و چهرهٔ مردانه‌اش آگاهی داشته‌اند، که زنی، از بانوان بزرگان تیسفون، در نهان، دل بدو می‌بندد!

❖ باز، در داستان فرستادن قلون بمرو؛ خراد برزین بدو می‌گوید:

نگه‌دار از ماه، بهرام‌روز — به نیک‌اختر و فال گیتی‌فروز
وی آنروز را شوم دارد بفال — نگه‌داشتستیم بسیار سال

این گفتار، مُهرِ پایانین بر افسانهٔ دروغین ناشناس بودن بهرام پورگشسب است، زیرا که نشان میدهد که بزرگان ایران از سالها پیش می‌دانسته‌اند که بهرام، در روز بهرام به پرهیز می‌نشینند!

❖ دیگر نویسندگان نیز از بهرام بگونهٔ یک پهلوان بزرگ یاد کرده‌اند، از آنمیان گردیزی:

«پس هرمز بهرام چوبین را که مرزبان ری (← نیز مسعودی و تبری) بود نَبَسهٔ (نبیرهٔ) گرگین میلاد بود و از فرزندان آرش بزرگ بود، از کنارهٔ پادشاهی بخواند برای جنگِ مَلِکِ ترکستان»

گردیزی، همان، رویهٔ ۹۰

این گفتار آشکار است و نشان می‌دهد که پهلوان ما در همهٔ ایران روشناس بوده است و همه از وی و نژاد وی بنیکی یاد کرده‌اند اما افزایندگان زمان هرمز یا خسرو دست بشاهنامه اندر برده و او را ناشناس نمایانده‌اند.

در گفتاری که میان بهرام و خسرو می‌گذرد، بهرام؛ خود، چنین میگوید:

بزرگی من از پارس، آرم به ری — نمانم کزین پس بود نامِ «کی»

برافـرازم انـدر جهـان، داد را	کـنم زنـده آیـین مـیلاد را
مـن از تخمـهٔ نامـدار آرشـم	چو جنگ آورم، آتش سرکشم

*

نمونه‌ای دیگر

پیدا است که چون خسروپرویز بیاری خـالان خـویش؛ گسـتهم و بنـدوی، هرمـز را بکشـت، سـخنِ رازآلوده؛ میان اندیشه و زبان مردمان می‌گذشت، و نرم‌نرم بگوش خسرو نیز رسید که از شاهان، یکـی ضحاک بود که کمر بمرگ پدر بست، و دیگری خسرو است که پـدرِ کـور خـویش بکشـت... . پـس خسرو برای پوشاندن آن کار اهریمنی به اندیشه‌ای اهریمنی دیگر چنـگ انـداخت، و «بنـدوی» خـال مهربان خویش را که با جانسپاری او، خسرو بپادشـاهی رسـیده بـود، در یـک انجمـن سـور و مَـی و شادمانی، با بریدن دست و پای بکشت... آنگاه فرمان داد که گستهم خال دیگـرِ خـود را کـه همـواره یاور وی بود، شبانگاه؛ در جامهٔ خواب خفه کردند، تا نشان از آن باشد که خسرو، کین پدر خویش را از کُشندگان وی بازخواسته است... اما سخنان رازآلوده همچنـان در گـردش بـود، و خسـرو چـاره‌ای دیگر اندیشید... و آن، چنان بود که کور شدن هرمز را کاری خدایی درشمارآورند که کسری نیز پـیش از آن، چنان رویداد را از پیش دیده بوده است!

داستان چنانست که چون هرمز بپادشاهی رسید، بزرگان دربار پدر را یکی پس از دیگری بکشـت، و از همه سهمگین‌تر آن بود که چون در انجمن بزرگان، **«بهرام آذرمهان»** گـواهی بـه بـدی **«سـیمای برزین»** میدهد سُخنش چنین است:

چو کسری مرا و ترا پیش خوانـد	بـرِ تخـت شـاهی، بزانـو نشـاند
بپرسید، کـاین تخـت شاهنشـهی	که را زیبد و، کیسـت بـا فرهـی؟
همـه یکسـر از جـای برخاسـتیم	زبـان، پاسـخش را بیاراسـتیم
که این ترک‌زاده، سـزاوار نیسـت	بشاهی کس او را خریدار نیسـت
که خاقان‌نژاد است و بدگوهر اسـت	ببالا و دیدار (چهره)، چون مادر است

پس، هرمز هر دوان را بزندان می‌فرستد، سیمای برزین را همان شب می‌کشند، و بهرام آذرمهـان را که چنان دشنام آشکار به هرمز داده بود، نمی‌کشند، و پس از چندی بهرام پیام می‌فرستد که رازی دارم که باید با تو در میان نهم، و هرمز؛ بهرام را به پیشگاه می‌پذیرد:

بدو گفت: «برگوی کان پند چیسـت؟	که ما را، بدان؛ روزگارِ بهی است!»
چنین داد پاسخ که: «در گنج شاه (کسـری)	یکی سـاده صـندوق دیـدم سـیاه

نبشته است بـر پرنیـانی سپید .بـدان باشـد ایرانیـان را امیـد
بخـط پـدرتْ آن جهانـدار شـاه تـرا انـدر آن کـرد بایـد نگـاه
چو هرمز شنید آن، فرسـتاد کـس بنزدیـک گنجـور فریـادرس
که در گـنج‌هـای پـدر، بـازجوی یکی ساده صندوق و مهری بـر اوی
هم‌اکنون شـب تیـره نـزد مـن آر فـراوان بـه جسـتن مبـر روزگـار

*

جهانـدار صـندوق را برگشـاد فـراوان ز نوشـیروان کـرد یـاد
نگـه کـرد پـس، خـط نوشـیروان نبشـته بـر آن رقعـهٔ پرنیـان
که هرمز به ده سال و بر سر دو سال یکـی شـهریاری بـود بـی‌همـال
ازآنپس پـر آشـوب گـردد جهـان شـود نـام و آوازِ او در نهـان
پدید آیـد از هـر سـویی دشـمنی یکـی بـدنژادی و اهریمنـی
دو چشمش کند کور، خویشِ زنـش ازآنـپس برآرنـد، هـوش از تـنش

خسرو با چنین داستان، گناه را از خویش دور کرد، و بر گردنِ خالان خویش افکنـد، و پـیش‌بینـی مرگ هرمز را از سوی کسری، به کاری بودنی (= مقدر) همانند کرد!

با چنین داستان ساختگی، پرسش چنین است:

یک: چرا هرمز، در همان شب فرمان بکشتن سیمای برزین که دوستدار وی نیز بوده است؛ داد، و بهرام را که از آغاز با وی دشمنی کرده بود و در انجمن بزرگان ایران نیز آشکارا بدو دشنام داده بود، چندی در زندان نگاه داشت و نکشت؟

دو: اگر کسری چنین پیش‌بینی کرده بود، چرا پادشاهی را پس از خود، به هرمز سپرد؟

*

خسرو، باز بیکار ننشست و در افزوده‌ها بهنگامِ گریز به روم، خود را به راهبی رومی رسانَد کـه او همه کارهای خسرو، از آنمیان کشتنِ پدر را ایزدی درشمار آوَرَدْ، و کشته شـدن خـالان او را نیـز کـه ایزدی می‌نمود، پیش‌بینی کند!

چنین نیرنگ‌ها از سوی خسروپرویز که در شاهنامهٔ زمان پدر خویش نیز برای گناهکار نشـان دادن او، دست برد، برای او سودی نبخشید و ایرانیان ویرا برافکندند و کشتند و اکنون نیز پـس از چهـارده سده گناه او روشن و آشکار است، و رویدادهای دیگر شاهنامه، راستی را از پس پـردهٔ نیرنـگ نشـان می‌دهد!

نمونه‌ای دیگر

دیگرنمایی داستانِ کشتنِ مزدک و مزدکیان است، که چنان وانمود کرده‌اند که مزدک در انجمنِ موبدان ایران در پاسخ فروماند و شکست خورد... .

اگر چنین می‌بود، بس می‌نمود که مزدک را همانجا بگیرند و بزندان برند، اما پایان داستان در شاهنامه، همانند پایان داستان در **سیرالملوک** خواجه نظام‌الملک است که:

همه گرد بر گردِ آن، کنده کرد — مرآن مردمان را پراکنده کرد
بکِشتندشان هم بسان درخت — ز بر، پای و سر زیر، آکنده سخت
بمزدک چنین گفت کسری که: «رو — بدرگاه باغ گرانمایه شو»
بشد مزدک و باغ بگشاد در — که بیند مگر در جهان، بارور
هم‌آنگه چو دید، از تنش رفت هوش — برآمد بناگاه از او یک خروش

و این سخن نشان می‌دهد که انجمنی در میان نبوده است، و مزدکیان را با نیرنگ بفریفتند و بجشن فراخواندند، و پس از جشن آنان را در گروه‌های بیست‌بیست، به باغی بردند و سروتنِ آنان را در چاله‌هایی که پیشتر کنده بودند در زمین فروکردند، چنانکه پاهای ایشان در هوا بود، و مزدک را از آن آگاهی نبود چنانکه در سیرالملوک آمده است:

... از امروز تا سه ماه از دور و نزدیک بفلان هفته و فلان روز همه بسرای ما حاضر آیند و ما از امروز تا آن روز میعاد برگ ایشان از سلاح و چهارپای هرچه باید می‌سازیم و راست می‌کنیم چنانکه هیچ کس نداند که ما بچه کار مشغولیم. و روز میعاد، خوانی بفرماییم نهادن چندان که ایشان همه بر آنجا نشینند و هنوز زیادت باشد. چون طعام بخورند از سرای‌بسرای تحویل کنند و بمجلس شراب آیند و هرکس هفت قدح بخورند، پنجاه‌پنجاه و بیست‌بیست را خلعت می‌پوشانند درخوردِ هر کس تا همه از این خلعت پوشیده گردند. و چون شب اندر آید هر که سلاح تمام دارد خود بها و نعمه و هر که ندارد زرادخانه بگشایند و همه را سلاح و زره و جوشن دهند. و هم در آن شب خروج کنیم، هر که در این مذهب آید امان دهیم و هر که نیاید او را بکشیم.» قباد و مزدک گفتند «بدین مزیدی نیست.» همه بر این اتّفاق برخاستند. مزدک بهمه جایها نامه نوشت و دور و نزدیک را آگاه کرد «باید که بفلان ماه و روز بحضرت حاضر آیند با سلاح و برگ و با دلی قوی که کار بکام ماست و پادشاه پیشرو ماست.»

بسر وعده دوازده هزار مرد حاضر آمدند و بسرای پادشاه شدند. خوانی دیدند نهاده که هرگز کس چنان ندیده بود. قباد بیامد و بر تخت نشست و مزدک بر کرسی و نوشیروان میان بسته بایستاد یعنی که «میزبان منم» و مزدک از شادی در پوست نمی‌گنجید. و نوشیروان هر یکی را بر اندازهٔ او بر خوان می‌نشاند تا همگنان را بنشاند. چون نان بخوردند از این سرای‌بسرای دیگر شدند، مجلسی دیدند نهاده که هرگز ندیده بودند. قباد و مزدک بر تخت و کرسی نشستند و ایشان را همچنان بترتیب بنشاندند، مطربان سماع برکشیدند و ساقیان شراب در دادند. چون شراب دوری دو در گشت غلامان و فراشان درآمدند مردی دویست، تخته‌های دیبا و لفافه‌ها و قصب بر دست نهاده و بر کنار مجلس بایستادند یک ساعت. پس نوشیروان گفت «جامه‌ها در آن سرای برید که اینجا انبوهی است تا بیست‌بیست و سی‌سی را از این سرای در آن سرای می‌برند و خلعت می‌پوشانند و از آن سرای بمیدان چوگان می‌شوند و می‌ایستند تا همه پوشیده شوند. چون همه را پوشانیده باشند آنگاه ملک و مزدک بمیدان روند و چشم بر او کنند و نظاره کنند. پس بفرماییم تا در زرادخانه باز کنند و سلاح آرند.»

مگر نوشیروان روز پیشین کس بدیه‌ها فرستاده بود و مردی دویست و سیصد حشر خواسته تا با بیلها بیایند و سراها و باغها و میدانها بروبند و از خس و خاشاک دور کنند و پاک گردانند. چون مردم دیه‌ها بیامدند همه را در میدان چوگان کرد و در میدان بفرمود تا استوار ببستند. پس ایشان را گفت «خواهم که امروز و امشب دوازده هزار چاه در این میدان بکنده باشید هر چاهی مقدار یک گز و نیم[1] و خاک چاه هم بر کنار چاه بگذارید.» و نگهبانان را فرمود تا چون چاه کنده باشند همه را در سراچه‌ای کنند و نگذارند که هیچ کس از ایشان برود. و شبانه مردی چهارصد را در سلاح کرده بود و در میدان و در سراچه‌ای که در میدان داشت بداشته و گفته «هر بیست‌بیست را که از مجلس در سرای می‌فرستم شما از آن سرای در سراچه می‌برید و از سراچه بمیدان و هر یک را برهنه کنید و سرش در چاه کنید تا ناف و پایها در هوا و خاک چاه گردشان فرو ریزید و بلگد بزنید تا در چاه استوار شوند.»

چون جامه‌داران از پیش مجلس در آن سرای شدند دویست اسپ با ساختهای زر و سیم و سپرها و کمر شمشیرها اندر پیش آوردند. نوشیروان فرمود که «هم در آن

۱- پیدا است که گودی چاه می‌بایستی کمتر از یک گز بوده باشد، که از سر تا ناف مردی را در خود بگیرد.

سرای برید.» در آن سرای بردند. پس نوشیروان بیست‌بیست و سی‌سی را بر می‌کرد و در آن سرای می‌فرستاد و ایشان را در سراچه و میدان می‌بردند و سرنگون در چاه می‌گرفتند و بخاک می‌انباشتند تا همه را بدین علامت هلاک کردند. چون همه را در چاه گرفتند آنگاه نوشیروان پدر را و مزدک را گفت «همه را خلعت پوشانیدند و آراسته در میدان ایستاده‌اند. برخیزید و چشمی برافگنید تا هرگز زینتی از این نیکوتر دیده‌اید؟» قباد و مزدک هر دو برخاستند و در آن سرای شدند و پس در سراچه و میدان شدند. مزدک چندانکه نگاه کرد همه روی میدان سربسر بر، پایها دید در هوا. نوشیروان روی سوی مزدک کرد و گفت «لشکری که پیشرو ایشان چون توی باشد خلعت ایشان به از این نتوان داد. تو آمده‌ای که مال و خواسته و زن مردمان بزیان آری؟ و پادشاهی از خانهٔ ما ببری؟» دوکانی بلند کرده بودند در پیش میدان و چاهی کنده. فرمودند تا مزدک را بگرفتند و بر آن دوکان بردند و تا سینه در چاه کردندش چنانکه سرش بر بالا بود و پایهاش در چاه. آنگاه گرد بر گردش گچ فروریختند تا او در میانهٔ گچ فسرده بماند. گفت «اکنون در گرویدگان می‌نگر و نظاره می‌کن.» و پدر را گفت «دیدی رای فرزانگان؟ اکنون مصلحت تو در آن است که یکچندی در خانه بنشینی تا لشکر و مردم بیارامند که این فساد از سست‌رایی تو است.» پدر را در خانه بنشاند و بفرمود تا مردم روستا را که از جهت چاه کندن آورده بودند دست باز داشتند و در میدان بگشادند تا مردم شهر و لشکری درآمدند و نظاره میکردند و ریش و سبلت مزدک می‌کندند تا بمرد. و نوشیروان پدر را بند برنهاد و بزرگان را بخواند و بحجّت بپادشاهی بنشست و دست بداد و دهش بگشاد. و این حکایت از او یادگار بماند.

*

یک: پیدا است که بخشی از این گفتارِ خواجه نظام‌الملک نیز افزوده بداستان است آنجا که پیروان مزدک را جنگ‌افزار دادند، تا پس از آن مردمان را بکشند! بازآنکه اندیشهٔ مزدک با کشتار همراه نبود.

دو: مزدک خویش را پیامبر نخواند، و چون همهٔ آنانکه دربارهٔ او نوشته‌اند دشمن او بودند، و هیچیک از آنان نیز گاتاهای زرتشت را نخوانده بودند، گفتار وی را درنیافتند که گفت:

بپیچاند از راستی پنج چیز — که دانا، بر آن پنج، نفزود نیز

کجا خشم و رشگ است و کین و نیاز . به پنجم که گردد بـر او چیـره، آز
دشمنان نمیدانستند که این پنج چیز که مزدک نام می‌برد، در گاثاهای زرتشت با نام «پنج دیو» یاد شده است، و خواست مزدک از بردنِ نامِ «دانا»؛ همانا زرتشت است. پس مزدک پیرو اندیشهٔ زرتشت بوده است، و می‌خواسته است که کیش نوزرتشتی را که ایران ساسانی را فراگرفته بود، بسوی اندیشهٔ زرتشت ره نماید، اما دستگاه موبدان را نیرو بر قباد چربید، و بیاری کسری، آن دانای بزرگ را همراه با پیروانش، با چنان ستم و خواری و درد بکشتند که در جهان پیشینه ندارد.
و پاداش بزرگ موبدان ساسانی به کسری آن بود که او را انوشک روان (= روان همواره زنده) خواندند، و هنوز پس از گذر یکهزاروپانسد سال در پناه موبدان؛ نوشیروان، (و نمونه‌برداران شاهنامه نوشین‌روان)ش می‌خوانند!

نمونه‌های دیگر

کشته شدن **مهبود** دیگر وزیر کسری و بر باد دادن خان‌ومان وی بود که چون نرم‌نرم، آوای نـاهمرایی ایرانیان بگوشش رسید، داستانی دیگر اندیشید کـه **«زروان»** وزیـر پسین خـود را در کشـته شـدن او گناهکار بنمایاند، اینچنین که او بیاری یک یهودی که با نگاه کردن، شیر را زهرآلوده توانسـتی کـردن! اندیشهٔ کشتن وی را داشته است!

پس با کشتن زروان و یک یهودی، پروندهٔ کشتار خاندان مهبود را نیز ببست، و دبیران مزدور همـهٔ این داستانها را که خرد نمی‌پذیرد، بشاهنامه اندر کردند.

نمونه‌ای ویژه:

بدانهنگام که گنجی از پیشینیان آشکار می‌شود که آنرا «گنج گاو» نامیدند:

ز زر کرده بر پای، دو گـاو مـیش — یکی آخوری کرده زرین به پـیش
زبرجـد، بـآخور درون ریختـه — به یـاقوت سـرخ انـدر آمیختـه...

چون از موبد موبدان می‌پرسند که گنج از کیست؟

بیامـد سـرِ موبـدان، چـون شـنید — بر آن گاو بر، مُهـر جمشـید دیـد
بشـاه جهـان گفـت کـردم نگـاه — نوشته است بر گاو، جمشید شـاه

پیدا است که داوری موبدان موبد نادرست بوده است، زیرا که بهنگـام جمشـید [پـیش از هفتهـزار سال پیش] هنوز فلز گداخته پدیدار نشده بود، و کهنترین فلز یافت شده در «جـارمو» کردسـتان، تکـه

مسی است که گداخته نشده است [۵۰۰ر۱۰ سال پیش]، اما زمان فلز گداخته با پیدا شدن ۵۴ کورهٔ مس در اریسمان کاشان به شش‌هزار سال پیش بازمی‌گردد، و از آنزمان تا گداخته شدن فلزهای سخت‌تر، چون زر و آهن چند هزار سال، زمان گذشت و پیدا است گنجی که در آن، زر نهاده شده است همزمان با جمشید نتواند بودن، اما چون «موبدان موبد» نتوانسته است دبیرهٔ آنرا بخواند، آنرا به باشکوه‌ترین هنگام ایران، هنگام جمشید رسانده است، و گناه این نادرستی در شاهنامه بر گردن او است که راست نگفت که: «نمیتوانم چنین دبیره را بخوانم».

اشکانیان

بزرگترین ستم بر شاهنامه و داستان ایران؛ از سوی اردشیر بابکان رفت، بدانگاه که نام زنجیرهٔ شاهنشاهان سرفراز اشکانی و زمان دراز فرمانروایی آنانرا که با داد و آیین و فرهنگ ایرانی همراه بود از شاهنامه فروافکند، و شاهنشاهی بشیوهٔ پادشاهی تیره‌ها را که از آنمیان یک شاهنشاه برای کشور برمیگزیدند، بگونه‌ای نادرخور و ناشایست نشان داد، و از پادشاهی خودکامه [در کارنامهٔ اردشیر بابکان با نام [illegible] اِوْخوتاییه «یک پادشاهی»، بگونهٔ یک کارِ بآیین و ایزدی یاد کرد!

و برای آنکه هیچ نشان از آن زمانِ فرخنده که شهردار و سردار انجمن شهر و مرزبان... همه با آواز[1] (= رأی) و خواست مردمان شهر برگزیده می‌شدند، و از شاهنشاه؛ تنها، همرایی می‌خواستند، برجای نمانَد، آنچه که از دفتر و دیوان و کاخ و ساختمان و نام و آوازهٔ ایشان پدیدار بود، همه را از میان برداشت چنانکه تا بهنگام پژوهندگان ژرف‌نگرِ پس از ساسانی چون **ابوریحان بیرونی، مسعودی سپاهانی، ابوالفرجِ زنجانی**... نام و آوازهٔ ایشان پنهان بود، و چنین پژوهندگان که فرمان دستگاه ساسانی بر آنان ستم روا نمی‌داشت، نام آنان را از زیر انبوهی از خاک و خاکسترِ هنگام‌ها بیرون کشیدند، تا ایرانیان بدانند، آنانکه ایران را از ستم اسکندر و جانشینانش رهاندند، همانا اشکانیان بودند!

با همهٔ این گفتارها هنوز... از دیدگاه ایرانیان، ساسانیان، دودمانی سربلند و پرآوازه و میهن‌پرست بشمار میروند، و از اشکانیان با نام [ملوک طوائف] یاد می‌شود!!

چنانکه تاکنون سه بار کارنامهٔ اردشیر بابکان ترجمه شده است:

۱- بر دست صادق هدایت

۲- بر دست دکتر محمدجواد مشکور

۳- بر دست دکتر بهرام فره‌وشی

اما دیده نشد که انگشت بر یکی از دروغ‌های کارنامه نهند... و آنان نیز همانند دیگران، اردشیر را

۱- در تاجیکستان هنوز بجای رأی، آواز بکار می‌رود.

شاهنشاهی میدانستند که بر اردوان پیروز شد[1]... و روزگار خوش برای ایرانیان فراهم کرد!! اما اگر کسی پیدا شود که از ایرانیان بخواهد که در یک گفتار کوتاه کارنامه دودمان اشکانی، و آنگاه دودمان ساسانی را، بنمایاند، بیگمان پاسخی بجز از این؛ نشاید یافتن:

❖ **اشکانیان، ایران را از دست یونانیان آزاد کردند، و بدست ایرانیان دادند!**

❖ **ساسانیان، ایران آزاد را از دست ایرانیان گرفتند، و بدست تازیان دادند!**

*

کارنامهٔ اردشیر بابکان دفتریست در ۶۰ رویه باندازهٔ وزیری که، کمتر بندی از آن هست که نتوان بر آن انگشت نهادن، و چون چنین کار درخور و اندازهٔ این پیشگفتار نیست، آنرا در هنگامی دیگر گزارش میکنم، اکنون به چند بند آغازین آن می‌پردازم:

۱- بکارنامهٔ اردشیر بابکان ایدون نوشته بود که پس از مرگ اسکندر رومی ایرانشهر (را) دوسدوچهل کدخدای بود.

چنین نیست و پس از مرگ اسکندر، از سال ۳۲۳ پیش از مسیح، تا ۲۴۸ پیش از مسیح، ۷۵ سال، ایران زیر فرمان جانشینان او بود[2]، و اشکانیان در این سال سر برافراختند و بخش‌های بسیار از ایران را از سلوکیان بازگرفتند.

۲- سپاهان و پارس و بخش‌های بدان نزدیکتر بدست اردوان سردار بود.

چنین نیست و همگان دانند که اردوان شاهنشاه ایران بود و بر همهٔ ایران فرمان میراند.

۳- پاپک مرزبان شهریار پارس بود، و از گمارد(گان) اردوان بود.

۴- اردوان به استخر می‌نشست.

پایتخت اردوان تیسفون بود.

۵- بابک را هیچ فرزند نامبردار نبود.

۶- و ساسان شبان بابک بود، و همواره با گوسپندان بود و از تخمهٔ دارای دارایان بود.

چگونه شاید، در ایران باستان، کسی از نژاد بزرگ بوده باشد، و شبانی کند؟

۱- از روانشاد مشکور، و بهرام فره‌وشی که بگذریم، صادق هدایت نویسندهٔ تیزنگری بود که بر بنیاد این زبانزد ایرانی «موی را از ماست می‌کشید» و سرتاسر نوشته‌های شگفت او از چنین نگرش؛ داستان میگوید! باری او چرا در برخورد با ناراستی‌ها و ناهماهنگی‌های کارنامه خاموش مانده است؟ اندیشهٔ من چنین می‌نماید که یک گونه خواب ساختگی سهمگین (هیپنوتیزم) در جهان روان است که مردمان را فراگرفته است که در آن خواب، جهانیان، چشم و گوش خویش را بر روی راستی و فروغ بسته، و دل و جان را به تیرگی و دروغ پیوسته‌اند، و در یک چنین خواب بسا از کژه‌گویان و دروغپردازان بر جان جهانیان فرمان می‌رانند، و دل و جان جهانیان شیفته و فریفتهٔ آنان است!

۲- تاریخ ایران، سرپرسی سایکس، دنیای کتاب، ۱۳۷۰، دفتر نخست، رویهٔ ۳۵۰.

۷- انـدر دوش‌خـدایی (پادشـاهی بـد) اسـکندر، نیاکـان (او) بگریـز و نهـان‌رَوشـی بودنـد، و بـا کُردان‌شبانان می‌رفتند.

پادشاهی اسکندر و جانشینانش در ایران پیرامون هشتاد سال بدرازا کشید. پس از آن چرا نهان‌روشی؟

۸- بابک (نمی)دانست که ساسان از تخمهٔ دارای دارایان زاده شده بود.

بابک مرزبان شهریار پارس، از کجا یک شبان آواره را می‌شناخت که بداند، یا نداند از نژاد دارای دارایان است.

۹- بابک شبی بخواب دید چنانکه خورشید از سرِ ساسان بتافت و همهٔ جهان روشنی گرفت.

خرد نمی‌پذیرد که خورشید جهانتاب از سر کسی بتابد... اما بابک چگونه همهٔ جهان را دید که دریابد همهٔ آن روشن شده است.

۱۰- دیگر شب چنان دید که ساسان بر پیلی سپید آراسته نشسته است و هر که اندر کشور پیرامون ساسان‌اند، بدو نماز می‌برند و آفرین و ستایش می‌کنند.

پیرامون یک مرد را نشاید، کشور نامیدن.

۱۱- سدیگر شب چنان دید که آذرفرنبغ و گشسب و بـرزین‌مهـر بخانـهٔ سـاسـان مـی‌درخشـند، و روشنی بجهان می‌دهند.

آذر، آذر است، و نشان نمی‌دهد که کدامیک آذر آتشکدهٔ فرنبغ است و کدامیک آذر برزین‌مهر...

چنین است نادرستی‌های گفتار از آغاز دفتر که تا پایان بهمین سان پیش می‌رود، اما نادرستی‌هـایی که خرد آنرا نمی‌پذیرد، یا گزافه‌گویی و بزرگنمایی دربارهٔ اردشیر است یا سخنانی کـه بـا رویـدادهای زمان همخوان نیست، و در این گفتار فراوان است. چنانکه «اردشیر (در پانزده سالگی) انـدر رسـید و تیری چنان به گور زد که تیر تا پر بشکم اندر شد، و از دیگر سوی بگذشت، و گور اندر جای بمرد».

چنین تیراندازی را از بازو و شست پهلوانان بزرگ چون رستم و بهرام گور و بهرام پورگشسب بیاد داریم، و پسرکی پانزده ساله را چنین بروبازو و شست و انگشت نیست!

در گریز اردشیر بهمراه کنیزکِ اردوان: «اردشیر دو اسب از اسپان اردوان که هر روز هفتاد فرسـنگ میرفتند، زین کرد. یکی خود و یکی کنیزک بر نشست و رله بسوی پارس گرفت و بشتاب میرفت».

یک: اسپ را توان رفتنِ بیش از ده فرسنگ راه در روز نیست.

دو: آنان در پارس بودند، و افزاینده فراموش کرده است که پایتخت اردوان را در

استخر آورده بود و از پارس، بسوی پارس نشاید رفتن!

سه: مگر کاخ اردوان را دروازه و دروازه‌بان نبود؟ که آنان بتوانند نیمه‌شبان بآسانی از کاخ بگریزند!

در دنبال کردن اردوان اردشیر را: «اردوان اندرزمان چهارهزار سپاه آراست، و راه به پارس، پیِ اردشیر گرفت».

یک: آراستن چهارهزار سپاهی «اندرزمان» (= بیدرنگ) نمی‌شود، و چنین کار را چند روز زمان بایستی.

دو: خرد نمی‌پذیرد که برای گرفتن دو کس (که یکی از آنان نیز دختری جنگ نیازموده است) یک سپاه؛ با چهارهزار مرد جنگی بیارایند.

سه: «دیوانِ برید ایران» در همهٔ جهان شناخته شده است، و اردوان را بس می‌نمود بدیوان برید فرمان دادن که آن دو سوار را گرفته بپایتخت بازآورند!

چهار: باز از رفتن بسوی پارس، از پارس سخن میرود!

بهنگام گریز اردشیر قوچی که بدنبال آنان می‌دوید، به اسپان رسید، و سوار بر اسب اردشیر شد... «اردوان از دستور پرسید که آن قوچ که با او بر اسب است چه می‌نماید؟ دستور گفت انوشه بوید. فرّ کیان به اردشیر رسید و به هیچ چاره گرفتنش نتوان، پس خویش و سواران را رنجه مدارید و اسپان را مرنجانید. چارهٔ اردشیر را از درِ دیگر خواهید».

یک: فرّ را که یک پدیدهٔ مینوی است به قوچ مانده کردن، به افسوسگری (ریشخند) مانَد.

دو: چگونه شاید که قوچی، تیزتر از اسپ بدود، و بدو برسد؟

«پس سپاه آراست و با پسر خویش به پارس برای گرفتن اردشیر فرستاد.»

چون فرّ کیانی باردشیر رسیده بود، و گرفتنش نشایست، چرا سپاهی دیگر برای گرفتن وی به پارس! فرستادند.

*

چنانکه گذشت از سرتاپای این داستان ساختگی، همه بدروغ و سخنان شگفتِ نادرخور آمیخته است که نشاید همهٔ آنرا در این گزارش آوردن.

نویسندگان ایرانی پس از ساسانیان چنانکه یاد کرده شد، نام اشکانیان را از میان یادها و یادگارها بیرون کشیدند، اما در شاهنامه بجز از چند نام و چند رج یادی از آنان نشده است، زیرا که اردشیر، نام آنانرا از شاهنامه زدود! اما چرا چنین شد؟

تنها کسی که بدین پرسش پاسخ میدهد، **مسعودی سپاهانی** است در نامهٔ گرامی **التنبیه و الإشراف**:

«ایرانیان با اقوام دیگر دربارهٔ تاریخ اسکندر یک اختلاف بزرگ دارند و بسیاری مردم از این غافل مانده‌اند، زیرا بطوریکه ما در ولایت فارس و کرمان و دیگر سرزمین عجمان دیده‌ایم این یک راز دینی و شاهانی است و تقریباً هیچکس بجز موبدان و هیربدان و اهل علم و درایت ندانند و در کتابهایی که دربارهٔ اخبار ایرانیان تألیف کرده‌اند و در دیگر کتب سرگذشت و تاریخ نیست. قضیه اینست که زرادشت پسر پورشسب پسر اسپیمان درابستا که بنظر ایرانیان کتاب آسمانی است گفته است که از پس سیصد سال ملکشان آشفته شود و دینشان بجا بماند و چون هزار سال تمام شود دین و ملک با هم برود. مابین زرادشت و اسکندر در حدود سیصد سال بوده، زیرا زرادشت بطوریکه از پیش ضمن خبر او در همین کتاب گفتیم در ایام پادشاهی کی‌بشتاسب پسر کی‌لهراسب بوده است و اردشیر پسر بابک پانصد سال و ده و چند سال پس از اسکندر بپادشاهی رسید و ممالک پراکنده را فراهم کرد و متوجه شد که تا ختم هزار سال در حدود دویست سال مانده است و خواست دوران ملک را دویست سال دیگر تمدید کند، زیرا بیم داشت وقتی دویست سال پس از وی بسر رسد مردم باتکای خبری که پیمبرشان از زوال ملک داده از یاری و دفاع آن خودداری کنند.

بدینجهت از پانصد و ده و چند سالی که مابین او و اسکندر فاصله بود در حدود یک نیم آن را کم کرد و از ملوک‌الطوایف کسانی را که در این مدت باقیمانده شاهی کرده بودند یاد کرد و بقیه را از قلم بینداخت و در مملکت شایع کرد که استیلای او بر ملوک‌الطوایف و کشتن اردوان که از همهٔ ایشان مهمتر بود و سپاه بیشتر داشت بسال دویست و شصتم پس از اسکندر بوده است و تاریخ را بدینسان وانمود و میان مردم رواج گرفت. بدینجهت میان ایرانیان و اقوام دیگر اختلاف افتاد و تاریخ سالهای ملوک‌الطوایف نیز بهمین جهت آشفته شد.

اردشیر پسر بابک در آخر فرمانی که برای ملوک اعقاب خود دربارهٔ تدبیر دین و ملک بجا گذاشته این نکته را یاد کرده گوید: «اگر یقین نداشتم که بر سر هزار سال بلیه می‌رسد پنداشتمی که از فرمان خود چیزها بجای نهاده‌ایم که اگر بدان چنگ زنید تا روز و شب بجاست بجا خواهد ماند، ولی وقتی ایام فنا بیاید از هوس‌های

خود پیروی کنید و رأی درست را بگذارید و بدان را شاهی دهید و نیکان را زبون کنید».

تنسر[۱] موبد اردشیر نیز که دعوتگر و مبشر ظهور وی بوده در آخر نامه به ماجشنس فرمانروای جبال دماوند و ری و طبرستان و دیلم و گیلان این مطلب را یاد کرده گوید: «اگر نه این بود که دانسته‌ایم بر سر هزار سال بلیه نازل میشود میگفتیم که شاهنشاه برای همیشه کار را سامان داده است، ولی دانسته‌ایم که بلیه‌ها بر سر هزار سال است و علت آن نافرمانی ملوک است و بستن آنچه گشاده است و گشودن آنچه بسته است. و این، مقدمهٔ فنائی است که چاره از آن نیست، ولی ما اگرچه محکوم فنائیم باید برای بقا بکوشیم و تا وقت فنا برای بقا چاره کنیم. تو نیز چنین باش وبا فنا بر ضد خودت و قومت یار مشو که فنا چندان قوت دارد که حاجت باعانت ندارد. تو احتیاج داری که خویشتن را بانجام چیزهایی که در خانهٔ فنا مایهٔ زینت شود و در خانهٔ بقا سودمند افتد وادار کنی و از خداوند می‌خواهیم که ترا در این مرحله منزلت والا و درجهٔ اعلا دهد».[۲]

*

داستانی که **مسعودی سپاهانی**، از آن سخن می‌گوید نیز اندکی بـر دسـت موبـدان دگرگـون شـده است زیرا که آنچه از سوی زرتشت آورده‌اند، براست نیسـت و وی در گاثاهـای خـود چنـین سـخن بمیان نیاورده است، و راست آنستکه موبدان ما چون دیدند که ایران، با یورش ضحاک (= بابلیـان) از سوی دشت تازیکان یکهزار سال زیر خون و خاکستر و آتش گذراند، و پس از یکهزار سال با خیزش ایرانیان، فرمان بدست ایرانیان رسید، داستانی بساختند که هر هزار سال یکبار هوپاتخشایی (پادشـاهی نیک) پیش می‌آید و پس از آن یکهزار سال دوش‌پاتخشایی پدید می‌آید، و در نامه‌های پهلوی از همه گسترده‌تر در زندوهومن‌یسن داستان یورش سپاه اهریمن، باز از سوی دشت تازیکان، آمده اسـت،[۳] و چون اردشیر، آغاز هزاره را از زایش زرتشت گرفت، دیـد کـه پایـان هـزاره نزدیـک اسـت، و گمـان ایرانیان بر آن خواهد رفت، که وی آغازگرِ فرمانروایی‌ای شد که زمانِ آن، با زمانِ یورش سپاه اهریمن

۱– «نامهٔ تنسر» نیز یک دفتر ساختگی است که بهنگام ساسانیان برای نیک نمودن کارهای اردشیر از دیـدگاه دیـن نوشـته شـد، و بـا کارنامهٔ اردشیر بابکان که از دیدگاه داستان (= تاریخ) نوشته شده است، تاکنون دو کار فرهنگی در این زمینه بدست ما رسیده است.
اگر پس از پایان یافتن داستان ایران زمان داشته باشم، یکایک سخنان آن دفتر را خواهم شکافتن، تا ساختگی بودن آن بر همگان آشکار شود.

۲– التنبیه و الإشراف، ابوالحسن علی بن حسین مسعودی، ترجمهٔ ابوالقاسم پاینده، چاپ سیوم ۱۳۸۱، رویه‌های ۹۰-۹۱-۹۲.

۳– بهمین روی بود که چون سپاهیان تازی با انگیزش سلمان پارسی به آب اروند زدند، و بسوی تیسفون راندند، ایرانیـان خانـه و کاشـانه را رها کرده گریختند، از آنجا که باور داشتند که سرِ هزاره، سپاه اهریمن می‌آید و کس را تاب ایستادگی برابر آن نیست.

همراه است. و چون چنین اندیشید فرمان به نابود کردن همهٔ دفترها، و دیوان‌ها و کاخ‌ها و سازه‌های اشکانیان را داد، تا هیچ نماد و نشانه‌ای از آنان نمانَد، و با چنین کار ۴۸۵ سال فرمانروایی اشکانیان را از هزاره کم کرد، تا ایرانیان چنان نیندیشند.

اما گذرِ زمان، همان را نشان داد که اردشیر از آن می‌ترسید، و چنانکه گذشت **انوشه‌روان بزرگمهر بوختکان** نیز در گفتار خویش کسری را آگاه کرد، و با ۱۵ سال دگرگونی، پریشانی دودمان ساسانی را پس از چهارسد سال از آغاز پادشاهی اردشیر، پیش‌بینی کرده بود!

بیگمان سلمان فارسی نیز که از موبدان ایران بود، و بسوی تازیان گریخته بود، از چنین داستان آگاهی داشت که چون تیسفونیان به اندرز پیران، پُلِ اروندرود را بشکستند تا در زمان درازی که دوباره ساخته شود. برای اندیشیدن و چارهٔ کار را دیدن، زمان داشته باشند، سلمان بسردار تازی گفت زمان را از دست ندهند، زیرا که ایرانیان مال و زر و سیم خویش را بدر می‌برند! و یکی از سرداران عرب سپاهیان را برانگیخت تا با اسب به آب زنند و بسوی تیسفون روند[1]، و در چنین جای ابومالک، حبیب بن صهبان گوید وقتی در جنگ مداین، مسلمانان از دجله می‌گذشتند، پارسیان بآنها می‌نگریستند و می‌گفتند «دیوان آمد(ند)» و بیکدیگر می‌گفتند: بخدا شما با انسانها نمی‌جنگید، با جنیان جنگ می‌کنید.[2]

پهلوان سپاه ایران رستم فرخزاد نیز در نامه‌ای که ببرادر نوشت از همین سخن یاد کرد:

گنهکارتر، در زمانه منم　　　از ایرا گرفتار اهریمنم

و چون به نامردیِ سعد، رستم فرخزاد کشته شد، سپاه ایران با یکهزار و دویست پیل و چندان سوار و جنگ‌افزار، نبرد نکرده؛ روی بگریز نهادند، بدانروی که، شکست از تازیان بگفتهٔ ناسزاوار و دروغ موبدان، کاری بود؛ بودنی (مقدر) و برای چنان کار؛ کوشش و نبرد و پادرزم بیهوده می‌نمود... چنین بود گفتار نادرست موبدان که یک کشور را آمادهٔ شکست در سر هزاره کرده بودند.

*

اردشیر بگمان خویش ۴۸۵ سال از آن هزاره را کم کرد، و بر این بنیاد چنانکه پیشتر گذشت فرمان بویرانی و تباهی همه ساخته‌های اشکانیان داد، و دفترها و نامه‌های آنزمانِ فرخ نیز از این ستم بدور نماند، چنانکه امروز، اندرمیان نامه‌های پهلوی تنها **یادگار زریران، و درخت آسوریک و نامهٔ شهرستانهای ایران** است که بویی از زبانِ زمانِ اشکانی دارند، و من خود را خویشکار (موظف) می‌بینم که با چندان ستم که بر دودمان ایرانی اشکانیان و مردمان ایرانشهر رفت، و با چندان ستم که

۱- ترجمه تاریخ طبری، ابوعلی محمد بلعمی، بنیاد فرهنگ ایران، شماره ۵، رویهٔ ۱۴.
۲- تاریخ طبری، ترجمهٔ ابوالقاسم پاینده، دفتر پنجم، نشر اساطیر، ۱۳۷۲، رویهٔ ۱۳۷۲.

ایران از شکست ساسانیان بخود دید پس از گذر یکهزاروچهارسد سال، برای یکبار هم که شده، پـردهٔ بی‌آزرمی اردشیر بابکان و خاندان ساسانی (بجز از انوشه روان بهرام گور و چند پادشاه زودگذر پایانِ هنگام) را بیکسو زنم:

- ستمی که ساسانیان بر رهاوردهای فرهنگی ایران اشکانی روا داشتند، تازیان، با همه آتش‌سوزیها و ویرانیها، بر رهاوردهای فرهنگی ایران هنگام ساسانی روا نداشتند!
- شکست ایران با پایانِ هنگامِ ساسانیان، آغاز نشد، که با آغاز فرمانروایی آنان، ایران بر خود شکست، و راه را برای شکست‌های پی‌درپیِ آینده گشود.

افزایندگانِ آگاه

برخی گفتارها که بشاهنامه افزوده شده است، نه از سوی افزایندگان مزدور، که از سوی افزایندگان آگاه بوده است، اما شیوهٔ گفتار آن چنان است که نشان میدهد، سرودهٔ فردوسی نیست! از آنمیان، بهنگام درگذشت کیقباد:

پسر بُد مر او را خردمند، چار ‌ ‌ ‌ ‌ که بودند از او در جهان یادگار
نخستین چو کاووس با آفرین ‌ ‌ ‌ ‌ کیارش دگر بد، دگر کی پشین
چهارم کجا آرشش بود نام ‌ ‌ ‌ ‌ سپردند گیتی به آرام و کام

در این گفتار چند نادرستی هست:

یک: چون هنوز کیقباد، نمرده بود، نشاید که کنش گذشتهٔ «بودند» را بکار برد.

دو: چو کاووس نادرست است: کاووس.

سه: «دگر» را برای کیارش و کی پشین بایستی بگونه دودیگر و سدیگر آوردن.

چهار: «کجا» نیز در رج سیوم همچون «چو» در رج دویم نابجا است.

پنج: آنان هنوز جوان بودند، و کنش گذشته سپردند گیتی، سخن پس از مرگشان را بازمی‌نماید.

در فروردین‌یشت اوستا، هنگامِ پس از کیقباد را کوی اَئیپی وَنگهو خوانده شده است که «پادشاهی روی به بهی و نیکی» گزارش می‌شود و او را فرزند کیقباد دانسته‌اند، که از او چهار پسر بنام‌های کَوی آریش

کَوی اوسن (کاووس)

کوی آرشن

کوی پیسان[1]

۱- یشت‌ها، همان، دفتر دویم، مهریشت، بند ۱۳۲.

و چنانکه پیدا است نامهای یادشده در سرودهٔ افزوده همان نامها است که با اندکی دگرگـونی در فروردین‌یشت آمده است، که بایستهٔ زبان دگرگون شده از اوستا به پهلـوی و فارسی است. و این؛ نشان از آگاهی کسی می‌دهد که اندیشید در شاهنامهٔ فردوسی، تنها از یک پسر یاد شده است، و بهتر می‌نماید که نام دیگر پسران را نیز بدان بیفزایم!

*

نمونهٔ دیگر

در داستان بیژن و منیژه، بهنگام درود و ستایش است از سوی رستم پهلوان به کیخسرو، کـه در آن از امشاسپندان و دیگر «یزت»ها یاد شده، و هر نام را نیز گزارش کرده‌اند:

ستایش‌کنان پیش خسرو رسید	که مهر و ستایش مـر او را سـزید
برآورد سر، آفـرین کـرد و گفـت	که بادی همه ساله با تخت جفت
کـه هرمـزد یـارت بـدیـن پایگـاه	چو بهمن نگهـدار تخت و کـلاه
همـه سـاله اردیبهشت هژیـر	نگهبان تـو بـاد و بهـرام و تیـر
ز شـهـریر بـادی تـو پیـروزگـر	بنـام بزرگـی و فـر و هنــر
سپندارمز پاسـبان تـو بـاد	خرد، جان روشن‌روان تو بـاد
دی و فرودینت خجسـته بـواد	در هـر بدی بـر تـو بسته بـواد
از آذرت، رخشنده شب همچو روز	تـو شـادان و تـاج گیتی‌فـروز
وز آبانت هـم، کـار فرخنـده باد	سپهر روان پیـش تـو بنـده بـاد
تـن چـارپایانـت مـرداد بــاد	همیشه تن و بخت تـو شـاد بـاد
تـرا بـاد فـرخ، نیـا و نـژاد	ز خـرداد، بــادا بروبـوم شــاد

پیدا است که این گفتار از دیدگاه زبان فارسی با نادرستی همراه است:

یک: پیش از رسیدن، ستایش؛ نادرخور است چنانکه ستایش‌کنان بنزد خسرو برسد!

دو: مهر و ستایش را کنار هم نشاید آوردن. بسا کسان که آنان را می‌ستایند، و آنان خود، بکسی دیگر مهر دارند.

سه: «که» در آغاز رج سیوم، با «که» در رج پیشین همخوان نیست.

چهار: چو بهمن نادرست است: «بهمن ترا یار باد».

پنج: اردیبهشت نشان پاکی و راستی و زیبایی است که در آفرینش خداوند دیده می‌شود، و هیچگاه آنرا با هژیر (= هوشیار) همراه نکرده‌اند.

شش: نگهبان تو [باد]، سخن را بپایان می‌رساند، و افزودن نام بهرام و تیر بدان نادرخور است.

هفت: افزاینده می‌دانسته است که شهریور، در اوستا [illegible] خْشَثْرَ وَئیری، پادشاهی آرزوشده، و نشان از شاهی آرمانی خداوند است بر جهان، و بدانروی پیروزی کیخسرو را در پادشاهی از شهریور می‌خواهد، اما «شهریر» نادرست است، و هیچگاه بجای شهریور کاربرد نداشته‌اند.

هشت: لت دویم را نیز با لت نخست پیوند نیست، و «پیروزگر بادی» سخن را بپایان می‌رساند.

نه: افزاینده می‌دانسته است که نام «اسفند» سپندارمز است اما، لت دویم را گزارش نیست، و خرد هیچگاه «جان» نمی‌شود.

ده: با آنکه افزاینده از درخشش آذر درست یاد کرده است... اما در رج پسین، گزارش آبان را درست نداده است! افزاینده می‌توانست بگوید:

از آبان ترا بارش و آب و نم
از آبانت، کشور پر از آب باد
از آبان ترا سبزی و خرّمی
از آبان بروبوم تو سبز باد
از آبان ترا چشمه جوشنده باد
از آبان ترا برگ و بارِ درخت

... و ده‌ها سخن از این دست!

دوازده: افزاینده می‌دانسته است که امرداد، بیمرگی و جاودانگی است، اما از «مرداد» که واژه‌ای نادرست است یاد کرده است. شاید بودن که پچین‌بردارانِ پسین امرداد را به مرداد گردانده باشند.

سیزده: افزاینده در رج پایانین از خویشکاری «خرداد» بدرستی یاد کرده است، اما سخن در لت نخست سخت نادرخور است زیرا: نژاد را با نیا نشاید یکسان دانستن و برای آنانکه درگذشته‌اند، نباید آرزوی فرخی در آینده کردن!

نمونهٔ دیگر

در داستانهای افزودهٔ هنرنمایی گشتاسپ در روم دیده می‌شود.

چنین پیدا است که بهنگام لهراسپ، گروهی از توس و ابرشهر (نیشابور کنونی) بسوی روم رفته‌اند.[۱]

چنانچه در ویرایش شاهنامه نشان داده شد، از سوی لهراسپیان پادشاهی به گشتاسپیان واگذار شد، اما از آنان که بروم رفته بودند، در افزوده‌ها، داستانهای سردرگم و پریشان بسیار آمده است که یکی از آنها، نشانه از آگاهی شگفت افزاینده از رویدادهای کوچندگان به روم دارد، آنجا که گشتاسپ در رودررویی با «گرگ» چنین می‌گوید:

اگر بر من این اژدهای بزرگ	که خوانند ورا ناخردمند، گرگ
شود پادشا، چون پدر بشنود	خروشان شود، زان سپس نغنود!

خوانندهٔ خردمند آگاه است که من در نامهٔ «زندگی و مهاجرت آریاییان» که بسال ۱۳۵۸ بچاپ رسید، با نگرش به همهٔ داده‌های شاهنامه، و دیگر دفترهای ایرانی، و انیرانی، نشان دادم که اژدها چیزی جزاز کوه آتشفشان نیست.[۲]

از سویی پیدا است که اروپاییان آتشفشان را «وُلکانو» میخوانند که همان wolf است با اندک دگرگونی از واژهٔ اوستایی.

این واژه در اوستا وِهرکَ خوانده می‌شود که با دگرگونی «و» به «گ» چنانکه در نام ویشتاسپ و گشتاسپ دیده می‌شود در زبان پهلوی بگونه گورک درآمد، و در زبان کردی هنوز بگونهٔ «ورک» خوانده می‌شود، و روشن است که وِهرک اوستایی و وِرک کردی به وُلف انگلیسی دگرگون شده است که با اندکی دگرگونی بگونهٔ «ولکانو» درآمده که نامِ آتشفشان در زبانهای اروپایی است، و سخن گشتاسپ چنین است، که این «اژدها» را ناخردمندان ولکانو، و گرگ می‌خوانند.

چنین گفتار شگفت از دگرگونی نام اژدها به گرگ، و کشته شدن آن اژدها که خاموش شدن آن در سیسیل ایتالیا روی داده است، از آگاهی ژرف افزاینده درباره سرگذشت کوچندگان به اروپا است که از نامه‌ای دیگر بدست افزاینده رسیده و آنرا بشاهنامه اندر کرده است.

در شاهنامه باز هم از این آگاهی‌ها، بچشم می‌خورد، که هر یک را در جای خود نشان داده‌ام.

۱- از پروفسور «پیه مونتسه» رایزن فرهنگی پیشین ایتالیا در ایران شنیدم که چون شهردار فلورانس برای خواهر شهری آن شهر با شیراز بایران آمده بود، روزی که از شیراز بیرون شدیم و برای دیدار تخت‌جمشید رفتیم، سخت شادمان و برافروخته به کوه و بیابان می‌نگریست و گفت که گویی اکنون در زادگاهم «توسکان» هستم!

و پیدا است که توسکان را گزارشی بجزاز «خانهٔ توس» نیست، و آنان پس از گذر سه‌هزارسال چنین اندریافتی از ایران دارند. دربارهٔ همانندیها از دیدگاه مردمشناسی و واژه‌ها، بایستی پژوهش شود، و امیدوارم یکی از جوانان بیداردل ایرانی که ایتالیایی نیز بداند بدین کارِ فرّخ دست یازد.

۲- دوست دانشمند من استاد مانوئل بربریان که نخستین هموند بنیاد نیشابور است، چند سال پس، این گفتار و پیشنهاد را در آکادمی دانش‌های نیویورک گشود، و زمین‌شناسان جهان آنرا پذیرفتند اما هنوز در دانشگاههای ما کسان هستند که گفتار مرا افسانه می‌خوانند.

رازها و رمزهای پنهان
در سروده‌های فارسی

از آنجا که شاهنامه سروده‌ایست بس زیبا، و برخوردار از همهٔ توانایی‌ها و شگفتی‌ها و نازکیهای زبان فارسی، ویراستار را بایستی از چگونگی پیوند و گُسلشِ گفتار، و آهنگ سخن، و پیچش واژه‌ها در گفتار، و رازهای پنهان در میانهٔ سروده‌ها، آگاهی همه سویه باشد، تا سخنان ناهماهنگ با زبانِ شگفت‌انگیزِ فردوسی را، در میانه بازشناسد، و افزوده‌های پچپین‌بردارانِ ناآگاه و کم‌دانش را از این گفتارِ استوار؛ بزداید، و زدوده‌ها را نیز باز آراید، تا سخنِ فردوسی، در چنین جایها، آرایش خود را باز یابد، و خویش را در میان گفتارهای پریشان، بنمایاند.

چنین کار را کسی تواند کردن، که خود، سالها در سرایش سرود و چامه؛ رنج آزموده باشد، و این راهِ دشوارِ پر از سنگلاخ و... زیبایی و آرزو و آرمان را پیموده باشد، و نگارنده از کودکی در این رهگذر، رهگذار بوده‌ام، تا آنکه روزی در سال ۱۳۶۴، پس از پایان سرایش چکامه‌ای، با خویش اندیشیدم که بیگمان فردوسی را پیش از آغاز بکار شاهنامه سروده‌های فراوان بوده است که از آنها آگاهی نداریم، و پس از پایان کار شاهنامه که زبان سراینده، می‌بایستی چون آبشار اناهیتا، شگفت و پرخروش و آهنگین شده باشد، یکباره خاموش شد، و دیگر بر سروده‌های خویش نیفزود! چگونه؟ و چرا؟

زیرا روان و زبانِ سرایندگان را چندان با سرودن؛ پیوند و یگانگی پدیدار می‌شود که همچون یک خوی نهانی، با زندگی آنان همراه می‌گردد، و جدا شدن از آن و گسستن از سرودن، برای ایشان همچون رفتن جان از تن، دشوار و دور می‌نماید، و فردوسی چگونه چنین پیوند را برید، و چرا دل از سرود و سرایش بیکسو کشید؟

از برای آنکه فردوسی، روان بیدار ایران، با خویش اندیشید که: آنچه را که می‌بایستی، سرودم... و افزون بر آن، و برتر از آن، در جهان، سخنی نیست که بسرایم، پس؛ گفتار بس!

بر این بنیاد؛ مرا نیز که اکنون بکار گزارش شاهنامه در «داستان ایران» روزگار می‌گذرانم، و

شاهنامهٔ فردوسی را می‌پیرایم، بایستی از کارِ آن پدرِ پیرِ بزرگوار؛ آموزش گرفتن، و پندِ خاموشانهٔ او را نیوشیدن... و کار سرود و سرایش را بدیگران وانهادن!

سرودهٔ آنروزِ من چنین بود:

تا که سِرِّ عشق را دریافتم — خویش را دریای گوهر یافتم
با گرانجانان نشاید گفت؛ حال — کز سبکبالی، چه جان دریافتم!
کاه بودم، کوه گشتم در غمش — بحر را در دیدهٔ تر یافتم
بادِ پاییز و نسیم نوبهار — در گلستانش برابر یافتم
ذره‌ای مِهرِ رُخش را بر فلک — جانِ خورشیدِ منوّر یافتم
بی‌سروپا گشتم و راهی شدم — آسمان را بر سر افسر یافتم
در رهِ مستان کوی میکده — خاکِ ره گردیدم و، پر یافتم
در فنای خویش کوشیدم بجان! — خویش را گم کردم و دریافتم!

پس؛ دفتر سرود را بستم و خامهٔ چکامه را شکستم و از بندِ پیوندِ واژه‌ها رَستم!

اما روان فردوسی مرا یار بود، زیرا که همهٔ آن آزمایش‌ها، در دَمدمهٔ یورش واژه‌ها در بسترِ همواره پرآوازِ رودِ پرخروشِ سرایش، در آن شام درازِ جدایی، اینجا؛ مرا بیاری آمد، و خوانندهٔ آگاه؛ خود در برخورد با چنین ویرایش‌ها داوری خواهد کرد، بیاری یزدان! اما برای نمونه، چهار گونه از چنین ویرایش را در پیشگفتار می‌آورم:

نمونهٔ نخست:

در داستان نبرد گردآفرید با سهراب است که سهراب با خویش می‌اندیشد:

شگفت آمدش، گفت از ایرانسپاه — یکی دختر آید به آوردگاه
سواران جنگی بروز نبرد — همانا به ابر اندرآرند گرد

در این سروده، میان رج نخست با رج دویم پیوند بایسته نیست، و چنین می‌نماید که رج دویم می‌باید با پیوندی همچون «پس» آغاز شود. چون نیک بنگریم در رج نخست نیز پیوند شایسته میان لت نخست با لت دویم نمی‌بینیم. و چنین نشان می‌دهد که بایستی پیوندی چون «اگر» به لت دویم افزوده شود: «اگر چنین دختر...» که اگر این پیوند را به رج نخست بیفزاییم، خودبخود، با رج دویم نیز پیوند می‌خورد!

اما فردوسی؛ این پیوند را در سخن خویش آورده است و پچین‌برداران بدان دست برده‌اند! سخن فردوسی چنین بوده است:

شگفت آمدش گفت از ایرانسپاه . چنین دُخت (ار) آید به آوردگاه...

و سخن اینچنین آرایش می‌پذیرد!

نمونهٔ دیگر

در داستان **«بیژن و منیژه»** آنجا که گرسیوز، بفرمان افراسیاب کاخ منیژه را پَروَست (محاصره) میکند، و خود باندرون رفته مردی ایرانی را با منیژه میانِ رامشگران می‌بیند.

.....

نگه کرد گرسیوز آهنگ اوی — بجنگ اندرون تیزی چنگ اوی

وفا کرد با او، بسوگندها — بخوبی بدادش بسی پندها

به پیمان جدا کرد از او خنجرا — بچربی کشیدش به بند اندرا

سراپای بستش بکردار یوز — چه سود از هنرها؟ چو برگشت روز

چنین است گردندهٔ گوژپشت — چو نرمی نمودی بیابی درشت

برآنسان بنزدیک افراسیاب — ببردند رخ زرد و دیده پر آب

چنین است گردنده کار جهان — که ماتم کند سور را در زمان

چو آمد بنزدیک شاه اندرا — گو دست بسته، برهنه سرا

پس از رجِ نخستین، که از شاهنامه است بر دیگر سخنان چنین می‌توان انگشت نهادن:

یک: مردِ زره پوشیده، در و بام کاخ را گرفته، با جنگ‌افزار در دست، چگونه «بخوبی» پند میدهد؟

دو: بسی پندها نادرست است: «بسی پند».

سه: خنجرا، نادرست است، همچنین «اندرا» در لت دویم.

چهار: چون سراپای کسی را مانند «یوزپلنگ» ببندند، توانِ رفتن بدرگاه افراسیاب را ندارد.

پنج: چو برگشت نادرخور است: «چون برگردد».

شش: روز؛ خود، می‌گردد و شب می‌شود، بایستی از «برگشتن بخت» سخن گفتن.

هفت: رج پسین دوباره‌گویی لت دویم پیشین است، با گفتاری دیگر.

هشت: «نمودی» با «بیابی» در لت دویم همخوان نیست: «چو نرمی نمایی، بیابی...».

نُه: درشت نیز با نرمی همخوانی ندارد. نرمی ← درشتی

ده: رخ پهلوانان را شاید زرد شدن، اما دیدهٔ پرآب برای یک پهلوان نادرخور است ویژه آنکه بیژن پس از رسیدن بافراسیاب بیدرنگ از آمادگی خویش برای نبرد با یکهزار تورانی سخن می‌گوید!

یازده: «برآنسان» نیز نادرست است: «او را بدانسان» «بدان سانْش».

دوازده: «اندرا» نادرست است، چنانکه «سرا» در لت دویم!

از همهٔ این گفتار بی‌پیوند، این رج برمی‌آید:

به پیمان جدا کرد از او خنجرش ببردند، نزدیک شاه اندرش!

نمونهٔ دیگر:

بدان هنگام است که پیام ایرانیانِ در بندِ افراسیاب از ساری بزابلستان می‌رسد که، «با اغریرث نیکخوی چنین پیمان بسته‌ایم که چون سرداری از سوی ایران رسد، اغریرث ما را بنهد و بسوی افراسیاب رود.»

پس زال می‌گوید:

ازآنپس چنین گفت کای سروران پلنگان جنگی و گندآوران

که ای نامداران و گندآوران

کدامست مردی: کنارنگ دل بمردی سیه کرده در جنگ دل

خریدار این جنگ و این تاختن .....

یک: زال سردار انجمن مهیستان ایران را نشاید که پهلوانان را سرورِ خویش نامَد!

دو: چون در لت نخست آنان را نامید، لت دویم نادرخور می‌نماید، مگر آنکه پیوند «ای» برای پلنگان بیاید.

سه: چون چنین شود گندآوران نادرست است: «ای پلنگان جنگی گندآور».

چهار: کنارنگ، پاژنامِ استانداران استانهای مرزی بوده است، و «مردی استاندار دل» را گزارش نیست.

پنج: دل را سیاه کردن چگونه است؟

شش: اگر کار و نبرد، همراه مردی و مردانگی باشد و نبرد برای پادرزم میهن انجام گیرد، نشاید که از سیاهی و سیاهکاری سخن گفتن.

این دو رج پریشان، در گفتارِ فردوسی چنین می‌نماید:

ازآنپس چنین گفت کـ :«ای مهتران　　کدامسـت مـردی ز جنگـاوران؛
خریدار این جنگ و ایـن تـاختن　　بخورشـید، گـردن برافـراختن»

نمونهٔ دیگر:

بدان هنگام است که اردشیر بابکان در نبرد با کرم سرگشته و پریشان می‌شود، و بتنهایی می‌گریزد تا بخانهٔ دو برادر روستایی میرسد:

چو تنگ اندر آمد یکی خانه دیـد　　بـدر بـر، دو بُرنـای فرزانـه دیـد
ببودنـد بـر در، زمـانی بپـای　　بپرسـید از او، آن دو پـاکیزه رای
که: «بیگه چنین، از کجا رفته‌ایـد؟　　کـه بـا گـرد راهیـد و آشـفته‌ایـد

یک: آن دو برادر بنام‌های «بُرز» و «برزآذر» بگونهٔ یاران اردشیر درآمدند، و در نبردها ویرا یاری دادند، پس نشاید که از آنان با پاژنام «برنا» یاد شود. ویژه آنکه آنان در گفتارهای پسین «مرد» خوانده می‌شوند.

دو: اردشیر از کجا دانست که آنان «فرزانه»اند. چون اینچنین باشد، گفتارِ درستِ فردوسی چنین می‌نماید:

چو تنگ اندر آمد یکی خانه دیـد　　بـدر بـرْش دو مـرد بیگانـه دیـد

سه: دو کس را با کنش «بپرسید» همخوانی نیست: بپرسیدند!

چهار: رفته‌اید، نادرخور است: «رفته‌ای».

پنج: رَفته را با آشُفته پساوا نیست.

شش: اردشیر از جنگ گریخته بنزد آنان آمده بود، نه «رفته بود» بر این بنیاد «رفته‌اید» نادرخور است، و لت نخست بیگمان چنین بوده است:

که بیگه، چنین؛ از کجا آمدی؟

لت دویم را پیوند با این لت نیست هم از دیدگاه پساوا، هم بدانروی که پیدا است که سواری که یکروز راه پیموده باشد گردآلوده خواهد بود.

پس می‌باید بدنبال گفتار فردوسی در لت دویم گردیدن، و برای چنین کار نخست می‌باید پساوایی برای «آمدی» بیابیم، و اگر چنین است، همهٔ واکهایی را که شاید، بـا پسـاوای لـت نخسـت هماهنـگ باشند بیاوریم.

آمدی... با اَدی، بَدی، پَدی، تَدی، دَدی، ذَدی، رَدی، زَدی، سَدی، شَدی، غَدی، فَدی، قدی، کـدی، گدی، لَدی، مدی، ندی، وَدی، هَدی، یدی پساوا می‌یابد، و از ایـن گـروه، مـی‌بایـد آنـرا کـه بـا واژهٔ

درخور همراه می‌شود، برگزینیم:

- ❖ بدی
- ❖ تَدی با گفتدی، رفتدی، پساوای درست نمی‌نماید، زیرا که در لت نخست کنش سادهٔ گذشتهٔ «آمدی» با کنشی که بند (شرط) دارد، رفتدی، همخوان نیست.
- ❖ دَدی، چون روی به اردشیر دارد، روا نیست که مهمان را «دَد» خوانند.
- ❖ رَدی (بلندپایه‌ای)، با «پرسش» که در لت نخست آمده است، همخوان نیست.
- ❖ زَدی، نیز نادرخور است زیر ا که آنان نمیدانند که اردشیر کسی را زده است، یا نه.
- ❖ شَدی، (باشَدی) سخنی که روی به اردشیر دارد، روی بکس دیگر می‌کند.
- ❖ مَدی، آمدی، دوباره‌گویی پساوا است.
- ❖ نَدی، بنشاندی، برهاندی. بند (شرط) دارد، و با کنش سادهٔ آمدی لت نخست همخوان نیست.
- ❖ یَدی، آیدی، بند (شرط) دارد.

و تنها پساوای درخور برای آمدی همانا «بدی» است، و اندیشه رهنمون می‌شود که بایستی «بدی» را از مهمان دور خواستن، پس سخن فردوسی خویش را چنین می‌نماید:

«که از جان تو دور بادا بدی!»

دربارهٔ رج دویم نیز چنانکه پیشتر گذشت «دو پاکیزه رای» با «بپرسید» همخوانی ندارد، و بر اردشیر نیز روشن نیست که آنان پاکیزه رای هستند، یا نه! اما «رای» آهنگ انجام کاریست، و آنان بر در ایستاده رای به انجام کاری نکرده بودند. پس بجای «رای» بایستی بدنبال واژه‌ای دیگر گشتن، و سزاوارترین واژه «کدخدای» (= صاحبخانه) است: «بپرسید ازو... کدخدای».

پرسیدن همانست که امروز (احوالپرسی)اش می‌خوانند، و در تاجیکستان هنوز در گفتارها روان است، و برای واژهٔ فروافتاده، گفتار فردوسی در شاهنامه، رهنمای است که بارها چنین آمده است: «بپرسید و گفتا...» و بر روی هم، و این لت خویش را چنین می‌نماید: «بپرسیدش و گفت پس کدخدای» و چنان گفتار پریشان چنین آراسته می‌شود:

چو تنگ اندر آمد یکی خانه دید — بدر برش دو مرد بیگانه دید
ببودند بر در، زمانی بپای — بپرسیدش و گفت، پس کدخدای
که بیگه، چنین، از کجا آمدی؟ — که از جان تو دور بادا بدی!

❋

بر خوانندهٔ آگاه پوشیده نماند که در سرتاسر شاهنامه، هیچگاه سخنی را از پیش خود بداستان نیفزوده‌ام، و چنین پیشنهادها را همه؛ در پانویس آورده‌ام. من بدین گفتارها بیگمانم، تا خوانندهٔ فرزانه را داوری چگونه باشد!

داوری خرد
دربارهٔ گزافه

گروهی را که گمان بر آن میرود که؛ شاهنامه افسانه است، پروای پژوهیدن در گفتارهای افزوده بشاهنامه‌شان نیست و هرجای که سخنی دور از اندیشه و خرد بینند آنرا گزافه (که برای داستانهای رزمی بایسته‌اش میدانند!!) درشمار می‌آورند. اما فرهنگ ایران از لاف و گزاف بدور بوده است و ایرانیان را از چنین کار بدور می‌خواسته است:

هزینه مکن سیمت از بهر لاف　　　که از لاف زاید، سخن؛ پرگزاف!

«آف» پسوندی است که برای کارهای ناشایست و نادرخور بکار میرفته است، چونان:

۱) **لاف**

۲) **گزاف**

۳) **خُراف** (خرافه)[1]

۴) **یاف** (یافه، یاوه)

۵) **قیاف** (قیافه: دیگرنمایی)

۶) **کلاف** (کلافه شدن، سردرگم شدن)

۷) **شاف** (شیاف)

۸) **خاف** (خَف کردن، پنهان سرک کشیدن)

با دگرگون شدن «ف» به «پ»:

۹) **چاپ** (چاپیدن، غارت)

۱۰) **غاپ** (غاپیدن)

۱- در میان این واژه‌ها، دو واژهٔ قیافه و خرافه در زبان تازی نیز روان است، و پیدا است که ریشهٔ آن به ایران باستان می‌پیوندد. دربارهٔ اینگونه واژه‌ها در «داستان ایران» سخن رفته است.

۱۱) **گَپ** (خمیازه کشیدن)[1]

۱۲) **چَپ** (چپ افتادن، واژه اهریمنی برای هَویک پهلوی و هَوَیَ اوستایی)

۱۳) **رَپ** (اوستایی (𐬭𐬀𐬞 : ربودن، بی‌بهره کردن[2])

۱۴) **تَپ** (تف، تب، بیماری)

۱۵) **کَپ** (کَپهٔ مرگ گذاشتن کار اهریمنی، رودررو با خوابیدنِ بآیین)

با دگرگون شدن «پ» به «و»:

۱۶) **چُوْ** (چُوْ انداختن، آگاهی ناراست پراکندن)

۱۷) **غَوْ** (غریو، بانگِ ناخوش که هنوز در واژهٔ آمیختهٔ غوغا بر زبان می‌رود)

۱۸) **داوْ** (دَوْ = دستِ قمار که در زبانزدِ «دوبهم‌زن» یا کسیکه دست قمار را بهم میریزد برجای مانده است. داوخواه کسی است که جویای قمار باشد، که پسان بگونهٔ داوطلب درآمد که نشان از قمار در آن نیست).

این واژه از ریشهٔ اوستایی دَو 𐬛𐬀𐬎، یا دَب 𐬛𐬀𐬠 برآمده است، برابر با فریفتن و گمراه کردن[3]، بدانروی که کارِ داوبازان همه با فریب و گمراه کردن انجام میگیرد.

۱۹) **هاو** (هُو کردن)

۲۰) **اُوْ**: کسیرا با آوای نادرخور برای خوارداشت فراخواندن.

با دگرگون شدن «و» به «ب»:

۲۱) **لاب** (لابه کردن)

*

با چنین فهرست، چگونه توان اندیشیدن؟ که ایرانیان، در فرهنگ و گفتار خویش، گزاف را شایسته درشمار آورند، چنانکه آنرا بکارنامهٔ اندیشه و اندریافت و خرد و فرهنگ خویش نیز ره دهند!

بدین سخن در نخستین نبرد رستم با افراسیاب بنگریم:

ز گـردِ سـواران در آن پهندشـت   زمین شد شش و آسمان گشت هشت

۱- این واژه اوستایی است [فرهنگ واژه‌های اوستایی، همان، دفتر نخست، رویهٔ ٤٥٨] که از آن واژهٔ 𐬔𐬀𐬟𐬥𐬌𐬌𐬀 گفنْیَ برآمده است برابر با ژرفا و گودی... و گپ ژرفا و گودی دهان را نشان دادن است. و سخن زشت را نیز بگونهٔ «گپ زدن» با پسوند زدن اهریمنی همراه کرده‌اند. از این واژه، واژه «جفَنگ» (= گپَنگْ)؛ سخن نادرخور پدید آمده است. از واژه‌های اهریمنی که بـا زدن همـراه اسـت: گـاز زدن، زُل زدن، آرغ زدن، لگد زدن، جفنگ زدن، سیلی زدن... .

۲- فرهنگ واژه‌های اوستایی، همان، دفتر سیوم، رویهٔ ۱۲۱۳.

۳- *فرهنگ واژه‌های اوستایی*، *همان*، دفتر دویم، رویهٔ ٦٩۳.

هزاروسدوشست گرد دلیر . بیک زخم (حمله) شد کشته چون نرّهٔ شیر

یک: پیدا است که با برخاستن گرد از سمّ اسپان، یک لایه از هفت لایهٔ زمین بهوا برنمی‌خیزد.

دو: چون برخیزد، در میان هفت لایهٔ آسمان جای میگیرد، و یک لایه بدان نمی‌افزاید... سخن درست فردوسی برای گرد انگیختن سپاهیان چنین است:

سواران جنگی بروز نبرد همانا به ابر اندر آرند، گرد

سه: با یک زخم، یک کس کشته می‌شود، و چنانکه در آیین نبرد گذشت، با یک زخم ده مگس را نیز نمی‌توان کشتن.

چهار: چون از شمار بسیار یاد کنند، ده‌ها، سدها، هزارها می‌گویند، و چنین گفتن سخت ناشایست است، از آنکه چرا یکهزارویکسدوشست‌وپنج کس کشته نشدند؟

پنج: آیا پس از هر یورش رستم، کسانی بودند که آمار کشته شدن را بگیرند، تا روشن شود که ۱۱۶۰ تن در هر یورش کشته شده‌اند.

شش: نره شیر چه کسان‌اند؟ همانها که کشته شدند؟

هفت: آیا این گفتار، از همان سراینده است که در داستان نبرد اشکبوس دربارهٔ تیراندازی رستم بدین زیبایی و سادگی سروده است:

چو پیکان ببوسید، انگشت اوی گذر کرد از مهرهٔ پشت اوی

نمونه‌ای دیگر:

دربارهٔ غاری که در گفتار افزایندگان، افراسیاب؛ در آن پناه میگیرد:

بنزدیکِ بردع یکی غار بود سرِ کوهِ غار، از جهان ناپسود

ندید از برش، جای پرواز باز نه زیرش پی شیر و آنِ گراز

یک: در اَرّان (جمهوری آذربایجانِ امروز) چنین کوه شناخته نمی‌شود.

دو: در هیچ جای جهان نیز از چنین کوه سراغ نداریم، که بلندتر از جهان بوده باشد.

سه: سخن در رج دویم چنان می‌نماید، که باز، بهنگامِ پرواز، از خود نشان بر آسمان بر جای می‌نهد، چنانکه پس از پرواز بتوان آنرا دیدن.

چهار: زیرِ آن کوه چگونه بوده است؟ که جای پای جانوران را ناپدید می‌کرده است.

نمونه‌ای دیگر:

چون کیخسرو ناامید شده از پادشاهی می‌گوید:

کنون، بارگاه من آمد بسر   غمِ لشگر و تاج و تخت و کمر

چگونه می‌توان با میزان خرد سنجیدن، که زال در پیشگاهی شاهی چون کیخسرو چنین سخن گوید:

چو بشنید زال این سخن بردمید   یکی باد سرد از جگر برکشید
به ایرانیان گفت کاین رای نیست   خرد را به مغز اندرش جای نیست
که تا من ببستم کمر بر میان   پرستنده‌ام پیش تخت کیان
ز شاهان ندیدم کسی کاین بگفت   چو او گفت ما را نباید نهفت
نباید بدین بود همداستان   که او هیچ راند چنین داستان
مگر دیو با او هماواز گشت   که از راه یزدان سرش بازگشت

آیا این گفتارها از همان شاهنامه است؟ که بیدرنگ می‌گوید:

شنید این سخن زال و بر پای خاست   چنین گفت کای خسروِ داد و راست!

نمونه‌ای دیگر:

بهنگام ساختن سیاوخشکرد:

سد اشتر ز گنج درم بار کرد   چهل را همه، بار؛ دینار کرد

چگونه شاید سنجیدن؟ که دوهزار تن (بسنگ امروزین) درم را بار کرده، با هشتاد تن دینار بسوی بیابان روند. این سخن بدان می‌ماند که چون امروز کسی بخواهد بجایی رود، بجای اسکناس پانسدهزار تومانی، چند کامیون اسکناس بیست تومانی بار کرده ببرد!

نمونه‌ای دیگر:

دربارهٔ فرزندان فریدون:

پدر نوز، ناکرده از ناز، نام   همی پیش پیلان نهادند گام

چگونه شاید اندیشیدن که فرزند نازپرورده پیش پیل گام نهد (و با او بجنگد!).

نمونه‌ای دیگر:

در لشگر کشیدن منوچهر بسوی سلم و تور:

ز لشــگرگه پهلــوان تــا دو میــل ∗ کشـیده دورویــه، رده؛ ژنـده‌پیـل
از آن، شست، بر پشتشـان تخـت زر ∗ بــه زر انــدرون چندگونــه گهــر
چــو، سیســد، بنــه برنهادنــد بــار ∗ چو، سیصـد، همـان ازدر کـارزار

یک: اگر تخت زری را بهمراه می‌بردند، همانا تخت منوچهر بوده است، و بر پنجاه‌ونه پیل دیگر برای چه کس تخت زر بار کردند؟

دو: بنه را با اشتر و استر می‌بردند، نه با پیل.

سه: لت سیوم نادرخور است، زیرا روشن نکرده است که جنگ‌افزار بر آنان بار کرده بودند، اما گفتار فردوسی در رج پیش از این و رج پسین؛ خود را نشان می‌دهد که جنگاوران و اسپان همه جنگ‌افزار با خود داشته‌اند:

خروشیدن تازی اسپان ز دشـت ∗ ز بانــگ تبیــره همــی برگذشــت
همــه زیــر برگســتوان انــدرون ∗ نبدشان جز از چشم، ز آهن بــرون

نمونه‌ای دیگر:

در داستان افزودهٔ نبرد شاه مازندران:

بـــرآورد آن گـــرزِ ســـالارکش ∗ نه با دیو جان و نه بـا پیـل هُـش

یک: گرز، گرز است، چه برای سالار، چه برای سپاهی.

دو: چگونه از برآوردن گرز دیوان مردند، و پیلان از هوش برفتند؟

نمونه‌ای دیگر:

پس از پیروزی، در پیشکش دادن کاووس به رستم:

سد از تازی‌اسپان، بـزرّین سـتام ∗ سد اشتر سیه‌موی و زریـن لگـام
همــه بارشــان دیبــهٔ خســروی ∗ ز چینــی و رومــی و ز پهلــوی

یک: اشتر سیه‌موی در جهان دیده نشده است.

دو: افزاینده چندان از زندگی روزانه بدور بوده است که نمی‌دانسته است اشتران را لگام (= دهنه) نمی‌زنند، و یک اشتر با فسار [مهار] در دست کودکان نیز، راه می‌رود و بار می‌برد[1]!

۱– سعدی در گلستان می‌گوید:

سه: دیبای خسروی را برای یک کس، با یکسد اسپ و اشتر می‌بردند؟

چهار: مازندران را چه پیوند با چین و روم بود که دیبای رومی(!) از آن بیاورند.

پنج: اگر شاه مازندران دشمن کاووس بود چرا؟ دیبای پهلوی در آنجا بافته می‌شد.

شش: در آنزمان هنوز روم در جهان پدیدار نشده بود.

هفت: شاید بودن که رونوشت‌بردارانِ پسین «آستر» را بگونهٔ «اشتر» نوشته باشند. اما استرِ بارکش را نیز لگام نیست، که بی‌افسار، بار را می‌برد، و هر ستوربان را توانِ آن هست که، تا ده استر را بی‌افسار، براه؛ برانَد.

نمونه‌ای دیگر:

در گفتار افزوده بداستان نبرد رستم و سهراب:

خروشان بیامد بپرده‌سرای / بنیزه درآورد، بالا ز جای
خم آورد، زان‌پس سنان کرد سیخ / بزد نیزه برکند، هفتاد میخ

یک: پرده‌سرای شاهان را چنانکه در بخش آرایش نبرد یاد شد، در میدان نبرد بر پای نمی‌کردند، که جای آن برفراز کوه یا تپه‌ای بود، پشت سپاه.

دو: سنان کرد سیخ، سخنی سخت زشت و نادرخور است.

سه: با نیزه نشاید یک میخ را نیز کندن، چه رسد به هفتاد میخ چادر!

نمونه‌ای دیگر:

در خوان دویم رستم:

چو سیراب شد، ساز نخچیر کرد / کمر بست و ترکش پر از تیر کرد
بیفکند گوری، چو پیل ژیان / جدا کرد از او پای و چرم و میان

یک: هیچگاه در جهان، گور؛ به پیکر پیلی دیده نشده است.

دو: افزاینده چندان از آیین زندگی بدور بوده است که نمی‌داند، ران و میان گور، برای کباب کردن، بهترین بخش‌های تن او است، و آن را نباید همراه با چرم گور بدور افکندن!

حلم شتر چنانکه معلوم است، اگر طفلی مهارش گیرد و صد [سد] فرسنگ برد، گردن از متابعتش نپیچد اما اگر دره‌ای هولناک پیش آید که موجب هلاک باشد، و طفل آنجا بنادانی خواهد شدن، زمام از کفش درگسلاند و هیچش مطاوعت نکند.

نمونه‌ای دیگر:

در گفتار افزوده به داستان خواستاری از دختر شاه هاماوران، دربارهٔ سوداب‌ه:

بـبـالا بلنـد و بگیسـو کمنـد زبانش چو خنجر، لبانش چو قنـد!

افزاینده با خویش نیندیشیده است که قندی که با خنجر بکامِ مرد رَوَد، او را می‌آزارد!

نمونه‌ای دیگر:

در داستان یاری بیژن به گستهم:

بدین کینه گر، تخت و تاج آوریـم اُ گر رسمِ تـابوت و سـاج آوریـم

اگرنـه بـه چنـگ پلنـگ انـدرم خور کرکسـان اسـت مغـز سـرم

افزاینده در این گفتار سست خواسته است بگوید یا تخت و تاج بدست می‌آوریم، یا در جنگ می‌میریم و پلنگان و کرکسان ما را خواهند خورد.

اما وی را چندان آگاهی از جهان جانوران نبوده است که بجز از کرکس و کلاغ در میان پرندگان و کفتار در میان ددان، هیچ جانور دیگر مردارخورا نیست، تا آنجا که گربهٔ پست‌منش نیز جانور مرده را نمی‌خورد!

آنگاه، از پلنگِ آزاده، که آزاده‌تر از همهٔ درندگان است، و همواره از پیش، بسوی شکار خویش یورش می‌برد، چنین یاد شده است که گویی مردارخوار است! باز آنکه شاهنامه همواره پلنگ را ستوده است و از بزرگمنشی او چنین یاد می‌کند:

پلنگ آنزمان پیچد از کین خـویش که نخچیـر بینـد، ببـالین خـویش

*

نه مردی بوَد، چاره جُستن به جنگ نـــرفتن بـــراه دلاور پلنـــگ

*

که من از فریبـرز و رهـام جنـگ بجُـــتم بســـان دلاور پلنـــگ

*

بدان خستگی بـازْ جنـگ آمدنـد گــرازان بســان پلنــگ آمدنــد

*

یکی داستان زد بر این، بـر پلنـگ	چو با شیر جنگاورش خاست جنگ
بنام ار بریزی مـرا، گفـت: خـون	به از زنـدگانی بـه ننگ انـدرون

درود و سپاس و نیایش مر نیاکانِ برترمنش را که زندگیِ فرهمند و اندیشهٔ تابناک و کوشش بیدریغ و پیوستهٔ آنان در پهنهٔ ایرانزمین، شاهنامه را پدیدار کرد، تا به گسترهٔ جهان فروغ و روشنایی افکَنَد.

درود و سپاس و ستایش مر گزارندگان شاهنامه را که در بسترِ پُر هیاهو و سراسر پیچ‌وخمِ رودِ درازآهنگ زندگیِ جهانیان، یکایک رویدادهای شگفتِ زندگی ایرانیان را، بی‌یکسونگری و دیگرنمایی، بر برگ‌های شاهنامه نگاشتند و روان به روان، زبان بزبان، و دست بدست... بدست فرزندان ایران رساندند.

درود و سپاس و آفرین به پاسدار اندیشه و فرهنگ ایرانی، **ابومنصور محمد عبدالرزاق** خراسانی که با دریافت برجسته‌ترین خویشکاریهای جهانی، فرمان به فراهم آوردن شاهنامه، و ترجمهٔ آن از نوشته‌های باستانی، بزبان فارسی داد.

درود و سپاس و آفرین به «**ماخ**» دهگان مرو و پهلوان خراسان، **ماهوی خورشید** نیشابوری، **شادان برزین** توسی، **یزدان‌داد** سیستانی و **ابومنصور معمری** که شاهنامه را، به آیندهٔ ایران پیشکش کردند.

درود و سپاس و آفرین و ستایش به روان روشن ایران، **فردوسی**، که اندیشهٔ تابناک و زبان آراسته‌اش آینهٔ اندیشه و گفتار و کردار نیاکان شد، و در سخت‌ترین تیره‌روزیهای ایرانیان، روشنترین و پرشکوه‌ترین گفتارِ ایرانی را، بر آسمان همواره تابناک ایرانزمین؛ شاهنامه، پرتوافکن کرد.

درود و سپاس همراه با اندوه، بروانِ پاک **امیرمنصور** پورِ فرزانهٔ ابومنصور، پهلوان خراسانی، یاورِ فردوسی ایران، که در جوانی تن و جان پُردردش در زندان انیرانیان از جهان بگسست، و روان فرخنده را بروان نیاکان پیوست.

درود و سپاس به آن دو فرزندِ دلبند ایران که پیش از پدر، بجهان مینو خرامیدند، تا یاورِ پدر، در خویشکاری بزرگ خویش شوند... تا با جانسپاری خود در راه ایران، شیوهٔ مهرورزی به پدر و ایران و نیاکان خردمند را بفرزندان ایران بیاموزند!

نمایه

آبتین، ۱۵۲
آبراهه آتوس، ۲۴۲
آذربایجان، ۶۵، ۲۴۲، ۲۷۸، ۲۷۹، ۲۸۰، ۲۸۲، ۲۹۳، ۳۷۶، ۳۸۳، ۳۸۶، ۴۲۹، ۴۳۰، ۴۶۳
ابوالفتح عیسی، ۱۸۴
ابوالفرج زنجانی، ۴۴۱
ابوالفضل بیهقی، ۲۲، ۲۹
ابوریحان بیرونی، ۲۴۱، ۲۴۳، ۲۷۵، ۳۶۱، ۴۴۱
ابوسعید ابوالخیر، ۷۴
ابومنصور عبدالرزاق، ۱۱، ۱۲، ۱۳، ۱۵، ۲۱
ابومنصور معمری، ۱۱، ۱۳
آتورپات مانسپندان، ۷۷، ۱۹۰
اران، ۲۸۱، ۲۸۳، ۴۲۹، ۴۶۳
ارجاسپ، ۹۳، ۱۶۸، ۲۲۰، ۲۴۵، ۳۰۲، ۳۱۰
ارداویراف‌نامه (کتاب)، ۷۴، ۲۳۷
اردبیل، ۴۲۸، ۴۳۱
اردشیر (اردشیر بابکان)، ۲۹، ۳۰، ۷۵، ۷۶، ۹۳، ۱۰۴، ۱۱۸، ۱۲۳، ۱۲۴، ۱۲۵، ۱۴۲، ۱۴۴، ۱۴۵، ۱۴۷، ۱۴۹، ۱۵۰، ۱۷۰، ۲۵۱، ۲۵۵، ۲۸۰، ۲۹۰، ۴۲۰، ۴۲۱، ۴۲۳، ۴۴۱، ۴۴۳، ۴۴۴، ۴۴۵، ۴۴۶، ۴۴۷، ۴۴۸، ۴۵۷، ۴۵۸
اردوان، ۲۹، ۳۰، ۱۲۳، ۱۲۵، ۳۹۲، ۴۲۱، ۴۴۲، ۴۴۳، ۴۴۴، ۴۴۵
آرزو، ۸۰
ارمنستان، ۴۲۹
ارمنی، ۲۳، ۱۳۴، ۴۱۳
استخر (اصطخر)، ۱۲۳، ۱۲۴، ۱۴۴، ۲۹۳، ۳۵۹، ۴۴۲، ۴۴۴
اسرارالتوحید فی مقامات شیخ ابی سعید ابی‌الخیر (کتاب)، ۱۲۰
اسفندیار، ۱۱۶، ۱۱۷، ۱۱۹، ۱۳۳، ۱۳۶، ۱۶۷، ۱۶۸، ۱۷۰، ۲۰۳، ۲۱۶، ۲۱۸، ۲۱۹، ۲۲۷، ۲۳۴، ۲۳۵، ۲۴۲، ۲۸۶، ۳۰۷، ۳۵۵، ۳۶۳، ۳۸۰، ۳۹۷، ۴۰۲، ۴۱۸
اسکندر، ۳۱، ۳۲، ۴۲، ۷۰، ۷۸، ۱۲۳، ۱۲۴، ۱۲۵، ۱۲۶، ۱۳۵، ۱۳۷، ۱۹۷، ۲۲۲، ۲۳۳، ۲۴۲، ۲۵۵، ۲۵۷، ۲۵۸، ۲۵۹،

۲۶۰، ۲۶۱، ۲۶۳، ۲۶۴، ۲۶۵، ۲۶۷، ۲۷۰، ۴۲۳، ۴۴۱، ۴۴۲، ۴۴۳، ۴۴۵
اسکندرنامه (کتاب)، ۱۸۴، ۲۵۷، ۲۵۸، ۲۶۱، ۲۶۴
اشکانی، ۳۰، ۱۹۷، ۱۹۸، ۴۴۱، ۴۴۲، ۴۴۷، ۴۴۸
اشکانیان، ۳۰، ۱۵۱، ۲۳۳، ۲۳۴، ۴۴۱، ۴۴۲، ۴۴۴، ۴۴۷
اشکبوس، ۹۲، ۱۰۱، ۳۲۱، ۳۵۷، ۳۶۵، ۴۰۷، ۴۶۳
اغریرث، ۴۵۶
افراسیاب، ۷۵، ۸۲، ۸۵، ۸۹، ۹۱، ۹۲، ۹۹، ۱۱۱، ۱۱۶، ۱۱۸، ۱۳۴، ۱۳۶، ۱۳۷، ۱۵۲، ۱۵۳، ۱۶۸، ۱۶۹، ۱۷۴، ۲۰۳، ۲۲۶، ۲۲۹، ۲۴۴، ۲۴۵، ۲۴۷، ۲۵۸، ۲۷۶، ۲۷۷، ۲۸۲، ۲۸۳، ۲۸۸، ۲۹۰، ۲۹۹، ۳۰۸، ۳۰۹، ۳۱۵، ۳۱۶، ۳۲۷، ۳۳۸، ۳۵۸، ۳۶۲، ۳۷۲، ۳۸۰، ۳۸۴، ۳۸۸، ۳۹۵، ۳۹۷، ۴۰۱، ۴۱۳، ۴۱۶، ۴۱۷، ۴۲۳، ۴۵۵، ۴۵۶، ۴۶۲، ۴۶۳
آفریدون، ۲۵۱، ۲۵۳
افغانستان، ۳۰، ۴۷، ۶۷، ۲۴۶، ۲۷۸، ۳۷۵، ۴۲۹
اقبال (عباس)، ۱۱
اکوان دیو، ۱۵۳، ۳۶۰
البرز، ۷۰، ۱۹۱، ۳۷۶
الپتکین، ۲۱
التنبیه و الاشراف (کتاب)، ۴۴۵، ۴۴۶
امام محمدیحیی نیشابوری، ۴۲۷
امیر ابوالحسن، ۱۷
امیرمنصور (امیرک منصور)، ۱۵، ۱۶، ۱۷، ۱۸، ۲۱
اندرز آتورپات مانسپندان (کتاب)، ۷۵
انکلساریا (بهرام گور)، ۷۵، ۴۱۸
انوری، ۶۳، ۱۷۱، ۳۲۴
اوستا (کتاب)، ۱۸، ۶۶، ۶۹، ۷۶، ۸۴، ۱۴۱، ۱۷۵، ۱۷۹، ۲۱۱، ۲۲۹، ۲۳۱، ۲۳۳، ۲۳۴، ۲۳۷، ۲۸۴، ۲۸۸، ۳۵۹، ۳۷۵، ۳۸۳، ۴۳۰، ۴۴۹، ۴۵۰، ۴۵۱، ۴۵۲
اوستایی (زبان)، ۱۴، ۵۹، ۶۰، ۶۴، ۶۶، ۶۸، ۷۰، ۷۳، ۷۹، ۸۷، ۸۹، ۱۲۷، ۱۲۸، ۱۳۰، ۱۳۴، ۱۳۶، ۱۵۰، ۱۵۱، ۱۷۶، ۱۷۹، ۱۸۰، ۱۹۲، ۲۰۱، ۲۰۳، ۲۱۱، ۲۳۰، ۲۳۳، ۲۳۴، ۲۳۷

پیشگفتاری بر ویرایش شاهنامهٔ فردوسی ۴۷۲

۲۶۰، ۲۷۳، ۲۸۴، ۲۸۷، ۲۹۰، ۳۰۵، ۳۰۶، ۳۳۰، ۳۳۱، ۳۵۷،
۳۷۹، ۴۵۲، ۴۶۲.

ایران، ۱۱، ۱۳، ۱۷، ۱۸، ۱۹، ۲۵، ۲۶، ۲۷، ۳۰، ۳۷، ۳۸،
۳۹، ۴۱، ۴۲، ۴۴، ۴۵، ۴۶، ۴۸، ۵۹، ۶۰، ۶۴، ۶۵، ۶۶، ۶۷،
۶۸، ۶۹، ۷۰، ۷۵، ۷۹، ۸۰، ۸۵، ۸۶، ۹۰، ۹۶، ۹۷، ۹۸، ۱۰۰،
۱۰۳، ۱۰۹، ۱۱۱، ۱۱۲، ۱۱۳، ۱۱۷، ۱۱۸، ۱۲۳، ۱۲۴، ۱۲۵،
۱۲۹، ۱۳۰، ۱۳۳، ۱۳۴، ۱۳۶، ۱۴۳، ۱۴۷، ۱۵۰، ۱۵۱، ۱۵۳،
۱۵۴، ۱۵۵، ۱۵۷، ۱۵۹، ۱۶۱، ۱۶۳، ۱۶۴، ۱۶۵، ۱۶۸، ۱۶۹،
۱۸۰، ۱۸۱، ۱۸۵، ۱۸۶، ۱۸۷، ۱۸۹، ۱۹۲، ۱۹۳، ۱۹۵، ۱۹۷،
۲۰۲، ۲۰۳، ۲۰۶، ۲۰۷، ۲۰۸، ۲۱۱، ۲۱۲، ۲۱۳، ۲۱۴، ۲۱۵،
۲۱۶، ۲۱۷، ۲۲۰، ۲۲۱، ۲۲۳، ۲۲۵، ۲۲۶، ۲۳۰، ۲۳۱، ۲۳۲،
۲۳۵، ۲۴۱، ۲۴۲، ۲۴۴، ۲۴۵، ۲۴۶، ۲۴۷، ۲۴۸، ۲۴۹، ۲۵۰،
۲۵۱، ۲۵۳، ۲۵۴، ۲۵۵، ۲۵۶، ۲۵۷، ۲۵۸، ۲۵۹، ۲۶۰، ۲۶۲،
۲۶۳، ۲۶۵، ۲۷۰، ۲۷۱، ۲۷۳، ۲۷۵، ۲۷۷، ۲۸۰، ۲۸۱، ۲۸۲،
۲۸۳، ۲۸۵، ۲۸۸، ۲۸۹، ۲۹۱، ۲۹۳، ۲۹۹، ۳۰۱، ۳۰۲، ۳۰۳،
۳۰۸، ۳۱۰، ۳۱۲، ۳۱۷، ۳۲۱، ۳۳۰، ۳۳۸، ۳۴۰، ۳۴۷، ۳۵۲،
۳۵۴، ۳۵۵، ۳۶۱، ۳۷۰، ۳۷۱، ۳۸۰، ۳۸۲، ۳۸۳، ۳۸۴، ۳۸۵،
۳۸۷، ۳۹۰، ۳۹۲، ۳۹۶، ۴۰۰، ۴۰۱، ۴۰۵، ۴۱۲، ۴۱۳، ۴۱۶،
۴۱۸، ۴۱۹، ۴۲۱، ۴۲۴، ۴۲۷، ۴۲۸، ۴۲۹، ۴۳۰، ۴۳۱، ۴۳۲،
۴۳۳، ۴۳۵، ۴۳۶، ۴۳۹، ۴۴۰، ۴۴۱، ۴۴۲، ۴۴۳، ۴۴۴، ۴۴۶،
۴۴۷، ۴۴۸، ۴۵۲، ۴۵۳، ۴۵۶، ۴۶۱.

ایرانی، ۱۶، ۱۷، ۳۳، ۳۴، ۴۱، ۵۹، ۶۰، ۶۵، ۶۶، ۶۷، ۶۸،
۶۹، ۷۰، ۷۳، ۷۸، ۸۱، ۸۸، ۱۲۰، ۱۲۴، ۱۴۱، ۱۴۲، ۱۴۵،
۱۴۶، ۱۴۷، ۱۵۰، ۱۵۱، ۱۵۹، ۱۷۴، ۱۸۰، ۱۸۴، ۱۸۹، ۱۹۰،
۱۹۳، ۱۹۶، ۱۹۷، ۲۰۳، ۲۰۴، ۲۰۷، ۲۱۱، ۲۱۳، ۲۱۶، ۲۱۷،
۲۲۰، ۲۲۱، ۲۲۲، ۲۲۳، ۲۲۵، ۲۲۶، ۲۲۷، ۲۳۰، ۲۳۲، ۲۳۳،
۲۴۱، ۲۴۲، ۲۴۴، ۲۴۶، ۲۴۸، ۲۴۹، ۲۵۹، ۲۶۰، ۲۶۱، ۲۶۲،
۲۶۳، ۲۶۵، ۲۶۶، ۲۷۷، ۲۹۵، ۳۰۱، ۳۰۴، ۳۳۰، ۳۳۷، ۳۵۴،
۳۵۵، ۳۶۷، ۳۷۹، ۳۸۱، ۳۸۴، ۳۹۰، ۴۰۲، ۴۰۹، ۴۱۰، ۴۱۱،
۴۱۲، ۴۱۶، ۴۲۴، ۴۴۱، ۴۴۲، ۴۴۴، ۴۴۷، ۴۵۲، ۴۵۵.

ایرانیان، ۱۳، ۱۷، ۱۹، ۲۱، ۲۹، ۳۰، ۳۱، ۳۴، ۳۹، ۴۲، ۴۵،
۴۷، ۶۵، ۶۷، ۶۹، ۷۸، ۸۵، ۹۹، ۱۰۰، ۱۱۲، ۱۱۳، ۱۳۷،
۱۳۸، ۱۴۸، ۱۵۴، ۱۵۵، ۱۶۲، ۱۸۰، ۱۸۹، ۱۹۰، ۱۹۱، ۱۹۴،
۲۰۲، ۲۰۳، ۲۰۴، ۲۰۵، ۲۰۶، ۲۱۱، ۲۱۳، ۲۱۴، ۲۱۵، ۲۱۶،
۲۲۰، ۲۲۱، ۲۲۳، ۲۲۴، ۲۲۵، ۲۲۶، ۲۲۷، ۲۲۸، ۲۴۱، ۲۴۲،
۲۴۳، ۲۴۶، ۲۴۷، ۲۴۸، ۲۵۰، ۲۵۶، ۲۵۹، ۲۶۲، ۲۶۳، ۲۶۴، ۲۶۵،
۲۷۴، ۲۸۰، ۲۸۵، ۲۸۸، ۲۸۹، ۲۹۱، ۲۹۸، ۳۰۰، ۳۰۴، ۳۰۷،
۳۱۰، ۳۳۰، ۳۳۴، ۳۶۰، ۳۷۴، ۳۷۹، ۳۸۷، ۳۸۸، ۳۹۰، ۳۹۵،
۴۰۲، ۴۱۳، ۴۱۸، ۴۲۳، ۴۲۴، ۴۲۷، ۴۳۱، ۴۳۴، ۴۳۵، ۴۳۹،
۴۴۱، ۴۴۲، ۴۴۵، ۴۴۶، ۴۵۶، ۴۶۱، ۴۶۲، ۴۶۴.

ایرج، ۳۸، ۲۵۱، ۲۵۳، ۲۵۴.
ایلا، ۱۲۶.
ایوان مداین، ۱۹۶.
بابایی (یدالله)، ۳۹.
بابک خراسانی، ۱۱.
باتو فخرالدوله، ۲۷.
بخارا، ۱۵، ۲۵۰، ۲۸۲، ۳۵۵.

بدخشان، ۶۵.
بدیع (امیرمهدی)، ۲۶۰، ۲۶۱، ۲۶۵.
براهام، ۱۲۵، ۱۳۸، ۱۴۰.
بردع، ۲۸۳، ۴۲۸، ۴۳۱، ۴۶۳.
بُرز ویلا، ۱۲۶.
بزرگمهر (بزرگمر بوختکان، بوزرجمهر)، ۱۳، ۷۷، ۹۴،
۹۷، ۱۰۱، ۱۳۴، ۱۵۴، ۱۵۵، ۱۶۵، ۱۷۰، ۱۷۶، ۲۱۷، ۲۳۰،
۳۹۶، ۴۱۷، ۴۲۰، ۴۲۱، ۴۲۲، ۴۲۳، ۴۲۴، ۴۴۷.
بلاش اشکانی، ۲۳۳.
بلخ، ۱۶، ۲۲، ۲۱۲، ۲۴۲، ۲۷۹، ۲۹۹، ۴۳۰.
بلوچی، ۱۴۱، ۲۸۰، ۲۸۱، ۳۲۹.
بندهش (کتاب)، ۲۲۰.
بندوی، ۱۰۳، ۱۹۴، ۲۷۹، ۳۱۰، ۴۳۲، ۴۳۳، ۴۳۴.
بنیاد نیشابور، ۱۸، ۴۴، ۴۶، ۴۷، ۴۸، ۴۹، ۷۷، ۲۳۸، ۳۸۶،
۴۵۲.
بهرام آذرمهان، ۹۷، ۴۳۴، ۴۳۵.
بهرام پور گودرز، ۸۶، ۲۱۴.
بهرام پورگشسب (جوینه)، ۸۳، ۱۰۳، ۱۰۴، ۱۰۸، ۱۲۴،
۱۶۱، ۱۶۳، ۱۷۰، ۱۹۳، ۱۹۴، ۲۲۲، ۲۳۸، ۲۷۹، ۳۰۰، ۳۰۱،
۳۱۱، ۳۱۸، ۳۳۰، ۳۴۷، ۳۵۰، ۳۵۲، ۳۶۴، ۴۲۴، ۴۲۵، ۴۲۶،
۴۲۸، ۴۳۱، ۴۳۲، ۴۳۳.
بهرام سیاوشان، ۴۳۳.
بهرام گور، ۳۵، ۸۰، ۹۰، ۹۴، ۱۰۱، ۱۰۲، ۱۰۳، ۱۲۴، ۱۲۵،
۱۳۸، ۱۳۹، ۱۴۰، ۱۵۰، ۱۵۹، ۱۶۴، ۱۶۵، ۱۷۰، ۱۸۹، ۲۰۴،
۲۳۸، ۲۴۴، ۲۵۱، ۲۸۲، ۳۰۵، ۳۳۳، ۳۶۴، ۳۶۵، ۴۰۶، ۴۰۹،
۴۱۱، ۴۱۲، ۴۱۴، ۴۱۵، ۴۱۶، ۴۴۳، ۴۴۸.
بهرام، ۱۶۱، ۱۶۲.
بهمن، ۱۲۳، ۱۷۰، ۲۰۴، ۲۴۲، ۲۴۶، ۲۷۸، ۳۸۱، ۳۹۵،
۴۰۲، ۴۳۰، ۴۵۰.
بوسپاس، ۱۲۶.
بیژن، ۳۳، ۳۹، ۴۶، ۷۸، ۷۹، ۸۸، ۹۱، ۹۲، ۹۶، ۱۱۲، ۱۱۷،
۱۵۳، ۲۰۸، ۲۳۱، ۲۴۷، ۲۶۸، ۳۱۵، ۳۷۶، ۳۸۲، ۴۱۷، ۴۵۰،
۴۵۵، ۴۵۶، ۴۶۷.
بیست مقالهٔ قزوینی (کتاب)، ۱۱، ۱۲.
بیستون، ۸۴، ۱۰۰.
پارسی، ۴۰، ۵۹، ۶۳، ۱۲۵، ۱۲۸، ۱۴۰، ۱۴۸، ۱۸۳، ۲۵۸،
۲۶۱، ۲۶۲، ۲۶۷، ۴۴۶.
پارسیان، ۲۷، ۴۴۷.
پامیری، ۱۴۱.
پاینده (ابوالقاسم)، ۳۴۶، ۴۴۷.
پشتون، ۱۴۱.
پشنگ، ۱۶۹، ۲۷۶، ۳۰۹، ۳۸۴، ۴۱۷.
پلوتارخس، ۲۶۰.
پهلوی (زبان)، ۱۱، ۱۸، ۴۳، ۴۶، ۵۹، ۶۴، ۶۶، ۶۷، ۶۹،
۷۰، ۷۳، ۷۴، ۷۵، ۷۶، ۷۷، ۷۸، ۷۹، ۸۰، ۸۴، ۸۷، ۹۲، ۹۳،

نمایه ۴۷۳

۹۵، ۱۲۰، ۱۲۳، ۱۲۷، ۱۳۰، ۱۳۴، ۱۴۱، ۱۴۸، ۱۵۰، ۱۷۳، ۲۹۳، ۲۹۹، ۳۰۸، ۳۱۱، ۳۱۲، ۳۱۵، ۳۳۸، ۳۴۰، ۳۵۸، ۳۷۴،
۱۷۴، ۱۷۵، ۱۷۶، ۱۹۰، ۱۹۱، ۲۰۱، ۲۱۱، ۲۱۹، ۲۲۰، ۲۳۰، ۳۸۴، ۳۸۵، ۳۸۷، ۴۲۴
۲۳۳، ۲۳۴، ۲۳۷، ۲۴۵، ۲۶۷، ۲۷۳، ۲۸۴، ۲۸۵، ۲۸۷، ۲۸۸، توراتی، ۱۵۲، ۲۱۶، ۴۵۶
۳۰۱، ۳۰۲، ۳۰۳، ۳۱۰، ۳۵۸، ۴۰۰، ۴۰۵، ۴۱۸، ۴۱۹، ۴۲۰، تورانیان، ۸۴، ۹۹، ۱۷۴، ۲۱۴، ۲۲۱، ۲۲۷، ۲۴۸، ۲۸۵،
۴۲۲، ۴۲۵، ۴۳۰، ۴۴۶، ۴۴۷، ۴۵۰، ۴۵۲، ۴۶۲، ۴۶۵، ۴۶۶ ۳۰۴، ۳۳۷، ۳۴۰، ۳۸۷، ۴۱۳
پورداود (ابراهیم)، ۷۷، ۷۹، ۱۹۱، ۲۱۱، ۳۰۶، ۳۸۶ توس، ۱۱، ۱۲، ۶۳، ۸۳، ۹۱، ۱۳۸، ۱۶۷، ۱۶۹، ۲۲۰، ۲۲۱،
بهرام پورگشسب، ۳۰، ۳۴، ۷۵، ۹۴، ۹۶، ۹۸، ۹۹، ۱۰۴، ۲۵۸، ۲۶۰، ۳۰۷، ۳۲۱، ۳۶۴، ۳۶۵، ۳۹۶، ۳۹۹، ۴۰۱، ۴۳۰،
۱۰۷، ۱۵۵، ۱۶۱، ۱۶۲، ۱۶۳، ۱۸۰، ۱۹۴، ۱۹۵، ۲۱۷، ۲۷۹، ۴۵۲
۲۸۹، ۳۰۰، ۳۱۰، ۳۱۱، ۳۱۷، ۳۳۰، ۳۴۷، ۳۵۰، ۴۲۴، ۴۲۷، تیسفون، ۱۰۰، ۱۲۵، ۱۲۶، ۱۵۱، ۱۹۳، ۲۱۷، ۲۲۹، ۲۸۰،
۴۲۸، ۴۳۱، ۴۳۳، ۴۴۳ ۲۸۸، ۴۲۵، ۴۳۳، ۴۴۲، ۴۴۶، ۴۴۷
پیران، ۱۱، ۷۵، ۷۷، ۸۴، ۸۵، ۸۹، ۹۱، ۱۱۲، ۱۱۳، ۱۴۵، جارمو، ۴۳۹
۱۵۴، ۱۶۸، ۱۷۵، ۲۰۷، ۲۱۳، ۲۱۴، ۲۴۸، ۲۷۷، ۳۰۹، ۳۱۳، جاماسب (جاماسپ)، ۲۵۱، ۲۵۴
۳۱۵، ۳۳۴، ۳۳۵، ۳۴۱، ۳۸۷، ۴۴۷ جمشید، ۸۰، ۱۵۱، ۲۰۱، ۲۰۶، ۲۱۱، ۲۱۲، ۲۴۸، ۳۷۹،
پیروزشیر، ۲۴۸ ۴۳۹
پیلسم، ۷۵، ۸۱، ۱۵۲، ۱۶۹ جهرم، ۱۲۳، ۱۲۴، ۱۲۵، ۱۲۶
تاجیکستان، ۳۰، ۴۷، ۶۸، ۷۰، ۸۰، ۳۷۵، ۳۸۵، ۴۲۹، ۴۴۱، جهن، ۲۵۱، ۲۵۳، ۳۰۹
۴۵۸ جویان، ۳۴۲
تاجیکی، ۱۴۱ جیهان (شهر)، ۶۵
تاریخ بیهقی (کتاب)، ۱۹، ۲۰، ۲۳، ۳۱، ۱۱۹، ۳۵۲ جیهانی (وزیر بزرگ و دانشمند سامانیان)، ۶۵
تاریخ سیستان (کتاب)، ۱۴۳ جیهون، ۶۵، ۱۱۱، ۱۷۵، ۲۷۶، ۲۹۹، ۳۹۷
تاریخ گردیزی (کتاب)، ۱۵، ۱۷، ۲۲، ۲۶، ۲۷، ۳۱، ۳۰۴، چهار مقاله (کتاب)، ۳۹، ۵۷، ۶۳
۴۳۳ چین، ۶۷، ۱۰۳، ۲۱۹، ۲۴۵، ۲۶۴، ۲۷۷، ۲۸۲، ۳۹۵، ۴۰۲،
تازی، ۱۹، ۴۰، ۵۹، ۶۳، ۶۴، ۶۶، ۶۷، ۶۸، ۶۹، ۷۰، ۱۴۱، ۴۲۴، ۴۶۶
۱۴۸، ۱۸۰، ۱۸۱، ۱۸۳، ۱۸۴، ۲۳۰، ۲۴۱، ۲۴۶، ۲۴۷، ۲۵۸، چینی، ۳۰۵، ۴۶۵
۲۶۱، ۲۶۲، ۲۶۶، ۲۶۸، ۳۰۲، ۳۰۶، ۳۳۰، ۳۳۷، ۳۵۸، ۳۵۹، حبیب بن صهبان، ۴۴۷
۳۷۰، ۳۸۳، ۳۸۴، ۳۸۹، ۳۹۱، ۴۰۳، ۴۰۵، ۴۱۸، ۴۴۶، ۴۴۷، حبیبی (عبدالحی)، ۱۵، ۳۰۴
۴۶۵ حمداله مستوفی قزوینی، ۳۷، ۳۸، ۴۰، ۵۷، ۲۶۴
تازیان، ۱۴، ۱۹، ۲۷، ۶۶، ۶۷، ۶۸، ۶۹، ۷۰، ۱۴۶، ۱۴۸، حمزهٔ سپاهانی، ۴۴۱
۱۵۱، ۱۷۵، ۲۴۱، ۲۴۵، ۲۵۱، ۲۵۳، ۲۸۰، ۲۸۵، ۳۰۶، ۳۸۳، خاقان، ۲۴، ۸۷، ۱۵۰، ۱۹۵، ۲۲۹، ۲۴۵، ۲۸۲، ۳۰۰، ۳۰۱،
۳۹۰، ۴۴۲، ۴۴۷، ۴۴۸ ۳۲۱، ۳۴۷، ۳۷۱، ۴۰۲، ۴۲۵، ۴۲۶، ۴۲۷، ۴۲۸
تازیکستان، ۶۵، ۶۸، ۷۰، ۱۲۵، ۲۲۵، ۲۸۰ خاقانی، ۸۹، ۴۲۷، ۴۳۰
تاش، ۱۷ خالقی مطلق (جلال)، ۳۸، ۳۹، ۴۰، ۴۴، ۵۶، ۵۷ ۷۳
تالقان، ۷۰ ۱۱۱، ۱۱۲، ۱۳۰، ۱۳۸، ۱۳۹، ۱۷۳، ۱۷۴، ۱۸۴، ۱۸۵، ۲۴۶،
تاریخ طبری (کتاب)، ۴۳۳ ۲۸۳
تبری (زبان)، ۱۴۱ خرّاد برزین، ۱۳۷، ۱۶۱، ۱۸۰، ۱۹۴، ۱۹۵، ۱۹۶، ۲۱۶،
تخوار، ۹۹، ۱۳۸ ۲۲۲، ۴۲۴، ۴۲۵، ۴۲۶، ۴۳۳
تژاو، ۸۶، ۸۹، ۳۷۵، ۳۷۶، ۳۷۷ خراسان، ۱۲، ۱۳، ۱۵، ۱۸، ۱۹، ۲۱، ۲۲، ۲۳، ۲۶، ۳۰، ۶۵،
تکملةالاصناف (کتاب)، ۱۴۳ ۶۶، ۷۰، ۱۱۶، ۱۱۹، ۱۵۱، ۱۹۳، ۲۱۳، ۲۱۶، ۲۴۲، ۲۵۸،
تلخند، ۶۸، ۷۰، ۸۲، ۹۷، ۱۸۹، ۲۳۸ ۲۶۴، ۲۷۳، ۲۷۷، ۲۷۸، ۲۸۰، ۲۸۳، ۲۸۴، ۲۸۵، ۲۸۶، ۲۸۸،
تنسر، ۴۴۶ ۳۰۴، ۳۱۳، ۳۲۱، ۳۵۹، ۳۷۳، ۳۷۵، ۳۷۹، ۳۸۱، ۳۸۳، ۳۹۳،
تهمتن، ۹۹، ۲۱۵، ۲۷۸، ۲۹۹، ۳۲۱، ۳۴۵، ۳۵۷، ۳۶۴، ۴۰۱، ۴۲۹، ۴۳۰
۳۶۵، ۴۰۱ خراسانی، ۱۲، ۱۵، ۱۳۵، ۱۵۱، ۲۲۵
تهمینه، ۸۳ خراسانیان، ۱۸، ۶۷
تور، ۸۰، ۲۶۲، ۲۷۶، ۲۸۹، ۳۱۱، ۳۷۴، ۴۶۴ خسرو قبادان و ریدک (کتاب)، ۴۰۱
توران، ۷۹، ۸۹، ۹۸، ۱۰۰، ۱۱۵، ۱۱۸، ۱۳۵، ۱۵۳، ۱۶۸،
۱۷۴، ۲۰۷، ۲۱۳، ۲۱۹، ۲۳۰، ۲۴۵، ۲۷۷، ۲۷۸، ۲۸۵، ۲۸۸،

پیشگفتاری بر ویرایش شاهنامهٔ فردوسی ۴۷۴

خسرو، ۷۶، ۷۹، ۸۸، ۸۹، ۹۰، ۱۰۳، ۱۰۴، ۱۰۷، ۱۲۸، ۱۷۰، ۱۸۷، ۱۹۴، ۱۹۶، ۲۱۶، ۲۱۷، ۲۲۲، ۲۲۷، ۲۲۹، ۲۳۴، ۲۴۶، ۲۴۸، ۲۵۵، ۲۹۱، ۳۱۷، ۳۱۸، ۳۳۰، ۳۷۱، ۳۸۲، ۳۹۸، ۳۹۹، ۴۰۱، ۴۱۱، ۴۲۰، ۴۲۶، ۴۳۲، ۴۳۳، ۴۳۴، ۴۳۵، ۴۵۰، ۴۶۴

خسروپرویز، ۳۰، ۳۴، ۸۷، ۸۸، ۱۰۳، ۱۰۴، ۱۰۷، ۱۲۶، ۱۵۷، ۱۶۲، ۱۶۳، ۱۸۰، ۱۸۷، ۱۹۴، ۱۹۶، ۲۱۶، ۲۲۲، ۲۲۴، ۲۳۴، ۲۳۸، ۲۵۱، ۲۷۹، ۲۸۹، ۴۰۵، ۴۱۳، ۴۱۵، ۴۳۲، ۴۳۴، ۴۳۵

خواجه نظام‌الملک، ۲۳، ۲۵، ۲۶، ۳۰، ۳۱، ۴۳۶، ۴۳۸

خوروران، ۲۱۳، ۲۲۶، ۲۴۲، ۲۶۴، ۲۷۳، ۲۸۴، ۲۸۶، ۳۸۱، ۳۸۳، ۴۰۱، ۴۲۹، ۴۳۰

دارا، ۱۲۳، ۱۲۴، ۱۲۵، ۱۲۶، ۱۳۵، ۲۲۲، ۲۴۳، ۲۵۷، ۲۵۹

داراب، ۱۷۰، ۱۷۷، ۲۴۲، ۲۷۰، ۴۱۳

داریوش، ۱۲۵، ۲۴۲، ۲۴۳، ۲۵۹، ۲۷۱، ۳۱۷

داعی‌الاسلام (سید محمدعلی)، ۳۸، ۱۹۵، ۲۶۴

درخت آسوریک (کتاب)، ۴۴۷

دریای چین، ۲۴، ۲۷۷

دستور جاماسب جی، منوچهر جی جاماسب اسانا، ۷۵، ۴۱۸

دقیقی، ۱۳، ۱۴، ۲۱۲، ۲۱۸، ۲۱۹

دیوان لغات‌الترک (کتاب)، ۳۰۳

رخش، ۶۰، ۸۴، ۸۵، ۸۷، ۱۸۷، ۲۲۷، ۳۶۷، ۳۶۸، ۳۷۳، ۳۷۴، ۳۷۵، ۳۷۷، ۴۵۴

رستم فرخزاد، ۱۹، ۱۷۵، ۳۰۵، ۳۹۰، ۳۹۲، ۴۴۷

رستم، ۲۱، ۴۰، ۴۱، ۷۵، ۷۹، ۸۱، ۸۲، ۸۳، ۸۴، ۸۵، ۸۷، ۸۹، ۹۰، ۹۲، ۹۵، ۹۶، ۹۹، ۱۰۱، ۱۱۲، ۱۱۵، ۱۱۶، ۱۱۷، ۱۱۸، ۱۲۰، ۱۳۳، ۱۳۶، ۱۳۷، ۱۵۳، ۱۵۴، ۱۶۷، ۱۶۸، ۱۶۹، ۱۷۰، ۱۸۷، ۱۹۳، ۲۱۳، ۲۱۵، ۲۲۲، ۲۲۷، ۲۳۴، ۲۳۵، ۲۴۸، ۲۸۲، ۲۸۶، ۲۸۸، ۲۹۱، ۲۹۹، ۳۰۰، ۳۱۶، ۳۱۷، ۳۱۹، ۳۲۱، ۳۳۴، ۳۳۷، ۳۴۲، ۳۴۳، ۳۴۵، ۳۴۶، ۳۵۱، ۳۵۷، ۳۶۰، ۳۶۳، ۳۶۵، ۳۶۸، ۳۷۳، ۳۷۴، ۳۷۵، ۳۹۰، ۴۰۱، ۴۰۲، ۴۰۳، ۴۳۱، ۴۴۳، ۴۵۰، ۴۶۲، ۴۶۳، ۴۶۶

رهام، ۹۱، ۲۰۸، ۳۶۵، ۴۶۷

رواقی (علی)، ۱۳۸، ۱۴۰، ۱۴۲، ۱۴۶، ۱۴۸، ۱۵۰

رودکی، ۶۷، ۶۸، ۱۳۸، ۱۴۰، ۲۸۵

روم، ۳۱، ۸۷، ۱۳۵، ۱۶۴، ۱۶۵، ۱۶۸، ۱۸۰، ۲۱۸، ۲۲۹، ۲۳۰، ۲۴۴، ۲۴۶، ۲۴۷، ۲۴۸، ۲۵۵، ۲۶۰، ۲۶۳، ۲۸۰، ۲۸۵، ۲۸۷، ۲۸۸، ۲۹۱، ۳۱۰، ۳۳۷، ۳۶۲، ۴۲۱، ۴۲۴، ۴۳۵، ۴۵۱، ۴۵۲، ۴۶۶

رومی، ۷۰، ۹۹، ۱۵۴، ۱۶۰، ۱۶۴، ۲۰۸، ۲۴۵، ۲۴۶، ۲۴۷، ۲۴۸، ۲۵۶، ۲۶۴، ۲۶۵، ۳۱۷، ۳۱۸، ۳۳۰، ۳۳۶، ۳۳۷، ۳۸۵، ۴۳۱، ۴۳۵، ۴۴۲، ۴۶۵، ۴۶۶

رومیان، ۱۰۴، ۱۵۸، ۱۸۰، ۱۹۷، ۱۹۸، ۲۴۳، ۲۴۴، ۲۴۶، ۲۵۵، ۲۵۶، ۲۸۰، ۲۸۹

زابلی (زاولی)، ۸۱، ۳۱۶، ۳۵۳، ۴۰۱

زال، ۳۹، ۸۰، ۹۲، ۱۳۳، ۱۳۷، ۱۳۹، ۱۴۳، ۱۵۰، ۱۶۹، ۱۷۴، ۱۷۵، ۱۹۲، ۲۲۲، ۲۳۱، ۲۷۷، ۲۷۸، ۲۸۲، ۳۲۱، ۴۵۶، ۴۶۴

زرتشت، ۶۰، ۶۵، ۱۶۲، ۲۱۱، ۲۱۲، ۲۱۳، ۲۱۶، ۲۱۸، ۲۲۰، ۲۳۵، ۲۳۶، ۲۳۷، ۴۳۸، ۴۳۹، ۴۴۶

زرتشتی، ۲۱۱، ۲۱۳، ۲۱۶، ۲۱۷، ۲۱۸، ۲۱۹، ۲۲۱، ۲۵۹، ۲۶۱، ۲۶۳

زرتشتیان، ۱۵۹، ۱۷۴، ۲۱۶، ۲۲۴، ۴۰۳

زرسپ، ۳۶۴

زو، ۲۴۱، ۲۵۴، ۴۲۳، ۴۳۰

زواره، ۱۳۳، ۲۹۹، ۴۰۱

ساسلنی، ۸۶، ۱۵۵، ۱۶۱، ۱۹۰، ۱۹۶، ۱۹۸، ۲۵۵، ۲۶۰، ۳۱۱، ۴۱۹، ۴۲۳، ۴۲۶، ۴۳۲، ۴۳۹، ۴۴۱، ۴۴۲، ۴۴۷، ۴۴۸

ساسانیان، ۳۰، ۳۲، ۱۲۵، ۱۵۱، ۱۹۸، ۲۰۰، ۲۰۲، ۲۱۶، ۲۱۷، ۲۳۳، ۲۳۴، ۲۳۹، ۲۵۱، ۴۱۸، ۴۲۲، ۴۲۳، ۴۴۱، ۴۴۲، ۴۴۴، ۴۴۶، ۴۴۸

سام، ۹۲، ۱۳۳، ۱۷۴، ۱۹۲، ۲۰۲، ۲۶۲

سامانی، ۱۷

سامانیان، ۱۵، ۱۶، ۱۷، ۱۹، ۲۱، ۲۳، ۶۵

ساوه، ۲۷۹، ۲۸۷، ۳۴۵

سبکتکین (امیر)، ۱۵، ۱۶، ۱۷، ۱۹، ۲۱، ۲۵، ۲۶

سنخر (صطخر)، ۱۲۳، ۱۲۴، ۱۲۶

سعدی، ۲۶، ۳۲، ۳۳، ۷۶، ۸۹، ۱۲۹، ۲۲۵، ۳۶۸، ۳۹۶، ۴۰۰، ۴۶۵

سغد، ۲۴۵، ۲۵۰، ۲۵۱، ۳۰۲، ۳۸۳

سغدی، ۱۳۴، ۱۴۱

سکندر، ۱۰۴، ۱۲۴، ۱۲۵، ۲۵۱، ۲۶۷

سلجوقیان، ۳۰

سلم، ۸۰، ۲۶۲، ۲۸۵، ۲۸۹، ۴۶۴

سلمان، ۴۴۷

سلوکیان، ۴۴۲

سلیم (غلامرضا)، ۲۶، ۲۷، ۲۹

سمرقند، ۲۴، ۲۵۰، ۳۵۵

سهراب، ۸۵، ۹۲، ۹۵، ۱۱۸، ۱۶۹، ۲۸۸، ۳۱۹، ۳۴۵، ۳۵۱، ۳۷۱، ۴۵۴، ۴۶۶

سوفزای، ۱۳۴، ۳۴۲، ۳۴۳، ۳۷۸

سیاستنامه (کتاب)، ۳۱

سیاوخش، ۷۹، ۸۵، ۱۱۵، ۱۱۶، ۱۱۸، ۱۳۳، ۱۳۴، ۱۳۶، ۱۵۳، ۱۶۲، ۱۶۹، ۱۸۵، ۲۰۳، ۲۱۴، ۲۱۵، ۲۴۷، ۲۵۴، ۲۷۷، ۲۸۳، ۲۹۹، ۳۲۹، ۳۵۸، ۳۶۰، ۳۶۲، ۳۷۲، ۳۹۶

سیاوخشکرد، ۸۱

سیاوش، ۱۱۶، ۱۳۳، ۱۳۴، ۱۶۱، ۱۶۲، ۲۰۷، ۲۰۸، ۳۵۸

سیرالملوک (کتاب)، ۲۳، ۲۴، ۲۶، ۳۱، ۴۳۶

سیستان، ۱۱، ۱۲، ۱۵۰، ۱۷۴، ۲۷۳، ۲۷۷، ۲۸۲

شادان بُرزین، ۱۱، ۱۲، ۱۳

نمایه

شاهنامهٔ ابومنصوری، ۱۱، ۵۹، ۱۸۳، ۴۱۹، ۴۲۰
شاهنامهٔ سپاهان، ۳۹، ۵۵، ۵۷
شاهنامهٔ قریب بهبودی، ۳۸، ۵۰، ۵۷، ۱۴۰
شاهنامهٔ ماکان، ۳۸، ۲۶۴
شاهنامهٔ امیربهادر (امیرکبیر)، ۳۸، ۵۷
شبدیز، ۴۰۶
شغاد، ۲۳۰، ۲۴۸
شنگل، ۸۶، ۱۲۶، ۲۵۱
شیده، ۳۴۶
شیرویه، ۹۹، ۱۵۷، ۲۲۴، ۳۹۸
ضحاک، ۹۰، ۱۳۵، ۱۵۱، ۱۵۲، ۱۹۱، ۲۰۱، ۲۱۲، ۲۵۱، ۲۵۳، ۲۵۸، ۲۸۸، ۴۲۳، ۴۳۴، ۴۴۶
ظفرنامه (کتاب)، ۳۷، ۴۰
عربی (زبان)، ۱۴۳، ۲۵۷
نظامی عروضی سمرقندی، ۳۹، ۵۷، ۶۳
غزّام (عبدالوهّاب)، ۴۰
عطار نیشابوری (فریدالدین)، ۳۳، ۱۳۴
عفیفی (رحیم)، ۶۴، ۷۴، ۱۴۱
عنصرالمعالی، ۳۱
عنصری، ۲۶، ۱۲۸
عیسی، ۶۹، ۱۹۴، ۲۶۰، ۲۶۱
غزنوی، ۲۰، ۲۳، ۲۶، ۲۷، ۳۵۲
غزنویان، ۱۵، ۲۲، ۱۸۳
غزنین، ۱۶، ۱۸، ۲۶، ۲۷
فراخکرد، ۲۰۳، ۲۶۴، ۲۶۶، ۲۸۳، ۳۸۵، ۳۸۶
فراوی، ۱۳۱، ۳۸۹
فرانک، ۹۰، ۱۵۲
فردوسی، ۱۲، ۱۳، ۱۴، ۱۵، ۱۶، ۱۷، ۱۸، ۱۹، ۲۰، ۲۱، ۲۹، ۳۱، ۳۲، ۳۳، ۳۴، ۳۵، ۳۷، ۳۸، ۴۰، ۴۱، ۴۳، ۴۴، ۴۷، ۵۹، ۶۲، ۶۳، ۶۷، ۶۹، ۷۳، ۷۵، ۷۶، ۷۸، ۷۹، ۸۰، ۸۱، ۸۵، ۹۰، ۹۱، ۹۲، ۹۵، ۹۶، ۱۰۰، ۱۰۷، ۱۱۲، ۱۲۳، ۱۲۸، ۱۳۴، ۱۳۶، ۱۳۷، ۱۴۰، ۱۴۷، ۱۴۹، ۱۵۷، ۱۵۸، ۱۵۹، ۱۶۰، ۱۷۱، ۱۷۹، ۱۸۳، ۱۸۶، ۱۸۹، ۱۹۱، ۲۰۶، ۲۱۹، ۲۳۳، ۲۵۳، ۲۵۶، ۲۵۷، ۲۵۸، ۲۵۹، ۲۶۰، ۲۶۱، ۲۶۲، ۲۶۳، ۲۶۵، ۲۷۵، ۲۷۸، ۲۸۵، ۲۸۹، ۳۳۰، ۳۳۴، ۳۵۹، ۳۶۴، ۳۶۵، ۳۷۹، ۳۸۰، ۳۸۱، ۳۸۴، ۳۸۸، ۳۹۳، ۴۰۰، ۴۰۷، ۴۱۳، ۴۲۰، ۴۲۶، ۴۴۹، ۴۵۰، ۴۵۳، ۴۵۴، ۴۵۶، ۴۵۷، ۴۵۸، ۴۶۵
فرشیدورد، ۹۱، ۲۰۴، ۳۳۶، ۳۳۷، ۳۳۹، ۳۴۰، ۴۱۴
فرهنگ جهانگیری (کتاب)، ۶۴، ۱۴۰، ۱۴۱
فرهنگ نظام (کتاب)، ۳۸، ۱۲۸
فرهنگ واژه‌های اوستایی (کتاب)، ۱۸، ۶۸، ۷۷، ۷۹، ۸۷، ۱۳۶، ۱۷۶، ۱۷۹، ۱۸۰، ۱۹۳، ۲۲۲، ۲۳۱، ۲۳۳، ۲۳۴، ۲۳۷، ۲۳۸، ۲۸۴، ۲۸۷، ۲۸۸، ۳۰۶، ۳۵۷، ۴۶۲
فروهشی (بهرام)، ۶۶، ۷۶، ۲۳۰، ۳۹۳، ۴۴۱، ۴۴۲
فریبرز، ۸۳، ۱۱۱، ۲۰۸، ۲۲۱، ۲۹۱، ۳۰۰، ۳۱۲، ۳۸۷، ۴۶۷

فریدون، ۸۰، ۹۰، ۱۵۰، ۱۵۲، ۱۶۹، ۱۹۱، ۲۰۱، ۲۱۲، ۲۴۱، ۲۵۳، ۲۶۲، ۲۶۳، ۲۸۵، ۳۳۷، ۴۲۳، ۴۶۴
قابوسنامه (کتاب)، ۳۱
قباد، ۱۲۴، ۱۳۴، ۱۵۹، ۱۶۰، ۱۷۰، ۳۱۱، ۴۳۶، ۴۳۷، ۴۳۸، ۴۳۹
قرطاس، ۶۷، ۲۴۶، ۳۴۵، ۲۵۷
قریب (بدرالزمان)، ۱۳۴
قریب بهبودی، ۴۴، ۶۴، ۱۳۹
قسطنطنیه، ۳۱
قلون، ۱۹۴، ۴۲۶، ۴۳۳
قیصر، ۸۲، ۸۷، ۱۳۵، ۱۶۰، ۱۶۵، ۲۱۶، ۲۲۴، ۲۴۴، ۲۵۵، ۲۵۶، ۲۶۰، ۳۸۰، ۳۸۲، ۳۹۶، ۴۲۱، ۴۲۴
کابلستان، ۲۵، ۳۷۵
کارنامهٔ اردشیر بابکان (کتاب)، ۲۹، ۳۰، ۶۶، ۷۴، ۷۵، ۷۶، ۹۲، ۱۰۱، ۱۴۴، ۱۴۹، ۱۵۰، ۱۵۱، ۳۹۱، ۳۹۲، ۳۹۳، ۴۲۰، ۴۲۱، ۴۴۱، ۴۴۲، ۴۴۶
کافور، ۸۰، ۱۰۳، ۱۲۶، ۲۵۰، ۴۱۷
کالیستنس دروغین، ۲۵۹، ۲۶۰
کاموس کشانی، ۹۰، ۹۱، ۱۱۲، ۲۲۷، ۲۵۱، ۲۹۱، ۳۴۳، ۳۴۵، ۳۵۱، ۳۵۳، ۳۸۵، ۳۸۷
کاوه، ۸۴، ۱۵۲
کاووس، ۷۹، ۸۱، ۸۶، ۹۸، ۱۳۳، ۱۳۶، ۱۶۹، ۱۸۵، ۲۱۵، ۲۲۴، ۲۲۷، ۲۴۱، ۲۵۴، ۲۷۴، ۲۸۳، ۲۹۳، ۲۹۹، ۳۰۰، ۳۳۴، ۳۹۶، ۴۰۱، ۴۴۹، ۴۶۵، ۴۶۶
کبوده، ۳۶۴
کُرد، ۱۴۴
کردستان، ۱۱۹، ۱۴۴، ۴۲۹، ۴۳۹
کردی، ۶۴، ۱۴۱، ۱۷۳، ۲۳۴، ۳۰۴، ۳۵۹، ۴۲۵، ۴۵۲
کلباد، ۹۱، ۲۰۸
کلیله و دمنه (کتاب)، ۱۳، ۴۰
کمبوجیه، ۲۷۱، ۳۱۷
کوت، ۹۹، ۳۱۷، ۳۱۸، ۳۳۰، ۴۳۱
کوه‌گوش، ۱۲۶
کیخسرو، ۳۲، ۶۴، ۷۸، ۸۲، ۸۳، ۸۵، ۸۶، ۹۱، ۹۶، ۹۸، ۱۰۰، ۱۰۹، ۱۱۱، ۱۱۲، ۱۱۵، ۱۲۴، ۱۳۵، ۱۳۶، ۱۳۷، ۱۵۳، ۱۵۴، ۱۶۲، ۱۶۸، ۱۶۹، ۲۰۴، ۲۲۱، ۲۲۳، ۲۲۴، ۲۲۶، ۲۲۷، ۲۲۸، ۲۲۹، ۲۳۰، ۲۳۴، ۲۴۲، ۲۴۵، ۲۴۶، ۲۴۷، ۲۵۱، ۲۵۴، ۲۶۵، ۲۷۶، ۲۸۲، ۲۸۳، ۲۹۱، ۲۹۳، ۳۰۰، ۳۰۱، ۳۰۶، ۳۰۸، ۳۱۵، ۳۲۶، ۳۴۶، ۳۷۵، ۳۷۶، ۳۸۰، ۳۸۱، ۳۸۸، ۳۹۵، ۳۹۷، ۴۱۳، ۴۱۷، ۴۵۰، ۴۵۱، ۴۶۴
کیقباد، ۱۲۳، ۱۵۰، ۱۵۱، ۲۰۱، ۲۴۱، ۲۵۴، ۴۲۳، ۴۴۹
کیومرس، ۱۲، ۸۵، ۱۵۰، ۱۵۱، ۱۷۹، ۲۰۰، ۲۰۱، ۳۸۴
گازر، ۱۷۷، ۴۱۳
گرجستان، ۴۲۹
گردآفرید، ۳۷۱، ۴۵۴

پیشگفتاری بر ویرایش شاهنامهٔ فردوسی

گردیه، ۹۰، ۱۰۷، ۱۰۸، ۱۷۰، ۲۹۰، ۳۰۱، ۳۷۱
گستهم، ۱۹۴، ۲۴۷، ۲۷۹، ۳۰۷، ۳۰۸، ۳۱۰، ۳۳۵، ۳۳۶، ۴۳۲، ۴۳۴، ۴۶۷
گشتاسپ، ۳۱، ۳۲، ۶۵، ۷۴، ۱۳۵، ۱۶۲، ۱۶۷، ۱۶۸، ۲۱۲، ۲۱۸، ۲۱۹، ۲۲۰، ۲۳۵، ۲۴۲، ۲۴۵، ۲۵۱، ۲۵۴، ۲۶۰، ۳۱۰، ۳۶۲، ۳۸۸، ۴۵۱، ۴۵۲
گشتاسپ‌نامه (کتاب)، ۲۱۸
گو، ۸۲، ۹۷، ۱۸۹، ۲۱۴، ۲۳۸، ۲۹۹، ۳۱۲، ۳۶۳، ۴۵۵
گودرز، ۸۳، ۹۱، ۱۱۲، ۱۱۳، ۱۷۵، ۲۰۷، ۲۲۸، ۲۴۱، ۲۴۶، ۲۴۸، ۲۸۳، ۲۸۵، ۲۹۱، ۳۰۷، ۳۱۲، ۳۱۵، ۳۳۴
گیو، ۸۳، ۹۱، ۹۸، ۱۱۲، ۱۱۳، ۱۳۵، ۱۶۹، ۲۲۸، ۲۴۷، ۲۸۲، ۲۹۸، ۳۱۵، ۳۳۴، ۳۳۶، ۳۳۹، ۳۴۰، ۳۴۱، ۳۶۴، ۳۹۶
لرستان، ۴۲۹
لطفعلیخان آذر، ۳۷
لهّاک، ۹۱، ۳۳۹، ۳۴۰
لهراسپ، ۳۲، ۱۰۹، ۱۶۲، ۱۶۸، ۲۱۲، ۲۳۴، ۲۳۸، ۲۴۲، ۲۵۱، ۲۵۴، ۴۵۲
ماخ (پیر خراسان)، ۱۱، ۱۲، ۱۳
مارکوپولو، ۲۴۸
ماهوی خورشید، ۱۱، ۱۲، ۱۳
ماهیار گوهرفروش، ۸۰
ماهیار نوابی (یحیی)، ۷۵، ۱۱۸، ۳۳۸، ۴۱۸
محمود (سلطان غزنوی)، ۱۶، ۱۷، ۱۸، ۱۹، ۲۰، ۲۱، ۲۲، ۲۳، ۲۴، ۲۵، ۲۶، ۲۷، ۲۹، ۳۰، ۳۱، ۳۲، ۳۷، ۴۰، ۲۶۸، ۳۰۴
مداین، ۱۰۰، ۲۸۵، ۴۴۷
مردانشاه، ۲۳
مرورود، ۷۰
مزدک، ۲۱۷، ۲۳۲، ۴۳۶، ۴۳۷، ۴۳۸، ۴۳۹
مسعود (سلطان غزنوی)، ۱۹، ۲۳، ۳۱، ۳۵۲
مسعودی، ۴۳۳، ۴۴۵، ۴۴۶
مسیحی، ۲۴۸، ۲۶۰
مسیحیان، ۱۹۴
مشتاق خراسانی (منوچهر)، ۴۶، ۳۲۰، ۳۳۳، ۳۵۶
مشکور (محمدجواد)، ۴۴۱، ۴۴۲
مقاتوره، ۳۴۷
مکران، ۸۲، ۳۹۵
منوچهر، ۸۰، ۱۳۹، ۱۵۲، ۲۰۲، ۲۴۱، ۲۵۱، ۲۵۴، ۲۷۶، ۴۲۳، ۴۶۴، ۴۶۵
منیژه، ۷۸، ۷۹، ۸۸، ۱۱۲، ۱۱۷، ۱۵۲، ۲۳۱، ۲۳۲، ۳۸۲، ۴۵۰، ۴۵۵
مهراب (کابل‌خدای)، ۱۷۴، ۱۷۵، ۱۹۷، ۲۶۲
مهران‌ستاد، ۹۶، ۲۳۴، ۴۲۷، ۴۲۸
مهرک نوشزاد، ۳۰، ۱۲۳، ۱۲۴، ۲۴۷، ۲۴۸
مهرهرمز(د)، ۲۲۹

مولانا روحی انارجانی، ۲۰۲
میلاد، ۱۵۵، ۴۲۸، ۴۳۳
مینوی (مجتبی)، ۶۴، ۷۳
ناصرخسرو، ۱۴۴، ۱۴۶، ۱۴۷
نامهٔ تنسر (کتاب)، ۴۴۶
نریمان، ۲۶۲
نستیهن، ۱۲۶
نسوی‌نامه (کتاب)، ۲۳
نشابور، ۱۲، ۷۴
نشر بلخ، ۲۶، ۲۷، ۶۸، ۳۸۶
نعمان، ۱۲۴
نگهبان (عزت‌الله)، ۳۵۷
نیشابور، ۱۱، ۱۵، ۱۶، ۱۷، ۲۹، ۴۳، ۶۹، ۷۴، ۲۴۲، ۴۳۰، ۴۵۲
هاماوران، ۸۱، ۱۸۴، ۱۸۵، ۱۸۶، ۳۴۰، ۴۶۷
هخامنشی، ۲۴۲، ۳۱۷، ۳۳۱
هخامنشیان، ۲۴۲، ۲۷۱، ۳۸۹، ۴۳۰
هرات، ۱۱، ۱۶۱، ۲۷۹
هرمز (یکم)، ۳۰، ۷۴، ۱۹۶
هرمز پور کسری، ۷۵، ۸۶، ۹۷، ۱۰۴، ۱۲۴، ۱۵۹، ۱۶۱، ۱۸۰، ۲۱۷، ۲۳۰، ۲۳۴، ۲۳۸، ۲۴۵، ۲۸۰، ۲۸۹، ۴۲۴، ۴۲۵، ۴۲۶، ۴۲۷، ۴۲۸، ۴۳۱، ۴۳۳، ۴۳۴، ۴۳۵
هری، ۱۲، ۱۶۱
هلمهارت کاتوس کرد، ۲۵۸
هندوستان، ۳۸، ۶۷، ۶۸، ۷۰، ۸۲، ۱۴۱، ۲۱۸، ۲۴۴، ۲۵۱، ۲۶۴، ۲۷۳، ۲۷۷، ۲۷۸، ۲۸۰، ۳۳۳، ۳۶۱، ۴۱۷، ۴۱۹، ۴۲۰
هیون، ۲۶۵، ۲۶۶، ۳۳۶، ۳۳۷، ۳۶۴
هیونان، ۱۰۰، ۲۲۰، ۲۴۲، ۲۴۵، ۳۷۳
واژه‌نامه مازندرانی (کتاب)، ۶۳
وشمگیر، ۳۱
وندیداد (کتاب)، ۷۶، ۷۹، ۱۲۴، ۱۹۲، ۱۹۳، ۱۹۵، ۲۰۵، ۲۰۶، ۲۴۴، ۴۳۰
یادگار بزرگمهر (کتاب)، ۷۷، ۱۵۴، ۴۲۲
یادگار زریران (کتاب)، ۶۵، ۷۴، ۹۳، ۲۲۰، ۳۱۰، ۴۴۷
یزدان‌داد، ۱۱، ۱۲، ۱۳
یزغلانی، ۱۴۱
یغنابی، ۱۴۱
یوسفی (غلامحسین)، ۳۱
یونان، ۲۴۲، ۲۴۶، ۲۴۷
یونانی، ۱۹۷، ۲۰۶، ۲۶۰، ۲۶۱، ۲۶۵